The
Second
World War

Volume 2

Their
Finest Hour

［完訳版］

第二次世界大戦

volume

2

彼らの最良のとき

ウィンストン・チャーチル
Winston Churchill

伏見威蕃 訳

みすず書房

THE SECOND WORLD WAR

Volume 2

Their Finest Hour

by

Winston Churchill

First published by Cassell, 1949

拙著の訓言

戦争においては揺るがぬ決意
敗北においては浩然の気
勝利においてはおおらかさ
平和においては親善

謝辞

第一巻で手助けしてくれた以下の人々に、私はあらためて謝意を表さなければならない。サー・ヘンリー・パウンル陸軍中将、★G・R・G・アレン二級代将、†F・W・ディーキン陸軍大佐、‡エドワード・マーシュ卿、§デニス・ケリー氏、☆C・C・ウッド氏。#さらに、親切にも本書を読んで意見を寄せてくれた数多くの人々にも謝意を表したい。

イズメイ卿*は、そのほかの友人たちとともに、ひきつづき援助をあたえてくれた。

国王の著作権が法的に英国出版局局長に属する特定の公的文書の原本複写を許可してくれた英国政府に恩義を受けたことも申し述べたい。英国政府の要請により、秘密保全のために本書で公表されている電報の文面を、意味を汲み取って書き換えた。これらの変更は、いかなる形でもその電報の本意や要点を変えてはいない。

訳注

★大英帝国参謀本部副参謀長として数々の大規模な軍事作戦に関与した。

†代将は司令として複数の艦船を指揮する海軍大佐の職制上の地位。

‡チャーチルが発足に関与したSOE［特殊作戦執行部］の工作員としてユーゴスラヴィアの総司令官チトーと親交を深めた人物。

§チャーチルが政府のさまざまな部門を移るあいだも付き従うかのように秘書を長年つとめ、親しい友人でもあった。

☆第二次世界大戦でインドやビルマに出征したあと、チャーチルの著作チームに加えられ、『第二次世界大戦』などのために膨大な資料を整理し、縮刷版の製作にも携わった。

#長年、チャーチルの校正者・編集者をつとめた。

*チャーチルの首相就任とともに首席軍事補佐官に任命され、調整役としておおいに貢献した。

序　文

本巻に描かれている時期、私は非常に重い責任を担っていた。総理大臣、第一大蔵卿、国防大臣、庶民院院内総務を兼任していた。最初の四〇日間、私たちは孤塁で、ドイツとイタリアは勝ち誇り、私たちの命を奪おうとして攻撃を仕掛け、ソヴィエト・ロシアはヒトラーを積極的に支援するという敵対的な中立にふけり、日本は未知の脅威だった。しかし、議会に支援され、イギリス自治領や帝国の政府と国民に支えられて、警戒怠りなく忠実に国務を遂行していた戦時内閣は、すべての任務が達成されるのを可能にし、すべての敵に打ち勝った。

ウィンストン・スペンサー・チャーチル

ケント州
ウェスタラム
チャートウェルにて
一九四九年一月一日

新版への付記

いくつかの誤りを詳細に訂正するために、再版が求められていた。これらの誤りに手紙で注意を喚起してくれた人々のおかげをこうむっている。

第一巻とおなじように、本書に向けられた好意的な反応をありがたく受けとめ、そういった便りを寄せてくれた数多くの人々に心からお礼申しあげる。

ウィンストン・スペンサー・チャーチル

チャートウェルにて
一九五〇年一月一〇日

本巻の主題

イギリスの人々がいかに孤塁を護り抜いたか。
それまで物事がよく見えていなかった国民が、半ば戦備を整えるまで。

第二巻　彼らの最良のとき

第一編　フランス失陥

第二編　孤　塁

目次

第一編　フランス失陥

第二編　孤塁

補遺

地図・図表

凡例

一　本書は Winston Churchill, *The Second World War volume 2: Their Finest Hour* (Cassell, 1949) の全訳である。翻訳の底本には Penguin Classics 版（2005）を用い、その他の版も参考にした。

一　原文のイタリック体は原則的に、強調は太字、書簡類の宛名・日付は教科書体、英語以外の言語はフリガナ、書名は『　』、新聞・雑誌名は《　》、艦名・船名は〈　〉で示した。

一　各章冒頭の〈　〉囲み・太字の梗概、欄外の傍注は原著者による。

一　文中の（　）は原著者による。訳注は〔　〕で示した。

一　固有名詞や年月日などの原文の単純な誤記は訂正した。

一　人物の階級名・役職名は、特に記載のない場合は記述内容当時のものである。

一　今日ではあまり使われない表現、また差別的と思われる表現については、原著者の意図と執筆時の時代背景を尊重して翻訳した。

第一編　フランス失陥

第一章　挙国一致内閣

〈開戦と終戦／共通の大義に貢献したイギリスの膨大な規模の活動／戦時に敵と交戦した師団／名誉の戦死者数／英海軍の貢献度／イギリスとアメリカの爆弾投下量／私たちの戦争遂行を拡充したアメリカの軍需品援助／新内閣の組閣／チェンバレン氏に対する保守派の忠誠／庶民院院内総務／異端者狩りを順当に封じ込める／五月一一日、私のチェンバレン氏宛書簡／尋常ではない諸事を経験／戦争激化のさなかでの組閣／あらたな同僚たち：アトリー、グリーンウッド、シンクレア、ベヴィン、ビーヴァーブルック／戦時小内閣／五月一一―一五日、段階的組閣／権力についての余談／あらたな戦争指導の実質と外見／三軍の大臣の職責変更／戦争指導をきわめて少数の人間に集中／私の流儀／書面化／イズメイ将軍／私の参謀総長委員会との公式な関係／エドワード・ブリッジズ卿／戦時内閣が寄せてくれた度量と信頼／国防大臣事務局／その幹部：イズメイ、ホリス、ジェイコブ／五年間変更なし／参謀総長委員会の安定／現職中の死去による一件を除き、一九四一年から一九四五年まで交替なし／指導部《サミット》の政治家と軍人の親密な個人的つながり／私信の重要性／私のローズヴェルト大統領との関係／五月一五日、私のローズヴェルト大統領への所信伝達／〝血と骨折りと涙と汗〟〉

ゆっくりと湧き起こり、長いあいだ鬱積していた戦雲の猛威が、ついに私たちに襲いかかった。記録に残るすべての戦争のなかでもっとも無慈悲な戦争が開始され、彼我四〇〇〇万人ないし五〇〇〇万人が対戦して、その最初の衝撃を味わった。前の戦争の過酷な歳月とこの戦争の緒戦のあいだ、私たちは一貫してフランスの前線後背に駐留していたが、その前線が一週間のうちに破られ、回復不能になった。三週間とたたないうちに、長年の名声を誇ってきたフランス陸軍が総崩れとなって壊滅し、遠征していた英陸軍は装備をすべて打ち捨てて海に追いやられた。六週間以内に私たちは軍備不足の孤塁と化し、勝ち誇ったドイツとイタリアに息の根をとめられそうになった。ヨーロッパ全土がヒトラーの力の前に身をさらけ出し、地球の反対側では日本が睨みをきかせていた。こういった事実関係と不吉な見通しのさなかで、私は総理大臣兼国防相としての任務を開始し、国内と国外の両方で、国益にもっとも適していると思われる手段によって国王陛下の責務を執り行なうために、すべての政党が参加する内閣を組閣するという初仕事に取り組んだ。

五年後のほぼおなじ日には、私たちは情勢をもっと明るく展望できるようになっていた。イタリアは打ち負かされ、ムッソリーニは殺された。強大なドイツ軍は無条件降伏した。ヒトラーは自殺した。アイゼンハワー将軍が莫大な数の敵兵を捕らえたのに加えて、イタリアではアレグザンダー元帥が、ドイツではモンゴメリー元帥が、二四時間以内にドイツ兵三〇〇万人近くを捕虜にした。フランスは解放され、復興され、蘇った。私たちは同盟各国と協力し、英米という世界最強の二帝国が進撃し、日本の抵抗をあっという間に打ち砕いた。初頭と終末はかくも対照的だった。この五年間の道のりは、長く、厳しく、きわめて危険だった。その途上で命を落とした人々は、けっして無駄に死んだのではなかった。終戦まで進軍をつづけた人々は、誉れ高くその道をたどったことをつねに誇りに思うにちがいない。

＊

私の政権運営を報告し、名高い挙国一致内閣の話を述べるためには、危険に直面して団結を強めた大英帝国の大規模な活動と国力が、その後多くの国々が標榜する共通の大義に大きく貢献したことを、まず明確にしなければならない。最大の同盟国のアメリカ合衆国に私たちは、果てしなく計り知れない感謝の念を抱いている。私はそのアメリカに対して不公平な比較を行なったり、無益な敵対意識を喚起したりするつもりは毛頭ない。しかし、英語圏諸国の共同の利益のために、イギリスの戦争遂行が膨大な規模の活動だったことを知らしめ、認識してもらう必要がある。そのために、つぎのページに戦時の状況すべてを記す一覧表を掲載した。一九四四年七月までは、アメリカ合衆国よりもはるかに多くの師団を大英帝国が**接敵させていた**ことを、この表が示している。総計にはヨーロッパとアフリカだけではなく、アジアでの対日戦も含まれている。一九四四年秋にアメリカ陸軍の大部隊がノルマンディーに上陸するまで、私たちは太平洋とオーストラレーシアを除くすべての戦域で、すくなくとも同等であるか、たいがいの場合、優位な同盟国だった。私たちはいつでも胸を張ってそう明言できる。しかも、前述の時期までは、どの月もほぼすべての戦域で全師団の合計が、この重要な同盟国をしのいでいた。表に示されているとおり、一九四四年七月にようやく敵と交戦するアメリカの師団数が増加し、アメリカはそれらの戦線において格段に優位になった。その後も戦力が増えつづけて、アメリカは戦勝を重ね、一〇カ月後に最後の勝利を収めた。

　私が行なったもうひとつの比較は、大英帝国が勇敢な同盟国よりも多数の人命を失うような犠牲を払ったことを示している。イギリス三軍の戦死者と戦死したと思われる行方不明者の合計は三〇万三二四〇人で、自治領、インド、植民地の一〇万九〇〇〇人超を合わせると、合計四一万二二四〇人を超える。これにはイギリス本土への空襲で死んだ民間人六万五〇〇〇人は含まれていない。合計三万人にのぼる商船乗組員と漁民も含まれていない。これに対して、アメリカの陸軍、陸軍航空軍、海軍、海兵隊、沿岸警備隊の戦死者は、合計三二万二一八八人だった。★私がこの陰鬱な名誉の戦死者数を書き記すのは、多くの人々が貴重な血を流したことで、この対等な同志愛が神聖なものとなり、これか

接敵して交戦した地上部隊
“同等の師団”で比較

	大英帝国			アメリカ合衆国		
	西部戦域	東部戦域	合　計	西部戦域	東部戦域	合　計
1940年1月1日	5 1/3		5 1/3 (a)			
1940年7月1日	6		6			
1941年1月1日	10 1/3		10 1/3 (b)			
1941年7月1日	13		13 (b)			
1942年1月1日	7 2/3	7	14 2/3		2 2/3	2 2/3 (c)
1942年7月1日	10	4 2/3	14 2/3		8 1/3	8 1/3
1943年1月1日	10 1/3	8 2/3	19	5	10	15
1943年7月1日	16 2/3	7 2/3	24 1/3	10	12 1/3	22 1/3
1944年1月1日	11 1/3	12 1/3	23 2/3	6 2/3	9 1/3	16
1944年7月1日	22 2/3	16	38 2/3	25	17	42
1945年1月1日	30 1/3	18 2/3	49	55 2/3	23 1/3	79

付記と想定
(a)　フランスのBEF（英遠征軍）。
(b)　エチオピアのゲリラ（不正規軍）を除く。
(c)　フィリピン軍を除く。
西部と東部の境界線はカラチを通る南北線。

以下は実戦の戦域とは見なさなかった。

　インドの北西国境地帯、ジブラルタル、西アフリカ、アイスランド、ハワイ、パレスチナ、イラク、シリア（1941年7月1日のみ例外）。

　マルタ島は実戦の戦域と見なし、1942年1月から1943年7月までのアラスカも戦域と見なした。

外国の支隊――自由フランス、ポーランド、チェコスロヴァキア等――は含まれていない。

らもずっと敬意を集め、英語圏諸国の行動にいい意味での刺激をあたえつづけると固く信じているからである。

海上では、当然ながらアメリカ合衆国が太平洋で重荷の大部分を担い、一九四二年のミッドウェー島付近での海戦〔いわゆるミッドウェー海戦は、その敗北によって中止されるＭＩ作戦の一部だった〕、ガダルカナル島の戦い、珊瑚海海戦などの大決戦に勝って、広大な太平洋全域ですべての主導権を握り、日本の占領地域すべてを強襲できるようになって、やがて日本本土も爆撃範囲に収めた。アメリカ海軍がそれと同時に大西洋と地中海で大きな負担を引き受けるのは不可能だった。これについても事実関係を記す義務があるだろう。ドイツ七八一隻、イタリア八五隻のＵボートのうち、五九四隻がヨーロッパ戦域、大西洋、インド洋で英海軍と英空軍によって撃沈された。英海軍と英空軍は、ドイツの戦艦、巡洋艦、駆逐艦も葬り、イタリア海軍艦艇を殲滅もしくは鹵獲した。

Ｕボートの損耗を、次頁の表に記す。

アメリカはすばらしい航空活動〔航空部隊の活動によって遂行される軍事努力〕を開始し、真珠湾攻撃後、昼間爆撃にＢ－17空飛ぶ要塞《フライング・フォートレス》重爆撃機を早期に大量投入し、日本本土への爆撃や、イギリス諸島からのドイツ爆撃に使用した。しかしながら、一九四三年一月に私たちがカサブランカに達した時点では、アメリカの爆撃機は一機もドイツへの昼間爆撃を行なっていなかった〔北アフリカ攻略のトーチ作戦に資源を集中していたため〕。アメリカのたいへんな尽力はまもなく実ろうとしていたが、一九四三年末までは、イギリスのドイツへの爆弾投下量の総量は、アメリカ機が昼間もしくは夜間に投下する量を八トン上回っていた。一九四四年春になってようやく、アメリカはその膨大な戦時活動によって、イギリスの爆弾投下量に追いつき、それをはる

★アイゼンハワー『ヨーロッパ十字軍――最高司令官の大戦手記』（朝日新聞社訳・刊、一九四九年）p. 1。

かにしのぐようになった。また、陸軍と海軍でも、私たちは当初から全力で取り組んでいて、アメリカの途方もない戦時活動がようやくそれを追い越して優れた結果をもたらすようになったのは、一九四四年以降だった。

　アメリカの雅量によって一九四一年一月に開始された戦時物資支援《レンド・リース》によって、イギリスの軍需品生産が五分の一以上増加したことを忘れてはならない。アメリカが提供した原材料や武器によって私たちは、**人口四八〇〇万人の国でありながら、人口五八〇〇万人の国並み**に戦争を遂行することができたのである。さらに、標準規格による大量生産のリバティー船〔ブロック工法と船体の結合溶接が採用され、第二次世界大戦中に二七〇〇隻を超える数が建造された〕によって、大西洋を渡る間断ない補給物資の流れが確保された。いっぽう、敵の戦闘行動による船腹の損耗は、戦時中すべての国に影響していた。それについての分析も、頭に入れておくべきだろう。以下に数値を記す。

Uボート（潜水艦）損耗

撃沈した部隊	ドイツ	イタリア	日本
英軍★	525	69	9½
米軍★	174	5	110½
その他及び原因不明	82	11	10
合計	781	85	130

合わせて996隻のUボート（潜水艦）が撃沈された。

★英軍と米軍の数字には、それぞれの作戦指揮を受けていた連合国部隊の戦果も含まれている。分数は“撃沈”が複数の当事者による場合。こうした共同“撃沈”は多数あったが、ドイツ艦の合計は、分数を足した結果、整数になっている。

船籍	損耗の総トン数	比率
イギリス	一一、三五七、〇〇〇	五四
アメリカ	三、三三四、〇〇〇	一六
その他の国すべて（敵に支配されている国を除く）	六、五〇三、〇〇〇	三〇
合計	二一、一九四、〇〇〇	一〇〇

これらの損耗の八〇パーセントは、イギリス沿岸と北海を含む大西洋で生じた。太平洋での損耗は、わずか五パーセントだった。

こういったことをすべて書き記すのは、むやみに手柄を主張するためではない。世界史上に残る危機のさなかに攻撃の矢面に立たされたこの小さな島国の人々が、あらゆる形の戦時活動において真剣に力をふり絞ったことが公正に尊ばれるように、揺るぎない根拠を築きたかったからだ。

＊

内閣、ことに連立内閣を組閣するのは、平穏な時期よりも戦いが最高潮に達したときのほうが容易だろう。本分を果たそうとする気持ちが、それ以外の物事すべてを牛耳り、個人個人の主張は弱まる。他党の指導者やそれらの党の組織の公式な権威者と重要な取り決めが結ばれれば、私が協力を呼びかけた人々すべての姿勢は、質問せずただちに指定された場所へ赴く戦闘中の兵士とおなじになる。〝党〟の原理が公式に確立されれば、私が会わなければならない多数の紳士の意識に〝私事〟がはいり込む余地はないだろうと、私は思っていた。ごく少数の人々が躊躇したのは、配慮すべき公的な理由があるからだった。解任されて出世が中断し、この尋常ではない興味と刺激の瞬間に、ほとんどが公的な活動から永遠に手を引くことになった保守党や国民政府派の大臣の多くに対しても、この高度な行動規範が適用された。

保守党は庶民院で、全野党の合計を一二〇以上しのぐ議席を有していた。彼らが選んだ指導者はチェンバレン氏であり、私が彼に取って代わったことを多くの議員が快く思っていないのを私は認識せざるをえなかった。なにしろ私は長年、批判と激しい非難をくりかえしてきた。しかも、ずっと保守党とは不仲で、自由貿易の件で衝突して離党し、その後、保守党に舞い戻って蔵相に就任したという経緯がある。そのことがおおかたの頭にあるにちがいなかった。インド問題、外交政策、戦争準備を怠っていたことを私は何年も批判し、保守党の名だたる政敵になっていた。その私を首相として受け入れるのは、彼らにとってきわめて不都合だったにちがいない。高潔な人々の多くはつらかっただろう。それに、保守党には、自分たちが選んだ指導者に忠誠を尽くすというきわだった特性がある。戦前の数年間、いくつかの問題で国に対する責務を彼らがじゅうぶんに果たしていなかったのは、任命された首相への忠誠心が邪魔をしたからだった。こういった問題点について、私はこれっぽっちも不安を抱いていなかった。そういったことはすべて、戦争の集中砲火に呑み込まれていたからだ。

私はまず庶民院院内総務と枢密院議長の座をチェンバレン前首相に提示し、前首相は引き受けると答えた。まだ公にはしなかった。この取り決めのもとでは労働党は動きづらいと、アトリー氏が私にいった。連立内閣では、庶民院院内総務は、全党に受け入れられる人間でなければならない。私はそのことをチェンバレン氏に指摘し、快諾されたので、私が一九四二年二月まで院内総務をつとめた。この時期、アトリー氏は私の副首相並みの役割を演じ〔副首相に就任するのは一九四二年〕、日々の業務を遂行した。アトリー氏の野党党首としての長年の経験は、きわめて貴重だった。私はもっとも重大な場合のみ決断を下せばよかった。とはいえ、そういうことが頻繁にあった。保守党では多くが、党首のチェンバレン氏が軽視されたと感じていた。だれもがチェンバレン氏の品位ある行動を尊敬していた。あらたな職務に就いたチェンバレン氏が庶民院に初登院したとき（五月一三日）、保守党議員全員——庶民院の過半数——が立ちあがって、同情と敬意を激しく表した。最初の数週間、私は主に労働党議員席のみから温かい歓迎を受けていた。しかし、チェンバレン氏の忠誠と支援があったので、私は自信を持つことができた。

　労働党の少数分子と、新内閣に含まれなかった有能で熱心な人物数人から、〝罪人〟と、ミュンヘン協定や戦争準備の数多くの不備に責任があった大臣を粛清しろという大きな圧力がかかっていた。そのなかでも、ハリファクス卿、サイモン卿、サミュエル・ホア卿が、主として攻撃にさらされていた。だが、長年、要職の経験がある有能で愛国的な人々の公権を剝奪するようなことが許される時期ではなかった。あら探しをする連中のいいなりになったら、保守党の閣僚の三分の一が辞任しなければならなくなる〔しかし、ホアは結局はずされた〕。チェンバレン氏が保守党党首であることを考えると、そういう措置は国の団結に有害きわまりない。それに、いうまでもなく、いっぽうの側だけに責任があるのではなかった。正式にはそのときの政府が責任を負うべきだろう。しかし、道義的責任は、もっと広い範囲に及ぶはずだ。労働党、自由党、大臣たちのこれまでの演説や投票は、連続する重大事件の前ではどれも愚かしく思えるが、そういうものを延々と引用されたところで、私はそんなものは細部に至るまですべて記憶している。過去の過ちを水に流すよう促すのに、私以上に適した人間はどこにもいなかった。正常な機能に支障をきたすそういう風潮に私は抵抗し、数週間後に述べた。「現在が過去を本気で裁きはじめたら、それは未来を失うでしょう」。この論理と、その時期のとてつもない重圧が、異端者狩りをやろうとしていた連中を封じ込めた。

*

五月一一日の早朝に私はチェンバレン氏に書簡を送った。〃一カ月間、だれも官邸を変えないようにします〃。戦いの危機のさなかに、どうでもいいようなことで不便を味わうのを避けるためだった。私は海軍本部官邸に住みつづけ、地図室と階下の華麗な装飾の部屋を仮司令部にした。アトリー氏との話し合いと新政権組閣の進捗についてチェンバレン氏に報告した。〃戦時内閣と三軍の態勢を今夜までに仕上げて、国王に報告できることを願っています。戦争により、急遽行なうことが必要になりました。……また、私たち［ふたり］は密接に協力しなければなりません。ご不便でなければ、私たちが知り尽くしている一一番地の古い官邸を使っていただけませんか★〃。次のように私は書き添えた。

陸軍とそのほかの軍は、あらかじめ決められた計画に従って戦っているので、きょう閣議をひらく必要はないと思います。とはいえ、貴君とエドワード［ハリファクス卿］が、午後一二時三〇分に海軍本部作戦室に来てくだされば、地図を見てさまざまな物事について話し合うことができるので幸甚に存じます。

イギリスとフランスの前方部隊は、すでにアントウェルペン-ナミュール線に達しており、敵の猛攻撃を受ける前に連合軍各軍が強力に占領確保できる見込みがきわめて高いとされています。約四八時間でそれが達成されるはずで、そのことは非常に重要であると考えられます。いっぽう、ドイツ軍はまだアルベール運河を押し渡っておらず、ベルギー軍は善戦していると伝えられています。オランダも頑強に抵抗しています。

*

この最初の日々に経験した諸事は、まったくもって尋常ではなかった。戦いのさなかに身を置いて、すべての思考がそれに囚われていたにもかかわらず、それについて手を打つことはできなかった。組閣し、さまざまな人間と会い、政党間の釣り合いを調整することに忙殺されていた。どういうふうに時間が費やされたのか憶えていないし、私の記録にも残っていない。当時のイギリスの全閣僚は六〇人ないし七〇人いて、それをジグソーパズルのように当てはめていかなければならなかった。しかも今回は、三党それぞれの主張に配慮しなければならない。組織の長だけではなく、重要な責務のために選ばれた有能な人々にも、数分でもいいから会わなければならなかった。挙国一致内閣を結成するに当たって首相は、それぞれの党の党員のだれに省庁を任せたいかという点について、各党の党首の要望をそれ相応に重視しなければならない。私はこの原則によって決断を迫られた。厚遇されるべきだった人間が、党幹部の助言によってはずされるか、あるいは党幹部の推薦にもかかわらずはずされた場合には、私は遺憾の意を示すことしかできない。しかしながら、総じて厄介な問題はほとんどなかった。

クレメント・アトリーは、庶民院での戦いを熟知している私の戦友だった。社会主義に対する見方だけは異なっていたが、個人がほとんど国家に従わざるをえなくなるような戦争が、そういった意見の相違を呑み込んでしまった。挙国一致内閣がつづいているあいだ、私たちは気楽に信頼し合って協力していた。アーサー・グリーンウッド氏はきわめて勇敢で聡明な助言者で、おおいに助けになるいい友人だった。

自由党の正式な党首アーチボルド・シンクレア卿は、戦時内閣に加えられるべきだと党員たちが考

★ダウニング街一一番地は通常、大蔵大臣の官邸。

えていたので、空軍大臣を引き受けるのは外聞が悪かった。しかし、シンクレア卿を加えることは、小内閣の原則に反する。そこで私は、根本的な政治問題や党の団結に影響があるような場合には、戦時閣議に参加してもらうという折衷案を示した。シンクレア卿は私の友人だし、一九一六年に私がベルギーのプロウグステエール（〝プラグ通り〟）でロイヤル・スコッツ・フュージリアーズ第6大隊を指揮したときには副大隊長で、そのときに私が彼のためにとっておいた大規模な戦闘に参加することを熱望したという経緯があった。そのため、この一件はほとんどなんの悶着もなく、円満に解決した。海軍本部のトロール船大量徴発の影響を緩和するために私が開戦時に知り合ったベヴィン氏は、労働大臣というもっとも重要な職務を引き受けてチームに加わる前に、書記長をつとめる運輸一般労働組合と協議しなければならなかった。それに二、三日かかったが、それだけの甲斐があった。イギリス最大のこの労働組合は、ぜひ引き受けなければならないと全会一致でベヴィン氏に返答し、私たちが勝利を収めるまで五年間、強力に支援してくれた。

もっとも難航したのは、ビーヴァーブルック男爵の任命だった。ビーヴァーブルック男爵はきわめて質の高い仕事をやってくれるはずだと、私は信じていた。前の戦争で経験したさまざまな物事によって、私は航空機の供給と設計を空軍省から切り離すことを決断し、ビーヴァーブルック男爵に航空機生産大臣をつとめてもらうことを望んだ。男爵ははじめのうちは乗り気ではないようだったし、もちろん空軍省は供給部を切り離されることを嫌った。ビーヴァーブルック男爵の任命には、ほかにもいくつか抵抗があった。しかし、イギリスの生存は新型機が順調に生産されることに左右されると、私は確信していた。ビーヴァーブルック男爵の活気に満ちた力強い精力が必要だと思い、私は自分の意見を押し通した。

*

戦時内閣は小規模でなければならないという、議会と報道機関の圧倒的な意見を尊重して、当初、私は五人で戦時内閣を編成した。省を指揮する大臣は、外相のみだった。当然のことだが、戦時内閣はその時点で党を指導していた政治家から成る。重要な物事を実行するのに便利なように、蔵相と自由党党首がたいがい出席し、やがて〝常時出席者〟の数は増えた。だが、すべての責任を負うのは、戦時内閣の閣僚五人だった。イギリスが勝利を収められなかったら、この五人は公開処刑の場であるタワー・ヒルで首を斬られてしかるべきだった。そのほかの閣僚たちは、それぞれの省の過誤によって罰を受けるかもしれないが、国の政策の責任を負うことはない。戦時閣僚以外のものはだれでも、〝この責任もあの責任もとらない〟ということができる。政策の重荷を担うのは、もっと上の人間なのだ。この仕組みによっておおぜいの人々が、その時期にまもなく私たちにふりかかる多くの不安材料から免れることができた。

以下は大戦の推移につれて日々増強された挙国一致内閣の段階を示している。

戦時内閣

一九四〇年五月一一日

内閣総理大臣 第一大蔵卿 兼国防担当大臣 兼庶民院院内総務	*ウィンストン・チャーチル氏	保守党
枢密院議長	*ネヴィル・チェンバレン氏	保守党

王璽尚書	*C・R・アトリー氏	労働党
外務大臣	*ハリファクス卿	保守党
無任所大臣	アーサー・グリーンウッド氏	労働党
閣僚級大臣		
海軍卿	A・V・アレグザンダー氏	労働党
陸軍大臣	*アンソニー・イーデン氏	保守党
空軍大臣	アーチボルド・シンクレア卿	自由党
五月一二日		
大法官	*ジョン・サイモン卿［のち子爵］	自由党国民政府派
大蔵大臣	*キングズリー・ウッド卿	保守党
内務大臣 兼本土安全保障大臣	*ジョン・アンダーソン卿	無所属
植民地大臣	ロイド卿	保守党
商務庁長官	アンドルー・ダンカン卿	無所属
軍需大臣	ハーバート・モリソン氏	労働党
情報大臣	アルフレッド・ダフ・クーパー氏	保守党

五月一三日

インド・ビルマ大臣	L・S・アメリー氏	保守党
保健大臣	*マルカム・マクドナルド氏	労働党国民政府派
労働・国民兵役大臣	アーネスト・ベヴィン氏	労働党
農業食糧大臣	*ウールトン伯爵	無所属
五月一四日		
自治領大臣 兼貴族院院内総務	*カルデコート子爵	保守党
スコットランド大臣	*アーネスト・ブラウン氏	自由党国民政府派
航空機生産大臣	ビーヴァーブルック男爵	保守党
教育大臣	*ハーワルド・ラムズボトム氏	保守党
農業大臣	*ロバート・ハドソン氏	保守党
運輸大臣	*ジョン・リース男爵	無所属
海運大臣	*ロナルド・クロス氏	保守党
戦時経済大臣	ヒュー・ドルトン氏	労働党
ランカスター公領大臣	*ハンキー男爵	無所属
五月一五日		
年金大臣	W*・J・ウォーマスリー卿	保守党
郵政長官	W*・S・モリソン氏	保守党

大蔵省主計長官　＊クランボーン卿　保守党
法務長官　＊ドナルド・サマヴィル卿、K. C.（勅選弁護士）　保守党
スコットランド法務長官　＊T・M・クーパー氏、K. C.　保守党
法務次長　＊ウィリアム・ジョウィット卿、K. C.　労働党
スコットランド法務次長　＊J・S・C・リード氏、K. C.　保守党

＊は前政権の閣僚。

＊

長い政治経験を通じて、私は主な省庁の多くを統率したが、いま私が手に入れた重職がもっとも気に入っていることをよろこんで認めたい。手下に威張り散らしたり、威厳に箔をつけたりするために権力が使われることがあるのは否めない。しかし、国家的危機の際の権力は、どういう命令を下すべきかを知っていると確信している人間にとっては、非常にありがたいものなのだ。どのような領域の行動でも、ナンバー1の立場とナンバー2、3、4の立場を比較することはできない。ナンバー1以外の人々の抱えている責務や問題は、ナンバー1とはまったく異なっているだけではなく、さまざまな面でもっと難しい。ナンバー2や3が、すべてに関わってくる政策に着手しようとすると、つねに不運な状況に追い込まれる。その政策の利点を勘案するだけではなく、上司の考えも考慮に入れなければならない。なにを助言するかということだけではなく、自分の部署ではなにを助言するのが適切であるかを考えなければならない。なにをやるかということだけではなく、どうやって合意を得るか、どうやって達成するかを考えなければならない。さらに、ナンバー2もしくは3は、ナンバー4、5、

6に対処し、場合によっては聡明な外部の人間、ナンバー20も計算に入れる必要がある。下劣な目的を抱いているとはいわないまでも、名声を望む野心が、そういった人々すべての頭のなかでギラギラ光っている。正しいと思われる観点はつねにいくつかあるし、もっともらしく思えることも多い。一九一五年のダーダネルズ作戦で私は、全体を統括できない立場から重要な大規模軍事作戦を敢行しようとしたが、水陸両用作戦という至高の構想が放棄されたために、しばらく評判を落としてしまった。みだりにそういう冒険をやってはならない。その教訓は骨身にしみた。

頂点に立つと、物事が一挙に単純化する。公に認められた指導者は、なにをやるのが最善か、それのみを確信するか、そうでなければ、それについて決意を固めなければならない。ナンバー1には絶大な支持が集中する。つまずきがあったときは、支えられなければならない。過ちを犯したときには、それを取り繕わなければならない。眠っているときには、むやみに邪魔してはならない。ナンバー1が優秀でなかったときには、殴り倒さなければならない。だが、この最後の極端な手段は、日常的に行なうことはできないし、ナンバー1が選ばれた直後にはぜったいにやってはならない。

＊

戦争指導機構の根本的な変化は、外見ではわからないような実質的なものだった。〝憲法は短く漠然としたものであるべきだ〟と、ナポレオンは述べている。私が首相に就任してからも、既存の組織はそっくりそのまま残された。公務に携わっている人間は交替されなかった。戦時内閣と参謀総長委員会は当初、以前とおなじように毎日会合をひらいていた。国王の承認を得て私は国防大臣を自称したが、法律や憲法の変更は行なわなかった。私は権利と義務を明確にしないように用心していた。政府や議会にも特別な権限を要求しなかった。しかし、戦時内閣と庶民院の支援を得られるかぎりにおいて、私が戦争全般の指導を行なうことが了解され、認められていた。私が指導の権限を掌握したことによる重要な変化は、もちろん、権限を定義されていない国防大臣による参謀総長委員会の監督と指揮だった。国防大臣は首相の兼任なので、首相として専門職と政治職の人員の選抜と解任を行なう、きわめて広範な権限を有している。この仕組みによって、参謀総長委員会ははじめて、行政府の長である首相と毎日じかに接触するという当然の適切な立場を獲得し、首相の同意のもとで戦争遂行と部隊運用を全面的に統制できるようになった。

海軍卿、陸軍大臣、空軍大臣の立場は、外見上はなんの影響も受けていないようだったが、実質的には決定的な影響を受けていた。三人は戦時内閣には所属せず、参謀総長委員会にも出席しない。三人はもっぱらそれぞれの省に責任を負っていたが、戦略立案と日々の作戦遂行についての職責は、それとわからないうちにたちまち消滅した。それらの責務は、総理大臣兼国防大臣のもとで、すなわち戦時内閣の権威のもとでじかに作業する参謀総長委員会が決定するようになった。三軍の大臣はきわめて有能で、私の信頼する友人たちだった。私は格式張ることなく、三人を重職に就けた。三人は膨張するいっぽうのそれぞれの軍をうまくまとめて運営し、イギリス流の現実に沿った無理のないやり方で精いっぱい支援した。三人には国防委員会に加わっているという利点があり、私といつでも連絡をとることができたので、すべての情報に通じていた。それぞれの軍の専門家である参謀総長は万事について大臣と協議し、大臣にたいしておおいなる敬意を示していた。しかし、戦争には一本化された指導が不可欠であり、彼らは忠実にそれに従っていた。三軍の大臣の権限が撤廃されたり疑問視されたりすることは一度もなく、だれでも思っていることを発言できた。とはいえ、現実の戦争指導は、まもなくごく少数の人間の手に握られるようになり、従来は困難だったことがいたって――むろんヒトラーのような独裁とは異なるが――やりやすくなった。混沌とした出来事や、私たちが味わった数多くの苦難にもかかわらず、この機構はほとんど自動的に働き、首尾一貫した思考の流れが確立して、きわめて迅速に政府の行動方針を打ち出すことができるようになった。

*

イギリス海峡の向こうで恐ろしい戦闘が行なわれていたし、読者は早くその話を読みたくてうずうずしているにちがいないが、この時点では、私が首相就任当初から着手して実践した軍事その他の問題を処理するための制度や機構について説明するのが、妥当であるかもしれない。私は〝文書〟によって公式業務を行なうべきだと確信している。事後に考察すると、重大事件の衝撃のもとで一時間ごとに行なわれた物事の大半は分別をわきまえていなかったり、実現しなかったりすることがあるかもしれない。しかし、私はそういう危険をあえて冒すつもりだ。軍の規律正しい階級組織内はべつとして、命令を下すよりも意見や要望を口にするほうがいい場合が多いからだ。それでも、合法的に任命された政府首班や大臣、とりわけ国防を指揮している大臣から、じきじきに書面で指示がおりてくれば、それが命令として示されたものではなくても、行動として結実する場合が多い。

私は名前を漫然と使われないようにするために、七月の危機のさなかに、以下の覚書を発した。

総理大臣よりイズメイ将軍、帝国参謀総長《CIGS》、およびエドワード・ブリッジズ卿へ

一九四〇年七月一九日

私から発せられた指示がすべて書面によってなされるか、直後に書面で確認されるはずであることを、明確に理解されたい。書面に記されたものでないかぎり、私が決定したと申し立てられている国防関連問題にはいかなる責任も負わない。

午前八時ごろに起床すると、私はすべての電報を読み、ベッドから口頭で各省と参謀総長委員会に覚書や勧告や指示を連発する。それが済むと交替でタイプされ、毎日、早朝に私のもとを訪れる戦時内閣（陸軍）事務次官で、参謀総長委員会における私の代理のイズメイ将軍にただちに渡される。それによって、午前一〇時三〇分の参謀総長委員会に、イズメイは大量の書面を持参できた。参謀総長たちは私の意見を検討するとともに、全般的な情勢について話し合う。そうすることで、厄介なことが持ちあがってさらに相談が必要にならないかぎり、午後三時から五時のあいだに、私もしくは参謀総長たちが送る一連の命令と電信の準備ができ、緊急に必要とされる決定をすべて伝えられるような合意が私たちのあいだでまとまる。

　総力戦では、軍事とそれ以外の問題をはっきり区別することが不可能に近い。参謀本部と戦時内閣のあいだに、それについての摩擦がなかったのは、戦時内閣官房長官エドワード・ブリッジズ卿の人柄に負うところが大きかった。桂冠詩人ロバート・ブリッジズを父に持ち、とてつもなく有能で、疲れを知らない働き者であるだけではなく、卓越した影響力と才能に恵まれ、ひとを妬む気持ちがこれっぽっちもない魅力的な個性の持ち主だった。ブリッジズ卿がなによりも重視していたのは、戦時内閣官房が首相と戦時内閣に対し能力のかぎりを尽くして機能を果たすことだった。彼は自分の地位のことなど片時も考えなかったし、文民と軍人が刺のある言葉を交わすことが一度もなかったのは、彼の功績だった。

　大きな問題や意見の相違があったときには、私が戦時内閣国防委員会を招集した。当初はチェンバレン氏、アトリー氏、三軍の大臣、参謀総長たちが出席した。この正式会議は、一九四一年以降、もっと少人数で行なわれるようになった。★幹部集団《マシーン》がさらに滑らかに動くようになるにつれて、参謀総長たちが出席する閣議を戦時内閣はもう毎日行なうには及ばないと、私は判断した。そこで、〝月曜日の閣僚観閲式〟と呼ぶものをそのうちに開始した。毎月曜日に、大がかりな集まりをひらく——戦時内閣全員、三軍の大臣、本土安全保障相、蔵相、自治領相、インド相、情報相、参謀総長たち、外相が出席する。参謀総長がおのおの、それまでの七日間に起きたことをすべて明らかにする。外交問題で重要な進展があった場合には、外相がそれを自分の説明で補う。平日のそれ以外の日には戦時内閣のみが会合して、決定が必要な重要事項はすべてそこにあげられる。そのほかの大臣は、論議される問題にもっとも関係が深いときに、その特定の問題を解決するために出席する。戦時内閣では、戦争に影響がある書類すべてがきちんと回覧され、私が送った重要な電報すべてに目を通した。信頼が高まると、現場の運用上の問題に戦時内閣は積極的に介入しないようになったが、注意深く観察し、あらゆることを知り尽くすようにしていた。国内と党内の問題については、戦時内閣が私の重荷を取り除いてくれたので、私は肝心な主題だけに集中できるようになった。今後の重要な作戦すべてについて、私はつねに戦時閣議で適時に彼らと相談した。彼らは関係する問題を入念に検討してくれたが、日時や詳細は明かさないでほしいと要求する場合が多かった。しかも、私がそういった事柄を明言しようとして、制止されたことも何度かあった。

私は国防大臣事務局を省にするつもりは毛頭なかった。それには、前に触れたように法制化と数々の微妙な調整を必要とする。ふつうならほとんどが個人的な善意によって自然と決着するような問題だが、そういう規約を定めるのには不都合な時期だったので、法制化しようとすれば紛糾するにちがいなかった。だが、省がなくても、戦前の帝国防衛委員会事務局が、戦時内閣の軍事部門として、首相の個人的な指導のもとで活動していた。それを指揮していたのがイズメイ将軍で、ホリス大佐とジ

★国防委員会は、一九四〇年に四〇回、一九四一年に七六回、一九四二年に二〇回、一九四三年に一四回、一九四四年に一〇回ひらかれた。

エイコブ大佐がイズメイ将軍の腹心の幹部となり、三軍すべてから特別に選抜された若手将校の一団がそれを補佐していた。この旧帝国防衛委員会事務局が、国防大臣事務局となった。私はこの将校たちに計り知れない恩恵を受けている。イズメイ将軍、ホリス大佐、ジェイコブ大佐は、戦争中に着実に昇級し、評判を高め、ひとりも異動されなかった。機密に通じ、それと密接な関係にある分野の人間を解任するのは、持続的で効率的な作業を迅速に進めるのを阻害するからだ。

早期に多少入れ替えがあったあと、参謀総長委員会でもおなじような安定が守られた。空軍参謀総長の任期が一九四〇年九月に切れたニューアル空軍元帥がニュージーランド総督に任命され、空軍の輝ける星だったポータル空軍元帥がその後任になった。ポータルは戦争中ずっと、空軍参謀総長をつとめた。ジョン・ディル卿は、一九四〇年五月にアイアンサイド将軍のあとを受けて帝国参謀総長《CIGS》（陸軍参謀総長）に就任し、一九四一年一二月に私に同行してワシントンDCへ赴いた。私はローズヴェルト大統領に対するイギリス軍の代表として、合同参謀本部のイギリス側の責任者にディル卿を任命した。ディル卿のアメリカ陸軍参謀総長マーシャル将軍との人間関係は、私たちの活動すべてにとってきわめて貴重になり、二年ほどあとに現職中に亡くなったとき、ディル卿は従来アメリカ人戦士のみの戦死者の館《ヴァルハラ》だったアーリントン国立墓地に葬られるという異例の栄誉を授けられた。後任の帝国参謀総長はアラン・ブルック卿で、終戦まで私とともに働いた。

年初は不運や期待はずれのうちに過ぎた一九四一年以降ほぼ四年間、この小規模な参謀総長や国防関連の幹部の交替は、パウンド提督の現職中の死去による一件だけだった。これはイギリス軍事史上の最高記録であるかもしれない。ローズヴェルト大統領も軍事顧問団についておなじことを成し遂げていた。アメリカ軍の参謀総長たち――マーシャル陸軍参謀総長、キング海軍作戦部長、アーノルド陸軍航空軍司令官に、その後、リーヒ提督が、合衆国陸海軍総司令官（大統領）付参謀長として加わり〔その後の統合参謀本部議長に相当する大統領専属の軍事顧問。リーヒと陸軍、海軍、陸軍航空軍の三名がその後、統合参謀本部を形成する。法制化されるのは戦後〕、アメリカの参戦とともにその制度が発足して、爾来、そのまま継続された。イギリスとアメリカはほどなく合同参謀本部を形成し、それが全方面に計り知れない重要な利益をもたらした。以前は、連合国間にそのようなものは存在しなかった。

イギリス国内で意見の相違がひとつもなかったとはいえないが、私と英軍の参謀総長のあいだには、他者の決定を覆そうとするのではなく、納得させるか説得するべきだという了解のようなものが生まれていた。もちろんそれには、私たちがおなじ専門用語で話ができ、軍の基本方針と戦争の経験の共通した集大成を身につけていたことが役立った。この変化の激しい情勢のもとで、私たちは一丸となって行動した。戦時内閣はさらに大きな自由裁量を私たちに付与し、活発なゆるぎない忠誠心で私たちを支えた。前の戦争とは異なり、政治家と軍人、すなわち〝政府首脳《フロックス》〟と〝高級将校《ブラス・ハッツ》〟——両者の協議を害する不愉快な言葉だ——の分裂はなかった。私たちは当然ながらきわめて親密になり、友情が形成された。それには大きな価値があったと、私はいまも確信している。

戦時の政府の能率は主に、承認された最高権威者が下す決定が、厳密に、忠実に、時間どおりに守られるかどうかに左右される。この危機のさなかのイギリスでは、根本的な目的に専心した戦時内閣の忠誠心と理解力と心の底からの決意によって、それが達成された。艦船、兵士、航空機はあたえられた指示どおりに行動し、工場も指示に従って操業された。こういったすべての手順と、信頼、度量、忠誠に支えられて、私はすぐに戦争のほとんどすべての側面に対して、是が非でも必要な指導を行なうことができるようになった。とてつもなく苦しい時期だったので、それがまさに不可欠だった。この手法が受け入れられたのは、死と滅亡が目前に迫っていることを、だれもが認識していたからでもあった。人が死ぬのを国民すべてが目の当たりにして、それに圧倒されていただけではなく、それとは比較にならないくらい威厳に満ちたもの——イギリスの生命と使命と栄光——が死滅する危険にさらされていた。

*

挙国一致内閣のもとで打ち出された政府の手法について述べるには、私がアメリカ合衆国大統領やそのほかの国々や自治領政府の首脳に送った一連の親書について説明しなければならない。これらの親書について紙面を割く必要がある。政策に必要な具体的決定が閣議でなされたときには、友人や同僚に非公式な書簡として送るために、私はその骨子を網羅する書面を作成し、口述した。たいがいの場合、自分の考えは、自分の言葉で伝えるのがいちばんいい。私が事前に閣議でそれを読みあげることは、めったになかった。閣僚たちの意見は知っていたので、堅苦しくない文案を自由に練った。もちろん、外相や外務省とはひそかに手を組んでいたし、見解の相違があればともに解決した。事後のこともあったが、これらの私的電報は戦時内閣の重要閣僚、関係部局、自治領相に配布した。発信する前に当然のことながら要点と事実に部局ごとの確認を得たし、軍事関連の電文はほとんどすべて、イズメイ経由で参謀総長たちに渡された。この通信は、政府の公式発表や大使たちの作業には反していなかった。それどころか、重要な用件の大部分の主要経路になり、戦争遂行の一翼を担った。この私信は、私の国防相としての責務とおなじくらい、あるいはそれ以上に重要だった。

とことん自由に意見がいえる、ごく少数の内輪の人間が、ほとんどの場合、草稿に賛成してくれて、私への信頼を深めてくれた。例えば、下級職では克服できないようなアメリカの当局との意見の相違は、その組織の長とじかに接触すれば、数時間で決着がつくことが多い。当然ながら、この首脳同士の交渉が効率的であることが、やがて明らかになったので、私はそれが省庁間の目的達成の手段に利用されないように心がけなければならなかった。重要な問題の詳細について大統領に説明してもらいたいという同僚たちの要請を、私は何度となく断らなければならなかった。こういうことで親書がむやみと妨害されたら、秘匿性が損なわれ、あげくのはては無価値なものになってしまう。

私とローズヴェルト大統領の仲は、徐々に親密になり、イギリスとアメリカの主な用件は、実質的に大統領と私のこうした個人的なやりとりを通じて行なわれるようになった。このやり方で、完全な了解が得られた。大統領としてアメリカ合衆国政府を率いているローズヴェルトは、すべての分野で権限をふるって発言し、行動し、私とおなじように戦時内閣を動かしていた。私はほぼ同等の自由裁量を得て、イギリスを代表していた。そのため、きわめて高度な協力関係ができあがった。また、時間の節約と、伝達しなければならない人間の数が減ったことにも、計り知れない価値があった。私がロンドンのアメリカ大使館に打電すると、大使館が特殊な暗号機を使って、ホワイトハウスの大統領にそれをじかに伝達する。返信を受け取るのと物事が決まる時間が早かったのは、時差のおかげだった。私が送る電文は、夕方か夜、もしくは午前二時までに用意し、大統領の就寝前にそれがアメリカに届く。大統領の返信はたいがい、翌朝に私が起きるころに届く。私は合計九五〇通の親書を大統領に送り、約八〇〇通の返信を受け取った。たいへん偉大な人物と連絡をとっていると、私は感じていた。ローズヴェルト大統領は、心の温かい友人であるとともに、私たちが仕えている高潔な大義の最大の擁護者でもあった。

*

アメリカから駆逐艦を調達するという私の意見に内閣が賛成したので、五月一五日の午後、私は総理大臣に就任してからはじめてのローズヴェルト大統領宛の電文をしたためた。非公式な書簡であることを示すために、〝元海軍関係者〟と署名した〔ローズヴェルトは、一九三九年一一月に海軍卿だったチャーチルに、緊密な連絡をとりあうことを提案した。また、ローズヴェルトは一九一〇年代に海軍次官だった〕。戦争中、この気まぐれを私はほとんど例外なく押し通した。

私の職務は変わりましたが、私的な書簡のやりとりを中断することは望んでおられないと確信しております。貴君もまちがいなく気づいておられるように、情勢は急激に暗くなりました。敵は空で圧倒的に優位で、彼らの新しい技法はフランスに甚大な影響をあたえています。地上での戦いははじまったばかりだと私は考えておりますし、一般大衆が参加することを願っています。ヒトラーは現在、戦車と航空機に特化した部隊を有効に使用しています。小国は木っ端のごとくひとつずつ叩き潰されています。まだ確実ではありませんが、ムッソリーニが急いで文明諸国からの略奪の分け前を得ようとすることを、私たちは予想しておかなければなりません。近い将来に航空機と落下傘部隊と空挺部隊によって私たち自身も攻撃されることを予想し、それに備えているところです。必要とあれば、私たちは単独で戦争をつづけますし、それを恐れてはいません。

しかし、認識していただきたいのですが、大統領、アメリカ合衆国の声と力が長期にわたって差し控えられたなら、はかばかしい成果は得られないかもしれません。完全に征服されてナチ化されたヨーロッパが驚異的な早さで確立され、その重圧が私たちには耐えられないほど強まるおそれがあるのです。私がお願いするのは、非交戦状態を宣言してほしいということだけです。それにより貴国は、軍隊を投入して交戦すること以外のあらゆる手段で、私たちを支援することができます。ただちに必要なものは、第一に貴国の旧式駆逐艦四〇隻ないし五〇隻の貸与です。現存の駆逐艦にそれを加えて、開戦時に開始された新規建艦が竣工するまでのつなぎにします。来年のいまごろには、相当数が完成しているはずです。しかし、その間にイタリアがまた潜水艦一〇〇隻で襲いかかってきたら、私たちは極限状態に追い込まれるかもしれません。第二に、貴国がいま納入を受けている最新型航空機数百機を融通していただきたい。この分は私たちが発注してアメリカでいま製造されている分と相殺できるでしょう。第三の問題は、防空装備と弾薬〔銃弾、砲弾、ロケット弾、ミサイルなどの総称〕です。これも来年には潤沢になります。それまで私たちが生きていられれば、ということです。第四の問題は、スウェーデンと北アフリカからの鉄鉱石輸入が滞り、スペイン北部産についてもその可能性があることです。私たちはアメリカの鉄鋼を買わなければならない状況になっています。そのほかの原料についても同様です。ドルで支払うことができるあいだは支払うつもりですが、支払えなくなったときも同様に供給していただけると、ある程度まで確信できれば幸甚です。第五の問題は、ドイツの落下傘部隊か空挺部隊が、アイルランドに降下することが考えられるという報告が多数届いていることです。アメリカ海軍の戦隊一個がアイルランドの港を訪問して居座れば、計り知れない効果があるでしょう。第六は、シンガポールを適宜に使用し、太平洋で日本を押さえていただきたいということです。イギリスの現有資材の詳細については、別便で伝えます。

衷心より敬意をこめて……。

五月一八日、書簡のやりとりの続行を歓迎し、私の具体的な要求に対処しているという旨のローズヴェルト大統領の返信が届いた。旧式駆逐艦四〇隻ないし五〇隻の貸与もしくは供与には連邦議会の承認を得なければならず、いまは最適の時機ではないと記されていた。連合国政府が最新型のアメリカ製航空機、対空装備、弾薬、鉄鋼を入手できるように最善を尽くすとのことだった。これらの件すべてについて、きわめて有能で熱心な私たちの代理人アーサー・パーヴィス氏（その後、航空機の事故で殉職）の陳情が、きわめて好意的に配慮された。アメリカ海軍の戦隊一個にアイルランドの港を訪問してほしいという私の提案を、ローズヴェルト大統領は入念に検討した。日本に関しては、アメリカ艦隊を真珠湾に集結させていると述べられていただけだった。

五月一三日月曜日、私は特別会期中の庶民院に、新政権の信任投票を行なってほしいと頼んだ。さまざまな省庁の要職の任命状況を報告したあとで、私は述べた。「私には血と骨折り〔長時間のつらい仕事〕と涙と汗しか、差し出すものがありません」。イギリスの長い歴史を通じて、これほど簡潔で人気のある計画を首相が議会と国民に示したことは、一度もなかった。私は演説をつぎのように結んだ。

*

私たちの政策はなにかと問われたら、私はこう答えます。海で、陸で、空で、神が私たちにあたえてくださった決意の限りを尽くし、全力をふり絞って戦争を遂行することです。極悪非道の独裁政治国家との戦争を遂行することです。邪悪で嘆かわしい人間の犯罪は枚挙にいとまがありませんが、そのような国が傑出したことは一度もないのです。それが私たちの政策です。私たちの目的はなにかと問われたら、ひとことで答えましょう。勝利――あらゆる犠牲を払い、あらゆる恐怖があっても、勝利をものにすることです。どれほど長く厳しい道のりであろうと、勝利をものにしなければなりません。なぜなら、勝利なくして生き延びることはできないからです。それを認識しましょう。勝利なくして大英帝国は生き延びられない。大英帝国が象徴するもの、人類が目標に向けて進みつづけるための衝動と推進力も、生き延びられない。しかし、私は自分の責務を、楽天的に希望を抱いて引き受けます。私たちの大義が衰えることはないと、私は確信しています。いまここで私は、すべての人々の援けを求める権利があると思い、申しあげます。〝来たれ、そして、強き力を合わせて、ともに前進しよう〟

*

この単純明快な問題について、庶民院は全員一致で賛成し、五月二一日まで休会になった。

私たち全員が、共通の責務をこのように開始した。私はその後五年間、どんなイギリス首相も受けたことがない忠誠と正真正銘の援助を、政府の全政党の閣僚たちからあたえられた。議会は自由に積極的な批判を行なったが、政府が提案するすべての方策を圧倒的に支持し、国民はいまだかつてなかったほど団結し、熱意を燃やしていた。その後、予想をはるかに超えるような恐ろしい出来事が、つぎつぎと私たちにふりかかったことを思えば、そうあるべきだったともいえるだろう。

第二章　フランスの戦い

第一週　ガムラン将軍
五月一〇日―五月一六日

〈D計画／ドイツ軍の戦闘序列／ドイツとフランスの機甲部隊／英仏両軍のベルギー領内進撃／オランダ蹂躙／ベルギー問題／フランス軍の用兵卓越過信／アルデンヌ森林地帯の間隙《ギャップ》／不分明な戦争中のイギリスの困難な立場／D計画の顛末／五月一三日と一四日の凶報／クライスト将軍の装甲集団がフランス前線を突破／英空軍の甚大な損耗／本土防衛の最終的な下限／五月一五日朝、レノーの私への電話／アルデンヌ森林地帯間隙《ギャップ》の前方でフランス第9軍が壊滅／オランダの〝交戦中止〟／イタリアの脅威／私の空路パリ訪問／オルセー通りでの会見／ガムラン将軍の供述／戦略的予備軍、〝一兵もいない《オーキュヌ》〟／ドイツ軍〝突出部《バルジ》〟への攻撃提案／フランスがイギリスの（戦闘機）飛行中隊増援を要請／五月一六日夜、私の閣僚宛電報／飛行中隊一〇個増援に内閣同意〉

私が責任を負うようになった五月一〇日夜の時点では、まだ正式に組閣されていない新政権の同僚も私も、ドイツの低地諸国侵攻に対処するあらたな決定を要求されなかった。フランスとイギリスの参謀たちはガムラン将軍のD計画（Dはベルギーのダイレ川のこと。英仏両軍がベルギー領内に進出し、その川を防御線にするというもの）に全面的に同意していて、夜明けには戦闘行動が開始されるはずだと、だれもが思い込んでいた。じっさい、一一日の朝には、大規模な作戦全体がかなり進捗していた。海側の側面ではジロー将軍のフランス第7軍が、すでにオランダに向けて危険の大きい突進を開始していた。中央では英陸軍第12王立槍騎兵《ロイヤル・ランサーズ》連隊の装甲車斥候がダイレ川に到達し、英仏両軍の最前線の南では、フランス軍の主力、ビヨット上級大将の第1軍集団が、ムーズ川に向けて急いで前進していた。D計画が成功すれば、ドイツ軍と向き合う前線を短くすることで、一二ないし一五個師団を節約できるというのが、連合軍司令官たちの見解だった。もちろん、そのほかにベルギー陸軍二二個師団と、オランダ陸軍一〇個師団がある。それらが加わらないと、西部戦線の英仏部隊の兵力は劣勢になる。したがって、私はこの軍事計画にはいっさい干渉したくなかった。多少の期待は抱いていたが、まもなく行なわれるはずの急襲をじっと待っていた。

とはいえ、あとになってその情勢をふりかえり、よくよく考えると、イギリスの参謀総長委員会が一九三九年九月一八日に作成した報告書がにわかに注目に値するものになる。★その報告書は、ベルギー軍がムーズ川とアルベール運河の前線を有効に維持しないかぎり、英仏軍が救援に駆けつけるのは誤りで、そうせずにフランスの前線を堅守するか、せいぜい左翼をスヘルデ川の前線までわずかに前進させるべきだとしていた。その一九三九年九月以降、ガムラン将軍のD計画を実行するという合意ができあがっていた。その後の空白期間にも、イギリスの参謀総長委員会が示した懸念を弱めるような出来事はひとつも起きていなかった。むしろ逆で、懸念を強めるような出来事が数多く起きていた。ドイツ陸軍は毎月のように兵力を増強し、戦いに熟練して、強力な装甲部隊を擁するようになっていた。いっぽうフランス陸軍は、ソ連が使嗾する共産主義に蝕まれ、前線の陰気な長い冬のために凍えて、かなり衰弱していた。ベルギー政府はヒトラーが国際法とベルギーの中立を尊重することに国の生命を懸け、ベルギー軍首脳は連合国の軍首脳と有効な統合作戦の立案を行なっていなかった。ナミュール＝ルーヴェン線に敷設する予定だった対戦車障害物と防御線は設計が粗末だったうえに、完成していなかった。勇敢で意志強固な兵士多数から成るベルギー陸軍は、中立に違反することを恐れて

★第一巻、五四四―四五ページ。

いたために、紛争に対する身構えができていなかった。そのため、ガムラン将軍が長期にわたって準備していた計画を実行するように通信指令を発する前に、ドイツ軍強襲の第一波によって、ベルギー軍は数多くの地点であえなく蹂躙された。いまやおおかたが、フランス軍総司令部が断固として避けると宣言していた〝遭遇戦〟に勝利を収めることに望みをつなぐ始末だった。

八カ月前の戦争勃発の時点では、ドイツの陸軍と空軍の主力は、ポーランド侵攻と占領に集中していた。ドイツ軍は、アーヘンからスイス国境に至る西部戦線全体に、装甲部隊を含まない四二個師団を配置していた。フランス軍は動員後に七〇個師団相当をその向かい側に配置した。その時点でいくつか根拠が並べられ、ドイツ軍を攻撃するのは不可能であると判断された。一九四〇年五月一〇日の情勢は、当時とはまったく異なっていた。八カ月の遅れとポーランド滅亡を利用した敵は、一五五個師団前後の部隊の武器装備を整え、訓練をほどこした。そのうち一〇個が装甲《パンツァー》師団だった。ヒトラーとスターリンの合意によって、ドイツ軍は東部戦線の兵力を縮小することができた。ドイツ陸軍参謀総長ハルダー将軍は、「ソ連に対峙させるのは、関税を徴収する程度のことしかできない軽装備の掩護部隊でいい」と述べていた。ソ連政府はみずからの運命について悪い予感を感じることもなく、西部戦線の壊滅を見守っていた。その後ソ連はその〝第二戦線〟を熱望し、苦戦しながらそれが構築されるのを長いあいだ待つことになる。そんなわけでヒトラーは、一二六個師団でフランスに猛攻撃を加え、少なくとも重戦車一〇〇〇両を含めた装甲車両三〇〇〇両近くを擁する一〇個装甲師団の強力な装甲車両と兵器を、すべて投入できる立場にあった。

北海からスイスに至る範囲に展開されたドイツ軍の強大な部隊の戦闘序列は、以下のとおりだった。

B軍集団、フォン・ボック将軍麾下の二八個師団から成る。北海からアーヘンまでの前線に集結、オランダとベルギーを蹂躙し、その後、ドイツ軍右翼としてフランスに進撃する。
A軍集団、馳突の主力フォン・ルントシュテット将軍麾下の四四個師団。アーヘンからモーゼル川までの前線の広範囲に配置。
C軍集団、フォン・レープ将軍麾下の一七個師団。モーゼル川からスイス国境まで、ライン川前線を堅守。

ＯＫＨ（ドイツ陸軍総司令部）の予備軍は四七個師団前後で、そのうち二〇個がただちにいずれかの軍集団の後背で予備部隊となり、あとの二七個が全体の予備部隊の役割を果たすことになっていた。この陣容と向き合っていた英仏軍の正確な兵力と配置のことを、当時、私たちはまったく知らなかった。英陸軍師団九個を含めて五一個師団から成るビヨット将軍の第1軍集団――そのうち九個がＧＱＧ（総司令部）予備部隊――が、ロンウィに近いマジノ線の端からベルギー前線までのびて、そこからさらにダンケルクの正面を海までひろがっていた。プレテラ上級大将の第2軍集団とベソン上級大将の第3軍集団は、予備軍四三個師団とともに、ロンウィからスイスに至るフランス国境を護っていた。それらに加えてフランス陸軍は、マジノ線に九個師団を常駐させていた。フランス陸軍は合計一〇三個師団にのぼる。ベルギー陸軍とオランダ陸軍が参加すれば、それぞれの二二個師団と一〇個師団が加勢する勘定になる。両国がただちに攻撃されたため、五月一〇日に連合軍が使用できた師団の総数は一三五個師団で、額面上は現在わかっている敵の兵力と同等だった。前の戦争の基準に照らして考えるなら、適切に組織し、装備し、きちんとした訓練と指揮を行なえば、侵攻を阻止できた可能性が高かった。

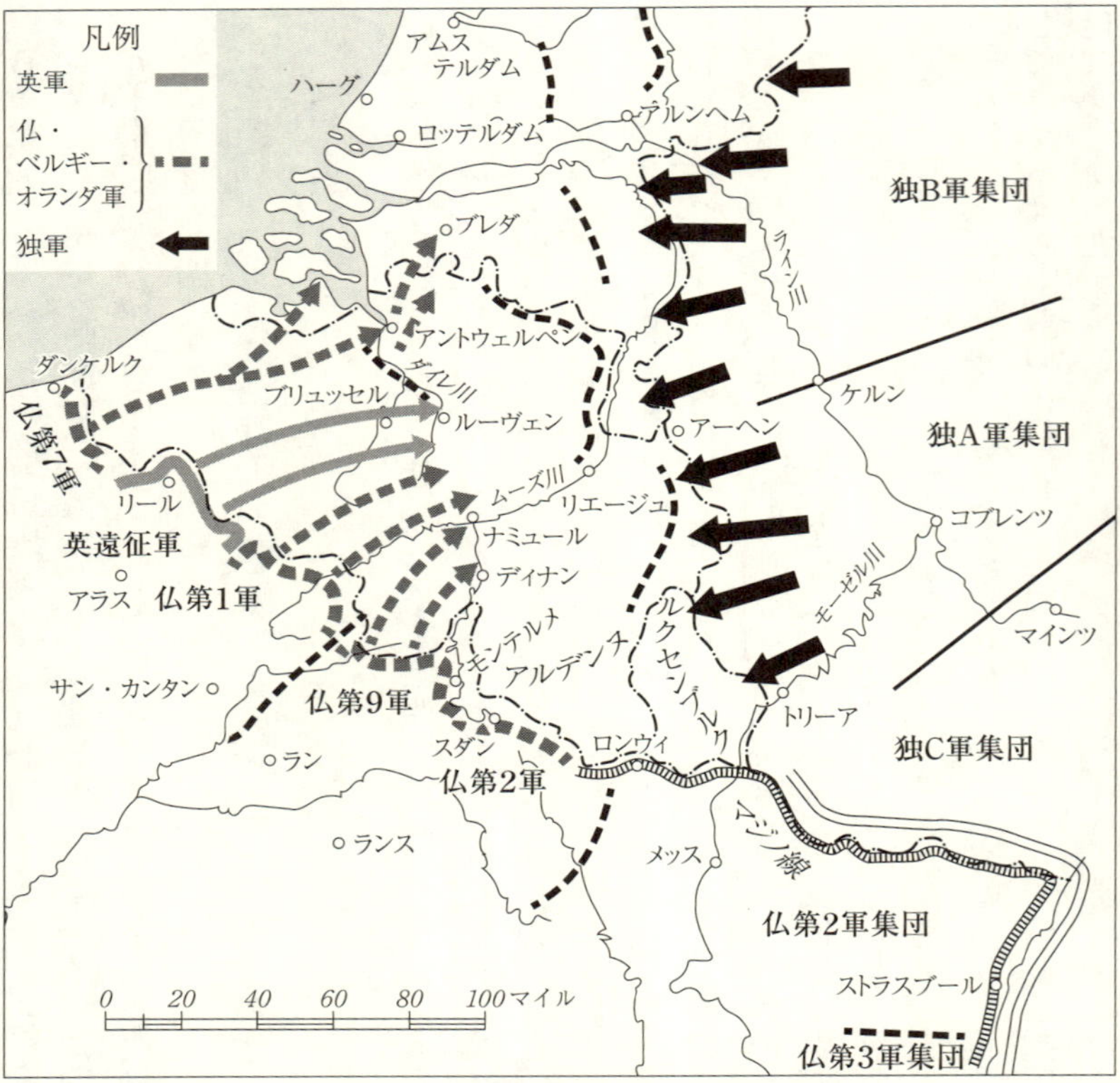

5月10日に開始された前進機動

しかしながら、攻撃の日時、方向、戦力を、ドイツは完全に自由に選ぶことができた。フランス陸軍の半数以上が、フランスの南部と東部で待機していたため、ビヨット将軍の第1軍集団の英仏五一個師団と援軍のベルギー軍とオランダ軍が、ロンウィと海のあいだで、ボックとルントシュテットの七〇個師団の猛攻撃に直面するはめになった。砲弾にほぼ耐えられる造りの戦車と急降下爆撃機という組み合わせは、ポーランドでもっと小規模に使われて大成功を収めたが、今回はそれが主力の攻撃の先鋒をつとめた。さらに、ドイツ軍A軍集団に属しながらも第4、第12、第16

の三個軍とは独立し、五個装甲師団と三個自動車化歩兵師団から成るクライスト騎兵大将の〝装甲集団〟が、アルデンヌ森林地帯を突破して、スダンとモンテルメを目指した。

この近代的な戦法を、フランスは戦車約二三〇〇両で迎え撃ったが、そのほとんどが軽戦車だった。フランスの機甲部隊にも強力な新型戦車が多少はあったが、それらの戦力の半分以上が、歩兵と協同するために分散された軽戦車大隊に属していた。フランスには六個機甲師団★があり、それだけでも大規模な装甲部隊の強襲に抵抗できたはずだが、前線全体に配分されていたために、統一のとれた戦闘行動を行なえるように集結させることができなかった。戦車発祥の地であるイギリスは、初の機甲師団（戦車三二八両）の編成と訓練を終えたばかりで、その師団はまだイギリス本国にあった。

西部戦線に集中的に投入されていたドイツの戦闘機は、数と性能の両方でフランス機よりもはるかに優勢だった。フランスに配置された英空軍は、重要な本土防衛から割いたホーカー・ハリケーン戦闘機一〇個飛行中隊、フェアリー・バトル軽爆撃機八個飛行中隊、ブリストル・ブレニム軽爆撃機六個飛行中隊、ウェストランド・ライサンダー軽爆撃機五個飛行中隊〔本来は直接協同機。さまざまな用途に使われた〕から成っていた。フランスとイギリスの航空部門は、ポーランドで活躍してこの時期に名を馳せ、フランス軍歩兵、ことに有色人種の兵士の心胆を寒からしめた急降下爆撃機〔急降下爆撃機はダイブブレーキ〔急降下時の減速用フラップ〕によって独特の風切り音を出すので、地上の兵士はそれを聞いて恐怖に襲われる〕を保有していなかった。

五月九日の夜から一〇日にかけて、飛行場、通信施設、指揮所、弾薬庫に対して広範囲な空襲が先駆けとして行なわれ、ボックとルントシュテットの軍集団の全部隊が、ベルギー、オランダ、ルクセンブルクの国境を越えてフランスに向けて急進した。ほとんどの場合、徹底した戦術的奇襲に成功し

★この数字には戦車を有するいわゆる自動車化師団が含まれている。

ていた。武装が整っている熱狂的な突進部隊（ナチの突撃隊ではなく、第一次世界大戦のドイツ軍の突撃大隊や特攻隊の概念の部隊）が、軽砲兵とともに数限りなく闇のなかから突然押し寄せた。夜が明ける前に、一五〇マイル（約二四〇キロメートル）の前線に火の手があがった。オランダとベルギーは、なんの前触れも警告もなく急襲され、大声で援けを求めた。オランダは、防御を水路線に頼っていた。占領されたり、管理者が敵に寝返ったりしていなかった水門がすべてあけられ、オランダの国境警備隊は侵略者たちに発砲した。ベルギーはムーズ川の橋数本を破壊したが、アルベール運河の橋二本をドイツ軍に奪われた。

小規模だがきわめて優秀な英軍部隊が加わっていたビヨット将軍の連合軍第1軍集団は、ドイツ軍に国境地帯を侵されたときはただちにD計画どおりに東進し、ベルギー領内に進撃することになっていた。敵の機先を制し、ムーズ－ルーヴェン－アントウェルペン線を防御するのが、その目的だった。その前線の前方では、ムーズ川とアルベール運河に沿い、ベルギー軍主力が待機していた。ドイツ軍の最初の突入をベルギー軍が食い止めることができれば、第1軍集団がそれを支援するはずだった。しかし、ベルギー軍は英仏連合軍の前線まで押し戻される可能性が高く、事実そうなった。その場合には、ベルギー軍の抵抗で時間を稼ぎ、そのあいだに英仏軍があらたな陣地を構築できるだろうと考えられていた。フランス第9軍の重要な前線以外では、それが達成された。海に近いフランス軍の最左翼で、第7軍がスヘルデ川の河口を扼している島々を占領しようとした。できればブレダまで進出し、オランダ軍を支援するつもりだった。連合軍の南側面に関しては、アルデンヌ森林地帯が通過できない障壁になると考えられていた。また、その南にはつねに強力な防御がほどこされているマジノ線が、東のライン川までのびて、スイス国境に達している。したがって、勝敗は連合軍の北側部隊の左カウンターパンチで決すると見られていた。それもまた、ベルギーがどれほど早く占領されるかに左右される。細部に至るまでそういうふうに作戦が組み立てられていて、あとは一〇〇万人を優に超える連合軍部隊に突進しろと号令をかけるだけでいいはずだった。五月一〇日の午前五時三〇分、英遠征軍総司令官ゴート将軍は、フランス軍副総司令官〔のち東北方面軍総司令官〕ジョルジュ将軍の〝警報《アレルト》1、2、および3〟を命じる通信を受領した。ただちにベルギー領内に移動する準備をしろという指示だった。午前六時四五分、ガムラン将軍がD計画実行を命じ、フランス総司令部が長期間にわたって準備していた計画が実行に移されて、英軍はそれに従って、ただちに戦闘行動を起こした。

＊

一九三七年、当時のオランダ首相ヘンドリック・コレイン氏が私のもとを訪れ、オランダの河川氾濫には絶大な防御効果があると説明した。電話を一本かけてボタンをひとつ押させ、氾濫原という通過できない障害によって、侵略者に対抗できると、チャートウェルでの昼食会で述べた。しかし、それは愚かしい考えだった。現代の条件下では、大国は力で小国を圧倒できる。ドイツ軍は、運河に橋を架け、閘門や河川を管理する施設を占領して、あらゆる地点で防御を突破した。たった一日で、オランダのその他の防御線はすべて制圧された。それと同時に、ドイツ空軍は無防備なオランダに猛爆を加えた。ロッテルダムは燃える廃墟と化した。ハーグ、ユトレヒト、アムステルダムも、おなじ悲運に脅かされた。前の戦争とおなじようにドイツ軍が右に方向転換し、迂回されるだろうというオランダの期待はむなしかった。

しかし、打撃を浴びたとたんにオランダ国民は、不屈の勇気で大義のもとに結集した。女王、王族、政府首脳は、英海軍艦によって無事イギリスに逃れ、そこから国民を鼓舞し、海外の広大な帝国を管理した。オランダ海軍と大規模な商船隊は、全面的にイギリスの統制下に置かれ、連合国の活動において尊敬に値する役割を果たした。

ベルギーを弁護するには、もっと綿密な申し立てを行なわなければならないだろう。ベルギーには英仏の将兵数十万人の墓があり、前の戦争で奮闘したことを示している。戦間期のベルギーの政策には、そういう過去への考慮が不足していた。ベルギーの指導者たちは、フランスの内政の脆さとイギリスの優柔不断な平和主義に不安の目を向けていた。そして、厳格な中立にしがみついた。ふたたび侵略される前の数年間、対決する二大陣営に対する態度は、きわめて公平ではあった。そのような苦境にある小国が恐れている諸問題は大目に見る必要があるだろうが、フランス軍総司令部は何年も前からベルギー政府の方針を厳しく批判していた。ベルギーがドイツの攻撃に対して国境地帯を護る唯一の頼みの綱は、フランス及びイギリスとの緊密な同盟だった。アルベール運河やそのほかの水路の前線は、かなり防御しやすいし、宣戦布告直後に英仏両軍がベルギー陸軍の支援を受けてベルギーの国境地帯で適時に陣容を整えていたら、きわめて強力な攻勢の準備が整い、それらの陣地からドイツを攻撃できていたかもしれない。だが、ベルギー政府は、国運は厳格な中立にかかっていると考えた。ドイツの善意と条約の順守だけが、その根拠だった。

イギリスとフランスが参戦したあとも、以前の同盟にふたたび参加するようベルギーを説得するのは無理だった。ベルギーは死しても中立を守ると宣言し、軍の一〇分の九をドイツとの国境地帯に配置するいっぽうで、英仏軍がベルギー領内に進出して同国の防衛か、ドイツの反撃を未然に防ぐための効果的な準備を行なうことを厳しく禁じた。一九三九年冬に英陸軍とフランス第1軍がベルギーの右翼のフランス－ベルギー国境沿いに築いたあらたな前線と対戦車壕だけが、私たちの唯一の方策だった。D計画の全体方針がなぜこういった事実に基づいて再検討されなかったのかという疑問は、いまだに消えていない。英仏両軍はダイレ川やアルベール運河へ向けて危険が大きい急激な前進を行なうのではなく、このフランスの強力な防御線に踏みとどまって戦い、ベルギー陸軍にそこまで撤退するよう促したほうが賢明だったのではないだろうか。

フランス軍の指導者たちが絶大な権限をふるっていて、フランス軍将校すべてがフランス軍の用兵は卓越していると過信していたことを認識しないと、何人《なんぴと》もこの時期の軍事的決定を理解することはできないだろう。フランスは一九一四年から一九一八年まで、恐ろしい地上戦の重荷の大半を担った。戦死者は一四〇万人にのぼった。フォーシュ将軍が連合軍総司令官で、大英帝国陸軍六〇個ないし七〇個師団が、米軍ともども、全面的にフォーシュ将軍の指揮下に置かれた。今回も英遠征軍が参加していたが、三〇万人ないし四〇万人が、沿岸部のルアーヴルの各基地から前線まで薄くのび切っていた。それに対して、フランス軍は一〇〇個師団弱の将兵二〇〇万人以上が、ベルギーからスイスまでの長大な前線を維持していた。したがって、英軍はフランスの命令に従うのが当然だったし、フランス側の判断が受け入れられるはずだった。宣戦布告の瞬間からジョルジュ将軍が英仏軍を戦場で完全に統括指揮し、ガムラン将軍は最高軍事評議会で顧問の立場に引きさがるものと考えられていた。ところが、ガムランは〝大元帥〟として君臨するのをやめなかった。戦局が小康状態だった八カ月のあいだ、ガムランとジョルジュのあいだに権限をめぐって刺々しい応酬があった。私の意見では、ジョルジュ将軍には自分の責任において総合的な戦略計画を立てる機会がなかったのだと思う。

＊

英陸軍参謀本部と現地の司令部は、マジノ線北端とフランス－ベルギー国境沿いに築城された英軍前線のあいだに間隙《ギャップ》があることを、以前から懸念していた。ホア＝ベリシャ陸相が、それを戦時内閣〔この時点ではチェンバレン首相の内閣〕に何度か指摘した。軍の連絡経路を通じて、何度も意見具申がなされた。戦時内閣も英軍指導部も、当然ながら私たちの一〇倍の規模のフランス陸軍を批判するのをためらった。現代の陸軍の大部隊がアルデンヌ森林地帯を通過するのは不可能だと、フランス側は判断していた。ペタン元帥はフランス元老院軍事委員会で、〝その区域は危険ではない〟と告げた。ムーズ川沿岸では大規模な現地調査が行なわれていたが、英軍がベルギー方面で設置したようなトーチカ型の防御陣地や対戦車障害物を設置する予定はなかった。しかも、コラー上級大将の第9軍は、フランス軍の平均的な部隊よりもだいぶ劣る騎兵中隊が主だった。九個師団のうち二個が馬を使用する昔ながらの騎兵で、一部しか機械化されておらず、一個は要塞師団〔予備役の若年兵で編成された国土防衛歩兵師団〕だった。第61と第53の二個師団は二級だが、第22と第18の二個師団は、現役師団にさほど劣ってはいなかった。常勤の正規師団は、わずか二個だった。このとき、スダンからオワーズ川沿いのイルソンまで五〇マイル（約八〇キロメートル）のこの前線に、恒久的に築城された防御施設はなく、熟練兵の師団はわずか二個しかなかった。

あらゆる場所を強化するのは、どだい無理な話だ。国境地帯の細長い区域を軽武装の防護部隊に護らせるのが適切で、それが必要な場合もままある。しかし、もちろんそういう一時的な対策は、敵の攻撃地点が判明した時点で、反撃のために大規模な予備部隊を駆り集められる場合に限られるべきだ。四三個師団、あるいは機動性のフランス陸軍の半数を、ロンウィからスイス国境地帯まで分散させ、マジノ線の要塞や、流れの速い大河のライン川にそのすべての防御をゆだねるというのは、まったくもって不用意な部隊配置だった。防御側が担わなければならない危険は、攻撃の時点で優勢だとわかっている敵が冒す危険よりも、はるかに耐えがたいものだ。きわめて長大な前線の場合には、決定的な戦闘に迅速に介入できる強力な機動性の高い予備部隊で攻撃に対応するしかない。要するに、フランス軍の予備部隊が脆弱で、配置が適切でなかったという批判には相当の重みがある。結局、アルデンヌ森林地帯の後背の間隙《ギャップ》が、ドイツ軍のパリ進撃の最短経路になったわけだが、ここは普仏戦争などでも戦場になった昔からの要衝でもあった。ドイツ軍がここを突破したら、北方で進撃している英仏軍は旋回運動《ピヴォット》ができなくなり、首都パリとの交通も危険にさらされる。

私はチェンバレン首相の戦時内閣に加わっていたから、その行動と怠慢の全責任を負うのにやぶさかでない。しかし、ふりかえってみれば、チェンバレン内閣は、一九三九年秋と冬にフランスと徹底的に議論してこの問題を解決するのを、ためらうべきではなかった。〝どうして英軍部隊をもっと派遣しないのですか？　もっと広範囲の前線を引き受けてくれませんか？〟と、どの段階でもフランスが反論できるので、不愉快で厄介な議論になっていたはずだ。〝予備部隊が不足しているというのであれば、提供していただきたい。フランスはすでに五〇〇万人を動員しています。★私たちは海での戦いについては、あなたがたの考えに従います。イギリス海軍本部の計画に従います。フランス陸軍と、フランスが歴史的に陸地での戦いの用兵に優れていることに、心からの信頼を寄せてください〟というのが、フランスのいい分だっただろう。

それでも私たちは議論すべきだった。

ヒトラーとその将軍たちは、敵国の軍事的意図と全般的な配置を見抜いていた。おなじ一九三九年の秋と冬に、ドイツの工場は戦車を続々と生産していた。製造工場は一九三八年のミュンヘン危機の時点よりも大幅に進歩し、戦局が小康状態だった八カ月のあいだに潤沢な生産を行なっていた。アルデンヌ森林地帯を車両で通過するという物理的な困難に、彼らはたじろがなかった。むしろその逆で、現代の機械的輸送手段と大規模に組織化された道路敷設能力をもってすれば、従来は通行不能とされていたこの地域が、フランスの防御を破り、反撃計画を打ち砕くための、もっとも確実で進軍しやすい最短の経路になると確信した。そこで、ドイツ国防軍最高司令部は、北方の連合軍の曲げた左腕を肩の付け根から切断するために、アルデンヌ森林地帯を大軍で突破する計画を立案した。アウステルリッツの戦いよりも大規模で、速力と武器は異なるが、そのときにナポレオンのフランス軍がプラッ

★フランスの五〇〇万人〝動員〟には、工場や農地の非戦闘員が含まれていた。

ツェン高地でロシア・オーストリア連合軍の中央を突破した軍事行動とよく似ている。ロシア・オーストリア連合軍全体の旋回運動は、それによって断ち切られて崩壊し、中央を破られたのである。

＊

ガムラン将軍の号令を受けて、北方の連合軍はベルギーを救うために突進し、住民の歓声を浴びながら道路を進んでいった。D計画の第一段階は、五月一二日に成就された。フランス軍はムーズ川左岸からユイまでを護り、対岸にいたフランス軍の軽装備の部隊は、敵の圧力が高まる前に後退した。フランス第1軍の機甲師団は、ユイ-アニュ-ティーネン線に達した。ベルギー軍はアルベール運河を奪取されて、ゲーテ川の前線まで撤退し、あらかじめ定められていたアントウェルペンからルーヴェンにかけて布陣した。リエージュとナミュールもまだ護っていた。フランス第7軍は、オランダのワルヘレンとザイト・ベーフェラントの二島を占領し、ヘーレンタルス-ベルヘン・オプ・ゾーム線でドイツ第18軍の機械化部隊と交戦していた。フランス第7軍は進撃速度があまりにも速かったため、すでに弾薬の補給が枯渇していた。英空軍は数で劣っていたが、質では優勢であることが明らかだった。したがって、一二日の夜までは、作戦が頓挫すると思うような理由はなにひとつなかった。

だが、一三日にゴート大将の司令部は、フランス第9軍の前線を押し込んでいたドイツ軍の馳突の圧力に気づいた。日没後、ドイツ軍はディナンとスダンの二カ所でムーズ川西岸に陣地を築いた。フランス軍総司令部《GQG》は、ドイツ軍の攻撃の主力がルクセンブルクを通ってマジノ線左翼に向かうのか、マーストリヒトを抜けてブリュッセルに向かうのか、判断しかねていた。ルーヴェン-ナミュール-ディナンからスダンに至るすべての前線で、熾烈な激戦がくりひろげられていたが、ガムラン将軍が考慮していなかったような条件にさらされたフランス第9軍には、敵が襲いかかる前に陣容を整える時間がなかった。

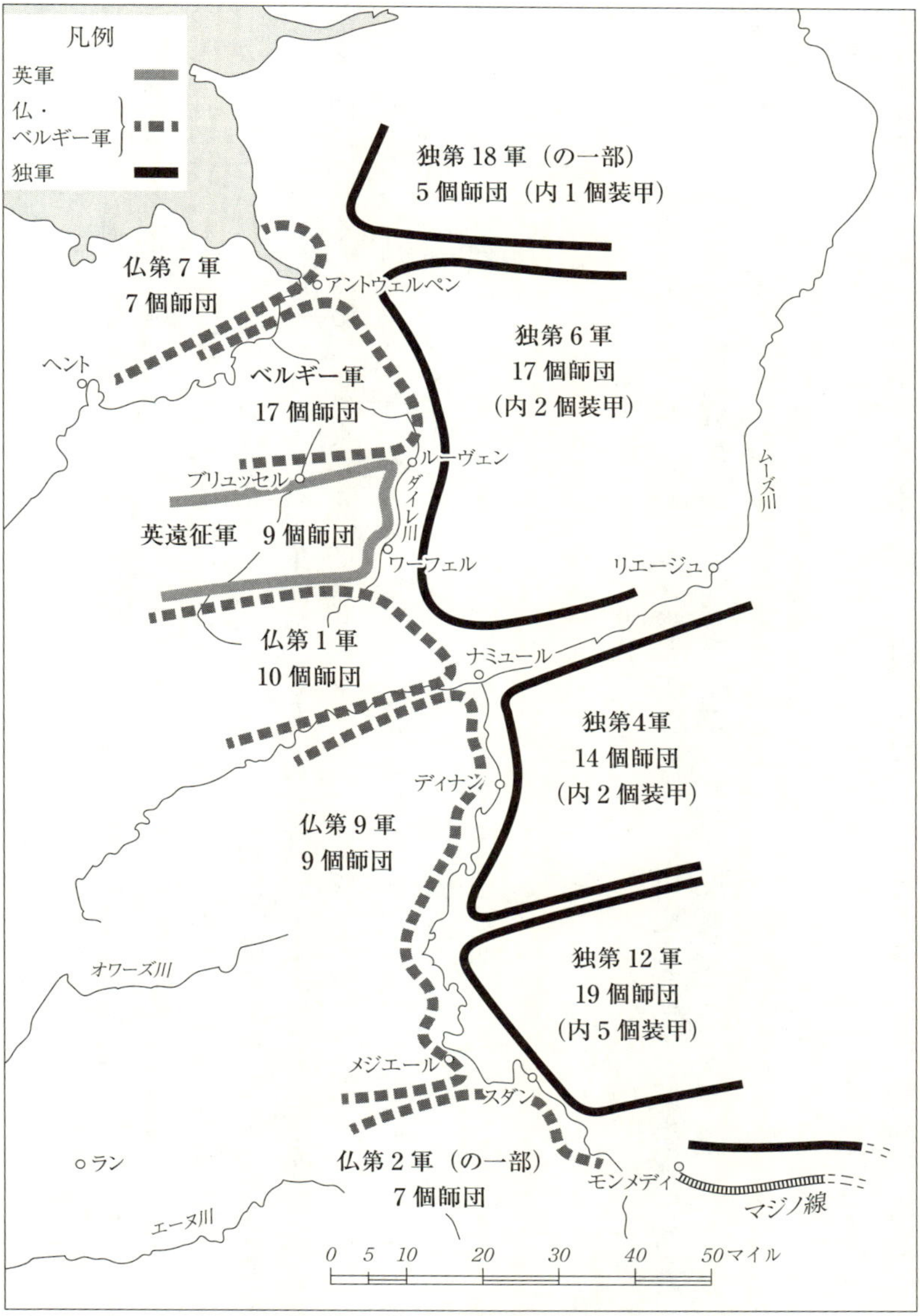

5 月 13 日　彼我の部隊の位置

＊

一四日には、凶報がつぎつぎと届いた。はじめのうちは、なにもかもが漠然としていた。スダンが抜かれ、戦車と急降下爆撃機にフランス軍は抵抗できないので、前線を再構築するために戦闘機を一〇個飛行中隊増援してほしいという、レノー首相からの電文を、午後七時に私は閣議で読みあげた。参謀総長委員会が受信したべつの電報には、おなじ情報に加えて、ガムラン将軍とジョルジュ将軍が情勢を深刻に受け止めていることが記されていた。ガムラン将軍は、敵の進撃がきわめて迅速だったことに驚愕していた。クライストの装甲集団は、膨大な数の各種装甲車両によって正面のフランス軍部隊を四散させるか掃滅し、従来の戦争では考えられなかったような速度で前進できるようになっていた。フランス軍は接敵したすべての地点で、ドイツ軍の戦力と猛攻に圧倒されていた。ドイツ軍の二個以上の装甲師団が、ベルギーのディナン付近でムーズ川を渡河した。そのすぐ北では、フランス第1軍正面での戦闘が、もっとも熾烈だった。英軍第1軍団と第2軍団はなおも、モンゴメリー将軍麾下の第3師団が激しく戦いつづけていたワーフェルからルーヴェンにかけて陣取っていた。もっと北ではベルギー軍がアントウェルペンの防御陣地に向けて撤退していた。海側の側面のフランス第7軍は、進撃していたときよりも速い逃げ足で後退していた。

侵攻とほぼ同時に、私たちは〝英海兵隊〟★作戦を開始し、河川用機雷をライン川に投下し、最初の一週間に一七〇〇個近くが〝流れに乗った〟。それがさっそく成果を上げた。カールスルーエからマインツまでの河川交通のほとんどが中断され、カールスルーエの灌漑用ダムと舟橋多数に損害をあたえた。しかし、この機雷の成功は、大敗の大波に呑み込まれて目立たなかった。

スダン地域の舟橋を主な目標にして、英空軍の飛行中隊は戦いつづけた。命懸けで熱心に攻撃して、数本を破壊し、そのほかにも損害をあたえた。舟橋に対する低空攻撃は、ドイツ軍の対空射撃によって悲惨な損耗をこうむった。任務に成功したあと、六機中一機しか帰投しないことも一度あった。この一日だけで英空軍は六七機を失い、おもに敵の対空砲部隊と交戦したため、破壊できたドイツ機は五三機にとどまった。その夜、フランスに残っていた英空軍機四七四機のうち、運用可能なのはわずか二〇六機だった。

詳報は徐々に届いただけだった。しかし、この規模で戦闘をつづければ、搭乗員の技倆がいくら優れていても、英空軍がまもなく完全に消滅することがすでに明らかになっていた。そのため、私たちは、無防備になって戦争を続行する力を失わないようにしながら、本土からどれほど増援できるかという厳しい問題を押し付けられた。私たち自身も当然ながら対応を促していたし、軍にも強力な意見があって、フランスの絶え間ない熱烈な訴えかけを後押ししていた。そうはいっても、それには限度があり、保有機数が下限に満たなくなると、自分たちの存続を犠牲にするおそれがあった。

この時期、戦時内閣が全員でこういった問題すべてを検討し、一日に数度、会議がひらかれた。首都を防御する戦闘機集団司令官ダウディング空軍大将は、二五個飛行中隊があれば、ドイツ空軍の総力に対抗してイギリス本土を護ることができるが、二五個未満では圧倒されると、私に向かって断言した。空軍が敗北を喫すれば、飛行場と航空機がすべて破壊されるだけではなく、私たちの未来が懸かっている航空機工場も破壊される。同僚たちと私は、戦いのために限界まで危険を冒すことを決意していた――その危険はとてつもなく大きかった――しかし、結果がどうあろうと、限度を超えるつもりはなかった。

★〝英海兵隊〟作戦は、一九三九年一一月にはじめて立案された。機雷はライン川の流れに乗って敵の橋や水運を破壊するよう設計されていた。フランス領の上流から投下された。第一巻補遺Qを参照。

五月一五日の午前七時半、私はベッド脇の電話機にレノー首相からの通話をつないだといわれて、目を醒ました。レノーは英語で話し、重圧にさらされているのが明らかな口調だった。「私たちは敗北しました」。私がすぐに返事しなかったので、レノーはくりかえした。「打ち負かされました。戦いに負けたのです」。私はいった。「こんなに早くそうなるはずがないのでは？」だが、レノーは答えた。「スダン付近で前線を破られ、戦車と装甲車多数が押し寄せています」――というようなことをいった。そこで私はいった。「この攻勢はまもなく終わるでしょう。あらゆる実地の経験がそれを示しています。一九一八年三月二一日（第一次世界大戦末期の西部戦線におけるドイツ軍の最後の攻勢）を思い出します。五、六日後に、ドイツ軍は補給のために停止せざるをえなくなり、反撃の好機がめぐってきます。こういったことはすべて、当時、フォーシュ将軍本人から教わりました」。従来はずっとそうだったので、そのときもそう判断すべきだった。ところが、レノー首相は最初に口にした言葉をくりかえした。それが事実だということが、やがて判明する。「私たちは敗北しました。戦いに負けたのです」。パリへ行って話をするつもりだと、私は約束した。

その日、コラー将軍のフランス第9軍は完全な壊滅状態となり、北から移動して来てコラー将軍と交替したジロー将軍の第7軍と、南で陣容を整えていた第6軍司令部に、第9軍の敗残兵が吸収された。フランス前線には約五〇マイル（約八〇キロメートル）におよぶ間隙《ギャップ》が生じ、そこから敵装甲部隊が大挙してなだれ込んだ。一五日夜には、ドイツ軍第15機甲軍団の装甲車両が、リアールとモンコルネに到達したことが報告されていた。モンコルネは最初の前線の後背六〇マイル（約一〇〇キロメートル）ほどのところにある。フランス第1軍もリマルで幅五〇〇〇ヤードにわたり前線を突破されていた。もっと北では、英軍に対する攻撃がすべて撃退されていた。ドイツ軍の攻撃と右翼のフランス師団の撤退によって、英軍は防御側面を南に向けざるをえなくなった。フランス第7軍はスヘルデ川の西のアントウェルペン防御陣地に後退し、ワルヘレンとザイト・ベーフェラントの二島からも追い出されかけていた。

この日、オランダ国内の抵抗も終わりを告げた。午前一一時にオランダ軍最高司令部の将官たちが捕虜になったためで、脱出できたオランダ兵はごく少数だった。

当然ながら、この全体像はほとんどの方面に敗北の印象をあたえた。私はこの手の苦戦を前の戦争で何度も目の当たりにしていたし、前線が幅広く突破されただけでは、恐ろしい結末が一気に押し寄せるとは思ってもいなかった。前の戦争のあと、私は何年ものあいだ公式な情報を手に入れる立場ではなかったので、高速の大規模な重装甲部隊の急襲という革新的な破壊手段が実現していたことを、まったく理解していなかったのだ。それが存在するのは知っていたが、その能力については以前からの思い込みを改めていなかった。それを理解していたとしても、私にできることはなかった。私はジョルジュ将軍に電話をかけた。将軍はいたって冷静で、スダンの突破口はふさいだと報告した。ガムラン将軍からの電報は、ナミュールとスダンのあいだの形勢は深刻だとしたうえで、戦況は落ち着いていると見ていた。私は午前一一時にレノーの言葉とそのほかの知らせを閣議で報告した。

一六日、ドイツ軍先鋒部隊は、ラ・カペル－ヴェルヴァン－マルル－ランの前線に沿って布陣し、第14軍団の前衛がモンコルネとヌフシャテル・スル・エーヌにいて支援していた。ランの陥落で、スダン近くの国境地帯から六〇マイル（約一〇〇キロメートル）近くドイツ軍に押し込まれたことが確実になった。フランス陸軍と英遠征軍は、この脅威と強まるいっぽうの圧力を受けて、スヘルデ川まで三段階で撤退するよう命じられた。こういった詳細は陸軍省にも知らされておらず、実情について明確な見通しを立てることはできなかったが、危機が重大であることははっきりしていた。その日の午後に、なんとしてもパリへ行かなければならないと私は思った。

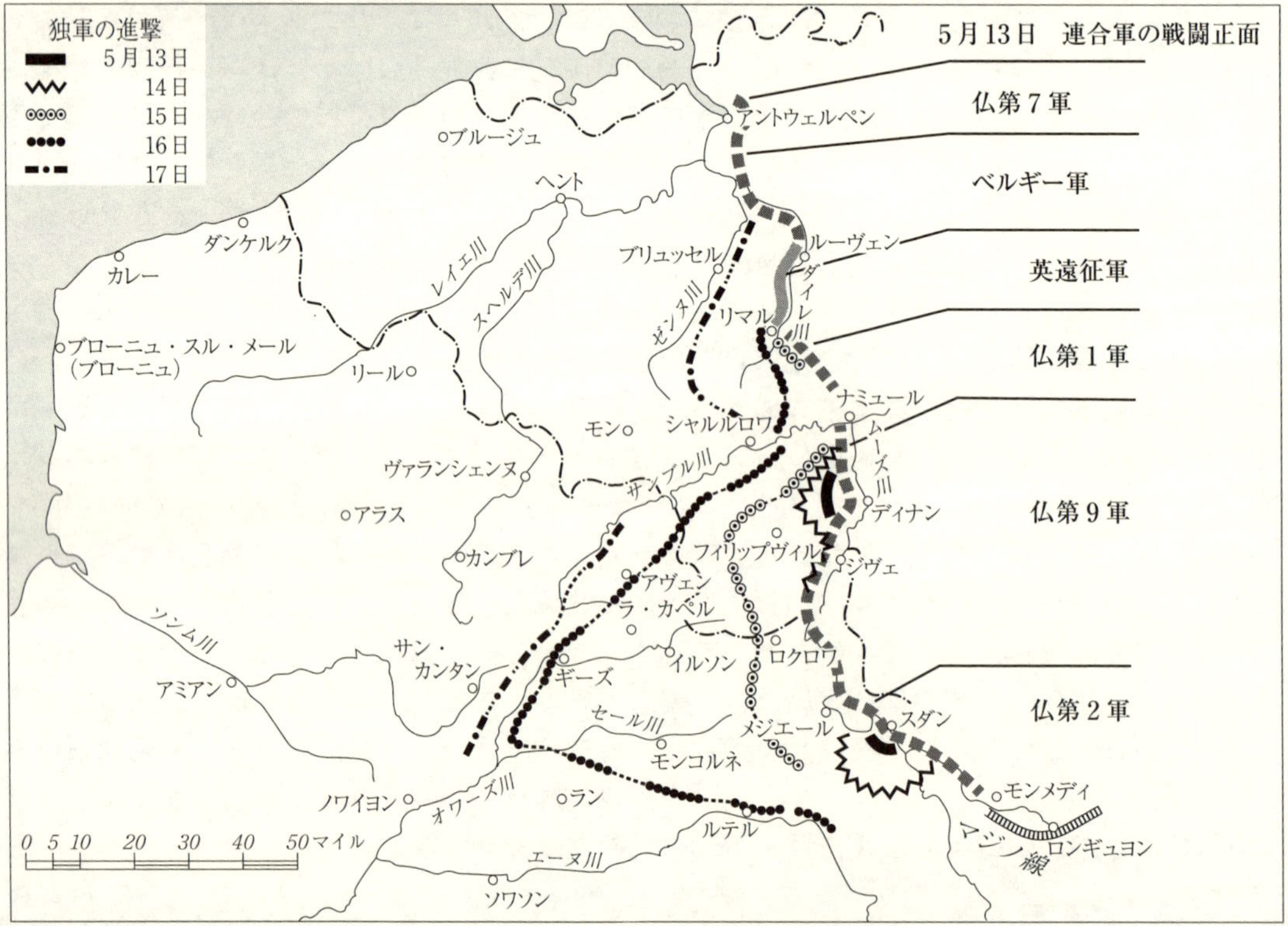

1940年5月13-17日　ドイツ軍の連日の進撃

＊

前線で惨憺たる出来事がつづいているため、あらたな敵が私たちに襲いかかることが予想された。イタリアの方針が変わることを示す兆候はなかったものの、海運大臣は地中海の海運を減らすよう指示された。今後、アデンからイギリス本土に向かうイギリス船はいない。オーストラリアからイギリスに兵員を運ぶ最初の船団は、すでに喜望峰回りに航路を変更していた。国防委員会は、イタリアとの戦争が勃発した場合の戦闘行動を勘案するよう命じられていた。ことに、クレタ島に関するものが必要だった。アデンとジブラルタルの民間人避難計画も実施段階にはいっていた。

＊

午後三時ごろに、私は政府の専用旅客機デ・ハヴィランド・〝フラミンゴ〟でパリに向かった。帝国参謀次長ディル将軍とイズメイ将軍が同行した。

〝フラミンゴ〟は高性能の飛行機で、たいへん乗り心地がよく、一四〇ノットで巡航できる。非武装なので護衛機が一機用意された。上昇して雨雲にはいり、一時間強でル・ブールジェ空港に到着した。〝フラミンゴ〟から降機したとたんに、情勢が想像していた以上にとてつもなく悪化していることが、はっきりとわかった。私たちを出迎えた将校たちが、ドイツ軍はせいぜい数日でパリに達すると思われると、イズメイ将軍に告げた。情勢について大使館で説明を受けたあと、私たちは五時三〇分にオルセー通り〔フランス外務省〕に到着し、華麗な装飾の一室に案内された。レノー首相がそこにいた。ダラディエ国防相とガムラン将軍もいた。全員が立っていた。さっそく私たちはテーブルを囲んで着席した。だれもが顔に憂色をたたえていた。ガムランの前に置かれた画学生用のイーゼルに、二ヤード（約一八〇センチ）四方の地図が一枚貼られ、連合軍の前線が黒インクの線で表わされていた。この線がスダン付近で、小さいが不気味な突出部《バルジ》〔敵陣に打ち込まれた〝楔〟でもある〕を描いていた。

ガムラン総司令官が、一部始終を手短に説明した。スダンの北と南で幅五〇マイルないし六〇マイルにわたり、ドイツ軍が前線を突破した。その前方のフランス陸軍は殲滅されるか、散り散りになった。装甲車両が前代未聞の速度で、アミアンとアラスに向けて猛烈な勢いで殺到している。アブヴィル付近で海岸線に到達することを目指しているか、あるいはパリに向かおうとしているのかもしれない。装甲部隊の背後にはすべて自動車化されたドイツ軍八個ないし一〇個師団がいて、進みつづけながら側面攻撃を行ない、楔を打ち込まれたために左右に分断されたフランス軍二個に向けて進んでいる。ガムランが五分ほど話をするあいだ、だれもひとことも漏らさなかった。ガムランが言葉を切ると、だいぶ長いあいだ沈黙が流れた。やがて私はきいた。「戦略的予備軍はどこですか？」それから（あらゆる面で）可もなく不可もないフランス語に切り換えた。「予備軍はどこですか《ウ・エ・ラ・マッス・ドゥ・マヌーヴル》？」ガムラン将軍が私のほうをみて、一度首をふり、肩をすくめていった。「一兵もいない《オーキュヌ》」

また長い沈黙が流れた。オルセー通りの庭園の外では、大きな焚火から煙があがっていた。政府高官たちが手押し一輪車に積んだ書類をそこへ運んでいるのが、窓から見えた。要するに、パリから撤退する準備が開始されていた。

経験を積むことには数々の利点があるが、物事は二度とおなじようには起きないという欠点もともなう。だからこそ、人生はそう容易ではないのだ。そもそも前線を破られるのはよくあることだし、たいがいの場合陣容を立て直し、攻撃の勢いを殺いできた。しかし今回は、私がこれまで直面すると予想もしていなかったあらたな要素が、ふたつあった。ひとつは、装甲車両の急襲を食い止められず、田園地帯の交通がすべて蹂躙されたことだった。もうひとつは、戦略的予備軍が〝一兵もいない《オーキュヌ》〟ことだった。私は愕然とした。偉大なフランス陸軍とその最高指導者たちは、いったいどうしたのか？敵と交戦している長さ五〇〇マイル（約八〇〇キロメートル）の前線を護る指揮官たちに機動部隊（敵の側面を衝くなどの機動［機略的運動］を担う部隊）が一個も用意されていないとは思いもよらなかった。何人《なんぴと》であろうと、広い前線を確実に護ることはできない。しかし、敵が大規模な猛進撃によって前線を破ったときには、攻撃側が最初の勢いを失ったとたんに、そこへ駆けつけて猛烈な反撃を行なう予備の多数個師団がつねに**いなければならない。**

マジノ線は、いったいなんのためにあるのか？　それがあれば、国境地帯の広い範囲に配置する兵員を節約できるはずだった。局地的な反撃の拠点になるだけではなく、大部隊を予備として収容するのにも使えるはずだった。それらすべてを手配するのが、唯一の方策だった。ところが、予備軍はない。正直いって、それは私が人生で食らった最大の不意打ちのひとつだった。海軍本部の仕事に忙殺されていたとはいえ、なぜそれを知らなかったのか？　イギリス政府とよりによって陸軍省は、どうしてそのことを知らなかったのか？　フランス軍総司令部が部隊配備を私たちやゴート将軍に漠然と知らせていただけだったことに弁解の余地はない。私たちには知る権利がある。私たちは執拗に問いただすべきだった。英仏両軍は、ともに戦っているのだ。私は窓のそばに戻り、フランス共和国の書類を燃やしている焚火から立ち昇る煙の渦を見た。年配の紳士たちが、あいかわらず手押し一輪車で運んではせっせと炎のなかに投げ込んでいた。

高官たちが入れ替わりながら、さまざまなやりとりがなされた。レノー氏はそれを詳細な記録として残している。それによれば、北方の部隊は撤退させるべきではなく、反撃させるべきだと私が主張したことになっている。たしかに、気分としてはそうだった。しかし、これは熟慮された軍事的意見ではなかった。★パリでのこの会見は、大惨事のすさまじさやフランスの明らかな絶望を、私たちがはじめて認識した瞬間として記憶されなければならない。イギリス側は作戦を指揮していなかったし、前線のフランス軍の一〇分の一の規模の英遠征軍は、フランス軍の指揮に従っていた。私も同行した英軍の幹部将校二人も、完敗を喫したとフランス軍最高司令官と首相が明らかに確信していることに、愕然としていた。私がなにを口にしたにせよ、それに対して激しく反応したにすぎない。だが、彼らの意見はまったく正しく、できるだけ迅速に南に撤退することが不可欠だった。その明々白々な事実を、だれもがすぐに悟った。

やがて、ガムラン将軍がまた話をはじめた。その後〝突出部《バルジ》〟と呼ばれるようになる、前線を突破された部分の側面を攻撃するために部隊を集結させるべきかどうかを、ガムランは検討した。前線の平穏な部分、つまりマジノ線から八個ないし九個師団を引き抜く。まだ交戦していない機甲師団が二個か三個ある。アフリカからも八個ないし九個師団を移動させれば、二週間ないし三週間で戦域に到着する。アルデンヌ森林地帯の間隙《ギャップ》の北に配置されたフランス軍をジロー将軍が指揮している。今後ドイツ軍は、前線二本のあいだの縦走地形《コリドー》〔稜線や水系の方向が、部隊の移動方向とほぼ並行しているような地形〕を進むはずで、一九一七年から一八年にかけて行なわれたのと似たような戦闘になる。ドイツ軍は左右の側衛を強化すると同時に装甲部隊の急襲を活発にしなければならないので、ひょっとすると回廊を堅持できなくなるかもしれない。ガムランは以上のような趣旨のことを述べ、すべて手立てではあった。しかし私は、小規模だがそれまで影響力が強かったこの首脳部のいうことには、まったく説得力がないことを感じていた。そこで私は、いつどこで突出部《バルジ》への側面攻撃を行なうのかと、ガムラン将軍にきいた。ガムランは、「兵力が劣っている。装備が劣っている。戦法が劣っている」と答え――力なく肩をすくめた。議論はなく、議論の必要すらなかった。それに、兵力であまり貢献していないイギリスの立場は弱かった――開戦から八カ月が過ぎているのに、一〇個師団しか投入しておらず、現代的な戦車師団は一個も戦闘に参加していなかった。

ガムラン将軍と言葉を交わしたのは、それが最後だった。ガムランは愛国者で、善意の人であり、

軍人としての技倆は優れていた。彼なりのいい分があったにちがいない。†

＊

ガムラン将軍と総司令部がその後に述べた意見に押されて、フランス政府は航空戦力が劣悪であることをしきりと唱え、英空軍の飛行中隊をもっとよこしてほしいと真剣に嘆願した。戦闘機だけではなく爆撃機も必要だが、とりわけ戦闘機がほしいと要求した。フランスは失陥するまで、会議のたびに戦闘機の来援を懇願した。ガムラン将軍は、それを訴えるにあたって、戦闘機はフランス陸軍の掩

★そこであったことについて、あれこれ書かれるようになったときに、私はずっとそばにいたイズメイ将軍に記憶をたどってもらうよう頼んだ。イズメイはつぎのように述べている。

「私たちはテーブルを囲んで座っていたのではなく、たいがい数人で歩きながら話をした。なにをなすべきかについて貴君（チャーチル）は〝熟慮された軍事的意見〟を表明しなかったと、私は自信をもっていえる。私たちがロンドンを出発するとき、スダンで前線を突破されたのは重大だが致命的ではないと、私たちは判断した。一九一四—一八年にも〝突破〟〔主力で敵正面を突破分断し、組織的に反撃できないようにして各個撃滅を図る攻撃機動〕はあったが、突出部を片側もしくは両側から反撃しておおむね阻止した。

フランス軍総司令部が全面的な敗北だと考えていることがわかると、貴君はガムランに数多くの質問をした。それには二重の目的があったと、私は確信している。ひとつは、一部始終とガムランがなにをやると提案するかを知ること。もうひとつは、恐慌を抑えること。〝敵軍の突出部《バルジ》の側面に対していつどこで反撃を加えるのか？北からやるのか南からやるのか？〟というのが、質問のひとつだった。会議では貴君は具体的な戦略もしくは戦術的意見を押し付けようとはしなかった。貴君のさえずるような口舌の趣旨は、〝事態は悪いかもしれないが、ぜったいに救いがたくはない〟というものだった」

†ガムランの著書 *Servir*（『軍務に服す』）は、重大事件にまつわる個人的な行動や戦争の趨勢全般の解明にはほとんど役立たない。

護だけではなく、ドイツの戦車を阻止するのに必要だと唱えた。それに私は反論した。「ちがいます。戦車を阻止するのは砲兵の役目です。戦闘機の役目は、戦場で空の敵を掃討《ネトワイエ・ル・シエル》することです」。いかなる場合も、首都を防衛する戦闘機部隊を引き抜かないことがきわめて重要だった。イギリスの生存がそれに懸かっている。しかしながら、ぎりぎりまで切り詰めざるをえなかった。パリ行きの前の朝、四個飛行中隊をフランスに派遣する許可を私は閣議で取り付けていた。パリの大使館に戻り、ディルと話し合ったあとで、さらに六個を急派する許可を私は求めた。そうすると、本土防衛の戦闘機は二五個飛行中隊しか残らない。それが最終的な下限だった。とにかく、意見が割れるはずの決断だった。私はイズメイ将軍に、ロンドンに電話し、一時間ほどあとで送る緊急電信をただちに検討できるように閣議招集を指示してほしいと頼んだ。インド陸軍将校ひとりが事務室に詰めるようあらかじめ手配してあり、イズメイは電信をヒンドゥスターニー語〔チャーチルはインド独立の際の因縁から、ヒンディー語といわずにこういったのかもしれない〕で書いた。電文は以下のとおりだった。

一九四〇年五月一六日、午後九時

以下の件を検討するためにただちに閣議をひらいてもらえるとありがたい。戦況は極度に重大。スダンを抜いたドイツ軍のすさまじい猛進撃により、フランス軍は足場を失った。大半は北、そのほかがアルザスにいる。パリを防衛し、幅が五〇キロメートルに達している突出部《バルジ》を側面攻撃するために二〇個師団を移動するのに四日以上かかる。

［ドイツ軍の］三個装甲師団及び二個ないし三個歩兵師団が、すでに間隙《ギャップ》を通って進軍し、その後方から大部隊が疾く前進している。したがって、味方はふたつの大きな危険に脅かされている。まず、ＢＥＦ（英遠征軍）は大部分が中途半端な状態で取り残され、困難な戦線離脱と以前の前線への撤退を行なわな

ければならない。つぎに、ドイツ軍の馳突によってフランス軍の抵抗が弱まり、陣容を立て直すことができなくなるかもしれない。

なんとしてもパリを防衛しろという命令が下されているが、フランス外務省ではすでに庭で書類を焼却している。パリの命運は今後二日、三日、四日のうちに定まるだろうし、フランス陸軍の命運もおそらく同様だろうと、私は考えている。したがって、私たちは、フランスが絶大な謝意を示している四個飛行中隊に加えてさらに戦闘機を増援すべきかという問題に直面している。また、長距離重爆撃機の大半をあす以降の夜に展開し、ムーズ川を越えて突出部《バルジ》に向かうドイツ軍大部隊への爆撃を命じるべきかどうかという問題もある。結果は保証できないが、この〝突出部《バルジ》の戦い〟〔むしろ一九四四年一二月から一九四五年一月にかけてアルデンヌで行なわれた決戦がこの名称で名高い。チャーチルはそれを想起させたかったのかもしれない〕に勝たなかったら、フランスの抵抗はポーランドとおなじように急激に打ち破られるかもしれない。要求された戦闘機飛行中隊（六個以上）をあす派遣すべきだと、私個人は感じている。使用できる英仏航空部隊すべてを集中し、今後二日か三日、突出部上空を制する。局地的な目的のためではなく、フランス軍に勇猛さと力を取り戻す最後の機会をあたえるためだ。フランスの要求を蹴り、その結果フランスが滅亡したら、歴史的にもかんばしくないだろう。また、重爆撃機の強力な部隊による夜間爆撃も手配できる。敵の航空機と戦車はいま分散して手薄になっているもようだ。われわれが強力な反撃を行なえば、敵の進軍はきわめて困難になる。そのことを軽視してはならない。ここでの作戦行動がすべて失敗したとしても、ＢＥＦが撤退しなければならなくなった場合に、われわれの空の攻撃部隊をその方面に移動して支援できる。戦機がきわめて深刻であることをあらためて強調し、上記の意見を述べるしだいである。閣議の方針を示してもらいたい。ディルは同意している。フランスを激励するために午前零時までに回答がほしい。大使館のイズメイに電話して、ヒンドゥスターニー語で伝えてもらいたい。

一一時三〇分ごろに返事が届いた。閣議は〝イエス〟と述べた。私はただちにイズメイとともに、レノー首相のフラットへ自動車で行った。真っ暗闇に近いなかで、そこを探し当てた。しばらくしてレノーがガウン姿で寝室から現われたので、私は朗報を伝えた。戦闘機一〇個飛行中隊！　ダラディエ氏を呼ぶよう私は説得し、呼び出されたダラディエ氏が自動車に乗せられてやってきて、イギリス内閣の決定を聞いた。こうすれば、イギリスの乏しい手段の許す限り、フランスの友人たちを元気づけられるだろうと、私は期待していた。ダラディエはひとこともいわなかった。ゆっくりと椅子から立ちあがり、私の手をぎゅっと握った。私は午前二時ごろに大使館に戻り、ぐっすり眠ったが、小規模な空襲と砲声でときどき寝返りを打った。朝になると帰国し、さまざまな関心事を抱えているなかで、新政府の第二層の構築に精を出した。

第三章　フランスの戦い

第二週　ウェイガン将軍
五月一七日—五月二四日

〈戦闘の重大局面の悪化／地域防衛義勇隊／東方からの援軍／五月一八日と二〇日の私のローズヴェルト大統領宛電報／五月一九日、ガムラン将軍の最終命令第12号／フランスの閣僚交替／ウェイガン将軍任命／五月二〇日、小型船舶に対する最初の命令／〝ダイナモ〟作戦／ウェイガンの前線視察／ビヨット将軍、自動車事故で死亡／フランス軍、ドイツ軍装甲部隊に対する接近戦を怠る／五月二一日、アイアンサイド将軍復命／議会が政府に異例の権限を付与することを可決／私の二度目のパリ訪問／ウェイガンの計画／北方の軍の危機／アラス付近の戦闘／レノー首相との電報のやりとり／ジョン・ディル卿、帝国参謀総長に就任〉

戦時閣議が一七日午前一〇時に招集され、私はパリ訪問の経緯と自分に判断できる範囲での戦況を伝えた。

追加の戦闘機飛行中隊をフランスに派遣すると、イギリスの安全は重大な危険にさらされる。フランスが最大限に努力しないかぎり、それを受け入れるのを正当化できないとフランスに告げたことを、私は説明した。航空戦力の増派は、イギリスの内閣がいまだかつて経験したことがない重大な問題だったと、私は感じていた。ドイツ軍の航空機の損耗は、私たちの四倍ないし五倍だといわれていたが、フランスの戦闘機が四分の一しか残っていないことも聞かされていた。この日、ガムランは戦況を〝敗北〟だと判断し、「パリの安全はきょう、あす［一八日］、その翌晩までしか保証できない」といったと報告されている。ノルウェーでは、私たちはいつでもナルヴィクを占領できそうな状況だったが、現地司令官のコーク卿には、フランスからの報せを考慮するとこれ以上援軍は送れないと伝えてあった。

戦闘の重大局面は、一時間ごとに悪化していた。ジョルジュ将軍の求めに応じて英軍は、ドゥエからペロンヌまでの要所すべてを占領して側衛を延長していた。予想される南への撤退路の中心であるアラスを護るための方策だった。その午後に、ドイツ軍がブリュッセルに入城した。ドイツ軍は翌日にフランスのカンブレに達し、サン・カンタンを通過して、ペロンヌ郊外で私たちの小部隊と接触した。フランス第7軍、ベルギー軍、英軍、フランス第1軍は、スヘルデ川に向けて撤退をつづけた。英軍はその日のあいだデンデル川沿いに布陣し、アラス防御のために支隊〝ピーター部隊《フォース》〟（主力から切り離された部隊で、ピーター少将の指揮下で作戦行動に従事した）を臨時編成した。

午前零時（五月一八日から一九日にかけて）に、ゴート将軍の司令部をビヨット将軍が訪れた。このフランス軍将軍の人格もその提案も、同盟軍のあいだに信頼を醸成するようなものではなかった。その瞬間から、英遠征軍総司令官のゴート将軍の脳裏には、海岸まで撤退することになりかねないという考えがこびりついた。一九四一年三月に発表された公文書に、ゴート将軍は記している。「戦況はいまや［一九日夜］前線が曲げられたとか一時的に突破されたというようなことではなく、要塞を包囲された様相を呈している」

パリ訪問と閣議での議論の結果、私は同僚たちに包括的な質問を行なう必要があると考えた。

総理大臣より枢密院議長へ　　一九四〇年五月一七日

フランス政府がパリから撤退するか、パリが陥落した場合の影響について、またBEFを陸路かベルギーや海峡沿いの港を使ってフランスから引き揚げる必要が生じた場合の問題について、今夜、検討してくださったのは、まことにありがたいことでした。この報告書が既存の考慮すべき案件の一覧などではなく、参謀に伝えるべきものであることが、ただちに理解されました。私は六時三〇分に軍幹部と会う予定です。

＊

オランダがあっという間に蹂躙されたことを、だれもが意識していた。イーデン陸相がすでに戦時内閣に、地域防衛義勇隊の編成を提案しており、その計画が精力的に推し進められた。国中のすべての町や村で、決意の固い男たちの一団が結成され、ショットガン、狩猟用ライフル、棍棒、槍で武装した。その後、これをもとに巨大な組織が生まれる。しかし、正規軍もおなじように必要不可欠だった。

総理大臣よりイズメイ将軍、参謀総長《COS》へ

一九四〇年五月一八日

1．先駆けの落下傘兵につづいて輸送機からもきわめて多くの兵士が上陸する可能性があるので、イギリス本土の当てにできる兵員はとうていじゅうぶんであるとは思えない。ただ、フランスでの大規模な戦いがまだ決着がついていないので、現時点ではこの危険が差し迫っているとは考えていない。以下の措置を、早急に行なうという観点で考慮してほしい。

（i）スエズ運河を抜けるオーストラリア軍輸送船で、パレスチナから正規歩兵八個大隊を本土に運ぶべきだ。多少の危険はあるが、きちんとした船団を組ませ、最適な航路を選ぶ。地中海通航が可能であることを願っている。

（ii）オーストラリアの高速船団が、一万四〇〇〇人を積載して六月初旬に到着する。

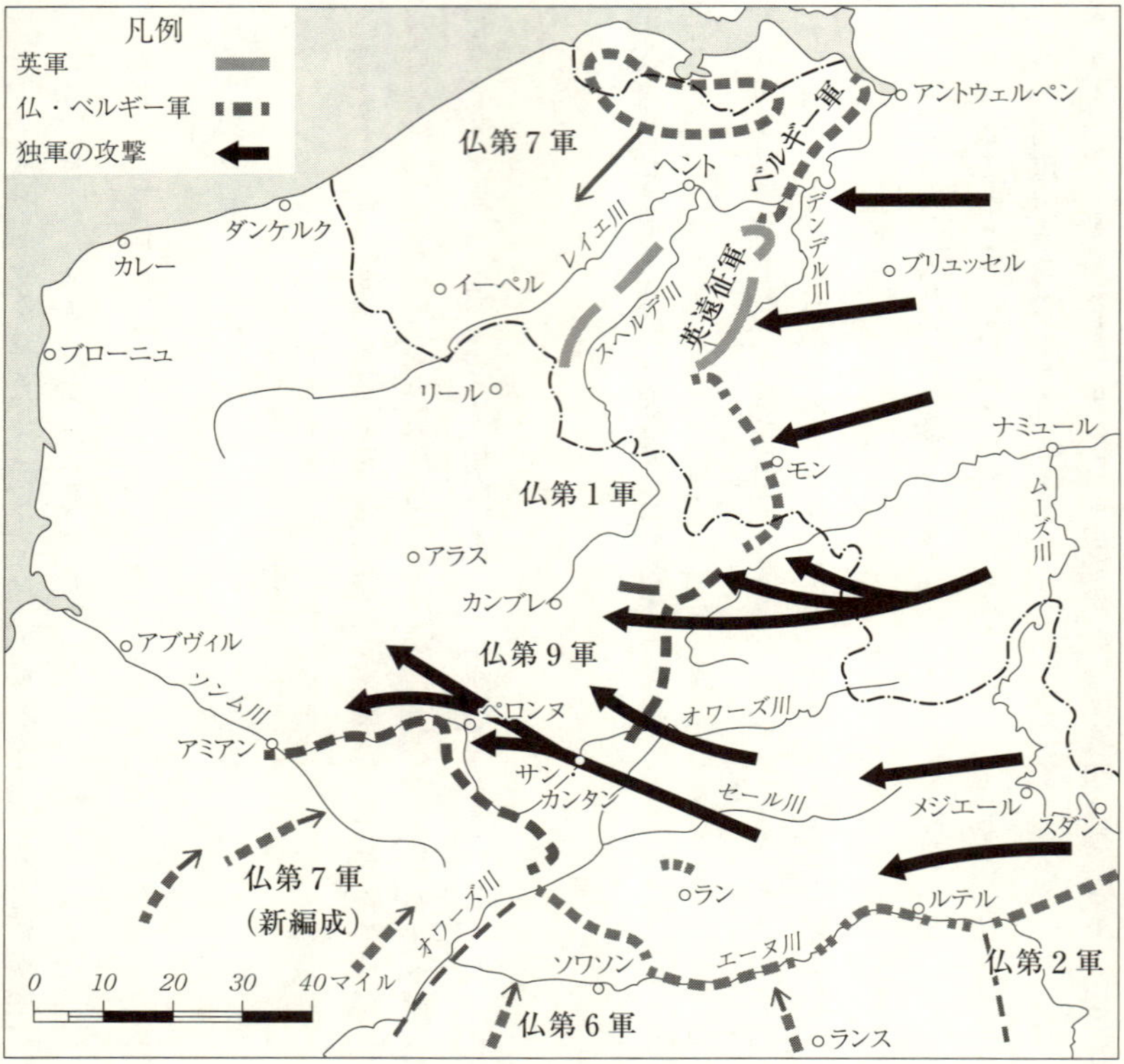

5月18日夜の戦況

（iii）これらの船舶に国防義勇軍八個大隊をただちに積載してインドへ送る。そこで正規大隊八個［以上］を乗船させる。この高速船団の速力はもっと速めるべきだ。

2. 在留外国人の管理について委員会が提案し、私が別紙で公式に出す勧告を実行するためにあらゆる手立てを講じなければならない。共産主義者とファシストへの対策も行なわなければならないし、その指導者たちも含めたかなりの人数を保護もしくは予防のために抑留すべきだ。もちろん、この方策は実行する前に内閣に提示しなければならない。
３．三軍の参謀総長は、いわゆる機甲師団の半数のみをフランスに派遣することが妥当かどうかを検討しなければならない。フランスがきわめて有利な和平案を提示され、私たちが重荷をすべて担うことになる可能性があることを、つねに覚悟しておかなければならない。

＊

フランスだけではなくイギリスも占領されて服従した場合にアメリカの権益に重大な影響があることを示すために、同僚たちの同意を得て、以下の重要な電報をローズヴェルト大統領に送ることが必要だと、私は考えた。内閣がこの草稿をしばらく熟慮したが、修正は加えなかった。

元海軍関係者よりローズヴェルト大統領へ　一九四〇年五月一八日

これまでに起きたことがいかに重大であるかは、申しあげるまでもないでしょう。フランスで燃えひろがっている大規模な戦闘の結果がどういうものであっても、私たちは最後までやり抜くことを決意しています。いずれにせよ、ここもまもなくオランダのような方式で攻撃されると予想しなければなりませんし、私たちは見事な戦いぶりを示したいと望んでおります。しかし、貴国の支援が役立つためには、早急にそれを利用できるようにしていただかなければなりません。

元海軍関係者よりローズヴェルト大統領へ　一九四〇年五月二〇日

ロージャン〔ロージャン侯爵。アメリカ駐割英大使フィリップ・カー〕が、大統領との話し合いについて報告しました。難題が山積しているのは承知しておりますが、駆逐艦の件についてはたいへん遺憾に思っております。六週間後までに駆逐艦がこちらに到着すれば、計り知れないほど貴重な役割を果たすはずです。フランスでの戦闘では彼我ともに大きな危機にさらされています。私たちは空では敵に大損害をあたえ、敵機の損耗は味方機の二倍ないし三倍ですが、それでも敵は数の上で圧倒的に優位です。したがって、私たちがもっとも必要としているのは、現在、貴国の陸軍に納入されているカーチスP－40戦闘機をできるだけ早く、できるだけ多数供与していただくことです。

　ロージャンとの話し合いの最後のほうで示したように、なにがあろうとこの島で最後まで戦うのが私たちの意図ですし、お願いしている手助けが得られれば、個々の操縦士の技倆が優勢であることからして、空の戦いで敵を追い詰めることができると願っております。逆の悪い結果が出たら、現政権の閣僚は現状に鑑みて辞職する可能性が高いでしょうが、私たちはいかなる状況でも降伏には同意しません。現内閣が倒れて、廃墟のなかで新しい内閣が和平交渉のために組閣されたときには、ドイツとの交渉材料は英海軍の艦隊しか残されていないということから、目をそむけてはならないでしょう。かりそめにもアメリカがわが国を見捨てて運命の手に委ねたなら、新内閣が生き残っている国民のためにもっとも有利な条件を選んだことをとがめる権利は何人にもありません。失礼ながら、大統領、この悪夢のような状況について赤裸々に申しあげます。私の後継者たちは完全に絶望し、無力になって、ドイツのいいなりになる可能性が高いでしょうが、その責任を負うことは私にはできかねます。しかしながら、いまはありがたいことに、そのようなことをくよくよ考える必要はありません。ご厚意にあらためて感謝いたします……。

*

　レノー首相が、フランスの内閣と総司令部の大幅な入れ替えを行なった。五月一八日にペタン元帥が副首相に任命された。レノー自身は、ダラディエを外務省に異動したうえで、国防相を兼任した。一九日午後七時、東部地中海《レヴァント》沿岸から帰国したウェイガンを、レノーはガムランの後任の総司令官に任命した。私はウェイガンがフォーシュ将軍の右腕だったころに知り合い、一九二〇年八月のボリシエヴィキのポーランド侵攻に対するワルシャワの戦い——当時のヨーロッパの趨勢を決する大事件——で演じたみごとな役割に感嘆した。ウェイガンはいまでは七三歳だが、きわめて有能で精力的だと伝えられていた。五月一九日午前九時四五分に発せられたガムラン将軍の最終命令（第12号）〔さまざまな資料が〝私的な秘密訓令〟だったとしている〕は、北方の英仏軍は包囲されることなくあらゆる犠牲を払ってソンム川に向けて南進し、フランス軍の交通路を断ち切ったドイツ軍装甲師団を攻撃しろというものだった。それと同時に、第2軍と新編成の第6軍は、メジエールに向けて北を攻撃することになっていた。いずれも適切な決定だった。しかしながら、北方の連合軍全体を南に撤退させる命令は、四日前に下されるべきだった。スダンのフランス軍が中央を突破されたことがいかに重大であるかがわかった瞬間に、北方の連合軍はただちにソンム川に向けて進むべきだった。それが唯一の方策だった。ところが、ビヨット将軍の指揮下で、一部が緩慢にスヘルデ川まで後退し、右翼に側衛を設けただけだった。それでもなお、南に行軍する時間はあるかもしれなかった。

北方のフランス軍の指揮系統が混乱し、フランス第1軍が明らかに麻痺状態に陥っていて、なにが起きているのかが不明確なために、戦時内閣は極度に不安をつのらせた。私たちは平静に粛々と業務をこなしていたが、全員がきっぱりと意見を統一し、無言の激情をたぎらせていた。一九日（午後四時三〇分）に、ゴート将軍が〝やむをえない場合にダンケルクに向けて撤退する可能性を検討している〟と私たちは知らされた。アイアンサイド帝国参謀総長《CIGS》がその提案を受け入れるはずはなく、私たちの大半とおなじように南に向けて進軍することを望んだ。そこで私たちは、南西に進んで敵陣をすべて強行突破し、南のフランス軍と合流するという指示を携えたアイアンサイドをゴート将軍のもとに派遣した。その動きにベルギー軍は同調すべきだったが、さもなければ英軍は、イギリス海峡に面した港から、できるだけ多くの将兵を後送する。ゴート将軍には、われわれがこの決定をフランス政府に伝えると説明する予定だった。おなじ閣議で、直通の電話回線がつながっているジョルジュ将軍の司令部にディルを派遣することも決定された。ディルは、自分の目で見た事柄をすべて私たちに報告するために、そこに四日間滞在することになる。ゴート将軍との連絡すらとぎれとぎれで、接続しづらかったが、四日分の補給物資と戦闘一回分の弾薬しかないという報告が届いていた。

*

五月二〇日午前の戦時閣議で、ふたたびフランスに派遣されている私たちの遠征軍の状況について話し合った。ソンム川まで戦いながら撤退するのに成功したとしても、かなりの人数が孤立するか、海上で追い払われる可能性が高いと、私は思った。その閣議の覚書にこう記されている。〝首相は予防的な手段として、海軍本部が多数の小型船舶を招集し、フランス沿岸の入江や港に行く準備をさせることを考えた〟。日々戦局が悪化するなかで、海軍本部がすぐさまこれを力強く行動に移した。五月一九日、運用統制はドーヴァー司令官ラムゼイ中将に任された。その時点でラムゼイが利用できたのは、サウサンプトンからドーヴァーにかけて個人が所有しているさまざまな船艇三六隻のみだった。〝**きわめて大規模な部隊の海峡横断緊急撤退**〟を検討するために、ロンドンからの命令で、海運省の担当者たちを含めた関係者全員が二〇日の午後、ドーヴァーに集まった。カレー、ブローニュ、ダンケルクから引き揚げる必要が生じたときには、二四時間に一万人の割合で各港から運び出す計画が立案された。乗客用連絡船三〇隻、海軍が徴用した漁船一二隻、小型沿岸航行船六隻が、一回目の輸送に割り当てられた。五月二二日、海軍本部は難を逃れてイギリスに来ていたオランダの川船《シャイト》四〇隻を徴発し、海軍の水兵を乗り組ませるよう命じた。五月二五日から二七日にかけて、これらの船舶が就役した。ハリッジからウェイマスに至るまですべての海運事業者が、排水量一〇〇〇トンまでの避難に適した船の一覧を作成するよう命じられ、イギリスの港の海運の徹底した調査がなされた。〝ダイナモ作戦〟と呼ばれるようになるこの計画は、一〇日後に英陸軍の救世主となる。

＊

このころには、ドイツ軍の猛進撃の方向がかなり明らかになっていた。装甲車両と機械化師団が、アミアンとアラスのあいだの間隙《ギャップ》からいまも殺到し、ソンム川に沿って西に曲がり、海を目指していた。その部隊が斜行しながら北方の英仏軍の交通路をすべて遮断し、二〇日の夜にはアブヴィルに入城していた。こちら側の前線を破ったあと、この忌まわしい死の大鎌はほとんど抵抗に遭わなかった。ドイツの戦車――恐怖の〝ドイツ戦車《シャール・ザルマン》〟――は、機械化された輜重の補給を受けながら、見通しのきく平原をわが物顔で走りまわり、一日に三〇ないし四〇マイル（約四八ないし六五キロメートル）前進した。微弱な抵抗すら受けずに、数多くの町や数百カ所の村を通過し、天蓋をあけた展望塔から将校たちがまわりを眺め、颯爽とした態度で住民に手をふった。捕虜のフランス兵が戦車の横を歩いていたと、目撃者が語っている。まだ小銃を持った兵士も多く、ときどきそれが集められて、戦車に踏みつぶされた。数千両の装甲車両で強大なフランスの軍数個を掃滅したドイツ軍装甲部隊に対して、フランス軍がいっさいの接近戦を怠っていたことに、私は激しい衝撃を受けた。戦線が突破されると、フランス軍の抵抗はあっという間に崩れ去った。ドイツ全軍が、どこにも障害が築かれていなかったらしい幹線道路を移動していた。

私は一七日にすでに空軍参謀総長に質問していた。

敵の装甲車両縦隊が夜間に隠れている場所を突き止めて、爆撃することは可能だろうか？　私たちは前線後背で、徘徊するそういった縦隊によってさんざんに撃破されている。

このころ、私はレノー首相宛に電報を打った。

一九四〇年五月二一日

私たちが厚く信任しているウェイガン将軍を任命したのは、たいへんよろこばしいことだと存じます。手薄な前線を戦車縦隊が突破して縦深侵入するのを阻止することは不可能です。一度あいた穴をふさぐとか、侵入した敵軍を包囲するというような考えは、どれも間違っています。原則は逆に、穴をあけることです。どの地点であろうと、数両の戦車がやってきたことを過度に重視すべきではありません。町にはいり込んだ戦車になにができますか？　町に小銃手を配置し、戦車乗員が降車しようとしたところを狙い撃つべきです。食糧、水、燃料が得られなかったら、戦車はそのあたりを荒らして去るでしょう。できれば建物を爆破し、戦車がその下敷きになるようにします。重要な交差点がある町は、このようにして護るべきです。さらに、見通しのいいところにいる戦車縦隊は、野砲数門を備えた機動性の高い小規模な車両縦隊多数で追い詰めて、そのような場所で攻撃すべきです。戦車の履帯《キャタピラ》が摩耗し、勢いが鈍るようにしなければなりません。それが装甲車両で侵入した敵に対処するひとつの方策です。敵の主力部隊に関しては、さほど迅速に進んでいるようではないので、唯一の手段は側面を衝くことです。この戦闘の混乱を立て直すには、相手を混乱させなければなりません。つまり、混戦《メレ》に持ち込むのです。私たちの交通路が攻撃されたら、敵の交通路を攻撃すべきです。戦闘の当初よりも、私は自信を深めていますが、全軍が同時に戦う必要がありますし、英軍には近々勝機が巡ってくると思います。上記は私の私見にすぎませんので、貴君に申し述べたことに気を悪くなさらないように。

幸運を祈ります。

ウェイガンの最初の行動は、上級部隊指揮官との協議だった。北方の戦況をみずから視察して、現地の指揮官たちと接触するのは、けっして不自然ではない。敗色濃厚な戦闘の重大局面に指揮を交替した将軍なのだから、大目に見てしかるべきだろう。しかし、このときは時間が逼迫していた。総司令官の移動によって物事が遅延し、さまざまなところに無理がかかった。ウェイガンは、曲がりなりにも残っていた指揮統制の頂点から離れるべきではなかった。そのあたりの事情をつまびらかに述べよう。二〇日の朝、ウェイガンはガムランの後釜に座り、二一日に北方の軍を訪問する手配をした。北へ行く道路がドイツ軍に遮断されていることがわかり、ウェイガンは空路で行くことにしたが、乗った飛行機が攻撃され、カレーに着陸しなければならなかった。イーペルでの会見は二一日午後三時に延期せざるをえなくなった。ウェイガンは、イーペルでベルギーのレオポルド国王及びビヨット将軍と会った。時間も場所も知らされていなかったゴート将軍は出席せず、英軍の将校はひとりもいなかった。国王はこの会見について、〝混乱した四時間の話し合い〟だったとしている。軍三個の調整とウェイガンの計画が話し合われ、それが失敗したときには英仏軍はレイエ川に、ベルギー軍はエイゼル川まで後退することになった。午後七時、ウェイガン将軍は辞去しなければならなくなった。ゴート将軍が到着したのは午後八時で、話し合いの経緯をビヨット将軍から聞いた。ウェイガンは自動車でカレーに戻り、潜水艦に乗ってディエップへ行き、そこからパリに帰った。ビヨットはこの重大局面に対処するために自分の自動車で出発し、一時間とたたないうちに事故死した。そのため、すべてがふたたび未決定のままになった。

＊

二一日にアイアンサイドが復命し、内閣の指示を受けたゴート大将がつぎのように指摘したことを伝えた。

(i) 南へ進軍するためには、スヘルデ川の後衛を引き剝すと当時に、すでに敵の装甲部隊と機動性の高い部隊が堅守している地域を攻撃しなければならない。そのような動きのあいだ、左右側面を護らなければならない。

(ii) 管理〔人員、資材、時間、空間を効率的に組織し、行動計画を立案し、指揮統制と調整を行なうこと〕面の情勢から見て、攻撃的な作戦を持続することは難しい。また、

(iii) そのような機動が試みられても、フランス第1軍とベルギー軍が適合できる可能性は低い。

北方のフランス軍司令部は混乱をきわめていると、アイアンサイドがつけくわえた。この八日間、ビヨット将軍は調整〔目的達成のために指揮系統の異なる当事者間で協議し、行動や活動の調和を図ること〕という責務を怠っていたようだし、なんの計画もないように見受けられる。BEFは意気盛んで、これまでのところ死傷者は約五〇〇人にすぎない。避難民が道路にあふれ、ドイツ機の機銃掃射で死傷していることを、アイアンサイドは生々しく語った。本人もかなり危ない目に遭ったという。

したがって、戦時内閣はふたつの恐ろしい選択肢を突き付けられた。ひとつは、フランス軍とベルギー軍の協力の有無にかかわらず、英軍がいかなる犠牲を払ってでも南のソンム川を目指すことだった。ゴート将軍は、それをやる能力はないだろうと指摘している。もうひとつは、ダンケルクを最後の拠り所として、敵の空襲下で海路での引き揚げを図ることだった。その当時は貴重だった砲などの装備多数を失うことは必定だった。第一の選択肢を達成するには、大きな危険を冒さなければならない。しかし、南進計画が失敗した場合に海路で撤退できるように、あらゆる予防措置と準備を進めて

おくのは賢明な手立てだった。私は同僚たちに、決定する前に訪仏してレノーとウェイガンに会うべきだろうと告げた。ディルが、ジョルジュ将軍の司令部から来て、私と落ち合うことになった。

＊

このころ、私の同僚たちは、議会から異例の権限を得ることが適切だと考え、そのための法案が数日前から準備されていた。この公的手段によって政府は、大英帝国の国王陛下の臣民すべての生命、自由、財産について無限大の権利を有することになる。議会に認められた権限は絶対的なものだと、一般に法律では解釈されている。この法律には、〝治安維持、国土防衛、公序の整備、国王陛下に代わり執り行なっている戦争の効果的な遂行、地域社会の生活に不可欠な補給品や用務の維持に、必要もしくは便利だと見られたときに、国民とその奉仕と財物を政府が自由に使えるようにする国防規定を、諮問委員会が定めることが含まれる〟予定だった。

人的資源については、必要とされる用務を行なうように人員を配置する権限が、労働相にあたえられた。この法案には適正賃金条項など、賃金の条件を規制する法律が含まれていて、労働相にはそれを執行する権限があった。重要拠点には、労働力供給委員会が設置された。幅広い定義の財産管理法が、平等に施行された。銀行も含めた企業の統制は、行政命令という権威のもとで行なわれた。雇用主は帳簿の提出を求められる場合があり、過剰な利益には一〇〇％の税が課せられた。グリーンウッド氏が統率する生産委員会が発足し、労働力供給長官が任命された。

この法案は、二二日午後にチェンバレン氏とアトリー氏によって議会に提示され、アトリー氏がみずから第二読会〔英国議会の立法手続きのひとつ〕で提議した。その日の午後に一度行なわれた審議により、保守党が過半数を占める庶民院と貴族院の両方で、全会一致で可決され、夜には国王の裁可を得た。

ローマの戦争のためなら
ローマ人は地処も黄金《こがね》も惜しまなかった
息子、妻、四肢、命を惜しまなかった
古《いにしえ》の煌びやかな日々には
〔古代ローマの伝承を題材にしたマコーリー男爵の詩「橋上のホラティウス」からの引用。チャーチルはいたく気に入っていて、若いころから暗唱できたという〕

これがその時期の気運だった。

*

五月二二日に私がパリに到着したときには、新しい顔ぶれになっていた。ガムランは姿を消した。ダラディエは戦争遂行から退いた。レノーが首相と国防相を兼任していた。ドイツ軍の猛進撃は明らかに海に向かっていた。パリは直接の脅威にはさらされていなかった。GQG（総司令部）はまだヴァンセンヌ城にあった〔政治の直接の影響を避けるためにガムランがパリ郊外のここに指揮機能を移した。その後、GQGはドイツ軍の侵攻とともに移転した〕。レノー首相が、正午ごろに私を自動車でそこへ連れていった。ガムランといっしょにいるのを見たことがある人物数人が、そこの庭園にいた。そのうちのひとり――かなりの長身の騎兵将校――が、沈鬱な顔で行ったり来たりしていた。「旧態依然《セ・ランシャン・レジーム》ですよ」と副官が評した。レノーと私は、ウェイガンの執務室に案内され、そこから地図室へ行って、総司令部の大きな地図を見せられた。ウェイガンが現われた。体を酷使し、夜に移動したあとだったにもかかわらず、きびきびとした楽天的な態度で、鋭敏だった。ウェイガンは私たち全員に好印象をあたえた。ウェイガンが戦争計画を開陳した。北方の軍の南進や後退には満足していなかった。カンブレとアラスからサン・カンタン方面に向けて南東に攻撃し、彼がいうサン・カンタン＝アミアン孤立地帯《ポケット》で交戦しているドイツ装甲師団の側面を衝くべきだと、ウェイガンは主張した。フランス軍の後背は、ベルギー軍によって護られるはずだと、ウェイガンは考えていた。ベルギー軍は、東に向けてフランス軍を掩護し、必要とあれば北方向も掩護するはずだとされていた。いっぽう、アルザス、マジノ線、アフリカ、そのほかのあらゆる方面から引き抜いた一八個ないし二〇個師団から成るフレール将軍のあらたな軍が、ソンム川沿いに前線を敷く。その左手がアミアンとアラスを通過して前進し、北方の軍となんとかして連結する。敵装甲部隊にはたえず圧力をかけつづけなければならない。「ぜったいに敵装甲師団に主導権を握らせてはならない」とウェイガンはいった。必要なすべての命令が下されてはいたが、それらが下令されることが可能であるかどうかは定かでなかった。ウェイガンの計画すべての説明を受けたビヨット将軍が自動車事故で死んだことを、私たちは知らされた。ディルと私は、もちろんウェイガンの計画には気乗りしなかったが、受け入れるしかないということに合意した。「アラスを使って北の軍と南の軍の連絡を再開することが不可欠です」と私は力説した。ゴート将軍が南西を攻撃しながら、海岸への経路を護る必要があると私は説明した。決定されたことに食い違いが生じないように、私は決定の要約《レジュメ》を口述して、ウェイガンに見せ、同意を得た。内閣にその内容を報告し、以下の電信をゴート将軍に送った。

一九四〇年五月二二日

私はけさディルほか数名とともに空路でパリへ行った。レノー、ウェイガン、私たちが達した結論は以下のようなものだった。貴官が陸軍省から受けた全体的な指示と、ぴったり一致している。バポームとカンブレに向けて展開される重要な戦闘が成功するよう心から願っている。

合意された点は――。

1．ベルギー軍はエイゼル川前線まで撤退し、そこにとどまる。水門はあけられる。

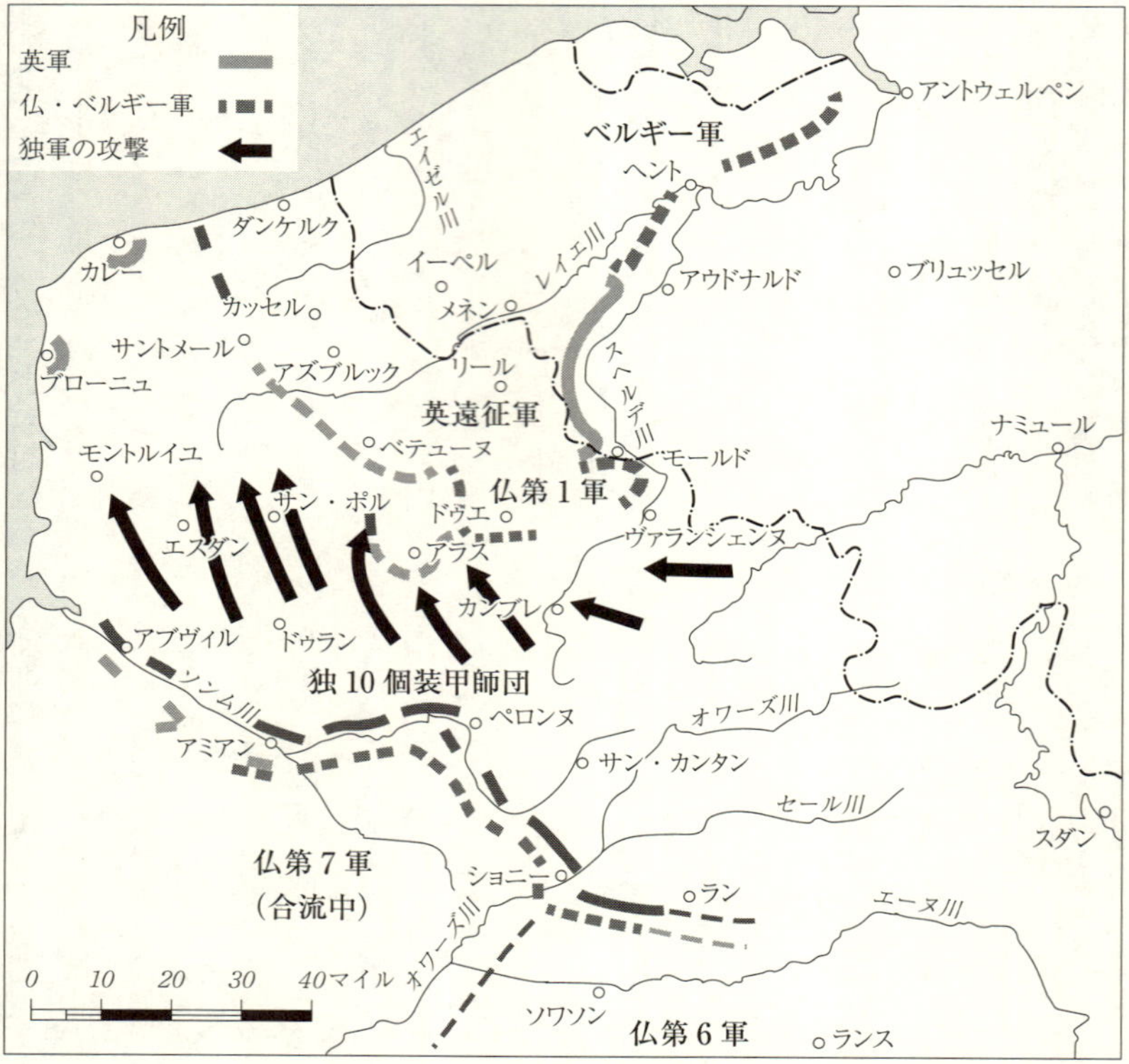

5月22日夜の戦況

2. 英軍と仏第1軍は、あすになるだろうが、約八個師団でできるだけ早くバポームとカンブレに向けて南西方向を攻撃する。ベルギー軍騎兵軍団は英軍の右翼に位置する。

3. この戦闘は英仏両軍にとって重要であり、英軍の交通路確保はアミアン解放に懸かっているので、戦闘中ずっと英空軍が昼間と夜間に可能な限り支援することになっている。

4. アミアンに向けて進軍してソンム川沿いに前線を築くあらたな仏軍集団が北を攻撃し、バポーム方面の南を攻撃する英軍師団と連結することになっている。

ウェイガン将軍の新計画は、表現に迫力があるという点を除けば、ガムラン将軍の命令第12号と大差ないように見られるはずだった。それに、戦時内閣が一九日に表明した痛烈な批判とも調和していない。北方の軍は攻撃的な作戦行動で、敵装甲部隊の襲撃を押しのけ、できれば殲滅しながら南進しなければならない。そのあと、馳突してアミアンを抜くフレール将軍のあらたなフランス軍集団の救援を受ける。それが実現するかどうかが、きわめて重要だった。ゴート将軍が四日のあいだなんの命令も受けずにいたことについて、私は内密にレノー首相に苦情をいった。ウェイガンが交替したあとも、三日間決定が下されなかった。総司令部の入れ替えは正しかった。だが、そのために生じた遅延は有害だった。

その夜、私は大使館で眠った。空襲はたいしたことがなかった。砲声はやかましかったが、爆弾の音は聞こえなかった。ロンドンがまもなく耐えなければならなくなる厳しい試練に比べれば、そのときのパリは平穏そのものだった。私は友人のジョルジュ将軍とコンピエーニュの司令部で会いたいと思った。英軍の連絡将校スウェイン准将が、しばらく同行してくれ、もちろん一部ではあるが、知っている範囲でフランス軍の全体的な情勢を説明してくれた。この時期に邪魔するのは得策ではないと、私は説得された。管理のあらゆる面が困難になり、連絡も途絶えがちな苦しい状況で、複雑な大作戦が開始されようとしていたからだ。

戦争を指導する最高権威者がいないせいで、一連の重大な出来事と敵が、万事を牛耳っていた。一七日にゴートは、南側面をつねに強化しながら、リュイヨルクール－アルルー線とアラスの駐屯地に向けて部隊を進めはじめた。ワルヘレンの戦闘で大損害をこうむった第16軍団を欠くフランス第7軍が、第1軍と合流するために南に移動した。隊列をほとんど乱すことなく、それが英軍の後部を通過した。二〇日にゴートは、ビヨット将軍とブランシャール将軍に、二個師団と一個機甲旅団で二一日にアラスから南方を攻撃すると提案した。ビヨット将軍が、第1軍から二個師団を割いて協力することに同意した。第1軍の一三個師団は、モルドー ヴァランシェンヌ ドナン ドゥエで長さ一九マイル（約三〇キロメートル）、幅一〇マイル（約一六キロメートル）の長方形に布陣していた。敵軍が二〇日にアウドナルド付近でスヘルデ川を渡河すると、まだ東に面していた英軍三個軍団は二三日に、冬のあいだにベルギー国境近くに設営しておいた防御陣地に後退した。一二日前にはそこから意気揚々と進軍したのだ。この日、BEFは一日分の糧食を半分に減らした。フランス軍の無気力な戦いぶりについて各方面から報告を受けていた私は、レノーに抗議した。

英国総理大臣よりレノー首相へ　　一九四〇年五月二三日
（写しをゴート大将に送付）

北方の軍の交通路は強力な敵によって遮断されています。ウェイガン将軍の計画をただちに実行しないと、これらの軍を救うことはできません。これを実行して敗北を勝利に変えるよう、北と南のフランス軍司令官たちとベルギー軍総司令部に最高に厳格な命令を出すよう要求します。補給品が不足しているので、時間が肝要です。

午前一一時三〇分の戦時閣議で、私はこの電文のことを報告し、ウェイガンの計画はフランス軍が主導権を握るかどうかに左右されることを指摘した。いまのところ、そういう動きは見られない。午後七時に、私たちはふたたび閣議をひらいた。

そして、翌日に以下の電報を打った。

英国総理大臣よりレノー首相及びウェイガン将軍へ　　**一九四〇年五月二四日**

北方戦線では三カ国の軍の調整が不可欠であると、ゴート将軍が打電してきました。すでに北と南で戦っていて、交通路を脅かされているので、この調整を行なうことができないとゴート将軍はいっております。それと同時に、ロジャー・キーズ提督〔レオポルド国王付の英軍連絡将校〕が、二三日午後三時の時点で、ベルギー軍司令部と国王がなんの指令も受領していないと私に報告しました。これは、ブランシャールで貴君らが明言したこと、つまりゴートが〝手と手をつなぐ《マン・ダン・ラ・マン》〟ということと、食い違っているのではないですか？　連絡が困難であることは了解していますが、敵が集中している北方地域で効果的な協同がなされているとは思えません。貴君らがこれを正せると信じます。ゴートはさらに、自軍の前進はすべて出撃の形をとるので、南からの救援が不可欠であるし、本格的な攻撃には弾薬が不足している（くりかえします。**不足している**）と報告しています。それにもかかわらず私たちは、貴君らの計画をなんとか実行しろと、ゴートに指示しているしだいです。私たちは貴君らの自軍への指示をまったく目にしておりませんし、貴君らの北方における作戦の詳細すら知りません。フランス使節を通じて早急にこれを送ってもらえませんか？　幸運を祈ります。

＊

アラス付近で英軍が行なった小規模な戦闘について、ここで概要を述べなければならない。これを指揮したフランクリン将軍は、アラス－カンブレー－バポーム地域を占領しようとした。フランクリンの第5歩兵師団に加えて、第50歩兵師団と第1戦車旅団が、〝フランク部隊《フォース》〟と呼ばれた。この戦車部隊と二個師団から旅団を一個ずつ引き抜いて、マーテル将軍が戦車部隊を指揮してアラスの西と南をまわり、サンセ川沿岸の目標を目指した。フランス軍二個師団が、東のカンブレー－アラス間の道路で協同することになっていた。英軍のこの二個師団は、それぞれ二個旅団しか擁しておらず、戦車はいずれも歩兵戦車のＭｋⅠマチルダⅠ六五両、ＭｋⅡマチルダⅡ一八両のみだった。これらの戦車は履帯の寿命が短く、しかもすでにかなり摩耗していた。攻撃は五月二一日午後二時に開始され、予想をはるかに超える強力な敵に、あっという間に呑み込まれた。フランス軍の東からの支援は実行されず、西には軽機械化師団一個があるだけだった。敵装甲部隊は、第7、第8装甲師団の約四〇〇両で、第7師団長はロンメルという名の将軍だった。私たちの攻撃ははじめのうちは功を奏し、四〇〇人を捕虜にしたが、サンセ川に達することはできず、圧倒的多数のドイツ軍の反撃に航空支援が加わって、英軍は多数の死傷者を出した。ほどなく、敵の強力な車両縦隊がサン・ポルに向けて移動し、方向を変えて英軍の西側面を脅かそうとしていると、第12王立槍騎兵連隊が報告した。夜間に、戦車旅団、第13旅団、第5師団、第50師団所属の第151旅団が、徐々にスカルプ川に向けて撤退した。英軍三個旅団が二二日午後までここにとどまり、この地域の部隊はさまざまな攻撃を撃退した。私たちはまだアラスを堅持していたが、敵はしだいにベテューヌのほうへ向きを変えた。西側面を護っていたフランス軽機械化師団が、モン・サンテロワから押し出され、すぐに敵戦車がスシェに接近した。二三日午後七時になると、英軍の東側面が重圧を受け、敵はランスに達して、西側面を全周包囲した。英軍攻撃部隊の立場は危うくなった。まったく衆寡敵せずの状態で、多数の装甲車に攻撃され、完全に包囲されかけていた。午後一〇時、フランクリン将軍は総司令部に、夜間に後退しないと自分の部隊は撤退できなくなると報せた。ところが、撤退命令は三時間前に発せられたといわれた。しかし、フランクリンの作戦は、敵に一時的に影響をあたえた。〝英軍の機甲部隊による激しい反攻があった〟とドイツ側は当時、書き記している。そのため、ドイツ軍は大きな不安を抱いた。

　ウェイガンの計画に沿ってゴート将軍は、ビヨット将軍の死後、北方のフランス軍を指揮していたブランシャール将軍に、英軍二個師団、仏軍一個師団、仏軍騎兵軍団で、南にある北運河《カナル・デュ・ノール》とスへ

5月21日、22日　アラスの戦い

ルデ運河を攻撃すべきだと提案した。じつはフランス師団二個はそれ以前に二度、カンブレ郊外に到達していたが、二度とも爆撃を受けて退却していた。この時期には、それがフランス第1軍の唯一の攻勢だった。

＊

ロンドンの私たちは、敵の全周包囲線を破ろうとするこの決死のアラス攻撃の進捗について、なにも知らなかった。しかし、二四日にレノーから激しく非難する電報が届いた。二本のうち一本が、経緯を物語っている。

貴君はけさ私に電報で、ゴート将軍にウェイガンの計画を続行するよう指示したと述べました。いまウェイガン将軍は私に、ブランシャール将軍からの電報によれば、英軍がみずからの意志で港に向けて二五マイル（約四〇キロメートル）の退却を行なったそうです。わが軍が南から北に向けて地歩を築きながら進軍し、同盟軍と合流しようとしているこの時期に。

この英軍の行動は、けさウェイガン将軍があらためて発した正式命令にまったく反しています。この撤退のためにウェイガン将軍は手配をすべて変更しなければならず、間隙をふさいで連続した前線を回復することをあきらめざるをえなくなりました。これがどういう重大な影響を及ぼすか、強調するまでもないと思います。

この時点までウェイガン将軍は、フレール将軍の軍がアミアン、アルベール、ペロンヌに向けて北へ進撃することを当てにしていた。ところが、じっさいはほとんど進展がなく、軍を編成し、集合させている段階だった。以下が私のレノー首相への返信である。

一九四〇年五月二五日

私は昨夜の電報で私たちが知っていることをすべて申しあげましたし、ゴート将軍がそれに反したというようなことは、まだなにも聞いておりません。しかし、陸軍省に出頭したひとりの参謀が、貴君の電報にあるようにアラス地域から二個師団が後退したことを確認しました。ゴート将軍のもとにいるディル将軍に、できるだけ早く空路で参謀一名をよこすよう命じたのです。一部始終がわかりしだい、完全な報告を行ないます。しかしながら、北方の軍は事実上包囲され、ダンケルクとオーステンデを通るもの以外の交通路はすべて遮断されています。

一九四〇年五月二五日

ゴート将軍が南への進撃をいまも維持していると信じるに足る理由がそろっています。いま私たちにわかっているのは、将軍の部隊がずっと西側面に圧力を受けていることと、欠くことのできない補給物資を得るためにダンケルクとの交通路を確保しつづけるべく、圧力を強めている敵装甲部隊と自軍のあいだに二個師団の一部を配置しているということだけです。抗戦するのが難しいような戦力の敵軍が、アブヴィルとブローニュを占領し、カレーとダンケルクを脅かし、サントメールを奪取しています。ゴートは右手の楯を投げ捨てないかぎり、南進することも北の前線から離脱することもできません。私たちの知るかぎりでは、英遠征軍のいかなる動きも、フランス軍の北進を見捨てるものだといわれる筋合いはありません。フランス軍がソンム川を越えて強力に進撃するものと、私たちは信じております。

　第二に、貴君はルアーヴルから大量の資材が持ち出されたと苦情をいっておられますが、運び出されたのはガス弾だけで、それを置いていくのは思慮に欠けたことだからです。また、補給品の一部は北岸からルアーヴルの南岸に移動されました。

　第三に、数々の重大事によって極度の圧力を受け、合意した計画を捨てざるをえなくなったと思ったときには、ただちに知らせます。英陸軍が敵から逃れるには、南進することと、フレール将軍の部隊がじっさいに進撃することに望みをつなぐしかないと確信していると、ゴート将軍のもとにいるディルがけさ報告してきました。南進が明らかに［必要に］なってから一週間待たされたために、私たちが敵装甲部隊の大軍によって沿岸から切り離されたことを、理解してもらわなければなりません。そのため、必要とあれば西に向けて側衛を維持しつつ南に進むほかに方途がないのです。

　明朝、スピアーズ将軍［フランス軍との連絡将校］がそちらに到着するので、方針が明確になりしだい彼をこちらに戻してもらうのが最速だと思います。

内閣と軍首脳のあいだでは、四月二三日から帝国参謀次長をつとめているジョン・ディル卿が、陸軍の最高顧問としてその能力と戦略面での知識を遺憾なく発揮することが望ましいという意見がかなり強まっていた。ディルの専門家としての名声がさまざまな面でアイアンサイドよりも優れていることに、疑いの余地はなかった。

＊

不利な戦いが頂点に達するにつれて、私と同僚たちはジョン・ディル卿を帝国参謀総長《CIGS》に昇格させることを強く望むようになった。侵攻された場合にそなえ、英本土総司令官も任命する必要があった。五月二五日の深夜、アイアンサイド、ディル、イズメイ、私、ほかにひとりかふたりが、海軍本部公邸の私の部屋に集まって態度を推し測ろうとした。アイアンサイド将軍は、ＣＩＧＳを辞任することをみずから提案し、本国部隊をよろこんで指揮すると宣言した。その時期のそういう指揮権には、成功の見込みが薄い責務がつきものなので、気魄にあふれた私心のない提案だった。そこで私は、アイアンサイド将軍の提案を受け入れた。イギリスが危機的な情勢にあったときにアイアンサイドが示した態度に対する私の感謝を示すために、高い爵位と褒賞がその後あたえられた。ジョン・ディル卿は五月二七日に帝国参謀総長《CIGS》に昇格した。しばらくのあいだ、おおむね適切な交替だと判断された〔その後、ディルはチャーチルに疎んじられるようになったので、こう表現されている。しかし、一九四一年にワシントンDCに配置されたディルは、国防総省に常駐する英軍代表として外交手腕を発揮した〕。

第四章　海への進軍
五月二四日―五月三一日

〈戦いの推移を再考／ヒトラーの個人的介入に関するハルダー将軍の供述／ドイツ装甲部隊の停止／ドイツの幕僚日誌によって判明した真相／決定的地点で進撃を停止したもうひとつの原因／ブローニュ・スル・メール防御／カレーの激戦／長引いた防御の結末／ゴート将軍、ウェイガン将軍の計画を放棄／五月二五日のゴートの決断／ベルギーの間隙をふさぐ／英陸軍のダンケルクへの撤退／英軍四個師団、リールから脱出／参謀総長委員会への問い合わせ／委員会の回答／ゴート将軍への電信／キーズ提督への電信／五月二八日朝のゴート－ブランシャール協議に関するパウンル将軍の報告／五月二八日、ベルギー軍降伏／五月二八日、撤退の成否を決したブルク将軍の第2軍団の奮闘／防衛境界線への撤退／フランス第1軍の半数が海路で脱出〉

この忘れがたい戦いの推移を、ここで再考すべきかもしれない。

ヒトラーはもっぱら、ベルギーとオランダの中立を侵す準備を整えていた。ベルギーは、攻撃されるまで連合軍の来援を乞わなかった。したがって、軍事の主導権はヒトラーが握った。五月一〇日、ヒトラーは攻撃を仕掛けた。フランス第1軍集団は築城された陣地の後背にとどまらず、英軍を中央にしてベルギーへ進入した。救援のためだったが、遅すぎたせいで無益な任務になった。フランスはアルデンヌ森林地帯の向かいの間隙《ギャップ》の築城を怠り、防御も脆弱だった。これまでの戦争では考えられなかったような大規模な装甲部隊がフランス軍前線に食い込んで、そのど真ん中を破り、四八時間後には北方の連合軍を南の交通路と海の両方から遮断する恐れがあった。フランス軍最高司令部は、遅くとも一四日には、危険要因と資材《マテリエル》の甚大な損耗を甘受して、北方の全軍に最速力で退却するよう緊急命令を下すべきだった。ガムラン将軍はこの問題を直視せず、まぎれもない現実から目をそむけていた。フランス軍の北方軍集団を指揮していたビヨット将軍には、自力で必要な判断を下す能力がなかった。脅かされていた左翼の軍すべてを混乱が支配した。

敵の戦力が優勢なのを感じ取ったときに、北方の軍は退却した。旋回運動で右を向くと同時に、側衛を築いた。それよりも早く、一四日に退却をはじめていたら、一七日には以前の前線に戻り、戦って切り抜ける見込みはじゅうぶんにあったはずだ。だが、三日間もの致命的な遅れが生じてしまった。一七日以降、イギリスの戦時内閣は、ただちに戦いながら南進するほかに英軍を救う方法はないと明確に判断した。そして、フランス政府とガムラン将軍にその見解を強調したが、英遠征軍総司令官ゴート大将は、戦闘中の前線から離脱するのは難しいし、それと同時に突破するのはさらに不可能に近いと考えた。一九日にガムラン将軍が解任され、ウェイガン将軍が代わりに指揮をとった。ガムランの最後の〝命令第12号〟は、五日前に出すべきだったとはいえ、おおむね適切で、イギリス戦時内閣と参謀総長委員会の主な結論と一致していた。しかし、最高司令部の交替、もしくは指揮の欠如によりさらに三日の遅延が生じた。北方の軍を視察したあとでウェイガンが提案した威勢のいい命令は、現実離れした机上の計画にすぎなかった。ほとんどガムランの計画と変わらず、遅延が長引いたことで、なおさら成功の見込みが薄れた。

どちらを採っても悲惨な結果になる二者択一を迫られた私たちは、ウェイガンの計画を受け入れ、効果を失ったその活動を二五日まで忠実に続行したが、すべての連絡を絶たれ、微弱な反攻を撃退されて、アラスを失い、ベルギー前線が破られ、レオポルド国王が条件付降伏に応じる寸前になり、南方へ脱出する見込みは消滅した。残された逃げ道は海しかなかった。海に達することができるか、さもなければ平野部で包囲されて粉砕されるか？　どちらの場合も、配置するのに何カ月もかかる英陸軍の砲やその他の装備は、すべて失われる。しかし、陸軍そのものを失うことに比べれば、それを甘受するしかないのではないか？　組織の中核である幹部将校や兵士を救うことができれば、彼らが陸軍を再建する骨格になるはずだった。ゴート将軍は二五日の時点から海路での引き揚げに望みをつなぐしかないと判断していたので、ダンケルク周辺に防衛境界線〔原文ではbridgehead［橋頭堡］が多用されているが、正しくはperimeterなので、修正した〕を築くために、残された兵力で戦いながらそこを目指していた。英軍の規律と、ブルク、アレグザンダー、モンゴメリーなどの司令官の能力すべてが必要とされていた。それ以上のものが必要だった。人間の力のすべてが発揮された。それでもじゅうぶんではないかもしれない。

*

さまざまな異論があるひとつの出来事を、ここで吟味する必要があるだろう。ドイツ国防軍参謀総長ハルダー将軍は、このときヒトラーが、戦闘に有効な直接の介入を一度だけみずから行なったと明言している。当時、軍の最高権威者だったハルダーによれば、ヒトラーは〝運河が縦横に入り組んでいる厄介な地形で、装甲部隊がかなりの危険にさらされ、必要不可欠な戦果が得られていないことに不安を抱いた〟という。ヨーロッパでの大規模軍事作戦の第二段階に不可欠な装甲部隊を、無益に犠牲にすることはできないと、ヒトラーは考えた。海路での大規模な引き揚げは、制空権を握っている空軍でじゅうぶんに妨害できると確信していたにちがいない。そこで、陸軍総司令官フォン・ブラウヒッチュ上級大将を通じて、〝装甲部隊は停止し、拠点を確保せよ〟という命令を出すよう指示されたと、ハルダーは述べている。それによって英軍がダンケルクへ達する道がひらかれたと、ハルダーはいう。それはさておき、私たちは五月二四日午前一一時四二分に平文で送られたドイツの通信を傍受した。ダンケルク－アズブルック－メルヴィル線の攻撃を当面中止するという内容だった。敵が海岸に達するのを阻止しろという明確な命令を受けていたルントシュテットのA軍集団の動きに陸軍総司令部（OKH）を通じて介入することを拒んだと、ハルダーは述べている。中止しないほうが迅速に完全な勝利を収められたはずだし、戦車の損耗はあとで容易に回復できると、ハルダーは主張した。翌日、ハルダーはブラウヒッチュとともに会議に出席するよう命じられた。

激した議論は、ヒトラーの明確な命令によって終わった。命令を確実に実行させるために、専属の連絡将校を前線に派遣すると、ヒトラーはつけくわえた。カイテルが飛行機でルントシュテットの軍集団司令部に向かい、そのほかにも将校たちが前線の指揮所へ行った。「私には見当もつかない」。ハルダーは述べている。「装甲部隊が無用の危険にさらされるというような突拍子もないことを、ヒトラーはどうして思いついたのか。おそらく、第一次世界大戦中にフランドルで戦って負傷したことがあるカイテル〔国防軍最高司令部総監〕が、昔話によってそういう考えを生じさせたのだろう」

ドイツ軍のそのほかの将軍たちの話も大同小異で、ヒトラーの命令には、フランスを叩き潰したあとでイギリスと和平条約を結ぶのを容易にするという政治的な動機があったとほのめかすものもいた。**そのときに書かれた**ルントシュテットの司令部の日誌という信頼できる証拠書類が、いま明るみに出ている。ハルダーらの主張とはまったく異なる経緯が、これに記されている。二三日の午前零時、ブラウヒッチュの陸軍総司令部から命令が届き、第4軍がA軍集団のルントシュテットの指揮下で〝全周包囲戦〟の〝最終行動〟を行なうことが確認された。ところが翌朝、ヒトラーがA軍集団を視察したときに、ルントシュテットが、自分の装甲部隊は高速で長駆進軍したために戦闘力が低下しており、敵に最終的な打撃を加えるには、陣容を整えて兵種の釣り合いを回復するために一時停止する必要があると訴えた。幕僚の日誌には、敵は〝とてつもなく頑強に戦っている〟と記されていた。さらに、広範囲に散開している自軍が北と南から攻撃される可能性があると、ルントシュテットは予想していた。事実、ウェイガンの計画が実行可能であれば、それが連合軍の当然の反攻であったはずだ。アラスの東への攻撃は歩兵が行なうべきだし、機動性の高い装甲部隊は、北東でB軍集団に圧迫されている敵部隊を邀撃するために、ランス－ベテューヌ－エール－サントメール－グラヴリーヌ線をひきつづき保持するべきだという意見に、ヒトラーは〝全面的に同意した〟。また、ヒトラーは、今後の作戦のために装甲部隊を温存することが、なによりも必要だという考えに凝り固まっていた。ところが、二五日早朝に、ブラウヒッチュ陸軍総司令官から、装甲部隊の前進を続行するようにというあらたな命令が届いた。ルントシュテットはヒトラーの口頭命令を楯にとって、それに従わなかった。ルントシュテットは前進命令を第4軍司令官クルーゲに伝えず、ひきつづき装甲部隊を節約するよう指示した。クルーゲは抗議したが、ルントシュテットが第4軍を手放したのは翌二六日で、そのときになってもダンケルクをじかに攻撃しないように命じていた。日誌によれば、第4軍はその制約に抗議し、二七日に第4軍参謀長が以下のような内容の電話をかけた。

海峡の港の全体的な情勢は、以下のとおりである。大型艦船が埠頭に横付けし、通板《みちいた》がおろされ、兵員が船上に群がっている。資材はすべて残された。だが、われわれは、あらたな装備を支給されて後日われわれに立ち向かうであろうこれらの兵員を捜し出すのに熱心ではない。

つまり、装甲部隊の停止はヒトラーの主導ではなく、ルントシュテットの主張によってなされたことがはっきりした。装甲部隊の状態と戦い全体についてルントシュテットがそういう見解を抱いたのにはれっきとした理由があったわけだが、陸軍総司令部の正式命令に従うか、せめてヒトラーが話し合いのときに述べたことを伝えるべきだった。そのために最大の勝機を失ったということに、現在、元ドイツ軍司令官たちのおおかたが同意している。

しかし、決定的地点〔保持すれば敵に対する圧倒的優位を獲得できる地点〕でのドイツ装甲部隊の動きに影響をあたえた原因が、もうひとつあった。

*

ドイツ軍の装甲車両と自動車化部隊の先鋒縦隊は、二〇日夜にアブヴィルの先で海岸線に到達したあと、海路での脱出をすべて遮断するために、エタプルからブローニュ・スル・メール〔以下、ブローニュ〕、カレー、ダンケルクに向けて海沿いを北上した。前の戦争で私は、パリに向けて行軍するドイツ軍の側面と後背に対して、カレーとダンケルクから作戦を行なう機動性の高い海兵旅団を運用していたので、この地域を鮮明に思い描くことができた。カレーからダンケルクに至る氾濫調節機構とグラヴリーヌの川筋が重要であることは、教わるまでもなく知っていた。水門はすでにひらかれていて、氾濫原は日々拡大し、英軍の撤退線の南を防御する役割を果たしていた。防御部隊がぎりぎりまで居残って混乱した戦況を制御していたブローニュとカレーには、イギリス本土からただちに守備隊が派遣された。孤立して五月二二日に攻撃されたブローニュでは、第20独立歩兵旅団の二個大隊と英軍の数すくない対戦車砲兵中隊のうちの一個に少数のフランス軍が加わって防戦した。三六時間の抗戦後、守り切れないと報告され、フランス軍も含めた守備隊の残りを海路で運び出すことに、私は同意した。守備隊は二三日から二四日にかけての夜間に、駆逐艦八隻に乗り込んだ。損耗はわずか二〇〇人だった。フランス軍は砦で二五日朝まで戦い、私は英軍を引き揚げさせたことを後悔した。

数日前に私は、海峡沿いの港の防御実施を帝国参謀本部（陸軍参謀本部）の直接統制下に置き、たえず連絡をとるようにしていた。カレーでは最後の一兵まで戦うべきで、守備隊の海路での引き揚げは許可しないと、いまや私は決意していた。守備隊は第60キングズ・ロイヤル・ライフル軍団第30歩兵旅団に属していた一個大隊、クイーン・ヴィクトリアズ・ライフル大隊、第229対戦車砲兵中隊、王立戦車連隊の一個大隊の軽戦車二一両及び巡航戦車二七両と、同数のフランス軍から成っていた。二日か三日稼ぐことに利益があるかどうかは確実ではなく、それをどう利用するかもわからないのに、私たちに不足している訓練されたすばらしい兵士たちを犠牲にするのはつらかった。陸軍大臣と帝国参謀総長《CIGS》は、この過酷な手段に同意した。電信と覚書が、その経緯を物語っている。

総理大臣よりイズメイ将軍と帝国参謀総長《CIGS》へ　　**一九四〇年五月二三日**

昨夜ウェイガンが発したアミアン経由で軍を南進させるという一般命令とはべつに、ダンケルク、カレー、もしくはブローニュからゴート軍への補給路をできるだけ早く開設することが不可欠だと思う。現在どういう危険にさらされているかにゴートが気づかないはずはないし、海岸線から押し進んでいる味方と会合するために、一個師団もしくはそれより小規模な部隊でも派遣しなければならないことを承知しているだろう。たとえば、巡航戦車を含めた装甲車両の連隊がカレーに上陸すれば、情勢を改善でき、私たちはその機甲師団の残りの第2旅団をそこへ送り込むのに乗り気になれる。大規模な撤退作戦を成功させるには、沿岸部の敵を一掃しなければならない。前線後背の侵入者を攻撃し、寄せつけないようにしなければならない。道路が障害なく通れるようにしなければならない。ウェイガン将軍が提案したとおり避難民を平野部に追い込み、そこに留める。ゴートと電話か電信で連絡がとれているのか？　暗号化した通信を送るのに、どれほど時間がかかるのか？　本日までにわかっている英軍九個師団の位置を記した地図をダウニング街に届けるよう、幕僚に指示してもらえないか。これに貴官自身が返信する必要はない。

総理大臣よりイズメイ将軍へ　一九四〇年五月二四日

カレー周辺の情勢が理解できない。ドイツ軍がすべての出口をふさぎ、私たちの戦車連隊は、戦車の主砲では郊外に配置された野砲に対抗できないので、街に閉じ込められている。しかし、野砲による砲撃を行なっている敵部隊はかなり小ぶりだと思う。それなのになぜ攻撃しないのか？　ゴート将軍が敵を後背から攻撃し、それと同時にカレーから出撃すればいい。なぜそうしないのか？　ゴートは自軍にきわめて重要な補給品を確保するために、一個ないし二個旅団を割いて交通路をひらくことができるはずだ。飢えかけている九個師団を擁する将軍が、交通路を切りひらくために一部隊を派遣できないとはどういうことか。これよりも重要なことが、ほかにあるのか？　こういうときこそ予備部隊を使うべきではないか？

カレーを封鎖しているこの部隊を、ゴートの部隊とダンケルクのカナダ軍部隊が同時攻撃し、それに呼応して閉じ込められている戦車が出撃すべきだ。ドイツ軍は明らかに我が物顔で移動し、好き放題をやっている。敵戦車は私たちの後背全体で二、三両ずつ行動し、発見されても攻撃されていない。それに、私たちの戦車は敵の野砲に怯えているが、私たちの野砲は敵戦車と戦おうとしていない。拠点から遠く離れたところで敵の自動車化砲兵が私たちを阻止できるのに、大規模な軍の砲兵が彼らを阻止できないのはどういうわけだ？……カレーとの交通路の敵を一掃し、往来を維持するのは、英遠征軍の重要な責務のはずだ。

これらの批判は私たちの将兵に対して公平ではなかった。だが、当時自分が書いたことを、私はそのまま本書に記す。

総理大臣よりイズメイ将軍へ　**一九四〇年五月二四日**

原則的に引き揚げが決定されたとする命令を午前二時にカレーに送ったと、海軍参謀次長から知らされたが、これは正気の沙汰ではない。カレーから撤退すれば、ダンケルクへ行くのをカレーから阻止されている敵部隊が移動できるようになる。数多くの理由から、カレーは死守しなければならないが、敵をその前線に釘付けにすることが肝心である。あらゆる戦車の装甲を貫通できるＳＡＰ（半徹甲弾）を発射する海軍の一二ポンド砲二四門を用意していると、海軍本部は述べている。その一部が今夜に使用できるようになるだろう。

総理大臣より帝国参謀総長《CIGS》へ　**一九四〇年五月二五日**

ゴートがアラスを放棄した理由と、そのほかの部隊を彼がどう使っているのかを、早急に知る必要がある。ウェイガンの計画をいまも維持しているのか、それともおおむね静止しているのか？　停止しているとすれば、今後数日間に起きる可能性が高い出来事の推移をどう考えていて、どういう方針を勧めるのか？　ゴートが一戦もせずに全周包囲されるようなことがあってはならないのは明白だ。海と彼の部隊のあいだに立ちふさがる装甲部隊と戦って海岸への道を切りひらき、自軍とベルギー軍前線を護っている圧倒的な勢力の砲兵で殲滅すべき「ではない」か？　ベルギー軍は強力な後衛を利して後退すればいい。遅くともあすまでにこの決定を下さなければならない。

つかの間安全になったどこかの飛行場からディルが帰国し、それをＲＡＦ一個飛行中隊が護衛することは可能なはずだ。

総理大臣より陸相及び帝国参謀総長《CIGS》へ　　**一九四〇年五月二五日**

きのうカレー引き揚げの命令を出した将校と、私がけさ読んだ〝連合軍の結束のため〟と述べているその煮え切らない電信の宛先を調べてもらいたい。これは最後の一兵になるまで戦えと激励するのにふさわしいやり方ではない。参謀本部に敗北主義者寄りの意見がないといい切れるのか？

総理大臣より帝国参謀総長《CIGS》へ　　**一九四〇年五月二五日**

カレーを守備している准将に、以下のようなことを伝えるべきではないか。カレーを最大限に防御することは現在、私たちの国と陸軍にとってなによりも重要である。一、敵装甲部隊の大部分を手一杯にさせ、交通路が攻撃されるのを妨げる。二、英陸軍の部隊が帰国するのに乗船する港が確保される。ゴート将軍はすでに貴官を援助するために部隊を派遣したし、海軍はあらゆる方策で補給をつづける。大英帝国はカレー防御を注視しており、貴官とその勇敢な各連隊がイギリスの名にし負う偉業を成し遂げると政府は確信している。

この電信は、五月二五日午後二時ごろに、ニコルソン准将に送られた。

守備隊を任務から解かないという最終決定が、五月二六日夜に下された。それまで駆逐艦数隻が待機していた。イーデンとアイアンサイドは、海軍本部に私といっしょにいた。三人が食事を終えたあと、午後九時に実行した。イーデンが長年所属して戦った師団が関わっていた。戦争中でも人間は食べたり飲んだりしなければならないが、食後に無言でテーブルについていたときに、どうしても胸が悪くなった。

准将への電信は以下のとおり。

貴官らが存在しつづけている時間が長ければ長いほど、BEFの援けになる。したがって、政府は貴官らが戦いつづけなければならないと決定した。貴官らのすばらしい防御に最大級の称賛を捧げる。引き揚げは行なわれない（**くりかえす、行なわれない**）。その目的に必要とされる艦艇は、ドーヴァーに帰投する。駆逐艦〈ヴェリティ〉と〈ウィンザー〉が掃海司令とその部隊の撤収を掩護する。

カレーは最重要だった。ダンケルク脱出を妨げるおそれがあった要因は数多かったが、カレー防御の三日間によってグラヴリーヌの川筋を保持できたのはたしかだった。それがなかったら、ヒトラーの迷いとルントシュテットの命令にもかかわらず、全軍が孤立して敗北を喫していたにちがいない。

＊

こういったことすべてに加えて、重大な破局が訪れたために、状況が単純になった。ドイツ軍はベルギー軍の正面をそれまでは激しく圧迫していなかったが、五月二四日にオーステンデやダンケルクとは三〇マイル（約四八キロメートル）しか離れていないコルトレイクの左右で、ベルギー軍の前線を破った。絶望的な情勢だと判断したベルギー国王は、降伏の準備をした。

ベルギーから段階的に撤退していたBEF第1、第2軍団は、五月二三日までに、冬のあいだに構築してあったリールの北と東の国境防御陣地に戻った。私たちの南側面を大鎌で薙ぐような機動を行なっていたドイツ軍が海に達し、英軍はそれを防がなければならなかった。ゴートとその司令部はこういった事実への対応を余儀なくされ、バセ－ベテューヌ－エール－サントメール－ワットの運河筋の陣地に部隊を派遣することに成功した。これらの部隊とフランス第16軍団が、グラヴリーヌの川筋で海に達した。この南に面して丸くくぼんだ側面の防御は、主力の英第3軍団が担っていた。連続した前線はなく、主な交差点に防御された〝封鎖〟が点々とあるだけで、そのうちのサントメールとワットの要所はすでに敵の手に落ちていた。カッセルから北に向かう断じて失ってはならない道路数本も脅かされていた。ゴートの予備部隊は第5と第50の英軍二個師団しかなく、二個ともこれまで述べてきたように、ウェイガンの計画を遂行すべくもないのにアラスで南への反攻を行ない、かろうじて離脱したところだった。この時点におけるBEFの戦闘正面は約九〇マイル（約一四五キロメートル）で、いたるところでドイツ軍と近接触敵していた。

BEFの南には、フランス第1軍がいて、二個師団が正面を防御していた。それ以外の一一個師団は、陣を乱し、ドゥエの北と東で締め付けを受けていた。この軍は、南と東から挟み込むドイツ軍に全周包囲されかけていた。英軍の左翼にいたベルギー軍は、さまざまな地点でリスから押し戻され、北に撤退していたため、メネンの北に間隙《ギャップ》ができはじめていた。

五月二五日の夜、ゴート将軍は重要な決定を下した。ゴート将軍は依然としてウェイガン将軍の計画に沿った命令を発しており、カンブレへの南向き攻撃を第5と第50師団がフランス軍と結合して行なっていた。しかし、ソンム川から北向きに攻撃するというフランス軍の約束は、実現される気配がなかった。ブローニュを防御していた部隊は、撤退していた。カレーはまだ持ちこたえていた。ゴートはウェイガンの計画を放棄した。ソンム川に向けて南進することはもはや望めないというのが、ゴートの判断だった。また、ベルギー軍の防御崩壊と北に間隙《ギャップ》が生じることがもたらすあらたな危機が、強い影響力を及ぼした。ドイツ第6軍の命令書が押収されて、一個軍団が北西のイーペルに向けて進軍し、べつの一個軍団が西のウェイツスカーテを目指すことが明らかになった。この二方面の猛進撃にベルギー軍が耐えられるはずはなかった。

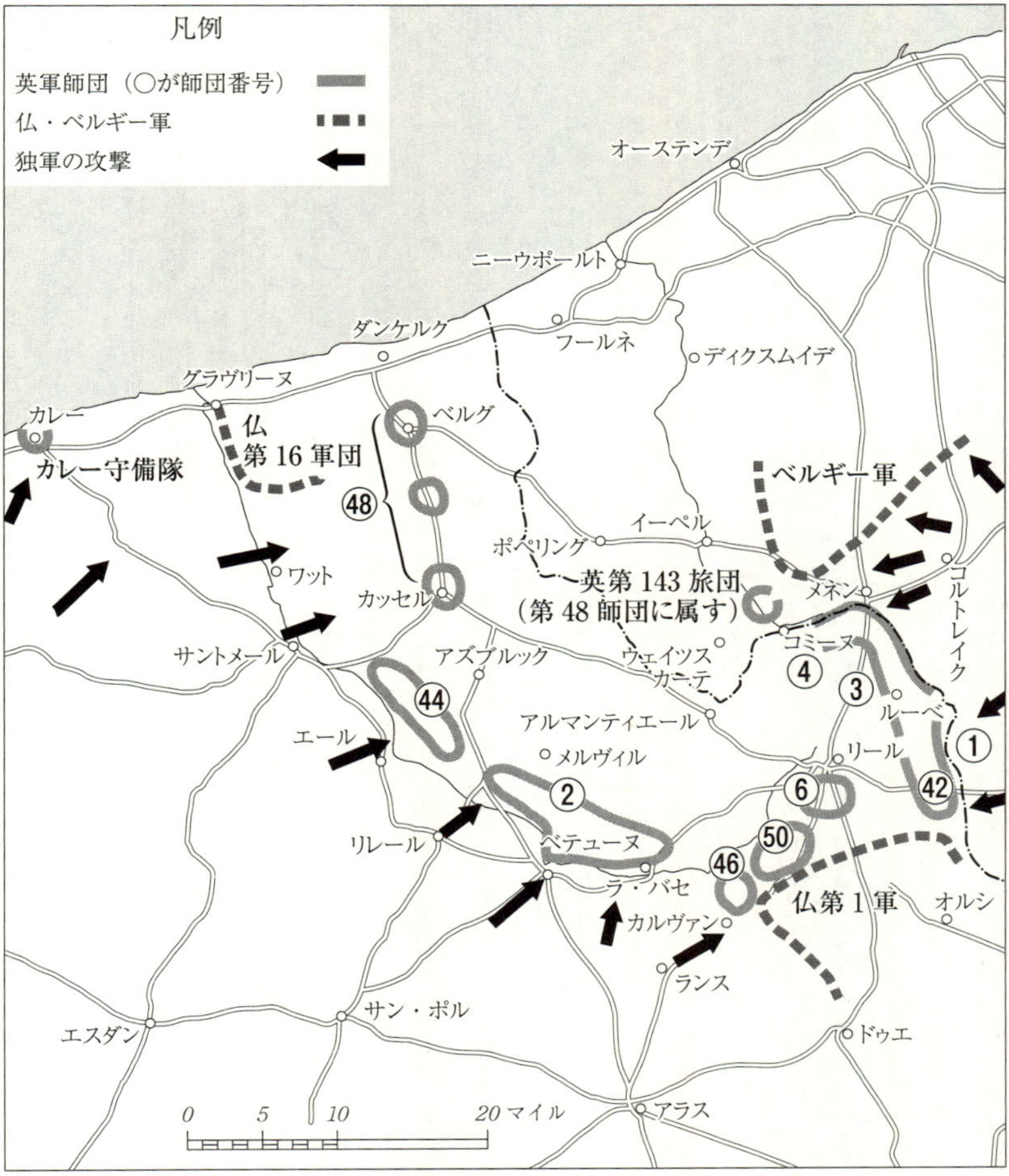
凡例
英軍師団（○が師団番号）
仏・ベルギー軍
独軍の攻撃
オーステンデ
ニーウポールト
ダンケルク
フールネ
ディクスムイデ
グラヴリーヌ
カレー
ベルグ
仏
第16軍団
カレー守備隊
48
ベルギー軍
イーペル
ポペリング
コルトレイク
ワット
カッセル
英第143旅団
（第48師団に属す）
メネン
コミーヌ
サントメール
アズブルック
ウェイツス
カーテ
4
3
ルーベ
44
アルマンティエール
エール
メルヴィル
リール
1
6
42
2
リレール
ベテューヌ
50
46
ラ・バセ
仏第1軍
オルシ
カルヴァン
ランス
サン・ポル
エスダン
ドゥエ
0
5
10
20マイル
アラス

5月25日夕刻の戦況

軍事に長けているという自信があり、英仏政府とフランスの総司令部が完全に統率できなくなっていると確信したゴートは、南向きの攻撃を中止するとともに、ベルギーの条件付降伏で北に生じる間隙《ギャップ》をふさぐために、海に向けて進軍することを決意した。その時点では、全滅や降伏を除けば、これが唯一の方策だった。午後六時、ゴートは第5と第50師団に、第2軍団と合流して、できかけていたベルギー軍の間隙《ギャップ》をふさぐよう命じた。ゴートはこの軍事行動をビヨットの後任のフランス第1軍集団司令官ブランシャール将軍に伝えた。これらの重大な事象の圧力を認識していたブランシャールは、午後一一時三〇分に、ダンケルクの周囲に防衛境界線を敷く目的で、自軍を二六日にリールの西のリス運河後背の前線まで後退させる命令を発した。

五月二六日早朝、ゴートとブランシャールは、海岸線まで撤退する計画を立案した。フランス第1軍の進軍距離が長いので、二六日から二七日にかけての夜間に行なったBEFの最初の移動は予備的なものとなり、英第1、第2軍団の後衛が二七日から二八日にかけての夜間まで正面防御を維持した。これに関しては、ゴート将軍が自分の責任で行なった。だが、本国の私たちもやや異なる観点の情報から、おなじ結論に達していた。二六日、陸軍省からの電信はゴート将軍の作戦実施を承認し、〝フランス及びベルギー軍と結合するために至急、海に向けて作戦行動を進める〟権限をあたえた。あらゆる種類と大きさの海軍艦艇を大規模に駆り集める緊急措置が、すでに全力をあげて実施されていた。二五日から二六日にかけての夜間、イギリスの師団が維持した地域を示す図解を、読者諸氏にはぜひ見ていただきたい〔前頁参照〕。

海に向かう縦走地形《コリドー》の西側面では、二六日には局面にほとんど変化がなかった。第48と第44師団が維持していた地域は、あまり圧迫を受けていなかった。しかし、第2師団は、エール運河とバセ運河で激戦し、そこを堅持していた。さらに東では、カルヴァン周辺でドイツ軍の強力な攻撃が行なわれ、英仏両軍が共同で防御していた。近くで露営していた第50師団の二個大隊の反攻によって、状況は改善された。イギリスの前線の左では第５師団が第48師団の第１４３旅団を指揮下に収めて、夜間に進軍し、夜明けには英軍とベルギー軍のあいだにできた間隙《ギャップ》を埋めるために、イーペル－コミーヌ運河の防御を引き継いだ。この部隊の到着はどうにか間に合った。そこに達した直後に、敵が攻撃し、一日ずっと激しい戦闘がつづいた。第１師団の予備の三個大隊が投入された。第50師団は、リールの南で露営したあと、イーペル周辺の第５師団の側面を延長するために北に移動した。一日ずっと猛攻を受けて右側面がくぼんだベルギー軍が、英軍との連結を回復する部隊がなく、英軍の移動に合わせてエイゼル運河の前線まで後退することができないと報告した。

その間に、ダンケルク周辺の防衛境界線の構築が進んでいた。フランス軍はグラヴリーヌからベルグまでを確保し、英軍はそこから運河伝いにフールネからニーウポールトと海沿いに布陣した。二方向から到着したすべての兵種のさまざまな群《グループ》〔連隊に準ずる部隊。複数の大隊と本部から成る〕や特務小部隊《パーティ》が組み合わさって、この前線を形成した。二六日の命令を追認されたゴート将軍は、二七日午後一時に発せられた陸軍省の電信で〝爾後、可能な限り最大の部隊を引き揚げる〟よう命じられた。私はその前日に、英遠征軍を引き揚げる方針をレノー首相に伝え、それに一致する命令を発するよう要請していた。通信途絶のために、フランス第１軍司令官が麾下の各軍団に「戦闘は、リス河畔の地点から退かざる気概のもと《ラ・バタイユ・スラ・リヴレ・サン・ゼスプリ・ド・ルキュル・シュル・ラ・ポジ》に行なわれる《シオン・ド・ラ・リス》」という命令を発したのは、二七日午後二時だった。

英軍四個師団とフランス第１軍全軍が、リールの周囲で孤立する重大な危機にさらされた。全周包囲を目論むドイツ軍の腕二本が、躍起になって英仏両軍を挟み撃ちにしようとしていた。このころは、首尾一貫した活動が行なわれていた時期とは異なり、きちんとした地図室がなく、ロンドンから戦いを統制することは不可能だった。だが英軍の優秀な四個師団を含むリール付近の連合軍の大部隊の形

東スヘルデ河口
デルブルフ
ザイト・
ベーフェラント
ブレダ
ローゼンダール
ティルブルフ
ベルヘン・
オプ・ゾーム
オランダ
トゥルンハウト
アント
ウェルペン
ヘーレンタルス
ネーテ川
アルベール運河
ヘント
メヘレン
スヘルデ川
アールスト
ゼンヌ川
ルーヴェン
アウドナルド
ブリュッセル
マーストリヒト
ティーネン
デンデル川
ダイル川
ゲーテ川
アニュ
リエージュ
ムーズ川
ナミュール
ユイ
モンス
シャルルロワ
ベルギー
ディナン
サンブル川
フィリップヴィル
アヴェン
ラ・カペル
フュメ
オワーズ川
イルソン
ロクロワ
モンテルメ
アルデンヌ
ヴェルヴァン
リアール
シャルルヴィル
セール川
マルル
メジエール
スダン
モンコルネ
ラン
ルテル
ムーズ川
ロンウィ
エーヌ川
ヌフシャテル・
スル・エーヌ
ヴージェ
ランス

1940年5月の戦域

ワルヘレ
西スヘルデ
ゼーブルッヘ
オーステンデ
ブリュージュ
ドーヴァー
ドーヴァー海峡
ニーウポールト
フールネ
ダンケルク
ディクスムイデ
ティール
グラヴリーヌ
ベルグ
エイゼル川
カレー
グリ・ネ岬
ウォルムート
ポペリング
イーペル
レイエ川
メネン
コルトレイ
カッセル
サントメール
バイユール
コミーヌ
ブローニュ
トゥルコアン
アズブルック
アルマン
ティエール
ルーベ
レイエ川
エール
メルヴィル
リール
エタプル
ラ・バセ
トゥル
ベテューヌ
カルヴァン
モルド
モントルイユ
サン・ポル
モン・サンテロワ
ランス
エスダン
スカルプ川
ドゥエ
ヴァランシエン
フランス
アラス
アルルー
ドナン
サンセ川
サン・ヴァレリー・スル・ソンム
アブヴィル
ドゥラン
カンブレ
バポーム
リュイヨルクール
ソンム川
アルベール
アミアン
ペロンヌ
アーヴル川
サン・カンタン
ポワ
ロワ
モンディディエ
ショニー
ノワイヨン
ボーヴェ
0
10
20
30
40
50 マイル
コンピエーニュ
ソワソン
オワーズ川

勢に、私は三日間ずっと気を揉んでいた。しかしながらこれは、機械化部隊の輸送能力が本領を発揮した、めったにない決定的瞬間だった。ゴートが命令を下すと、四個師団すべてが驚異的な速さで、ほとんど一夜にして戻ってきた。その間、そのほかの英軍部隊は縦走地形《コリドー》の左右で熾烈な戦いをくりひろげ、海への通路を確保しつづけた。第2師団によって動きを鈍らされ、第5師団によって三日間阻止されたドイツ軍の挟撃の鉤爪は、やがて五月二九日の夜に、一九四二年のスターリングラード周辺のソ連軍の大包囲作戦とおなじような感じで狭まった。この罠が閉じるのに二日半かかり、それまでに英軍四個師団と、敗北した第5軍団を除くフランス第1軍の大部分が、間隙を抜けて秩序正しく撤退した。フランス軍の輸送手段は馬匹のみだったし、ダンケルクへの主要道路はすでに遮断され、二級道路は退却する兵士と輸送車両の長い列と数千人もの避難民で混雑していたにもかかわらず、それだけの部隊が撤退することができた。

*

イギリスに単独で戦う能力があるかという問題について、私は一〇日前にチェンバレン氏に閣僚たちとともに検討するよう頼んであったが、いま正式に軍事顧問たちに検討を依頼した。手がかりをあたえつつ、参謀総長たちが自由に考えを述べられるように、わざと前提条件を書き加えて問い合わせた。彼らがとことん決意を固めているのは事前に知っていたが、そういう決断は書面で残すのが賢明なのだ。それに、内閣の強い意志に専門家の意見の後押しがあれば、議会を納得させることができると期待していた。以下に問い合わせと回答を記す。

1．首相に付託された以下の前提条件付問い合わせに対し、私たちは〝特定の不測の事態におけるイギリスの戦略〟に関する報告書を吟味しました。

〃フランスが戦争に従事できなくなって中立になり、ドイツ軍が現在の形勢を維持し、英国遠征軍が海岸に達するのを支援したあとでベルギー軍が条件付降伏を余儀なくされたとして、武装解除とオークニー諸島の海軍基地割譲など、ドイツのいいなりになるような条件をイギリスが提示された場合、イギリスが単独でドイツと、そしておそらくイタリアとの戦争をつづけられる見込みはどうか？　本格的な侵攻を海軍と空軍が防げると、どの程度まで期待できるのか？　この島に集結した部隊で、一万人程度の兵員による空からの強襲に対処できるのか？　イギリスの長期の抗戦は、ヨーロッパの広い範囲を占領することに専念しているドイツにとってきわめて危険かもしれないと見られる可能性があるのではないか？〃

2．私たちの結論は、つぎの段落に示されております。

3．空軍が存在している限り、この国に対する海からの本格的な侵攻をドイツが実行するのを、海軍と空軍の協力で阻止できるはずです。

4．ドイツが完全な航空優勢を握ったような場合、海軍は侵攻を一時的に阻止できるでしょうが、無期限に阻止することはできません。

5．海軍に侵攻が阻止できず、空軍が消滅し、ドイツが侵攻を試みたときは、私たちの沿岸と浜辺の防御では、ドイツの戦車や歩兵が陸地で確実に地歩を築くのを防ぐことはできません。上記のような状況では、私たちの地上部隊には本格的な侵攻に対処する力がありません。

6．最重要な事柄は航空優勢です。ドイツがこれを得たなら、航空攻撃だけでこの国を従わせることができます。

7．私たちの空軍とコヴェントリーとバーミンガムに基幹部分が集中している航空機産業を叩き潰さない限り、ドイツが完全な航空優勢を得ることは不可能です。

8. 航空機工場に対する航空攻撃が、昼間もしくは夜間に行なわれるはずです。深刻な被害を避けるために、昼間に私たちは敵に同様の損害をあたえなければなりません。しかし、私たちがどのような攻撃的手段に訴えるにせよ——できるだけ迅速にそれを推し進めるとしても——私たちの航空機産業が依存している大規模な工業地帯が夜間攻撃によって深刻な物的損害をこうむるのを確実に防ぐことはできません。敵は精密爆撃を行なわなくても、それを達成できます。

9. 航空機産業の掃滅に成功するかどうかは、爆弾による物的損害だけではなく、労働者の士気と、大混乱と破壊に直面しても作業をつづける決意への影響にも左右されます。

10. したがって、敵が私たちの航空機産業への夜間攻撃を強行すれば、関係する産業に物的損害と士気の阻喪をもたらし、すべての作業が停止する可能性が高いでしょう。

11. 数の上でドイツが四対一で優勢であることを、忘れてはなりません。さらに、ドイツの航空機工場は分散しており、攻撃部隊がそこへ到達するのはかなり困難です。

12. その反面、私たちが攻勢転移により、爆撃機部隊でドイツの工業地帯に同様の攻撃を行なえば、敵の士気を阻喪させ、物的被害をあたえて、ある程度まで操業停止させることができるでしょう。

13. 要約すると、ドイツは一見《プリマ・ファキエ》、切り札をすべて握っているようですが、真の試練は、私たちの戦闘員と一般市民の戦意が、ドイツにいまあたえられている数と物質的な利点を打ち消して権衡が得られるかどうかという点です。それは可能だと、私たちは信じています。

もちろん、この報告書はダンケルク脱出以前のもっとも重苦しい時期に書かれたものだったが、ニューアル、パウンド、アイアンサイドの参謀総長三人だけではなく、参謀次長のディル、フィリップス、パースも署名した。何年もたってから読み返すと、これが由々しく厳しい文言であったことは認めざるをえない。だが、戦時内閣とこれを見たそのほかの閣僚全員の考えは、ぴたりと一致していた。議論はなかった。私たちの心と気持ちはひとつになっていた。

＊

私はゴート将軍に書き送った。

一九四〇年五月二七日

1．この重大なときに、私は貴官に幸運を祈ると書き送らずにいられない。どういうことになるか、だれにもわからない。しかし、どんなことであろうと、閉じ込められて飢えるよりはましだ。愚見を添えてあえてこれを申しあげる。一、大砲は戦車を破壊すべきであり、そのために損耗するかもしれないが、べつのために使ってもそうなりうる。二、オーステンデが砲兵を備えた一個旅団によって占領されるまで、強い不安を感じる。三、カレーを攻撃している敵戦車は疲弊している可能性が高く、いずれにせよカレーに忙殺されている。カレーが持ちこたえているあいだに車両縦隊を差し向ければ、かなり勝機があるかもしれない。敵戦車は攻撃には脆いかもしれない。

2．ベルギーと談判する必要がある。以下の電信をキーズに送るが、貴官が国王にじかに連絡することが望ましい。キーズが口添えしてくれるはずだ。私たちのために犠牲になってくれるよう、ベルギーに頼むつもりだ。

3．［私たちの］将兵は、血路をひらいて祖国《ブライティ》に帰ることを知っている。それがなによりも奮闘の動機になる。海軍と空軍にあらゆる支援を行なわせる。アンソニー・イーデンも同意見で、私とおなじように幸運を祈っている。

同封

総理大臣よりキーズ提督へ

貴官の友人［ベルギー国王］に以下のことを伝えてもらいたい〔チャーチルはベルギー国王にいい感情を抱いていないので、〝陛下〟などは使わなかった〕。英仏両軍が現在、グラヴリーヌとオーステンデのあいだで戦いながら海岸を目指していることと、危険が大きい乗船のあいだ私たちが海軍と空軍で最大の支援を行なうことを、彼は知っているはずだ。彼のために私たちになにができるか？　ベルギーの大義のために包囲されて飢え死にするわけにはいかない。私たちが唯一望んでいるのは戦勝であり、ヒトラーを打倒するか私たちが国家ではなくなるまで、イングランドは戦いをやめない。手遅れにならないうちに飛行機で貴官とともに脱出するよう、彼を説得してほしい。私たちの作戦が首尾よくいって有効な防衛境界線を確立できたら、望まれればベルギー軍数個師団を海路でフランスに運ぶつもりだ。ベルギー軍が戦いつづけることがきわめて重要であり、国王の身柄が安全であることが不可欠である。

キーズ提督宛の電信は、提督が二八日に帰国する前に届けられなかった。そのため、この内容がレオポルド国王に伝えられることはなかった。だが、二七日の午後五時から六時のあいだにキーズ提督が私と電話で話をしたので、それはどうでもよかった。キーズ提督の報告からの抜き書きを以下に記す。

二七日午後五時ごろに国王が私に、陸軍が壊滅したので敵対行為を中止したい、暗号電信を無線でゴート将軍と陸軍省に送ったと告げた。陸軍省はこれを午後五時五四分に受信した。私はただちに自動車でデ・パンネへ行き、首相に電話した。何度も警告されていたため、首相は驚いていなかったが、国王と女王［国王の母］に私といっしょにイギリスへ来るようなんとか説得してほしいと告げてから、その日に私が受け取るはずだった電信の内容を口頭で伝えた。

一九四〇年五月二七日

〝ベルギー大使館は、戦争に敗北して単独講和を考慮しなければならなくなったために国にとどまるという国王の決定について、以下のように判断する。

〝これと切り離すために、立憲ベルギー政府を外国で再招集する。ベルギー軍が武器をおろさなければならないとしても、フランスにはベルギー人の壮丁二〇万人がいるし、反撃に利用できるベルギーの資源は一九一四年よりもはるかに膨大である。国王の目下の決定は、国を分裂させ、ヒトラーの保護下にはいることを意味する。どうかこの考慮すべき要件を国王に伝え、その選択肢が連合国とベルギーにとってきわめて悲惨な結果をもたらすことを認識させてほしい〟

私はレオポルド国王に首相の意図を伝えたが、国王は軍や国民とともにとどまらなければならないと決断したと答えた……。

＊

イギリスで私は以下の全般的な戒告を発した。

一九四〇年五月二八日

（極秘）

この重苦しい日々、政府の閣僚と重要幹部がそれぞれの組織で高い士気を維持してくれれば、首相として深く感謝するしだいである。諸事の深刻さを軽視してはいけないが、ヨーロッパ全土を支配しようとする敵の意志をくじくまで戦争を続行する私たちの戦闘能力と揺るがぬ決意に自信を抱いていることを示してもらいたい。

フランスが単独講和を結ぶだろうという考えを許容してはならないが、大陸でなにが起きようが、私たちは自分の責務に疑いを抱いてはいけない。この島と帝国と大義を護るために、私たちは全力をあげなければならない。

二八日朝、ゴート将軍とブランシャール将軍がふたたび協議した。以下の記述には、ゴート将軍の参謀長パウンル将軍の当時の記録を拝借した。

カッセルでの協議の際にブランシャールが示した熱意は、本日の訪問では消え失せていた。前向きな提案や計画はいっさいなかった。乗船する目的で海岸に向かうよう命じる電信を、私たちはブランシャールの前で読みあげた。ブランシャールは驚愕した。いささか奇妙だった。海岸沿いに防衛境界線を設置するようブランシャールとゴートが命じられた理由が、ほかにあるとでも思っていたのだろうか？その事前措置に、それ以外の目的があるはずがないではないか。防衛境界線に関して、英仏両軍がおなじ指示を受けていることを、私たちは指摘した。今回はつぎの必然的な段階（フランス政府に伝えられていたことは間違いない）を政府の指示どおりに進めているにすぎないのだが、ブランシャールはそれに対応する命令をまだ受けていないようだった。ブランシャールはその説明ですこしは気を静めたように見えたが、完全に落ち着いてはいなかった。そこで私たちは、この最後の段階では英軍とフランス第1軍がともに行動することを、貴官同様に望んでいると告げた。したがって、フランス第1軍は今夜、私たちと同調して撤退をつづけなければならない。それに対してブランシャールは完全に自制心を失い——それは不可能だといい放った。私たちは言葉を尽くして、危機的状況のさまざまな要素についてできるだけ明確に説明した。北と東側面のドイツ軍の脅威は、おそらく二四時間以内には増大しない（しかし、増大したときには重大な脅威になる）。ただちに重視しなければならないのは、南と西側面の脅威だった。ブランシャールもよく知っているように、砲兵に支援されているドイツ軍歩兵師団の前衛が、きのうさまざまな地点で攻撃を仕掛けてきた。ウォルムート、カッセル、アズブルックの重要拠点は持ちこたえたが、何カ所かで前線を突破された。ドイツ軍がこの優位を拡大しようとする可能性があり、師団の主力がまもなく展開して、私たちの海への撤退進路を横断するにちがいなかった（ブランシャールが撤退を命じられているかはともかく、英軍は撤退を命じられていた）。したがって、一瞬の遅れもなくリスから引き揚げなければならず、今夜中にせめてイーペル‐ポペリング‐カッセル線まで戻らなければならなかった。明晩まで待ったら、ドイツ軍の追撃に**二日も**あたえることになる。正気の沙汰ではなかった。海に到達しても英軍の三〇パーセントが脱出できればいいほうだと、私たちは考えていた。最前線にいる兵士の多くは、そこまで行けないだろう。しかし、練度の高い将兵を少数でも救うことができれば、戦争の継続にかなり役立つはずだった。だから、やれる見込みがあることは、すべてやらなければならないし、そのひとつが、一部でもいいから、今夜のうちにすこしでも遠くへ後退することだった……。

やがて、第1軍司令官プリウー将軍の連絡将校が来た。今夜はこれ以上撤退**できない**ので、北東の角がアルマンティエールに接し、南西の角がベテューヌに接している運河の長方形の範囲内にとどまるつもりだとプリウーが決定したことを、連絡将校がブランシャールに告げた。このため、ブランシャールは撤退に反対すると決断したようだった。第1軍と連合軍の大目的のために、せめて英軍の前線まで一部を後退させるようプリウーに命じてほしいと、私たちはブランシャールに嘆願した。それができないほど全軍が疲れていたり、遠く離れていたりするわけではなかった。そこまで後退できたものはすべて、乗船できる見込みが**すこしは**あるが、あとに残ったものはすべて、確実に叩き潰される。それなのに、どうして**やってみないのか？**　やらなかったらなにも得られないが、やってみれば**わずかなりとも**希望が持てる。だが、ブランシャールの決意を揺るがすことはできなかった。海岸からの引き揚げは不可能だと、ブランシャールは断言した――イギリスの海軍本部はＢＥＦのために手配するだろうが、フランス海軍はフランスの将兵のためにおなじことをやらないだろう。だからやっても無駄だ――努力に見合う勝ち目がない。そういって、ブランシャールはプリウーの決定に同意した。

そのあとでブランシャールは、仮の話として、フランス第1軍が同調**しなくても**、今夜中にイーペル－ポペリング－カッセル線まで撤退するのがゴートの意図であるかどうかをたずねた。それに対して、**撤退する**とゴートは答えた。第一に、乗船するよう命じられているし、それにはただちに撤退しなければならない。このうえ二四時間ぐずぐずしていたら、部隊が孤立するので命令を実行できなくなる。第二に、命令に従うという表向きの面はべつとしても、容易に攻撃にさらされる現在の形勢で部隊を前方にとどめるのは、正気の沙汰ではない。そこでまもなく敵に圧倒されるのが目に見えている。したがって残念だがこういった理由から、フランス第1軍が後退しなくても、ＢＥＦは撤退しなければならない……。

＊

二八日の早朝にベルギー軍が降伏した。ゴート将軍がこれを正式に通告されたのは、わずか一時間前だったが、三日前から壊滅は予測されていたし、いずれにせよ間隙《ギャップ》はふさいであった。私は、レノー首相が適切だと考えていたような表現よりもずっと穏やかな言葉遣いで、これを議会で発表した。

ベルギー国王が昨日、ドイツ軍総司令部に全権使節を派遣し、ベルギー戦線での停戦を求めたことを、庶民院はほどなく知るでしょう。英仏両政府はただちに、この手続きを支持しないとして、現在従事している作戦を維持するよう軍司令官たちに命じました。しかしながら、ドイツ軍総司令部はベルギーの提案に応じ、けさの四時にベルギー軍は敵の意向に抵抗することをやめました。

ベルギー軍総司令官であるベルギー国王のこの行動について、私たちが現時点で判断を下すべきであると庶民院に提案するつもりはありません。ベルギー軍はきわめて勇敢に戦い、甚大な損害を受けるとともに、敵にも甚大な損害をあたえました。ベルギー政府は、国王の決定を支持しないことを明らかにして、自分たちがベルギーの唯一の合法的な政府であると宣言し、連合国側で戦争を続行する決意を正式に表明しました。

レオポルド国王の行動に対する私の発言がレノー首相の発言と大きく食い違っていたことに、フランス政府が遺憾の意を示した。当時入手できた事実すべてを入念に検討したあとで、私は六月四日に議会で発言する際に、フランス政府のみならずロンドンに置かれているベルギー政府のために真実を明快な言葉で述べるのが、自分の責務だと考えた。

ベルギーがすでに侵略されたあとでレオポルド国王は最後の瀬戸際に私たちに支援を求め、時すでに遅くても私たちは支援しました。国王とその勇敢で優秀な五〇万人に近いベルギー軍は、英軍の左側面を護っていて、海への唯一の撤退路を維持していました。それが突然、なんの事前の相談もなく、最低限の通告のみで、閣僚とも協議せず、まったく個人的な行動として、国王は全権使節をドイツ軍総司令部に派遣し、軍に降伏を命じ、それによって英軍の全側面と退却の手段が敵にさらけ出されたのです。

勇敢で優秀だと私が評したベルギー軍は、もちろんそのすばらしい伝統に則って行動した。彼らは自分たちの能力では長期間抵抗できない敵軍に圧倒された。敗北して降伏したことは、ベルギー軍の名誉と名声を毫も傷つけてはいない。

*

この二八日の早朝、英軍の脱出は綱渡りの状態だった。コミーヌからイーペルを通り、さらにそこから海に向かう前線では、東を戦闘正面にしてベルギー軍が残した間隙《ギャップ》をふさぐために、ブルク将軍と第2軍団が堂々たる戦いをくりひろげていた。それまでの二日間、第5師団があらゆる攻撃に対してコミーヌを護り抜いていたが、ベルギー軍が北に後退して抵抗をやめると、修復できないほどに間隙がひろがった。BEFの側面を護るのが、彼らの役目になった。まず第50師団が来援し、前線を延長した。つづいて第4、第3師団が、あらたにリールの東から引き抜かれ、輸送車両で急遽移動して、ダンケルクに通じる重要な縦走地形《コリドー》の防壁を延伸した。英軍とベルギー軍のあいだを抜けるドイツ軍の馳突を阻止できなくても、そのあとの致命的な結果――敵軍がエイゼル川を越えて内側に旋回し、戦闘中の英軍の後背で海岸に達すること――が予測されていたので、あらゆる場所で英軍は機先を制した。

ドイツ軍が血みどろになって撃退された。英軍砲兵は野砲も中砲も敵に向けて弾薬を撃ち尽くせと命じられ、すさまじい砲撃がドイツ軍の強襲を鎮圧するのに貢献した。そのあいだずっと、奮戦していたブルクの前線の後背わずか四マイル（約六・四キロメートル）ほどのところを、膨大な数の輸送車両と兵士たちが、設営中のダンケルク防衛境界線からなだれ込み、その場で巧みに工夫して、防御を固めた。さらに、防衛境界線内を東西に走る主要道路が、ただちに車両で完全に封鎖された。ブルド

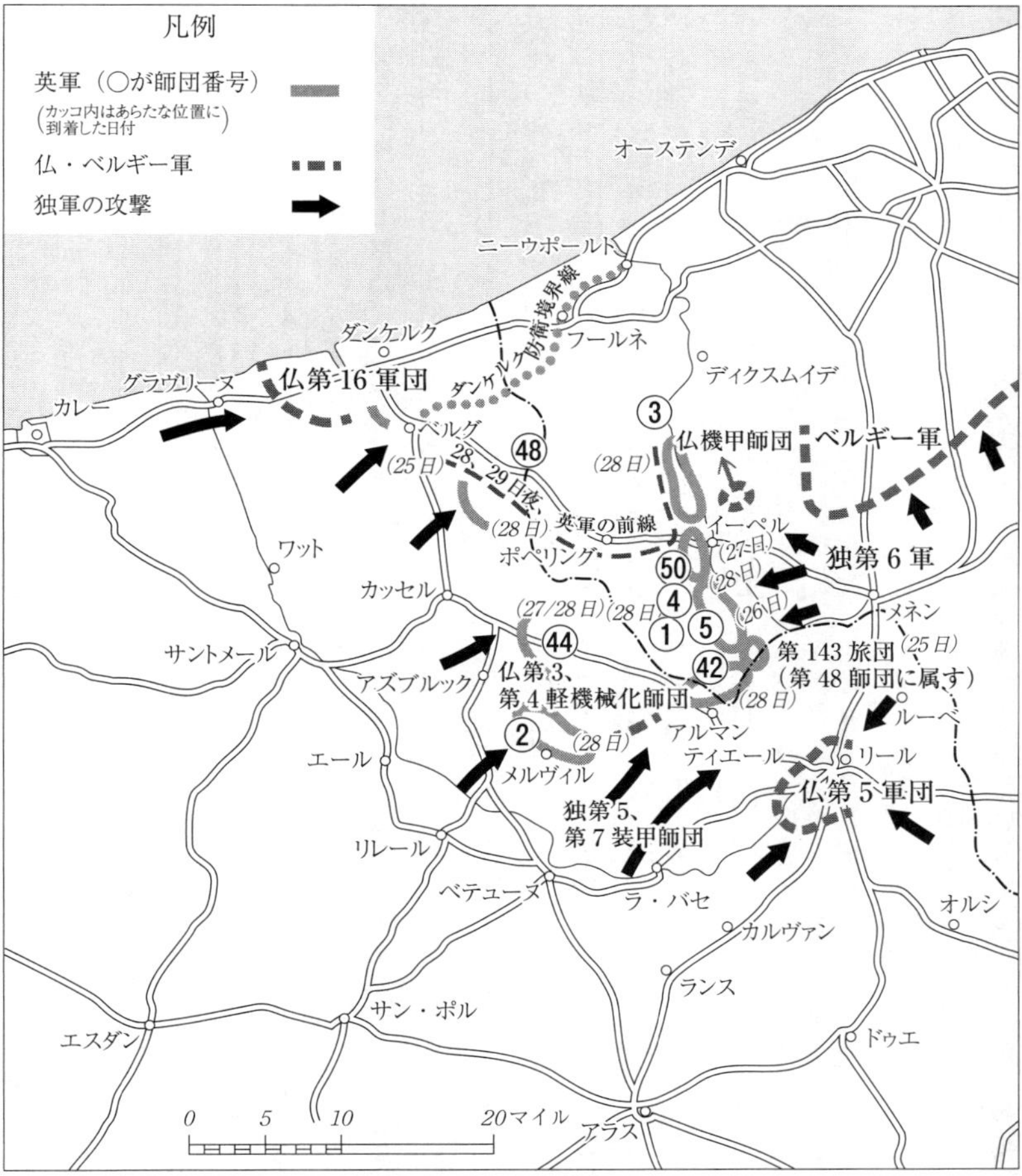
凡例
英軍（○が師団番号）
（カッコ内はあらたな位置に到着した日付）
仏・ベルギー軍
独軍の攻撃
オーステンデ
ニーウポールト
ダンケルク防衛境界線
ダンケルク
フールネ
ディクスムイデ
グラヴリーヌ
仏第 16 軍団
カレー
ベルグ
(25 日)
28、29 日夜
(28 日)
英軍の前線
ポペリング
仏機甲師団
ベルギー軍
イーペル
(27 日)
(28 日)
(26 日)
独第 6 軍
メネン
(25 日)
ワット
カッセル
(27/28 日)
(28 日)
サントメール
アズブルック
仏第 3、第 4 軽機械化師団
第 143 旅団（第 48 師団に属す）
ルーベ
アルマン
(28 日)
リール
エール
メルヴィル
ティエール
仏第 5 軍団
独第 5、第 7 装甲師団
リレール
ベテューヌ
ラ・バセ
オルシ
カルヴァン
ランス
サン・ポル
エスダン
ドゥエ
アラス
0　5　10　20 マイル

5 月 28 日の戦況

ーザーが車両を道路の両側の側溝に落とし込み、一方通行路が一本だけ残された。

二八日午後、ゴート将軍はいまやグラヴリーヌ－ベルグ－フールネ－ニーウポールトに及んでいた防衛境界線まで全軍が撤退するよう命じた。この前線で英軍師団は以下の順番でベルグからニーウポールトの海まで左右に横陣を敷いた〔ベルグから西へ、さらにグラヴリーヌまで北へはフランス軍が布陣した〕。第46、第42、第1、第50、第5、第3、第4。二九日にはBEFの大部分が防衛境界線内に到着し、そのころには海軍の引き揚げのための方策が総力を発揮しはじめていた。五月三〇日、英軍の師団すべてもしくは生残者がすべて境界線内にはいったと、連合軍総司令部が報告した。

フランス第1軍の半数以上がダンケルクに到達し、大多数が無事に乗船できた。しかし、撤退路で五個師団以上が、リールの西でドイツ軍の挟撃機動のために孤立した。二八日にそれらの部隊は西に突破しようとしたが成らず、敵軍が四方から接近してきた。そのあとの三日間、リールのフランス軍は圧力が強まるなかで、しだいに縮小する前線で戦いつづけたが、食糧が不足し、弾薬が尽きたため、三一日夜に降伏せざるをえなくなった。こうして約五万人がドイツの手に落ちた。モリニエ将軍の雄々しい指導力のもとでフランス兵たちが、この重要な四日間、七個以上ものドイツ師団を抑えてくれなかったら、それらの敵部隊はダンケルク強襲に加わっていたかもしれない。この苦闘は、もっと運がよかったフランス軍の同志たちとBEFの将兵の脱出に大きく貢献した。

*

これほど重大な責任をすべて担うのは、私にとって過酷な経験だった。この日々には、統制することが不可能な激戦を垣間見るのが精いっぱいだったし、介入すれば利益よりも害のほうが大きかっただろう。ソンム川まで撤退するというウェイガンの計画をできるだけ長いあいだ精いっぱい忠実に実行したため、私たちに降りかかっていた深刻な危険はいっそう強まった。だが、ウェイガンの計画を放棄して海に向けて進軍するとゴート将軍が決断し、私たちが迅速に追認し、ゴートと参謀たちがみごとな技倆で実行したおかげで、この作戦はイギリスの軍事史で燦然と輝く物語になったのである。

第五章　ダンケルク脱出

五月二六日―六月四日

〈とりなしの祈りの礼拝／〝困難な激しい潮流〟／閣僚たちの感情表出／小型船艇集合／七〇〇隻／三つの要因／モスキート艇の大集団／フランス軍救助／ゴート将軍への最終命令／それがもたらした影響／ゴート将軍、ダンケルクの指揮をアレグザンダーに委譲／五月三一日、私の三度目のパリ訪問／スピアーズ将軍とペタン元帥／引き揚げ完了／六月四日、議会での私の声明／空の勝利の重要性／イギリスの決意〉

五月二六日、ウェストミンスター大聖堂で短いとりなしの祈りの礼拝がいとなまれた。イギリス人は感情をあらわにするのを嫌がるが、聖歌隊席で私は、信者たちの鬱積した激情と、死や怪我や物的損害ではなくイギリスの敗北と最終的な破滅への恐怖を感じ取った。

＊

私が庶民院で演説を行なったのは五月二八日火曜日で、それまで一週間、庶民院には出席しなかった。そのあいだにわざわざ声明を発表することにはなんの利点もなかったし、議員たちもそれを求めていなかった。だが、英遠征軍の命運をだれもが認識していたし、週が終わるまでにほかの物事が決する可能性があった。「庶民院は」私は述べた。「困難な激しい潮流に対して覚悟を決めなければなりません。この戦いでなにが起きようとも、私たちが誓約した世界の大義を護る責務から私たちが解放されることはありえないと申しあげるのみです。そのために前進する力が私たちにはあるという自信が、その激流に突き崩されることはないはずです。これまでのイギリスの歴史にたびたびあったように、私たちは惨事と悲しみを潜り抜けて最後には敵を打ち負かします」。組閣後に私は、戦時内閣に属さない閣僚の多くとは個人的に会っただけだったので、閣僚級の全員と庶民院の私の部屋で会議をひらくのが適切だと考えた。たしか二五人くらいでテーブルを囲んだ。私は趨勢を述べて、私たちの立場を明確に示し、崖っぷちの状態にある物事をすべて明かした。それから、格別重要なことではないというように、さりげなく口にした。

「もちろん、ダンケルクでなにが起きても、私たちは戦いつづける」

そのあとの感情表出に、私はびっくりした。なにしろ出席者二五人は、戦争前には正しいか間違っているかはべつとして、ありとあらゆる異なる意見を代表していた経験豊富な政治家や議員だった。その重大多数がぱっと立ちあがって、私の席まで走ってきて、叫んだり、私の背中を叩いたりした。その重大な時期に私が国を指揮するのにくじけていたら、たちまち解任されていたことは間違いない。閣僚全員がすぐにでも死ぬ覚悟ができていた。屈服するくらいなら、命や家族や財産を失うほうがましだと思っていた。そういう人々が、庶民院と国民のほとんどすべてを代表していた。今後の日々や歳月に、機を見て彼らの気持ちを表明する責任があると私は感じた。それが私に可能なのは、私もおなじ気持ちだったからだ。何物にも勝る荘厳な白い輝きが、私たちの島の隅々にまでひろまっていたのである。

＊

ダンケルクからの英仏両軍の引き揚げについては、数々の正確なすばらしい報告が書かれてきた。

二〇日以降、ドーヴァー司令官ラムゼイ提督の統率のもとに、各種の船舶や小型船艇が集められていた。二六日の夜（午後六時五七分）、海軍本部は〝ダイナモ〟作戦発動の秘密指令を発し、救出された兵士たちの第一波が深夜、イギリスに帰着した。ブローニュとカレーを失ったため、使えるのはダンケルク港とベルギー国境地帯までの見通しのきく海岸線だけだった。この時点では、二日間に最大約四万五〇〇〇人を救出するのが精いっぱいだろうと考えられていた。翌五月二七日早朝、〝特殊所要〟のためにさらに小型船艇を駆り集めるための緊急措置が講じられた。それはまさに英遠征軍の総員引き揚げにほかならなかった。ダンケルク港で大人数が乗船する大型船に加えて、海岸での作業のために、そういう小型船艇多数が必要であることがはっきりしていた。海運省のH・C・リグズ氏の提案で、テディントンからブライトリングシーまでの艇庫を海軍本部の将校たちが調べて、使用可能なモーターボートとランチ〔大型船の連絡用に河川や港湾で使用される交通艇〕四〇隻を見つけ出し、翌日、シェアネスに集結させた。それと同時に、ロンドンの埠頭に係留されていた大型客船の救命艇、テムズ川の曳船、ヨット、漁船、艀〔平底の荷船〕、平底の川船、遊覧船――海岸近くで使えるような船すべて――が駆り出された。二七日の夜までに、小型船艇の巨大な潮流が海に向けて流れはじめ、まずイギリス海峡のこちら側の港へ行き、そこからダンケルクの海岸と最愛のわが軍を目指した。

秘密保全の必要が弱まると、海軍本部はすぐさま、イギリスの南と南東の沿岸の船乗りたちにひろがっていた自発的な行動を、思いのままにやらせることにした。蒸気船であろうと帆船であろうと、船を所有しているものはすべてダンケルクに向けて海に乗り出し、一週間前から開始されていた救出の準備は、さいわいなことにとてつもない規模の志願者たちのすばらしい創意工夫に支援されるようになった。二九日に到着した数はまだすくなかったが、それは先駆けにすぎず、三一日には四〇〇隻近い小型船艇が沖の大型船とのあいだを往復して、累計一〇万人近くを運ぶという重要な役目を果たした。この日々、私は海軍本部地図室の責任者ピム大佐ほか一名か二名のおなじみの顔ぶれと会えなかった。彼らはオランダの川船《シャイト》一隻を手に入れて、四日間で八〇〇人の兵士を運んだ。七〇〇隻近いイギリスの艦船と連合国の艦船合わせて約八六〇隻が、敵の絶え間ない爆撃を受けながら、陸軍部隊を救出するためにダンケルクに赴いた。

次頁が正式な一覧表で、将兵の輸送に従事しなかった艦艇は省かれている。

*

いっぽう、ダンケルクの海岸周辺では、防衛境界線で緻密な配置が成し遂げられていた。混戦から脱した兵士たちが到着して、秩序正しく防御を組み立て、たった二日間でそれを強化した。もっとも健勝な兵士たちが、前線を敷いた。第2、第5師団のように大半を損耗した部隊は、予備として浜辺に置かれ、早めに乗船した。当初は第一線に三個軍団が配置されていたが、二九日にはフランス軍が防御の大部分を引き受けたので、二個軍団で足りるようになった。敵が撤退の推移を綿密に見守っていたので、激しい戦闘が引きも切らず、ことにニーウポールトとベルグ付近の側面への攻撃が痛烈だった。引き揚げが進むにつれて、英仏両軍の兵力は減少し、それとともに防御も縮小した。浜辺では、容赦ない攻撃を浴びながら、砂山のあいだで数千人が三日か四日、ないし五日間生き延びた。脱出はドイツ空軍が阻止できるから、最後の大規模軍事作戦のために装甲部隊を温存すべきだというヒトラーの確信は、間違っていたが、不合理な見方ではなかった。

三つの要因によって、ヒトラーの読みははずれた。まず、海岸沿いの部隊に対するひっきりなしの爆撃は、たいした被害をあたえられなかった。爆弾が柔らかい砂地にめり込み、爆発の威力を弱めたからだ。最初のころ、熾烈な空襲のあとで、死者や負傷者がほとんど出なかったことに、兵士たちはびっくりした。いたるところで爆発が起きていたが、重傷者はほとんど出なかった。岩場の海岸だっ

英艦船

	従事	沈没	損傷
防空巡洋艦	1		1
駆逐艦	39	6	19
スループ、コルヴェット、砲艇	5	1	1
掃海艇	36	5	7
トロール船、漁船	77	17	6
特設艦	3	1	
武装臨検艦	3	1	1
魚雷艇、機動駆潜艇	4		
オランダの川船（海軍乗組員）	40	4	（記録なし）
ヨット（海軍乗組員）	26	3	（記録なし）
個人所有の船	45	8	8
病院船	8	1	5
海軍内火艇	12	6	（記録なし）
曳船	22	3	（記録なし）
その他の小型船艇★	372	170	（記録なし）
合計	693	226	

連合国艦船

軍艦（全艦種）	49	8	（記録なし）
その他の船艇	119	9	（記録なし）
合計	168	17	
総計	861	243	

★救命艇や個人所有の小型艇など、記録が入手できなかったものを省く。

たら、もっと恐ろしい結果になっていたはずだった。やがて、兵士たちは航空攻撃を馬鹿にするようになった。落ち着いて砂山にしゃがみ、希望をつのらせた。目の前には灰色だがなんとなく安心できる海がある。その向こうには救助の船と――故郷《ホーム》がある。

ヒトラーが予想していなかった第二の要因は、ドイツ軍の航空機搭乗員が多数殺戮されたことだった。イギリスとドイツの空軍の質が、まともに試された。英空軍戦闘機集団は、たいへんな努力を払って上空を持続的に哨戒し、劣勢にもかかわらず敵と交戦した。何時間も連続してドイツの戦闘機と爆撃機の編隊に食らいつき、甚大な損害をあたえて、追い散らし、撃退した。これを何日もつづけて、やがて英空軍は輝かしい勝利をものにした。四〇機か五〇機のドイツ空軍機が英空軍機と遭遇すると、たちまち攻撃された。英空軍側は一個飛行中隊か、もしくはそれ以下のことが多かったが、敵機を何機も撃墜し、やがてその数は数百機にのぼった。私たちの最後の貴重な予備だった首都防空部隊がすべて投入された。操縦士ひとりが一日に四度、出撃することもあった。明らかな戦果が得られた。数で優勢な敵は、叩きのめされるか、撃墜された。勇敢ではあったが、打ち負かされて尻尾を巻いた。まさに雌雄を決する戦いだった。遠く離れていたか、あるいは雲の上でくりひろげられていたために、浜辺の兵士たちは残念ながらこの勇壮な空の戦いをほとんど見られなかった。敵がこうむった損耗のことを、彼らはなにも知らなかった。敵機が投下した爆弾が、砂浜を荒らしまくっているのを感じていただけだった。邀撃を潜り抜けたそれらの敵機は、二度と砂浜に戻ってこなかったかもしれない。だが、陸軍は空軍にかなり憤慨していて、ドーヴァーかテムズ川の港に上陸した兵士のなかには、事情を知らずに、空軍の制服を着た兵士を侮辱するものもあった。ほんとうは固い握手を交わしてしかるべきだったのだが、彼らには知る由もなかったのだ。私は真実をひろめるために、わざわざ議会で演説した。

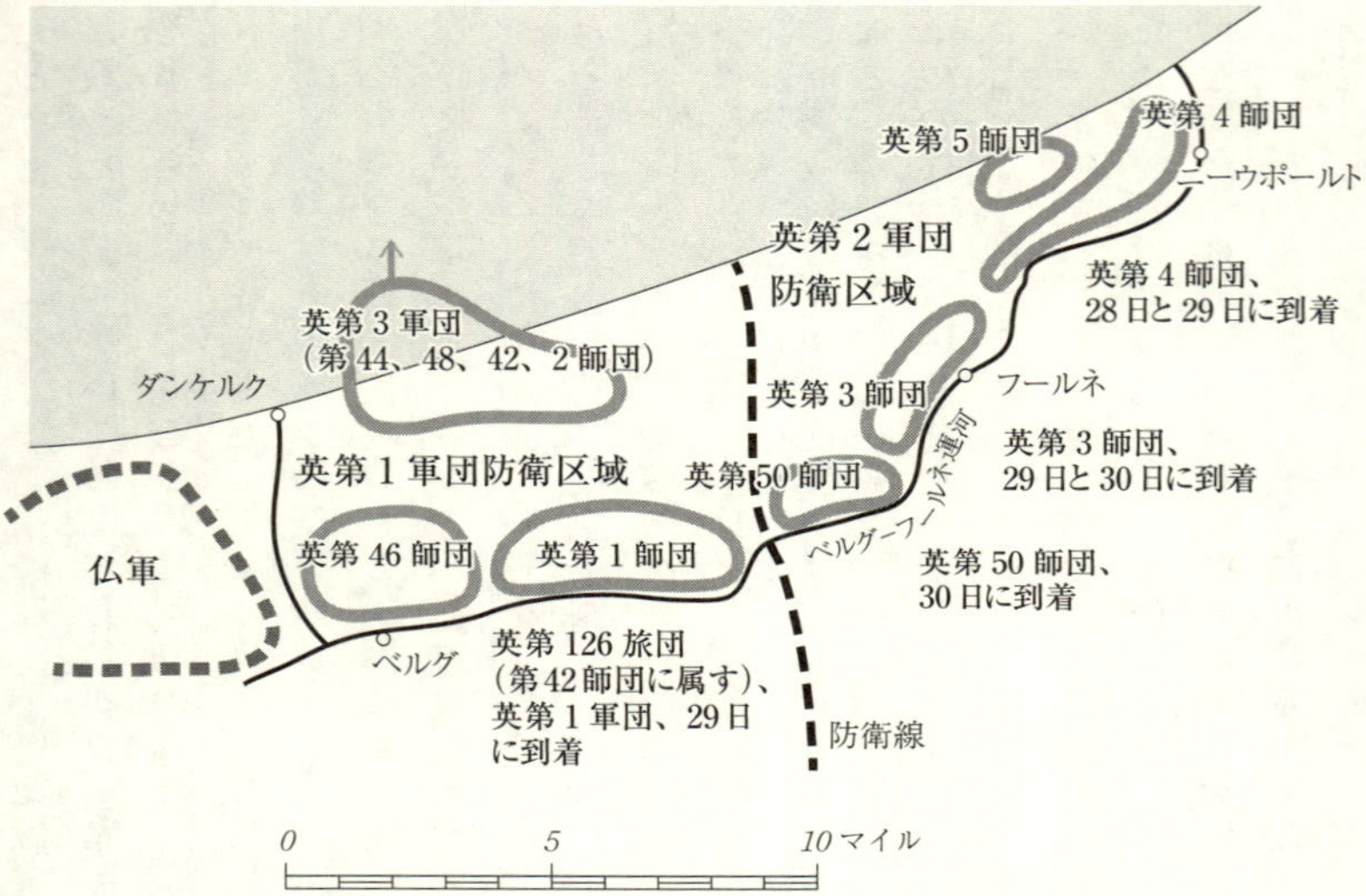

5月29日、30日　ダンケルク防衛境界線図

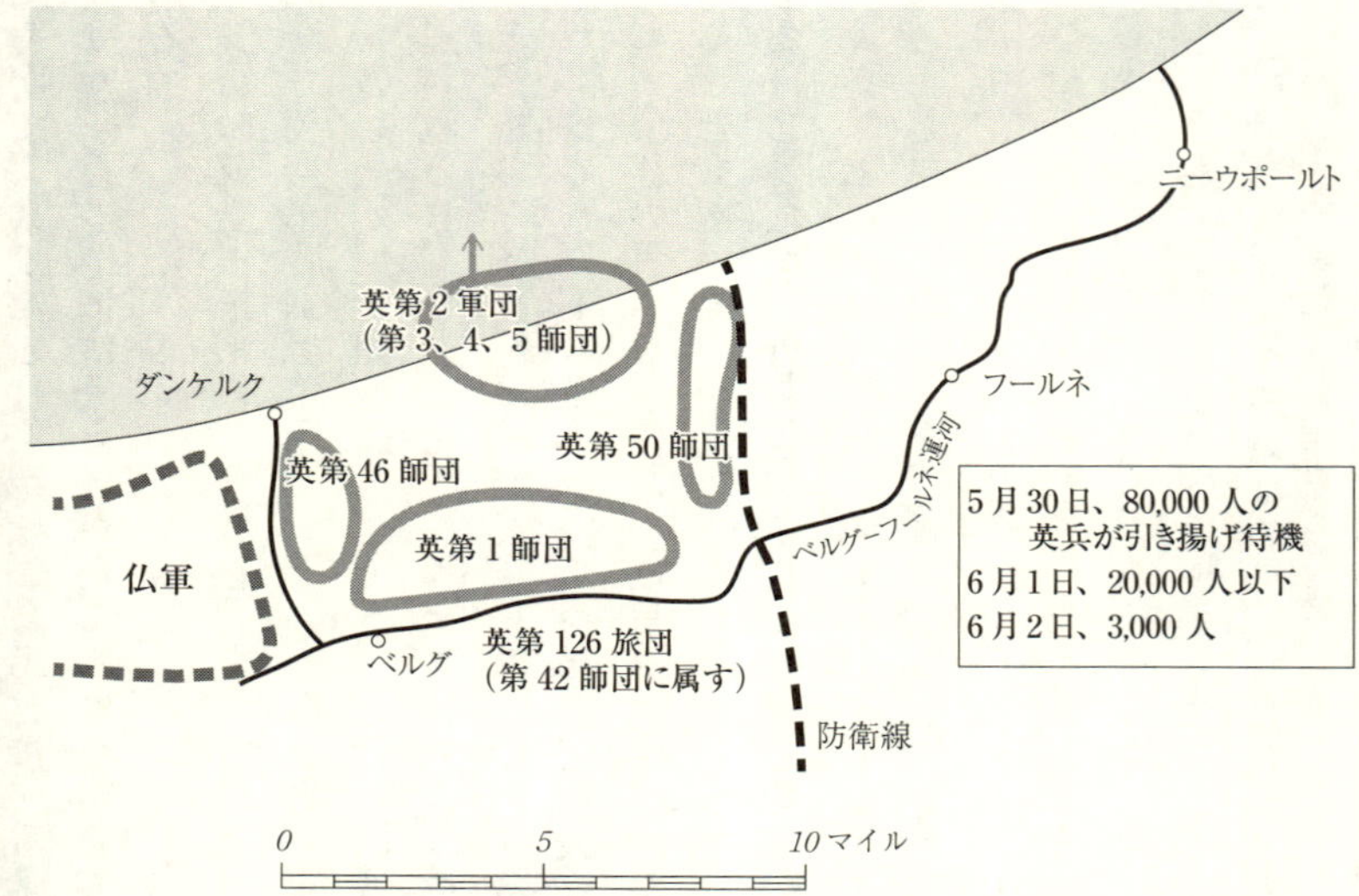

5月31日、6月1日　ダンケルク防衛境界線図

だが、砂に救われ、空軍の卓越した技倆に援けられたとはいえ、海からの救出がなければ、すべては徒労に終わっていたはずだ。戦局がもたらした圧力と激情のもとで一〇日ないし一二日前に出されていた指示が、すばらしい成果を生んだ。岸でも海でも、完璧な規律が圧倒的だった。海は穏やかだった。岸と沖の船のあいだを小船がせっせと行き来し、敵の爆撃でしばしば犠牲者が出てもいっさい意に介さず、水のなかを歩いたり泳いだりしていた兵士を拾い集めた。圧倒的な数がものをいって、この救出作業は敵の航空攻撃に打ち勝った。モスキート艇〔魚雷艇や駆潜艇などの小型高速艇〕の大集団をすべて沈めることなど、できるはずがない。敗北のさなかに私たちの島の人々は栄光をつかみ、団結して、征服されざる民になった。イギリスの史実のいかなる記録でも、ダンケルク海岸の物語は、輝きつづけるはずだ。

これらの小型船艇の勇敢な働きとはべつに、兵員の三分の二が乗船に使ったダンケルク港を何度も出入りした艦船が、最大の重荷を担ったことを忘れてはならない。一一八ページに記されているように、そこで主役を演じた駆逐艦の損耗がもっとも大きかった。商船員が乗り組んだ個人所有の船が大きな役割を果たしたことも、見過ごしてはならない。

＊

引き揚げの進捗は、期待をつのらせつつ不安な目で見守られていた。五月二七日の夜、海軍上層部はゴート将軍の部隊の形勢が危ういと判断した。志願してダンケルクに赴き、海軍先任将校の役目を担っていた海軍本部のテナント大佐〔第一海軍委員先任参謀〕が、〝明晩の引き揚げは困難かもしれないので〟、投入できる艦艇すべてをただちに各海岸に派遣するよう打電した。示された対勢図は深刻で、敗色が濃厚だった。その要求に応じるために最大限の努力が払われ、巡洋艦一隻、駆逐艦八隻、その他の艦艇二六隻が派遣された。二八日は緊張がみなぎる一日だったが、英空軍の強力な支援で陸上の形勢が安定し、やがて緊張は和らいだ。二九日には駆逐艦三隻とそのほかの艦艇二一隻が沈没し、その他多数が損壊するという甚大な損耗が生じたにもかかわらず、海軍の計画は遂行された。

フランス軍を置き去りにするのは論外だった。フランスからの要求や苦情が届く前に、私は以下の命令を下した。

総理大臣より陸相、帝国参謀総長《CIGS》、イズメイ将軍へ　**一九四〇年五月二九日**

（原本は帝国参謀総長《CIGS》宛）

このダンケルクからの引き揚げにできるだけフランス軍が平等に参加することが不可欠である。彼らをフランスの海上輸送資源のみに依存させてはならない。できるだけ非難の声があがらないように、この国にいるフランス代表部とただちに手配を共同で考案し、必要とあればフランス政府と協議しなければならない。ダンケルクからフランス軍二個師団を撤退させ、指揮系統を単純にするためにわれわれの部隊が当分《プロテム》のあいだ交替するのがいいかもしれない。しかし、私がとるべき行動について最善の提案と助言を授けてほしい。

総理大臣よりスピアーズ将軍（在パリ）**へ**　**一九四〇年五月二九日**

以下をレノー首相に告げ、ウェイガン将軍とジョルジュ将軍へ伝達のこと。

私たちは五万人近くをダンケルクの港と海岸から引き揚げ、今夜さらに三万人を引き揚げることを見込んでいます。前線はいまにも打ち砕かれるかもしれませんし、桟橋、砂浜、艦船が航空攻撃や南西からの砲撃によって使用不能になるおそれがあります。現在の順調な流れがいつまでつづくか、今後どれほど救出できるか、だれにもわかりません。私たちはフランス軍将兵ができるだけおおぜい引き揚げに参加できるよう願っており、要請どおりフランス海軍を支援するよう海軍本部はすでに命じました。どれほどの人数が降伏を余儀なくされるか、私たちにはわかっておりませんが、その損失をできるだけ分かち合わなければなりません。なによりも、避けられない混乱と重圧と緊張による非難の声があがることなく、それに耐えなければならないのです。

引き揚げてきた将兵を再編し、差し迫っている可能性がある侵攻の脅威から私たちの生命を守るのに必要な部隊を用意できしだい、サン・ナゼールを進発する新BEFの戦力整備を行ないます。インドとパレスチナから正規軍を呼び寄せるつもりです。オーストラリア軍とカナダ軍も、まもなく到着します。現在、五個師団の必要量の装備をアミアンの南の先まで移動しています。しかし、これは差し迫っている急襲に対抗するための準備にすぎず、フランスにいる私たちの部隊を増強する新計画をほどなく貴君らに伝えます。同志愛をこめてこれを送ります。躊躇せず率直な意見を述べていただきたい。

*

三〇日に私は、三軍の大臣と参謀総長との会議を、海軍本部作戦室でひらいた。その日のベルギー沿岸での推移を、私たちは検討した。救出された兵員は累計一二万人にのぼり、フランス兵はそのうちわずか六〇〇〇人だった。あらゆる種類の艦船八六〇隻が働いていた。ダンケルクのウェイク＝ウォーカー提督〔ダンケルク脱出のための全艦船の指揮官〕からの連絡によれば、激しい砲撃と航空攻撃にもかかわらず、これまでの一時間で四〇〇〇人が乗船したという。翌日には十中八九、ダンケルクを護り切れなくなるだろうと、提督は考えていた。私はもっとフランス軍を運び出す必要があることを力説した。それに失敗したら、イギリスと同盟国の関係に修復できないような害を及ぼすおそれがある。また、英軍の戦力が一個軍団に縮小したら、軍団長に指揮を任せ、乗船してイギリスに戻るようゴート将軍に指示したほうがいいと、私はいった。フランス軍の引き揚げがつづけられるように、英軍はできるだけ長く持ちこたえなければならない。

ゴート卿の性格を知っていたので、私はみずから以下の命令を書きあげ、三〇日午後二時に陸軍省から公式に打電された。

いま順調に進捗している最大規模の引き揚げを掩護するために、現在の防衛境界線をなんとしても護りつづけてほしい。三時間ごとにデ・パンネ経由で報告のこと。まだ通信が可能であるなら、軍団長に指揮を委譲できるように貴官の麾下部隊を縮小すべきだと私たちが判断した時点で、貴官が選んだ将校たちとともにイギリスに戻るよう命じる。いま司令官を任命しておくべきである。通信が途絶しているようなら、有効に戦える部隊が三個師団に満たなくなった時点で、上記のように指揮権を委譲して帰国すること。これは適切な軍の手順に沿うものであり、この問題について貴官個人の裁量は許されない。ごく小規模な部隊しか指揮できなくなっていたときに貴官が敵の捕虜になるのは、政治的見地からして、敵に無用の勝利をあたえることになる。貴官が選んだ軍団長は、フランスと合同で防御とダンケルク港や砂浜からの引き揚げを続行するよう命じられることになる。だが、順序だった引き揚げがもはや不可能になり、味方の損害に見合う被害を敵にあたえられなくなったと軍団長が判断したときには、フランス軍の先任の将校と相談し、無用の虐殺を避けるために正式に降伏する権限がある。

この最終命令が、べつの重大な出来事と、べつの勇敢な司令官に影響をあたえた可能性がある。一九四一年一二月末にホワイトハウスを訪問したとき、私はローズヴェルト大統領とスティムソン陸軍長官から、マッカーサー将軍とコレヒドールのアメリカ軍守備隊がまもなく悲運に見舞われるだろうということを伝えられた。私は、指揮していた部隊が当初の規模から大幅に縮小したときに、その総司令官の立場に私たちがどう対処したかを教えるのが適切だと思った。大統領とスティムソン長官は、私が発した最終命令の電文を注意深く読んだ。それがふたりにあたえた影響が大きいようだったので、私は感動した。その日の後刻、スティムソン長官が戻ってきて、電文のその写しをもらえないかといった。私はさっそく渡した。その後、マッカーサー将軍は部下の将軍に指揮権を譲るよう命じられた。その正しい判断にこれが影響したのかもしれない（いまとなっては知る由もないが）。マッカーサーはその後、偉大な司令官として輝かしい戦績をあげたが、コレヒドールで戦死するか、日本軍の捕虜になっていたら、そういう未来はなかった。これが真実だと、私は信じたい。

＊

五月三〇日、ゴート将軍の参謀がドーヴァーのラムゼイ提督と話し合い、東の防衛境界線が持ちこたえられるのは最長でも六月一日夜明けまでだろうとの予想を伝えた。そのため、後衛を約四〇〇〇人だけ海岸に残し、引き揚げは可能な限り急速に強行された。最終的な収容陣地〔前線部隊を後方に移して再配置するための陣地〕を護るにはそれでは不足であることが、のちに判明した。英軍が受け持ち地域を六月一日から二日にかけての深夜まで維持し、その間に英仏両軍が完全におなじ人数で引き揚げることが決定された。ゴート将軍が命令にしたがって指揮権をアレグザンダー少将に委譲し、イギリスに帰った五月三一日の夜は、そういった状況だった。

＊

直談判によって誤解を避けようと考え、私は最高軍事評議会との会議のために五月三一日に空路でパリへ行った。アトリー氏、ディル将軍、イズメイ将軍が同道した。パリから最新情報を携えて空路で三〇日に帰国していたスピアーズ将軍も伴った。すばらしい軍人で庶民院議員でもあるスピアーズは、第一次世界大戦のころから私の友人だった。一九一六年、左翼のフランス軍と右翼の英軍の連絡将校だったスピアーズは、ヴィミー・リッジを案内し、フランス第33軍団を指揮していたファヨール将軍を紹介してくれた。完璧な発音でフランス語を話し、負傷袖章を五本帯びているスピアーズは、英仏の関係が危なげないまの状況にうってつけな人格者だった。フランス人とイギリス人が協力しづらくなって、論争になったとき、フランス人はたいがい口数が多く痛烈になり、イギリス人は反応せず無作法になる。だが、スピアーズはフランス高官になんなく力強く物をいうことができる。私にはできたためしのないことだった。

今回はオルセー通り〔フランス外務省〕ではなく、サン・ドミニク通りの陸軍省にあるレノー首相の執務室へ行った。アトリーと私は、そこにいるフランス側の閣僚がレノーとペタン元帥だけだということに気づいた。私たちの会見に副首相になったペタンが出席するのは、それがはじめてだった。ペタンは私服だった。フランス駐箚英大使のディル、イズメイ、スピアーズが私たちの側の顔ぶれで、ウェイガン、ダルラン、レノーの秘書官ド・マルジュリー大尉、フランス戦時内閣の国務次官ボードゥアンが、フランス側の代表だった。

最初の問題は、ノルウェー情勢だった。熟慮の結果、ナルヴィク地域からただちに兵を引き揚げるべきだというのがイギリス政府の見解だと、私は述べた。そこの部隊、関与している駆逐艦、高射砲一〇〇門は、べつの地域で払底している。そこで、六月二日に引き揚げを開始することを提案した。フランス軍、ノルウェー国王、帰国したいノルウェー軍兵士の本国への輸送は、英海軍が行なう。フランス政府はその方針に同意すると、レノーは答えた。イタリアとの戦争が起きたときには、地中海で駆逐艦が緊急に必要になる。兵員一万六〇〇〇人は、エーヌ川とソンム川の前線できわめて貴重な存在になる。したがって、この問題は決着した。

つぎに、私はダンケルクを取りあげた。私たちがフランス軍の主要戦線についてなにも知らないのとおなじように、フランス側は北方の軍になにが起きているのか、まったく知らないようだった。一六万五〇〇〇人がすでに救出され、そのうちフランス兵は一万五〇〇〇人だったと告げると、フランス側は驚愕していた。当然ながら、英軍のほうが圧倒的に多いことに彼らは注目した。英軍には後方に多数の管理部隊がいて、戦闘部隊が前線から離脱する前に乗船できたからだと、私は説明した。しかも、現地のフランス軍はいまだに引き揚げ命令を受けていない。私がパリへ来た主な理由のひとつは、英軍に対するのとおなじ命令をフランス軍に下すよう念を押すためだった。フランス軍が引き揚げ命令を受けなかったら、いま防御中央を堅持している英軍三個師団で連合軍全体の引き揚げを掩護せざるをえない。しかも、連合軍が現在対応しなければならない甚大な損耗の軽減には、それらの師団の掩護に加えて海上輸送においてもイギリス側が貢献することになる。この悲惨な状況について国王陛下の政府は、戦っている兵士を連れ出し、負傷者をあとに残すよう、ゴート将軍に命じる必要があると判断していた。現在期待されているような事柄が確実になれば、壮健な兵士二〇万人が脱出できるかもしれない。そうなったら奇跡に近い。私は四日前には、最大でも五万人強だと請け合うことすらできなかったのだ。ただし、装備は大量に失われるにちがいないと、私は長々と説明した。英海軍と英空軍の働きぶりをレノーが絶賛したので、私は礼をいった。フランスで英軍を再構築するための手立てを、私たちはしばらく話し合った。

そのあいだにダルラン提督が、ダンケルクのアブリアル提督宛の電信を書いていた。

（1）貴官と英軍の指揮下にある師団でダンケルク周辺の防衛境界線を維持すること。

（2）防衛境界線外の部隊が乗船地点までたどり着けないと判断したら、防衛境界線を維持している部隊はただちに撤退して乗船すること。**英軍部隊が先に乗船する。**

私はすぐさま干渉して、英軍は先に乗船せず、引き揚げは英仏両軍が平等な条件で行なうべきだと告げた――腕と腕を組んで《ブラ・ドスュ・ブラ・ドスゥ》。英軍が後衛を形成する。これで合意された。

つぎの話題はイタリアだった。イタリアが参戦したらもっとも効果的なやり方でただちに攻撃すべきだというのがイギリスの見解だと、私は表明した。イタリア人の多くは戦争に反対なので、どれほど過酷なものになるかをイタリアの全国民に見せつける必要がある。ミラノ、トリノ、ジェノヴァの三都市に囲まれた北西の三角形の工業地帯を爆撃すべきだと、私は提案した。連合軍が同時に攻撃しなければならないと、レノーが同意した。国境地帯とナポリのあいだの沿岸部に主に貯蔵されているイタリアの石油在庫に対する艦砲射撃と爆撃の計画をすでに用意してあると、ダルラン提督がいった。必要な技術的な話し合いの手配がなされた。

つぎに私は、組閣したばかりの内閣の多くの閣僚が、フランス側の同様の地位の閣僚とできるだけ早く知り合うようにすべきだという、私の希望を述べた。たとえば、労働・国民兵役大臣で労働組合指導者のベヴィン氏には、ぜひパリを訪問してもらいたいと思っていた。ベヴィン氏はたいへん精力的で、その指導力によってイギリスの労働者階級は、前の戦争のときよりもずっと大幅に休日や種々の権利を返上している。レノーは心から同意した。

要港タンジェとスペインを参戦させないことの重要性についてしばらく話し合ったあとで、私はおおよその展望を述べた。連合国はすべての敵に対して、ひるまずに戦線を維持しなければなりません……。アメリカ合衆国は最近の重大事の数々によって目を醒まし、仮に参戦しないとしても、まもなく私たちに強力な支援をあたえるようになるはずです。イギリス侵攻のようなことが起きれば、アメリカにさらに深甚な影響を及ぼします。イギリスは侵攻を恐れず、どの村や集落でもすさまじく激しく抵抗するでしょう。しかし、その前にぜったいに必要な兵力が整い、英軍の余剰兵力を同盟国フランスが自由に使えるようになるはずです……。イギリスは敵を打ち負かすまで戦えばよいだけだと、私は心の底から確信しています。たとえ私たちのうちのどちらかが打ち倒されても、もういっぽうは戦いをやめてはなりません。英本土が壊滅するような悲惨な事態になっても、英国政府には新世界から戦争を遂行する覚悟があります。ドイツは同盟国の両方もしくは片方を打ち負かしても、慈悲をたれることはありません。私たちは奴隷の身分に落とされ、永遠に奴隷のままになります。偉大な民主主義国二カ国が人生を生きるに値するものにしているすべてを剝ぎ取られて存続するよりも、西欧の文明が成し遂げた物事すべてが悲劇的ではあるが輝かしい終焉を迎えるほうが、はるかに望ましいのではありませんか。

つづいてアトリー氏が、私の意見に満腔の同意を示した。「イギリスの民衆は、自分たちがいま直面している危険を認識していて、ドイツが勝てば自分たちが築いたすべてが打ち壊されると知っています。ドイツ人は人間だけではなく、思想も殺します。私たちの民衆は、イギリス史上いまだかつてなかったくらい決意を固めています」。レノーは、私たちが述べたことすべてに感謝した。ドイツ国民の戦意は、ドイツ軍のつかの間の勝利に同調するほど高まっていないと、レノーは確信していた。英軍の支援を得てフランス軍がソンム川の前線を護り、アメリカの産業が武器の不均衡を補ってくれれば、私たちは確実に勝利をものにできる。片方の国が屈しても、もういっぽうの国は戦いをあきらめないという私のあらたな確約に、レノーは深く感謝した。

そこで正式な会議は終わった。

私たちが席から立ちあがると、高官数人が張り出し窓のそばに集まって、それまでとはまったく異なる雰囲気で話し合った。そこにペタン元帥もいた。スピアーズが私といっしょにいて、フランス語で話すのを手伝ってくれ、自分もペタンと話をした。フランス軍の若手将校ド・マルジュリー大尉はその前に、アフリカで徹底的に戦うべきだと述べていた。だが、ペタン元帥は超然とした陰気な態度で、単独和平を念頭に置いているのだという印象を受けた。ペタン元帥は、口にすることとは裏腹に、不利な局面が着々と進んでいるのを粛然と受け入れていたし、その人柄や名声が、彼の魅力に取り憑かれている人々に絶大な影響を及ぼしていた。だれだったか思い出せないが、フランス人のひとりが洗練された言葉遣いで、軍が敗北を重ねれば、いずれフランスの外交政策は変わらざるをえないといった。スピアーズが臨機応変にそれに答え、ことにペタン元帥に向かって、「元帥、そうなったら海上封鎖が行なわれるのは理解しておられるでしょうね」と完璧なフランス語でいい、周囲のだれかが、「まあ、それは避けられないだろうね」と答えた。しかし、スピアーズはペタンと向き合っていった。「海上封鎖だけでは済みませんよ。ドイツの手に落ちたフランスの港すべてが**爆撃や砲撃**を受けるでしょう」。よくぞいってくれたと、私は留飲が下がった。そして、いつものように、なにが起きても、だれが落伍しても、私たちは戦いつづけるとくりかえした。

*

ふたたび夜間に小規模な空襲があり、翌朝に私はパリを発った。帰国すると、以下の情報が私を待っていた。

英国総理大臣よりウェイガン将軍へ

一九四〇年六月一日

いまや引き揚げは危機的状況にあります。戦闘機が五個飛行中隊、ほとんど切れ目なく働いておりますが、それが精いっぱいです。しかし、兵員が乗る船を含む六隻が、けさ爆撃により沈没しました。敵砲兵が使用できる水路を脅かしています。狭まる防衛境界線に敵が迫っています。あすまで持ちこたえようとしたら、すべてを失いかねません。今夜突入すればかなりの人数を救出できますが、損耗は大きいでしょう。防衛境界線内にいるはずだと貴官がおっしゃったような数の実戦可能なフランス軍はおりませんし、そもそもそれだけの大軍が付近に残っているとは考えられません。要塞にいるアブリアル提督も貴官もここにいる私たちも、状況を完全に判断できるはずがありません。したがって私たちは、防衛境界線の英軍受け持ち部分を指揮しているアレグザンダー将軍に、アブリアル提督と協議し、あすまで居残れるかどうかを判断するよう命じました。同意されるものと信じています。

五月三一日と六月一日、ダンケルク脱出はまだ終わっていなかったが、重要な山場を迎えていた。二日間で一三万二〇〇〇人以上の兵士がイギリスに無事上陸した。その三分の一近くが、激しい航空攻撃と砲撃を浴びながら海岸から小型艦艇で運び出された。六月一日の夜明けから、しばしば私たちの戦闘機が給油のために帰投した隙を狙い、敵爆撃機が最大級の攻撃を仕掛けてきた。これによって兵士を満載した艦船が、前の一週間分に相当する甚大な損害をこうむった。航空攻撃、機雷、Eボート、さまざまな不運によって、一日のあいだに三一隻が沈没し、一一隻が損壊した。陸地では敵が防衛境界線への圧力を強め、必死で突破しようとした。連合軍の後衛の決死の抵抗によって、それは食い止められた。

最終段階はもっと高い技倆で緻密に実行された。一時間ごとにその場で工夫するのではなく、はじめて前もって計画を立てることが可能になった。六月二日の払暁、高射砲七門と対戦車砲一二門を備えた約四〇〇〇人の英軍が、ダンケルク港の外周に残り、まだかなり残っていたフランス軍がそこにつながっている防衛境界線を護った。いまや引き揚げは暗闇でなければできず、ラムゼイ提督は手持ちの資源をすべて投入してその晩に港で大規模強襲を行なうことを決意した。その晩、曳船や小型艇

イギリスに上陸した英軍と連合軍の将兵の数★

日付	海岸から	ダンケルク港から	合計	累計
5月27日	0	7,669	7,669	7,669
28日	5,930	11,874	17,804	25,473
29日	13,752	33,558	47,310	72,783
30日	29,512	24,311	53,823	126,606
31日	22,942	45,072	68,014	194,620
6月1日	17,348	47,081	64,429	259,049
2日	6,695	19,561	26,256	285,305
3日	1,870	24,876	26,746	312,051
4日	622	25,553	26,175	338,226
総計	98,671	239,555	338,226	

★この数値は海軍本部の最終分析より。陸軍省の数値ではイギリスに上陸した将兵の総計は336,427。

に加えて駆逐艦一一隻、掃海艇一四隻を含む四四隻が、イギリスから派遣された。フランスとベルギーの艦船四〇隻も参加した。午前零時前に、英軍後衛が乗船した。

しかし、ダンケルクの物語は、それで終わりではなかった。その晩、私たちはフランス側が提案したよりもはるかに多い兵士を運ぶ準備をしていた。しかし、ひとりも収容していない艦艇も含めて、全艦艇が夜明けに引き揚げなければならなかったので、敵とまだ交戦していたフランス軍がかなりの人数、岸に取り残されるという結果に終わった。もう一度行なう必要があった。何日も休まず往復していたので乗組員たちは疲れ切っていたが、この要求は応えられた。六月四日、フランス兵二万六一七五人がイギリスに上陸した。そのうち二万一〇〇〇人を超える人数が、イギリスの船で運ばれた。あいにく、四日の午前中まで縮小した防衛境界線内で戦いつづけていた数千人は、敵が町はずれから侵入した時点で力尽きた。彼らはそれまで何日も、イギリスとフランスの同志の撤退を掩護して勇敢に戦っていた。その後の歳月、彼らは捕虜として過ごした。ダンケルクのこの後衛が持ちこたえてくれなかったら、イギリス本土防衛のための陸軍再建と、最後の勝利に深刻な悪影響が生じていたにちがいない。

ようやく、六月四日午後二時二三分に、フランスと合意のうえで英海軍本部が、〝ダイナモ〟作戦が完了したことを宣言した。

＊

六月四日に議会が招集された。まず公に一部始終をすべて提示し、のちに秘密会でさらに詳しく説明するのが、私の責務だった。私の演説は記録として残されているので、ここではほんの一部を抜粋するだけでいいだろう。戦いつづけるという私たちの決意は自暴自棄の励行ではなく、それには重大な根拠があるのだということを、イギリス国民だけではなく世界に向けて説明することがぜったいに必要だった。それに、私なりに自信を持っている理由を明らかにすることが適切だった。

私たちは今回のダンケルク脱出を、勝利《ヴィクトリー》の象徴であると見なさないように、とことん用心しなければなりません。撤退で戦争に勝つことはできません。しかし、この脱出作戦にひとつの克服《ヴィクトリー》があったことを、私たちは銘記する必要があります。それをものにしたのは空軍です。帰国した英軍の将兵の多くは、空軍の活躍を見ておりません。彼らを護っていた空軍の攻撃によって、逃げてゆく敵爆撃機を目にしただけです。帰還した兵士たちは、空軍の偉業を軽視しております。私はその手の話をたびたび聞きました。ですから、わざわざこうして話をするのです。これからその話をしましょう。

これはイギリスとドイツの空軍の戦力にとって重大な試行でした。ドイツ空軍は、海岸からの引き揚げを不可能にし、数千隻に及ぶ大小の艦船すべてを沈没させるという、途方もなく膨大な目標を考えついたのです。戦争全体の意図にとって、これよりも重要で大きな意味がある目標が、ほかにありうるでしょうか？　ドイツは必死でそれをやろうとして、撃退されました。彼らは任務に失敗しました。私たちは陸軍を逃がすことができ、敵は私たちにあたえた損害の四倍の損害を受けました……。私たちの空軍のすべての機種とすべての操縦士が、現在の敵よりもずっと優勢であることが立証されたのです。

　海を越えてくる攻撃に対して私たちがこの島の上空を防御する利点がきわめて大きいことを思うと、これらの事実は、現実を見据えたときに安心感をもたらしてくれる確実な根拠になるといえます。私はこの若い航空機搭乗員たちに敬意を表します。偉大なフランス陸軍は、目下のところ大部分が過去に先祖返りしてしまったために、数千両の装甲車両によって算を乱しました。それとおなじような変化が起こり、文明そのものの大義が、数千人の技倆の高い熱心な航空兵によって護られることになるのではないでしょうか？

　ヒトラー氏にはイギリス本土侵攻の計画があると聞かされています。前にもしばしば考慮されたことです。ナポレオンが平底の船と大陸軍《グランダルメ》を率いてブローニュに一年にわたって陣を敷いたとき、だれかにいわれました。〝イングランドには敵意ある雑草が生えています〟。英遠征軍が帰還してから、それはいっそう多く生えているにちがいありません。

　侵攻に対する本土防衛という問題そのものは、もちろん、今回の戦争、あるいは前の戦争のどの時期よりも比較にならないくらい強力な軍隊がいまこの島にあるという事実に、大きく左右されます。しかし、それはいつまでもつづくことではありません。私たちは防御的な戦争に甘んじてはなりません。私たちには同盟国に対する義務があります。勇敢な総司令官ゴート卿のもとで、英遠征軍を再建してふたたび増強しなければなりません。この手筈は順調に進められておりますが、最小限の数でも効果的な安全保障をもたらすことができ、可能な限り大規模な攻勢が実現できるように、その間、この島の防衛を高度に組織化されたものにしなければなりません。いま私たちは、それに専念しています。

*

やがて明らかになるように、アメリカ合衆国の決定にとって時宜を得た重要な要素となった一節で、私は演説を終えた。

「たとえヨーロッパの広大な地域と、多くの由緒ある名高い国々がゲシュタポやそのほかのナチ支配の嫌悪すべき機構の手に落ちるか、そうなるおそれがあっても、私たちはしおれたりくじけたりはしません。私たちは最後までやり抜きます。フランスで戦い、いくつもの海《シーズ》〔北海、地中海など、大洋ではない海のこと〕で戦い、いくつもの大洋《オーシャンズ》〔大西洋、太平洋、インド洋などのこと〕で戦います。自信を深め、力を強めて空で戦います。どのような犠牲を払ってでも、私たちの島を護ります。海岸で戦い、降着地〔ドイツ軍の落下傘兵やグライダーによる空挺部隊を意識している〕で戦い、野原で戦い、街で戦い、山々で戦います。私たちはけっして降伏しません。この島もしくはその大部分が征服されて飢えるだろうというようなことは、片時も思っておりませんが、たとえそのようなことがあろうとも、英国艦隊によって武装し、護られている、いくつもの海にまたがる私たちの帝国は、時節がめぐってきて、新世界がすべての勢力と戦力をもって旧世界の救済と解放に乗り出すまで、奮闘をつづけます」

第六章　戦利品の争奪

〈イギリスとイタリアの昔ながらの友好関係／イタリアとムッソリーニの中立がもたらす数々の利益／総理大臣就任直後の私のムッソリーニ宛親書／冷淡な返信／五月二六日、レノーのロンドン来訪／英仏がローズヴェルト大統領に仲裁を要請／五月二八日の閣議決定を伝える私の公電／イタリアが宣戦布告した場合の攻撃準備／イタリアとユーゴスラヴィア／イタリアの宣戦布告／イタリアのアルプス前線攻撃をフランス軍が阻止／一九四三年一二月二三日、チャーノの私宛書簡／ローズヴェルト大統領のイタリア非難／六月一一日、私のローズヴェルト大統領宛親書／英ソ関係／ドイツの戦勝にモロトフが祝意を表明／スタフォード・クリプス卿がソ連駐剳大使に任命される／一九四〇年六月二五日、私のスターリン宛親書／ソ連の戦利品分捕り〉

イギリスとイタリアの臣民の友好関係は、ガリバルディとカヴールの時代に生まれた。イタリア北部をオーストリアから解放するすべての段階と、イタリアの統一と独立のためのあらゆる手段が、ヴィクトリア朝の自由主義の支持を集めた。それが長続きする温情をはぐくんだ。イタリア、ドイツ、オーストリア＝ハンガリー帝国の三国同盟の当初の取り決めでは、いかなる状況でもイタリアはイギリスとの戦争に引き込まれてはならないと規定していた。イギリスの影響力は大きく、第一次世界大戦でイタリアは連合国の大義に与して、三国同盟から脱退した。ムッソリーニが台頭し、ボリシェヴィズムと拮抗するファシズムが確立すると、はじめのうち政治の基本方針についてイギリスの世論は分裂したが、イギリスとイタリアの臣民の善意の幅広い基盤には影響しなかった。ヒトラー主義とドイツの野望に対抗するためにムッソリーニはイギリスと歩調を合わせるだろうと、私たちは見なしていたが、やがてエチオピアに対するムッソリーニの奸計が重大な問題を引き起こした。前の巻〔第一〇章〕で私はこの嘆かわしい経緯を述べた。ボールドウィンとチェンバレンの対エチオピア政策が、両陣営に最悪の事態をもたらし、イタリアの独裁者の力を殺ぐことなく彼と仲たがいし、国際連盟が傷を負い、エチオピアを救うことはできなかった。ムッソリーニの勘気をこうむってなだめようとした一時期、チェンバレン氏、サミュエル・ホア卿、ハリファクス卿が真剣に力を尽くしたが徒労だったことも、私たちは目の当たりにしている。そしてついに、ムッソリーニは確信した。イギリスは落日の一途をたどっているし、ドイツと手を結んだイタリアの未来は、大英帝国の廃墟の上に築かれると見なしたのである。つづいてベルリン－ローマの枢軸が創造され、それに従って一日目からイタリアがイギリスとフランスを相手に参戦する可能性が濃厚になった。

当然ながらムッソリーニは、ごくあたりまえの思慮分別から、自分と国が本腰を入れて取り組み、後戻りができなくなる前に、戦争の行方を見定めようとした。そうやって待機するのは、けっして不利益ではなかった。イタリアは両陣営にいい寄られ、自国の権益や利益の大きい協約について熟慮することができたし、武装強化のための時間も得られた。不分明な戦争の数カ月が、こうして過ぎ去った。イタリアがこの日和見政策をずっとつづけていたら、イタリアの盛衰がどのようなものだったかは、ひとつの興味深い推測になる。アメリカの数多いイタリア系の有権者が、武力でイタリアを味方につけようとすれば重大な問題を引き起こすと、ヒトラーに対して明言したかもしれない。中立を堅固に守れば、平和、繁栄、国力の増大という貴重な成果が得られていたはずだ。ヒトラーがソ連と衝突したなら、この幸せな国はいつまでも存続し、数々の利点が増大し、ムッソリーニは戦争末期や平時に、陽光の明るい半島と勤勉で子沢山な国民が知るなかでもっとも賢明な国事指導者として堂々たる姿を示していたかもしれない。その後、ムッソリーニを待ち構えていた事態よりも、そのほうがはるかに楽しい状況だっただろう。

一九二四年以降、ボールドウィン首相のもとで蔵相をつとめていたころに、私はイギリスとイタリアの昔ながらの友好関係を維持しようと努力した。私がイタリア財務大臣のヴォルピ伯爵と結んだ債務の取り決めは、フランスとの従来の契約よりもはるかに有利だった。首領《ドゥーチェ》に熱烈に感謝され、最高位の叙勲を辞退するのにかなり苦労した。それに、ファシズムとボリシェヴィズムの抗争のさなかで、私がどちらに共感し、支持しているかは、明白だった。一九二七年に私はムッソリーニと会う機会が二度あったが、私たちの個人的な関係は親密で、気楽だった。最後の極端な手段として戦争を起こす覚悟がない限り、イギリスがエチオピア問題でムッソリーニと対立したり、国際連盟をひっぱり出したりするようなことは勧められないというのが、私の考えだった。ムッソリーニは、ヒトラーとおなじように、イギリスを再武装させるという私の運動を理解し、ある面では尊重していたが、イギリスの世論がそういう私の考えを支持しなかったので悦に入っていた。

フランスの戦いが危機的な状況に陥ったいま、イタリアが紛争に加わらないように精いっぱいの手を打つことが、総理大臣としての私の責務であることは明らかだったので、甘い期待は抱いていなかったが、自分の持てる資源と影響力をただちに駆使した。総理大臣就任の六日後に、私は戦時内閣の要望に従い、ムッソリーニに手紙で懇願した。二年後、まったく異なる状況のもとで、それが返信とともに公表された。

英国総理大臣よりムッソリーニ氏へ　一九四〇年五月一六日

総理大臣兼国防相に就任したいま、ローマでの私たちの会見をふりかえり、あっという間にひろがっているかに思える溝を越えて、イタリア国家の最高指導者である貴君に善意の言葉で語りかけたいと感じております。イギリスとイタリアの人々のあいだを血の川が流れるのを阻止するには、手遅れでしょうか？　私たちは間違いなく、お互いに重大な傷を負わせ、残忍に相手を切り裂き、私たちの紛争によって地中海沿岸地域を暗黒に陥らせるおそれがあります。貴君がそのような命令を下せば、かならずそうなります。しかし、私は大イタリアの敵であったことは一度もなく、イタリアの立法者に心から反対したことはないと断言します。いまヨーロッパで荒れ狂っている大規模な戦闘の行方を予想するのは無益ですが、大陸でなにが起きようとも、イングランドはたとえ孤塁になっても、以前とおなじように最後までやりつづけると、私は確信しております。また、アメリカ合衆国とすべてのアメリカ人による支援が増大するだろうと、かなり自信をもって信じております。

記録に残されるこの心からの訴えが、弱さや恐怖に根差すものではないことを、どうか信じていただきたい。古代ローマとキリスト教文明をともに継承している民族が、命を懸けた紛争で敵対関係にあってはならないというこの嘆願は、歴史上のそれ以外のあらゆる要求を超絶しているのです。恐ろしい号令が下される前に、これに耳を傾けていただきたいと、満腔の信義と敬意を尽くして切に請うしだいです。私たちがそのような号令を下すことは、断じてありません。

返信は冷淡なものだった。率直であることだけが取り柄だった。

ムッソリーニ氏より英国総理大臣へ

一九四〇年五月一八日

私たちの国が両陣営に分かれて敵対しているのは、過去にじっさいに起きた不慮の事件に起因する。それらの重大な原因を貴君は重々承知しているはずなので、それを指摘するために貴君の親書に応答する。そう遠い昔のことではなく、一九三五年に貴国政府はジュネーヴにおいてイタリアに対する制裁措置を取りまとめ、自分たちとそのほかの国の権益と領土をすこしも失うことなくアフリカで狭い空間を確保することにいそしんだ。イタリアが自分たちの海でも隷属状態に置かれているというまぎれもない現実にも思い至ってもらいたい。貴国政府の対ドイツ宣戦布告に署名したことを貴君が重んじるのであれば、イタリア－ドイツ協約（鋼鉄協約）に定められている取り決めが、いかなる重大事に直面しても現在と未来のイタリアの政策を導くということを、それと同様の信義と敬意をもって理解していただきたい。

この瞬間、ムッソリーニが自分にとってもっとも有利な好機に参戦するつもりだということが、疑いの余地なく明らかになった。また、フランス陸軍の敗北とともにそう決意したにちがいなかった。五月一三日、ムッソリーニはチャーノに、一カ月以内にフランスとイギリスに宣戦布告すると告げた。六月五日以降の適切な日を充てるという、宣戦布告の正式決定が、五月二九日にイタリア軍参謀本部に伝えられた。ヒトラーの要求によって、それが六月一〇日に延期された。

＊

五月二六日、フランス北部軍の命運が危うく、確実に脱出できるとはだれも思っていなかったときに、私たちの意識を片時も離れなかったイタリア問題を協議するために、レノー首相が空路でイギリスにやってきた。イタリアがいまにも宣戦布告するのではないかと予想されていた。そうなったら、フランスはべつの戦線で痛い目に遭い、あらたな敵が南から貪欲に進軍するはずだった。なにかによってムッソリーニを抱き込むことはできないか？　という質問が発せられた。かすかな見込みすらないと私は思っていたし、説得の材料としてレノー首相が並べ立てる事柄を聞いて、望みはないと確信した。しかし、レノーは本国で強い圧力を受けていたので、唯一の必要不可欠な武器である陸軍が崩壊しつつある同盟国フランスのために、私たちはあらゆることを検討するつもりだった。レノー氏は、歴訪すべての記録を残し、具体的な会話を書き記している。★ハリファクス卿、チェンバレン氏、アトリー氏、イーデン氏も、私たちの会議に出席した。事態が深刻であることは概観をまとめるまでもなくわかっていたが、レノー首相はフランスが戦争から手を引く可能性があるとくどくど説明した。自分は戦いつづけるつもりだが、更迭されて、まったく異なる気風の人間が首相に任命されることがありうると、レノーは述べた。

私たちはすでに前日の五月二五日に、フランス政府の依頼により共同で、ローズヴェルト大統領に仲裁を要請していた。この要請でイギリスとフランスは、ローズヴェルト大統領が以下の事柄を告げるのを承認していた。地中海沿岸地域の領土問題でイタリアが英仏に不満を抱いているのを私たちは理解しているし、納得のいく主張であればただちに検討する意向である。連合国はいかなる交戦国とも同等の立場でイタリアを和平条約に加盟させるつもりである。なんらかの合意に達したときには、それが実行されるのを大統領に見届けてもらう、といったような内容だった。大統領は要請に応じて動いてくれたが、イタリアの独裁者にきわめて不愛想にはねつけられた。レノーと会談したときには、すでにその回答が目の前にあった。フランス首相は、もっと明瞭な提案をしてはどうかとほのめかし

★Reynaud, *Le France a sauvé l'Europe*, Vol. II, pp. 200 ff.

た。イタリアの〝自分たちの海でも隷属状態に置かれているという現実〟を改善するためにそういうことをやれば、ジブラルタルとスエズ運河の現況に影響があるのは必至だった。フランスは、チュニスについてもおなじ妥協をする用意があった。

私たちはこれらの考えに、これっぽっちも賛意を示さなかった。そういったことを検討するのが間違っていたからではなかった。いまの段階でイタリア参戦を防ぐために高い代償を払っても徒労に終わるはずだからでもない。私たちが敗北した場合にムッソリーニがみずから手に入れるか、あるいはヒトラーからあたえられるもの以外のなにかを提示できるような立場ではないと、私は感じていた。藁をもつかむ思いでいるときには、駆け引きは容易ではない。それに、有効な仲介者になってほしいと、ムッソリーニを相手に交渉をはじめたら、私たちの戦いつづける力が損なわれるだろう。私の同僚たちは、きわめて断固としていて、強靭だった。私たちは全員、ムッソリーニが宣戦布告したら、即座にミラノやトリノを爆撃することだけを考えていた。本心ではそれに賛成していたレノーは、納得するか、すくなくとも賛成しているようだった。閣議にかけて翌日に明確な答を出すということしか、私たちは約束できなかった。レノーと私は、海軍本部でふたりきりで昼食をともにした。大部分が私の言葉遣いどおりのつぎの公電が、戦時閣議の結論を具体的に示している。

英国総理大臣よりレノー首相へ

一九四〇年五月二八日

1．本日、貴君が私に送達した、ムッソリーニ氏に具体的な妥協を申し出るという手法の提案について、私と同僚たちは、英仏両国が現在直面している恐ろしい状況をじゅうぶんに認識したうえで、共感をこめて留意しつつきわめて入念に検討いたしました。

2．前回、私たちがこの問題を検討したあとで、あらたな事実が生じました。具体的にいうと、ベルギー軍の条件付降伏が、私たちの戦局を大幅に悪化させました。ブランシャール将軍とゴート将軍の軍がイギリス海峡沿いの港から撤退することがきわめて困難になったのは明らかです。この危機的状況による最初の影響は、ドイツ側がとうてい受け入れられないような条件を突きつけるだろうということです。しかし、私たちもあなたがたも、最後まで戦うことなく独立を放棄するつもりはないはずです。

3．先週の日曜日にハリファクス卿が用意した方式では、私たちの独立を維持できるような形でヨーロッパ全体の問題を解決するために、ムッソリーニ氏が私たちと協力し、公正で持続的な平和の基礎が築かれた暁には、地中海沿岸地域に関するムッソリーニ氏の主張を検討すべきであるとしています。具体的な提案を追加すべきだと貴君は意見を述べましたが、ムッソリーニ氏を翻意させる見込みはまったくないと、私は考えております。日曜日に検討したように、ムッソリーニ氏に仲介役《ロール》を引き受けさせるための方策だったとしても、いったん提案したらひっこめることはできません。

4．私と同僚たちは、いずれその役割《ロール》を引き受けることを、ムッソリーニ氏がだいぶ前から考えていたと確信しております。もちろん、イタリアが絶大な利益を得るためです。しかし、いまこの瞬間、ヒトラーが勝利に酔って上気し、連合国がまもなく完全に崩壊するのを期待しているときに、ムッソリーニ氏が提案を会議にかけても、成立する見込みはないと、私たちは確信しています。私たちが共同で要請したアメリカ合衆国大統領の仲裁が完全に拒絶され、先週の土曜日にハリファクス卿がイタリア大使に打診してもまったく応答がなかったことも、銘記していただきたい。

5．したがって、どこかの時点でムッソリーニ氏に申し出を行なうことを考慮しないわけではありませんが、いまは適切な時期ではないと思われますし、現在、堅固で決意に満ちている国民の戦意にきわめて危険な影響があるというのが、私の意見です。ご自身もフランス国内での影響がどのようなものになるか、じゅうぶんに判断できるはずです。

6. それでは状況をどのように改善すればよいのかと、貴君は問うでしょう。［北方の］軍二個と同盟国ベルギーの支援を失ったあとも、私たちが勇猛な心と自信を示しつづければ、私たちは交渉で優位に立ち、アメリカ合衆国の敬意とことによると物的支援を獲得できるだろうというのが、私の答です。さらに、私たちが団結している限り、まだ打ちのめされていない海軍と、日々ドイツの戦闘機と爆撃機を圧倒的な比率で撃墜している空軍が、ドイツの内面的な活力に圧力をかけつづけるという私たちの共通の関心事の手段になります。

7. ドイツもまた予定表に追われて活動していて、損耗と苦難が重荷になっていることは、じゅうぶんに考えられます。私たちの空襲への恐怖がそれに追い打ちをかけ、彼らの勇気をなえさせています。当然ですが、早まって敗北を受け入れれば、この戦争から誉れ高い結末をものにする一歩手前であったのに、その勝機を投げ捨てるという悲劇的な事態になります。

8. 私たちが団結すれば、デンマークやポーランドのような悲運から免れることができるかもしれないというのが、私の考えです。勝利を左右するのは、第一に私たちの結束で、勇気と忍耐がそれにつづきます。

この公電は、数日後にフランス政府が領土に関する妥協を単独でイタリアに提案するのを阻止できなかった。ムッソリーニは、その妥協案をあしざまに扱った。「首領《ドゥーチェ》は興味を示さなかった」と、六月三日にチャーノがフランス大使に述べた。「平和的な交渉★でフランスから領土を取り戻すつもりはないそうだ。すでにフランスに宣戦布告すると決めている」。果たして、私たちの予想したとおりだった。

*

ムッソリーニの忌まわしい攻撃を受けたときにただちに反撃できるように、私は毎日、指示を下していた。

総理大臣よりイズメイ将軍へ

一九四〇年五月二八日

1. 以下を参謀総長委員会《COS》前に提出してもらいたい：

イタリアが参戦した場合、エチオピアのイタリア軍部隊を攻撃し、エチオピアの反政府勢力に小銃と資金を届け、国全体を混乱させるために、これまでどのような手段を講じてきたのか？

スマッツ将軍が南アフリカ軍第1歩兵旅団をアフリカ東部に派遣したことは知っている。いまそこにいるのか？　いつ到着するのか？　それ以外の手配はなされているのか？　青ナイル川の騎兵中隊も含めたハルトゥーム駐屯地の兵力は？　これは連合国の援けでエチオピアが独立する好機だ。

2. イタリアが宣戦布告したあとも、フランスが私たちの同盟国でありつづけるとしたら、地中海の両端から行動する合同艦隊が、イタリアに積極的な攻勢をかけることが、きわめて望ましいと思われる。敵の力量がじっさいにどうであるのか、前の戦争から変化したのかどうかを見極めるために、最初の衝突はイタリアの海軍と空軍の両方を相手にすべきである。地中海艦隊司令官〔アンドルー・カニンガム提督〕が考えているような純然たる防御戦略は受け入れられない。イタリアの戦闘能力が高いことが判明しない限り、アレクサンドリアの艦隊は著しく防御的な態勢を維持するのではなく、ある程度の危険を冒して出撃すべきである。この重大な時期にはすべての戦域で危険を冒さなければならない。

3. 海軍本部にはフランスが中立化した場合の計画があるものと私は見なしている。

★Reynaud, 前掲書 Vol. II, p. 209.

総理大臣よりイズメイ将軍（各位）へ　　一九四〇年五月二九日

パレスチナから八個大隊をできるだけ早く本国に戻さなければならない。地中海は兵員輸送船には閉ざされていると、私は見なしている。従って紅海とペルシャ湾のどちらかを採ることになる。この「ペルシャ湾まで砂漠を横断する」代替経路を本日午後に検討し、海軍本部と協議し、かかる日時と安全性の比較を報告してもらいたい。オーストラリア軍は当面パレスチナに残してもいいが、高等弁務官などは国家が最終的に要求することに従わなければならない。

ケープタウンの高速の大型客船を迎えにいかせて、これらの兵員を回収することが可能かどうか、海軍本部は返答すべきだ。

総理大臣より海軍卿へ　　一九四〇年五月三〇日

戦時にイタリアの船舶をすべて差し押さえるためにどのような手立てを講じてきたのか？　イギリスの港に何隻いるのか？　海上もしくは外国の港でイタリア船に対してなにができるのか？　これを適切な部門にただちに伝えていただきたい。

前述のとおり、パリの最高軍事評議会は五月三一日に、連合国はイタリア領内の目標を選別してできるだけ早く攻勢作戦を行なうべきであり、フランスとイギリスの海軍・空軍参謀部は計画を調整すべきであると合意していた。また、イタリアがギリシャに対して不当な侵略行為を行なう気配があったが、そのような場合には、クレタ島が敵の手に落ちないようにする、ということにも合意していた。おなじ問題を、私は覚書でも追究した。

総理大臣より空軍相及び空軍参謀総長へ　　一九四〇年六月二日

リヨンとマルセイユが空爆される［可能性がある］ことから、戦争に突入した瞬間から私たちの重爆撃機がイタリアで反撃を行なえるようにすることが、最大級に重要である。従って、フランスの許可が得られ、後方支援部隊の受け入れ準備が整ったなら、これらの重爆撃機飛行中隊をできるだけ早くフランス南部の飛行場に移すべきだと考える。

今夜の私たちの会議で提案を聞かせてもらいたい。

総理大臣より空軍相及び空軍参謀総長《CAS》へ　　一九四〇年六月六日

戦争が勃発するか、高圧的な最後通牒を突きつけられた瞬間にイタリアで攻撃を行なうことが、最重要である。フランス南部の飛行場へ向かっている現役部隊の正確な軍容を教えてもらいたい。

チャーノがことに後押ししていたイタリアの当初の計画は、東欧でのイタリアの勢力を揺るぎないものにして、経済的な立場を強化するために、ユーゴスラヴィア攻撃だけに限定するというものだった。ムッソリーニは一時期、この着想に惹きつけられ、四月末につぎのように述べたと、当時の陸軍参謀総長グラツィアーニ将軍が書き記している。「われわれはユーゴスラヴィアを屈服させなければならない。われわれは天然資源を必要としているし、ユーゴスラヴィアの鉱山でそれを手に入れる必要がある。ゆえに、私の戦略指令は――西（フランス）では防衛、東（ユーゴスラヴィア）では攻勢となる。この問題を研究する準備をしてくれ★」。グラツィアーニは、装備、ことに砲が不足しているの

★ Graziani, *Ho Difeso la Patria*, p. 189.

で、一九一五年のイゾンツォの戦い〔第一次世界大戦でのイタリア王国軍とオーストリア＝ハンガリー帝国軍による一連の戦い〕の二の舞になるとして、イタリア陸軍の投入に激しく反対する助言を行なった。ユーゴスラヴィア攻略については、政治的な反対意見もあった。この時期、ドイツは東欧の平穏を乱さないことを切望していた。それがバルカン諸国でのイギリスの軍事行動を誘発し、東でソ連が活動を強める引き金になるかもしれないと怖れていたのだ。イタリアの政治方針のこの側面に、私は気づいていなかった。

総理大臣より外務大臣へ

一九四〇年六月六日

イタリアと即座に戦争状態に陥ることにこれまで反対してきたのは、イタリアがユーゴスラヴィアを攻撃した場合［仮に攻撃したとして］、ユーゴスラヴィアの独立を奪うための本格的な攻撃なのか、それともアドリア海の海軍基地をいくつか奪取するだけなのかを見極めたいからだった。しかしながら、この状況は一変した。イタリアはイングランド及びフランスと戦争を行なうと、絶え間なく脅しているし、それも〝裏口から〟ではないと述べている。私たちがイタリアと決裂する寸前なのは、ユーゴスラヴィアとは無関係だし、このバルカン地域の動員を確保することが、現在の主な目標である。これを熟慮してもらえるだろうか？

＊

ハル氏の回顧録のたいへん優れた記述にあるように、★アメリカ合衆国は最大限の努力を払ったが、ムッソリーニに路線を変えさせることはできなかった。あらたな襲撃と厄介な状況に対する私たちの準備は、重大な瞬間が訪れたときには、かなり進んでいた。六月一〇日午後四時四五分、イタリア外相チャーノがイタリア駐剳イギリス大使に、同日午前零時をもってイタリアは大英帝国と戦争状態に陥ったと判断すると伝えた。フランス政府に対しても同様の伝達がなされた。チャーノに通達を渡されたフランソワ＝ポンセ大使は、ドアまで行ったときに、「ドイツ人が過酷な支配者だということを、あなたがたも知るだろう」といった。ローマでムッソリーニは、かなり組織化された群衆に対してバルコニーから、イタリアはフランス及びイギリスと戦争状態にあると宣言した。のちにチャーノがすまなそうに述べたように、〝五〇〇〇年に一度しかめぐってこない好機〟だった。だが、めったにない好機とはいえ、かならずしもありがたいものだとは限らない。

イタリアはさっそくアルプスのフランス軍を攻撃し、大英帝国はイタリアに宣戦布告で応じた。ジブラルタルに留め置かれていたイタリア船五隻が拿捕され、航海中のイタリア艦船すべてを洋上で阻止して支配下にある港へ回航するよう、英海軍は命じられた。一二日の夜、イングランドから長駆飛行したために、軽量の爆装しか積めなかった私たちの爆撃機飛行中隊数個がトリノとミラノにはじめて爆弾を投下した。だが、フランスのマルセイユの飛行場を使えるようになったら、ただちにもっと大量の爆弾を投下できるはずだと期待していた。

この時点で、フランスとイタリアのごく短期間の軍事作戦の顚末を記すのが適切だろう。フランスが招集できたのは三個師団と、さらに三個師団に相当する要塞守備隊だけで、アルプスの峠数カ所とリヴィエラ沿岸に対するイタリアの西部軍集団による侵攻を、それだけで迎え撃たなければならなかった。ウンベルト王太子指揮下のイタリア西部軍集団は、三二個師団から成っていた。それに加え、強力なドイツ軍装甲部隊がローヌ川沿いの低地平原を高速で南下し、まもなくフランス軍の後背を横切ろうとしていた。それにもかかわらず、イタリア軍はいまだにフランス軍の抵抗に遭い、パリが陥落し、リヨンがドイツ軍の手に落ちてもなお、フランス軍アルプス部隊が築いたあらたな前線すべて

★ *The Memoirs of Cordell Hull*, Vol. 1, Chap. 56.

で釘付けになっていた。六月一八日にヒトラーとムッソリーニがミュンヘンで会談したとき、ムッソリーニには自慢できる材料がほとんどなかった。そこで、六月二一日にあらたな攻勢が開始された。しかし、フランス軍のアルプスの各陣地は攻略できないことが判明し、イタリアのニースへの進軍はマントン郊外で停止させられた。とはいえ、南東国境沿いのフランス軍がいくら名誉を挽回したところで、その後背でドイツ軍が南下していたため、戦闘をつづけることは不可能だった。また、ドイツとの休戦協定でフランスは、イタリアに敵対行為の中止を要請することを求めていた。

*

このイタリアの悲劇的な事態に関する私の描写は、義父ムッソリーニの命令で処刑される〔これには異論があるが、当時のチャーチルの解釈なのだろう〕直前にチャーノが私宛に書いた書簡で締めくくるのがふさわしいだろう。

一九四三年一二月二三日、ヴェローナにて

チャーチル氏へ

私の最期のときが近づいているいま、改革運動の闘士として私が心の底から尊敬している貴君に頼ることを、意外には思わないだろうと存じます。貴君は一度も私に不公平なことを口にしたことがありませんでした。

祖国や人類に対する犯罪と、ドイツに与して戦うことについて、私は断じてムッソリーニの共謀者ではありませんでした。じっさいはその逆であるというのが真実で、昨年八月に私がローマから姿を消したのは、子供たちの身に危険が迫っているとドイツ側に説得されたからでした。私をスペインに連れていくとドイツ側は約束したあと、私と家族は無理やりバイエルンに連れていかれました。いまでは、三カ月近く、ヴェローナの監獄に収監され、見捨てられて、親衛隊《SS》の残忍な扱いを受けています。私の終わりは近く、数日後には私の死が定められるだろうと、ずっといわれています。私にとってそれは日々の受難からの解放にほかなりません。それにドイツ野郎《フン》の支配下でイタリアが屈辱を味わい、取り返しのつかない被害をこうむるのを目の当たりにするよりは、死のほうが好ましいと思っております。

私はヒトラーとドイツがこの戦争を冷酷に、残忍に、そして冷笑的に準備するのを目撃し、反発した罪に問われ、それを贖うことを求められているのです。この忌むべき盗賊の一団が世界を血なまぐさい戦争に引きずり込む準備をするのを間近に見た外国人は、私ひとりでした。そしていま、彼らはギャングの掟に従い、危険な証人を隠滅しようとしています。しかし、彼らの目論見はついえました。なぜなら、私はとっくに日記とさまざまな書類を安全な場所に隠しています。この連中が犯した罪と、その後に哀れな卑しい傀儡ムッソリーニが、虚飾に囚われ道徳的価値観を無視してその片棒を担いだことを、それらの証拠書類が、私の証言よりもずっと明確に証明してくれるはずです。

パーシー・ロレイン卿がローマ駐剳大使だったころに存在を知っておられたそれらの書類は、私の死後、可及的速やかに連合軍の広報部門が自由に使用できるように手配してあります。

こんにち私が貴君に提供できるものはわずかであるかもしれませんが、私が熱狂的に確信している勝利において、自由と正義という理想のために私が差し出せるものは、それと私の命しかないのです。

イタリアの不運はその国民の落ち度ではなく、ひとりの人間の恥ずべき言動が引き起こしたのだという事実を、未来を判断する人々に知ってもらわなければなりません。それを世界が知り、憎み、記憶にとどめるために、私の証言を明るみに出すべきなのです。

敬具　G・チャーノ

*

ローズヴェルト大統領の演説が、一〇日の夜に行なわれた。午前零時ごろに私は、まだ仕事場に使っていた海軍本部作戦室で、将校の一団とともにそれを聞いた。ローズヴェルト大統領は、イタリアを手厳しく非難した。「この一九四〇年六月一〇日、その手に握られた短剣が隣人の背中に突き立てられたのです」。つづいて、満足げな野太い唸り声が起きた。来たる大統領選挙でイタリア系有権者の票はどうなるのだろうと、私は思った。だが、ローズヴェルトは、自分の決意を示すために危険因子を引き受けるのを恐れたことがないにもかかわらず、アメリカの政党政治にもっとも熟練した人物だということを、私は知っていた。情熱に満ちた堂々とした演説で、ローズヴェルトは私たちに希望をもたらした。強い感銘が残っているあいだに、私は就寝前に感謝の気持ちを表わした。

元海軍関係者よりローズヴェルト大統領へ　　一九四〇年六月一一日

私たち全員が、昨夜の大統領の声に耳を傾け、その宣言の壮大な範囲に意を強くしました。苦闘のさなかにある連合各国に貴国が物的支援を行なうという大統領の声明は、暗くはあるが希望がないわけではないこの時期、強力な励ましであります。フランスが戦いつづけ、パリ陥落など思いもよらないようにするために、あらゆる手を尽くさなければなりません。パリが落ちれば、なんらかの和平交渉の機会がもたらされることは必定です。大統領が彼らの希望を掻き立てれば、やり通す力をあたえることになるかもしれません。彼らは自分たちの国を寸土も譲るまいと護りつづけ、自分の戦闘部隊をすべて駆使するはずです。そうなると、ヒトラーは早々に成果をあげることができなくなり、私たちに矛先を向けるでしょう。私たちはヒトラーの猛攻に対抗してイギリス本土を護る準備を進めております。英遠征軍《BEF》を救うことができたので、本土にはじゅうぶんな兵力がありますし、各師団がヨーロッパ大陸での作戦に必要とされる大規模な装備を充足させたら、ただちにフランスに急派します。

私たちは一九四一年の軍事作戦のためにフランスで戦う強力な軍を用意するつもりです。差し迫っている大英帝国の命を懸けた奮闘になんとしても必要な、飛行艇も含めた航空機について、すでにあなたがたに電報で伝えてあります。しかし、もっと差し迫った入用は、駆逐艦です。イタリアの悪逆な行為によって、以前よりも数多くの潜水艦に対処しなければならなくなりました。イタリアの潜水艦は大西洋に出て、スペインの港を基地に使用するかもしれません。これに対抗できるのは駆逐艦だけです。貴国がすでに修復にまわしている旧式駆逐艦の三〇隻ないし四〇隻を、私たちが保有することが、なによりも重要です。私たちはそれらの駆逐艦に短時間でＡＳＤＩＣ〔対潜探知調査通信システム〕を取り付け、建造中の駆逐艦が就役するまでの六カ月間、空白を埋めることができます。必要とされる六カ月前に知らせていただければいつでも、間違いなく私たちはそれらの駆逐艦を貴国に返却するか、同数を引き渡します。今後六カ月が、きわめて重要なのです。侵攻に備えて東海岸線を防御する必要が生じた場合、勢力を増したドイツとイタリアの潜水艦による商船襲撃に対抗するだけの資源が私たちにはなく、私たちの命をつないでいる海上交通が絞め殺されるおそれがあります。いまも一日が失われました。私たちがいま共通の大義と呼ぶもののために、大統領が実行し、また実行を目しておられることすべてに、私と同僚たちが感謝していることを、こうしてお伝えするしだいであります。

*

戦利品の争奪がはじまっていた。だが、獲物を捜していた飢えた野獣は、ムッソリーニだけではなかった。そのジャッカルに、熊が加わった。

戦争勃発までの英ソ関係の流れを、私は第一巻に書き記した。ソ連のフィンランド侵攻中に、ソ連の敵意はイギリス及びフランスと決裂する間際まで強まった。それがいま、ドイツとソ連は根深い利害相反に見て見ぬふりをして、密接に協力している。ヒトラーとスターリンは全体主義者として共通点が多く、政府の機構もよく似ている。モロトフ氏は、あらゆる重要な会合で、ソ連駐劄ドイツ大使シューレンブルク伯爵に秋波を送り、ドイツの政策を極端なくらい過激に支持し、ヒトラーの軍事方策を褒め称えた。ドイツがノルウェーを強襲したとき、モロトフは（四月九日に）、ドイツがやむなく採った方策にソ連政府は理解を示していると述べた。イギリスはやりすぎた。彼らは中立国の権利を完全に無視した……。「**ドイツがその防御的方策で完全な成功を収めることを、私たちは願っています**」★。ヒトラーは、フランスと中立の低地諸国に対する猛攻撃を開始したことを、五月一〇日朝にわざわざスターリンに伝えた。「私はモロトフに電話をかけた」とシューレンブルクは書いている。「その報せにモロトフは感謝し、ドイツは英仏の攻撃に対して自衛しなければならないことは理解しているとつけくわえた。われわれの戦勝を、モロトフは疑っていなかった★★」

もちろん、彼らの意見の文言は、戦後まで知られることがなかったが、ソ連の姿勢について私たちは幻想を抱いてはいなかった。それでも私たちは、時局の推移とソ連の根本的なドイツに対する敵意を頼りに、ソ連と内密の性質の関係をふたたび築こうとして、忍耐強い政策をつづけた。スタフォード・クリプス卿をモスクワ駐剳大使に任命して、彼の能力を利用するのが、賢明だと思われた。この成功の見込みがない嫌な任務を、クリプス卿は進んで引き受けた。その時点では、ソ連の共産主義者たちが、保守党や自由党の政治家よりも極左の政治家のほうを憎んでいることを、私たちはあまり認識していなかった（クリプスは労働党議員だったが、イギリス人民戦線その他の勢力と労働党を結束させようと画策したために労働党から除名された）。共産主義に感情面で近しいのに共産党に入党していない人物は、ソ連にとっては不愉快きわまりないのだ。ソ連政府はクリプスを大使として受け入れ、この方策について同盟者のナチに弁解した。五月二九日に、シューレンブルクがベルリン宛に書いている。「ソ連は材木と引き換えにイギリスのゴムと錫をほしがっています。われわれに対するソ連の忠誠に疑いの余地はありませんし、ソ連の対英政策に変更はなく、ドイツとドイツの重要な権益を害する恐れはないので、クリプスの大使就任になんら懸念するような材料はありません。ドイツの最近の戦勝が、ソ連政府内でドイツに対する警戒もしくは恐怖を引き起こしているこ

とを示すようななんらかの気配は、片時も見られません」[†]

フランス崩壊、フランス軍とヨーロッパ西部の拮抗する勢力の壊滅は、スターリンの意識に多少の反応を引き起こしたはずだが、何事もソ連の指導者たちが重大な危機を抱えていることを警告するのには役立たなかったようだ。六月一八日、フランスの敗北が国全体に及ぶと、シューレンブルクは報告した。「今夜モロトフが私を執務室に呼び寄せ、ドイツ軍の**すばらしい戦勝**にソ連政府の祝意を示しました」[‡]。そのほぼ一年後には、おなじドイツ軍が完全にソ連政府の意表を衝き、炎と鋼鉄の大滝がロシアに降り注ぐことになる。わずか四カ月後の一九四〇年後半に、ヒトラーがソ連に絶滅戦争を仕掛けることを決意し、ソ連に絶大な祝意を表された東部方面のドイツ軍が、広大な範囲で隠密の長距離移動を開始したことを、私たちはいま知っている。過去の誤算やこれまでの行状をふりかえらなかったために、ソ連政府や世界中の共産主義者の諜報員や協力者は、第二戦線を構築するよう叫ぶことができなかった。第二戦線があれば、滅んで隷属することを狙って彼らが運命の手に委ねたイギリスが、そこで主役を演じていたはずだった。

しかしながら、私たちはそういう冷酷な計算ではなく、真実を追求する目で未来を理解していたし、ソ連が抱えている数々の危険や利害関係を、ソ連自体よりもずっと明確に見抜いていた。そこで私は、はじめてスターリン宛の親書をしたためた。

★ *Nazi-Soviet Relations*, 1939–1941, p. 138.
★★ 前掲書 p. 142.
† 前掲書 p. 143.
‡ 前掲書 p. 154.

英国総理大臣よりスターリン氏へ

一九四〇年六月二五日

ヨーロッパの様相が一時間ごとに変わっているこの時期、貴君が新英国大使を受け入れてくださった機会を利用して、私の親書を大使から貴君に届けるしだいです。

イギリスとソ連は地理の面ではそれぞれヨーロッパの両極端にあり、政府の機構に関しましても政治的思考に鑑みても大きく異なっております。しかし、こういった事実は、国際社会という領域において両国が友好的で相互に利益がある関係を結ぶのを妨げるとは限りません。

過去において——当然ながら、近い過去において——私たちの関係が相互不信によって妨げられていたことは、認めざるをえません。また、昨年八月、ソ連政府は、ソヴィエト連邦の利益のために、私たちとの交渉を打ち切り、ドイツと親密な関係を結ぶ必要があると判断しました。そのようにして、ドイツはあなたがたの友人となり、同時に私たちの敵となったのです。

しかし、あらたな要素が浮上し、そのため、私たち両国は以前のような連絡をふたたび確立するのが望ましいと思い至ったのであります。両国にかならず影響を及ぼすヨーロッパにおける出来事について、必要とあれば協議できるようにする必要があります。現時点で、ヨーロッパ全体——私たちの二カ国も含めて——が直面している問題は、ドイツがヨーロッパ大陸で覇権を確立するという予想に対し、ヨーロッパの国家と国民がどう対応するかということです。

私たちの二カ国は、ヨーロッパ内ではなく辺縁にあることによって、特異な立場に置かれています。イギリスとソ連は、不運なそのほかの国々よりもドイツの覇権に抵抗しやすく、またご存じのようにイギリス政府は、地理による優位と膨大な資源をその目的のために利用するつもりです。

それだけではなく、大英帝国の方針はふたつの目標に集中しています——ひとつはナチ政権が押しつけようとしているドイツによる支配を回避すること、もうひとつは現在ドイツが推し進めているヨーロッパ支配から各国を解放することです。
ドイツがいまヨーロッパで覇権を握ろうとしていることが、ソ連の利益を脅かしているのかどうか、またその利益を守るにはなにが最善であるかを判断できる立場にあるのは、ソヴィエト連邦のみです。とはいえ、ヨーロッパはもとより世界が潜り抜けている危機はきわめて深刻なので、それがイギリス政府にどういう情勢をもたらしているかを率直に提示するのが至当だと思っています。ソ連政府とS・クリプス卿がなんらかの話し合いを行なう際に、イギリス政府の政策や、ドイツが現在ヨーロッパで順序だった手順により征服と併呑をつぎつぎと進めているために生じている広範な難問について貴国政府と全面的に話し合いたいという意向が誤解されないために、この親書が役立つことを願っております。

もちろん返書はなかった。あるとは思っていなかった。スタフォード・クリプス卿は無事にモスクワに到着し、スターリン氏と堅苦しく冷淡な公式会見を行なうこともできた。

＊

その間に、ソ連政府は戦利品をせっせと分捕っていた。パリが陥落した六月一四日、モスクワはソヴィエト社会主義共和国連邦に対する軍事的陰謀を企んだと非難する最後通牒をリトアニアとそのほかのバルト諸国に送り、政府首脳の大幅な交替と軍事基地の使用権を要求した。六月一五日、赤軍部隊がリトアニアに侵攻し、スメトナ大統領は東プロイセンに逃亡した。ラトヴィアとエストニアも、おなじ憂き目に遭った。ただちに親ソ政権が樹立され、これらの小国にソ連軍駐屯地が置かれた。抵抗は問題外だった。ラトヴィアの大統領はソ連に強制移送され、あらたな選挙を管理するためにソ連人民委員会会議副議長ヴィシンスキーが暫定政府首班に任命された。エストニアでもおなじ図式だった。六月一九日、ソ連共産党政治局員のジダーノフがタリンに到着し、同様の政権《レジーム》〔régime は非難がこめられた表現〕を発足させた。八月三日から六日にかけて、友好的で民主的な親ソ政府という見かけは一掃され、クレムリンはバルト三国をソ連に併合した。

　六月二六日午後一〇時には、モスクワ駐剳ルーマニア公使に、対ルーマニア最後通牒が突きつけられた。ベッサラビアとブコヴィナ北部の割譲が要求され、翌日にただちに回答するよう求められた。ルーマニアにおける自国の経済的利益を脅かすソ連のこの性急な行動にドイツは不快感を示したが、ヨーロッパ南東部のこの地域でソ連が政治的利益を独占することを認めるという、一九三九年八月の独ソ不可侵条約とともに締結された秘密議定書の条項に制約されていた。従って、ドイツ政府は譲歩するようルーマニアに助言した。六月二七日、ルーマニアは当該の二地域から撤退し、それらの領土はロシアの手に渡された。それにより、ソ連軍部隊はバルト海沿岸とドナウ川河口を確実に押さえることができた。

第七章　フランスに再派兵

六月四日―六月一二日

〈英陸軍の高い戦意／一九四〇年六月二日、私の当初の心境と指令／装備亡失／アメリカ大統領、マーシャル将軍、ステティニアス氏／信念の証となる行為／両立が困難な六月の事態／英陸軍再建／英陸軍の惨憺たる近代兵器欠乏／完全装備の二個師団をフランスに派遣することを決定／フランスの戦い：最終段階／六月一一―一二日、第51ハイランド師団の壊滅／〝旧きスコットランドはいまも重きをなしている〟／私の四度目のフランス訪問：ブリアール／ウェイガンとペタン／ジョルジュ将軍召喚／私のウェイガンとの話し合い／英空軍のトリノとミラノに対する爆撃をフランスが阻止／ドイツ軍パリ入城／翌朝の再会議／ダルラン提督の約束／GQGよさらば／私たちの帰国／会議についての私の戦時内閣への報告〉

ダンケルクから多数の将兵が救出されたことが知れ渡ると、イギリス本土と帝国中に解放感がひろまった。安堵のあまり、勝利を収めたような気持ちになりかけていた。私たちの陸軍の精華である将兵二五万人が無事に帰国したことは、敗北の歳月を潜り抜けてきた私たちの巡礼の旅にとって画期的なひとつの里程標だった。南部鉄道《サザン・レイルウェイ》、陸軍省移動部、テムズ川河口の各港、とりわけ二〇万人を超える人員をさばいて迅速に各地へ送ったドーヴァー港の職員たちは、最大限の称賛に値する。兵士たちは小銃と銃剣だけを持ち、機関銃数百挺を携えて、七日間の休暇をとるために故郷に送られた。家族とふたたび結ばれたことに彼らはよろこんだが、できるだけ早く敵と戦いたいという熱望がそれをしのいでいた。戦場でじっさいにドイツ軍と戦ったことがあるものは、対等に戦う機会があれば敵を打ち負かすことができると確信していた。彼らの戦意は高く、それぞれが所属していた連隊や砲兵中隊に即座に復帰した。

大臣や政府高官や公務員はすべて、あらたに選ばれたものも、常勤のものも、昼夜、確信を抱いて熱心に行動した。そのほかにも語られるべき実話は数多くある。私自身も気分が高揚していて、私の頭脳は、それまでの人生で得た知識をなんなく自由に引き出していた。陸軍が救われたことによって、かなり活気づいていた。役に立つかどうかはべつとして、私が毎日戦時内閣に示していた省庁宛の指示や見解を、ここでありのままに記したい。参謀総長たちにイズメイがそれを届け、戦時内閣と省庁にはブリッジズが届けた。過ちは正され、意見の隔たりは埋められた。しじゅう修正や改善が行なわれたが、肝心なのは、おそらく九〇パーセントほどが、独裁主義には対抗できないような速度と効率で実行に移されたことだった。

陸軍部隊が脱出に成功したことが確実になった瞬間の私の心境は、つぎのようなものだった。

総理大臣よりイズメイ将軍へ　一九四〇年六月二日

国防相による参謀総長《COS》ほか宛覚書

BEFの引き揚げ成功は、本土防衛態勢に大変革をもたらした。BEFを本土防衛の原則に基づいて大至急改変すれば、莫大な規模で襲撃を行なうことが必要になるはずの国に訓練の行き届いた将兵多数を配置できる。兵力二〇万人も可能な範囲のはずだ。急襲に伴う難事と危険因子と損耗は、最初の一万人から増やすごとに増大する。私たちは現況についてただちにあらたな展望を持つ必要がある。具体的な問題は主に陸軍省が検討し、統合参謀らもそれに加わらなければならない。

1. BEFがあらたな戦闘能力を得るまで、最短でどれくらいかかるのか？

2. BEFはどのような枠組みに基づいて編成されるのか？　第一に本土向けで、フランス派遣は二義的なのか？　総じて、それが好ましいと私は思う。

3. フランスでBEFをただちに再編成しなければならない。さもないと、フランスは戦争を続行しないだろう。パリが失われたとしても、大規模なゲリラ戦を続行するよう彼らに厳命しなければならない。大規模な部隊が展開できるように、ブルターニュに橋頭堡と揚陸地点を確保する仕組みを検討しなければならない。決然と戦うなら敵前線を突破する方法があることをフランスに納得させるような計画を立案する必要がある。

4. BEFが本土防衛のために再編成されしだい、ソンム川の南の英陸軍二個師団と合流する三個師団をフランスに派遣すべきだ。あるいは、その時点でフランスが必要とする場所でもいい。カナダ軍師団をただちに派遣すべきかどうか、検討する必要がある。枠組みを知らせてほしい。

5. ダンケルク引き揚げについて私たちがいま知っていることが、一週間前にわかっていたなら、ナルヴィクはまったく異なる見方をされていたはずだ。現時点でも、ナルヴィクの守備隊を自立した形で数週間維持するかどうかは、検討されるべきだろう。意見をころころ変えるのは悪弊で危険きわまりないということが、私の意識には深く染みついている。しかし、戦時経済相からの書簡と数日前の司令長官からの電報は、最後にもう一度考量されなければならない。

6. どのような増援が到着したのか、あるいは六月中にどれほど増援がなされると考えられているのか、何隻が修理から復帰するのかなどについて、駆逐艦に関する最新の答申書を提出するよう海軍本部に依頼してほしい。

7. パレスチナの正規軍八個大隊が、インドから来る現地人の八個大隊に任務を引き継ぎ、本国に帰ることは可能なはずだ。帰国したそれらの部隊を新BEFの基幹にする必要がある。

8．オーストラリア軍が上陸したら、それらの部隊を運んできた大型輸送船団はただちに国防義勇軍八個ないし一〇個大隊をボンベイに運ぶべきだ。二度目の航海で輸送船団は正規大隊八個をインドからイギリス本土に運び、さらに第二陣の国防義勇軍八個ないし一〇個をイギリス本土からインドに運ぶ。インドの砲兵中隊にもこの手順が適用できるかどうか、検討してほしい。

9．装備の亡失によってBEFの拡充計画に遅れが生じ、Z+一二カ月で二〇個師団から、Z+一八カ月で一五個師団足らずに減少することが予想されるが、フランスに長期計画を示す必要がある。これらの部隊の主力は機甲部隊にすべきで、七月半ばにはゴート卿指揮下の第51師団、カナダ軍師団、国防義勇軍二個師団が揃い、Z+一八カ月には正規軍と国防義勇軍の混成の二四個大隊から成る六個師団、第二のカナダ軍師団、オーストラリア軍一個師団、国防義勇軍二個師団が揃う。ことによると、これをもっと改善できるかもしれない。

10．国土防衛のためにBEFの正規軍から成る六個旅団群以上が、きわめて緊急に必要とされる。

11．今夜の最終撤退を掩護するのに、どのような航空作戦が手配されているのか？　この重要な瞬間に後衛が受けている圧力を軽減することは可能なのか？

全般的な観察で、この覚書を結ぶ。ドイツの侵攻はあまり不安視していない。それよりも、ソンム川もしくはエーヌ川のフランス軍前線が突き破られたり、パリが陥落したりすることのほうが心配だ。ドイツ軍の矛先はそちらに向くだろうというのが、当然の予想である。イギリス本土の軍隊がこれまでよりもはるかに強大になっていて、しかも強襲部隊は訓練の不足している兵士ではなく、胆力がすでに試されている兵士たちを相手にしなければならないことをドイツ軍は認識している。ゆえに、必然的にそうなるはずだ。それに、撤退するBEFを前にドイツ軍は尻込みして、激しく妨害するのを怠ったという経緯もある。ＢＥＦもしくはその実質的な部隊がまだ再編成されていないこれから数日が、趨勢を左右しかねないことは、考慮に値する。

＊

ダンケルク撤退には、もちろんもっと暗い面もあった。陸軍の装備をすべて失ったが、それは私たちの工場がそれまでに生み出した最初のありったけの成果だった。

弾薬　七〇〇〇トン
ライフル　九万挺
砲　二三〇〇門
車両　八万二〇〇〇台
ブレン軽機関銃　八〇〇〇挺
対戦車ライフル　四〇〇挺

たとえ既存の生産計画が敵に邪魔されずに達成されたとしても、この亡失が補われるまでに、何カ月もかかるにちがいなかった。

しかし、大西洋の向こうのアメリカ合衆国では、国を主導する人々の胸にすでに激しい感情が湧き起こっていた。第一次世界大戦における軍需品調達の同僚〔エドワード・R・ステティニアス。当時、陸軍省で補給品の調達と生産を統括した〕の子息で、私たちのほんとうの友人であるステティニアス氏〔ローズヴェルト政権の戦争資源委員会委員長。戦時物資支援「レンド・リース」計画を統括した〕が、この重大

★“Z”は開戦日一九三九年九月三日を意味する。

事を優れた表現で正確に描写している。★ 英軍の大部分が装備をすべて亡失して脱出したことが、さっそく認識された。早くも六月一日に、ローズヴェルト大統領が陸軍省と海軍省に、イギリスとフランスにどういう兵器を分与できるか報告するよう命じた。陸軍参謀総長マーシャル大将は、軍人としての資質を立証していただけではなく、全容を把握する先見の明を備えていた。米軍が備蓄している予備の武器弾薬の全目録を調べるよう武器部長と直属の参謀長に即座に命じた。四八時間後に回答があり、六月三日にマーシャルが品目を承認した。最初の目録には、一九一七年と一八年に製造された三〇口径小銃二〇〇万挺のうちの五〇万挺が含まれていた。二〇年以上、グリスに漬けて保管されていたものだった。この小銃一挺あたりに弾薬約二五〇発があった。〝七五《ソワサント・カンズ》〟ミリ野砲九〇〇門と砲弾一〇〇万発、機関銃八万挺、そのほかのさまざまな品目があった。ステティニアス氏は、すばらしい著書で述べている。「一時間でも無駄にできないので、陸軍は目録にあるすべてを一社に（三七〇〇万ドルで）売却することを決定した。同社がただちにフランスとイギリスに転売する」。武器部長ウェッソン少将がこれを処理するよう命じられ、六月三日に早々とアメリカ陸軍の補給処と兵器庫すべてで物資を輸送用に荷造りする作業が開始された。その週の終わりには、物資を満載した貨車六〇〇両以上が、ロウアー湾から川を遡ったニュージャージー州ラリタンにある陸軍兵器庫の埠頭へ向かっていた。六月一一日には、イギリスの商船一二隻が湾にはいって投錨し、艀からの積み込みが開始された。

　これらの驚異的な措置によって、アメリカに残された装備は一八〇万人分のみになった。アメリカ陸軍の総動員計画に規定されている最低限の量だった。いまはすべて安閑と解釈できるが、当時はアメリカ合衆国の信念と指導力の証となる崇高な行為だった。なにしろ、早くも打ち負かされるおそれがあった国のために、それほど大量の兵器を手放したのだ。アメリカはそのことを後悔する必要はまったくなかった。あとで詳しく述べていくように、私たちは七月中にこの貴重な兵器を、大西洋を越えて無事に運び入れた。それは物的な利益になっただけではなく、敵と味方の侵攻に関する数々の計算において重要な要素になった。

＊

コーデル・ハル国務長官の回顧録には、この要点にまつわる一文がある。†

口添えしてほしいというレノー首相の哀れをさそう嘆願に応じて、大統領はチャーチル首相に航空機をフランスに派遣するよう促したが、チャーチル首相は拒否した。ブリット［パリ駐剳米大使］はこの決定に激怒し、六月五日に大統領と私に連絡し、イギリスはヒトラーとの交渉で交換条件にするために空軍と海軍を温存しようとしているのかもしれないという懸念を述べた。

しかし、大統領と私の見方はそうではなかった。フランスは息の根をとめられていたが、イギリスはチャーチルの不屈の指導力のもとで戦いつづけるつもりだと、私たちは確信していた。ロンドンとベルリンが交渉することはありえない。ブリットの電報の前日にもチャーチルは庶民院で堂々たる演説を行なっていた……。

チャーチル氏は本気でそう発言したのだと、大統領と私は確信した。戦いつづけるというイギリスの決意に私たちがすこしでも疑いを抱いていたら、イギリスに物資を届けるような手段をつぎつぎと講じたはずがない。物資がイギリスに到着する前にチャーチルの政府がドイツに降伏するにちがいないと思

★ *Lend-Lease, Weapon for Victory*, 1944.
† *The Memoirs of Cordell Hull*, Vol. 1, pp. 774–5.

っていたら、イギリスに武器を送る必然性はまったくない。

＊

一九四〇年六月は、私たちにとってことに厳しい一カ月だった。なぜなら、無防備なイギリスは、両立が困難なふたつの事態の板挟みになっていたからだ。ひとつはフランスに対する義務、もうひとつは本土で実働可能な陸軍を創りあげて国の護りを強化することだった。片方を立てればもういっぽうが立たない。両立は困難だった。しかし、私たちはむやみに動揺することなく、確実な揺るぎない方針を推し進めた。フランスで英遠征軍《BEF》を再編成するために、訓練と装備が整った部隊を派遣することが、最優先でつづけられた。そのあとで本土防衛に注力する——まず正規陸軍を編成し直して装備を充足し、つぎに降着地になるとおぼしい地域を築城する。さらに、国民に可能な限り武器を持たせて組織化し、当然のことながら大英帝国の各地からあらゆる部隊を帰国させる計画だった。この時期には、私たちの防御を突き破って混乱に陥れるおそれがある、比較的小型だが機動性の高いドイツ軍戦車部隊の上陸と落下傘兵の降下が、もっとも差し迫った危険だと見なされていた。新陸軍大臣アンソニー・イーデンと緊密に接触して、私はこういった問題に取り組んだ。

以下の計画は、イーデン陸相と陸軍省再編成委員会が、それまで下された指示に従って案出したものである。機動性の旅団群七個が、すでに存在していた。ダンケルクから戻った師団は、再編成され、迅速に装備を整えて、部署についた。七個旅団群はほどなく、編成し直された各師団に吸収された。戦時の状況で九カ月間、熱心に訓練を行ない、一部が装備を調えている優秀な兵士を擁する国防義勇軍一四個師団が、運用できるようになっていた。これらのうちの第52師団が、すでに海外での軍務が可能になっていた。第二の機甲師団と四個戦車旅団が編成中だったが、戦車が足りなかった。いっぽう、カナダ軍第1師団は、完全装備だった。

兵員は不足していなかったが、武器がなかった。セーヌ川の南の後方連絡線の部隊と基地から小銃八万挺以上を回収し、六月中旬にはすくなくとも正規軍の戦闘員すべては個人用武器を携帯していた。正規軍のための野砲はきわめて数がすくなかった。新型の二五ポンド砲はほとんどフランスで亡失していた。残っていたのは、一八ポンド砲、四・五インチ榴弾砲、六インチの榴弾砲が合わせて五〇〇門ほどだった。戦車は、巡航戦車一〇三両、歩兵戦車一一四両、軽戦車二五二両しかなかった。歩兵戦車のうち五〇両は、本土の戦車連隊の一個大隊に属し、あとは訓練所にあった。偉大なイギリスが敵の前でこれほど無防備になるのは、前代未聞のことだった。

＊

当初から私は旧友であり、カナダ首相で南アフリカにも権限を有するマッケンジー・キングと、緊密に連絡をとっていた。

総理大臣よりマッケンジー・キング氏へ　**一九四〇年六月五日**

英遠征軍《BEF》の奇跡的な引き揚げ成功により、イギリスの状況は大幅に改善されました。戦闘能力の高い軍を本土に配することができ、装備を整えれば、上陸する可能性が高い侵攻部隊に対処できます。また、撤退はイギリスとドイツの空軍の戦力にとって本物の試練でした。ドイツは数ではかなり優勢だったのに、撤退を防ぐことができず、私たちの三倍以上の損耗をこうむりました。技術的な理由から英空軍は、海外で作戦を行なうよりも、本土上空を護るほうが、より大きな優位が得られます。もちろん、航空［機］工場が危険にさらされていることに変わりはありませんが、私たちの防空が強力であるために敵が暗夜しか来襲できないようであれば、精確な爆撃は容易ではないでしょう。したがって、戦争を続行し、本土と帝国の各地域を護り、封鎖を維持するイギリスの能力に、私は揺るぎない自信を抱いています。

フランスに戦争をつづけさせることが可能かどうか、私にはわかりません。最悪の場合でも大規模なゲリラ戦を展開し、戦いつづけてくれることを願っています。BEFは以前とは異なる部隊から再建しています。

イギリスが崩壊するという予測についてアメリカ人たちが高をくくることがないように、私たちは用心する必要があります。そうなったら、彼らはイギリスという国抜きで、英国の艦隊と大英帝国の後見人の立場を手に入れるでしょう。アメリカ合衆国が参戦し、イングランドの一部が征服されたら、当然、そういう成り行きになります。しかし、アメリカ合衆国が中立をつづけ、私たちが打ち負かされたら、樹立されるにちがいない親独政権がどのような政策を採るか、私には保証できません。

アメリカ大統領は、私たちの最高の友人ですが、いまのところアメリカ合衆国から本格的な支援はありません［私たちには届いていません］。軍事支援を彼らが派遣することは期待していませんが、駆逐艦や航空機についてはなんの貢献もなく、アイルランド南部の港に一個戦隊を送り込むというようなこともやってくれないのです。この方面に関して貴君が圧力をかけてくださると、おおいに助かります。

貴君の支援と、すでに対Uボート戦を開始している駆逐艦［カナダ海軍の四隻］派遣に深く感謝します。くれぐれもよろしくお願いいたします。

遠い南アフリカにいて、イギリス本土の防空の特殊な問題について最新情報を知らないスマッツ将軍は、当然ながらフランスの窮状を月並みな考え方で捉えていた。「勝敗を決する地点に、すべての戦力を集中すればいい」。私には、さまざまな事実を知り、戦闘機集団司令官ダウディング空軍大将の緻密な助言を受けているという利点があった。スマッツと私が三〇分間会って、私が事実を示すことができれば、これまで重要な軍事問題でつねにそうであったように、両者の意見が一致していたはずだった。

一九四〇年六月九日

総理大臣よりスマッツ将軍へ

　私たちはもちろん、空から支援し、装備が整いしだい師団をフランスに派遣するなど、あらゆる手を尽くしています。この戦闘に私たちの戦闘機を大量に投入するのは間違っていますし、損耗する可能性が高いので、そうなると戦争を続行する手段を失います。私たちはもっと過酷でもっと長く、もっと希望に満ちた義務を遂行すべきだと思います。きわめて強力な戦闘機の戦力を集中できる本土でドイツ軍の航空攻撃に抵抗し、こちらの一機あたり敵機四機ないし五機を撃ち落とすほうが、フランスで戦うよりもはるかに大きな利点が数々あります。フランスでは敵機の数が圧倒的なので、こちらの二機に対して敵機一機を撃ち落とす以上のことは難しいでしょうし、防御の手薄な飛行場で私たちの航空機が頻繁に破壊されるでしょう。来月に設備とともに戦闘機飛行中隊多数を送り込んだところで、戦いの趨勢を変えることはできません。たとえそれを使い果たして敵を封じ込めたとしても、ヒトラーはただちに全［航空］戦力を私たちの無防備な本土に投入し、私たちが今後、航空機を製造する手段を、昼間攻撃によって破壊するでしょう。貴君が述べた昔ながらの考え方は、今回の場合、じっさいの物量を考慮して修正されなければなりません。**この状況を潜り抜ける確実な方法は、ひとつしかありません。つまり、ヒトラーがこの国を攻撃した場合には、彼の空《そら》の兵器を打ち砕くしかないのです。**それが実現すれば、ヒトラーは彼の足の下でもだえているヨーロッパの冬に直面することになり、おそらく大統領選挙が終わればアメリカ合衆国がヒトラーと対峙するでしょう。

　貴君の電報に心から感謝します。勇敢な旧き友として、つねに忠告してくださるようお願いします。

*

最後の戦闘機二五個飛行中隊については、私たちは頑として譲らなかったが、それを除けば、フランス陸軍に応援を送ることを最重要と見なしていた。前の命令に従い、六月七日に、第52ローランド師団のフランスへの移動が開始される予定だった。この命令が追認された。それ以前に、最初に装備を支給されてフランスに再派遣されたのは、モンゴメリー将軍麾下の第3師団だったが、この部隊はダンケルク脱出にはおおむね成功したものの、まだ陣容が整っていなかった。年初にイングランドに集結していたカナダ陸軍の先鋒師団もじゅうぶんに武装して、自治領政府の全面的承認によりブレストに向かうよう命じられ、この時期にはすでに望み薄になっていた勝負を開始するために、六月一一日に到着しはじめた。ノルウェーから撤退したフランス軍軽師団〔機械化師団の別称〕二個も、私たちがダンケルクから脱出させた部隊や将士とともに、フランスに送られた。

　完全装備の師団は、第52ローランド師団とカナダ軍の第1師団の二個しかなかった。ドイツがまもなく全力をあげて私たちを猛攻撃するとわかっている時期に、この致命的な危機のさなかで斃れかけている同盟国フランスに、その新手の二個師団を派遣したことは、戦争の最初の八カ月に小規模な部隊しか派遣しなかったことを埋め合わせて名誉を挽回したといえるだろう。いまにして思えば、どうして自分たちに残されていた実戦可能な部隊を手放すような大胆なことをやったのだろうと首をかしげてしまう。なにしろその時期、私たちは死ぬまで戦争をつづけると決意し、侵攻の危機にさらされ、フランスの失陥が明らかだったのだ。これが可能だったのは、制海権と制空権を握るか、上陸用舟艇を多数保有していないかぎり、ドイツがイギリス海峡を押し渡るのは困難だとわかっていたからにほかならない。

*

英軍はまだフランスにいた。マジノ線から引き抜かれた第51ハイランド師団はソンムの後背で良好な状態だったし、第52ローランド師団がノルマンディーに到着しはじめていた。戦車大隊と支援群を欠いていた私たちの第1（唯一の）機甲師団も、カレーに送られていた。だが、この部隊は、ウェイガンの計画の一環としてソンム川を渡河するときに甚大な損耗をこうむっていた。第1機甲師団は、六月一日には兵力が三分の一に減じ、陣容を立て直すためにセーヌ川を渡ってひきかえすよう命じられた。それと同時に、フランス国内の基地と後方連絡線の守備隊や後方要員をかき集めて、〝ボーマン部隊《フォース》〟〔当時は〝ボーマン師団〟と称していたが、師団は砲兵、工兵、通信隊を擁する部隊なので誤解を招く。チャーチルはそれを考慮して〝部隊〟としたのだろう〕が臨時編成された。即製の歩兵大隊九個から成り、武器は小銃が主で、対戦車兵器はごく少数だった。輸送隊も通信隊もなかった。

フランス第10軍にイギリスのこの分遣隊が加わり、ソンム川の前線を維持しようとした。第51ハイランド師団のみで、一六マイル（約二六キロメートル）の前線を支え、フランス軍も同様にのび切っていた。六月四日、第51師団はフランスの一個師団や戦車とともにアブヴィルのドイツ軍橋頭堡を攻撃したが、破ることができなかった。

六月五日、フランスの戦いの最終段階がはじまった。フランス軍の前線を形成していたのは、第2、第3、第4軍集団だった。第2がライン川とマジノ線、第4がエーヌ川、第3がエーヌ川からソンム川の河口までを護っていた。この第3軍集団は、第6、第7、第10軍から成り、フランスに派遣された英軍部隊はすべて第10軍に属していた。この長大な前線に、このとき約一五〇万人、六五個師団ほどが位置し、フランスとおなじように三個軍集団――すなわち沿岸部はボック上級大将のB軍集団、中央はルントシュテット上級大将のA軍集団、東部はレープ上級大将のC軍集団――を形成する一二四個師団の強襲を受けることになる。これらの軍集団はそれぞれ、六月五日、九日、一五日に攻撃を行なった。六月五日の夜、その日の朝にアミアンからラン－ソワソン街道にかけての七〇マイル（約一一三キロメートル）の前線でドイツ軍の攻勢が開始されたことを、私たちは知った。これは最大規模の戦闘だった。

前述のとおり、ダンケルクの戦いではドイツ軍装甲部隊が、フランスの戦いの最終段階のために温存する目的で、足踏みをしたり後退したりした。その装甲部隊すべてが、いま前進して、パリと海のあいだに急遽設営された頼りない軟弱なフランス軍前線に襲いかかった。ここでは、私たちが一役演じた沿岸部での戦いしか書き記すことができない。六月七日、ドイツ軍がふたたび攻撃を開始し、フランス第10軍を分断するために、ドイツ軍の二個装甲師団がルーアンに向けて進軍した。第51ハイランド師団、フランス軍二個歩兵師団、二個騎兵師団もしくはそれらの部隊の残兵を含む、フランス軍の左翼の第9軍団が、第10軍のそのほかの前線と切り離された。英戦車三〇両の支援を受けていた〝ボーマン部隊〟が、ルーアンを掩護しようとした。六月八日、それらの部隊がセーヌ川まで押し戻され、その夜、ドイツ軍部隊がルーアンに入城した。第51師団はフランス第9軍団の残兵とともに、ルーアン－ディエップ間の逃げ道のない狭隘《キュドサック》な地域で孤立した。

この師団がルアーヴル半島まで押し戻されて、主力部隊と切り離され、必要とあればルーアンまで退却するよう命じられていた司令官フォーチュン少将と連絡がとれなくなるのではないかと、私たちはずっと強い懸念を抱いていた。フランス軍の司令部がすでに崩壊していたため、この行動は不可能になった。私たちは必死で何度も異議を唱えたが、無駄だった。フランス軍側が事実関係を認めるのを頑迷に拒んだせいで、フランス第9軍団とイギリスの第51ハイランド師団は壊滅した。六月九日、ルーアンはすでにドイツ軍の手に落ち、私たちの部隊は三五マイル（約五六キロメートル）北のディエップにたどり着いたばかりだった。そこでルアーヴルに撤退するよう命じられた。移動を掩護するために一部隊が派遣されたが、主力が移動する前にドイツ軍が横槍を入れた。東から攻撃したドイツ軍

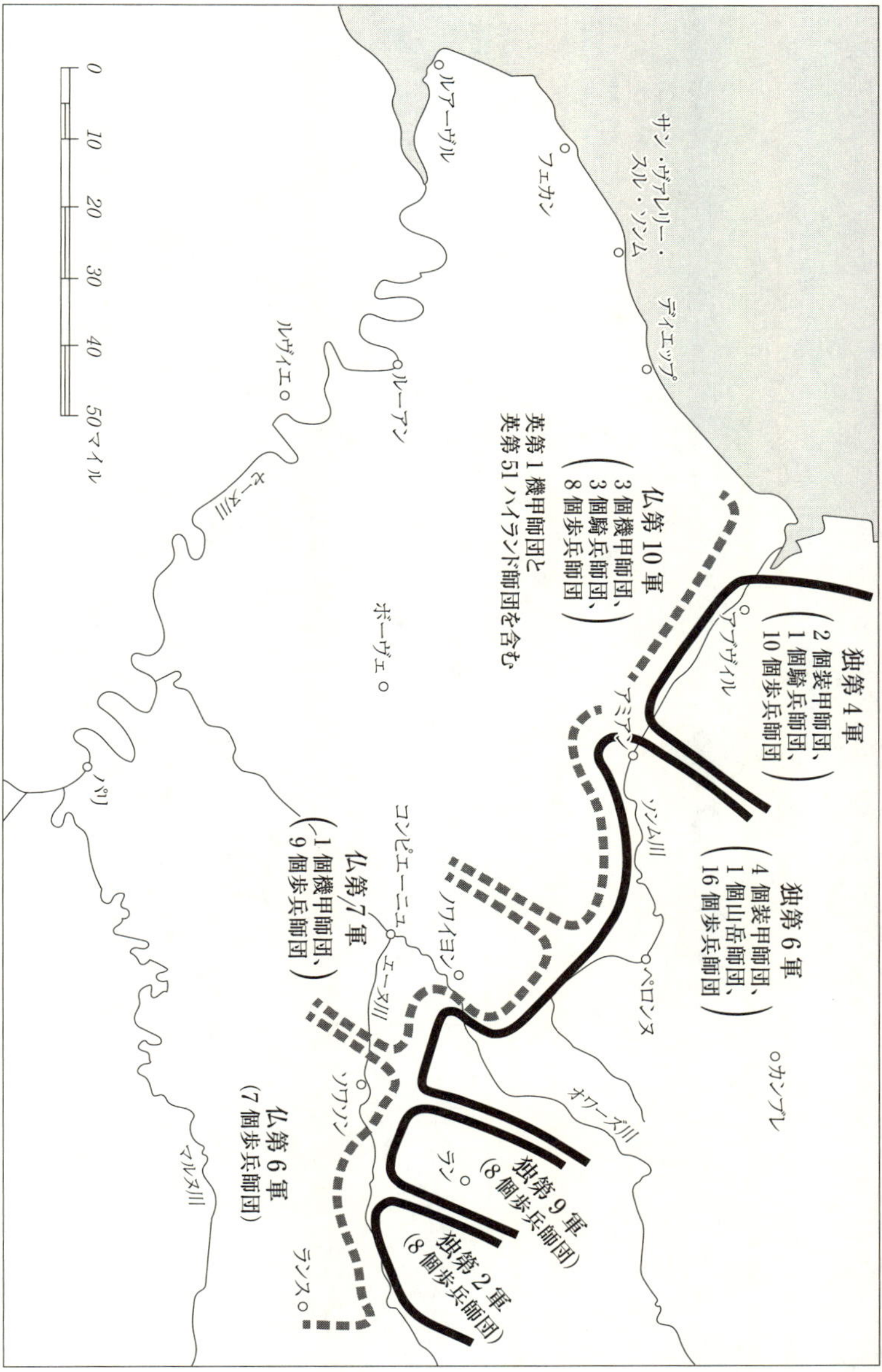

1940年6月5日　両軍の西側面

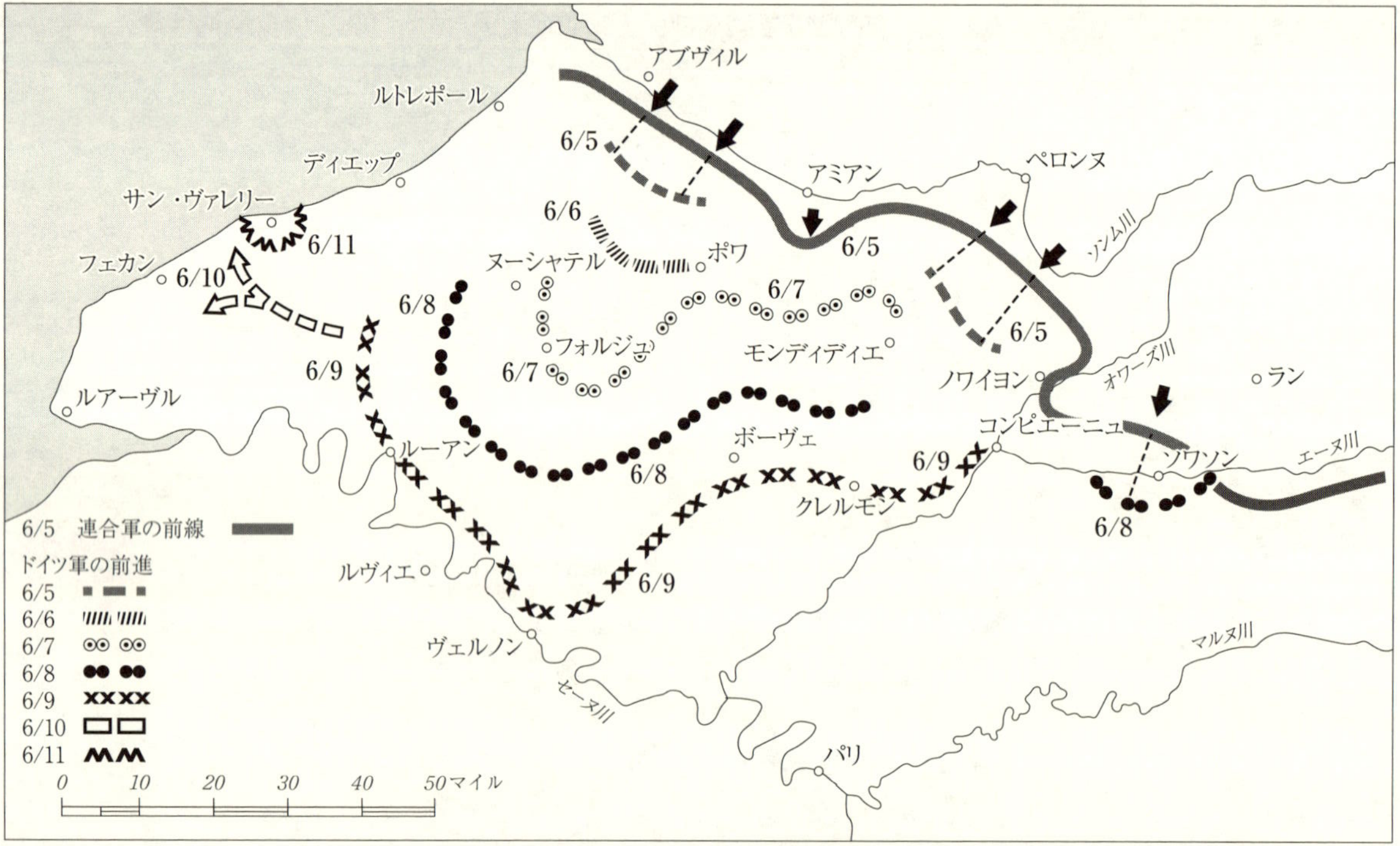

6月5－9日　ドイツ軍の前進

が海に達し、第51師団の大部分とフランス軍の大多数が行く手を阻まれた。三日前からこの危険性が予見されていたのだから、この部隊運用は明らかな誤謬だった。

六月一〇日、激しい戦闘後に第51師団は、海から後送されることを願って、フランス第9軍団とともにサン・ヴァレリーの円陣防御まで退却した。その間に、ルアーヴル半島にいたそのほかの部隊は、迅速に何事もなく乗船した。一一日から一二日にかけての夜は、霧のために艦艇がサン・ヴァレリーから部隊を引き揚げさせることができなかった。一二日の朝にはドイツ軍が南の海食崖に達した。そこの砂浜は直接の砲撃にさらされた。サン・ヴァレリーの町に白旗が掲げられた。フランス軍は午前八時に降伏し、第51ハイランド師団の残兵も午前一〇時三〇分に降伏するよう強いられた。逃れた将士は、英軍がわずか一三五〇人、仏軍が九三〇人だった。英軍八〇〇〇人、仏軍四〇〇〇人が、ロンメル少将が指揮する第7装甲師団の捕虜になった。フランスが第51師団をルーアンから早急に撤収することを許さず、待機させていたことが腹立たしかった。そのためにルアーヴルへ行くことも、南下することもできなくなり、部隊ごと降伏せざるをえなくなったのだ。第51ハイランド師団の壊滅は手痛かった。だが、補充のスコットランド人たちは、数年のあいだ復讐できなかったあとで、第9ハイランド歩兵師団と合併して、あらたな第51ハイランド歩兵師団として編成され、エル・アラメインの戦いに参加し、ライン川を越えて最後の勝利をものにするまで進軍して、後年に雪辱を果たした。

チャールズ・マレー博士が第一次世界大戦中に詠んだ詩の一節が★、私の頭に浮かんだ。ここにそれを書き記すのがふさわしい。

★From *Hamewith and Other Poems*, by courtesy of Messrs. Constable & Co.

城の半旗はうなだれ
領主の挽歌は昨夜奏された
夫を亡くした農婦の多くは
花の終わりに独り出迎える
自由の大義、斃れたもののために
われらは谷間で落穂を拾い
三つを彼女たちに送る
引き裂こうとする鷲の爪を切り取り
その羽根を海に浸けるために
なぜなら、石造りの家や町にいる勇敢な若者たちが
味方と敵に信念を示そうとして
店や畑や製粉所を離れようとしているからだ
旧きスコットランドはいまも重きをなしているのだ

*

六月一一日の午前一一時ごろ、レノー首相から電報が届いた。レノーはその前にローズヴェルト大統領にも電報を送っていた。フランスの悲劇的な事態は、悪化の一途をたどっていた。数日前から私は、最高軍事評議会をひらくよう圧力をかけていた。もうパリで会合することはできない。パリの状況について、私たちはなにも知らされていなかった。ドイツ軍の先鋒部隊がかなり近づいていることは明らかだった。会うことを承諾してもらうのはかなり厄介だったが、格式張っている場合ではなかった。フランスがどうするつもりなのか、私たちは知る必要がある。オルレアンに近いブリアールな

ら私たちを受け入れられるだろうと、レノーがいった。フランスは政府をパリからトゥールに移転していた。フランス軍参謀本部は、ブリアールの近くにある。私が到着する飛行場を、レノーは指定した。それで結構だった。朝の閣議で閣僚たちの承認を得ていたので、昼食後、私はヘンドン飛行場にフラミンゴを用意させ、午後二時ごろに出発した。離陸前に、ローズヴェルト大統領に電報を送った。

元海軍関係者よりローズヴェルト大統領へ　一九四〇年六月一一日

フランスがふたたび連絡してきました。つまり、危機が出来したのです。これから発ちます。彼らを助けるために大統領がなんらかの言動を採れば、状況を変えられるかもしれません。

アイルランドのことも気がかりです。ベアヘイヴンに米海軍の一個戦隊がいれば、おおいに助かると確信しております。

*

私の四度目のフランス訪問だったし、軍事情勢が万事を支配しているのは明らかだったので、イーデン陸相と帝国参謀総長《CIGS》のディル将軍に加え、当然ながらイズメイ将軍に同道してほしいと頼んだ。ドイツ機がいまではイギリス海峡にまで進出していたので、遠まわりを余儀なくされた。前回とおなじように、フラミンゴにはスピットファイア戦闘機一二機の護衛がついていた。二時間後、小さな飛行場におりた。フランス人は数人しかおらず、まもなく自動車に乗った大佐がやってきた。私は笑顔で自信ありげな態度を示した。事態がきわめて悪いときには、それが適切だと思ったからだが、フランス軍大佐はさえない表情で、反応しなかった。一週間前に訪仏したときよりもずっと事態が悪化しているのだと、私はたちどころに気づいた。やがて私たちは城館に案内され、レノー首相、ペタン元帥、ウェイガン上級大将、空軍総司令官ヴュイユマン大将、国防次官兼陸軍次官に任命されたばかりのド・ゴール准将のような比較的下級の将官も何人かいた。すぐ近くの線路に司令部列車がとまっていて、私たちのうちの数人がそこを宿舎にした。城館には電話が一本しか通じておらず、電話機は浴室にあった。回線がひどく混んでいて、つながるのに時間がかかり、たえず大声でおなじことをくりかえさなければならなかった。

午後七時、私たちは会議を開始した。イズメイ将軍が記録をとった。私は反論の余地のない一貫して変わらない感想を述べただけだった。非難やそれに対する逆襲はなかった。私たちは全員、まぎれもない事実と対峙していた。私たちイギリス側は、前線が正確にどこにあるのか知らなかったし、ドイツ軍装甲部隊の馳突に――いまにも私たちに襲いかかるのではないかと――不安を抱いていた。議論はおおよそつぎのようなものだった。私はフランス政府にパリを護るよう促した。敵侵攻部隊に対して、大都市で一軒の建物ごとに抵抗すれば、攻撃を大幅に鈍らせることができると、力説した。一九一八年にイギリス第5軍が惨敗を喫したあと、ボーヴェでペタン元帥の列車で数晩過ごしたことを思い出させ、フォーシュ将軍のことには触れずに、ペタンが戦況を回復したことを述べた。〝私はパリの前面で戦い、市内で戦い、後背で戦う〟というクレマンソーの言葉も持ち出した。ペタン元帥はきわめて静かな声で、威厳を崩さずに、当時は予備軍が六〇個師団近くあったと答えた。いまは一個もない。当時、前線にはイギリスの六〇個師団がいた、ともいった。パリを廃墟にしても、最終結果には影響をあたえられないだろう、と元帥は述べた。

ウェイガン将軍が、戦況をあからさまに述べた。いまわかっている限りでは、流動的な戦闘が五〇マイルないし六〇マイル（約八〇キロメートルないし一〇〇キロメートル）離れたところで繰りひろげられているといい、ウェイガンはフランス軍の卓越した能力を誉めそやした。あらゆる応援を送らなければならないと要求し――なによりもイギリスの飛行中隊をすべてただちに戦闘に投入してほしいといった。「それが勝敗を左右する要点です」。ウェイガンはいった。「いまこそ勝敗が決まる瞬間です。ゆえに、イングランドに飛行中隊を一**個でも**残すのは間違っています」。私は答えた。だが、私が特別に閣議に参加させたダウディング空軍大将の前で決した内閣の方針に従い、「それは勝敗を左右する要点ではないし、いまは勝敗が決まる瞬間でもありません。その瞬間は、ヒトラーがイギリスに対してドイツ空軍を投入するときに訪れるのです。私たちが制空権を握りつづけ、海路をひらきつづけていれば、もとよりそうするつもりですが、あなたがたのために、勝利を取り戻すことができます★」。イギリスとイギリス海峡を防衛するために、戦闘機二五個飛行中隊は、どんな犠牲を払ってでも維持しなければならない。どんなことがあろうと、それらを手放すことはできない。なにが起きても私たちは戦争を続行するつもりであり、半永久的にそれが可能だと私たちは確信していたが、それらの飛行中隊を手放すのは、生き延びられる見込みを潰すのとおなじだった。この時点で私は、北西戦線の総司令官だったジョルジュ将軍を呼んでほしいと要求した。ジョルジュ将軍はそう遠くないところにいたので、迎えにいかせればいい。その手配がなされた。

やがてジョルジュ将軍が到着した。これまで話し合ったことを伝えると、ジョルジュ将軍はウェイガン将軍が述べたフランス軍前線の状況を確認した。私はふたたびゲリラ戦の計画を勧めた。会敵点から判断してドイツ軍は見た目ほど強力ではないので、フランス軍すべて、全師団と全旅団が力の限りを尽くして前線で敵の戦車中隊と戦えば、敵の進軍をおおむね停止させることができるかもしれない。それに対して、道路の悲惨な状況について意見が述べられた。避難民がドイツ軍機の絶え間ない機銃掃射で執拗に攻撃されているし、住民が多数逃げ出し、行政機構と軍の統制は機能を停止してい

★これらの言葉を思い出させてくれたイズメイ将軍に感謝している。

るという。フランスは休戦を申し出なければならなくなるかもしれないと、ウェイガン将軍が口にした。レノーがすかさず叱りつけた。「それは政治の仕事だ」。イズメイによれば、私はこういったという。「苦悶しているフランスにとってそれが最善であれば、陸軍は降伏すべきでしょう。私たちのために躊躇するには及びません。なぜなら、あなたがたがなにをやろうと、私たちは未来永劫まで戦いつづけます」。私がそういった時点で戦えるところでは戦いつづけていたフランス陸軍は、ドイツ軍一〇〇個師団を押し戻し、疲弊させることができたはずだったが、ウェイガンはいった。「たとえそうだとしても、敵にはそのほかにも一〇〇個師団があり、あなたがたの国に侵攻して征服するのに使えます。そのとき、あなたがたはどうするのですか?」それに対して私は、自分は軍事の専門家ではないが、敵が海を渡るあいだにできるだけおおぜいを溺れさせ、生き残りが岸に這いあがるときに頭をぶん殴るのが、ドイツのイギリス本土侵攻に対する最善の方策だというのが技術顧問たちの意見だと応じた。ウェイガンは悲しげな笑みを浮かべて、「とにかく、あなたがたにきわめて優れた対戦車障害物があることは、認めざるをえませんね」と答えた。私の記憶では、それがウェイガンから聞いた最後の印象的な言葉だった。この情けない話し合いのあいだずっと、人口四八〇〇万人のイギリスが対ドイツ地上戦でたいして貢献できず、これまでのところ虐殺された人々の九割がフランス人で、九割九分フランスのみが苦しんでいることが、私の脳裏を去らなかった。心を蝕むその悲痛な思いに、私は耐えなければならなかった。

一時間ほどたってから、私たちは席を立って手を洗い、そのあいだに会議テーブルに食事が運ばれた。この間に私はジョルジュ将軍と内密に話をして、まず、銃後のあらゆる場所で戦いつづけ、山地で長期のゲリラ戦を行なってはどうかと提案した。つぎに、一週間前に私が〝敗北主義者〟だと見なしたアフリカに転戦してはどうか、と。私が尊敬する友人のジョルジュ将軍は、かなりの規模の部隊を直轄していたが、フランス軍を自由に動かす権限はなく、どちらも実行できそうにないと考えているようだった。

　私はこの時期の出来事をあっさりと描いてきたが、私たちは全員、理知的にも感情的にももがき苦しんでいた。

＊

　一〇時ごろに、全員が食事の席についた。私はレノー首相の右に座り、左隣がド・ゴール准将だった。スープとオムレツかなにかに加え、コーヒーと軽いワインが出された。ドイツが引き起こした災厄のもとで、たいへんな苦難を味わっていたこの時点ですら、私たちは友好的だった。しかし、やがて刺々しい幕間の出来事が起きた。イタリアが参戦したときにただちに猛攻を加えるのを私が重視していたことを、読者は憶えているはずだ。トリノとミラノを攻撃するためにイギリスの重爆撃機部隊をマルセイユに近いフランスの飛行場に移動することに、フランスの全面的同意を得て、手配がなされていた。出撃態勢がすでに整っていた。私たちが席についたとたんにフランス駐留英空軍司令官バラト大将がイズメイ将軍を電話口に呼び出し、イタリアを攻撃すればフランス南部が報復に遭うだろうし、イギリスはそれに対抗するか阻止する態勢をとっていないという根拠で、現地当局が爆撃機の離陸に反対していると伝えた。レノー、ウェイガン、イーデン、ディル、私はテーブルを離れ、しばらく交渉した。爆撃機の出撃を阻止しないよう関係部局に命令することに、レノーが同意した。しかしその晩の後刻、飛行場付近の住民があらゆる荷車やトラックを持ち出して妨害しているので、爆撃機は任務を開始できないと、バラト大将が報告した。

　やがて、私たちが食事のテーブルを離れ、コーヒーやブランディを持って別室で座ると、レノー首相が私に、フランスは休戦を模索する必要があるとペタン元帥が述べて、それについて書いた書面を読んでほしいといったことを告げた。「まだその書面は渡されていません」。レノーがいった。「ペタンはいまもそのことを恥じています」。ペタンは完敗を喫したフランスは降伏すべきだと肚を決めていたのに、ウェイガンが英空軍の戦闘機二五個飛行中隊を要求したときには如才なく支持した。そのことを恥じるべきだろう。そんなわけで、私たちは不愉快な思いで、その乱雑な城館か、もしくは、数マイル離れたところにとまっていた軍事列車で寝床にはいった。ちなみに、ドイツ軍のパリ入城は、この三日後の一四日だった。

*

翌朝早く、私たちは会議を再開した。バラト将軍が出席した。レノーがまたぞろ戦闘機五個飛行中隊をフランスに配置してほしいと要求し、ウェイガン将軍は兵力の不足を補うために昼間爆撃機がなんとしても必要だといった。ロンドンに戻ったら、フランスへの支援を増強する問題すべてを、戦時内閣でただちに思いやりをもって入念に検討すると、私は約束したが、イギリスから本土防衛に不可欠な戦闘機を奪うのは致命的な過ちになるとあらためて力説した。★短い会議の終わりの方で、私は以下の具体的な質問を投じた。

(i) パリとその近郊の大部分は、一九一四年に敵軍を分断し、進軍を遅らせたような障害になるのか、それともマドリードのようになるのか？

(ii) セーヌ川下流両岸で英仏両軍が協働する反撃はありえないか？

(iii) 英仏が協働して戦う段階が終わったなら、敵部隊はそれに合わせて分散を中止するのではないか？ 敵の後方連絡線に対し、車両縦隊で攻撃をかけることはできないか？ 敵には英仏両軍と戦いながら現在征服している国々とフランスの大部分を維持するだけの資源があるのか？

(iv) 要するに、アメリカ合衆国が参戦するまで抵抗をつづけることは可能なのか?

ウェイガン将軍は、セーヌ川下流での反撃という発想には賛成したが、それを実行するには兵力が足りないといった。ドイツ軍には、現在占領している国々すべてとフランスの大部分を押さえつけるだけの予備兵力があるというのが、ウェイガン将軍の判断だった。開戦後、ドイツは五五個師団を編成し、重戦車四〇〇〇両ないし五〇〇〇両を製造したと、レノーがつけくわえた。もちろん、これはかなり誇張された数字だった。

最後に私は、きわめて形式的な口調でこちらの希望を述べた。フランス政府が置かれている状況になんらかの変化があれば、戦争の第二段階におけるフランスの行動を規定するような最終決定が下される前にいつでも適切な場所に来て会えるように、ただちにイギリス政府に知らせてほしいと。

そして、私たちはペタン、ウェイガン、フランス軍総司令部《GQG》の将官たちと別れを告げ、それが彼らの姿の見納めになった。最後に私はダルラン提督を彼らと離れさせて、ふたりきりで話をした。「ダルラン、ぜったいにフランス艦隊をやつらに渡してはいけない」。断じて渡さないと、ダルランは重々しく約束した。

★これに関連して、一九三八年三月一五日にガムラン将軍が空軍最高評議会で興味深い発言を行なっている。〝イギリスがわれわれを支援する場合には、イギリスがわれわれの航空基地を使用してフランスの爆撃機部隊を増強することはある程度できるだろう。逆に、イギリスの領土を護ることを任務としている戦闘機部隊をイギリスがフランスに派遣する可能性はきわめて低い《プー・プロバーブル》〟

適切な燃料がないために、スピットファイア一二機が私たちを護衛することは不可能だった。それが解決するのを待つか、危険を冒してフラミンゴ一機で出発するか、決めなければならなかった。一日ずっと曇りだと断言された。緊急に帰国する必要があった。そのため、できればイギリス海峡まで護衛が迎えに来るよう無線で指示し、単機で飛び立った。海岸線に近づくにつれて空が晴れて、やがて雲ひとつなくなった。右の八〇〇〇フィート（約二四三八メートル）下で、ルアーヴルが燃えていた。煙が東のほうへ流れていった。あらたな護衛の姿はない。そのうちにだれかが機長と相談しているのに気づいた。その直後に、穏やかな海の一〇〇フィート（約三〇メートル）上まで急降下した。そういう超低空飛行なら、敵機に発見されにくい。なにが起きたのか？　あとで知ったのだが、ドイツ機二機が下で漁船を機銃掃射していた。その二機の操縦士が上を見なかったのは、私たちにとって幸運だった。イギリスの海岸線に近づくと、あらたな護衛が出迎え、頼りになるフラミンゴはヘンドンに無事着陸した。

＊

その日の午後五時、私は戦時閣議で訪仏の結果を報告した。

フランス軍の現状について、ウェイガン将軍が会議で報告した通りのことを述べた。フランス軍は六日間、昼夜戦いつづけて、疲労困憊していた。装甲部隊の支援を受けている一二〇個師団から成る敵軍の攻撃が、あらゆる地点で機動を阻まれていた劣勢のフランス軍四〇個師団を打倒した。敵装甲部隊によって、もともと組織が過大で鈍重だったフランス軍の上級部隊司令部の秩序が乱れ、移動するときに下級部隊を統制できなくなった。フランス軍は最後の前線まで後退して、そこで組織だった抵抗を試みようとしていた。前線はすでに二カ所か三カ所で破られていた。前線が完全に崩壊したら、ウェイガン将軍は戦闘を続行できなくなる。

ウェイガン将軍は明らかに、フランス軍がこれ以上戦いつづけるのは無理だと見なしていた。それに、ペタン元帥は、和平しか途はないと肚を決めている。フランスはドイツによって計画的に滅ぼされつつあり、国の残された部分を救うのが自分の責務だと、ペタンは確信していた。レノーに見せたが渡しはしなかったペタンの書き付けのことに、私は閣議で言及した。「疑いの余地はない。現時点でペタンは危険人物だ。前の戦争でもつねに敗北主義者だった」。いっぽう、レノー首相は戦いつづけると決意しているし、レノーとともに会議に出席したド・ゴール准将は、ゲリラ戦を実行したいと考えている。ド・ゴールは若く、精力的で、私は好印象を受けた。現在の前線が崩壊したら、レノーがド・ゴールに指揮を委ねることもありうると思った。ダルラン提督も、敵にフランス海軍を渡さないと明言した。最後の手段として、カナダに派遣すると告げた。だが、フランスの政治家たちがダルランの決定を覆すおそれがあった。

　フランスの組織的な抵抗が終わりを告げ、戦争のひとつの章が幕を閉じようとしていることは明らかだった。フランスはなんらかの手段で奮闘をつづけるかもしれない。ふたつのフランス政府が樹立され、ひとつが和平条約を結び、もうひとつがフランスの植民地で抵抗を組織し、フランス艦隊とフランス本土でのゲリラ戦によって戦争を続行するかもしれない。はっきりしたことを述べるには尚早だった。一定期間、フランスにある程度の支援を送りつづけるかもしれないが、当面、努力の大部分を私たちの島を護ることに集中しなければならない。

第八章　本土防衛

六月

〈イギリスの絶大な尽力／差し迫った危険／〝コマンドウ〟（特別襲撃隊）に関する質問／地域防衛義勇隊を〝郷土防衛隊〟に改称／敵戦車を攻撃する手段の欠乏／ジェフリズ少佐の実験施設／粘着爆弾／ド・ゴールの自由フランスを支援／そのほかのフランス軍兵士の本国送還手配／フランス軍負傷者の看護／集中的な訓練のために英軍兵士を労働から解放／報道機関と空襲／ドイツが奪取したヨーロッパの工場を使用する危険性／中東とインドで浮上した問題／パレスチナのユダヤ人入植者の武装問題／私たちの防衛計画の進捗／効果的な対戦車障害物やその他の対策〉

将来、このページに目を通す読者には、当時は〝未知〟のヴェールが厚く不可解だったことを認識してもらいたい。事後となったいまは、明るい光のなかで、私たちが何事について無知で、何事を警戒しすぎていたか、何事に不注意で不手際であったかを、容易に見分けることができる。この時期、私たちは二カ月に二度、完全な不意打ちを食らった。またたく間のノルウェー占領、スダン突破、その後に起きたあらゆる出来事が、ドイツの先制攻撃の恐るべき力を実証した。彼らはほかにどのような準備を行なっていたのか——物事の隅々まで準備し、綿密に手配しているのではないか？ ドイツは完璧な計画を練りあげていて、装備も武器も不足しているイギリスに、圧倒的な兵力でなんの前触れもなく新兵器で襲いかかるのではないか？

この島には、上陸や降着の適地が何カ所もある。あるいは、アイルランドから攻め込んでくるのか？　自分の理論がいくら明確で確実のように思えても、備えを用意できるような事態をないがしろにするのは、愚かとしかいいようがない。「物事は状況に左右される」と、サミュエル・ジョンソン博士の警句にある。「二週間後に絞首刑になるとわかっていたら、その男の頭脳は驚異的に集中するだろう」。私はつねに自分たちが勝つと確信していたが、それでも状況によって高度の準備態勢を整えていたし、ありがたいことに自分の先見の明が功を奏した。六月六日は、私にとって無益な一日ではなく、行動の日だった。私がその朝、ベッドに横たわって暗い展望を熟慮しながら口述した公式覚書は、指示を下さなければならなかった多種多様な項目を浮き彫りにしている。

まず、軍需大臣（ハーバート・モリソン氏）に連絡し、航空機に対して使用するロケット弾や精密な信管に接続するさまざまな装置の開発の状況をたずねると、かなり進捗があったことがわかった。航空機生産大臣（ビーヴァーブルック卿）には、自動爆撃照準器、低空ＲＤＦ（無線方向探知機）、ＡＩ（空中邀撃）の技術の設計と製造について、毎週、報告させていた。私がだいぶ前から格別の興味を抱いていたこれらの項目に、幅広い部局を抱えているこの新任の二大臣が着目するように仕向けるためだった。訓練済みと訓練中の操縦士五〇人以上を、一時的に空軍の戦闘機集団に転任するよう、海軍本部に頼んだ。五五人がじっさいに大規模空中戦に参加した。イタリアが参戦して敵にまわったときに、オトリノとミラノを空襲する計画を用意するよう求めた。オランダ政府を国外に脱出させる目的で、オランダ旅団を編成する計画を、陸軍省に要求した。外務大臣には、捕虜になった国王を憲法によって定められた唯一の権威者として認めるかどうかはさておき、ベルギー政府を承認し、イタリアの脅威への対抗勢力としてユーゴスラヴィアが動員するのを奨励するよう圧力をかけた。ナルヴィク攻略の際に私たちが建設し、まもなく放棄する予定のバルドゥフォスとスコーンランドの飛行場を、延期爆弾を埋設することでできるだけ長期間、使用不能にするよう求めた。一九一八年にようやくドイツ軍が撤退したときに、英軍が鉄道をすぐに使用することをこの手段によって阻まれたのを、私は記憶していた。なんと！　私たちは長時間、爆発を遅らせる信管付きの爆弾をまったく保有していなかった。イタリアの敵対行為が差し迫っていることからして、マルタ島でさまざまな段階の修理を行なっている数多くの艦船のことも心配だった。木材の伐採と住宅建設の数量について、私は軍需相に長い覚書を書いた。輸入品の量を減らすのに、それがもっとも重要な手段だった。それに、ノルウェーの木材は、これから長期にわたって入手できなくなる。公式覚書の多くは、補遺Aにある。

陸軍を再建して拡大するために、正規軍兵士をもっと増やしたかった。英雄的な民兵だけでは、戦争に勝つことはできない。

総理大臣より陸軍大臣へ

一九四〇年六月六日

1．八個大隊がインドを発ち、命令が下されてから四二日後にはこの国に到着すると聞かされてから、二週間以上過ぎている。命令は下された。八個大隊の第一陣は六月六日（本日）もまだインドを発っておらず、喜望峰経由の航路で到着は七月二五日になる。

2．オーストラリア軍は大型船の船団でやってくるが、ケープタウンで一週間を費やしたもようだし、可能だと私が確信している二〇ノットではなく一八ノットで航行している。一五日ごろには到着するのが望ましい。果たしてそれに間に合うのか？　いずれにせよ、オーストラリア軍が到着したら、大型船にただちに地域防衛義勇隊を――多いほうがいいが――できれば一二個大隊ほど搭載して、全速力でインドに向かわせる。それがインドに到着したら、正規軍八個大隊がふたたび乗船し、全速力でこちらに向かう。そして、地域防衛義勇隊の第二陣をインドに運ぶ。それ以上の移動は、その後に検討すればいい……。いま私が求めているのは、その大型船の船団に全速力で往復してもらいたいということだ。

3．パレスチナの八個大隊を本土に戻すことが、現地の反対によって実質的に行き詰まっているのは、まことに遺憾である。ウェイヴル中将（中東軍総司令官）が、自分の観点のみによって状況を判断するのは、しごく当然だろう。だが、私たちは戦争の最初の一年間、じゅうぶんな兵力のＢＥＦでフランスを支援することができなかった。その嘆かわしい失敗を埋め合わせるために、優良な陸軍を構築しなければならないと考えている。前の戦争の一年目に私たちは四七個師団を戦闘に投入したが、それらの師団がいまのような九個大隊ではなく一二個大隊と工兵一個大隊から成っていたことを、認識しているだろうか？　私たちは衰弱した部門重視主義の犠牲になっているのだ。

4．ＢＥＦを救出できたおかげで、これまでは、インドの現地人八個大隊がただちに派遣されるという前提のもとで、それがパレスチナの八個大隊と交替するのを待つ余裕があった。だが、それに関する予定表を、貴君は提出していない。パレスチナの英軍大隊と交替のインド大隊がバスラとペルシャ湾を経由して移動するのが可能かどうかについて、私はいまもって報告書を受け取っていない。

これについて至急報告書を提出してもらいたい。

5．代案もしくは緊急の手段として、残りのオーストラリア軍団を母国［イギリス］に移動することも検討する用意がある。日数とどのような移動が可能かを具体的に述べる意見書を提出してもらいたい。

6．私が中東の情勢を無視していると思ってはならない。むしろその逆で、インドの兵力をもっと大規模に利用し、インドの部隊がボンベイ経由と、［カラチからは］砂漠を横断し、パレスチナとエジプトを間断なく通過するようにしたい。現時点でインドはこれといって役立つようなことをやっていない。前の戦争で私たちは最初の九カ月に［インドの］［イギリス］正規軍をすべて投入しただけではなく（現在の派兵よりもずっと多い）、クリスマスにはインド軍団がフランスで戦っていた。二五年前のそれらの行動と照らし合わせると、いまの私たちの弱さ、遅さ、やる気と決意の欠如はあまりにも際立っている。東方と中東の諸問題を貴君とロイド〔本土安全保障大臣兼植民地大臣〕とアメリー〔インド・ビルマ大臣〕が改善して、硬直状態から目覚めさせることができるはずだ。

*

この時期、イギリス全体が最大限に努力し、奮闘し、かつてなかったほど団結していた。男も女も工場で長時間の肉体労働に従事し、疲れ果てて床に倒れ、その場から引きずり出されて、家に帰れといわれるまで、旋盤や工作機械を動かした。彼らの持ち場はすぐさまあらたな労働者に取って代わられた。男すべてと女性大多数の唯一の望みは、武器を持つことだった。内閣も政府も固い絆で結ばれ、その記憶はいまもすべての人々に大切にはぐくまれている。人々はまったく恐怖心を抱いていないように見え、議会の選良たちもその気運を裏切らなかった。私たちはフランスほどには、ドイツの殴打によって傷ついていなかった。一〇〇〇年も経験していない侵攻の脅威という現実が、なによりも国民に強い影響を及ぼしていた。無数の人々が、征服か死のどちらかを選ぶと決意していた。口舌で彼らの熱意を煽る必要はまったくなかった。私が彼らの心情を代弁し、彼らが本気でやっている事柄や、やろうとしている事柄に妥当な理由があることを告げるのを聞いて、彼らはおおいによろこんだ。反対意見を唱えるのは不可能なことをやろうとする人々や、狂乱は戦う力を強めると考えている人々だけだった。

武装が充実しているただふたつの師団をフランスに再派兵することを決定したために、イギリス本土を直接の強襲から護る手段をすべて講じることがなおいっそう不可欠になった。

総理大臣よりイズメイ将軍へ　一九四〇年六月一八日

以下の事柄に関する情報を伝えてもらいたい。（１）沿岸監視と沿岸砲兵中隊、（２）港湾と防御された入江の水路をふさぐ集積物（すなわち陸地側の防御）、（３）前述の場所をただちに支援できる部隊、（４）機動性の車両縦隊と旅団群、（５）総予備軍。

各地域で使用可能な火砲も含めたこれらの各種部隊の現況について、だれかが私に説明するようにしてほしい。すべて装甲と砲が強化されている新型戦車五二両が届くまで、第８戦車連隊が歩兵戦車と巡航戦車をただちに装備するよう、私は指示を出した。今月と先月、これらの生産についてどのような手を打ってきたのか？　補給処にとどめられることなくすみやかに部隊に渡されるようにしてほしい。帝国参謀本部のカー将軍がこれを担当している。報告するよう将軍に指示してもらいたい。

本国部隊総司令官は突進部隊についてどういう意見を持っているのか？　イギリス軍はつねにこの発想に断固として反対しているが、ドイツ軍は前の戦争でそれを採用して確実に利益をものにしたし、今回はそれがドイツの戦勝の主因になった。突進部隊もしくは〝豹《レパーズ》〟［その後、特別襲撃隊《コマンドウ》と呼ばれるようになる］二万人強を既存の部隊から引き抜いて、小規模な上陸作戦や降下作戦の喉元に跳びかかれるように準備したらどうか。その部隊の将校と兵士は、軽機関銃や手榴弾で武装し、オートバイや装甲車のような便利な交通手段を備えていなければならない。

＊

イーデン陸相は、地域防衛義勇隊（ＬＤＶ）を拡充する計画案を五月一三日に閣議に提出し、イギリス全土でたちまち反応が湧き起こった。

総理大臣より陸軍大臣へ　一九四〇年六月二二日

ＬＤＶの現状について簡略に述べてもらいたい。拡充や武器支給の進捗について、また彼らが監視と本格的な戦闘のどちらに向いているのか？　警察、軍の司令部、地方政府の首長との関係はどうか？　だれの命令を受け、だれに直属するのか？　これを一枚か二枚の書面にまとめてもらえると、非常に助かる。

私はずっと〝郷土防衛隊《ホーム・ガード》〟という名称を切に願っていたので、当然ながら一九三九年一〇月に提案していた。

総理大臣より陸軍大臣へ　一九四〇年六月二六日

貴君のきわめて大規模な部隊に、〝地域防衛義勇隊〟という名称はそぐわないと思う。〝地域〟という言葉はピンとこない。ハーバート・モリソン氏（軍需大臣）はきょう私に〝市民防衛隊〟を提案したが、〝郷土防衛隊〟のほうがよいと思う。郷土防衛隊のほうが否応なしに人々の注意を喚起すると思われるようなら、腕章などを用意していることを理由に改称をためらってはいけない。

総理大臣より陸軍大臣へ　一九四〇年六月二七日

地方政府や地方選択権〔地方政府が住民投票によって管轄地域にその法律が適用されるべきかどうかを決める権利〕と結び付いているように思われがちな〝地域防衛義勇隊〟という名称を〝郷土防衛隊〟に変更するという私の提案を好んでもらえることを願っている。きのうの遊説ではだれもがこれを気に入っていた。

その結果、名称が変更され、ほどなく一五〇万人に達する強力な組織が、しだいに高品質の武器を支給されて、稼働しはじめた。

＊

この時期、私が主に怖れていたのは、ドイツ戦車の上陸だった。私は敵地の海岸線に戦車を上陸させることを強く意識していたので、当然ながら敵もおなじ考えだろうと思った。私たちには対戦車砲もそれ専用の弾薬もなく、通常の野砲すら不足していた。この危険への対策がどれほど深刻な状況に陥っていたかを、以下の出来事が指し示している。私はドーヴァー海峡に近いセント・マーガレッツ・ベイを視察した。旅団長が私に、大きな脅威にさらされている長さ四、五マイル（七、八キロメートル）の海岸線を護るのに、対戦車砲が三門しかないと告げた。一門あたり砲弾がたった六発だと、旅団長はいい放ち、かすかに難詰する口調で、砲の威力をたしかめるために部下に一発試射させてもかまわないかとたずねた。試射に使うような弾丸の予備はないし、敵が最短射程ぎりぎりに近づくまで撃つのは控えるべきだと、私は答えた。

そんなわけだったので、急場しのぎの方策をひねり出すのに、通常の経路で進める時間はなかった。迅速に事を進めるために、各部門の手順を介さず、気の利いた発想で奇抜な機器を創るために、私は国防相の権限を行使し、ジェフリズ少佐を所長に据えて、ウィトチャーチに実験施設を設立した。一九三九年に河川用機雷に取り組んだときに、私はこの才気にあふれる将校と有益な親交を得た。後述するように、ジェフリズ少佐は、独創的な発明の才能を備えた頭脳で戦争中ずっと成果をもたらした。リンデマンもジェフリズ少佐や私と緊密に連絡をとっていた。私は彼らの頭脳と自分の権限を利用した。ジェフリズ少佐と、彼と連携していた人々が、戦車に向けて窓などから投げ、戦車の車体にくっつく爆弾を開発していた。鋼板と接触したときにきわめて高性能の爆薬が起爆する衝撃には、かなりの威力がある。献身的な兵士か市民が、戦車に駆け寄って爆弾をその上に突き出す光景を、私たちは思い描いたが、それでは爆発によって落命するだろう。それでもやろうとする人間はおおぜいいるはずだった。爆弾を棒に取り付けて、減装薬を使い、小銃から発射することも、私は考えた。

総理大臣よりイズメイ将軍へ　一九四〇年六月六日

小銃で戦車を撃つための発射体を見つけることが、もっとも重要だ。小銃から発射する擲弾か、対戦車ライフルから発射する迫撃砲弾のたぐい。〝粘着爆弾〟〔これは通称で、じっさいは粘着手榴弾〕は小銃には使えそうだと思われたが、そうではないかもしれない。いずれにせよ、対戦車ライフルか普通の小銃から発射できるものを見つけることに集中してほしい。

私はこの問題を推し進めるよう強く求めた。

総理大臣よりイズメイ将軍へ　一九四〇年六月一六日

〝粘着〟爆弾開発の責任者はだれか？　これを推し進めるのに、ひどく怠惰な態度が示されていると聞いた。カー将軍にきょう出頭して現況について報告するよう指示してほしい。それから、この問題が最初に提起されたときからの経緯を書面一枚にまとめてほしい。

この問題は毎日進めていかなければならないし、三日ごとに報告を受け取りたい。

総理大臣よりイズメイ将軍へ　一九四〇年六月二四日

数日前に私は〝粘着〟爆弾について覚書を書いた。今後の試験が成功することを期待してすべての製造準備を進めるべきだ。急を要する過程に遅れが徐々に生じている理由が示されている予定表を提出してほしい。

総理大臣よりイズメイ将軍へ　　**一九四〇年六月二四日**

試験は完全な成功ではなく、埃や泥に覆われた戦車に爆弾はくっつかなかった。もっと粘着力の強いものを考案しなければならないし、ジェフリズ少佐にはがんばってもらいたい。

この爆弾の開発をなまけていた関係者は、これが現在成功していないことを嘲笑ったら、私に睨まれるのを覚悟したほうがいい。

＊

結局、〝粘着〟爆弾は私たちの非常時のもっとも優れた兵器として認められた。本土でそれを使う必要はなかったが、おなじように近代的な武器装備が欠乏していたシリアでおおいに役立った。

いまでは形骸と化したフランスが生き延びつづけられるように、ド・ゴール准将を支援できるようなフランス人部隊を編成することが、私たちの急務だった。

総理大臣より海軍卿ほか軍の大臣諸氏へ　　**一九四〇年六月二七日**

1．エイントリー駐屯地のフランス海軍将士一万三六〇〇人、トレンサム・パークの同五五三〇人、アロー・パークの同一九〇〇人、ブラックプールの各種部隊を、私たちが押さえているフランス艦船でただちにフランス領すなわちモロッコへ移送しなければならない。

2．フランス領アフリカへ連れていくのは、フランスの主要港がすべてドイツに占領されていて、フランス政府がじきに彼らの移送を手配するはずだからだと、それらのフランス軍将士に説明する必要がある。

3. しかしながら、イギリス本土にとどまってドイツと戦いたいのであれば、それをただちに明言しなければならない。将校であろうと兵士であろうと、意に反してフランスの支配する地域へ送還することはない。輸送はあす開始される。兵士たちはそれぞれの上官とともに移動し、個人用武器は携帯してかまわないが、弾薬は最小限しか持たないようにする。給与を支払う手配もなされるべきだ。ナルヴィクから積んできたフランスの資材は、私たちが負担した費用を相殺するために、〈ロンバルディ〉（ナルヴィクの作戦に参加した給糧艦）やそのほかの艦船の弾薬とともに、私たちに引き渡される。

4. フランスの負傷兵には手厚い看護を受けさせなければならない。動かしても危険がないものは、できれば直接フランスへ搬送すべきだろう。フランス政府にどこに送り届けてほしいかをきき、主要港に安全に入港できるようドイツ側に話をつけてもらう。さもなければ、カサブランカへ搬送する。重傷者はすべてここで手当てしなければならない。

5. とどまることを望んだ志願者以外にも、イギリスに運ばれた上記の将士のなかには、戦いつづけたいものが多数いるはずだ。これらのものには、フランスに戻るか、ド・ゴール准将が指揮するフランス人部隊で軍務に服する機会をあたえるべきだろう。ド・ゴール准将には私たちの決定を伝え、兵員を集められるよう便宜を図る。フランス軍の士気は悪化の一途をたどっているので、准将が正規軍に訴えるのは無理だろうと私は考えている。

*

英軍そのものが威勢と戦闘能力を取り戻すことを私は熱望していたが、海岸線の担当地域や防御区域の築城に兵士多数が投入されていることが、まずそれを阻んでいた。

総理大臣より陸軍大臣へ

一九四〇年六月二五日

こうした［防備のための］作業に、［民間人が］わずか五万七〇〇〇人しか雇用されていないのは、驚くべきことだ。また、築城のために多数の兵士が使われていることには、不安を禁じえない。現時点で彼らは、毎朝の几帳面な閲兵も含めて、一日八時間以上、教練や訓練に励んでいるべきだ。必要な労働力は民間人によってまかなうべきだ。イースト・アングリアを視察したとき、一個大隊すら観閲することができなかった。旅団群の戦闘部隊を攻撃に脆い地域の防御や築城に使用するべきではない。もちろん、こういう変更をただちに行なうのは無理だろうが、改変案をできるだけ早く示してもらいたい。

＊

総理大臣より情報大臣へ

一九四〇年六月二六日

新聞と放送局に、公共の利益に役立つよう控え目な言葉遣いで空襲を冷静に報道するよう求めるべきだ。過度に重大視したり大きな見出しにしたりせず、事実を順序立てて伝えることが望ましい。国民は空襲を日常茶飯事と思うことに慣れるべきだ。影響を受けた地域を正確に述べるべきではない。格別に異常であるか、アンダーソン防空壕［チェンバレン内閣の内相兼本土安全保障相ジョン・アンダーソン卿が主導して設計・製造された小型防空壕］が有効であることを示すのではない限り、崩壊した家の写真を載せるべきではない。国民の大多数が一度の空襲で影響を受けることはまったくないし、邪悪な心象は目の前に突きつけられなければじきに消えるということを、明確にしなければならない。空襲と空襲警報は雷を伴う嵐程度のものだということを、だれもが身をもって学ぶ必要がある。新聞を監督する機関にこのことを強調し、手助けするよう説得してほしい。それが難しければ、私が新聞経営者連合に行くが、それが必要ではないことを願っている。これまでのところ、この問題について新聞は称賛されるべきだ。

総理大臣より陸軍大臣へ

一九四〇年六月二七日

同封の書面［インドからの兵員輸送船団の到着予定日］を見て、これらの優秀な正規大隊八個の使用について、貴君がどういう提案を行なうかを知りたくなった。貴君の突進部隊のための増援になることは明らかだろう。歩兵二個師団にあたると思われるが、一個師団あたり郷土防衛隊五個の優秀な大隊をつけくわえれば、合計一八個大隊になる。つけくわえられた郷土防衛隊大隊を強化するために、一定数の将校と下士官《NCO》をそちらに移すべきではないか？　ゆえに歩兵旅団六個がじきにできあがる。あいにく砲兵が出遅れているが、まもなく追いつくと確信している。

＊

和平提案の噂がひろまり、ローマ教皇庁《ヴァチカン》からベルン経由で書簡が私たちに届けられたので、外相に以下の公式覚書を送るのが妥当だと私は考えた。

一九四〇年六月二八日

私たちが和平の条件をヒトラーに問い合わせることを望んでおらず、私たちの政府機関職員はすべてそのような提案を考慮することを固く禁じられている。それを教皇使節に明確に告げてもらいたい。

だが、一抹の不安が以下の覚書に示されている。

総理大臣よりリンデマン教授へ

一九四〇年六月二九日

私たちは航空優勢のための具体策を急いで行なっているが、ドイツは占領した国の工業すべてを、対英［使用］に適している航空機その他の兵器の生産に向けて組織化するだろう。従って、これは競争になる。ドイツは占領した工場をただちに稼働させることはできないだろうし、その間に私たちは防衛と陸軍の兵力を増強して、侵攻の危険を回避する。しかし、ドイツがあらたに手に入れた工場を私たちが爆撃できなかった場合、来年にどの程度生産されると見込んでおかなければならないのか？　しかも、ドイツはフランス軍との絶え間ない交戦に大規模な陸軍を割りふることから解放され、航空機などの手段で私たちを攻撃する戦闘能力に余裕が生じるはずだ。それらの能力はきわめて大きいと予測すべきではないか？　それが稼働するのはいつか？　これまでは緊急事態だったために今後三カ月に目を向けていたが、一九四一年はどうなのか？　危機を乗り切る手立ては、アメリカからの大量の補給品しかないように思われる。

＊

多事多難の六月が終わるころには、いまにも侵攻が開始されるのではないかという思いが、私たちすべてにのしかかった。

総理大臣よりイズメイ将軍へ　　　　　**一九四〇年六月三〇日**

海軍本部の潮汐表と月齢図、ハンバー川、テムズ川河口、ビーチー岬の海図を、海からの上陸にもっとも適した状態になるのがどの日かを確認するために、仔細に調べるべきだ。海軍本部の見解を求める。

アイルランドへの上陸もしくは急襲が、つねに参謀本部の深刻な懸念だった。だが、私たちの資源は限られていて、本格的な部隊移動は望めないように思われた。

総理大臣よりイズメイ将軍へ

一九四〇年六月三〇日

二個しかない完全装備の師団の一個をこの重大な時期にイギリスから移動すると、過度の危険を冒すことになる。それに、アイルランドが、大陸での戦争向けの機械化車両を完備した師団級部隊の使用が必要とされる状況なのかどうか疑わしい。あらかじめすべての準備を完了しても、この国からアイルランドへ一個師団を輸送するのに一〇日かかるという申し立てには納得できない。軽装備の旅団二個か三個を緊急の通告によって三日以内に北アイルランドへ移動できるような計画を用意すべきだ。その部隊に見合う輸送手段を先に輸送すべきだ。大規模な砲兵部隊をアイルランドへ派遣するのは間違っている。アイルランドで海軍部隊の揚陸が実行される可能性はない。空挺部隊の急襲では火砲をほとんど持ち込めない。最後に、アイルランドでなにが起きようと、ただちに決定的な影響があるわけではない。

＊

パレスチナから部隊を帰国させるにあたっては、ともに我が旧友のインド・ビルマ大臣のアメリー氏及び植民地大臣で筋金入りの反シオニスト・親アラブ派のロイド卿と、かなり揉めた。私はユダヤ人入植者を武装させたいと思っていた。インド省のアメリー氏は、インドが果たすべき役割について、私と意見が異なっていた。私はインド人部隊をただちにパレスチナと中東に派遣したかったが、総督とインド省は当然ながら、インドの武器工場を基盤に長期計画で偉大なインド陸軍を創り上げたいと考えていた。

＊

総理大臣よりインド大臣へ

一九四〇年六月二二日

1．戦争のさまざまな用途に役立っていない部隊が、インドにはすでにあふれんばかりに存在している。今回のインドの支援は、一九一四－一八年と比べるとかなり見劣りする……。戦争が中東へ拡大する可能性はきわめて高いように思われるし、イラク、パレスチナ、エジプトの気候はインド軍にかなり適している。イギリスの新型砲を備えた砲兵を擁する旅団群を編成することを勧める。今年の冬までにその旅団群が六個ないし八個用意されることが望ましい。グルカ兵旅団もそこに含めるべきだ。

2. 英軍の正規大隊を現在の軍務から解放する手順を続行しなければならない。交替の郷土防衛隊大隊を送るのが二週間遅れたことは、まことに遺憾である。輸送は進められているので安心するよう提督に伝えてもらいたい。

＊

総理大臣より植民地相へ　**一九四〇年六月二八日**

貴君が支持している政策が失敗であることは、なんとしても必要な兵員をきわめて多数、貴君［われわれ］がパレスチナに駐留させなければならないことによって証明されている。

歩兵六個大隊
義勇農騎兵九個師団
オーストラリア軍歩兵八個大隊

総数はおそらく二万人以上だろう。これは反ユダヤ政策に何年も固執してきたことの代償だ。戦争がエジプトにまで大幅に拡大した場合、これらの部隊はすべて撤退せざるをえなくなり、ユダヤ人入植者はきわめて危険な状況に置かれるだろう。当然ながら、撤退はできないという意見も出るだろうが、最良の部隊が含まれているし、それらの部隊は他の地域でなんとしても必要なのだ。ユダヤ人がきちんと武装すれば、英軍部隊を引き揚げることができるし、ユダヤ人がアラブ人を攻撃するおそれはない。ユダヤ人入植者はイギリスとその制海権にどこまでも依存しているからだ。私たちが命懸けで戦っているときに、この大規模な部隊が、保守党のほんの一部だけに受け入れられている政策を支えるために動員されずにいることは、たいへんな物議をかもすにちがいない。

パレスチナ情勢について貴君が幅広い見方をして、英軍部隊を駐屯から解放することを、私はずっと願っていた。貴君が書き送ってきたような返答を私はぜったいに支持できない。近東とインドのアラブ人の感情に貴君が示唆するような悪影響があるということを、断じて認めるつもりはない。現在、私たちはトルコとかなり友好的な関係にあるので、情勢はかなり安定している。

*

この一二五年ではじめて、イギリス海峡の狭い水域の向こうで、強力な敵が陣容を整えていた。緻密な防御態勢を創出するために、改善された私たちの正規陸軍と、兵員はもっと多いが訓練では劣る郷土防衛隊を編合して展開し、侵攻部隊がやってきたときには殲滅する準備をしなければならない――退路はどこにもないのだ。彼我の両方にとって、〝一か八か〟の勝負だった。郷土防衛隊はすでに国防の全般的な枠組みに含まれていた。六月二五日、本国部隊総司令官アイアンサイド将軍が、参謀本部に計画を示した。当然、専門家が不安を抱きつつ入念に吟味し、私も注意深く調べた。その計画はおおむね承認された。大規模な未来の計画の一部として最初にまとめられたこの概要には、三つの主な要素があった。一、侵攻が行なわれる可能性がある沿岸部の浜に構築された壕の〝硬い外皮〟を守備隊が堅守し、機動性の予備部隊がただちに反撃して支援する。二、郷土防衛隊が配置された対戦車障害物の前線が、イングランドなかごろの東部をのびて、装甲車両の進出からロンドンと産業の中心地を護る。三、その前線の後背で予備軍の主力が大規模な攻勢転移〔防御から攻撃に転じること〕の軍事行動を行なう。

この第一案に何週間も何カ月ものあいだ、加筆や改良が加えられたが、全般的な考え方は変わらなかった。攻撃された場合、全部隊が一歩も譲らず、一線防御〔横一線に薄くひろがって陣地正面に火力を集中する防御〕ではなく**全周防御**を行なう。いっぽう、そのほかの部隊は迅速に移動し、攻撃側が海と空のどちらから来ても殲滅する。直接の応援から切り離された部隊は、陣地に踏みとどまる必要はない。敵を背後から擾乱するために、敵の交通路の妨害や、資材の破壊など、積極的な戦術が用意されていた。一年後にドイツ軍が自国になだれ込んだときに、ソ連はこういった戦術で絶大な戦果をあげている。英国民の多くは、自分たちの周囲で目まぐるしい活動が行なわれていることに当惑したにちがいない。砂浜に鉄条網を張り、地雷を仕掛け、隘路に対戦車障害物を設置する必要があることを、彼らは理解していた。交差点にコンクリートのトーチカが建てられ、地下室に土嚢を積むために住宅は侵入され、ゴルフ場や肥沃な畑や庭園に広い対戦車壕が掘られた。こういったことやそのほかの不便を、国民はおおむね受け入れた。しかし、ときには疑問に思ったにちがいない。そもそも全般的な計画はあるのか？　あらたな強権が精力的に行使され、市民の所有権に干渉しているのに、しがない個人は暴れることもなくおとなしくしていていいのか？

しかし、中心となる計画はあった。それは緻密な共同作業で、あらゆることを包含していた。発展するにつれて、その計画はつぎのような形をなした。ロンドンの総司令部が集団《コマンド》全体を統制していた。イギリス本土すべてと北アイルランドは、七つの集団に分割され、それらがさらに軍団《コー》と師団《ディヴィジョン》の管区に分かれていた。これらの集団、軍団、師団はそれぞれ、機動性予備軍の維持に割り当て分の兵力を割くよう求められ、みずからの部隊の防御には最低限の兵力を配置した。各師団の管区では、海岸線の後背で兵力が徐々に増強された。〝軍団管区〟と〝集団管区〟も同様で、この部隊配置すべての縦深は、一〇〇マイル（約一六〇キロメートル）かそれ以上に及んだ。そして、これらの後背に、イングランド南部を横断し、北のノッティンガムシャーに至るまで、主要対戦車障害物が設置された。こういったことすべての上に、本国部隊総司令官麾下の最後の予備軍が存在していた。このように、できるだけ大規模に機動性を確保するのが、私たちの方針だった。

この大雑把な構造には、多種多様な要素が含まれていた。東と南の海岸線の港は、ことに念入りに研究された。防御された港への直接の正面攻撃は思いもよらない緊急事態になりそうだったので、すべての港を陸地と海の両方から防御可能な拠点に改良した。山岳用語でいう〝のど《ゴルジュ》〟〔切り立った岩壁に挟まれた狭い谷〕に築城するという鉄則は、イギリス本土の軍上層部全体が受け入れていて、厳密に実行されているのに、シンガポールではそこに配属された代々の高級将校たちがそれを採用していなかったことに、私は唖然とした。だが、それは後日の話だ。空挺部隊の降着を妨害するために、イギリスでは数千平方マイルに障害物が敷設された。飛行場、レーダー基地、燃料補給処は一九四〇年夏に三七五カ所あり、駐屯する警備部隊と空軍兵士が防御しなければならなかった。橋、発電所、補給処、重要な工場など、〝要防空重要地点〟は数千カ所あり、妨業《サボタージュ》や破壊工作や突然の襲撃に備えて、日夜警備しなければならない。奪われると敵を利するような資源をただちに爆破する計画も準備された。また、社会の基盤を成す施設や機構が敵の手に渡る前に、それらを使用不能にするための措置も、詳細に至るまで立案された。港湾施設の破壊、主要道路に漏斗孔《クレーター》を掘る、自動車による輸送や電話網の途絶、電報局の機能停止、鉄道の全車両かレールの運用妨害といったことが検討された。これらはすべて賢明で必要な予防措置で、文民の省庁が軍に惜しみなく協力したとはいえ、〝焦土政策〟であることに疑問の余地はなかった。イギリスは国民によって破壊されるべきではなく、国民によって護られるのが至当なのだ。

第九章　フランスの末期の苦しみ

〈大統領への公電／六月一三日、トゥール訪問／政府機構の劣化／ボードゥアン氏／傑物マンデル／レノーとの非公式会談／一九四〇年三月二八日の協定による義務からフランスを解放することを峻拒／エリオ氏とジャンヌネー氏の断固たる態度／〝運命の人《ロム・デュ・デスタン》〟／フランス政府、ボルドーへ移転を決定／六月一三日、ローズヴェルト大統領のレノー首相宛返書／私の大統領宛公電／レノー首相宛公電／〝フランスとイギリスの不変の同盟〟／大統領の期待はずれの返答／六月一四－一五日の私の大統領宛公電／六月九日、エーヌ川の激戦／フランス軍の敗北／マジノ線での絶望的な抵抗／イギリスの乏しい貢献／ブルック将軍をフランス残存部隊の指揮官に任命／ブルターニュに抵抗拠点を築くことを検討／ブルックが戦局は絶望的だと断言／私が同意／六月一六－一八日、英軍の撤退と乗船／ペタン政権が休戦を要請／第二のダンケルク引き揚げ／英軍一三万六〇〇〇人とポーランド軍二万人をイギリスに輸送／英国郵便船〈ランカストリア〉の惨事／六月一六日、私の各自治領首相への通達／イギリス本土上空での空中戦に期待を寄せる〉

　未来の世代は、私たちが独力で戦いつづけるべきかというもっとも重要な問題が、戦時内閣の協議事項にならなかったように見受けられることに、着目すべきだと考えるかもしれない。国のすべての党を代表するこれらの人々は、当然ながらそれをわかりきったことだと見なしていたし、そういう現実とはかけ離れたものの役に立たない諸問題に割く時間が、私たちにはなかった。また、新しい段階をかなり強い確信をもって展望することでも、私たちは団結していた。自治領各国にすべての事実を告げることが決定された。私はおなじ思慮でローズヴェルト大統領にも連絡するよう依頼された。フランス政府の決意が揺るがないようにして、私たちが最大限の支援を行なうと請け合うことも求められた。

元海軍関係者よりローズヴェルト大統領へ　一九四〇年六月一二日

私は昨夜とけさ、フランス軍参謀本部《GQG》におりました。ウェイガン将軍とジョルジュ将軍が、そこで私にきわめて深刻な言葉遣いで状況を説明しました。大統領はブリット大使から詳細をすべて聞いておられるはずです。現実的に重要なのは、仮にフランスがくじけ、パリが奪取されたときになにが起きるかということです。ウェイガン将軍は、フランスはもはや〝協同戦争〟なるものを続行できないと、公式に政府に通告しました。一九一八年四月と七月にさしたる働きをしなかった高齢のペタン元帥は、残念ながら、すでにフランスの平和条約にみずからの威信と名声を添える覚悟を固めているようです。いっぽう、レノーは戦いつづけるつもりで、手立てはいくらでもあると確信している若手のド・ゴール准将がその配下におります。ダルラン提督は、フランス艦隊をカナダに送ると明言しました。近代的な大型艦二隻が敵の手に落ちれば、悲惨な事態を招きます。フランスとその植民地、あるいはその両方で奮闘をつづけるのを望んでいる分子が、フランスに多数いるにちがいありません。従って、いまこそ大統領は、フランスの抗戦をできるだけ強め、できるだけ長くするために、レノーを精いっぱい力づけるべきであろうかと存じます。大統領が私とおなじようにそれを理解しておられるのは承知しておりますが、あえてこの点を申し述べたいと思ったしだいであります。

＊

六月一三日、私はフランスを訪れた。それまでの丸四年間で最後の訪仏になった。フランス政府はトゥールに撤退し、緊張がじりじりと高まっていた。私はエドワード・ハリファクスとイズメイ将軍を伴い、マックス・ビーヴァーブルックが志願して同道した。ビーヴァーブルックは、困難なときでもつねに陽気な男だ。今回は雲がなかったので、スピットファイア戦闘機一個飛行中隊に囲まれて海峡を越えたが、前回よりも大きく南に迂回した。トゥール上空に達すると、前夜に激しい爆撃を受けていたことがわかったが、漏斗孔《クレーター》があちこちにあるにもかかわらず、私たちは護衛の戦闘機とともになめらかに着陸した。政府機構の劣化がはなはだしくなっていることが、たちまち感じられた。だれも出迎えなかったし、私たちの到着をだれも予期していないようだった。私たちは基地司令から公用車を借りて街へ行き、フランス政府が本部に使っていると聞かされた知事公邸へ行った。そこには政府首脳がひとりもいなかったが、レノーが田園地帯から自動車で来るところだし、マンデル〔相内〕もまもなく到着するということだった。

すでに二時近くだったので、昼食をとりたいと私はいい張った。交渉の末に、寝具を屋根に積み、荷物でぎゅう詰めの自動車に乗った避難民でごったがえす通りを自動車で進んでいった。カフェを見つけ、閉まっていたが、説明して食べ物にありつくことができた。食事中に、レノー政権の要としてこの末期に影響力を強めていたボードゥアン氏がやってきた。ボードゥアンはさっそく、穏やかで物柔らかな態度で、フランスの抗戦には見込みがないことをいいはじめた。アメリカがドイツに宣戦布告すれば、フランスも戦いつづけることができるかもしれない。どう思いますか？　とボードゥアンがきいた。アメリカの参戦を願っているし、私たちは戦いつづけるべきだと答えただけで、私はその問題について話し合わなかった。あとで聞いたのだが、ボードゥアンは、アメリカが参戦しない場合にはフランスは降伏すべきだということに、私が同意したといい触らしていた。

知事公邸に戻ると、マンデル内相が待っていた。クレマンソーが内相だったときに忠実な補佐官だったマンデルは、自分の生涯の使命を旗印として掲げる前衛らしく、意気盛んに見えた。マンデルは精力と抵抗の権化だった。昼食のいかにも美味そうな鶏肉が、手をつけられずに、前の盆に置いてあった。まるで陽光のように輝いていた。両手にそれぞれ電話機を持ち、絶え間なく命令や決定を下していた。マンデルの考え方は、いたって単純だった。できるだけ大規模な軍をアフリカへ移動するために、フランスで最後まで戦う。それが、この勇敢なフランス人の姿の見納めになった。マンデルを殺害した売国奴たちは、当然ながら、復活したフランス共和国によって射殺された。マンデルの令名は、フランス人と同盟国の人々の尊敬を集めている。

やがて、レノー首相が到着した。最初のうちは、打ち沈んでいるように見えた。フランス軍は消耗していると、ウェイガン将軍が報告していたのだ。多くの地点で前線を突破された。避難民が国中のすべての道路で雪崩を打ち、兵士の大部分が混乱状態にある。和平が成立するまで秩序を維持できる規模のフランス軍が残っているうちに休戦を求める必要があると、ウェイガン将軍は考えていた。それが軍としての助言だった。その日、レノーはさらにローズヴェルト大統領に連絡し、最後のときが訪れたし、連合軍の運命はアメリカに握られているというようなことを述べた。その時点で、休戦と和平という案が浮上した。

レノー首相はさらに、最悪の事態になった場合、イギリスはどういう態度を示すかと、前日のフランスの閣議で質問するよう乞われたと告げた。同盟国のどちらも単独講和は行なわないという重々しい誓約があることを、レノーは重々承知していた。ウェイガン将軍ほか数人は、フランスは共通の大義のためにあらゆる犠牲をすでに払ったと指摘した。フランスにはもうなにも残されていないが、共通の敵の力を大幅に弱めることができたはずである。そういった状況のもとで、フランスが戦いつづけるのは不可能だという現実をイギリスが認めないようであれば、愕然とするしかない。なおも戦いつづけることを求められた場合には国民を敵の手に渡すはめになり、被征服民を従わせる術に長けている冷酷非情な連中によって、彼らは腐敗し、邪悪に染まるだろう。そういう意見を受けて、レノーは質問せざるをえなかった。大英帝国はフランスが直面している動かしがたい事実を認識しているのか？

イギリスの公式記録は、以下のとおりである。

フランスがこれまでどれほど大きな損害をこうむったか、いまもどれほど耐え忍んでいるか、大英帝国は認識していると、チャーチル氏は述べた。やがてイギリスの出番になるし、その備えはできている。現在、地上戦への貢献がきわめて微弱であるとわかって嘆かわしく思っているが、それは両軍が同意したフランス北部での戦略が適用された結果、敗北を喫したためである。イギリスはまだドイツの痛撃を実感していないが、その力は意識している。しかしながら、考えていることはただひとつ、戦争に勝ち、ヒトラー主義を滅ぼすことだけだ。何事もその目的と比べれば二の次である。いかなる難事や後悔の念もそれを遮ることはできない。耐え忍んでやりつづけ、敵が打ちのめされるまで反撃する戦闘能力がイギリスにはあると、チャーチル氏は強く確信している。従って、フランスがパリの南から海に至る範囲で戦いつづけ、必要とあれば北アフリカを拠点に戦うことを願っている。あらゆる犠牲を払ってでも、時間を稼がなければならない。待たなければならない期間は無限大ではない。アメリカ合衆国の固い約束によって、ごく短期間になるはずだ。それ以外の方策では、フランスの滅亡が確実になる。ヒトラーはどんな誓約にも従わないだろう。いっぽう、フランスが、優秀な海軍、偉大な帝国、大規模なゲリラ戦を実行することがいまも可能な陸軍をもってして戦いの場に残れば、そして、ドイツがイングランドを滅ぼすことができなかったなら――ドイツはのるかそるかでそうしようとするしかない――さらに、ドイツの空軍力が打ち破られたなら、ナチ帝国の憎むべき体制全体が転覆するだろう。宣戦布告でもよいから、いますぐにアメリカから援けがあたえられれば、勝利はそう遠くない。どのような成り行きでもイングランドは戦いつづける。イングランドはこれまで決意を翻したことはなく、今後も翻さない。択ぶ途は、死か勝利のふたつにひとつだ。これがレノー首相の質問に対する返答だった。

レノー首相は、イギリスの決意が固いのを疑ったことは一度もないと応じた。しかし、特定の緊急事態にイギリス政府がどう反応するか、どうしても知りたいという。フランス政府――現在の政府もしくはべつの政府――は、こういうかもしれない。〝あなたがたが戦いつづけることは知っている。勝利がすこしでも望めるようなら、私たちもそうする。だが、早期に勝利をものにすることはあまり望めないと判断している。アメリカの援けを当てにはできない。**トンネルの向こうに光はないのだ。**フランス国民を見捨てて、ドイツの無期限の支配に委ねることはできない。私たちは合意に達しなければならない。選択の余地はない……〟。ブルターニュで防塞を組織するには、もう手遅れだった。真のフランス政府の首脳が捕虜にならずにすむような場所は、フランス全土のどこにもない……。ゆえにイギリスに対する質問は、型どおりのものになった。〝フランスが最善を尽くし、若さと生命の源をささげ、これ以上なにもできず、共通の大義にはもはや貢献できず、三カ月前に結んだ厳粛な合意で暗黙に示された結束を維持しつつ単独講和に踏み切ることを認めるのか？〟

チャーチル氏は、どのような場合でもイギリスは非難やなじり合いに時間や精力を浪費しないと述べた。だからといって、数カ月前の合意に反する行為を容認するつもりはない。最初に採るべき手段は、現況を明確に告げる内容の電報をレノー首相がローズヴェルト大統領に送ることだ。今後のことを検討するのは、返答が届いてからにする。イングランドが戦争に勝てば、フランスは偉大な国家として堂々と復活するはずだ。

とはいえ、その時点では問題が深刻になりすぎていたので、返答する前に同僚たちとともに退席したいと告げた。そこで、ハリファクス卿、ビーヴァーブルック、そのほかの面々は、天気雨の降る庭園に出て、半時間ほどさまざまなことを話し合った。戻ってから、私はおなじことを申し述べた。どのような形で行なわれようと、単独講和には賛成できない。私たちの戦争目的は依然としてヒトラーを完全に打ち負かすことだし、いまもそれを成し遂げられると考えている。したがって、私たちはフランスを義務から解放する立場にはない。なにが起きようと、フランスに非難を向けはしないが、誓約からの解放を承諾することとは、まったく問題が異なる。フランスはローズヴェルト大統領にもう一度懇願すべきだし、ロンドンはそれを応援すると、私は促した。レノー首相はそうすることに同意し、その最後の懇願の結果がわかるまでフランスはがんばると約束した。

出発する前に、私はレノー首相に対して、ひとつの具体的な要求を行なった。主として英空軍《RAF》に撃墜されたドイツ軍の操縦士四〇〇人以上が、フランスで捕虜になっていた。状況を考えれば、その操縦士たちの身柄をイギリスに引き渡してもらうべきだった。レノー首相は自主的に約束したが、まもなくその約束を守る力を失うことになる。それらのドイツ軍操縦士はすべて、英本土防衛戦《バトル・オヴ・ブリテン》に投入することができるようになり、私たちがもう一度撃墜しなければならなかった。

＊

話し合いが終わるころに、レノー首相は私たちを隣室に案内した。上下院それぞれの議長のエリオ氏とジャンヌネー氏がそこで席についた。フランスの愛国者ふたりは、死ぬまで戦いつづけると、熱情をこめて語った。私たちが混み合った廊下を通って庭に出るとき、ド・ゴール准将が戸口のそばで独り無表情で立っているのが目に留まった。私はド・ゴールに挨拶し、フランス語でそっとつぶやいた。「〝運命の人《ロム・デュ・デスタン》〟」。ド・ゴールは感情を顔に出さなかった。庭には恐ろしい苦境に陥っているフランスを率いていた高官が一〇〇人以上いた。クレマンソーの息子が、私のもとに連れてこられた。私は握手をした。スピットファイアがすでに空を哨戒していたので、迅速に何事もなく帰国するあいだ、私はぐっすり眠った。寝床にはいるまでまだ長い時間、働かなければならないので、それが賢明だった。

*

私たちがトゥールを発ったあと、午後五時半ごろにレノー首相が、ルブラン大統領の宿舎だったカーンジェの城館で閣議をひらいた。私と同僚たちが出席しなかったことに、彼らは憤激した。帰国がいくら遅くなっても出席したいと、私たちは思っていた。だが、招待されなかったし、フランス政府の閣議が行なわれることすら知らなかった。

フランス政府がボルドーへ移転することが、カーンジェの閣議で決定され、レノーはローズヴェルト大統領に電報を送って、せめてアメリカの艦隊だけでも戦場に投入してほしいと嘆願した。

午後一〇時一五分、私は閣議であらたな報告を行なった。同行したふたりが、私の言葉を裏付けた。まだ着席していたときに、ケネディ英国駐剳大使が、レノーの六月一〇日の嘆願へのローズヴェルト大統領の返書を携えて到着した。

ローズヴェルト大統領よりレノー首相へ　一九四〇年六月一三日

貴君の六月一〇日の公電に、たいへん深く感銘いたしました。貴君とチャーチル氏にすでに申しあげたように、私どもの政府は、連合国両政府が緊急に必要としている資材を手に入れられるように全力を尽くしておりますし、その尽力はなおも倍増されております。これは私たちの信念の証であり、連合国の戦いの目的である理想を支援するためでもあります。

英仏両軍の壮大な抗戦は、アメリカの人々に深い印象をあたえています。

私個人は、北アフリカや大西洋にしだいに退却することになってもフランスは民主主義のために戦いつづけるという貴君の宣言に、とりわけ感動いたしました。英仏の艦隊が大西洋などの大洋［で］の制海権を握りつづけるのがなによりも重要であることを銘記されたい。また、軍隊すべてを維持するためには、外国からの重要資材が不可欠であることも銘記されたい。

チャーチル首相が数日前に、大英帝国は抗戦をつづけるし、その決意は世界中の大フランス帝国にも同様に当てはまると述べたことに、私は非常に勇気づけられました。ダルラン提督が承知しておられるように、世界情勢において海軍力はいまも歴史の教訓を伝えているのです。


私たちはみんな、ローズヴェルト大統領はかなり大きな役割を果たしてきたと考えていた。レノーが六月一〇日の公電を公にすることを、ローズヴェルト大統領は許可していた。それには大きな意味合いがあったし、そしていまこの力強い返電が送られた。フランスがこれを頼りに戦争のさらなる苦痛に耐えることを決断していたら、アメリカ合衆国は参戦に踏み切って深く関与していたはずだ。とにかく、返電には交戦状態に等しい表現がふたつ含まれていた。まず、すべての資材支援を行なうと約束している。これは積極的援助を示唆している。つぎに、フランス政府が本土から追い出されても戦うよう求めている。私はただちにローズヴェルト大統領に礼状をしたためるとともに、できるだけ好意的な表現で、大統領への返電をレノーに推奨しようとした。この二点をもしかすると強調しすぎたかもしれないが、自分たちが持っているもの、手に入れられるものを、すべて利用する必要があった。

元海軍関係者よりローズヴェルト大統領へ　　一九四〇年六月一三日

本日のトゥールでのフランス側との会合について、ケネディ大使から説明があろうかと存じます。私たちの記録を大使に示してあります。重篤な状態にあるといっても過言ではありません。フランスはほとんど死にかけています。フランスが無政府状態に陥るのを防げるだけの兵力がいまもあるにもかかわらず、ウェイガンは休戦を主張していました。レノーは私たちに、フランスが犠牲を払い、いまも苦しんでいることに鑑みて、単独講和を行なわないという義務から解放してほしいと要求しました。イギリスがこの恐ろしい戦いから脱け出さざるをえなかったという事実が重くのしかかっているとはいえ、私は即座に、休戦や単独講和を承認することをイギリス政府の名において峻拒いたしました。レノーが大統領とアメリカ合衆国に再度嘆願するまで、この問題は検討すべきではないと、私は促しました。これに同意を見たので、レノーと閣僚たちはしばしいくらか明るい気分になっております。

最後に勝利を収められるという希望が持てない限り、フランスの上層部を激励して戦いをつづけさせる力はないと、レノーは強く感じております。その希望を掻き立てられるのは、アメリカが最大限に介入することであり、それは大統領の一存にかかっております。レノーの言葉を借りれば、トンネルの奥に光を見たいのであります。

私たちが空路でこちらにひきかえすあいだに、大統領のすばらしい電報が送られ、私たちの到着時にケネディ大使が届けてくれました。イギリスの内閣は深い感銘を受け、それに対する感謝を表明するよう私に求めました。しかし、大統領、ひとつ申しあげたいのですが、この電文をあす六月一四日に公表することがきわめて重要だと思われます。そうすれば、世界史の針路を変えるのに決定的な役割を果たすかもしれません。ヒトラーが要求する一時しのぎの和平をフランスが拒絶するきっかけになると確信しています。世界征服に向けた大きな一歩を踏み出すために、ヒトラーにはこの和平が必要なのです。大統領が論述しておられる戦略、経済、政治、倫理の計画は、フランスがいま薙ぎ倒されたら、実現する前に消滅します。だから電文をいま公表すべきなのです。パリでナチの平和を押しつけることができないとわかったとたんに、ヒトラーは怒りの矛先を私たちに向けるでしょう。私たちは抗戦のために持てる力の限りを尽くすつもりです。私たちが成功すれば、未来に向けてあらたな扉が大きくひらくでしょうし、たとえ最終的にであろうと、一日にして万事が五分五分の勝負になるでしょう。

レノー首相には、以下の公電を送った。

一九四〇年六月一三日

帰国した私たちは、貴君の六月一〇日の嘆願に対するローズヴェルト大統領の返信の写しを受け取りました。〝パリの前面で戦い、市内で戦い、後背で戦い〟、必要とあればアフリカや大西洋の向こうでも戦うという六月一〇日の貴君の宣言に沿ってフランスが抗戦をつづけることをきっぱりと願っているすばらしい文書だという点で、内閣の意見は一致しております。資材援助を倍増すると約束し、貴君が述べたような深刻な状態であっても戦いつづけるようフランスに明確に助言し、真剣に忠告しています。ローズヴェルト大統領のこの公電に従ってフランスが戦場で戦いつづけ、戦争を続行すれば、アメリカ合衆国は後戻りできないほどに本腰を入れて取り組み、正式に交戦国になるでしょう。実質的には、すでにそうなっているのです。貴君が予見したように、アメリカ合衆国では大統領が独断で宣戦布告を行なうことが憲法で禁じられていますが、いま受け取った大統領の返信に呼応して行動を開始すれば、宣戦を布告することは避けられなくなるだろうと、私たちは確信しています。この電文の公表を許可するよう私たちは大統領に求めていますが、一日か二日、許可が下りなかったとしても、記録には残っているわけなので、貴君の行動の根拠にはなります。現在、尊敬に値する決意を示している貴君とフランス政府首脳が、この最高の好機を逃さず、ナチの支配にとって致命的な世界的な海洋・経済同盟を結成することを懇願するしだいです。私たちの目の前には明確な大規模作戦計画があり、貴君がいったトンネルの向こうの光が見えているのです。

最後に、内閣の願いに応じて、私はフランス政府を激励する公式宣言を送り、イギリスとフランスの不変の同盟についてはじめて明言した。

一九四〇年六月一三日

英国総理大臣よりレノー首相へ

イギリスとフランスの両国家と、両国が誓いを立てた自由と民主主義の理想にとって重要なこの時機に、国王陛下の政府はフランス共和国政府に敬意を表したいと存じます。これは、きわめて形勢不利な戦いにおいてフランス軍が英雄的な堅忍と忠誠を示したことによるものであります。彼らの尽力はフランスのもっとも栄えある伝統にふさわしく、敵の戦力に長く残る深い傷を負わせました。大英帝国はひきつづき力の限り最大の援助を行ないます。二帝国の国民の不変の同盟を宣言する好機を、私たちはしっかりとつかみます。近い将来に、計り知れないほどさまざまな形の苦難が、私たちの国民に降りかかるでしょう。砲火によるその試練は、彼らを融合して征服されざる一個の統一体に変えるだけだと、私たちは確信しております。フランスで、この島で、大洋で、空で、私たちが導かれるあらゆる場所で、闘争をつづけるという私たちの誓いと決意を、フランス共和国にあらためて強調します。そのために私たちの資源を最大限度まで使い、戦争による損害を修復する重荷をともに背負います。フランスが大事なく壮麗に佇立し、不当に扱われ、奴隷にされた国々と人民が解放され、文明がナチ帝国の悪夢から逃れるまで、私たちは戦いに背を向けることはしません。そういう日が訪れると、私たちはこれまで以上に確信しています。いま私たちが予想しているよりも早く、その日が訪れるかもしれません。

これら三通の電文は、一四日の午前零時過ぎに就寝する前に草稿を書いた。電文の本文が書かれたのは、一四日の午前二時か三時ごろだった。

その一四日に、レノー宛の電報の公開に同意できないことを弁明するローズヴェルト大統領の返事が届いた。ケネディ大使によれば、大統領は公表したいのだが、大統領の考えに賛同するが重大な危険が伴っていると国務省が判断したのだという。私がトゥールでの会談について報告したことに大統領は感謝し、英仏両軍の将兵が勇敢であることについて英仏両政府に賛辞を述べた。可能な限りあらゆる資材と補給品を供給すると大統領はあらためて約束していたが、一三日の自分の電文は兵力投入《コミットメント》をいっさい意図しておらず、アメリカ合衆国政府が軍事的に関与する意味合いはないと私に伝えるよう、ケネディ大使に指示していた。アメリカの憲法では大統領にその権限はなく、そういった性質の関与《コミットメント》は議会によって決定される。大統領はとりわけフランス海軍の問題を懸念していた。議会は大統領の強い要望によって、フランス国内の民間人避難民に食糧と衣服を供給する目的で五〇〇〇万ドルの予算を充てていた。最後に大統領は、私の電文が意味深く重大であるのはじゅうぶんに理解していると明言していた。

まったく期待はずれの返答だった。

戦時閣議の出席者は全員、大統領が憲法上の権限を越えた場合に告発されるおそれがあることを、明確に理解していた。従って、数カ月後の選挙でこの問題のために敗北を喫するおそれがあることもわかっていた。私たちの命運は、いよいよその選挙に左右されていた。現在危機にさらされている自由な世界という大義のためなら、ローズヴェルトは大統領の地位はおろか、命をも投げ出すだろうと、私は確信していた。だが、それがなんの役に立つというのか？　大西洋の向こうのローズヴェルト大統領の苦しみを、私は感じていた。ホワイトハウスでの苦悩は、ボルドーやロンドンでの苦悩とは性質が異なる。しかし、個人がたいへんな重圧を受けるということに変わりはない。

今回の公電で私は、周囲への論拠を大統領が準備できるように、ヨーロッパが崩壊し、イギリスが敗北した場合にアメリカ合衆国が直面する危険について説明しようとした。これは感情論ではなく、生きるか死ぬかの問題だった。

一九四〇年六月一四－一五日

元海軍関係者よりローズヴェルト大統領へ

大統領の返信に感謝いたしております。主要な内容をレノーに伝えるとともに、もっと楽観的な見方を書き添えました。公開しないことにレノーは間違いなく落胆するでしょう。アメリカの世論と議会に関してさまざまな困難があるのは理解しておりますが、事態は急激に悪化しており、このまま発展すると、最後にはアメリカの世論を制御できない段階に達するでしょう。ヒトラーがフランスにどのような提案を行なうか、考慮したことはありますか？　ヒトラーは〝フランス海軍を無傷のまま引き渡せば、アルザス－ロレーヌをそのままにしておく〟というかもしれません。あるいは、〝艦艇を引き渡さなかったら、フランスの町を破壊する〟と脅すかもしれない。私個人は、アメリカは最終的に全力をあげることになるだろうと確信しておりますが、フランスにとってはいまがもっとも危機的な瞬間なのです。

必要とあれば参戦するとアメリカ合衆国が宣言するだけで、フランスを救えるかもしれません。それを怠れば、数日以内にフランスの抵抗は崩れ、私たちイギリスは独り取り残されるでしょう。

たとえ本土での抵抗が叩きのめされても、いまの英国政府と私個人は、間違いなく大西洋を越えて艦隊を派遣するつもりですが、この戦争で現在の閣僚たちが事態を収拾できなくなるような状況に陥るかもしれません。そのときには、ヒトラー帝国の属国になることでイギリスがきわめて楽な条件を得られる可能性があります。和平交渉のために親独政権が発足し、抗しがたい論拠を示して、叩きのめされて飢えている国民に、ナチの意思にとことん服従するよう命じるかもしれません。以前にも説明したように、英海軍の命運は、アメリカ合衆国の未来に決定的影響を及ぼします。なぜなら、英海軍が日本、フランス、イタリアの三国の海軍に加わり、ドイツ工業の莫大な資源と手を組めば、ヒトラーが無敵の海軍力を掌中に収めることになるからです。もちろん、ヒトラーはそれを情け深く、節度を守って使うかもしれません。あるいは、そうしないかもしれない。この海軍力の革命的な変化は、あっという間に起きるかもしれませんし、アメリカ合衆国がそれに対する備えを固めるはるか前に起きることは間違いないでしょう。イギリスが斃れれば、あなたがたはナチが支配するヨーロッパ合衆国を抱え込むことになります。この合衆国は、新世界よりもはるかに人口が多く、はるかに強大で、はるかに武装が強化されているでしょう。

大統領がここまで深く洞察なさっていることは承知しておりますが、アメリカ合衆国の権益が生死にかかわる状況で私たちとフランスの戦いに賭けられていることを記録するのが、私の務めだと感じたしだいであります。

ご参考までに、海軍参謀部が作成した駆逐艦の戦力に関する書類一通を、ケネディ大使を介してお届けします。侵攻に備えて駆逐艦の大半を東沿岸に配置した場合、ドイツとイタリアの攻撃から私たちの命綱である食糧の供給と貿易をどうやって護ればよいのでしょうか？　前にご説明したように駆逐艦三五隻を派遣してくだされば、新建造艦が年末に就役するまで欠乏を埋め合わせることができます。これはただちに採択できる実行可能な方策で、決定的な対策にもなりうるでしょう。私の意見を考慮してくださるよう、心の底からお願いするしだいです。

＊

その間に、劣勢だったフランス戦線が、最悪の状況に陥った。パリ北西で英軍第51ハイランド師団を殲滅したドイツ軍の作戦が進展し、六月九日にはセーヌ川とオワーズ川の下流に敵軍が達していた。追い散らされたフランス第10軍と第7軍の残兵が、南岸で急遽、防御陣地を構築していた。だが、それらの部隊は引き裂かれ、離れ離れになっていた。そして、いわゆるパリ軍が、首都守備隊の空隙を埋めるために進出して、挿入されていた。

さらに東のエーヌ川沿いの第6、第4、第2軍は、もっとましな状態だった。三週間かけて陣容を整え、送られてきた増援を吸収していた。これらの部隊は、ダンケルク脱出とルーアン陥落のあいだ、あまり妨害を受けなかったが、維持しなければならない前線は全長一〇〇マイル（約一六〇キロメートル）だったため、兵力が不足していた。敵はその期間を利用して多数の師団を集結し、それを集中して最後の打撃を加えた。六月九日、そこが陥落した。フランス軍はいままでは臍を固めていて、頑強に抗戦したが、南岸の敵軍橋頭堡はソワソンからルテルまでのびて、二日後にはそれが拡大されてマルヌ川に達していた。沿岸部を南下するのに決定的な役割を演じたドイツ軍装甲師団がここに移動し、あらたな戦闘に参加した。このうち八個師団が、二カ所で大規模な馳突を行ない、敗北したフランス軍は総崩れになった。甚大な損耗を喫して混乱したフランス陸軍は、優位な兵力、装備、戦技を組み合わせたドイツ軍には、まるで歯が立たなかった。四日後の六月一六日、ドイツ軍はオルレアンとロワール川に達し、東ではべつの馳突がディジョンとブザンソンを抜いてスイス国境にまで迫る勢いだった。

パリの西には、わずか二個師団のフランス第10軍の残兵がいて、セーヌ川からアランソンに向けた南西への進攻をずっと押し戻していた。パリは一四日に陥落し、そこを護っていた第7軍とパリ軍は散り散りになって敗走した。西の寡勢の英仏軍とかつて栄華を誇ったフランスの番号付与軍のあいだに、大きな間隙《ギャップ》が生じた。

では、フランスの楯だったマジノ線と、そこの防御部隊はどうだったのか？　六月一四日まで直接攻撃は行なわれず、現役部隊の一部はすでに守備兵を置き去りにして、急いで退却している中央の部隊に加わろうとしていた。だが、時すでに遅かった。その日にマジノ線は、ザールブリュッケンの前方とライン川のフランス側のコルマールで突破された。退却中のフランス軍は戦闘に巻き込まれ、脱け出せなくなった。二日後、ブザンソンを抜いたドイツ軍が、フランス軍の退却を遮断した。四〇万人近くが、離脱できない状態で包囲された。包囲された守備隊の多くは、必死で持ちこたえた。休戦後にフランス軍将校が命令を伝えるまで、彼らは降伏を拒んだ。六月三〇日に最後の要塞が服従したとき、そこの司令官は、自分の防御はいまもすべての陣地で無傷だと抗議した。

広大な戦場で行なわれた無秩序な戦闘は、こうしてフランスの前線すべてで決着した。それにイギリスがほとんど貢献していなかったことは、詳しく述べるべきだろう。

＊

ブルック将軍は、ダンケルクへの撤退で殊勲を勝ち取った。ベルギー軍の降伏でできた間隙《ギャップ》での戦いぶりが、ことにすばらしかった。そこで私たちは、フランスに残留している英軍と増援部隊すべての指揮官に、ブルック将軍を選んだ。そのあと、一個軍を編成するのに必要な兵員に達したときには、ゴート卿が軍司令官に就任することになっていた。ブルックはすでにフランスに到着していて、一四日にウェイガン将軍及びジョルジュ将軍と会った。仏軍部隊はもう組織的な抗戦や協調した戦闘行動はできないと、ウェイガンがいった。フランス軍は四つの集団に分断され、第10軍がもっとも西にいた。ウェイガンはブルックに、レンヌをほぼ南北に通る前線を英仏両軍が合同で維持するために、ブルターニュ半島に橋頭堡を築くべきだということに連合軍両政府が合意したと告げた。レンヌを通る防御線に部隊を展開するよう、ウェイガンがブルックに命じた。その防御線は長さ一五〇キロメートルで、一五個師団以上が必要だと、ブルックが指摘した。だが、受けた指示は命令だと見なさなければならないといわれた。

レノーと私が六月一一日にブリアールで、〝トーレス・ヴェドラス線〟〔一九世紀初頭の半島戦争でポルトガルの同名の町付近に築かれた砦などの防御〕のたぐいをブルターニュ半島の付け根を横切るように設営することに同意していたのは事実だった。だが、それと同時に万事が崩壊し、計画そのものの是非はともかく、実行できる領域に達していなかった。着想は適切でも、実現できるような材料がなにもなかった。フランス軍の主力が打ち破られるか壊滅したら、この橋頭堡がいくら重要でも、ドイツ軍の集中攻撃に長く耐えることはできない。だが、数週間ここで交戦すれば、イギリス本土との連絡を維持でき、細切れになっている広大な前線のべつの部分からフランス軍がアフリカへ大規模な撤退を行なうことが可能になったはずだった。いまや、フランスでの戦いをつづけるとしたら、適地はブルターニュ半島か、ヴォージュ県の森林・山岳地帯しかなかった。さもなければ、フランスは降伏するしかない。ゆえに、ブルターニュの橋頭堡という着想を馬鹿にしてはならない。のちに、一九四〇年六月時点ではまだ無名の米軍大佐だったアイゼンハワーが指揮する連合軍が、高い代償を払って、そこを私たちのために取り返してくれたのだ。

フランス軍の司令官たちと話をして、一時間ごとに悪化する情勢を自軍の各司令部から推し量った

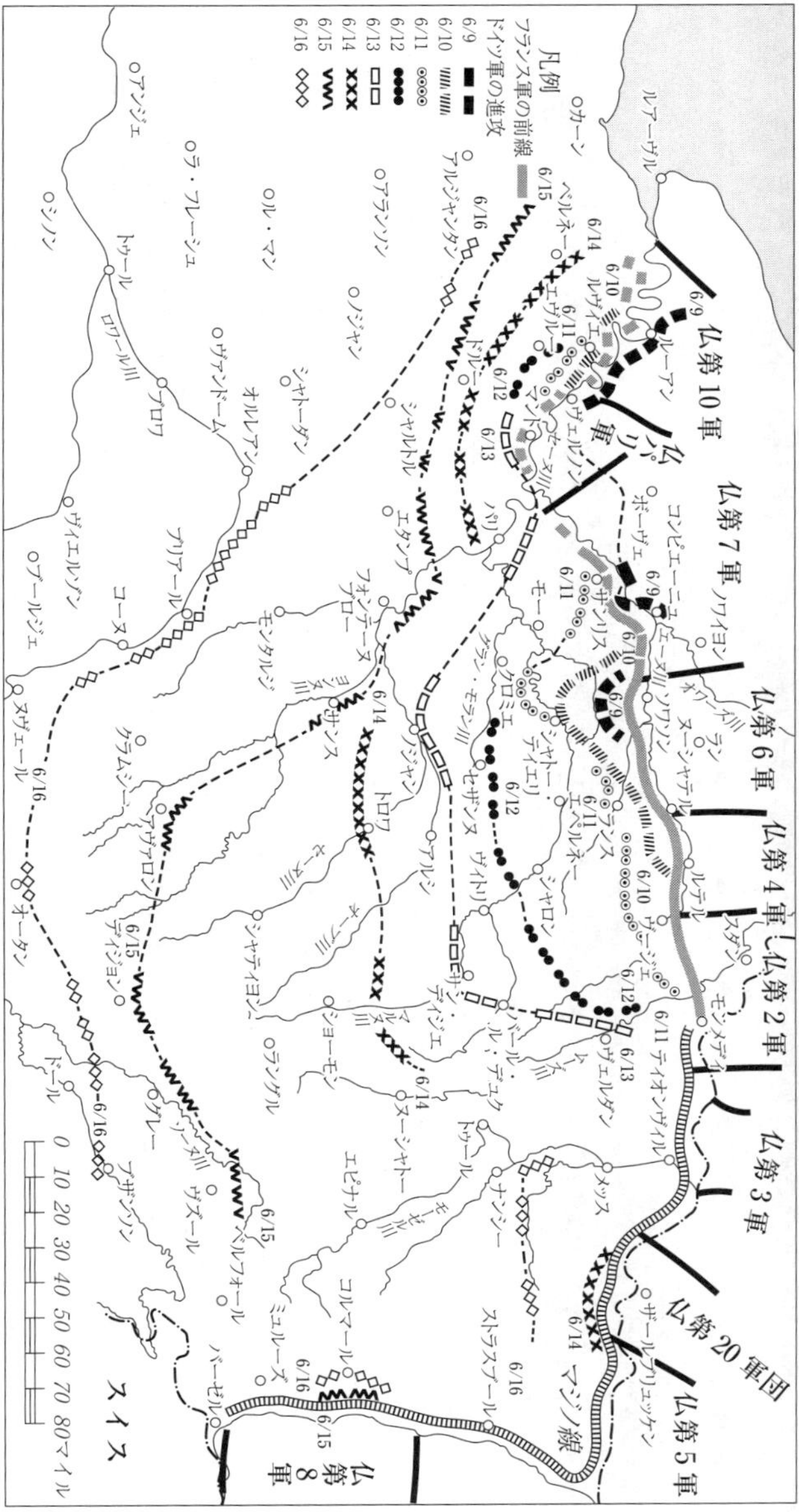

1940年6月　フランス軍の最後の抵抗

あとで、ブルック将軍が陸軍省に報告し、イーデン陸相に電話をかけて、戦局は絶望的だと告げた。今後の増援はすべて中止すべきだし、いまでは一五万人規模になっていた英遠征軍一五万人はただちに乗船すべきだというのだ。私はよっぽど頑迷だと思われていたらしく、六月一四日の夜、ブルックは運と努力のおかげでまだ通じていた電話に私を呼び出し、この見解を強い口調で弁じた。話はよくわかり、一〇分後にはブルックが正しく、英軍は引き揚げなければならないと、私も確信していた。それに従って命令が下された。ブルックはフランスの指揮から解放された。大量の補給品、装備、兵員を積み込んで帰途につく作業が開始された。上陸していたカナダ軍師団の先鋒部隊が船に戻り、第157旅団以外はまだ戦闘に投入されていなかった第52師団がブレストに退却した。フランス第10軍麾下で作戦を行なっていた英軍部隊は、撤退を命じられなかったが、そのほかの英軍部隊はすべてブレスト、シェルブール、サン・マロ、サン・ナゼールで乗船した。六月一五日には第10軍麾下の英軍部隊も解放され、翌日に南へ撤退して、シェルブールに向かった。第157旅団は、激しい戦闘の末にその晩、救出され、貨物自動車で撤退して、一七日から一八日の夜にかけて乗船した。六月一七日にペタン政権が休戦を申し出て、フランス全軍に戦闘停止を命じたが、その情報は英軍にはまったく伝えられなかった。ブルック将軍は、船に乗せることができる兵員すべてを取り戻し、できるだけ多くの装備を回収するよう命じられた。

船こそ大型だったが、かなりの規模でダンケルク引き揚げをくりかえすことになった。降伏を拒んだポーランド軍二万人以上が、海に向けて血路をひらき、私たちの船でイギリス本土に運ばれた。ドイツ軍は、すべての地点で私たちの部隊を追撃した。シェルブール半島では、一八日の朝に、港の南一〇マイル（約一六キロメートル）の地点で、ドイツ軍が私たちの後衛と交戦した。最後の船が出港したのは午後四時で、そのときにはロンメルの第7装甲師団に率いられた敵軍が港の三マイル（約四・

八キロメートル）以内に迫っていた。英軍のごく少数の兵士が捕虜になった。

　フランスの港すべてから、英軍一三万六〇〇〇人、火砲三一〇門が救い出された。ポーランド軍を合わせると、一五万六〇〇〇人にのぼる。これはブルックの乗船部隊搭載幕僚の功績だった。幕僚長デ・フォンブランケ少将は、体を酷使したために翌月初旬に死亡した。

　ブレストや西部の各港では、大規模な脱出が行なわれた。輸送に携わっていた艦船に対するドイツの空襲は熾烈だった。一七日、サン・ナゼールで恐ろしい事件が起きた。五〇〇〇人が乗る排水量二万トンの英国郵便船《RMS》〔速力や信頼性が優れていることによって郵便船と認定された船で、かならずしも郵便物のみを運ぶとはかぎらない〕〈ランカストリア〉が出港時に爆撃を受け、三〇〇〇人以上が死亡した〔現在わかっている数字とは異なる〕。生存者はつづいていた空襲のさなか、小型船艇の献身によって救助された。その日の午後、静かな閣議室でその報せを聞いた私は、それを公表することを禁じてこういった。「きょうは新聞も手一杯で、あらたな災害を伝えるのは無理だろう」。数日後に公表するつもりだったが、重大な出来事がつぎつぎと黒雲のように襲いかかったので、禁止を解除するのを私は忘れ、この惨事が公になったのは、だいぶあとのことだった。

＊

　目前に迫っていたフランス降伏の衝撃を和らげるために、この時期に自治領の首相たちへの意思伝達が不可欠だった。一国で戦うのは頑迷で自暴自棄になっているからではなかったが、奮闘をつづけるという私たちの決意を示し、実行可能な技術的根拠によって彼らが確信を抱くように仕向ける必要があった。そういった根拠や、私たちの態勢の真の力に、彼らは気づいていないかもしれない。そこで、私は数多くの要用にすでに忙殺されていた六月一六日の午後に、以下の声明を口述した。

英国総理大臣より、カナダ、オーストラリア、ニュージーランド、南アフリカの各総理大臣へ

一九四〇年六月一六日

［総理大臣それぞれに対して別個の前置きがあったが、省略する］

戦局はまだ私たちの力の及ぶ範囲にあると、私は見なしています。フランスがアフリカと海上で戦わないことはまだ確実になってはいませんが、フランスがどう出るにせよ、ヒトラーはイギリス本土で私たちを打ち砕かなければなりません。さもないと戦争に負けるからです。私たちにとって最大の危険は、ヒトラーが爆撃による航空攻撃を集中的に行ない、パラシュート兵と空挺部隊の降着をそれと組み合わせ、海を渡る上陸部隊で侵攻を試みることです。開戦当初から私たちはこの危険に直面していましたし、フランスは私たちがその危険から免れるのを手伝えなかったので、ヒトラーはいつでも私たちに矛先を向けることができたのです。イギリス沿岸により近いヨーロッパ沿岸部をヒトラーが征服したことで、ドイツの空襲は間違いなく激化するでしょう。しかし、この危険は本質的にはこれまでとおなじです。それに私たちが対処できない理由は見当たりません。海軍は、五〇〇〇人ないし一万人の強襲を防げると豪語したことは一度もありません。しかし、たとえば八万人ないし一〇万人の部隊を海上輸送し、さらに自軍よりも優勢な海軍力の攻撃を浴びながら維持する方法があるとは思えません。私たちの空軍が存在する限り、海からの上陸を海軍が防ぐのに強力な支援を提供し、空からの降着には甚大な損害をあたえるでしょう。

フランス支援とダンケルク引き揚げで私たちは甚大な損耗をこうむりました。しかし、フランスがあとさきも考えずに、いまでは敗色濃厚な地上の大激戦に戦闘機を投入してほしいと切々と訴えるのを拒んで、私たちは戦闘機の戦力を温存しました。空軍力は以前とおなじように強力で、航空機は前よりも迅速に続々と生産されているといえるのは、まことにうれしいことです。それどころか、いまでは操縦

士不足が、増強を妨げる要素になっています。フランスでは不利な条件にもかかわらず、私たちの戦闘機は一機あたり敵機を二機ないし二機半損壊しました。非武装地帯に近かったダンケルクでの後送中には、一機あたり三機ないし四機の敵機を撃墜しました。ドイツ機の編隊は、四分の一の数の私たちの飛行機を見て、ひきかえすことも多かったのです。それはさておき、空軍筋の人間は、海を渡ってくる空襲に対して国を護るほうがはるかに有利だと、意見が一致しています。なぜなら、私たちはさまざまな機器によって、敵がどこから来襲するかを明確に知ることができますし、私たちの飛行中隊は距離をあまり空けずに配置されているので、襲撃部隊に対して集中することができ、じゅうぶんな機数で爆撃機と護衛戦闘機の両方を同時に攻撃できるからです。撃墜した敵機は、丸ごと敵の損耗になります。私たちの航空機や操縦士は、撃墜されても、ふたたび戦うことができます。したがって、私たちが敵に圧勝すれば、昼間の攻撃はあまりにも高くつくと敵が判断することもありうると思われます。

夜間攻撃における大きな危険は、私たちの工場が爆撃されることですが、それは昼間攻撃よりもずっと不精確になるはずですし、多くの工場は被害を抑える措置がほどこされています。もちろんドイツの保有機数は私たちよりもずっと多いですが、数週間もしくは数カ月の空における戦いで敵を疲弊させるのは無理だと予想されるほど膨大な数ではありません。もちろん、その間ずっと私たちの爆撃機は敵の重要拠点を攻撃しつづけます。具体的には製油所や航空機工場が目標で、軍需産業が集中し、そういう施設が密集しているルール地方も攻撃します。私たちの国民が敵とおなじようにこの爆撃に耐えてくれることを願っています。その爆撃は、敵と味方の両方にとって前例のない規模になるでしょう。ドイツがこれまで手に入れたものだけでは満足していないことを、私たちが摑んだあらゆる情報が示しています。

英遠征軍《BEF》が本土に戻り、ヨーロッパ大陸並みの規模とはいえないまでも、国土防衛にはじゅうぶんな規模で武装し、再武装していることを銘記されたい。前の戦争とこの戦争で私たちが保有したどの軍隊よりもはるかに強力な軍隊が、イギリス本土に存在しています。従って、前記のような兵力の敵が空から降着するか海から上陸して攻撃しても殲滅され、つぎに攻撃しようとするものに対する見せしめになるでしょう。海を渡って戦車を投入する攻撃や挑戦が、これまでにない新奇な形式になることを、私たちは予期しなければならないでしょう。予想できる範囲内で、私たちはこうしたことに備えています。こういう生きるか死ぬかという性質の闘争で、成り行きを予測したり確言したりすることは、だれにもできないでしょうが、私たちはそれに間違いなく意気盛んに取り組むつもりです。

フランスの命運を是認せず、なにがあろうとわき目もふらず最後までやり通すという私たちの決意に確たる根拠があることを示すために、諸君にこうしてすべてを説明しました。イギリス本土における激しい闘争と大量殺戮を目の当たりにすれば、アメリカ合衆国は戦争に引き込まれるだろうと、私個人は確信しています。たとえ私たちが数の上で優勢な敵空軍によって打ち倒されても、前回の庶民院での演説で私が述べたように、英海軍を大洋の向こうへ派遣すれば、そこで帝国を護り、戦争と海上封鎖を続行して、ヒトラー政権《レジーム》が重圧によって崩壊するまで、アメリカ合衆国と協力できると信じています。私たちはあらゆる局面で、諸君にどのような助力ができるのかを知らせるつもりですし、諸君が人間の力の限りを尽くしてやってくれると安心しています。私たちはもちろん全面的にそうする臍を固めています。

私はこれを閣議室でまとめ、話しながらタイプで打ってもらった。庭に出るドアは大きくあけ放たれ、表では太陽が暖かく照っている。そのあいだ、ニューアル空軍参謀総長がテラスに座っていた。私が草稿に手を入れてから、改良や訂正があるかどうかたしかめるために、ニューアルに渡した。ニユーアルは見るからに感動して、やがてすべての語句に賛成だといった。確信している事柄を記録したことに私は安心し、意を強くして、打電する前に、最後にもう一度電文を読み返したときには、厳粛な自信が強まるのを感じた。その後起きたことで、これが正しかったことが確実に裏付けられた。すべてが実現した。

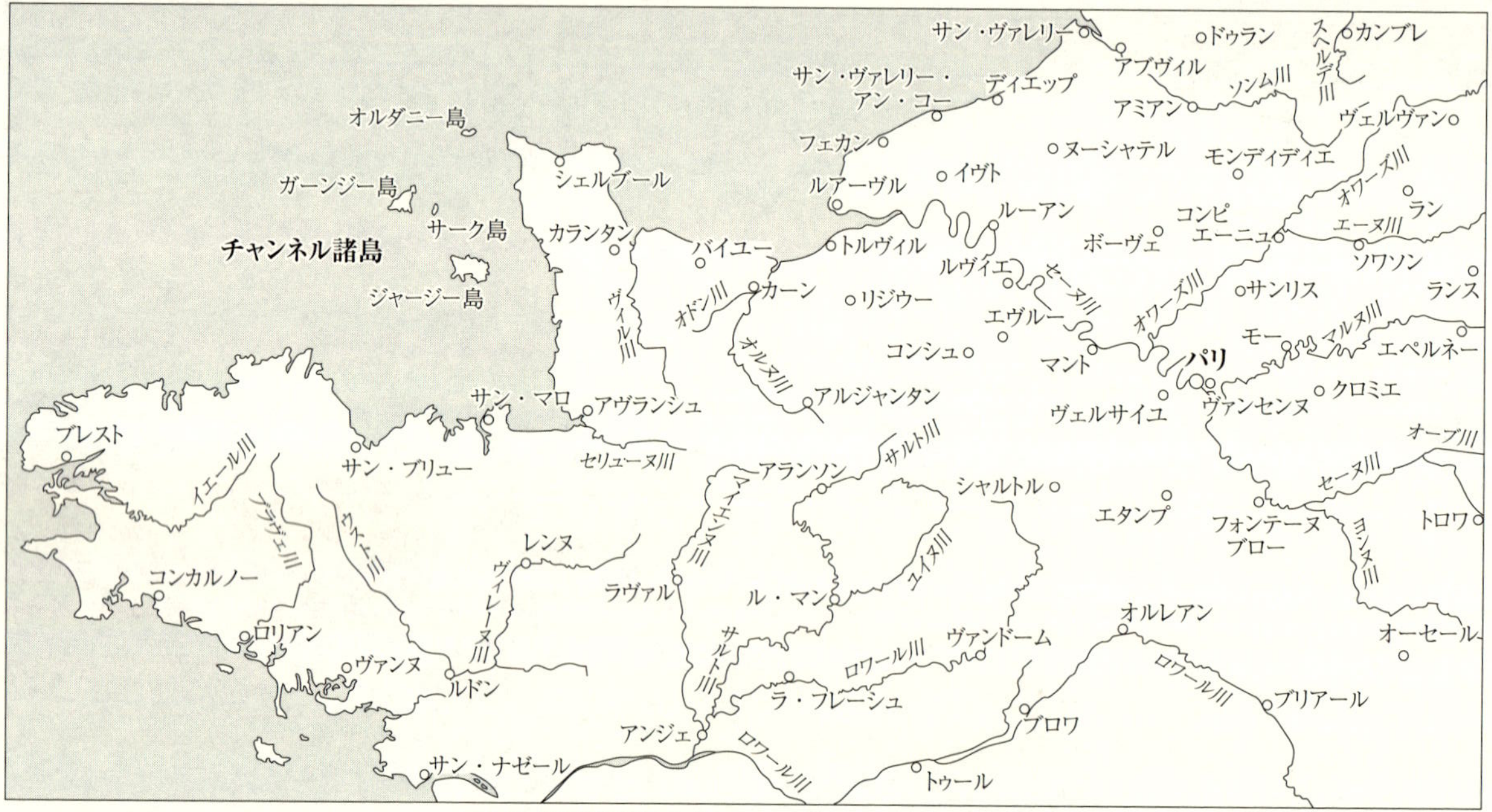

フランス西部地図（シェルブール－ブレスト）

第一〇章　ボルドー休戦

〈フランス政府、ボルドーに移転／ウェイガン将軍の考え方／ウェイガンとレノー／ショータン氏の奸計／条件要求に対するフランスの決定／フランス艦隊確保をイギリスが強く要求／六月一六日、私のレノー宛公電／あらたな問題が発生／フランスとの永久不変の連合をイギリスが提案／それがレノー首相の力を強めるという、ド・ゴール将軍の過大な期待／レノー首相が満足／六月一六日の私の公電の留保／自由党・労働党の両党首とともに巡洋艦でボルドーを訪問するという私の計画の挫折／イギリスの提案、否定的に受け止められる／レノー内閣崩壊／レノー辞任／ダウニング街でのモネ氏及びド・ゴール将軍との非公式会議／休戦に向けてペタン元帥が組閣／六月一七日、私のペタン元帥とウェイガン将軍宛私信／六月一七日、私のラジオ演説／スピアーズ将軍のド・ゴール将軍亡命計画／アフリカでの抗戦について再度の話し合い／マンデルの心構え／ダルラン提督が仕掛けた罠／武装高速人員輸送船〈マッシリア〉の航海／カサブランカにおけるマンデル／ダフ・クーパー氏の特命／フランスの愛国者たちの運命／重大局面の岐路を考察する／定まっている私の確信〉

ここでしばらく軍事の大失敗という分野を離れ、フランス政権の激動とボルドーで政府を牛耳っていた有力者たちのことを語りたいと思う。

しかし、起きたことを正確に順番どおり語るのは容易ではない。イギリス戦時内閣は常時働いていて、決定が下されると、そのときどきに通達が出された。暗号文に書き換えて打電するのに二、三時間かかり、電報が配達されるのに、さらに一時間かかる。外務省の官僚は、各国に駐劄する大使に要旨を伝えるのに、電話を自由に使うことができた。応答にも電話をすぐに利用できた。そのため、重複や手順の省略により、混乱が生じていた。イギリス海峡の両側で起きる出来事の動きがきわめて速かったため、議論と決定が整然と進んでいたかのように描写すると、誤解を招きかねない。

レノー首相は一四日夜に、トゥールから移転した政府の新所在地に到着した。九時ごろに、ロナルド・ヒュー・キャンベル英国大使と面会した。ロナルド卿はレノーに、英仏のどちらも敵と単独講和は行なわないという三月二八日の取り決めを護るよう英国政府は要求すると伝えた。さらに、フランス政府が北アフリカに移転するのであれば、必要な輸送手段をすべて提供すると提案した。どちらの声明も、大使がその時点で受けていた指示によるものだった。

一五日朝、レノーはふたたびキャンベル大使と面会し、政府を二分して地中海の向こう側に中心となる機構を確立することを決断したと述べた。フランス艦隊のドイツ軍勢力圏外の港への撤退が念頭に置かれている政策であることは明白だった。その日の午前中に、六月一三日のレノーの請願に対するローズヴェルト大統領の返信が届いた。私はレノー首相宛の公電でそれを最大の説得材料にしていたが、レノーが落胆するのはわかり切っていた。議会が承認すれば物的支援を行なうが、アメリカの参戦は論外であるというのが、ローズヴェルトの返事だった。現時点でフランスが米国の参戦を期待するような根拠はなにもなく、大統領に参戦の権限はなく、議会の承認も得られない、と。一三日夜に、トゥールに近いカーンジェで閣議が行なわれたあと、閣議は一度もひらかれていなかった。閣僚全員がボルドーに到着したので、午後に閣議が招集された。

＊

ウェイガン将軍は数日前から、これ以上の抗戦は無益だと確信していた。そこで、敗戦直後に国内の秩序を維持できる規律と兵力がフランス軍に残っているあいだに、フランス政府が休戦を求めるように強要したいと考えていた。第三共和制の議会制政権《レジーム》を、ウェイガンは生涯、心底から嫌っていた。信心深い熱烈なカトリック教徒のウェイガンは、フランスが壊滅に呑み込まれているのは、キリスト教徒であることを放棄したために神に懲らしめられているからだと見なした。そこでウェイガンは、助言を求められてもいないのに、軍人としての重大な責務の埒を越えて、正当化できないやり方で総司令官という立場を利用した。レノー首相と対立し、フランス軍はもう戦うことはできないから、国全体が無政府状態になる前に、無益なおぞましい殺戮をやめる時期だと告げたのである。

いっぽう、ポール・レノーは、フランスでの戦いが終わったのは悟っていたが、フランス海軍を使って、北アフリカとフランス帝国の各地で戦争を続行することを、いまも願っていた。これまでにヒトラーに蹂躙されたどの国も、戦争をやめてはいない。自分たちの土地で支配されているのは事実だが、政府は外国で旗をふって愛国心を示し、国家の理想は生きつづけている。レノーは彼らの手本に倣いたいと思っていたし、フランスにはそういった諸国よりも堅固な資源がある。レノーは、オランダの降伏の方針とおなじ解決策を模索したかった。敵と遭遇したときには武器を捨ててもかまわないとして軍幹部が今後の戦いを拒んだ陸軍をオランダ政府は見捨てたが、国家が全力をあげてあらゆる手段で抵抗するという主権を温存した。

この問題は、閣議の前にレノー首相とウェイガン将軍の荒れ模様の会見で、激しい言い争いを引き起こした。レノーは、〝停戦〟を命じる権限をあたえる政府文書を渡すと、ウェイガンに提案した。軍が降伏する形になることに憤慨して、ウェイガンは拒絶した。「フランス軍の軍旗がそのような屈辱を浴びるのを、総司令官はぜったいに受け入れない」。ぜったいに避けられない降伏は、政府と国家の行為でなければならない。自分が指揮するフランス軍は、忠実にそれに従うというのが、ウェイガンの理屈だった。ウェイガン将軍は誠実で利己的ではない人物だが、これらの言動は間違っている。自分よりも政治的に上の立場にある政府首班の決定に反抗し、一軍人の権利が正式に任命された共和国政府をしのぐと断言したことによって、ウェイガンはフランス本国だけではなく帝国全体の抵抗をも終わらせてしまった。

フランス軍の名誉という仰々しい事柄についての議論はともかく、この問題には実際的な論点があった。フランス政府主導で休戦が正式に発足すれば、フランスは終戦状態になる。占領されない地域や解隊を免れる部隊について、交渉が行なわれる運びになるだろう。逆に、海外から戦いを続行すれば、フランスから脱出しなかったものはすべてドイツに直接支配され、数百万人のフランス人が、取り決めの保護を受けることなく、捕虜としてドイツに送られる。これは重大な論点だが、フランス軍の最高司令官が決めることではなく、共和国政府に権限がある。自分が指揮する軍はこれ以上戦えないというのはウェイガンの私見であり、フランス政府は自分が確実に実行できる命令を下さなければならないというウェイガンの考え方には、なんの根拠もない。文明国の法と慣例や職業軍人の名誉に照らしても、はなはだしく間違っているとしかいいようがない。それに、レノー首相には曲がりなりにも対策があった。レノーはつぎのように応じるべきだった。「きみは共和国憲法と対決している。この時点で、きみは総司令官から解任される。大統領から必要な認可を受ける」

不幸なことに、レノー首相は自分の立場がそれほど堅固だとは思っていなかった。僭越なウェイガン将軍の背後には高名なペタン元帥が聳え、うかつにもレノーが最近、内閣や最高軍事評議会に加えた敗北主義者の大臣たちの中心に陣取っていた。彼らはすべて、戦争を終わらせようと決意していた。その背後にはまたしても、ボルドー市庁舎に根をおろしていたラヴァルの不気味な人影が、動揺している上院議員や補佐官の一派に取り巻かれてうずくまっていた。ラヴァルの方策には、単純であるがゆえの力と利点があった。フランスはドイツと講和するだけではなく、寝返って征服者ドイツの同盟者にならなければならない。イギリス海峡の向こうの共通の敵に対抗して、忠誠を尽くし、奉仕することで、権益と国土を維持し、終戦時には戦勝国になる必要があると、ラヴァルは考えていた。数々の試練を経て疲労困憊したレノー首相に、オリヴァー・クロムウェルやクレマンソーのような人物や、スターリンやヒトラーごときの才覚にすら重い負担を強いる苦難をみずから求めるような活力や体力が残っていないのは明らかだ。

フランス共和国大統領が臨席した一五日午後の討議で、レノーは閣僚たちに状況を説明したあとで、内閣の見解を了承するようウェイガン将軍を説得してほしいと、ペタン元帥に訴えた。レノーは、最悪の特使を選んだことになる。ペタン元帥は会議場を出た。しばらく休憩になった。やがてペタンがウェイガンを伴って戻ってきて、ウェイガンの見解を支持した。この正念場にショータン副首相が、決断しかねている人間が惹かれるような妥協を含む狡猾な提案を忍び込ませた。内閣の最左派を代表して、敵と合意するのは不可能だという首相の意見は正しいが、フランスを団結させる意思表示を行なうのが賢明だと、ショータンは述べた。きっぱりはねつけることができるようにしておいて、ドイツ側に休戦の条件を打診すべきだと、ショータンは主張した。もちろん、そんな滑りやすい斜面に乗り出したら、踏みとどまることなどできるはずがない。どのような休戦の条件が受け入れられるのかとフランス政府がドイツに問い合わせた時点で、低下していたフランス軍の士気は粉々に砕けてしまう。取り返しのつかない勝敗が決するような号令を出したあとで、頑強な抵抗のために命を捨てろと兵士に命じられるわけがない。ところが、ペタンとウェイガンの態度表明と組み合わさると、ショータンの提案は多数派に致命的な影響を及ぼした。どのような状況でもフランス艦隊の降伏は許さないと伝えつつ、このような方策をどのように見なすか、英国政府にたずねることが合意された。レノーは席を立ち、辞任するつもりだと宣言した。だが、共和国大統領が押しとどめ、レノーが辞任するのであれば自分も辞任すると宣言した。この混乱した討議が再開されたとき、フランス海軍がドイツに降伏しないことと、フランス本国外の港に移動してドイツの勢力圏から出ることの区別が明確に要約されていなかった。ドイツに条件を問い合わせるのを承諾してほしいと英国政府に求めることだけが合意された。その通信文が、ただちに打電された。

＊

翌朝、レノーはふたたび英国大使と会見し、フランス艦隊をドイツの勢力圏外に配置する――具体的には、イギリスの港へ向かわなければならない――という条件付きで、イギリスはフランスの要請を承認すると告げられた。この指示は、時間を節約するために、ロンドンからキャンベル大使に電話で伝えられた。午前一一時、取り乱した閣僚たちが閣議をひらき、ルブラン大統領が出席した。政府を北アフリカに移転するというレノー首相の提案に、自署に加えてエリオ下院議長の代理として署名するために、ジャンヌネー上院議長が呼ばれた。そのときペタン元帥が立ちあがり、部下が書いたとおぼしい辞表を読みあげた。演説を終えたペタンが、退席しようとした。共和国大統領が、本日中に返答するのでとどまってほしいと、ペタンを説得した。休戦の問い合わせが遅れていることにもペタン元帥が苦情をいった。義務を免除するよう同盟国に頼むときには、返答が届くまで待つ慣習だと、レノーが答えた。閣議が終わった。昼食後に英国大使がレノーに回答の文書を手渡した。その主旨は、朝の非公式会談ですでに通知されていた。

＊

この時期の戦時内閣は、尋常ではない感情に包まれていた。フランスの失陥と末路が、閣僚たちの意識を支配していた。私たちの苦境、目の前にある事態、単独で対峙しなければならないことは、二の次のようだった。断末魔の苦しみを味わっている同盟国のことを悲しみ、助けるために人間の力の限りを尽くしたいという強い思いが、すべてに勝る気運だった。また、フランス艦隊を確保することが、なによりも重要だった。フランスとイギリスの〝永久不変の連合〟という提案は、その決意に基づいて編み出された。

　私はその主な発議者ではなかった。一五日にカールトン・クラブでの昼食会で、はじめて明確な計画を聞いた。外相ハリファクス卿、コルバン仏大使、ロバート・ヴァンシタート卿〔一九三〇年代に外務省事務次官だったときに〝私立探偵社〟と呼ばれる対独諜報網を築き、ヒトラーに関して数々の警告を発していた人物〕ほか数人が出席していた。その前にかなり話し合いが行なわれたことは明らかだった。一四日にヴァンシタートと私の私設補佐官デズモンド・モートンが、ロンドンに派遣されたフランスの経済特使団のモネ氏やプレヴァン氏と会い、フランス政府とフランス軍将兵をできるだけ多くアフリカに運ぶ船舶の手配をするために空路でロンドンに来ていたド・ゴール将軍が、そこに加わった。これらの諸氏があらましをまとめた英仏連合宣言には、数々の多岐にわたる利点に加えて、内閣の大部分がアフリカに移動して戦争を続行するよう鼓舞するのに役立つ明確な事実関係をレノー首相に提供するという目的があった。私は当初、反対に傾いた。重要な特性についていくつも質問したところ、まるきり納得できなかった。しかしながら、その日の午後の長い閣議の最後に、その問題が提起された。もたらされる影響や結果が考え尽くされていない莫大な構想に、全党の生真面目で堅実で経験豊富な政治家たちが熱心に関わろうとしたことに、私はいささか驚いた。私は抵抗しなかった。雅量を示したいという流れはあまりにも強かったので、きわめて利他的で大胆な行動に踏み切ることを求める決議に屈した。

　翌朝、戦時内閣が集まったときには、英仏の取り決めから正式にフランスを解放してほしいというレノー首相の前夜の要請への返答にまず取り組んだ。求められて私が別室で起草した以下の返答を、内閣は承認した。一六日午後一二時三五分に、ロンドンからそれが急送された。早朝にキャンベルに電話で指示して、正式な承認と復唱がなされた。

外務省よりR・キャンベル大使へ

内閣が公に承認した以下の公式伝達を、レノー首相に渡してもらいたい。

チャーチル首相よりレノー首相へ

一九四〇年六月一六日午後一二時三五分

休戦もしくは和平に向けて単独で交渉することを禁じる私たちの取り決めは、フランスの特定の政権や政治家とのあいだに結ばれたものではありません。フランスの名誉が関わっております。〝**しかしながら、交渉中にフランス艦隊がイギリスの港に向けて航行するのであれば、その場合に限り**〟英国政府は、フランス向けの休戦条件を確認したいというフランス政府の問い合わせに完全な承諾をあたえます。戦争を続行すると決意している英国政府は、休戦に関する上記の問い合わせのいかなる段階にもいっさい関与いたしません。

午後に同様の条件付き公式伝達の二通目が、外務省からロナルド・キャンベル大使に送られた（六月一六日午後三時一〇分）。

二通とも午前中の閣議の主な目的を具体的に示した、厳しい文面だった。

外務省よりR・キャンベル大使へ

以下の意向をレノー首相に伝えてもらいたい。

休戦条件についてドイツからなんらかの返答があったときには、可及的速やかに意見を打診されるものと私たちは考えております。単独の和平や休戦を禁じる条約の効力を温存するためだけではなく、英軍の将兵がフランス軍とともに戦っている以上、どのような休戦であろうと私たちに重要な影響を及ぼすと思われるからです。フランス艦隊がイギリスの港に撤退することを規定しているのは、それが英仏両国の利益になるとともに、フランス艦隊がドイツ軍の手の届かないところにいることで、休戦の話し合いにおいてフランス政府の立場が強まると、私たちが考えているからです。貴君はフランス政府がそれを認識するように計らうべきです。フランス空軍については、北アフリカに移動するようあらゆる努力が払われるものと想定しております。もちろん、フランス政府が空軍をイギリスに移動したいのであれば、それでも結構です。

現在フランスにいるポーランド、ベルギー、チェコの将兵を脱出させて北アフリカに送るために、休戦の話し合い以前と最中にフランス政府があらゆる努力を払うであろうと、私たちは期待しております。ポーランドとベルギーの政府をこの国が受け入れる手配が進められています。

＊

おなじ日の午後三時に、私たちはふたたび閣議をひらいた。前日の閣議の最後に、イギリスとフランスの緊密な連合をあらためて宣言するという提案について話し合ったことを思い出すよう、私は閣僚たちを促した。午前中に会ったときにド・ゴール将軍は、戦時に内閣を維持するのに必要な支援をレノー首相にあたえるには、過激な措置が不可欠だと力説し、永久不変の英仏連合を宣言すれば、その目的に役立つと提案した。ド・ゴール将軍とコルバン大使は、午前中の戦時閣議の決定と、すでに打電された通信の文面が厳しすぎると懸念していた。このあらたな宣言を検討するために草稿が作成され、ド・ゴール将軍がレノー首相に電話をかけたことを、私は知らされていた。従って、しばらく行動を控えるのが賢明だった。そのために、公式伝達を届けるのを中断するよう、キャンベル大使は電報で指示されていた。

午前中の閣議のあとで、ロバート・ヴァンシタート卿と会ったと、ハリファクス外相が述べた。レノー首相の方策を強化するような劇的な宣言を起草するよう、ハリファクスはヴァンシタートに頼んであった。ヴァンシタートが、ド・ゴール将軍、モネ氏、プレヴァン氏、モートン少佐と協議し、五人で声明文を起草した。その文書をできるだけ早く公表する必要があると、ド・ゴール将軍が力説し、今夜のうちにフランスへ持参したいといった。翌日に私がレノー首相と会うべきだとも提案した。

その声明の草稿が回覧されて、全員が注意深く読んだ。ありとあらゆる障害がたちまち明らかになったが、連合宣言という案は最後にはおおかたの賛同を得た。最初は直感で反対したものの、この危機に際して想像力が欠如していると非難されてはならないと判断したと、私は述べた。劇的な声明はたしかにフランスがやり抜くために不可欠だった。そういう提案は軽く斥けられるべきではないし、戦時内閣の有力者たちが賛同したことに、私は勇気づけられた。

午後三時五五分に、今後の抗戦が可能であるかを決定するために、午後五時にフランスが閣議をひらくと知らされた。また、連合の宣言が午後五時に賛成されれば首相の地位を保てるかもしれないと、レノー首相が電話でド・ゴール将軍に伝えていた。それを聞いて、戦時内閣は英仏連合宣言の最終草稿を承認し、ド・ゴール将軍がレノー首相にじかに届けることを許可した。レノー首相にただちに電話でそのことを通知した。戦時内閣はさらに、宣言の草稿とそれにまつわる問題を話し合うために、三政党の代表である私、アトリー氏、アーチボルド・シンクレア卿にできるだけ早くレノー首相と会見するよう要請した。

最終草稿は以下のとおり。

連合宣言

現代世界の歴史を決定づけるこの重要な時機に、連合王国とフランス共和国の政府は、この永久不変の連合と、人類を木偶《ロボット》や奴隷の生活に貶める体制に服従せずに正義と自由を共同で防衛するという、揺るがぬ決意を宣言する。

フランスと連合王国はもはやふたつの国ではなく、英仏連合として一体になると宣言する。

連合の規約により、国防・外交・財政・経済政策の合同機関が発足する。

フランス市民はただちに連合王国の市民権を得る。イギリスの臣民はフランス市民となる。

英仏両国は、それぞれの領土のどこで生じた損害であろうと、戦争による破壊を復旧する責任を共有し、その目的のために両国の資源を一体として同等に充当する。

戦争中の戦時内閣は単一とし、イギリスとフランスの陸・海・空軍はすべて戦時内閣の指示に従うものとする。戦時内閣は最善と思われる場所から統治する。両国の議会は正式に結合される。大英帝国の各国は、すでにあらたな軍を編成している。フランスは使用可能な部隊を陸、海、空で維持する。英仏連合はアメリカ合衆国に、連合国の経済資源を強化し、共通の大義のために強力な物的支援を行なうよう訴える。

戦場がどこであろうと、英仏連合は敵の力に対抗するためにすべての活力を結集する。

そして、私たちは勝利をものにする。

これらすべては、しかるべきときに議会に報告された。だが、そのときにはこの問題はどうでもよくなっていた。

従来とおなじように、私はこの声明を起草しなかった。共同で起草されたものに手を加えただけだ。それを別室に持っていくと、ド・ゴール将軍がヴァンシタート、モートン、コルバン氏とともに待っていた。ド・ゴール将軍が、並々ならぬ熱意をこめてそれを読み、ボルドーとの連絡が確保されるとすぐに電話でレノー首相にそれを伝えた。両国及び両帝国の重々しい連合と同胞愛の誓いが、苦闘しているレノー首相にとって、使用可能な全部隊とともに政府がアフリカに移転し、差し迫っているドイツの支配の及ばない港に航行するようフランス海軍に命令する手立てになることを、ド・ゴール将軍は私たちとおなじように願っていた。

＊

ここで、電報を受け取る側に場面を移さなければならない。三月二八日に取り決めた義務から解放してほしいというフランス側の要請に応えた公式通達二通を、英大使が届けた。大使の報告によれば、レノー首相は元気がなく、その二通を平静に受け止めなかったという。フランス地中海艦隊がイギリスの港に撤退したら、イタリアにすぐさまチュニスを奪われるおそれがあり、英国艦隊も厄介な問題を抱え込むだろうと、レノーは即座に答えた。その後、ド・ゴール将軍が電話で私の公式伝達を伝えたときも、大使はそれ以外の返答を得られなかった。しかし今回は、「まるで強壮剤のような効き目があった」と大使は述べている。そういう宣言文があれば、最後まで戦えるとレノーはいった。そこに、マンデル氏とルイ・マラン氏〔その後、全国抵抗評議会、いわゆるレジスタンスに参加した政治家〕が現われた。ふたりとも明らかにほっとしていた。レノー首相は〝軽やかな足どり〟で一同を残し、大統領の前で宣言の草稿を読みあげるために出ていった。この絶大な保証があれば、アフリカに撤退して戦争を遂行するという政策に内閣が賛同するはずだと、レノーは確信していた。厳しい文面の公式通達二通を口頭で述べるのを意図的に先延ばしにするか、すくなくとも延期するようにという私の大使宛の電報での指示が届いたのは、レノー首相が会見に出かけた直後だった。そこで伝書使がレノーのもとへ派遣され、前の公式通達二通は〝取り消された〟と見なしてもらいたいと伝えた。〝猶予する〟というのが正確な表現だっただろう。戦時内閣はどのような面でも立場を変えていなかった。しかし、〝連合宣言〟ができるだけ勝算が見込めるように、もっとも有利な状況を醸し出すほうがいいと、私たちは判断した。フランス内閣がそれによって結束すれば、大は小を兼ねるのたとえがものをいって、フランス艦隊は自動的にドイツの勢力圏から移動するはずだった。連合が賛同されなかったときには、私たちの権利と主張が全力で復活する。フランス政府のなかでなにが起きているのか、私たちにはわからなかったし、レノー首相との取引がそれで終わりを告げるとは知る由もなかった。

その日、私はレノーとしばらく電話で話をして、ただちに会いにいったほうがいいかもしれないと持ちかけた。ボルドーのいまの事情も、今後どうなるかも不確かだったので、戦時内閣の同僚たちは私に、巡洋艦でフランスに向かうよう求め、翌日にブルターニュ沖で決時に会合する手配が進められた。飛行機で行くべきだったが、それでも間に合わなかっただろう。

外務省から打電された通信は、以下のとおり。

ボルドー在キャンベル大使へ　　一九四〇年六月一六日午後六時四五分

レノー首相と会見するために、王璽尚書（アトリー）、空軍大臣（シンクレア）、三軍の参謀総長、特定の随員とともに、総理大臣が巡洋艦で明一七日正午にコンカルノーに到着する。上記についてド・ゴール将軍は知らされており、時刻と会合場所は好都合であるという見解を示した。注意を惹かないように艦上で会見を行なうと提案した。レノー首相と随員が望めば使用できるように、英海軍駆逐艦〈バークレー〉にあらかじめ連絡してある。

さらに、六月一六日午後八時に、外務大臣から電話連絡がなされた。

以下は、最前の私の公式通達二通に関する行動を一時停止した理由である。

ド・ゴール将軍と協議したあと、フランス政府の休戦要求をあらためて思いとどまらせるために、総理大臣はブルターニュであすレノー首相と会見することを決定した。この目的のために、ド・ゴール将軍の助言に基づき、戦争を続行するためにあらゆる分野で緊密な英仏連合をただちに制定するという宣言を至急行なうのにレノー首相の参加を呼びかける。英国政府《HMG》が承認した宣言の草稿には、直後に発せられたつぎのような総理大臣の電文が含まれている。レノー首相の前でただちにこれを読みあげてもらいたい。

提案済みのこの宣言の概要は、すでにド・ゴール将軍からレノー首相宛に電話で伝えられ、英仏両政府によるそのような宣言はフランス政府の決定に重大な影響を及ぼすと、レノー首相が回答した。将軍は今夜、写しを持参して戻ってくる。

私たちの戦時閣議は、六月一六日午後六時までつづけられ、そのあとで私は特使の任務に着手した。労働党と自由党の党首〔アトリーとシンクレア〕、三軍の参謀総長、各分野の重要な将校と官僚が同行する。ウォータールー駅で特別列車が待っていた。二時間後にはサウサンプトンに到着する。巡洋艦が三〇ノットで夜間に航行し、一七日正午には会合点に到達するはずだった。私たちは列車で席についた。妻が見送りに来ていた。なぜか出発が遅れていた。なんらかの支障が生じたにちがいない。やがて、私の私設秘書が息を切らしてダウニング街からやってきて、ボルドーのキャンベル大使からの以下の通信を届けた。

内閣の危機が発生……。午前零時には報せが届くと思われる。それまであすの会見の手配を行なうのは不可能。

それを受けて、私は暗い気持ちでダウニング街に戻った。

＊

レノー内閣の終幕は以下のとおり。

連合宣言にレノー首相が抱いた希望は、たちまち消え去った。これほどおおらかな提案が、このような敵意に満ちた反応に出遭うのは、めったにないことだろう。レノー首相は閣議で宣言の草稿を二度読みあげた。力強く自説を述べ、詳細を話し合うために翌日、私と会うとつけくわえた。だが、動揺した閣僚たちは、有名無名を問わず、分裂し、敗北というすさまじい打撃を浴びてためらっていた。何人かは電話を盗聴してそれを知っていたという話も聞いている。彼らは敗北主義者だった。このように遠大な論題を受け入れる覚悟がまったくない人間が、大多数だった。計画そのものを拒絶するという見解が閣議を支配していた。驚愕と不信が過半数を占め、友好的で意志強固な人間までもがとまどっていた。フランスが休戦の条件をドイツに問い合わせることができるように、イギリスは三月二八日の取り決めからフランスを解放すべきだというのが、閣議の全会一致の決議だった。その要請に対するイギリスの返答が届くことを、フランスの閣僚たちは予想していた。私たちの正式な返答が閣議で説明され、フランス艦隊がイギリスに避難するという私たちの主な条件が受け入れられるか、せめてべつの適切な提案がなされていれば、ドイツ側の条件が厳しすぎた場合にはアフリカに政府を移転するという最後の手段を温存しつつ、敵と交渉を開始するのに、なんら制約がなかったはずだった。しかし、いまとなっては典型的な〝命令、取り消し命令、無秩序〟という流れになってしまった。

ポール・レノーは、英仏連合という提案が引き起こした好ましくない影響を乗り越えることができなかった。ペタン元帥が率いる敗北主義者の一派は、提案を吟味することすら拒んだ。激しい非難が湧き起こった。〝崖っぷちの計画〟、〝不意打ち〟、〝フランスを後見するか、わが帝国の植民地を奪う計画〟。フランスを自治領に格下げする提案だと、彼らは非難した。フランス人は英国ではなく大英帝国の市民権を得るだけなのに、イギリス人はフランス共和国の市民権を得るから、身分が不平等だと文句をいうものもいた。この意見は、提案の文面とは食い違っている。

こういった意見以外にも、数々の反論があった。イングランドは敗北したのだというウェイガンの見解を、ペタンはあっさり受け入れた。フランス軍上層部はつぎのように助言した。〝三週間後にイングランドは鶏のように絞め殺されているでしょう〟。ペタンは、イングランドと連合するのは〝死体と一体化することだ〟と述べた。前の大戦で断固たる態度を示したイバルネガレ国務相は、「ナチの州になるほうがましだ。それならどういうものかわかっている」と叫んだ。ウェイガン将軍の友人のレイベル上院議員は、この計画はフランスの完全な滅亡をもたらすだろうし、よくてもイングランドに従属することになると、いい放った。レノーは「敵に通じるよりも同盟国と協力するほうを私は望む」といったが、無駄だった。マンデルも、「イギリスの自治領になるよりも、ドイツの一地方になるほうがいいというのか？」と問いかけた。すべて徒労だった。

私たちの英仏連合の提案をレノーが申し立てても、閣議では一票も得られなかっただろうと、私たちはいまでも確信している。それはまさに屈服だった。内閣に対する影響力と権威を失ってもがき苦しんでいた首相が、みずから取り返しのつかない敗退をあらわにしたのだ。その後の議論は、休戦とドイツの示す条件を問い合わせることに移り、それについてショータン副首相が怜悧に不動の立場を守った。フランス艦隊について要求する私たちの公式通達二通は、閣議には提示されなかった。ドイツとの交渉の前にフランス艦隊がイギリスに向けて出航すべきだという要求は、分解寸前のレノー内閣ではいっさい検討されなかった。八時頃に、何日ものあいだ肉体と精神の緊張にさらされていたレノーは、疲労困憊し、大統領に辞表を提出し、ペタン元帥を呼び出すよう求めた。この行動は性急だったというしかない。レノーは翌日に私と会見することにまだ望みをつないでいたと思われ、スピアーズ将軍にそう述べた。「あしたになったらちがう政府ができあがっていて、あなたはもう意見を述べられる立場にはないでしょう」とスピアーズは答えた。

キャンベル大使はつぎのように述べた（六月一六日の電話での報告）。

この日の午後の総理大臣の堂々たる意思表明に勇気づけられていたレノー首相はその後、休戦の条件を確認することに賛成している勢力が強力になり、自分の力ではどうにもできないと、私たちに述べた。レノー首相は閣議で連合提案を二度読みあげ、その趣意と今後に期待が持てることを説明したが、無駄だった。

閣僚たちが受けている悪影響を取り除くよう努力してほしいと、私たちは三〇分にわたり説得した。マンデル氏としばし話し合ったあとで、本日二度目の上院議長との会見を行なった。ジャンヌネー上院議長の見解は（レノー首相とおなじように）適切で、レノーが新内閣を組閣するように共和国大統領を説得しようとした。

英国の総理大臣の意思表明は、敵国と交渉を開始しようとしている政府を対象としない。そのことを大統領に明確に告げてほしいと、私たちはジャンヌネーに頼んだ。

約一時間後、レノー首相が私たちに、自分は打ちのめされ、辞表を提出したと告げた。ペタン元帥とウェイガン将軍（いわば別世界の住人で、緑色のテーブルを囲んで座り、昔ながらのやり方で休戦を話し合えると思い込んでいた）は、政府首脳としてあまりにも微力で、革命の亡霊をちらつかせて政権を運営するのが精いっぱいだった。

＊

六月一六日の午後、モネ氏とド・ゴール将軍が、閣議室の私のもとを訪れた。ド・ゴール将軍は国防次官の権限で、アメリカからボルドーに向けて武器を輸送していたフランス商船〈パストゥール〉にイギリスの港に向かうよう命じた。モネは、フランスが単独講和を結んだ場合に、フランスがアメリカで発注した軍需品をすべてイギリスに運ぶ計画を、積極的に進めていた。モネは明らかにこういう事態を予想していて、世界の難破だと自分が見なしている事態をできるだけ避けたいと考えていた。この重大事にモネがそういう姿勢を示していたことは、おおいに助けになった。つぎにモネは、イギリスに残っている戦闘機の飛行中隊をすべて派遣して、フランスでの最後の戦いに参加することを求めた。もちろん、フランスでの戦いは終わっていた。それが実行される可能性は皆無だと、私は告げた。この期に及んでもモネは、〝決定的な戦闘〟、〝いまこそ好機〟、〝フランスが斃れれば、すべての国が斃れる〟といったようなありきたりの論理を口にした。だが、この分野でモネの要望に応えることはできなかった。フランス人ふたりは立ちあがって、モネが先に立ち、ドアに向かった。ドアまで行ったとき、それまでほとんど発言していなかったド・ゴール将軍が、ふり向いて私のほうへ二、三歩近づき、英語でいった。「総理のおっしゃることは正しいと思います」。ド・ゴール将軍は、感情をあらわにせず、冷静な態度だが、心痛を察する驚くべき能力の持ち主だと思えた。かなりの長身で鈍重そうに見えるこの人物に接したとき、私は心の底で〝これぞフランス軍の総司令官だ〟という印象軍はボルドーにひきかえした。だが、そこに長くはとどまらなかった。

を抱いた。自由に使えるように割りふってあったイギリスの飛行機で、その日の午後にド・ゴール将

＊

ペタン元帥は、ドイツと即座に休戦協定を結ぶ目的で、ただちに組閣を行なった。六月一六日の深夜には、ペタンを領袖とする敗北主義者の一団ができあがり、結束していたので、組閣に時間はかからなかった。ショータン氏（〝条件をきいたからといって受け入れるとは限らない〟と発言した）が、副首相に就任した。万事終わったという見解のウェイガン将軍は、国防相として留任した。ダルラン提督は海相、ボードゥアン氏が外相に就任した。

ひとつだけ、ラヴァル氏のことで障害が起きたようだった。ペタン元帥は当初、法相という重職を提案することを考えた。ラヴァルがそれを尊大に斥けた。ラヴァルは、外相の地位を要求した。フランスの現在の同盟を破棄してイギリスの息の根をとめ、ナチが支配するヨーロッパでより劣った同盟者になるという計画を実行するには、外相に就任しなければならないと考えていたのだ。猛々しい性格のラヴァルが激しく弁じると、ペタン元帥はたちまち降参した。ボードゥアン氏はすでに外務省を引き継いでいたが、外相の能力がまったく欠けていることを知っていたので、譲るのにやぶさかでなかった。だが、それをシャルル＝ルー外務事務次官に話すと、シャルル＝ルーは憤慨した。シャルル＝ルーは、ウェイガンに支援を求めた。ウェイガンが現われて、誉れ高いペタン元帥に話しかけると、ラヴァルが激怒し、ウェイガンとペタンはその勢いに圧倒された。だが、シャルル＝ルーは、ラヴァルの下では働かないと単刀直入に断った。この抵抗に遭ったペタン元帥は、またしても黙り込み、荒々しい一幕のあと、ラヴァルは怒り狂って猛然と退席した。

これは重大な時機だった。四カ月後の一〇月二八日にラヴァルがついにフランス外相に就任したと

きには、軍事の形勢に対する見方が変わっていた。そのときには、ドイツに対するイギリスの抗戦が大きな要因になっていた。イギリスの存在は、けっして軽視できなかった。とにかく、〝三週間後に鶏のように絞め殺され〟てはいなかった。それがあらたな事実であり、フランスの全国民がその事実に歓喜していた。

＊

六月一六日の公式通達で私たちは、フランス海軍の艦艇がイギリスの港に避難するという条件付きで、フランスが休戦の条件を打診することを承認した。そのことはすでに、ペタン元帥に正式に伝えられていた。私の提案で、その重要な条件を強調する通信文をあらためて送ることを戦時内閣が許可した。だが、まるで梨のつぶてだった。

一七日に私はペタン元帥とウェイガン将軍に私信を送った。さらにその写しを、フランス駐箚英大使が、フランス大統領とダルラン提督に提出した。

あらためて申しあげますが、二度のドイツとの大戦で私たちの同志だった誉れ高いペタン元帥と高名なウェイガン将軍が、優秀なフランス海軍を敵に引き渡して同盟国に害をなすようなことはやらないであろうと、私は心の底から確信しております。そのような行為は、おふたりの令名を傷つけ、今後千年の歴史に汚点となって残るでしょう。しかしながら、フランス海軍が国の未来と名誉を担ってイギリスかアメリカの安全な港に向けて航行しているべきときに、貴重な時間をいたずらに費やせば、そのような結果を招きかねないのであります。

現地でこの要請に人的支援を行なうために、私たちはダルラン提督と接触があって、個人的に親しいと思っていたパウンド第一海軍委員、A・V・アレグザンダー海軍卿、フランスの長年の友人である植民地大臣ロイド卿を派遣した。三人は一九日に、苦労しながらフランスの新閣僚たちと人脈を築いた。フランス艦隊は断じてドイツには渡さないと、重々しい約束をいくつも取り付けた。だが、迅速に接近するドイツ軍の手が届かないところへ移動している軍艦は、一隻もなかった。

＊

内閣の求めで、私は六月一七日夜に、ラジオでつぎのような声明を述べた。

フランスからの非常に悪い報せが相次いでいます。恐ろしい不運に巻き込まれたフランスの勇敢な人々のことを、私は嘆き悲しんでいます。何事も、彼らに対する私たちの気持ちや、フランスの真髄がふたたび蘇るだろうという確信を変えはしません。フランスでなにが起きようと、私たちの行動や目的は毫も変わらないのです。武器を持って世界の理想を護る戦士は、いまや私たちだけになりました。私たちは高尚な名誉に値するように最善を尽くします。私たちはこの島を護り、大英帝国の力をもってして、ヒトラーという災厄が人類の眉宇《びう》から払いのけられるまで、征服されることなく戦います。最後にはなにもかもうまくいくだろうと、私たちは確信しています。

＊

一七日の朝、夜のあいだにスピアーズ将軍と電話で話したことを、私は閣僚たちに伝えた。ボルドーの新体制のもとでは、なんら有益な貢献はできないと、スピアーズは述べた。ド・ゴール将軍の身の安全についても心配していた。状況が固まらないうちにド・ゴール将軍がフランスを離れるほうが賢明だと、スピアーズは警告されたようだった。そのために練られていた賢明な計画に、私はすぐさま賛成した。そこで、まさにその一七日の朝、ド・ゴールは欺瞞のためにボルドーの執務室に出勤し、午後のためにさまざまな手配を行なって、友人のスピアーズを見送るふりをして、自動車でいっしょに飛行場へ行った。ふたりは握手を交わし、別れの挨拶をした。飛行機が滑走をはじめると、ド・ゴールが跳び乗って、乗降口をバタンと閉めた。フランスの警察官や係員がぽかんと口をあけて見ている前で、飛行機が空に向けて上昇した。ド・ゴールは、フランスの名誉を胸に抱いて、その小さな飛行機に乗ったのである。

その夜に、ド・ゴールはラジオで、フランス国民に対して、記憶すべき演説を行なった。一部をここに引用すべきだろう。

フランスは孤独ではありません。広大な帝国がうしろに控えているのです。フランスは、いくつもの海を制して戦いをつづけている大英帝国と団結することができます。イギリスがやっているように、フランスはアメリカ合衆国の工業資源を遺憾なく活用できます。

戦いつづけることを望んだそのほかのフランス人たちは、そういう運に恵まれなかった。ペタン政権が成立した時点では、アフリカに移転してドイツの支配圏外で権力中枢を打ち立てる計画は、まだ可能だった。六月一八日にペタン内閣の閣議で、そのことが話し合われた。同日夜にルブラン大統領、ペタン、上院と下院の議長が集まった。代表団を北アフリカに派遣することに、おおかたが賛成したように思われた。ペタン元帥も断固反対したわけではなかった。ペタンはフランスに残るつもりだったが、副首相のショータンが出向いて首相代理として行動するのを阻む理由は、なにもなかった。政府要人が大挙して脱出するという噂がひろがって、ボルドー政権が動揺すると、ウェイガンが断固として反対した。そのような措置は、フランス主導で六月一七日に早くもマドリードで開始されていた

〝名誉ある〟休戦交渉を台無しにするというのが、ウェイガンの意見だった。ラヴァルは、心の底から不安にかられていた。フランス国外で実質的な抵抗政権が発足すれば、ラヴァルが決行するつもりの方策が瓦解する。ラヴァルは次官や上院議員を多数、ボルドーに呼び寄せた。

ダルラン海相の意見は異なっていた。自分のやり方を批判する有力者たちをすべて一隻の船に押し込んで追放するのが、数多くの難問を解決するのにきわめて好都合だと見なした。アフリカ行きを希望する人間をすべて船に乗せてしまえば、自分の力で支配できるし、政府が今後のことを決めるための時間も稼げる。ダルランは新内閣の了承を得て、アフリカへ行くことを望んでいる有力政治家をすべて、武装高速人員輸送船〈マッシリア〉で運ぶと持ちかけた。〈マッシリア〉は二〇日にジロンド川の河口から出航する予定だった。だが、ジャンヌネーやエリオなど、多くの有力者は、罠ではないかと疑い、陸路でスペインを経由することにした。難民を除けば、次官二四人、上院議員ひとり、マンデル、カンパンキ〔レノー政権の海相〕、ダラディエなど、アフリカ移転を積極的に主張していた人々が、最終的に乗り込んだ。二一日午後、〈マッシリア〉は出航した。二三日、ペタン政府がドイツとの休戦を受け入れて調印したことが、無線で伝えられた。カンパンキはただちに、イギリスに針路をとるよう船長を説得しようとしたが、船長があらかじめ指示されていたことは明らかで、二日前まで海相だったカンパンキに対して、にべもなく拒絶した。不運な愛国者の一団は不安な時間を過ごし、六月二四日の夜に〈マッシリア〉はカサブランカで投錨した。

マンデルは、いつものように決然と行動した。自分が首相をつとめる抵抗政府を北アフリカで樹立するという宣言を、ダラディエとともに起草した。上陸し、英国領事館を訪ねたあとで、オテル・エクセルシオールに陣取った。マンデルはアヴァス通信社を使って、そこから宣言を発信しようとした。仏領アルジェリアのフランス軍総司令官ノゲ将軍は、宣言文を読んで動揺した。ノゲはマンデルの電報を途中で奪い、世界に向けてではなく、ダルランとペタン宛に発信した。ペタン政権は、敵対する可能性のある代理政府がドイツの権力圏外で樹立されることを許してはならないと決意していた。マンデルはホテルで逮捕され、現地の裁判所に連行されたが、治安判事がなんの罪状もないと断言してマンデルを釈放した。この治安判事は、その後、ヴィシー政権によって解任された。ところが、総督を兼ねていたノゲがマンデルを再逮捕し、〈マッシリア〉に連れ戻した。〈マッシリア〉はただちに港内に留め置かれ、乗客は陸地との通信を厳しく禁じられた。

私はもちろんこういった出来事を知らなかったが、戦いつづけることを願っていたフランス人の運命に早くも懸念を抱いていた。

総理大臣よりイズメイ将軍へ　一九四〇年六月二四日

戦いたいと思っているフランス軍の将兵や重要な技術者が、罠が閉ざされる前にさまざまな港に行けるようにする組織を確立することが、きわめて重要だと思われる。奴隷制度の時代の〝地下鉄道〟のたぐいを確立し、『紅はこべ』〔イギリスの作家バロネス・オルツィの小説の題名。フランス革命時に捕らえられた貴族をイギリスに亡命させた秘密組織の名称〕のような組織が発足すれば、意志強固な人々が着実に逃れることができるはずだ。フランスの植民地を防衛するために、あらゆる手立てを私たちは必要としている。海軍本部と空軍が連携しなければならない。ド・ゴール将軍とその評議会は、もちろん活動の権限をあたえられることになる。

六月二五日の夜更けの戦時閣議のあとで、フランスの主だった政治家がおおぜい乗っている船がラバト沖を通過したことを、その他もろもろの情報とともに私たちは聞いた。ただちにその船との連絡を確保することにした。ダフ・クーパー情報相が英遠征軍総司令官のゴート将軍を伴い、サンダーランド飛行艇で夜明けにラバトに向けて出発した。モロッコの首都ラバトが、喪に服していることがわかった。フランスの敗北を嘆き悲しんで、旗はすべて半旗で翻り、教会は弔鐘を鳴らし、大聖堂では厳粛な礼拝が行なわれていた。ふたりはマンデルと連絡をとろうとしたが、あらゆる手立てが妨害に遭った。モーリスという名前の副総督が、電話で断っただけではなく、ダフ・クーパーが要求した面会でも、上官の命令に従うしかないといい放った。「拳銃で自決しろとノゲ将軍に命じられたら、よろこんで従います。あいにく、将軍が私に下した命令は、もっと無慈悲です」。フランスの大臣や次官だった人々は、脱獄囚並みの扱いを受けていた。私たちの特使は、すごすごとひきかえすしかなかった。数日後（七月一日）に私は、〈マッシリア〉の行く手を遮って、乗っている人々を救出するよう海軍本部に命じた。だが、計画は立案されず、〈マッシリア〉はカサブランカの砲台に護られて、三週間近く停泊していた。その後、全員がフランスに連れ戻され、ヴィシー政権が自分たちにとって好都合で、ご主人さまのドイツも気に入るようなやり方で処分された。マンデルは長期の過酷な拘禁状態に置かれ、一九四四年末にドイツの命令で殺された。こうして、アフリカかロンドンに代議制の強力なフランス政府を打ち立てる望みはついえた。

＊

無駄だとわかってはいるが、重要な出来事や決定がじっさいに起きたことと異なっていたらどうなったかを想像するのは心惹かれる作業だし、ときにはそれが役立つ場合もある。フランス失陥の流れは、六月一六日に十数回の賭けによって定まり、いずれも非常にきわどい勝負だった。ポール・レノーが一六日にも命脈を保っていたら、私はイギリスが派遣できるもっとも強力な代表団とともに、一七日正午にレノーに会っていたはずだった。代表団はイギリスの旗印のもとで全権を行使し、単刀直入な新提案をぶつけて、ペタン、ウェイガン、ショータンと対決する。〝フランス海軍の艦艇がイギリスの港に向けて出航しないのであれば、三月二八日の協定による義務から解放しない。そのいっぽうで、永久不変の英仏連合を提案する。アフリカへ行き、ともに最後まで戦おう〟。共和国大統領や上院と下院の議長の支援が得られたはずだし、レノー、マンデル、ド・ゴールを後押しする堅忍不抜の人々の応援もある。協議の場の敗北主義者の意識を高め、翻意させ、少数派にしてしまうか、逮捕することもできたにちがいない。

ともあれ、この幻影じみた考察をさらに進めてみよう。フランス政府は北アフリカに撤退する。英仏の超国家か実質的に作業部会に縮小された組織が、ヒトラーと対峙する。港を出るイギリスとフランスの艦隊は、地中海を完全に支配し、兵員と補給品を思いのままに輸送する。本土防衛から割くことができる英空軍部隊と、フランスの残存空軍部隊を、アメリカの物資で涵養し、仏領北アフリカの飛行場を拠点にすれば、最重要の攻勢要因になる。長らく懸念と危機の材料だったマルタ島は、ただちに私たちのもっとも活動が盛んな海軍基地という地位をものにする。アフリカから重爆撃機でイタリアを攻撃するほうが、イングランドから出撃するよりもずっと容易い。イタリア本国とリビアやトリポリタニアのイタリア軍との連絡を、効果的に遮断できる。エジプト防衛のために配備している戦闘機を増やす必要はない。残存しているフランス軍が地中海東部から中央部に移動すれば、イギリス軍は地中海にすでに派遣した兵員やこれから派遣する予定の兵員を増やさずにすむ。一九四一年中に、北アフリカの海岸地帯のイタリア軍は掃討されるはずだ。

そういう状況であれば、フランスは主要同盟国として抗戦を続行し、現在もフランスを苦しめている由々しい国民の分裂を避けられていたはずだった。その後フランス全土がドイツの支配にひれ伏すことになるが、現実にそうなったのは、一九四二年一一月に英米軍が海からの急襲〔松明〔トーチ〕作戦のこと〕を行なったあとだった〔北アフリカのヴィシー政府軍が英米軍に降伏し、ドイツがフランスの自由地区の占領を開始した〕。すべての事実がいま私たちの目の前にある。

フランスが休戦によって苦難を免れることができなかったのは明白だ。

ヒトラーがどういう挙に出ていたかという憶測は、さらに杳渺《ようびょう》としている。スペインの同意があってもなくても、ドイツ軍はスペインを突破して、ジブラルタルを強襲し、占領してから、タンジェやモロッコ全体に侵攻していただろうか？　アメリカはことにこの地域のことをかなり懸念し、ローズヴェルト大統領はそれを強く意識していた。ヒトラーは、スペイン経由でアフリカにそういう大規模な攻撃を行なういっぽうで、英本土防衛戦《バトル・オヴ・ブリテン》を戦うことができただろうか？　どちらかを選択せざるをえなかったはずだ。ヒトラーがアフリカを選んだ場合には、制海権とフランスの基地を得たイギリスはドイツに先んじてモロッコやアルジェリアに兵員と空軍を移動し、兵力を大幅に拡大していただろう。一九四〇年の秋から冬にかけて、イギリスは友好的な仏領北西アフリカを拠点に、猛烈な軍事作戦でドイツを迎え撃っていたにちがいない。

戦争の全景を事後に総合的に考察すると、英本土防衛戦と東方へのドイツ軍の進撃というヒトラーが主眼とする決定や、戦争中の数々の重大事が、フランス政府の北アフリカ移転によって変わっていた可能性は低いと思われる。パリが陥落すると、ヒトラーは欣喜雀躍し、当然ながらつぎの大仕事に着手した。フランスがひれ伏したいま、できれば大英帝国を征服し、滅ぼさなければならない。べつの選択肢はたったひとつ、ソ連攻略だった。スペインを突破して北西アフリカに侵攻するという行動は、それらのとてつもない冒険的行動の障害になるだろうし、とにかくバルカン地域に対する攻撃の妨げになる。フランス政府の北アフリカ移転は、連合国すべてにとって有益だったはずだと、私はいまも考えている。ヒトラーが英仏を追ってアフリカに攻め込んだとしても、そういう事実に変わりはなかっただろう。

一九四四年一月、マラケシュで私が病後の療養中だった際に、ジョルジュ将軍が昼食にやってきた。

何気ない会話の途中で、一九四〇年六月にフランス政府がアフリカに移転しなかったことが、結局、最善だったかもしれないと、私は思いつきで口にした。一九四五年八月のペタンの公判で、ジョルジュ将軍はそう証言するのが適切だと判断した。いまさら文句をつけるつもりはないし、ここで過去をふりかえって述べている憶測は、戦時中や現時点で熟考した私の持論ではない。

第一一章　ダルラン提督とフランス海軍　オラン

〈イギリスも降伏するだろうか？／六月一八日、私の演説／〝彼らの最良のとき〟／ダルラン提督の好機／ダルラン提督の私宛の最後の親書／休戦協定第八条／重大な決定／〝カタパルト〟作戦：七月三日、攻撃開始／フランスに対する私たちの条件／オランの悲劇／七月四日、私の議会への報告／フランス海軍殲滅を世界はどう受け止めたか〉

フランスの崩壊で、すべての味方と敵の意識に、〝イギリスも降伏するだろうか？〟という疑問が湧き起こった。そのため、さまざまな重大事に際して、公式声明が肝要になった。私は国王陛下の政府の代表として、イギリスが単独で戦う決意であることをくりかえし表明した。ダンケルク撤退後の六月四日、〝必要とあれば何年でも、**必要とあれば単独で**〟という表現を使った。もちろんなんの意図もなくそういったのではなかったし、翌日、ロンドン駐剳仏大使が本国からの指示で、本気でそういったのかとたずねた。〝発せられた言葉を正確に伝えるように〟と大使は命じられていた。ボルドー政権崩壊直後の六月一八日に庶民院で演説したときの文言を憶えている。〝戦争を続行するという揺るがぬ決意の基盤をなす実際的な根拠〟を私はそのときに告げた。最後の勝利はたしかな根拠によってじゅうぶんに期待できると、三軍の専門家の顧問が確信していることを、私は議会で請け合うことができた。自治領四カ国の首相すべてから公式通達が届いていて、戦いつづけるという私たちの決定に賛成し、命運をともにすると彼らが宣言していることを、議会に伝えた。「このいまいましい貸借対照表を〆て、私たちが抱えている数々の危険を曇りのない目で熟慮すると、警戒を怠らずに力を尽くさなければならない大きな要因がいくつも見られますが、恐慌をきたしたり恐れたりするような理由はなにもありません」。私はつけくわえた。「前の戦争の最初の四年間、連合国は災厄と失望ばかり味わっていました……。〝どうやれば勝てるのか?〟と、何度も自問しましたが、だれも明確な答を出すことができませんでした。終戦間際になって、突然、まったく予期していなかったのに、恐ろしい敵が私たちの目の前で崩壊し、私たちが愚かにも投げ捨てようとしていた勝利を心ゆくまで味わうことになったのです」

「フランスでなにが起きても、あるいはいまのフランス政府もしくはべつのフランス政府がどうなっても、この島と大英帝国にいる私たちは、フランスの人々との同志愛を失ってはいけません……。私たちの骨折りが報われて最後の勝利が得られたときは、彼らとその報酬を分かち合いましょう——そう、そしてあらゆる国で自由が取り戻されるでしょう。私たちは正当な要求をいっさい撤回しません。なにひとつ、どんな権利も譲りません……。チェコ、ポーランド、ノルウェー、オランダ、ベルギーの人々は、私たちの大義に参加しています。これらの国々は復興されるでしょう」。私は結論を述べた。

「ウェイガン将軍がフランスの戦い《バトル・オヴ・フランス》と呼んだものは終わりました。英本土防衛戦《バトル・オヴ・ブリテン》が開始されるだろうと、私は予測しています。この戦いにはキリスト教文明の生存が懸かっています。私たちイギリス人の命、私たちの社会制度と帝国の長年の継続が懸かっています。まもなく、敵の狂暴な力はすべて私たちに向けられるでしょう。この島で私たちを打ち負かさなかったら戦争に負けるということを、ヒトラーは知っています。私たちがヒトラーに立ち向かうことができれば、ヨーロッパ全土が自由になり、太陽が降り注ぐ広い高台に向けて世界が生き生きと前進するかもしれません。しかし、私たちが斃れたら、アメリカ合衆国を含む全世界と、私たちが親しみ、大切にしてきた物事すべてが、あらたな暗黒時代の奈落へと沈むでしょう。その暗黒時代は、悪用された科学に導かれて、これまでのものよりもずっと邪悪で、長くつづくかもしれません。ですから私たちは、大英帝国とその連邦が千年の長きにわたってつづいたとしても、これが〝彼らの最良のときだった〟と後世の人々がなおもいうように、自分たちのつとめに対する覚悟を決めようではありませんか」

たびたび引用されるこれらの言葉はすべて、勝利のときにはそのとおりになる。しかし、その時点ではただの言葉だった。全世界のイギリス民族が怒りをたぎらせたときにどれほど狂暴になるかを知らない外国人は、図太い見せかけで、和平交渉を有利にはじめようとしているのだと思うかもしれない。ヒトラーが西部での戦争を終わらせる必要があるのは明白だったし、相手国にはその気になるような条件を提示できる立場だった。一九三七年にリッベントロップが私に語ったように、東に版図をひろげるのがヒトラーの最たる願望だし、講和すれば東部戦線で思いどおりに行動できる。しかし、私のようにヒトラーの動向をずっと観察していた人間は、大英帝国とその海軍を手つかずにすることにヒトラーが同意するはずがないと見ていた。私たちはこれまでヒトラーにたいした損害をあたえていない。それどころか、フランスに対するヒトラーの勝利に、私たちの敗北というおまけを付けた。世界の国々には抜け目ない計算ができる人々がいるが、大多数が海外の侵略問題や私たちの空軍の高い水準には無知で、ドイツの圧倒的な力と暴威の影響を受けていた。言葉だけで彼らが納得するだろうか？　民主主義もしくは独裁制によって成立した政府ばかりではないのだ。それに、まったくの孤独ではないにせよ、見捨てられたように見える国がすべて、恐ろしい侵攻を招くとわかっていながら、もっともらしい口実が数多く示された和平の好機を恥と見なすとは限らない。美辞麗句は、なんの保障にもならない。政権が交替することもありうる。その場合には、〝戦争屋が勝負して負けた〟といわれるだろう。アメリカは無関心だった。ソ連に対して義理があるものはどこにもいない。イギリスも、日本、アメリカ合衆国、スウェーデン、スペインの傍観者たちとおなじように超然と興味を抱いて観察していればいい。あるいは、ナチと共産主義帝国がすさまじい闘争で壊滅するのを眺めて楽しめばいい。未来の世代は、私がここで推量した数々の論点が、内閣の政治目標に沿っているとは思えないし、極秘の会議でも発言すべきことではないと見なすだろう。それらの疑念は行為によって払拭するしかない。そういう行為が、まもなく連続した。

＊

その間、私はアメリカ合衆国海軍当局の要望で、英国艦隊向けの軍需品と修理用の物資を、大西洋を越えてイギリスに運ばないほうがよいのではないかと、不安にかられて問い合わせてきたロージャン侯爵〔フィリップ・カー米駐劄英大使〕に、つぎのような公電を打った。

一九四〇年六月二二日

現時点ではそのような予防措置が必要であるとするような理由はない。

自治領の友人たちには、つぎのような公電を打った。

カナダ首相マッケンジー・キング宛の電文はつぎのとおり。

一九四〇年六月二四日

六月五日の私の公電を読み返していただければ、母国イギリスが敗北した場合に、私たちの艦隊が大西洋を越えて急遽移動するという手立てや参戦についてアメリカ合衆国と交渉するのは論外だと、おわかりいただけるでしょう。むしろ逆で、万一の事態について現時点でくどくどと述べるのは賢明ではないと存じます。イギリス本島を護る私たちの戦闘能力に、私はかなり自信を抱いておりますし、英海軍艦船の移動を正式に認可するための準備を行なう理由が見当たりません。私自身はぜったいにヒトラーとの和平交渉は行ないませんが、アメリカ合衆国に見捨てられ、ここで叩きのめされた場合、未来の政府のやることを制約できないのは明らかです。クヴィスリング〔ナチに占領されたノルウェーの傀儡政権の指導者〕のようなやからが、ドイツの専制政治の庇護を受け入れることもじゅうぶんにありうるでしょう。私が公電で伝えたのと同様に、この危険のことを大統領に力説していただけると助かります。

ご多幸を祈ります。イギリス本土での私たちの戦いに、偉大なカナダ軍師団が加わってくれたのは、よろこばしい限りです。

南アフリカ首相ヤン・スマッツにも再び打電した。

一九四〇年六月二七日

明らかに、侵攻によるイギリスへのすべての攻撃を撃退し、航空戦力の拡充を維持できることを最初から示す必要があります。試練のみがこれに決着をつけます。**ここで私たちを打ちのめすことができなかったら、十中八九その反動で東へ向かうでしょう。ヒトラーは、もちろん軍隊を展開するためや、冬がもたらす負担を軽減するために、英国侵攻抜きで東征するかもしれません。**

冬がもたらす負担が決定的な要因になるとは期待しておりませんが、**大衆が魅力を感じるような名目もなく**秘密警察《ゲシュタポ》と軍の占領だけで飢餓状態のヨーロッパの町すべてを支配するような仕組みは、けっして長続きしません。

爆撃の影響を受けていない地域で発達している私たちの航空戦力は、ヒトラーにとってますます困難な問題になり、ヨーロッパ**かアジア**でどれほど戦果をあげても、ドイツ国内でおそらく決定的になるような難事を引き起こすはずです。

本土防衛のために創設された私たちの大規模な陸軍は、攻撃を基本に編成され、**一九四〇年から四一年にかけて行なわれる可能性がある大規模で攻撃的な水陸両用作戦にも臨機に対応できる態勢になっています。**いまも五五個師団を目指していますが、軍需品の供給が増大し、帝国の人的資源をさらに動員すれば、師団の数をもっと増やせるかもしれません。とにかく、いまの前線は国内です。ヒトラーは飢えに苦しんでいる広大な地域を護らなければなりませんが、私たちは海を制しています。したがって、私たちはヨーロッパ西部の広範な攻撃目標を選ぶことができます。

この私信を送るのは、私が重視している貴君の意見を知るために密接に連絡をとりたいからです。

私たちは、かなり良好な信頼関係で、究極の試練に乗り出した。

総理大臣よりロージャン侯爵（ワシントンDC駐劄）へ　一九四〇年六月二八日

近々ラジオで演説することになるだろうが、もはや言葉だけでは足りないと思われる。アメリカ合衆国の世論の渦巻きに過度の注意を払ってはいけない。一連の重大な出来事の力のみが、世論を支配するのだ。四月までは連合国が勝利を収め、支援は必要ではないと、彼らは確信していた。いまでは、私たちが敗北すると確信し、支援は無理だと考えている。空では侵攻を撃退して生き延びられると、私は強い確信を抱いている。とにかく、努力する。この国への侵攻が成功すれば、激戦の末に大部分が占領され、クヴィスリングのようなやからの政権が発足して、ドイツの保護領になるという条件で講和するおそれがあるということを、大統領やそのほかの人々にたえず強調していただきたい。その場合には、英海軍の艦船は、この和平政府が有利な条件を得るための確実な取引材料になるはずだ。イギリス国内のアメリカ合衆国に対する感情は、私たちを恨んでいる現在のフランスの感情とおなじになるだろう。これまで私たちは、アメリカ合衆国から言及に値するような支援を受けていない。［小銃と野砲は七月末にならないと届かない。駆逐艦を要求したが断られた。］大統領が私たちの最高の友人だということはわかっているが、共和党や民主党の大会でおべっかをつかうのは無益だ。ほんとうに重要なのは、三カ月後にヒトラーがイギリスの主になるかどうかだ。そうはならないと思う。しかし、それはいま議論する問題ではない。貴君は温和で冷静な態度を維持すべきだ。こちらには落胆している人間は、ひとりもいない。

＊

ボルドー政権の末期、ダルラン提督はきわめて重要な存在になった。ダルランに対する私の人脈はほとんどなく、公の連絡のみだった。フランス海軍を再建したダルランの手腕に、私は敬意を抱いていた。専門家としてダルランが一〇年にわたり統制したフランス海軍は、革命以降もっとも有効な艦隊になっていた。一九三九年一二月にダルランがイギリスを訪問したとき、私たちは海軍本部の公式晩餐会に招いた。乾杯に応えてダルランは、曾祖父がトラファルガーの戦いで戦死したことを指摘した。そのため、ダルランは善良なフランス人だが、イギリスを憎んでいるのだろうと、私は思った。四〇年一月のイギリスとフランスの海軍会議でもダルラン提督は、海軍大臣にだれが政治任命されても、自分の軍人としての立場を維持することに汲々としているのをあらわにした。それが強い妄念となり、ダルランの行動を決する役割を果たしたのだと、私は考えている。

さらにいえば、ダルランは私がこれまで述べてきた会議のほとんどに出席していたし、フランスの抗戦が終わりに近づくと、なにがあろうとフランス海軍をドイツの手には渡さないと、何度も私に確約した。ボルドーの情勢はいま、この野心家で身勝手だが有能な提督の軍歴を地に堕としかねなかった。海軍の艦隊の運用について、ダルランは文字どおり全権を握っていた。イギリス、アメリカ、あるいはフランスの植民地へ向かい、そこで各軍に従うよう艦隊に命じればすむことだった――すでに出航した艦船もあった。レノー内閣崩壊後の六月一七日朝、ダルランはジョルジュ将軍に、命令を下すつもりだと述べた。翌日の午後にジョルジュがダルランに会い、どうなったかとたずねた。考えが変わったと、ダルランが答えた。理由をきかれると、「私はいま海軍大臣だ」とだけいった。海軍大臣になるために翻意したとはいい切れないが、海軍大臣になったことで見解が変わったのだ。

人間は私利私欲からあさましいことを考えるものだ！　これ以上、説得力のある実例はめったにないだろう。ダルラン提督は、自分の軍艦のいずれかに座乗してフランス国外のどこかの港に行けば、ドイツの支配の及ばないところでフランスの権益すべてを握ることもできた。しかしながら、ダルランは、ド・ゴール将軍とはちがって、征服されざる心を持たず、気心の知れた仲間がいなかった。ダルランは、ドイツの勢力圏外に世界第四位の海軍を移動することができた。将校も水兵もダルランに心服していた。それをやっていたらダルランは、強力な武器を握って、フランス抵抗運動の司令官になっていたはずだ。イギリスとアメリカの工廠と武器庫を自由に使って、艦隊の整備を行なうこともできた。抵抗運動が認められれば、アメリカで保管されていたフランスの金《きん》が豊富な資金源になっただろう。全フランス帝国が、ダルランのもとで結集する。ダルランがフランスを解放するのを、だれも阻止できなくなる。ダルランが熱烈に求めていた名声と力が手にはいる。ところが、ダルランは厄介で屈辱的な職務を二年つとめた末に、暗殺された。墓は荒らされ、それまで一所懸命尽くしてきたフランス海軍と国家に長年罵倒されるはめになった。

＊

ここに付記すべき最後の連絡がある。暗殺されるちょうど三週間前の一九四二年一二月四日、私宛の手紙でダルランは、約束を守ったと激しく主張した。手紙にはダルランの申し立てが述べられているので、ここに記載して公にすべきだろう。戦時中にフランスの艦船にドイツ人が乗り組んだり、ドイツ軍が私たちと戦うのに使われたりしたことがないという事実は否定できない。ダルラン提督の方策によってそうなったわけではないが、イギリス人とおなじくらい憎んでいたドイツ人に奪われる前にあらゆる犠牲を払って艦船を破壊するという考え方を、フランス海軍の将校と乗組員に叩き込んだことはたしかだ。

ダルラン提督よりチャーチル氏へ★

一九四二年一二月四日　アルジェ

親愛なるチャーチル総理大臣

一九四〇年六月一二日、ウェイガン将軍の司令部があるブリアールで、貴君は私を脇に連れていっていいました。「ダルラン、フランス海軍をぜったいに引き渡さないでもらいたいのです」。私は答えました。「そのことになんの問題もありません。引き渡すのはわが海軍の伝統と名誉に反します」。アレグザンダー海軍卿、パウンド第一海軍委員、ロイド卿にも、ボルドーで一九四〇年六月一七日に同様の返答をしました。フランス艦隊がイギリスの港に向かうことを認可するのに同意しなかったのは、そのよう

★英訳されたものである。

な決定はフランス本国だけではなく北アフリカの占領をも招くとわかっていたからです。

船乗りとしての経験で、イギリスに強い敵意と恨みがあり、それに打ち負かされたことは認めます。また、あなたがたは私の約束を信じていないようでした。ある日、ハリファクス卿がデュピュイ氏〔フランス駐割カナダ代理大使〕を通じて、イギリスで私の約束は疑われてはいないが、守れないだろうと思われているという伝言をよこしました。トゥーロンで艦隊が自発的に自沈したことで、私のいうとおりだったことが裏付けられたばかりでした。私はもはや艦隊を指揮していませんでしたが、艦隊はラヴァル政権の意向に反して私が下し、維持していた命令を実行しました。上官であるペタン元帥の命令によって、私は一九四一年一月から一九四二年四月まで、フランスとその帝国が枢軸国勢力によって占領されて叩き潰されるのを避ける方針を採ることを余儀なくされました。この方針は、さまざまな重大事の力によってあなたがたとの対立を引き起こしました。私になにができたでしょうか？　あのとき、あなたがたは私たちを助けることができなかったし、あなたがたに対してどのような意思表示をしても、私の国に悲惨な結果をもたらしたはずです。私たちが自国の軍隊で帝国を防衛する責任を負わなかったら（シリアにおいてすら、私はつねにドイツの支援を拒みました）、枢軸国がアフリカに進出し、私たちの陸軍は屑札として捨てられていたはずです。現在のように、イギリス第一軍がチュニスに駐屯して、フランス軍とともにドイツやイタリアと戦うという状況にならなかったことは間違いないでしょう。

一一月八日に連合軍がアフリカに上陸したとき、私はまず受けた命令を実行しました。そして、それが不可能になると、無用の流血を避け、交戦している将兵の私的な感情に反する戦いをやめるために、戦闘中止を命じました。ヴィシー政権に関わりを断たれ、戦闘再開を望んでいなかった私は、米軍が私の誓いに誠実である場合に限り、その指揮権者の意向に従うことにしました。一一月一一日、ドイツの休戦協定違反、フランス占領、ペタン元帥の重々しい抗議のことを、私は知りました。そこで私は、自分の行動の自由を取り戻し、ペタン元帥個人に忠実でありつづけ、フランス帝国の降伏と枢軸国との戦いにもっとも適している道すじをたどれると考えたのです。フランス領アフリカの統治者たちと世論の支援を受け、私は偶発的な政府首班代理をつとめて、アフリカで最高軍事委員会を組織し、連合軍側として戦うようフランス軍に命じました。それ以降、仏領西アフリカは、私の権限を認めています。ペタン元帥の後援がなく、ただの反政府派の代表であったなら、ぜったいにこのような成果をあげることはできなかったはずです。いまそれぞれのやり方でドイツと戦っているフランス人すべてが、最後には総じて和解すると私は確信していますが、当面、彼らは別個に行動をつづけるしかないと思います。仏領西アフリカには、根深い恨みもあり、ご存じのようにそれがかなり活発なので、これが私には精いっぱいの結果です。私はだれも攻撃せずに自分の役割《ロール》を護っています。貴君に互恵主義を求めます。現在、もっとも重要なのは、枢軸国を打倒することです。フランス国民は、解放されたときに自分たちの政権《レジーム》と指導者を選ぶでしょう。

アメリカ合衆国とおなじようにイギリスは一九三九年に存在していたフランスの主権が完全に回復することを望むと、ローズヴェルト大統領とともに宣言した総理に感謝いたします。私たちの国が領土の保全と自由を取り戻したときに私が望むのは、国に存分に尽くしたという思いを抱いて退役することだけです。

総理、どうか、もっとも重要だと思っている事柄に関する私の確約を受け入れていただきたい。

フランソワ・ダルラン元帥

＊

ロンドンの指導部《サミット》として責任を担っていた私たちは、イギリス本島の戦力が具体的にどう組み立てられているかを知悉し、国民の気力を確信していた。近い将来に直面する出来事への自信は、おおかたの国が見なしているのとはちがって、厚かましいブラフや美辞麗句の訴えに根付いたものではなく、実行可能な事実を冷静に自覚し、計算することから成り立っていた。私と指導部が入念に研究した現実の事象が、庶民院での私の演説の基盤だった——何年もかけて研究してきた事柄もある。その忘れがたい日々に私と専門家の顧問たちが侵攻問題をどう捉えていたかを、これから詳細に述べたいと思う。だが、その前に最初の一手を講じなければならなかった。当然のこととはいえ、悲惨な方策だった。

日本という計り知れない脅威が水平線を越えていたこの時点で、フランス海軍がドイツやイタリアの艦隊に加わってイギリスと対決したら、致命的な危険要因になり、アメリカの安全にも重大な影響を及ぼす。休戦協定第八条は、フランスの植民地の権益を護るために解放される一部を除き、フランス海軍の艦艇は〝明細に記入するために港内に集められ、ドイツとイタリアの管理下で現役からはずされ、武装を解除される〟としていた。要するに、武装したままの状態で、敵の管理下に移されるはずだった。おなじ第八条でドイツ政府は重々しく、戦争中に自分たちの目的のためにフランス海軍を使用する意図はないと述べている。だが、ヒトラーの数々の恥ずべき行為と、その時期の事実を思えば、理性のある人間にそんなことが信じられるわけがない。さらにその条項は、〝沿岸監視と掃海に必要な部隊〟を確保することを例外として認めていた。ドイツ側は、これをどのようにでも解釈できる。さらに、休戦は、順守されていないという口実で、いつでも無効にできる。私たちの安全はこれっぽっちも保障されていなかった。フランス海軍が敵の手に渡り、イギリスやそのほかの国に害をなすのを防ぐために、どんな犠牲を払っても、どんな危険要因があっても、なんらかの手を打つ必要があった。

戦時内閣は即断した。一週間前には心の底からフランスに好意を寄せ、国家として一体になることを提案していた閣僚たちが、必要な手段をすべて講じると決意した。この不愉快な決断は、私が関わったなかでもっとも非道で耐えがたい方策だった。一八〇七年に英海軍がデンマーク艦隊をコペンハーゲンで奪取したことを、私は思い出した。だが今回、フランスはついきのうまで大事な同盟国だったので、フランスの悲運に私たちは心から同情していた。とはいえ、国家の存続と私たちの大義を救うことが懸かっている。ギリシャ悲劇のようだった。しかし、イギリスの生存とそれに左右されるあらゆる事柄のために、行動は不可欠だった。私は一七九三年のダントン〔フランス革命の立役者のひとり〕のことを思った。「結託した王たちが私たちを脅かしたので、挑戦のしるしに王の首を彼らの足もとに投げた」。万事がこの考え方に沿っていた。

*

フランス海軍は、つぎのようなやり方で処置された。戦艦二隻、超駆逐艦《コントルトロピヨール》〔フランスはロンドン条約の駆逐艦のトン数制限に調印しなかったので、超大型の駆逐艦、すなわち対水雷艇艦を保有していた〕四隻、かなり大型の巡洋型〈シュルクフ〉一隻を含む潜水艦数隻、水雷艇《トロピヨール》八隻、小型だが貴重な掃海艇と駆潜艇約二〇〇隻の大部分が、ポーツマスとプリマスに針路をとった。これらの艦艇は、私たちの戦力に加えられた。アレクサンドリアには、フランスの戦艦一隻、巡洋艦四隻――うち三隻は新型の八インチ砲搭載巡洋艦――及び多数の小型艦艇がいた。これらは強力なイギリスの戦艦戦隊に監視された。いっぽう、地中海の反対側のオランとその近くの軍港メル・セル＝ケビールには、フランス海軍で最優秀の高速戦艦、〈ダンケルク〉と〈ストラスブール〉がいた。この二隻は、ドイツの同種の戦艦〈シャルンホルスト〉や〈グナイゼナウ〉をしのぐ性能を発揮するように建造されていた。この戦艦二隻が私たちの通商路でドイツによって運用されるのは、きわめて望ましくない。ほかにフランスの戦艦二隻、軽巡洋艦数隻、多数の水雷艇《トロピヨール》〔この時点でもフランス海軍では駆逐艦をこの艦種に指定していた〕、潜水艦、その他の艦艇があった。アルジェには巡洋艦七隻がいて、そのうち四隻は八インチ砲を搭載していた。マルティニーク島には空母一隻、軽巡洋艦二隻がいた。カサブランカには、サン・ナゼールから到着したばかりの戦艦〈ジャン・バール〉がいたが、主砲一塔が取り付けられただけで、まだ完成していなかった。この戦艦は、世界の海軍力を測るうえでは、重要な一隻だった。艤装は完了していなかったし、カサブランカで完了することはできない。どこへも行けない。もっと完成に近い状態の戦艦〈リシュリュー〉は、ダカールに到着していた。〈リシュリュー〉は、航行して一五インチ砲で交戦できる状態だった。さまざまな港に、ほかにもあまり重要ではないフランス海軍艦艇多数がいた。さらに、フランス本国のトゥーロンにも軍艦が多数いて、そこには私たちの手が及ばなかった。私たちが手出しできるフランス軍の全艦艇を、同時に奪取するか、支配するか、効果的に戦闘不能にするか、破壊するために、〝カタパルト〟作戦が構築された。

総理大臣よりイズメイ将軍へ　一九四〇年七月一日

1．海軍本部は戦艦〈ネルソン〉と駆逐艦四隻を本土水域にとどめ、三日払暁の出撃を目指して、〝カタパルト〟作戦を進めなければならない。

2．二日から三日の夜にかけて、ポーツマス、プリマス、アレクサンドリアで、必要な手段をすべて講じ、可能であればマルティニーク島でも、〝カタパルト〟の方針に沿い同様に措置する。これらの手段に対するダカールやカサブランカの反応を考慮しなければならないし、重要な部隊の脱出を防ぐためにあらゆる予防措置を講じる。

さまざまな重大事の圧力に応じて、私はつけくわえた。

海軍本部はアイリッシュ海とイギリス海峡の小艦隊《フローティラ》〔駆逐艦や潜水艦など比較的小型の艦によって編成する艦隊。現在の英海軍の戦隊［スクワドロン］に相当〕を増強し、駆逐艦四〇隻の戦力に巡洋艦の支援をつけくわえるよう努力しなければならない。今後二、三日のあいだにこの戦力に増強して、今後二週間それを維持してから、配置を再検討する。西近接水路での損耗は、その間、甘受するしかない。また、ポーツマスからタイン川にかけてを哨戒している艦艇と運用可能な艦艇の数を、毎日報告してもらいたい。

＊

七月三日早朝、ポーツマスとプリマスのフランス艦艇すべてが、イギリスの統制下に置かれた。急な行動だったので、驚愕するのは当然だった。圧倒的多数の部隊が展開し、港内にとどめられているフランスの艦船をドイツ軍が乗っ取るのがいかに簡単かということを、その処置が実証した。イギリスでは、〈シュルクフ〉を除けば、受け渡しは円満で、乗組員は進んで上陸した。〈シュルクフ〉では勇敢な英海軍将校ふたりと水兵長ひとりが殺され、水兵ひとりが負傷した。★フランスの水兵ひとりも殺されたが、何百人もが私たちの部隊に自主的に参加した。〈シュルクフ〉はたぐいまれな活躍の末に、一九四二年二月一九日、勇敢なフランス人乗組員とともに消息を絶った。

＊

地中海西部では非情な攻撃が行なわれた。七月一日午前二時二五分、サマヴィル海軍中将が指揮し、巡洋戦艦〈フッド〉、超弩級戦艦〈ヴァリアント〉、戦艦〈レゾリューション〉、空母〈アーク・ロイヤル〉、巡洋艦二隻、駆逐艦一一隻から成る〝H部隊〟が、ジブラルタルで海軍本部からの命令を受領した。

★英海軍のD・V・スプレイグ中佐、P・M・K・グリフィス大尉、A・ウェッブ水兵長。

七月三日の〝カタパルト〟作戦に備えよ。

サマヴィルにはホランド大佐という出色の勇敢な部下がいた。先ごろまでパリ駐剳海軍武官だったホランドは、熱心な親フランス派で、影響力が大きかった。七月一日の午後早くに、サマヴィル海軍中将が打電した。

ホランドとそのほかの幹部将校と話し合った結果、サマヴィル海軍中将の〝H部隊〟は、武力行使はあらゆる犠牲を払ってでも避けるべきだという考えに達した。私たちの攻撃的な行為は、あらゆる場所でフランスとの仲たがいを引き起こすというのが、ホランドの意見である。

これに対し、海軍本部は午後六時二〇分に返信した。

フランス艦隊が代案を受け入れなかった場合には殲滅するというのが、英国政府《HMG》の揺るぎない方針である。

日が変わった直後（七月二日午前一時八分）、サマヴィル中将は、以下の入念に練られた通信文をフランス海軍提督に送った。

国王陛下の政府は、以下の文を貴官に伝えるよう私に指示しました。

フランス政府がドイツ政府に連絡することを承認するのは、休戦前に、フランス海軍の艦艇が敵の手に落ちないようにイギリスの港に向かうという条件を果たした場合に限られます。六月一八日、フランス内閣は、陸地で降伏する前にフランス海軍の艦艇はイギリス海軍に加わるか自沈すると、宣言しました。★

現在、フランス政府はドイツ及びイタリアとの休戦条件の条項がこれと両立しうると考えているのかもしれませんが、これまでの経緯からして、いかなる場合であろうとドイツやイタリアを信じることは不可能であり、両国は都合のいいときにフランス軍艦を奪取し、イギリスとその同盟国に対して使用すると、英国政府は確信しています。イタリアの休戦条約には、フランス海軍の艦艇は本国の港に戻り、条約に従ってフランスは沿岸防衛と掃海のために部隊を譲り渡すことを求められると明記されています。

私たちはいままでフランスの同志でしたが、あなたがたの優秀な艦艇が敵国であるドイツやイタリアの戦力になるのを許すわけにはいかないのです。私たちは最後まで戦う決意ですし、勝利した暁には、フランスが私たちの同盟国だったことをけっして忘れません。イギリスとフランスには共通の利益があり、共通の敵がドイツであることを、忘れてはならないのです。私たちが打ち勝ったときには、フランスの偉大さと領土を回復すると厳粛に宣言します。それを果たすには、共通の敵が私たちに対してフランス海軍のもっとも優秀な艦艇を使うことがないように、たしかな手段を講じなければなりません。現

★この段落によって誤解が生じた。六月一四日に至ると、ダルラン提督は、不測の事態が起きたときにはフランス海軍の艦艇をイギリスの港に移動するという考えに傾いていたが、六月一八日に海軍大臣に就任した。その後、ペタン元帥のもとでフランス政府はイギリスの要求に具体的な確約をあたえなかった。したがって、この段落の第二の文は、もはやフランス政府の立場を表わしていなかった。危機の最中には、この土壇場での変更を海軍本部の関係者は認識していなかった。

状に鑑みて国王陛下の政府は、現在メル・セル＝ケビールとオランにいるフランス艦隊に、以下の代案のいずれかに従って行動することを要求せよと私に指示しました。
（a）私たちとともに航海し、ドイツとイタリアに対抗して勝利をものにするために戦いつづける。
（b）乗組員を減らし、私たちの管理下でイギリスの港に向けて航海する。減員された乗組員はできるだけ早く本国に帰す。
貴官がどちらかの方針を採用すれば、戦争終結時には艦艇をフランスに返還するか、その間に損壊した場合には全額を賠償します。
（c）さらなる代案として、貴官の艦艇がドイツやイタリアに対して使用されるのは休戦に反すると考えるのであれば、乗組員を減らし、私たちとともに西インド諸島の港へ行く――たとえばマルティニーク島へ――そこで私たちが納得するような形で武装解除するか、無事に維持されるように終戦までアメリカ合衆国に預け、乗組員を帰国させる。
これらの公平な提案を拒むのであれば、まことに遺憾ですが、貴官の艦艇が六時間以内に自沈することを要求します。
最後に、上記の提案がいずれも実行されなかった場合には、貴官の艦艇がドイツもしくはイタリアの手に落ちるのを避けるためにあらゆる必要な武力を行使するようにという国王陛下の政府の命令に私は従います。

七月二日の夜、私は海軍本部に、サマヴィル提督に以下の電報を打つよう命じた（午後一〇時五五分に打電された）。

貴官は英海軍の提督がこれまでに突きつけられたなかでも、もっとも不愉快でなおかつ困難な任務を負っているが、私たちは貴官を完全に信頼し、容赦なくそれを実行するだろうと信じている。

サマヴィル提督の〝H部隊〟は払暁に出航し、午前九時三〇分前後にオラン沖に到着した。サマヴィル提督は、駆逐艦に乗ってジャンスール提督を待つようホランド大佐に命じた。ジャンスールは会見を拒み、ホランドは先に引用した内容の書面を伝書使に届けさせた。フランスの艦艇が手つかずのままドイツやイタリアの手に落ちることは、いかなる場合でもありえないし、武力には武力で応じると、ジャンスールは返書に記していた。

一日ずっと交渉がつづけられた。午後四時一五分に、ホランド大佐はようやく〈ダンケルク〉に乗艦することを許されたが、そのあとのフランス海軍提督との会見はひどく堅苦しかった。それまでにジャンスール提督はフランス海軍省に二度電報を送り、午後三時に閣議がひらかれて、イギリスの条件を検討した。ウェイガン将軍がこの閣議に出席していて、そこで起きたことをウェイガンの伝記作家が記録している。それによれば、フランス海軍の艦艇が西インド諸島へ移動するという第三の代案は、話し合われなかったようだ。ウェイガンは述べている。〝……故意なのか、知っていたのか、それとも知らなかったのか、私にはわからないが、たしかにダルラン提督は、**そのときに問題の詳細すべてを私たちに伝えなかった。**いまにして思えば、イギリスの最後通牒の条件は私たちが思ったほど粗暴ではなかったし、艦隊が西インド諸島を目指すという、第三の、もっと受け入れやすい代案もあった〟★。事実その代案を省いたのだとしても、これまでのところ、それに関する説明はなにもない。

★ *The Rôle of General Weygand*, by Jacques Weygand.

英国側のサマヴィル提督と幹部将校たちの苦悩を、私たちは彼らの暗号通信から察していた。最近まで同志だった人々に向けて発砲するよう強いるには、直接命令を下すしかなかった。海軍本部でも明らかに感情が高ぶっていた。だが、戦時内閣の決意は揺るがなかった。私はその午後にはずっと閣議室にいて、主な同僚や海軍卿や第一海軍委員と、たえず接触していた。午後六時二六分、最後の暗号通信が送られた。

フランス艦艇は私たちの条件に従うか、自沈するか、さもなくば貴官によって日没前に撃沈される。

だが、戦闘はすでに開始されていた。午後五時五四分、サマヴィル提督は、陸地の砲台にも護られているこの強力なフランス艦隊に向けて、砲撃を開始した。午後六時〇分、激しい交戦のさなかだと、サマヴィルが報告した。砲撃は一〇分ほどつづいた。弩級戦艦〈ブルターニュ〉が爆発した。〈ダンケルク〉は座礁した。弩級戦艦〈プロヴァンス〉は浜に乗りあげた。〈ストラスブール〉は脱出し、〈アーク・ロイヤル〉の雷撃機の攻撃をくぐり抜けて、トゥーロンに到達した。アルジェを発した巡洋艦数隻もトゥーロンに逃げ込んだ。

アレクサンドリアでは、フランスのゴドフロワ提督が、カニンガム提督と延々交渉して、燃料を放出し、艦砲の重要部品を取り外し、乗組員の一部をフランスに送還することに同意した。ダカールでは、七月八日に戦艦〈リシュリュー〉に対し、空母〈ハーミーズ〉と一艘の勇敢な高速魚雷艇による攻撃が行なわれた。航空魚雷一本が命中して、〈リシュリュー〉は重大な損害を受けた。アメリカとの合意によって交渉が引き延ばされた末に、仏領アンティル諸島のフランスの航空母艦と軽巡洋艦二隻が動員を禁じられた。

七月四日、私たちの戦果を、私は庶民院で長々と述べた。巡洋戦艦〈ストラスブール〉がオランから脱出していたし、〈リシュリュー〉を戦闘不能にしたことは、その時点では報告されていなかったが、私たちの方策によって、フランス海軍をドイツの目論見からほとんど取り除くことができたと報告した。その午後、私は一時間かそれ以上演説して、私にわかっている範囲でその重大事を詳細に説明した。そのときに議会と世界に向けて伝えた話に関して、いい残したことはなにもない。ただ、釣り合いをとるために、この痛ましい出来事を、私たちが窮地に追い込まれていたことと対比して考えてもらうのが適切だと思った。そこで私は、内閣の承認を得て、前日に政府中枢で回覧された訓戒を庶民院で読みあげた。

私たちの国土に対する侵攻の試みもしくは戦闘の前夜であるかもしれないいま、内閣総理大臣は、政府、三軍、文民の省庁で責任ある地位についている人々すべてに、警戒心と自信に満ちた熱意を維持するよう強く求める。時間と手段が許す限りあらゆる予防措置を講じる必要があり、武備が充実している強力な部隊で敵を殲滅するか攻略できるときに、空と海からこの国に上陸するドイツ兵の数が増えるのを助長する理由はどこにもない。英空軍は優秀な態勢で、戦力をさらに高めている。ドイツ海軍はいまだかつてなかったくらい弱く、本土の英陸軍はいまだかつてなかったくらい強い。高位の官員すべてが、揺るがぬ姿勢と決意の模範を示すことを、総理大臣は期待している。同僚や部下がよく考えもせずに不用意な意見を口にするのを、彼らは制止し、とがめなければならない。怯えや気落ちをひろめる狙いで話をし、不安や憂慮を引き起こす影響を故意にひろめていることが判明した人員、将校、官吏を、必要とあれば通報もしくは解任するのをためらってはならない。それをやってはじめて、空と海と陸ですでに敵にまみえ、戦闘能力ではひけをとらないと感じて戦っている人々に伍することができる。

この独演会のあいだ、議場は水を打ったように静かだったが、最後には私も経験したことがないような風変わりな場面になった。全員が起立して、長いあいだ歓呼の声をあげつづけた。そのときまで保守党は私に多少冷淡で、議場にはいるときや、重要な論議で立ちあがったときには、労働党のほうがずっと温かく歓迎してくれた。だが、いまは全員が、厳粛な賛同の唱和に加わっていた。

戦争の重要な要素だったフランス海軍を、荒々しい戦闘行動によってほとんど一撃で殲滅したことは、あらゆる国に重大に受け止められた。落ちぶれ果てたと多くの人間に見なされていた大英帝国、結集している敵の強大な力に降伏する寸前でふるえていると事情を知らない人間に思われていたこのイギリスが、きのうまで親友だったフランスを情け容赦なく攻撃し、一時的かもしれないがまぎれもなく制海権を維持した。英国戦時内閣がなにも恐れず、何事にも阻止されないことが明白になった。それが真実だった。

*

七月一日、ペタン政府がヴィシーに移転し、フランス国と名を変えた。オランの事件を知らされたヴィシー政権は、報復にジブラルタル爆撃を命じ、アフリカの基地を発進した爆撃機が、港に爆弾数発を投下した。七月五日、ヴィシー政権は公式にイギリスと断交した。七月一一日、ルブラン大統領はペタン元帥に全権を譲り、五六九票対八〇票という圧倒的多数で、ペタンがフランス国主席の座についた。棄権が一七票で、多数が欠席した。

いかにもフランスらしかったのは、オランの事件がどれほど重要であるかをフランスの国民が理解したところだった。さらなるひどい苦痛を味わったにもかかわらず、彼らはその苦しみからあらたに希望と力を引き出した。ド・ゴール将軍に私は事前の相談をしなかったが、将軍は堂々たる態度を崩さず、その後のフランスの解放と復興によって彼の行動は正しかったと認められた。つぎのようなぜひとも語らなければならない逸話を紹介できるのは、レジスタンス運動の重要な一員で、のちに国防相をつとめたテートジャン氏のおかげである。トゥーロンに近い村に、農民の家族がふたつあり、いずれもイギリスのオラン攻撃で水兵の息子を亡くしていた。葬儀が手配され、近所の村人がすべて出席しようとした。どちらの家族も、三色旗《トリコロール》と並べて英国国旗《ユニオン・ジャック》を棺にかけるべきだと要求した。彼らの願いは、うやうやしくかなえられた。こういった事柄から私たちは、素朴な人々の理解力がどれほど荘厳であるかを知る。

*

アメリカ合衆国の政府上層部では、絶大な安堵がひろがっていた。大西洋は味方の艦船をかくまう能力を取り戻し、偉大な共和国アメリカの安全を図るのに必要な準備期間が大幅にひろがった。このときから、イギリスが降参するだろうという話は出なくなった。唯一の問題は、イギリスが侵略され、征服されるかどうかということだった。ここからは、その問題が検証されることになる。

第二二章　反撃の道具立て　一九四〇年

〈ダンケルク後の私の反応／六月四日、イズメイ将軍宛公式覚書／過去に遡る／一九一七年七月の私の旧計画／戦車揚陸艇についての初期の案／一九四四年の〝マルベリー〟港（移動式港）の原案／イズメイ将軍への反撃指令／〝特別襲撃隊《コマンドウ》〟／戦車揚陸艇と落下傘兵／一九四〇年七月七日、戦車六、七〇〇両を輸送できる数の揚陸艇を要求する私の公式覚書／一九四〇年八月五日、機甲師団計画に関する私の公式覚書／一度に二個師団を海外に輸送／統合作戦本部の創設／ロジャー・キーズ卿任命／統合立案委員会を国防相直轄に／一九四〇年から四一年にかけて、揚陸艇建造の進捗／一九四一年七月二五日、私の大統領宛公電／機甲部隊揚陸という私の首尾一貫した目標〉

〝ダンケルクの奇跡〟への私の最初の対応は、反撃を開始するのにそれを有効に利用したことだった。不確実なことが数々あったので、主導権を取り戻す必要が差し迫っていた。六月四日、私は庶民院で重大な長い演説を行なう準備に忙殺された。その一部については前述した。だが、それが済むと、この危急のときに私たちの意識を支配して行動を喚起すべきだと思う事柄に関する公式覚書を急いで書きあげた。

総理大臣よりイズメイ将軍へ　一九四〇年六月四日

私たちは制海権を握り、空では戦闘機による強力な防御を敷いているが、それにもかかわらずドイツがイギリス本土に上陸するおそれがあることを、私たちはおおいに懸念している――懸念するのがたしかに賢明である。すべての入江、海岸、港が不安材料になっている。そのほかにも、落下傘兵が降下して、リヴァプールやアイルランドなどを奪うおそれもある。現在の世情は、活力を生み出すのにはきわめてうってつけだ。しかし、私たちの海軍力が強大であるにもかかわらずドイツが容易に侵攻できるとしたら、おなじたぐいのことをドイツに対して行なうのは不可能だと考えるのは、道理に合わないのではないか？　という疑問を思い浮かべる向きもあるだろう。フランスが破滅したのは、あくまで防御に徹するという考え方が染みついていたからだった。そんな考え方のために、私たちの主導権をすべて損なってはならない。ドイツは征服した国すべての沿岸部に精いっぱいの規模の部隊を配置しつづけるはめになるだろう。住民が友好的なそれらの沿岸部を強襲する部隊を、私たちはただちに編成しなければならない。その部隊は、装備が充実している自立した単位部隊《ユニット》から成り、兵員はおよそ一〇〇〇人から、混成しても一万人未満とする。直前になるまで目的地を秘匿することで、奇襲の要素を維持する。ダンケルクで私たちは、必要とあれば迅速に将兵を選択した地点から引き揚げる（あるいはそこに陸揚げする）ことができるのを知った。島を壁で囲み、屋根で覆うようにイギリスに強いることができず、つぎはどこを攻められるだろうとドイツ側が疑心暗鬼に囚われるようになれば、これほどすばらしいことはない！　敵の意志と主導権の前で、私たちは気力と戦意がなえかけている。そういう弱気を払いのけるために、力を尽くさなければならない。

イズメイ将軍がこれを三軍の参謀総長に伝え、原則的に心から賛同されて、私たちの決定の多くに反映された。そこからしだいにひとつの政策が生まれた。その時点で私は、防御ばかりではなく攻撃についても戦車戦に意識を集中していた。それには戦車揚陸艇を多数建造しなければならない。その後、戦車揚陸艇は、私のつねひごろの関心事のひとつになった。その後、この問題はきわめて重要になるので、遠い昔に私の意識にのぼり、いま蘇ったある話題に遡りたいと思う。

*

私は常々、水陸両用戦に心を奪われていて、敵が攻撃されるのを予測していない海岸で特殊な造りの揚陸艇から上陸する戦車をそれに使用することを、だいぶ前から考えていた。一九一七年七月一七日に軍需相としてロイド・ジョージ内閣に加わる一〇日前に、私は専門家の手助けなしで、フリースラント諸島のボルクム島とジュルト島を奪取する計画を用意していた。駆逐艦隊と巡洋艦と空軍が使用できる海外基地を確保するのが、当時の目的だった。それにより、私たちが数のうえで優位だった海戦に持ち込むことができるし、厳重な海上封鎖をふたたび敷けば、Uボートとの戦いの重圧を軽減できる。そのころ、私たちの大西洋の補給線とアメリカ軍のフランスへの移動を妨げるUボートの活動が頂点に達していた。ロイド・ジョージ首相は計画に乗り気で、海軍本部と戦時内閣のために特別にそれを印刷した。

その計画は、これまで公にされなかったが、以下の22C節に記されている。

> 「ボルクム島もしくはジュルト島への」兵員揚陸は、ガスと煙幕「これらを使用すべき」に護られた艦隊の艦砲射撃の掩護のもとで、雷撃に耐えられる輸送艦から**防弾の自走式艀**に乗り移って行なう。一個師団の揚陸に約一〇〇隻を用意できるはずだ。追加として、**一隻あたり一両もしくは複数の戦車を積み**、舳先に鋼索切断器を備えている**戦車揚陸用艀を**——たとえば五〇隻——**用意しなければならない**。上げ下げ

できる通板か緩い傾斜の舳先があれば、［戦車は］自力で上陸でき、要塞や砲兵陣地が設置されたのど《ゴルジュ》を攻撃する歩兵が鉄条網に阻止されないようにできる。このあらたな特性は、鉄条網を破るための［私たちの］野砲を迅速に揚陸しなければならないという、従来の大きな難事のひとつを取り除く。

さらに、27節では、

敵が私たちの意図を嗅ぎつけて、事前に優秀な兵士で駐屯地を増強するおそれはつねにある。とにかく、敵がつねにきわめて敏感になっているボルクム島の場合、おおいにそれがありうる。その反面、**上陸の際には機関銃の射撃に耐える艀が楯になるので、**激しい銃撃［すなわち重火器による射撃］によって**過度の影響を受けることはない。さらに、この提案よりも多数の戦車——ことに高速の軽戦車のたぐい——**が配備されれば、対戦車戦の準備がなされているはずがない地域で作戦を行なうことができる。これらの計画をあらたな重要案件として、積極的に検討していただきたい。

*

この書面で私は、（北方の）ホーン・リーフの浅瀬に人工島を建設するというべつの計画を述べた。

30節。調査のために提案する方策のひとつは以下のとおり。**平底の艀もしくは鋼鉄ではなくコンクリートの潜函《ケーソン》多数**をハンバー川のハリッジ付近、ウォッシュ湾、メドウェイ川、テムズ川に用意する。これらの建築物は、計画全体にしたがって沈められる場所の水深に応じて造られる。水を抜けば浮かぶので、人工島の建設現場まで曳航できる。島の場所を示す浮標《ブイ》に到着し、海水栓をあければ、建築物は沈底する。その後、機会があれば浚渫機を使って砂を内部に充填する。これらの建築物の大きさは、五〇

×四〇×二〇フィート（約一五×一二×六メートル）ないし一二〇×八〇×四〇フィート（約三六×二四×一二メートル）である。**これによって環礁のように魚雷や悪天候に強い港を外海に造ることができ、駆逐艦や潜水艦の修理用船渠や飛行機の着陸場として常用できる。**

この計画が実行可能なら、入念に仕上げて、さまざまな場所で適用できるかもしれない。大口径の砲塔一式を運ぶコンクリート船を製造し、必要とされる場所で外側の区画に注水して沈底すれば、ソレント海峡の海上要塞三基のように使用できる。倉庫、燃料槽、居住区画がある建築物を沈めることもできる。専門家に確認せずにここで述べるのが可能なのは、部分を造って輸送し、組み立て、人工島や駆逐艦基地らしきものを建設できる可能性があるということだけだ。

31節。技術の面で問題がないようなら、部隊を使用してありとあらゆる危険要因にさらされながら築城された島を襲撃する必要はなくなる。**コンクリート船の建造はドイツに知られるだろうが、河口をふさぐのが目的だと考えるのが自然だし、それもじゅうぶんありうるので、奇襲にも応用できる。**したがって、人工島か防波堤のようなものが形をなすまで、敵は意図を見抜けないだろう。

しかしながら、準備には丸一年かかる。

四半世紀近く、この文章は帝国軍事委員会の公文書保管所で眠っていた。『世界の危機』でこれについて一章を割くつもりだったが、紙数に余裕がなかったことと、実現しなかったために、書くのを控えた。この発想は今回の戦争でよりいっそう重要になったので、公にしなかったのはさいわいだった。ドイツ人は私の著作をつぶさに読んでいるにちがいないし、私のような地位の人間の著作を幕僚たちが研究するのは、しごく当然の作業なのだ。この古い書類に秘められた着想は、私の意識に深く刻まれていて、それがあらたな緊急事態における行動の基盤となり、長い休止期間を経て、一九四三年の戦車揚陸艇の大部隊と一九四四年の〝マルベリー〟*港という、記念すべきものが出現した。
この一九四〇年六月六日には、じつにさまざまな事柄が結実し、解放感と今後のことを立案する力を得て奮い立った私は、長い公式覚書を連発した。それによって、戦車揚陸艇の設計と製造が命じられ、着実に進められた。

一九四〇年六月六日

総理大臣よりイズメイ将軍へ

攻勢に関する前回の私の公式覚書［六月四日付］に加えて。オーストラリア軍が到着したときに、手榴弾、迫撃砲、短機関銃《トミーガン》、装甲車両などを備えた独立班二五〇個に編成すべきではないかもしれないという問題が生じる。オーストラリア軍は、この国に対する攻撃に対応するだけではなく、敵の領土となっている友好国の沿岸に上陸する能力を持つほうが望ましいかもしれない。イギリス海峡に面した港と国がすべて敵の領土だという考えを、私たちは意識から追い出す必要がある。デンマーク、オランダ、ベルギー、フランス沿岸の優秀な諜報員について、どのような手配りがなされているのか？　猟兵並みの特殊な訓練をほどこした兵士が、まず〝懲罰とすみやかな撤退〟方針に基づいて沿岸部で恐怖政治のような状況をひろげる、大がかりな計画を用意しなければならない。その後、組織が充実したら、カレーかブローニュを奇襲し、ドイツ軍《フン》の駐屯地で敵兵を殺し、捕虜にする。そして、攻囲戦か猛攻によって敵が彼らを制圧する準備が整うまで堅守してから撤退する。私たちがこれまで巧みに行なってきた消極的抵抗は、中止しなければならない。ドイツが占領しているすべての沿岸部に対して、力強く、進取の精神にあふれる、絶え間ない攻勢を行なう手立てを提案するよう、私は統合参謀本部に求める。**戦車と装甲戦闘車両《FAV》**〔戦車、軽戦車、装甲歩兵戦闘車、装甲人員輸送車をひっくるめた総称〕**が平底の揚陸艇内で準備し、ゆっくりと上陸して、**重要な敵交通路を遮断しながら、内陸部に向けて縦深強襲を行なう。そして、ドイツ兵の死体を尻目にひきかえす。ドイツは最良の将兵をパリに配置しているから、前線に残っているのは平凡なドイツ兵だけだろう。それらの兵士を激しい攻撃によって殺戮しなければならない。つぎのような手段を講じるべきだ。

1. **打撃中隊編成の提案。**
2. 私たちが制海権を握り、敵がそうではないことに鑑みて**戦車の輸送と、海岸での上陸の提案。**
3. 全沿岸部における諜報活動と情報収集の適切な体系。
4. 五〇〇〇人規模の落下傘部隊の展開。
5. 四カ月以内に間違いなく海峡の向こうから撃ってくるにちがいないドイツの大砲の射撃を阻止するために、私たちの一五インチ砲六門〔内筒付きで〕が整列し、ただちに五〇マイルないし六〇マイル離れた目標を射撃する。線路か鋼鉄とコンクリートの砲座に据え付けるのが望ましい。

さまざまな方面で、このような行動がひきつづき行なわれた。〝特別襲撃隊《コマンドウ》〟という名称で〝打撃中隊〟が出現した。正規陸軍と英海兵隊から、一〇個が編成された。この組織の中核は、ノルウェー方面作戦で形をなしはじめた。海峡を越えて射撃する重砲については、適切なときに後述する。しかしながら、イギリスの落下傘部隊の規模は、残念ながら私の提案の五〇〇〇人から五〇〇〇人に縮小した。

*

私は間をおきつつ揚陸艇建造のことをくりかえした。危急のときと、今後、敵に対する計画を練るときのことを思い、それがたえず私の意識にあった。小型の強襲上陸用舟艇の開発は戦争勃発前に検討されていて、数艘がナルヴィクで使用され、そのほとんどがそこかダンケルクで損耗した。いまは兵員輸送船に積み込む小型艇だけではなく、戦車や野砲を載せて強襲の現場に自走し、海岸でそれらの兵器を揚陸できる船艇を、私たちは要求していた。

総理大臣より軍需大臣へ　一九四〇年七月七日

イギリスが敵国を攻撃するために海を越えて戦車を運ぶ船艇の設計と計画について、いまなにがなされているのか？　前海軍施設主任のホプキンズ氏は、耕耘機第6号★が廃止になったので、いまは暇にちがいないから、研究を依頼してもいいかもしれない。この船艇によって一度の航海で六〇〇ないし七〇〇両が運ばれ、海岸で上陸するか、海岸で回収されて桟橋に上陸することができる――可能であれば、その両方を組み合わせる。

総理大臣よりイズメイ将軍へ　一九四〇年八月五日

先日私は、一九四一年に必要とされるであろう機甲師団の開発について問い合わせた。三月末までに五個、毎月一個ずつ増やして、一九四一年八月末には一〇個師団に達する。さらに、各師団の装甲車両と各種補助車両の構成についても質問した。

陸軍省の計画がどこまで進んでいるのか、発注した戦車の数がこの規模の開発計画と一致しているのか、教えてもらいたい。

海上輸送手段がどこまで進捗しているかも報告してもらいたい。二個機甲師団をただちに輸送するのにじゅうぶんでなければならない。だれがこれをやっているのか――海軍本部か、それとも軍需省か？

★築城された敵前線を攻撃するための塹壕掘削機械。

ホプキンズ氏が多少時間を割くことができるかもしれない。

総理大臣よりイズメイ将軍へ　　　　　　　　　　　　　　　　　　　一九四〇年八月九日

装甲車両を海上輸送して海岸で［へ］揚陸する艦艇の設計と型について、さらに知らせてもらいたい。

七月に私は、三軍の参謀総長のもとでこういうたぐいの戦いを研究し、実行するために独立した統合作戦本部を創設した。ロジャー・キーズ海軍元帥が、本部長に就任した。キーズ元帥は私や国防省との関係が密接なので、この異例の指名によって生じる省庁間の厄介な問題を乗り越えられるはずだった。

総理大臣よりイズメイ将軍とエドワード・ブリッジズ卿へ　　　　　　一九四〇年七月一七日

ロジャー・キーズ元帥を統合作戦本部本部長に任命した。ブアン将軍〔陸軍省幕僚〕にいま割り当てられている任務と資源を、キーズ元帥が引き継ぐことになる。作戦が今後、大幅に規模を拡大するので、最上級の将校が指揮することが不可欠だが、この変更がブアン将軍とその同僚たちに影響を及ぼすことはないと、ブアン将軍に伝えなければならない。将軍が効果的に協力する必要があるのは明白だ。ブアン将軍の英海兵隊副司令官としての仕事を、私は高く評価している。いずれにせよ、この機構で海兵隊はもっとも重要な役割を果たさなければならない。

さらなる手配りがなされるまで、ロジャー・キーズ元帥は、国防省を代表するイズメイ将軍を通じて、三軍の省と接触することになる。

＊

国防省が潤滑に設置されて権限を強めたことについては、すでに説明した。八月末、私は必要だと思われる正式な手順をひとつ実施した。それ以降、統合立案委員会は三軍の参謀総長のもとで作業し、参謀総長を正式な直属の上司と仰ぐようになった。そうする必要があると私は思ったのだが、これまでのところ、私個人の管理下で組織としてあまり効率よく機能していなかった。そこで私は戦時内閣に、私たちの軍事機構をきっぱりと改編することを承認するよう求めた。全閣僚がそれに同意したので、私は以下の指示を下した。

一九四〇年八月二四日

総理大臣よりイズメイ将軍及びエドワード・ブリッジズ卿へ

1. 統合立案委員会を来週の月曜日から国防相の直轄とし、国防相の事務局——以前の帝国防衛委員会《CID》事務局の一部とする。リッチモンド・テラスに施設を用意する。その要員は三軍の省に対する現在の地位と連絡相手を維持する。国防相が通達する計画の詳細を彼らが検討する。イズメイ将軍と協議して、自主的に自分たちの計画を立案してもかまわない。もちろん、参謀総長委員会にも協力し、送られてきた問題を入念に仕上げることも引き受ける。

2. 統合立案委員会が提出するすべての計画や、上層部からの指示によってそこで仕上げられた計画はすべて、参謀総長委員会に示して、意見を求めることになる。

3. その後、疑問や意見の相違があるか、重要な事案の場合には、首相、王璽尚書、ビーヴァーブルック卿〔航空機生産大臣〕、三軍の省の大臣、三軍の参謀総長、イズメイ将軍が出席する戦時内閣国防委員会が再検討する。

4. 総理大臣は、現在行なわれていることを戦時内閣に知らせる責任を負うことになる。しかし、三軍の参謀総長の戦時内閣に対する関係は不変である。

参謀総長三人は、強い反対なしでこの改編を了承した。しかし、ジョン・ディル卿〔帝国参謀総長〕は、陸軍大臣に公式覚書を送った。それに対して、私は以下のように説得することができた。

総理大臣より陸軍大臣へ　一九四〇年八月三一日

統合立案委員会が軍事的助言を私に〝提言する〟ことは論外だ。委員会は私のあたえる指示に従って計画を練るだけのためにある。計画やそのほかの事柄を採用すべきかどうかという助言は、現時点では三軍の参謀総長に委ねられている。参謀総長が、内閣と総理大臣もしくは国防相への助言に関して共同で責任を負っていることは、明々白々だ。参謀総長の規定されている地位を変更する必要はないと思われる。また、今後も参謀総長に協力し、参謀総長を通じて作業を進めると、私は提案している。

統合立案委員会の幕僚たちとじかに連絡を取って管理する必要があるのは、戦争開始から一年たったのに現在の機構から自主的に計画が出されたことが、一度もなかったからだ。戦争遂行のために私が活発に積極的な指示を下すのを、貴君とあとの二軍の大臣が支援してくれることを期待している。これまであらゆる出来事で敵に機先を制されてきたのは、硬直化した組織の重みのせいだった。それを克服するのを手伝っていただけるものと考えている。

もちろん、折々に統合立案の幕僚を増やす必要がある。

現実として、あらたな手順は受け入れられて、なめらかに機能した。厄介な問題が起きたという記憶はない。

＊

その後、揚陸艇開発に莫大な活力が割かれて、これらの問題に対処するために海軍本部内に専門の部署が設けられた。一九四〇年一〇月までに、最初の戦車揚陸艇《ＬＣＴ》の試運転が進められた。小さすぎるとわかったので、この型は三〇隻ほどしか製造されなかった。設計が改善され、中東に向けて海上輸送するのにもっと便利なように、組み立てられる部品として製造され、一九四一年夏に到着しはじめた。それが真価を発揮し、私たちが経験を積むにつれて、この奇妙な船のその後の型は着実に改良された。海軍本部は、この新しい特殊な製造工程が造船業の資源に食い込むのではないかと、ひどく心配した。さいわい、戦車揚陸艇《ＬＣＴ》の建造は、造船に従事していない建設工学企業に依頼することができたので、大手造船会社の労働者や工場に影響はなかった。そのため、私たちが考えていた大規模開発計画は実行できたが、揚陸艇の大きさには制限を課した。

　戦車揚陸艇《ＬＣＴ》は、海峡を越えて強襲する作戦や、地中海でのもっと幅広い作業に適しているが、外海を長時間、航海することはできない。戦車やその他の車両を積んで航海し、ＬＣＴとおなじように海岸でそれらを揚陸できるような、もっと大型で耐航性のある艦艇が必要になった。こういう船艇の設計を私は命じ、最初は〝大西洋ＬＣＴ〟と呼ばれたが、のちに戦車揚陸艦《ＬＳＴ》と改称した。ＬＳＴの建造は当然ながら、大きな負担を強いられている造船所の資源に影響を及ぼした。そのため、海軍本部で〝ウィネット〟と呼ばれていた最初の設計のＬＳＴは、三隻しか製造されず、あとはアメリカとカナダに発注されたが、その後の新設計に取って代わられた。そのあいだに私たちは、吃水の浅い給油艦三隻をおなじ目的に使用するために改造し、のちにそれらの艦も役に立った。

　一九四〇年末までに私たちは、水陸両用戦を具体的にどう行なうかについて、堅実な構想をまとめていた。さまざまな種類の特殊な艦艇と装備の製造に、拍車がかかっていた。こういった新型の機材を取り扱うのに必要な陣容が進歩し、統合作戦本部のもとで訓練が行なわれた。このための特殊な訓練所が、本国と中東で開設された。構想がまとまるにつれて、これらの着想とじっさいの行動を、すべてアメリカの友人たちに見せた。何年も苦心惨憺するうちに成果がどんどん膨らみ、まさに絶好の時機にひとつの装置が完成して、私たちのもっとも偉大な計画と偉業において欠くことのできない役割を演じることになる〔ノルマンディー上陸作戦のことを暗示している〕。このような戦争初期の私たちの現場作業は、戦争の行方に深甚な影響をあたえた。だから、何年もあとの出来事をここで考察するには、その後、私たちが進化させた兵器のいくつかに言及しなければならないだろう。

一九四一年夏、現在の揚陸艇建造計画は小規模な作戦のみに向けたものであり、最終的にヨーロッパ大陸に戦いの場を戻すには、現在のイギリスに可能な活動よりもはるかに大規模な活動が必要だと、三軍の参謀総長が指摘した。それまでに海軍本部は戦車揚陸艦の新設計を用意していたので、アメリカにそれを持っていって、詳細を合同で煮詰めた。一九四二年二月、この揚陸艦がアメリカで大量生産されるようになった。それが戦車揚陸艦《LST》（2）で、のちの私たちの戦いすべてできわめて重要な役割を果たし、大型車両の揚陸という手に負えない厄介な問題の解決に、もっとも大きく貢献したといえるだろう。最終的に、一〇〇〇隻を超える数が建造された。

その間も、ヨーロッパ大陸強襲のための各種の小型艇の製造が、イギリスとアメリカの両方で着実に進められていた。これらの舟艇は、強襲部隊の兵士が乗る船で戦場まで運ばなければならない。そこで、これらの舟艇とそれ以外の大量の特殊な装備を運ぶために、アメリカとイギリスの兵員輸送船を大幅に改造する計画が開始された。この艦種は、兵員揚陸艦《LSI》と呼ばれる。数隻が英海軍に就役した。あとは商船のままで、船長と乗組員が私たちの攻撃作戦で立派に任務を果たした。これらの艦種は、中東ほかに絶え間なく応援部隊を運ぶ輸送船団に加わるような苦難を免れてもよかったはずだが、そういう犠牲を避けられなかった。強襲に使用するためのそれ以外の特務艦船も、この時期に出現した。

一九四〇年と一九四一年、私たちのこの分野での尽力は、Uボートとの激闘のために制約されていた。一九四〇年末までに揚陸艇製造に従事できたのは七〇〇〇人以下で、一九四一年にはもっと落ち込んだ。しかし、一九四四年には、イギリスだけで七万人もが、この途方もない任務に専念し、アメリカ合衆国ではさらに多数が取り組んでいた。

＊

この分野の私たちの労苦には、戦争の今後を見据えた強力な方向性があった。一九四一年にアメリカ合衆国大統領に宛てた公電をここに記す。

一九四一年七月二五日

一九四二年だけではなく、一九四三年も戦うことを考慮に入れて、私たちは戦争計画を立案してきました。最重要基地の安全を確保してから、勝利のために必要な部隊向けにも最大規模の計画を立案しなければなりません。おおまかにいえば、まず海上封鎖とプロパガンダを強化します。そして、ドイツとイタリアを絶え間なく爆撃し、爆撃の規模と範囲を拡大します。これらの手段で敵国内に動乱か崩壊を引き起こすことができるかもしれません。**しかし、機が熟したときに解放軍が上陸して被占領国の住民を支援するための計画も立案する必要があります。この目的のためには、大量の戦車だけではなく、戦車を運び、海岸でじかに揚陸を図るための船艇が必要になります。**アメリカで建造されている商船の多くをあなたがたが戦車揚陸艦の艤装に変更するのは、さして難しくないと思われます。

さらにそのすこしあとでも。

総理大臣より第一海軍委員へ　一九四一年九月八日

手配済みのウィネットを増産するのではなく、アメリカが一九四二年に向けて建造しているきわめて多数の商船のうち、一定の数の商船を改造して、通板や舷側の扉を取り付け、海岸で戦車が揚陸するか、海岸まで戦車を運ぶ戦車揚陸艇に積み込めるようにするというのが、私の発案だった。

現在建造予定のアメリカ商船にどのような改造が求められるのかを示して、大統領にこの要点を説明するのを手伝ってもらいたい。

一九四四年にノルマンディーで行なわれたような大規模な敵前上陸を私が毛嫌いしていたとする意見がいまなお数多く存在することを思えば、私が最初から機甲部隊揚陸のための装置と艦隊を拡充することを強く望み、そのために権限を行使していたと、ここで明言しておくのが好適かもしれない。揚陸艇というその装置がなかったら、第二次世界大戦中の大規模な作戦は不可能だったと、現在では全世界で認識されている。この第二巻では、当時私が書き記した文書で、それを徐々に明らかにし、それが真実であり、現実に起きた事実と調和し、じっさいに行なわれた物事とぴったり一致していることを示すつもりである。

第一三章　臨戦態勢
一九四〇年七月

〈イギリスは生存できるのか？／アメリカ国内の懸念／イギリス国民の決然とした態度／難問の単純化に安堵／七月一九日、ヒトラーの〝和平提案〟／私たちの対応／ドイツ外交官の接触を拒絶／スウェーデン国王の斡旋／脅威にさらされている沿岸部の視察／ブライトンのモンゴメリー将軍と第3師団／人員輸送車の重要性／ブルック将軍、アイアンサイド将軍の後任として本国部隊総司令官に就任／ブルック将軍との縁／七月の指示と公式覚書／ロンドン防衛／脅威にさらされている沿岸域の状況／陸軍の拡大と装備の統計／リンデマンの図表／カナダ軍第2師団をアイスランドから回収／敵がイギリス海峡に船舶を集中するのを阻止する必要／アメリカの小銃が到着／特別な予防措置／フランスの〝七五《ソワサント・カンズ》〟ミリ野砲／海峡沿岸部のドイツ重砲陣地の増強／私たちの対抗手段／ドーヴァーのラムゼイ提督を訪問／私たちの砲兵陣地の増強を督励／砲艦〈エレバス〉／ケント州の岬角の防御／九月、イギリスの重砲集中／イギリスの戦力増大／避けられた戦禍〉

この一九四〇年の夏、フランス失陥後にイギリスはまったき孤塁になった。自治領、インド、植民地は、決め手となるような支援を送ることができず、手持ちの兵力を送るのにも間に合わなかった。勝ち誇る強大なドイツ軍は、装備が充実し、奪った武器や兵器工場によって兵器の備えもじゅうぶんにあった。最後の打撃のために、ドイツ軍は集結していた。堂々たる大軍を擁するイタリアが、私たちに宣戦布告し、地中海とエジプトで英軍を殲滅しようとしていた。極東では日本が真意を見せずに睨みをきかせ、ビルマ公路を封鎖して中国への供給を断つようにとあからさまに要求していた。ソ連は条約でナチの支配するドイツと結ばれ、原材料の面でヒトラーを大幅に支援していた。スペインはすでにタンジェの国際管理地域を占領し、いまにもイギリスの敵になってジブラルタルを要求するか、ドイツ軍を呼び寄せて攻撃を手伝わせるか、各海峡の通航を妨げるために砲台を設置するかもしれなかった。まもなくヴィシーに移転するボルドーのペタン政権は、いまにもイギリスに宣戦布告することを強いられるかもしれない。トゥーロンにいる残存のフランス艦隊は、ドイツの支配下にあるようだった。このように、私たちは敵には事欠かないありさまだった。

オランの事件後、イギリス政府と国民は最後まで戦い抜く決意だということが、すべての国の前で明らかになった。しかし、イギリス国内の戦意が弱まっていないとしても、背すじが寒くなるような現実の事象をどう乗り越えるのか？　本土のイギリス陸軍は、小銃以外の武器をほとんど備えていないことが知られている。野砲はさまざまな型を合わせても五〇〇門足らずだし、国内の中戦車と重戦車は合計二〇〇両あるかどうかだ。イギリスの工場がダンケルクで亡失したものに相当する量の軍需品を製造するには、何カ月もかかるだろう。私たちの最期のときがやってきたと、世界の大かたが確信しているのではないか？

生き延びている自由な国々はもとより、アメリカ合衆国でも、強い懸念がひろまっていた。勝算がないのに、気前がいいところを示すために、限られた貴重な資源を感傷的に投げ捨てるのが正しいかどうかと、アメリカ人は深刻に自問していた。全力を尽くして支援すべきではないし、自分たちの即応態勢を維持するために、すべての武器を温存したほうがいいのではないか？　現実に即したこういう説得力のある異論を乗りこえるには、確信に満ちた判断が必要だった。三期目の大統領選挙が迫っていたのに私たちの幸運と意志を信頼した高潔な大統領や、偉大な将官たちや、顧問団に対して、イギリス国民は深く感謝しなければならない。

私がここで指摘する栄誉にあずかった、イギリスの楽天的で動じない性格が、権衡を有利なほうへ動かしたことは、じゅうぶんに考えられる。戦争前の歳月には極端な平和主義に傾いて備えがまったくなかった人々、党派政治の戯れごとにふけっていた人々、武装が貧弱だったのにヨーロッパの問題の渦中に軽い気持ちで跳び込んだ人々が、一時の義侠心とずぼらな準備という負債を清算しなければならなくなった。彼らは怯えてもいなかった。ヨーロッパの征服者をはねつけた。降伏するよりは自分たちの島がめちゃめちゃになるほうがいいと考えた。これは歴史上、読み応えのある一幕になるだろう。しかし、こういう物語はほかにもある。アテネはスパルタに征服された。カルタゴはローマに抵抗したが、勝ち目はなかった。勇敢で、誇り高く、悠々とした国々が滅び、ことによると民族すべてが掃滅されるのは、歴史を繙けばけっして稀な出来事ではない。その惨禍が書き記されなかったか、はるか昔に忘れ去られたために、名だけが残っていて、物語が語られていないこともある。

私たちが島に住んでいることがとりわけ技術的に有利だということを認識しているイギリス人はほとんどいないし、外国人もごく少数しかそれがわかっていない。戦前の優柔不断な時期ですら、海の防御と後年の空の防御でもっとも重要な事柄が維持されていたことは、一般に知られていなかった。一〇〇〇年ほどにわたって、イギリス人は敵の野営地のかがり火をイギリス本土で見ていない。イギリスの抵抗が頂点に達したとき、すべての国民が冷静で、ふられた賽に自分の命を懸けることに甘んじていた。イギリスのそういう風潮を味方も敵もしだいに認識し、全世界にそういう認識がひろまった。その風潮の下にはどういう性根があるのか？　やがて、激しい攻撃のもとで、その答が出る。

＊

べつの側面もあった。六月のあいだ、私たちにとって最大の危険要因は、フランスの国内での消耗が激しく無益な抵抗にイギリスの最後の予備軍を注ぎ込み、ヨーロッパ大陸への飛行と移動で英空軍の兵力が徐々に弱まることだった。ヒトラーに超自然的な叡智が具わっていたら、フランス前線で攻撃の手を緩め、ダンケルク撤退後の三週間か四週間、セーヌ川線で停止して、その間に、イギリスを侵略する準備を進めていたはずだ。それによって、ヒトラーは冷酷無比の選択肢をちらつかせることができる。苦しんでいるフランスを見捨てるのか、それとも、無駄とわかっていながらイギリスがこの先も生存するのに必要な最後の資源を浪費するのかといって、私たちを苦しめることができる。フランスに戦いつづけるよう求めれば求めるほど、イギリスの対フランス支援の義務は大きくなり、本土防衛の準備に取りかかるのが難しくなる。もっとも厄介なのは、万事を左右する戦闘機二五個飛行中隊を温存できなくなることだった。この点だけは譲るべきではなかったが、戦闘機派遣を拒否すれば、苦闘している同盟国フランスに恨まれ、英仏の関係すべてに悪影響があっただろう。私たちの難問は結果的に容赦なく単純化されたので、軍上層部の一部はほっとした気分でそれに取り組んでいたほどだった。ロンドンのある軍専門クラブで、ふさぎ込んでいる会員に向かって、接客係がいった。「とにかく、決勝戦《ファイナル》でございましょう。それに、本拠地《ホーム・グラウンド》で勝負するわけでございますから」

*

この時期でさえドイツ国防軍最高司令部は、私たちの強力な軍容を見くびっていなかった。一九四〇年七月七日にベルリンのヒトラーのもとを訪れたときに、国防軍最高司令部総監カイテル上級大将と長時間話をしたと、イタリアのチャーノ外相が述べている。カイテルはヒトラーとおなじように、イギリス攻撃についてチャーノに語った。現時点ではなにも具体的なことは決まっていないと、カイテルは念を押した。上陸は可能だと見なしているが、〝イギリス本島の軍事準備態勢と沿岸部の防衛に関する情報が乏しく、ほとんど信頼できないので、用心のうえにも用心を重ねて着手しなければならない、きわめて困難な作戦〟だと、カイテルは考えていた。★イギリス各地の飛行場、工場、主要通信所への大規模な航空攻撃が容易でなおかつ不可欠だと思われる。しかし、英空軍がとてつもなく優秀だということを、念頭に置かなければならない。防衛と反撃に使用できる航空機がイギリスに約一五〇〇機あると、カイテルは計算していた。英空軍の攻撃的行動が近ごろかなり増加していることを、カイテルは認めた。爆撃任務は驚くほど精確に行なわれている。一度の出撃に現われるのは八〇機で、それが編隊を組んでいる。しかし、イギリス国内では操縦士が大幅に不足しているし、現在ドイツの都市を攻撃している操縦士に代わる操縦士がいない。新手の操縦士があまりにも訓練不足だからだ。イギリスの帝国制度を分断するために、ジブラルタルも攻撃する必要があると、カイテルは強く主張した。カイテルもヒトラーも、戦争を何年つづけるかという話はしなかった。ただ、ヒムラーが、戦争は一〇月初旬に終わらせるべきだと、口を滑らした。

以上がチャーノの報告だった。チャーノはヒトラーに〝首領《ドゥーチェ》の切なる願い〟として、イタリアの陸軍一〇個師団と、三〇個飛行中隊に相当する航空部隊が侵攻に参加したいと提案した。陸軍については丁重に断られた。飛行中隊はいくつか参加したが、後述するように惨憺たる結果に終わった。

＊

七月一九日、ヒトラーは国会議事堂で凱旋演説を行ない、チャーチルはまもなくカナダに逃亡するだろうといったあとで、和平提案と称するものを口にした。実質的な内容は以下のとおり。

この時機に諸外国と英国の理性と常識に訴えるのが、良心に照らして私のつとめであろうと思う。私

★Ciano, *Diplomatic Papers*, p. 378.

は伏して情けを乞う打ち破られた敵国ではなく勝者として、道理を説いてこの呼びかけを行なう立場にあると考える。この戦争をつづけなければならない理由が、私には見当たらない。戦禍がもたらす犠牲のことを思い、私は嘆き悲しんでいる……。おそらくチャーチル氏は、最後の勝利を収められないのではないかという恐怖と迷いから生じたものだとして、私の声明をはねつけるだろう。その場合、私はこれから起きることについて、良心の呵責を感じずにすむのである。

この意思表示には、スウェーデン、アメリカ合衆国、ローマ教皇庁を介した数日後の外交文書を伴っていた。自分の所業にイギリスの承認を取り付けることで、ヨーロッパを自分の意思に従わせ、戦争を終わらせることができれば、当然ながらヒトラーは大喜びしていたはずだ。これは和平提案どころか、イギリスが参戦して護り抜こうとしたものをすべて進んで明け渡せという要求だった。ワシントンDCのドイツ代理大使が、現地のイギリス大使と連絡をとろうとしたので、私は以下の公電を送った。

一九四〇年七月二〇日

ハリファクス卿がきょうそちらにいるかどうかわからないが、ドイツ代理大使の伝言にはいっさい応答しないようロージャン卿に命じてもらいたい。

しかし、私が最初に考えたのは、両院での正式な討議だった。そこで、チェンバレン氏とアトリー氏に同時に書き送った。

一九四〇年七月二〇日

ヒトラーの演説に両院の決議で対抗するのが適切かもしれない。決議は貴族院議員もしくは庶民院議員が個人として発議するべきである。とはいえ、決議は私たちの重荷を増やすおそれもある。ご意見を乞う。

私たち全員が心をひとつにしている事柄をそこまで重視するのはやりすぎだと、閣僚たちは判断した。そこで、外相がラジオ演説でヒトラーの意思表示を斥けることになった。二二日夜、外相は〝自分の意思に屈服せよ〟というヒトラーの召喚状を〝はねつけた〟。外相はヒトラーの描くヨーロッパと、私たちが戦って目にしているヨーロッパを対比し、〝自由を勝ち取るまで私たちは戦う〟と宣言した。それだけではなく、ヒトラーの演説がラジオから流れたとたんに、イギリスの報道機関とBBCは、政府に促されたわけではないのに、いかなる和平交渉も拒絶されるだろうと報じた。七月二〇日にヒトラーとふたたび会ったときの観察を、チャーノがつぎのように述べている。

きのうの演説に対するイギリスの報道機関の反応がそのようであったため、了解を得られる見込みはなかった。したがって、ヒトラーはイギリスを軍事攻撃する準備に取りかかった。ドイツの戦略面での形勢、勢力圏、経済面での支配力は、イギリスが抵抗する可能性を早くも大幅に低めているから、イギリスは最初の打撃で崩壊するだろうと、ヒトラーは力説した。ドイツのイギリスに対する航空攻撃は、すでに数日前に開始され、日増しに激烈になっていた。対空防御とイギリスの戦闘機の対応は、ドイツの航空攻撃をたいして妨げていない。準備段階はすべて完了したので、雌雄を決する攻撃作戦を研究している最中だと、ヒトラーは述べた。★

チャーノは日記にも記している。〝一九日の深更にイギリスの最初の冷たい反応が届いたとき、ドイツ人のあいだにあからさまな失望がひろがった〟。ヒトラーは〝イギリスと了解に達することを願っていた。イギリスとの戦争は厳しく、陰惨になるだろうし、どこの国の大衆も殺戮を嫌うことを知っていたのだ〟。いっぽう、ムッソリーニは〝ヒトラーの狡知に長けた演説をイギリスが交渉開始の前触れだと思う〟ことを恐れていた。チャーノは述べている。〝ムッソリーニはこれまで以上に戦争を望んでいたから、そうなっていたらさぞかし嘆いたことだろう〟†。ムッソリーニがやきもきする必要はなかった。望む戦争すべてを奪われたわけではなかったのだ。

舞台裏でドイツの外交活動がつづけられていたのは明らかで、八月三日にスウェーデン国王が、私たちに話を持ちかけた。その問題について、私は外相につぎのように返答するよう示唆した。それをもとに公式回答が作成された。

（文頭）一九三九年一〇月一二日、英国政府は熟慮のうえで作成された声明を議会で発表し、ドイツの和平提案に対する見解をようやく明確にしました。それ以降、ナチ・ドイツは、国境を接する小国に対して、数々のおぞましい犯罪を行なってきました。ノルウェーは蹂躙され、ドイツ軍侵攻部隊に占領されています。デンマークは乗っ取られ、略奪されました。ベルギーとオランダは、あの手この手でヒトラー氏を懐柔しようとしましたが、中立を尊重するとドイツ政府が何度も確約したにもかかわらず、征服されて隷属しています。オランダではことに、長期にわたって準備されていた背信と蛮行が一気に勢いを増し、ロッテルダムの虐殺が起きて、数千人ものオランダ人が虐殺され、首都の要部が破壊されました。

これらの恐ろしい出来事は、ヨーロッパの歴史のページに消えない黒い汚点を残しました。英国政府は、一九三九年一〇月に定めた種々の原則と決定から後退する理由はまったくないと考えます。むしろその逆で、ヒトラー主義がついに敗れ、邪悪なひとりの男がもたらした災厄から世界が解放されるまで、力の限りあらゆる手段を用いて対独戦を遂行するつもりです。つとめを怠ったりくじけたりするより、おなじ廃墟で全員が非業の死を遂げるほうがましだと思うほどに、その意図は高まっています。しかしながら、神のご加護ゆえに、そのつとめを遂行する手段に事欠くことはないと、固く信じています。このつとめには長い歳月を要するかもしれませんが、ドイツは今後いつでも、一九一八年のように休戦を申し出ることが可能ですし、和平案を公にすることもできます。しかし、そういった要求や提案が検討される前に、ドイツは言葉ではなく行動で、有効な保証を示さなければなりません。具体的にいえば、チェコスロヴァキア、ポーランド、ノルウェー、デンマーク、オランダ、ベルギー、とりわけフランスの自由と独立をドイツは率先して確実に回復しなければなりません。和平を全体にひろげるために、ドイツは英国と大英帝国の実質的な安全を保証する必要があります。(文末)

私はつけくわえた。

外務省が内部文書で示した考え方は、抜け目なく立ちまわろうとして、政策の改変という不適切な部分に立ち入る誤りを犯しているように思われる。その方針は、悲しいくらい単純で重大な実情や、危険

★ Ciano, 前掲書 p. 381.
† *Ciano's Diaries*, pp. 277-8.

にさらされているいくつもの問題と食い違っている。私たちがなんら成功を収めていないこの時期に、たとえ小さなものであろうときっかけをあたえるのは、誤った判断だ。当然のことだが、ドイツ側から現実離れしていない提案を引き出すには、私が概要を示したきっぱりした返事しかない。

おなじ日に、私は以下の声明を報道機関に公表した。

一九四〇年八月三日

ドイツが侵略を試みる可能性がけっして消え失せていないことを周知してもらいたいと、総理大臣は願っております。侵略を意図していないという噂をドイツはいま流しています。ドイツ人の言葉は、はなから信用できませんが、これについては、いつもの二倍疑ってかかるべきでしょう。私たちの戦力と準備が増大しているのを鼻にかけて、警戒や機敏な戦意を緩めてはなりません。

*

六月末の閣議で、三軍の参謀総長がイズメイ将軍を通して、東部と南部の脅威にさらされている防衛区域を視察すべきだと提案した。私はそれに応じて、この好ましい仕事のために、毎週一日か二日を割くことにした。必要とあれば列車内で眠った。列車にはふだんの仕事をつづけるのに必要な設備が完備していて、ホワイトホールとたえず連絡をとることができた。タイン川、ハンバー川、そのほか上陸が行なわれる可能性がある多数の地域を視察した。アイスランドに派遣されている師団で増強して、まもなく一個軍団になる予定のカナダ軍師団が、ケント州で私のために演習を実施してくれた。ハリッジとドーヴァーでは陸上の防備を吟味した。最初のころに、まだ会ったことのなかったモンゴメリー将軍が指揮する第3師団を訪れた。妻が同行した。第3師団はブライトンの近くに駐屯していた。この師団は最優先で装備を再支給され、フランスに向けて出発しようとしていた矢先に、抗戦が終わった。モンゴメリー将軍の司令部は、ステニング近くにあり、その時点でわずか七挺か八挺しかかき集められなかったブレン軽機関銃を持った兵士たちが敵の側面を攻撃する、小規模な演習を披露してくれた。そのあとで、自動車でいっしょにショーラムとホーヴを抜ける沿岸部を走り、学童のころの記憶が数多くある懐かしいブライトンの海岸通りに出た。私たちは、桟橋の突端に面しているロイヤル・アルビオン・ホテルで夕食を摂った。大規模な避難が行なわれているせいで、客はひとりもいなかったが、浜辺や遊歩道で海の空気を浴びている人々はおおぜいいた。近衛歩兵第1連隊の一個小隊が、桟橋の売店に土嚢で機関銃陣地を築いているのを見て、興を憶えた。子供のころ、あれと似たような売店で、蚤のサーカスの滑稽な動きを感心して眺めたものだ。心地よい天気だった。モンゴメリー将軍とかなり有益な話ができたし、遠出を心ゆくまで楽しんだ。しかし……。

（即日実行）

総理大臣より陸軍大臣へ　　**一九四〇年七月三日**

第3師団は、真剣に対処すべきいかなる侵攻の先鋒に向けても移動できるように、集結して伏せられていると思っていたのだが、そうではなく、沿岸部三〇マイル（約四八キロメートル）にわたってひろがっていたので、私は不安にかられた。しかし、さらに唖然としたのは、この師団の歩兵が完全な機動性の部隊であるにもかかわらず、戦闘地点へ移動するための人員輸送車を支給されていないことだった。★

★これは一九一四年九月にフランス沿岸部に上陸したときに、英海兵隊師団の旅団向けに私が使用した旧式バスのこと。ロンドンの町で五〇台買いあげ、海軍本部が夜間に海峡を渡って輸送した。

つねに出発準備ができていて手近にある人員輸送車の支給は、すべての機動性の部隊にとって不可欠だし、沿岸部のあちこちに散開している第3師団にはなおのこと不可欠だ。
　ポーツマスでも、現地の部隊には手近の輸送手段がないという同様の苦情を聞いた。この国に無数の乗合自動車《バス》や貨物自動車《トラック》があり、英遠征軍《BEF》から運転手多数を引き抜くことができることを思えば、この不備をただちに改善できるはずだ。いずれにせよ、第3師団師団長《GOC》は本日、本人の希望どおり、いまになっても観光のためにブライトンの海沿いを盛んに往復しているバスを多数買いあげるよう命じられるよう望む。

*

　七月中旬、ブルック将軍がアイアンサイド将軍と交替して本国部隊総司令官に就任すべきだと、陸軍大臣が推奨した。七月一九日、つづけていた侵攻防衛区域の視察の一環として、私は南部集団を訪問した。戦術演習のたぐいが披露され、一二両以上（！）もの戦車が参加できた。午後はずっとこの方面を指揮しているブルック将軍〔南部集団司令官〕とともに自動車で移動した。ブルックの軍歴は輝かしい。ダンケルクへの撤退のとき、イーペル付近で勝敗を決する戦いを行なっただけではなく、六月の最初の三週間に私たちが新手の部隊をフランスに派遣したときに、想像を絶する困難で混乱した状況のもとで、並外れた断固たる態度を示し、抜け目なくふるまった。アラン・ブルック将軍とは、彼の勇敢な兄ふたり――私の軍人生活の最初のころの友人――を通じて、個人的なつながりもあった。★
　こういった縁や思い出は、人選という重要問題に関する私の考えを左右しないが、それが個人的な基盤となって、アラン・ブルックとの戦時中の連携は、途切れることなく維持されて円熟した。この一九四〇年七月の午後、私たちは自動車に四時間ともに乗り、本土防衛の数々の方策で合意したようだった。関係者から必要な合意を取り付けたあとで、ブルックをアイアンサイド将軍の後任として本国部隊総司令官に任命するという陸相の建言を、私は了承した。アイアンサイド将軍は、すべての行動でこれまでずっと示してきたように、軍人らしい品位で退役を了承した。

侵攻の脅威にさらされた一年半、ブルックは本国部隊を編成して指揮し、その後、帝国参謀総長《CIGS》に就任してからも、勝利をものにするまで三年半、私たちは協力した。一九四二年八月にエジプトと中東で司令官を入れ替えたときにブルックの助言で絶大な恩恵をこうむったことと、一九四四年のイギリス海峡を越える侵攻〝オーヴァーロード〟作戦の指揮についてブルックに落胆を味わわせたことについては後述する。ブルックは戦時中のほとんどにわたって参謀総長委員会を主宰し、CIGSとし

★アランの兄ヴィクターは、私が第4王立軽騎兵連隊に入隊したときに第9槍騎兵連隊の准大尉で、一八九五年と九六年に温かい友情をはぐくんだ。乗馬が後肢で立ってうしろ向きに倒れ、ヴィクターは骨盤を骨折して一生快癒しなかった。だが、軍務に服して騎乗することはでき、フランス軍騎兵軍団との連絡将校として一九一四年にモンスから撤退するときに疲労のため名誉の戦死を遂げた。

アランのもうひとりの兄ロニーは、ヴィクターより年上で私よりもいくつか年上だった。一八九五年から九八年にかけて、ロニーは英陸軍の期待の新人と目されていた。数々の軍事作戦で殊勲をあげただけではなく、幕僚学校でも同世代のなかで輝いていた。ボーア戦争では、南アフリカ軽騎兵連隊副官だった。連隊は六個騎兵大隊を擁しており、包囲された町レディスミスが解放されるまで数カ月間、私は副官補佐をつとめた。私たちは、スピオン山頂、ヴァール山稜、ツゲラ川の戦いをともに潜り抜けた。私は戦術についてロニーから多くを学んだ。レディスミスが解放された夜、私とロニーは襲歩で馬を駆り、町にはいった。その後の一九〇三年、私はまだ若手議員だったが、ロニーがソマリランドの軍事作戦に参加するのに力を貸し、そこでもロニーは名声を高めた。ロニーは若いころに関節炎にかかり、第一次世界大戦では本国で予備旅団を指揮することしかできなかった。一九三〇年にロニーが夭折するまで、私たちの友情はつづいた。

ても活発に活動して、大英帝国だけではなく連合国の大義のために、最高の態勢の三軍を築きあげた。この『第二次世界大戦』には、私たちの意見の相違が折々記されるだろうが、意見が一致する場合のほうが圧倒的に多く、私たちが大切にしている友情にまとめあげるさまを読者は目にするだろう。

*

そのころずっと私たちは、詳細を把握しながら意志堅固に侵攻の可能性に対処していた。その流れを、私の公式覚書のいくつかが浮き彫りにしている。

（即日実行）

総理大臣より空軍大臣及び空軍参謀総長《CAS》へ　**一九四〇年七月三日**

貴官たちがドイツの支配下にある港の船舶と艀への爆撃を主眼にすべきだという意見を、あらゆる方面から聞いている。

総理大臣よりイズメイ将軍へ　**一九四〇年七月二日**

ウェッジウッド議員の「ロンドン防衛に関する」興味深い独特な手紙をご覧あれ。ロンドンはどのような軍事的情勢にあるのか？　寸土も譲らず戦うべきだというのが私の明確な見解であり、かなりの規模の敵侵攻部隊をそこで**呑み込む**はずだ。

総理大臣よりウェッジウッド氏へ　**一九四〇年七月五日**

貴君の書簡に深く感謝しております。大量の小銃をまもなく入手する見込みがあり、郷土防衛隊（地域防衛義勇隊《LDV》）に武器を支給する手順を続行することを願っています。ロンドンの市街すべてと郊外で戦う所存なのでご安心ください。たとえ敵侵攻部隊がそこに達したとしても、ロンドンはそれを**呑み込みます**。しかし、その前に敵軍が海で溺れ死ぬほうが望ましいでしょう。

不思議なことに、侵攻計画を練るよう命じられたドイツ軍の司令官は、ロンドンについておなじ〝呑み込む〟という言葉を使い、呑み込まれるのを避けようと考えていた。

総理大臣よりイズメイ将軍へ　　一九四〇年七月四日

脅威にさらされている港付近の住民が、侵攻の最中に身をひそめるのに適した待避壕を建設するよう促し、支援するために、なにが行なわれているか？　ただちに積極的な手段を講じなければならない。地元官憲の幹部や代表者が集落をまわって、私たちの一般的な忠告に従って避難するのを拒んでいる家族に、地下室にこもるか、家を強化するよう手配したほうがいいと説明すべきだ。どちらの場合も助言と資材の支援を行なう。ガスマスクがあるかどうかも、検査すべきだ。本日からこの活動を開始しなければならない。この手順で自主的な避難を促すと同時に、残留する住民に適切な支援を行なう。

総理大臣よりイズメイ将軍へ　　一九四〇年七月五日

脅威にさらされている沿岸部の住民に関して、明確な指示を発しなければならない。（1）圧力と強制力がある命令や、自治体の長や役所を通じて（国ではなく）地元の宣伝活動によって、できるだけ自主的に避難するよう促すべきだ。残留を望む住民や、避難する場所を自力で見つけることができない住民には、彼らの町や村が侵攻の打撃を受けたときには、戦闘が終わるまでよそへ行くことは不可能になると説かなければならない。したがって、ある程度安全に隠れられるように、地下室を整理するよう勧めて支援すべきだ。入手できるいかなる型でもよいのでアンダーソン防空壕を供給する（新型には鋼鉄を使っていないと聞いている）。信頼できる人々のみが残留を許可される。疑わしい人物は退去させるべきだ。

この方針に沿った緻密な提案を用意し、私の承認を求めてほしい。

一九四〇年七月七日

総理大臣よりリンデマン教授へ

（イズメイ将軍宛写し）

完全装備への進捗を示す三〇個師団すべての図表を作成するよう、〝S〟班に指示してもらいたい。各師団を長方形で表わし、それを将校、兵員、小銃、軽機関銃《ブレンガン》、装軌式汎用輸送車、対戦車小銃、対戦車砲、野砲、あれば中口径砲、三個旅団すべての同時機動を確保できる輸送手段、等々を表わす小さい長方形に区分けすること。小さい長方形が完全に埋まれば、図表を赤く塗ってよい。この図表は毎週、提出してもらいたい。郷土防衛隊の分も用意してもらいたい。こちらは小銃と軍服の数だけでよい。

一九四〇年七月七日

総理大臣より陸軍大臣へ

カナダ軍第2師団全体がアイスランドに向かったというマクノートン将軍の発言にきのう私が驚愕したことに、貴君は同意した。この優秀な部隊をそんな遠陬《えんすう》の戦域で使用するのは、明らかにきわめて大きな誤りだ。どうやら、最初の三個大隊はすでに現地に到着しているようだ。だれもこのことを聞いていなかった。私たちはカナダの二個師団に、可及的速やかに軍団として活動することを求める。

訓練等についての反論はもちろん承知しているが、私はそれには納得していない。この点についてあらためて徹底的に吟味すべきだ。郷土防衛隊の二線級部隊をアイスランドに派遣することは可能なはずで、そこの要所で自分たちを強化すればよいだろう。さらに、敵の上陸を迎え撃つために、たとえば

1940年7月13日現在の歩兵師団の戦備

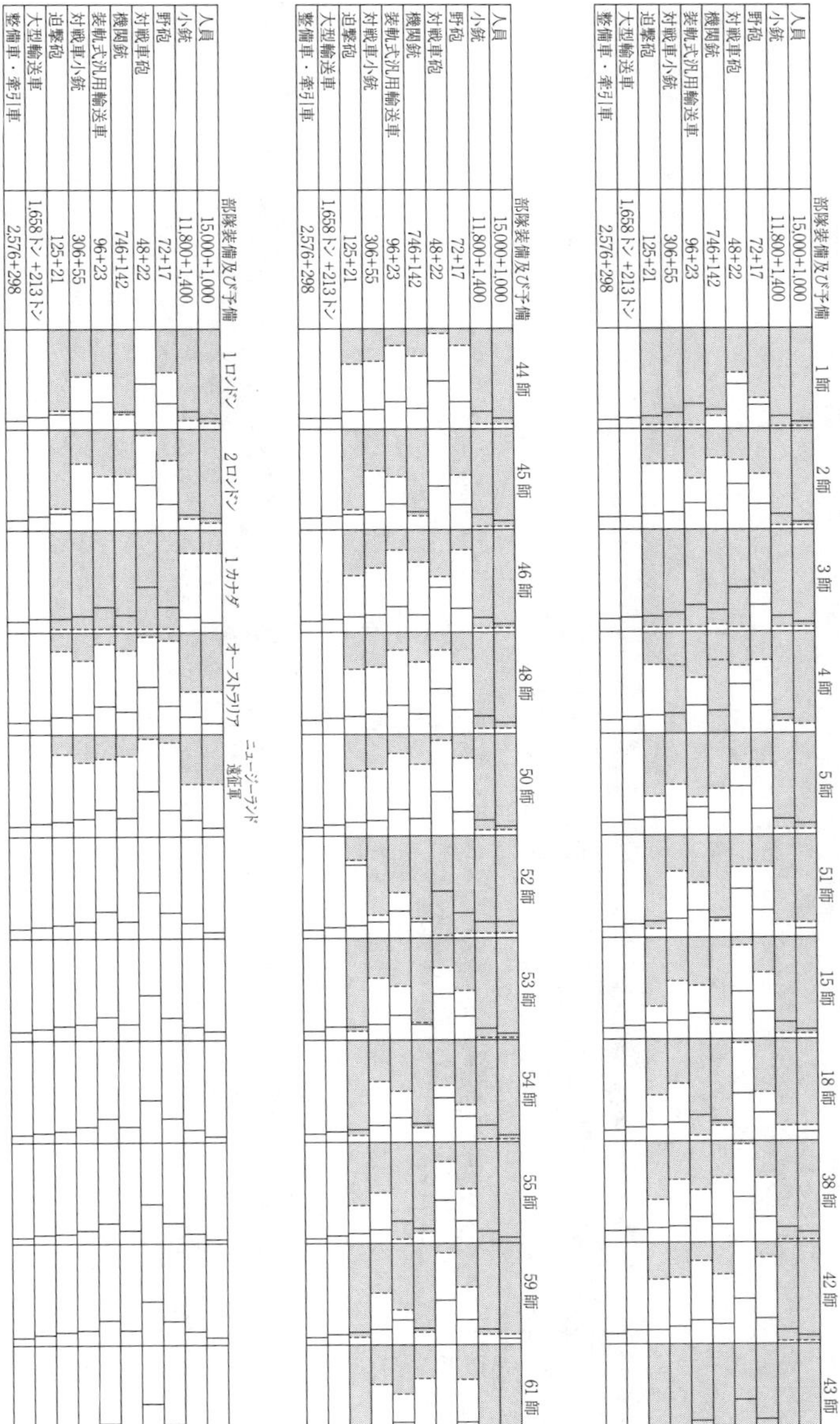

←部隊装備→ ←予備→

1940年7月13日の充足度

〝ガビンズ〟型のきわめて高度な大隊一個〔一九四三年からSOE〔特殊作戦執行部〕部長をつとめたコリン・ガビンズ少将は、さまざまな秘密補助部隊の設立と活動に関与した〕を配すればいい。この件を処理してくれれば、深く感謝する。

総理大臣より海軍卿及び第一海軍委員へ

一九四〇年七月七日

1．フランス沿海で艦船を攻撃せず、航行を許していることが、私には理解できない。空軍のみの使用では明らかに有効ではない。航空護衛付きで駆逐艦を派遣すべきだ。目と鼻の先のイギリス海峡でドイツが大規模な艦隊を増強し、ドーヴァー海峡を艦船がなんのとがめもなく通過するのを、私たちはほんとうに受け入れるつもりなのか？　このきわめて危険な新しい脅威の初期段階に対抗しなければならない。

2．上記の各要点だけではなく、その水域の機雷原の現状とそれを改善する方法について報告してくれるとありがたい。機雷が一〇カ月で機能しなくなるというのは事実なのか？　そうであるなら、あらたな機雷線をいくつか設けなければならない。夜間にフランス近接水路に機雷原を敷設し、そこを通過する水路の掃海に派遣される船を待ち伏せる活動がなされていないのは、どういうわけなのか？　ドイツがフランス沿岸部を確保しているという事実によって、海軍力の行使を妨げられてはならない。ドイツ軍が私たちを砲撃したら、航空機のじゅうぶんな防護のもとで大型艦が艦砲射撃を行なうべきだ。

＊

この七月のあいだに、大量のアメリカ製兵器が大西洋を越えて無事に届けられた。きわめて重要だと思われたので、私はそれらの兵器の輸送と受領に気を配るよう戒めた。

総理大臣より陸軍大臣へ

一九四〇年七月七日

陸軍向け小銃輸送船団を出迎えるために、私は海軍本部にきわめて特殊な手配を行なうよう頼んだ。遠方まで駆逐艦四隻が出向いて船団と会合し、九日には全隻が到着するはずだ。時刻は海軍本部で確認できる。それらの小銃の卸下、受領、配布の手配をすべて行なっていると聞き、ほっとした。一〇万挺以上が、その晩か、午前二時か三時ごろに、部隊に到着するはずだ。事前に正確に立案された計画にしたがって小銃と弾薬を配布するために、到着港からずっと、計画を熟知した幹部将校が指揮し、専用列車を使用すべきだ。沿岸部の地区に早く配布すべきだと貴君は力説するにちがいないので、危険地帯の郷土防衛隊が最初に受領することになるだろう。決定を事前に私に知らせてもらえると助かる。

総理大臣よりイズメイ将軍へ

一九四〇年七月八日

今後のアメリカの弾薬、小銃、砲を、前回よりもずっと高速の船に積み込む措置は進められているのか？　最新の発送貨物が積まれるのは、どのような船なのか？　その速力は？　海軍本部にこれを確認してもらいたい。

総理大臣より海軍卿へ

一九四〇年七月二七日

イギリスに近づいている大量の小銃、砲、それらの弾薬の貨物は、カナダ軍師団を除けばこれまでのなによりも重要だ。小銃の到着を待っている兵士がいるので、小銃二〇万挺が兵員二〇万人を意味するのを、忘れてはならない。七月三一日に接近する輸送船団はたぐいまれな存在であり、無事に到着するよう格別な努力を払うべきだ。これらの小銃と野砲の亡失はすさまじい災厄になるだろう。

アメリカを発した船団が、計り知れない価値の兵器を載せてイギリス沿岸に近づいたとき、貨物を受け取るためにすべての港で専用列車が待っていた。すべての州、町、村の郷土防衛隊が、受領するために徹夜した。使用できる状態にするために、男も女も昼夜兼行で働いた。七月末には、イギリスは落下傘やグライダーによる降下に対抗できる武装国家になっていた。私たちは〝雀蜂の巣〟になった。とにかく、戦う段になったら（私は待ち望んではいなかったが）、男の多くと女性の一部には武器があるわけだった。郷土防衛隊向けの三〇〇口径小銃五〇万挺の最初の積み荷が到着すると（弾薬は一挺あたり五〇発しかなく、一〇発だけしか支給できず、製造工場はまだ稼働していなかった）、英軍の制式三〇三口径小銃三〇万挺を、急拡大していた正規陸軍部隊に引き渡すことが可能になった。

やかまし屋の専門家のなかには、一門あたり一〇〇〇発の弾薬があったフランス製の〝七五《ソワサント・カンズ》〟ミリ野砲を馬鹿にするものもいた。その野砲を牽引する二輪車はなく、弾薬をさらに多く調達する緊急の手段もなかった。砲の口径がさまざまなので、運用がややこしくなる。しかし、私はそういう意見を聞き入れなかった。一九四〇年と四一年のあいだずっと、この七五ミリ野砲九〇〇門は、本土防衛の戦力を大幅に強化した。運用手順が工夫され、移動のために板の上で押してトラックに積み込む訓練が行なわれた。生存のために戦うときには、どんな大砲であっても、ないよりもあるほうがいい。それに、フランス製の〝七五《ソワサント・カンズ》〟ミリ野砲は、イギリスの二五ポンド砲やドイツの野砲と比べれば時代遅れだが、それでも優秀な兵器だった。

*

八月から九月にかけて、私たちはイギリス海峡沿岸のドイツの重砲陣地の増強を、注意深く観察していた。その時点で砲兵がもっとも集中していたのは、カレーとグリ・ネ岬〔ネ（nez）はフランス語で端［はな］の意味〕の周辺で、イギリスの軍艦が海峡を通過するのを阻止するのが明白な目的だったが、そこが海峡を渡る最短距離でもあった。現在では、九月半ばまでにこの地区だけでも以下の砲兵中隊がすでに配置されて使用可能になっていたことがわかっている。

(a) ジークフリート砲兵中隊、グリ・ネ岬の南、三八センチ(一五インチ)砲四門。
(b) フリードリヒ・アウグスト砲兵中隊、ブローニュの北、三〇・五センチ(一二インチ)砲三門。
(c) グローサー・クルフュルスト砲兵中隊、グリ・ネ岬、二八センチ(一一インチ)砲四門。
(d) プリンツ・ハインリッヒ砲兵中隊、カレーとブラン・ネ岬のあいだ、二八センチ砲二門。
(e) オルデンブルク砲兵中隊、カレーの東、二四センチ砲二門。
(f) M1、M2、M3、M4砲兵中隊、グリ・ネ－カレー間、一七センチ砲合計一四門。

これ以外にも、三五個に及ぶドイツ製重砲と中砲の砲兵中隊と、鹵獲した砲の砲兵中隊七個が、八月末までに防御目的でフランス沿岸部に配置されていた。

ドーヴァー海角に海峡を越える射撃ができる砲を設置するようにという六月の私の命令は、規模を縮小して実施された。この重大な仕事に、私はひとかたならぬ興味を抱いていた。この不安に満ちた夏のあいだに、何度かドーヴァーを訪れた。要塞には白亜質の地面を掘った地下通路と地下室があり、晴れた日には広い露台からいまは敵の手に落ちたフランスの岸を遠望できる。ドーヴァー司令官ラムゼイ提督は、私の友人だった。私が若いころに勤務した第4軽騎兵連隊の大佐の息子で、子供のころにオルダーショットの兵舎の広場で遊んでいるのをよく見かけた。開戦の三年前に、本国艦隊司令長官との意見の相違が原因で艦隊参謀長の地位を捨てたとき、ラムゼイは私の助言を求めた。私はラムゼイと長いあいだ話をして、ドーヴァー要塞指揮官とともに、急ごしらえで改善している防備を見にいった。

ドーヴァーと自宅で私は、毎日のように進捗しているドイツの砲兵中隊に関する情報要報を丹念に研究した。八月中に私が口述したドーヴァーの砲についての一連の公式覚書は、ドイツ軍が応射する前にもっとも強力な砲兵陣地の一部を破壊したいという私の熱望を反映している。海峡を越える射撃が可能な大口径砲が三門以上あるので、八月中にこれをやるべきだと、私は確信していた。遅れれば遅れるほど、ドイツの火力は強くなり、決闘はできなくなる。

総理大臣よりイズメイ将軍へ　　　　一九四〇年八月三日

1．ドーヴァーに据え付けるよう私が指示した一四インチ砲は、新手のドイツ軍砲兵中隊に対処するように余裕をもって準備すべきだ。砲の配置が完了するまで、射撃を行なうべきではない。しかし、射撃計画はいまから立案する必要がある。そのよろこばしいときに強力な戦闘機の掩護付きの弾着観測機を飛ばすために、どのような手配がなされているのかを知りたい。さらに、一三・五インチ砲二門をいつ列車砲に仕立てることができるのか、前記の攻撃目標を射程に収められるのかどうかも知りたい。そのほかにも、閃光や煙や土埃を発生させるために、偽装した砲をさまざまな場所に設置すべきだ。どのような手配が勘案されているのか知らせてほしい。一三・五インチ砲のために鉄道を延長する作業はすでに実行されているはずだ。どうか報告してもらいたい。

2．ドイツの軍艦が南のキールに移動すると、大型艦の支援を受けてイギリス海峡やアイリッシュ海を渡って侵攻するドイツ軍への対処に関して、本国艦隊司令長官のだいぶ前の認識とは異なった状況が生じる。司令長官にあらたな意見があるかもしれないので、敵の配備変更に司令長官が注目しているかどうか、海軍本部に問い合わせる必要がある。

総理大臣より海軍卿へ　　　　　　　　**一九四〇年八月八日**

一四インチ砲のドーヴァーへの配置、据え付け、射撃準備が迅速で効率的だったことに、いたく感心している。これを達成した人々に、彼らのすばらしい働きに感謝していると伝えてほしい。

敵の砲台は、八月二二日に火蓋を切り、輸送船団と交戦したが、被害をあたえることはできず、つづいてドーヴァーを砲撃した。使用可能になっていた私たちの一四インチ砲一門が応射した。その後、不定期な間隔で大砲による決闘が行なわれた。ドーヴァーは九月に六度攻撃され、もっとも激しかった九月九日には、一五〇発以上が発射された。輸送船団にはほとんど被害がなかった。

総理大臣より海軍卿及び第一海軍委員へ　　　　　　　　**一九四〇年八月二五日**

グリ・ネのドイツ軍砲兵陣地に対する〈エレバス〉★の砲撃を提案してもらえると、たいへんありがたい。これが実行可能だとき、非常によろこばしいと思った。それがもっとも望ましいだろう。もちろん列車砲の準備ができしだい一四インチ砲で夜明けとともに追加の砲撃を行なうが、それまで待つのは無意味だ。私たちはドイツ軍の砲兵陣地を叩き潰さなければならない。つぎの月明かりまで〈エレバス〉を待たずにすむことを願っている。好適な月の状態を教えてもらえれば幸甚だ。

★〈エレバス〉は、一五インチ砲二門を搭載する第一次世界大戦期の英海軍砲艦。再艤装されて八月に射撃演習のためにスカパ・フローへ行った。不具合と悪天候のために能力向上が遅れ、ドーヴァーに到着したのは九月下旬だった。そのため、カレー砲撃を実行したのは、九月二九日から三〇日にかけての夜だった。

総理大臣よりイズメイ将軍及び参謀総長委員会《COS》へ

一九四〇年八月二七日

敵がドーヴァー海角を徐々に支配し、イギリス海峡の最狭部を制しようとするのは、けっして不合理ではない。侵攻前の当然の準備だ。出撃回数が増えることで私たちの空軍が疲弊することを願い、また敵空軍との戦闘をつづける好機がそれによって得られる。イギリス海峡に面した基地すべてから私たちの軍艦が追い出されるおそれもある。フランス沿岸部に砲兵陣地が集中することも、予想しなければならない。ドーヴァー海角を重砲で防御するのに、どういう手立てが講じられているのか？　私は一〇週間前に重砲を要求した。一門が据え付けられた。列車砲二門が用意されるはずだ。いまになって、強装薬を使うため狙いがかなり不精確だといわれた。もっと性能のいい重砲が多数必要だし、腔線がもっと頑丈で射程が五〇マイル（約八〇キロメートル）以上の口径が小さい砲を照準の目安として、その弾着の手前を狙い、距離二五マイルないし三〇マイル（約四〇キロメートルないし四八キロメートル）で射撃を行なえば、もっと精確になるだろう。この問題についてなぜまだ提案がないのか、納得できない。どういう形の攻撃にさらされるにせよ、ドーヴァー海角で優勢な砲兵陣地を維持しなければならない。敵の砲兵陣地を破壊し、私たちの砲兵陣地を増やして強化するために、砲兵を使って海峡の最狭部を制する戦いを行なわなければならない。

　私はそれ以外にも、〈エレバス〉による奇襲攻撃を要請する覚書を発した。〈エレバス〉には、グリ・ネ岬の敵砲兵陣地を破壊できる能力がある。甲板は装甲で、爆撃や砲撃に耐える。この件はどうなっているのか？　〈エレバス〉はいつ戦闘行動を開始するのか？　空軍省はむろん協力しなければならない。作戦は攻勢の色合いを帯びるはずだ。昼間用の観測機を要求する。マーリン・エンジンを搭載したハリケーン戦闘機の最初の飛行中隊が、これにうってつけだろう。〈エレバス〉が空から攻撃された場合、

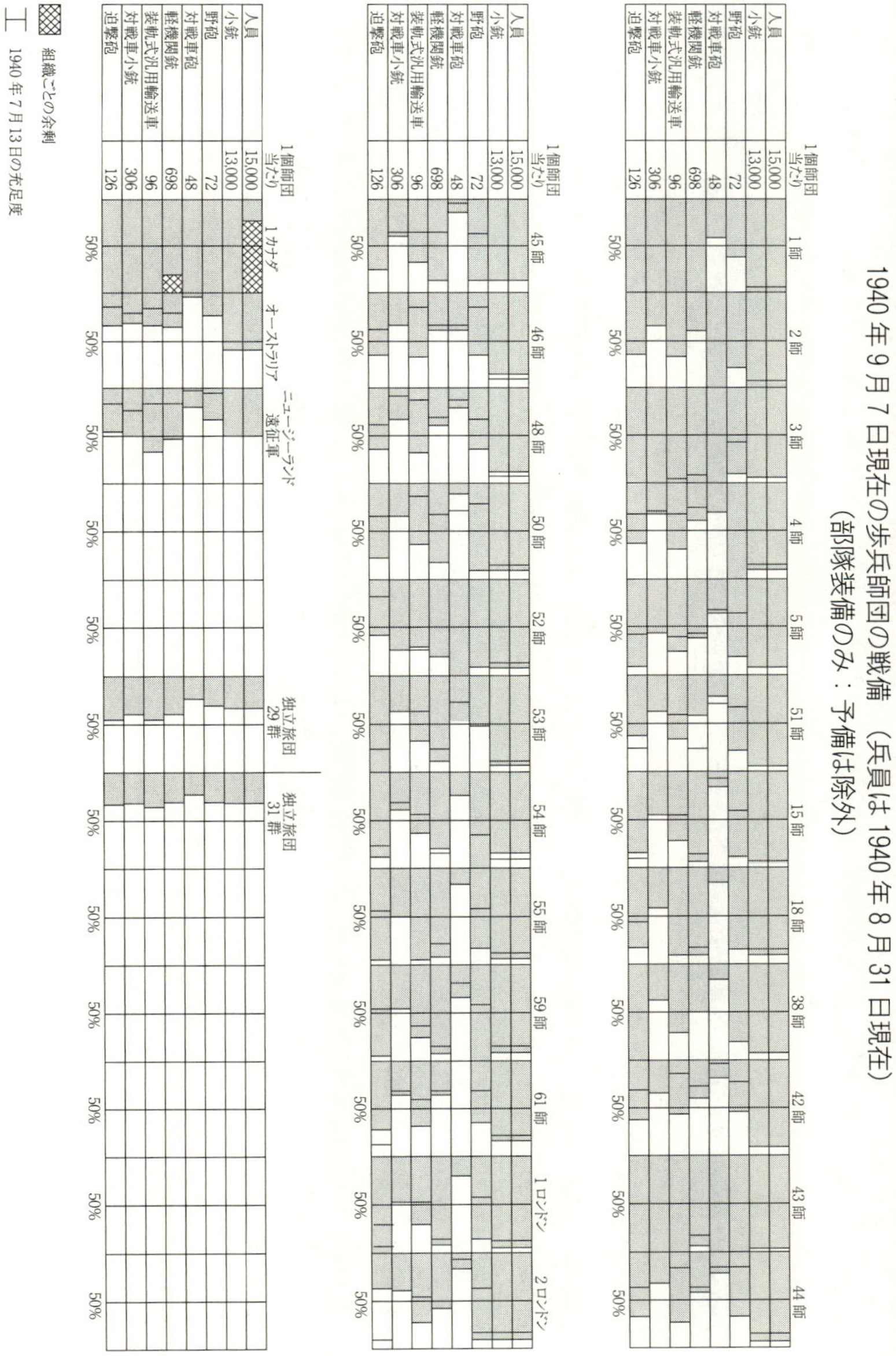
1940年9月7日現在の歩兵師団の戦備　(兵員は1940年8月31日現在)
(部隊装備のみ：予備は除外)
人員
小銃
野砲
対戦車砲
軽機関銃
装軌式汎用輸送車
対戦車小銃
迫撃砲
1個師団当たり
15,000
13,000
72
48
698
96
306
126
1師
2師
3師
4師
5師
51師
15師
18師
38師
42師
43師
44師
45師
46師
48師
50師
52師
53師
54師
55師
59師
61師
1ロンドン
2ロンドン
1カナダ
オーストラリア
ニュージーランド遠征軍
独立旅団29群
独立旅団31群
50%
組織ごとの余剰
1940年7月13日の充足度

力強く護る必要があるし、敵空軍に対応する行動が求められる。

　貴官らの計画を教えてもらいたい。


総理大臣よりイズメイ将軍及び参謀総長委員会《COS》へ

一九四〇年八月三〇日

　ケント州の岬角の防御に関する前回の公式覚書への付言。フランス沿岸部にきわめて強力な砲兵陣地が急激に多数出現すると予想しなければならない。ドイツが海峡のあちこちの最狭部を砲兵で支配しようと思うのは当然だろう。現在、私たちは一四インチ砲と一三・五インチ列車砲二門で、敵に先んじている。最新型の六インチあるいは八インチ砲多数の追加をできるだけ早く、ドーヴァー司令官に供給しなければならない。海軍本部が、長期修理中の軽巡洋艦〈ニューカースル〉か〈グラスゴー〉から艦砲を取り外すことを検討していると聞いている。これらの砲塔一塔か二塔の据え付けには、空前の技術進歩が必要だろう。このことと日程について報告してもらいたい。陸軍の試作の九・二インチ砲と砲架があるし、一二インチ列車砲用の砲架もあるはずだ。私たちの艦船が海峡の最狭部を使用できない場合、敵の使用をぜったいに阻止しなければならない。フランス沿岸を砲撃できなくても、かなり役に立つことは間違いない。

　私たちの重砲――一八インチ榴弾砲と九・二インチ榴弾砲――の一部を、敵の港使用と上陸を阻止するために配置すべきだ。帝国参謀総長《CIGS》が述べたように、海岸堡を築こうとする敵に対する反撃の支援にも使用できる。この砲の大部分は、前の戦争のあとずっと私の要請で保存され、これまでなんの働きもしていないし、一年間ずっと修繕されていた。

　テムズ川の北と南で反撃支援と上陸阻止のためにこれを使う適切な計画を示してもらいたい。もっと北のほうでは非常に優秀な重砲陣地を視察した。

ドーヴァーとロンドン、ハリッジとロンドンのあいだの正確な［実在の］防御線についても知らせてほしい。沿岸部の防備が完了したので、猛烈な反撃という原則を損ねることがないように、これらの防御線を強化すべきだと思われる。

しかし、もっとも緊急の課題は、三万五〇〇〇ヤードの距離のドイツ艦艇すべてを撃てる最新式六インチ砲を一門か二門、用意することだ。

私はさらに、沿岸防衛用の一六インチ砲を最低でも二門、アメリカから入手するべく努力している。この一六インチ砲は、強装薬を用いなくても、射程四万五〇〇〇ヤードへ一・二五トンの砲弾を飛ばすことができる。強装薬を使わないので、狙いは精確だ。アメリカ陸軍のストロング将軍が、期待の持てる話しぶりで説明してくれた。政府にかけ合わなくても、アメリカ陸軍はこの砲二門と砲架を二連装砲台から取り外すことができると、将軍は考えている。

これらの砲について、詳細をすべて知らせてほしい。三カ月以内にコンクリートの基礎を築くのは可能なはずだし、アメリカの大砲がこちらに運ばれてくるまで、そのくらいかかるだろう。甲板にそれを積める船は数すくない。

総理大臣よりイズメイ将軍及び第一海軍委員へ　　一九四〇年八月三一日

フランス沿岸部の砲兵陣地を攻撃することが、喫緊の課題になっている。きのうの偵察写真には、砲が陣地に運びあげられている光景が写っていた。敵が応射できるようになる前に砲撃するのが賢明だ。すでにかなりの数の砲が配置されている。私たちの作業は日増しに厄介になるはずだから、〈エレバス〉が出遅れるのは望ましくない。

私たちが砲兵陣地の設置でこれまでずっと敵に先んじられていたことを思うと、敵砲兵陣地の設営に損害をあたえて遅延させることが、もっとも重要だと思われる。

九月初旬、私たちの海に向けた重砲の戦力は以下のとおりだった。

戦前の沿岸防備

九・二インチ　二門
六インチ　六門

最近の追加

一四インチ（艦砲）　一門
九・二インチ　二門（列車搭載）
六インチ（艦砲）　二門
四インチ（艦砲）　二門

これらがじきに、旧式戦艦〈アイアン・デューク〉から取り外されて鉄道用砲架に据え付けた一三・五インチ砲二門と、〈フッド〉から取り外された五・五インチ砲四門の砲兵中隊で増強された。これらの追加の砲の多くには、英海軍と英海兵隊の砲側員が配置された。

数ではまだ敵に劣っていたが、こうやって私たちは強力な火力集中能力を得た。

それに加えて、第一次大戦後に私が保存させていた一八インチ迫撃砲一門と一二インチ榴弾砲一二門が、敵の上陸に応戦するために設置された。これらは移動可能で、上陸地帯すべてに熾烈な射撃を加えられるはずだった。

*

七月から八月にかけて、なにも災厄が降りかからなかったので、私たちは、長くつらい戦いを遂行できるという自信を深めた。私たちは日々戦力を増大していった。全国民が体力の限界まで労働し、自分たちには必要な時間があり、勝てるはずだという思いが強まって、自分たちの骨折りと徹夜が報われたと感じながら眠りに落ちた。すべての海岸がいまではさまざまな防備で身構えていた。国全体が、護りを固めた地域によって組織化された。工場から兵器が大量に流れ出た。八月末には、私たちは新造の戦車二五〇両以上を擁していた！　アメリカの〝信念の証〟の果実が収穫された。英陸軍の練度の高い将兵と、国防義勇軍の同志たちが、早く敵とまみえたいと願いながら、朝から晩まで演習を行なった。郷土防衛隊は一〇〇万人を超え、小銃が不足すると、散弾銃、猟銃、個人の拳銃を持ち出し、銃器がないときには、昔の槍や棍棒まで手にした。ごく少数のスパイが念入りな捜査で拘引され、調べられたが、イギリス国内に第五列は存在しなかった。共産主義者は鳴りをひそめていた。あとの国民はすべて、持てるものを差し出していた。

九月にローマを訪問したときに、リッベントロップがチャーノにこういった。「イギリスの地域防衛は存在しないに等しいのです。ドイツ軍一個師団で完全に崩壊するはずです」。リッベントロップの無知をこの言葉が露呈している。ドイツの突進部隊二〇万人がほんとうに海岸で陣容を整えたらなにが起きるだろうか、私はしばしば考えた。敵も味方も容赦ない大虐殺にはしるだろう。慈悲も助命もありえない。敵は恐怖を武器に使うだろうし、私たちはあらゆる手段で戦う。私は〝なんでもいいから得物を持っていけ〟という標語が気に入っていた。そういう悲惨な光景は、アメリカの考え方を変える最後の手段になるかもしれないと計算していた。だが、そういうさまざまな感情が試されることはなかった。北海とイギリス海峡の彼方の灰色の海では、忠誠で熱心な小艦隊が、夜の闇に目を凝らして哨戒していた。戦闘機の操縦士たちは、大空高く舞いあがっているか、命令されしだいすばらしい乗機に乗り込めるように、周囲で静かに待機していた。生きることも死ぬことも、おなじように貴い時機《とき》だった。

第一四章　侵攻問題

〈これまでの侵攻研究／あらたな航空戦力／六月一八日、私の議会での演説／最初の風説／六月二八日、私の意見書／七月一〇日、〝侵攻〟に関する私の意見書／機動性の予備軍の重要性／イギリスの海岸線二〇〇〇マイル／第一海軍委員の非公式文書／敵の強襲と兵力割りふりについての予想／大事をとって、第一海軍委員の見積の二倍を予想／一九四〇年八月五日、私の公式覚書／英陸軍部隊の配置に関する私の提案／三軍の参謀総長と意見一致／東岸への私たちの集中／ドイツが南岸から侵攻する可能性／防衛線の変更／八月から九月にかけて、英軍部隊の配置変更／払拭されない北海からの危険／七月と八月の緊張〉

これまで述べてきたように、ダンケルク後と、とりわけ三週間後にフランス政府が屈服したあと、私たちの島にヒトラーが侵攻して征服するかどうか、さらにいえばそれが可能かどうかという疑問が、すべてのイギリス人の意識に浮かんだ。私はこの問題について未熟な人間ではない。第一次世界大戦前、私は海軍卿として三年間、帝国防衛委員会でこの重要事項に関する議論に加わった。海軍本部の代表として私はつねに、国防義勇軍やそのほかの戦時部隊が実戦用の兵力になるまで、英遠征軍六個師団のうち二個以上を本国にとどめるべきだと論じた。〝タグ〟・ウィルソン元帥〔一九一〇年一月から一九一一年一二月まで第一海軍委員〕が述べたように、〝海軍は、ゴールキーパーなしでは国際サッカー試合はできない〟。しかし、戦争が勃発すると、海軍は総動員され、大艦隊《グランド・フリート》〔一九一九年までの旧称だが、チャーチルはあえて使っている〕が敵の目の届かない安全な海に出て、奇襲、裏切り行為、事故といった懸念材料がなくなると、海軍本部の私たちは、その言葉以上の働きができると考えた。一九一四年八月五日、アスキス首相が閣議室でひらいた大臣と軍上層部の特別会議で、私は第一海軍委員（ルイス・アレグザンダー・バッテンバーグ）の全面的な了承を得たうえで、フランスで差し迫っている大会戦に正規軍をすべてただちに派遣したとしても、海軍は侵攻や激烈な攻撃からイギリスを護ることを確約すると、正式に宣言した。全陸軍を投入できるというのが、私たちの見解だった。最初の六週間に六個師団すべてが派遣された。

海軍力は、正しく理解されていればすばらしい道具だ。優勢な艦隊や小艦隊の面前を通って侵攻部隊が海を押し渡るのは、ほとんど不可能な離れ業だ。大英帝国を護るのに、蒸気機関は海軍に莫大な力をあたえた。ナポレオンの時代なら、平底の船がブローニュから海峡を越えるのに利用した追い風が、海上を封鎖していた私たちの戦隊を追い払っただろう。しかし、その後のさまざまな出来事が、輸送されている侵略軍を優秀な海軍が殲滅する力を強化した。陸軍が近代的な兵器を取り揃えているために、海上移動はよけい厄介になり、複雑で効率が悪く、危険になった。上陸後の兵器の整備にも、克服できないような難題が数々ある。私たちの島の盛衰がかかっていた前回の危機では、私たちの海軍力は優勢で、じゅうぶんすぎるほどだったと判明した。敵は主な海戦で私たちに勝つことができなかった。私たちの巡洋艦隊と対峙できなかった。小艦隊や小型艇では、私たちは敵の一〇倍だった。これに対抗するには、天候、とりわけ霧という、予測できない勝算に頼るしかなかった。だが、天候が敵に与し、一カ所もしくは数カ所で海からの急襲が起きたとしても、交通路の維持と占領地の保守と充実という難問が残る。それが第一次世界大戦の情勢だった。

しかし、いまは空軍がある。このきわめて重要な発展は、侵攻問題にどのような影響があるのか？優勢な空軍力で敵がイギリス海峡とアイリッシュ海や、ドーヴァー海峡の両側を支配したら、私たちの艦隊の損耗は甚大になり、やがて致命的になるかもしれない。よほど重大な局面でない限り、ドイツの爆撃機に制されている水域に大型戦艦や重巡洋艦を送り込むことは、だれも望まないだろう。事実、私たちはフォース湾の南や、プリマスの東には、主力艦を配置しなかった。しかし、ハリッジ、ノア砂州、ドーヴァー、ポーツマス、ポートランドでは、小型戦闘艇がたえず用心深く哨戒を行ない、その数も着実に増えていた。九月には八〇〇隻を超えていた。敵の空軍力なら殲滅できるかもしれないが、すこしずつ減らすのが精いっぱいだろう。

だが、空で力を握っているのはだれか？　フランスの戦いで、私たちはドイツに対して一対二もしくは一対三という劣勢だったが、損耗は敵と同数だった。陸軍の脱出を掩護するために哨戒をつづけなければならなかったダンケルクでは、一対四もしくは一対五の劣勢でも掩護に成功して利益をもたらした。領海と無防備な沿岸部や州では一対七ないし一対八で有益な戦いになると、ダウディング大将は想定していた。この時期のドイツ空軍全体の戦力は、私たちの知る限りでは――私たちは情報を把握していた――特定の戦力集中はべつとして、英空軍の約三倍だった。勇敢で有能な敵と戦うには、かなり厳しい賭け率だが、自分の国の領土と領海の上で戦えばドイツ空軍を打ち負かすことができるというのが、私の結論だった。それが事実なら、イギリスの海軍力はひきつづき海《シーズ》や大洋《オーシャンズ》を制することになり、私たちに立ち向かう敵をすべて滅ぼすはずだった。

もちろん、考えるべき第三の要素もある。物事を最後まできちんとやり、先見の明があることで知られているドイツ人が、港や桟橋を使う必要がなく、海岸のどこでも戦車、砲、自動車を揚陸し、上陸した部隊に補給を行なうことができる特殊な上陸用舟艇を、膨大な数、ひそかに用意していたら？　前述のように、そういう発想は、はるか以前の一九一七年に私が思い浮かべ、私の指示でいま開発されている。そういう装備がドイツにあると確信する理由はなかったが、最悪の事態を除外せずに先のことを考えるのが、どんな場合でも最善だ。ノルマンディー上陸に相当する規模の装備を供給するのに、私たちは四年間の熱心な実験と、アメリカからの莫大な物資支援を必要とした。この時点では、ドイツはそれほど苦労しないはずだった。しかし、ドイツにはごく少数のジーベルフェリー〔〝海驢《セーレーヴェ》作戦〟のために開発された双胴の揚陸艇。公試は一九四〇年八月。ジーベルは設計者〕しかなかった。

このように、一九四〇年夏から秋にかけてのイギリス侵攻は、ドイツの同地域での海上優勢と航空優勢のために必須であり、それには大規模な特殊艦隊と揚陸艇が必要だった。しかし、海上優勢は私たちが握り、空を制しているのも私たちだった。しかも、現在判明しているように、ドイツは特殊な舟艇を建造したり考案したりしていないと、私たちは確信していた。これが一九四〇年の侵攻に関する私の見解の根拠で、それに従ってこの章に描かれている日々の指示や命令を発した。

＊

六月一八日、私は概略を議会でわかりやすく説明した。

闇夜か霧の朝に忽然と海峡を渡り、沿岸の数カ所に上陸する五〇〇〇人ないし一万人程度の敵兵の襲撃を海軍が阻むことができると申しあげるつもりは毛頭ありません。現在の状況では、海軍力が有効なのは、侵攻部隊が大規模である場合に限られます。そして、私たちの戦力を考えれば、侵攻部隊が大規模でないと、ものの役に立たないのです。大部隊なら海軍がこれまでとおなじように発見して迎え撃ち、食らいつきます。ここで考えていただきたいのですが、たとえ五個師団で、軽装備であっても、輸送艦二〇〇隻ないし二五〇隻が必要です。航空偵察と写真の技術が進んでいる現在、そのような大艦隊が気づかれないように集結し、整列し、強力な海軍部隊の護衛なしで海を渡るのは、生易しいことではありません。ごく控え目にいっても、この大艦隊が海岸に達する前に邀撃されて乗組員や兵員がすべて海で溺れるか、上陸を試みている最中に装備ごと吹き飛ばされる可能性はきわめて高いでしょう。

*

早くも六月末に、イギリス海峡も含めているとおぼしい敵の計画について報告が届きはじめたので、私はただちに調査するよう指示した。

総理大臣よりイズメイ将軍へ　一九四〇年六月二十七日

大規模な輸送艦隊が私たちに気づかれずに海峡対岸の港に入津できるとは思えないし、そのような輸送艦隊を航行中に攻撃する際に、私たちの掃海艇が味方の航路を啓開するのを妨げるような機雷敷設法があるとは思えない。しかし、参謀総長たちはこの風説に注意してもらいたい。

いずれにせよ、海峡横断の侵攻は、そのころはありえないと思われていたが、きわめて綿密に吟味された。私は軍の部隊配置に完全に満足してはいなかった。陸軍は割り当てられた任務を明確に承知していなければならない。脅威にさらされている沿岸部のあちこちに移動しない部隊が散開するのは、兵力の無駄遣いだし、沿岸部全域に兵員を過剰に配置すれば、国の資源を使い果たすことになる。そういったことは、なんとしてもやめなければならない。そこで私は書いた。

総理大臣よりイズメイ将軍へ　一九四〇年六月二十八日

総理大臣の参謀総長委員会《COS》宛意見書

1．三軍の参謀次長の報告書と参謀総長委員会《COS》の報告書を見よ。

2．海岸の上陸が予想される個所を適切な防備で立入禁止にし、東部の入江と港すべての安全を確保するのが賢明である。南岸にはそれほど差し迫った危険はない。桟橋などを備えた港がないので、大規模な上陸には適していない。海軍が邀撃できなかった場合、東岸のどの部分が攻撃されるかは、だれにもわからない。何カ所かは占拠されるだろう。そうなったら、海岸地帯のべつの場所に展開していた部隊は、マジノ線を護っていた部隊とおなじように役に立たなくなる。海岸で戦うことが防御としては望ましいが、すべての海岸を護ろうとしたら、この利点をつかむことができなくなる。取捨選択の手順が必要だ。しかし、時間の余裕があれば、防衛区域をひろげ、改善してもよいかもしれない。

3．前の戦争を経験している将校を加えて、移動しない部隊を沿岸防衛に配置するために、あらゆる努力を払うべきだ。［しかしながら］国の安全は、敵占領地に迅速に、すなわち四時間以内にふり向けることができる大規模な（現在は九個だけだが、まもなく一五個になる）〝レパード〟旅団群〔第39独立歩兵旅団群〕の編成に懸かっている。侵攻部隊が海岸に到達したとしても、上陸はとてつもなく困難だが、陸、空、海から激しく攻撃されながら占領地を保全するのは、それよりもはるかに難しい。したがって、支配していた海を潜り抜けて上陸した部隊にすばやく断固たる攻撃を加えることが、万事を左右する。野戦部隊が海岸防衛で消耗せず、高い機動性を維持して、身をかがめ、いつでも跳びかかれるように身構えていれば、私たちの持てる手段でじゅうぶんに達成できるはずだ。

4．敵が港を奪取するという残念な出来事が起きたときには、砲兵を擁するもっと大きな部隊が必要になる。まずありえないこういう不運には、総予備軍の優秀な師団四個か五個で対処する。敵占領地については、一万人程度が三カ所同時に上陸すると予想される——敵兵力はおよそ三万人になる。空からの攻撃の規模は一万五〇〇〇人に満たず、二、三カ所で同時に降下するだろう。敵にはこういう急襲をくりかえすだけの兵力がない。空挺部隊が大挙して夜間に降下することは、まず考えられない。昼間だと［私たちの空軍の］好餌になってしまう。

5．戦車については、また事情が異なる。現地の砲と上陸場所の障害物で敵戦車の数を減らすのが適切だろう。戦車を運ぶのに使われるとおぼしい艀や筏の大きさ、性能、速力、自走できるのか、曳航されるのならどのような船艇が使われるのか、海軍本部は報告すべきだ。それらの船は時速七マイル（約一一キロメートル）が精いっぱいだろうし、夏期であれば航行を開始した直後に発見できる。霧か靄がかかっていても、上陸の数時間前に無線方向探知《RDF》局が警報を発するはずだ。出撃港から発した駆逐艦がこれらの船を好餌と見なして攻撃するにちがいない。移動しない現地部隊が維持する閉鎖と封鎖の手配りを着実に強化し、対戦車班を編成すべきだ。私たちの予備の戦車が、侵攻部隊の生き残った戦車と交戦しなければならない。攻撃を受けた地点へすばやく［鉄道で］輸送できる場所に、戦車は配置されているはずだ。

6．偽装して予想外の場所に侵入していたか、現われた、落下傘兵、第五列、敵のオートバイ兵は、特殊な班で強化した郷土防衛隊に任せる。［敵が］英軍の軍服を着るという手口を使うかもしれないということに留意すること。

7．総司令官の計画に私はおおむね賛成だが、運用可能な野戦部隊はすべて海岸から撤収して、〝レパード〟旅団やそのほかのただちに移動できる支援部隊に組み込まなければならない。主力の予備部隊の強化に力点を置くべきだ。勝敗は海岸で決するのではなく、機動性の旅団と主力の予備部隊の活動に左右される。長時間の空中戦と航空機の供給途絶で空軍が疲弊するまで、海軍力が激烈な侵攻に対抗する決定的な要素になる。

8．上記の観測は、この夏の数カ月だけに当てはまる。秋までにもっと装備を充足し、戦力を強化しなければならない。

七月には、イギリス政府と国全体で、侵攻問題についての話が増え、不安が高まっていた。絶え間なく偵察し、航空写真の技術も進んでいたにもかかわらず、バルト海、ライン川、スヘルデ川の港に、輸送用の艦船が大挙して集結しているという証拠はなにもなかったので、輸送艦や自走式艀が海峡の最狭部を通ってイギリス海峡に出るようなことは起きていないと、私たちは確信した。それでも、侵攻に対抗する準備は、私たちにとって最大の任務だったし、戦時内閣の関係者や本国部隊司令部では、真剣な研究がなされていた。

侵攻

総理大臣による意見書

総理大臣より本国部隊総司令官、帝国参謀総長《CIGS》、イズメイ将軍へ　**一九四〇年七月一〇日**

1．小型艇や短艇によって運ばれた敵兵が沿岸のいたるところで侵攻するというような光景は、思い描くことができない。こういう舟艇が大量に集められているというたしかな証拠はなにも見ていない。それに、かなり狭い水域でない限り、私たちの膨大な数の武装哨戒部隊がいるのに、遭難するおそれのある海へ大規模な陸軍を投入するのは、危険きわまりなく、自滅するおそれの大きい作戦になる。海軍本部は一〇〇〇隻以上の武装した哨戒艦艇を擁し、そのうち二、三〇〇隻はつねに海上にあり、そのすべてに有能な船乗りが乗り組んでいる。不意打ちの渡海は不可能だし、北海のもっと広い水域では、侵攻部隊は航行が昼間に及ぶので、格好の獲物になる。これらの哨戒艦艇の背後には、駆逐艦の小艦隊が控えていて、ハンバーとプリマスのあいだに駆逐艦四〇隻が配置され、大半がもっとも狭隘な水路にいる。これらの艦艇の大部分が夜ごと海に出て、昼間に休憩する。したがって、夜間に移動する敵艦と遭遇する可能性が高いが、上陸地点や前記の防衛線に二、三時間で到着できる。味方の艦艇は、そこでただちに敵揚陸艇を追い散らし、上陸を妨害し、上陸した部隊に向けて射撃する。たとえ軽装備であっても、敵兵は舟艇から海岸に弾薬と装備を運ばなければならない。しかし、夜明け以降、味方の小艦隊は上陸への干渉に際して、戦闘機の強力な支援を必要とする。夜が明けたあとは、駆逐艦を護衛する戦闘機の供給が、海岸における強力な干渉に不可欠である。

2．内閣が要望した問い合わせ、すなわち侵攻陸軍部隊の渡海を敵が大型艦で掩護した場合、どうなるのか？　という質問に対する（本国艦隊）司令長官の回答を貴君らは読むべきだ。私たちにわかっている範囲では、トロンヘイムに残った二隻★を除けば、敵の大型艦はすべて長期修繕中だということだった。その二隻は私たちの大幅に優勢な部隊が入念に監視している。戦艦〈ネルソン〉と弩級戦艦〈バーラム〉は、再艤装を終えて、数日後（一三日と一六日）に態勢を整える。英海軍の大型艦が率いる部隊を二個編成するのは容易だし、どちらもかなり強力だ。したがって、敵が北から押し寄せるという危険要因を封じ込めることができるし、トロンヘイムの二隻が南に向けて突進してもすぐさま対抗できる。さらに、テムズ川とハンバー川の巡洋艦だけでもじゅうぶんに強力で、駆逐艦の小艦隊とともに、敵が侵攻を掩護するのに使用する軽巡洋艦を効果的に攻撃できる。したがって、まとまった部隊であろうと、または断続的な小部隊であろうと、敵が装備の整った部隊で海を越えてイギリス東岸に布陣するのは、きわめて困難だろう。大型艦で北へ向けて突破しようとすれば、いっそう大きな難問を伴う。現時点では、バルト海の港はべつとして、不安の原因になるような艦船もしくは小型艇が集結している気配はま

★〈シャルンホルスト〉と〈グナイゼナウ〉はトロンヘイムにいた。二隻とも雷撃によって戦闘不能になっていた。

ったくない。空からの頻繁な偵察と私たちの潜水艦による絶え間ない監視によって、じゅうぶんに間に合うように警報が発せられるだろうし、機雷原も敵に対する障害になる。

3. イギリス南岸が攻撃される可能性は、なおのこと低い。フランスの港に多数の船舶はいないとわかっているし、小型船の数もさほど多くない。ドーヴァーの集中砲火は強化され、フランス沿岸部まで射程を延伸している。この方策はもっとも重要であり、たえず迅速に推し進めるよう海軍本部は促されている。**重要な船舶、軍艦、輸送船は一隻たりともドーヴァー海峡を通過していないと、海軍本部は考えている。**したがって、いまのところは南岸が重大な危険にさらされているとは考えにくい。もちろん、ブレストからアイルランドに小規模な襲撃が行なわれるかもしれない。しかし、その場合でも、敵襲撃部隊は海上にあるときに危険にさらされる。

4. オランダとドイツの港は大きな危険要因で、ドーヴァーからウォッシュ湾にかけての海岸線が主に脅威にさらされている。夜が長くなるにつれて、この危険地帯は北へのびるが、それとともに天候が悪化するので、〝漁船による侵攻〟は大幅に困難になる。さらに、雲に遮られて、敵は攻撃開始の瞬間に航空支援を欠くことになるかもしれない。

5. そこで私は、海軍本部に精査されるべき上記の推論を拠り所に、**貴君らが鍛錬された師団のもっと大きな部分を沿岸部から引き抜いて、支援の予備兵力に組み込み、より高度な攻撃的戦闘や反撃の訓練を強化して、**築城されつつある沿岸部は鍛錬された師団以外の部隊や郷土防衛隊に託すことができると考えている。貴君らが原則としてこの見解に同意するものと私は確信している。唯一の残された疑問は、改革の速度だ。最大限の速度がすべてを左右すると、私たちが同意することを願っている。

6. 空挺攻撃については、この意見書では触れない。それによって結論が変わることはない。

＊

七月から八月にかけて、南岸よりも東岸が攻撃される可能性が高いと、私の顧問たちと私が当時判断していたことを指摘しておく。ところが、この二カ月間にどちらかが急襲される可能性は皆無だった。後述するように、中型艦（四〇〇〇トンないし五〇〇〇トン）と小型艇で海峡を渡って侵攻するというのがドイツの計画で、現在判明しているように、バルト海や北海の港から大型輸送艦で陸軍部隊を運ぶことはまず望めなかったし、そういう意図もなかった。ましてドイツには、ビスケー湾の港から侵攻するという計画もなかった。だからといって、ドイツが南岸を攻撃目標に選んだ場合、私たちの読みがはずれて、敵の目算が正解だったことになるとは限らない。東岸への攻撃のほうが、敵にそれを試みる手段があったなら、ずっと手強かったはずだ。もちろん、南岸への侵攻は、必要な船舶があって、ドーヴァー海峡を南に通過し、イギリス海峡のフランス側の港で集結しない限り、実行できない。七月中にはこうした動きの気配はなかった。

それでも私たちは、すべての形の侵攻に対する準備を行なった。それと同時に、機動性の部隊の分散を避け、予備兵力をかき集めた。この適切だが困難な課題は、週ごとの新情報や出来事に応じて解決しなければならなかった。無数の入江が刻まれているイギリスの海岸線は、アイルランドを含まなくても、全周二〇〇〇マイル（約三二〇〇キロメートル）超に及ぶ。一カ所もしくは数カ所が同時に攻撃されて奪われるおそれがある、この長大な周辺防御を護るには、沿岸部や辺縁部のあちこちに、敵の進軍を遅らせる障害物を設置した監視哨や抵抗のための前線を敷くいっぽうで、高度の訓練を受けた機動性中隊から成る大規模な予備兵力を創出する必要がある。この部隊は、猛攻を受けた地点に最短時間で到着して強力な反撃を行なう。戦争の最終段階で同様の問題に包囲されて攻め立てられたヒトラーは、これから考察するように、これ以上ないくらい重大な過ちを犯した。ヒトラーは蜘蛛の巣状の後方連絡線を築いたのに、**肝心の蜘蛛のことを忘れていた。**致命的な代償を払うことになったフランスの欠陥の多い部隊配備は、悪例として私たちの記憶に生々しかったので、私たちは予備軍《マッス・ド・マヌーヴル》を忘れていなかった。私たちの増大する資源が許す限りこの方針を推し進めるよう、私は絶え間なく説き聞かせた。

七月一〇日の私の意見書は、海軍本部の考えとおおむね一致していたので、二日後にパウンド提督が、それを実行するにあたって提督と海軍参謀部が作成した漏れなく完璧で入念な非公式文書を送ってきた。当然ながら、私たちが対処しなければならない危険要因が、説得力のある文言で述べられていた。

だが、最後のまとめでパウンド提督はこう述べていた。〝**合計約一〇万人が、海軍部隊に邀撃されずこれらの海岸に到達する可能性が高いように思われ**……しかし、ドイツ空軍が私たちの空軍と海軍に打ち勝たない限り、補給線の維持はほとんど不可能だと思われます……。敵がこの作戦に着手した場合には、迅速にロンドンへ躍進し、進撃しながら補給物資を現地で調達し、政府に降伏を強いることを願うしかないでしょう〟。第一海軍委員パウンド提督は、敵の出発港と強襲について、総兵力を最大でも一〇万人とし、以下のように割りふられるだろうと想定していた。

ビスケー湾から南岸へ	二万人
海峡の港から南岸へ	五〇〇〇人
オランダとベルギーの港から東岸へ	一万二〇〇〇人
ドイツの港から東岸へ	五万人
ノルウェーの港からシェトランド、アイスランド、スコットランド沿岸へ	

一万人

計　九万七〇〇〇人

パウンド提督の見積に私は満足した。敵は重火器を持ってこられないし、占領地の補給線をすばやく遮断すれば、侵攻部隊の戦力は七月ですら、急速に改善されていた私たちの陸軍の戦闘能力で対応できると思われた。私はこれらの二文書を幕僚たちと本国部隊司令部に送った。

総理大臣による公式覚書

一九四〇年七月一五日

三軍の参謀総長と国土防衛部門は、これらの文書を検討すべきだ。第一海軍委員の非公式文書は、作業の基準にできるかもしれない。また、海軍本部は言葉以上の働きができると私個人は信じているし、侵攻部隊の輸送中の損耗によって攻撃の規模は縮小するだろうが、地上部隊の準備については、念には念を入れる必要がある。**当然ながら、地上部隊のために大事を取って、攻撃の規模が二倍、つまり二〇万人で、それが第一海軍委員の予想［示されている割合］で配分されるかもしれないと予想すべきだ。**私たちの本国の陸軍はすでに、そのような侵攻に対処できる戦力に達しているし、急速に戦力は増大している。

海岸で侵攻を迎え撃つ計画を、これを基準に再検討し、修正があれば内閣に知らせてもらえるとたいへんありがたい。もっとも激しい攻撃が北部に襲いかかる可能性もあるが、**もっとも重要なのはロンドンとそこに近い海峡の最狭部なので、最大の予防措置を講じなければならない戦域は南部だということ**

を、念頭に置かなければならない。

この基準はおおむね受け入れられ、それから数週間、私たちはそれに沿って物事を進めた。主力艦隊がイギリス海峡とアイリッシュ海で実施する作戦行動については、私が全面的に同意した明確な命令が発せられた。七月二〇日、本国艦隊司令長官フォーブズ元帥と長時間話し合ったあとで、元帥の以下の決定を海軍本部が発令した。

（i）海岸への遠征上陸を撃退するために、敵大型艦の存在を示す情報がない南へ、私たちの大型艦が行くことは考えられない。

（ii）北海南部の私たちの沿岸に接近することに伴う危険要因を受け入れて、敵の大型艦が遠征を支援した場合には、私たちの大型艦はやはり危険要因を受け入れて、それに対抗するために南へ移動しなければならない。

起こりそうな各種の事柄と私たちの海岸線への攻撃の規模について、もっと具体的な結論を出し、部隊を必要以上に散開しないために、私は三軍の参謀総長に宛てて以下の公式覚書を八月初旬に送った。

侵攻に対する防御

総理大臣兼国防大臣による公式覚書

一九四〇年八月五日

イギリスの沿岸部すべてを護ろうとすると、戦時の活力を大幅に犠牲にし、数々の不都合が生じ、手順に傾倒してしまうことを、念頭に置かなければならない。以下の注意点を検討してもらえるとありがたい。

1．侵攻に対する私たちの第一防衛線は、従来どおり敵の港でなければならない。偵察機と潜水艦が監視し、そのほかの手段でも情報を入手してから、敵船舶が集中しているところを、使用できる適切な部隊すべてで決然と攻撃する。

2．私たちの第二防衛線は、油断ない海上哨戒で、侵攻のための遠征部隊があれば、輸送中にそれを殲滅する。

3．私たちの第三防衛線は陸地に到達した敵への反撃で、とりわけ敵が上陸を行なっている最中に反撃することが重要である。海で長期間準備されていたこの反撃を、航空攻撃で強化しなければならない。海と空からの攻撃はいずれも、敵侵攻部隊の占領地保全が不可能になるように続行しなければならない。

4．陸地防衛と本国陸軍は主として、このような大規模な敵が前記の海と空の部隊にとって好都合な攻撃目標になることを目指して整備される。敵の準備と移動を航空機などの偵察手段で見つけやすいような態勢を整える。

5．しかし、敵がさまざまな場所での上陸に成功した場合には、海岸で地元部隊の抵抗に前述の空と海からの攻撃を組み合わせて、できるだけ被害をあたえなければならない。これによって敵は弾薬を浪費し、限られた地域に封じ込められる。沿岸部のどの部分の防衛も、部隊規模だけではなく、上陸地点に投入できる機動部隊が何時間後に強力な反撃を行なうことができるかによって、推し量られなければならない。このような攻撃は、最大の速度と激しさで、敵がもっとも脆弱なときに仕掛けなければならない。ときとしていわれるのとは異なり、敵が攻撃にもっとも脆いのは、舟艇をおりるときではなく、交通路を遮断されて海岸に散らばり、補給が乏しくなったときである。本格的な占領が行なわれた場所に向けて、完全装備の一万人が六時間以内に集束し、二万人が一二時間以内に集束することは可能なはずだ。攻撃の重大さがわかるまで、予備部隊を温存するのは、本国部隊司令部にとって微妙な問題になる。

6. イギリス海峡とアイリッシュ海、ことにウォッシュ湾からドーヴァーにかけての海岸線への侵攻を海軍と空軍が阻止するのがいっそう困難になることは、認めざるをえない。しかも、この沿岸正面の防衛区域は、敵の究極の目標であるロンドンにもっとも近い。ドーヴァーからランズ・エンドにかけての防衛区域では、護衛の軍艦はもとより、多数の船舶が海峡のフランス側の港にはいるのを、海軍と空軍が防止できるので、そこよりもずっと脅威の度合いが低い。現時点では、この幅広い正面に対する攻撃の規模は五〇〇〇人以下だろうと、海軍本部は推定している。★念のためにこれを倍に想定しても、優勢な兵力で迅速に反撃する手厚い準備は可能だし、それとともに、海岸の部隊を最小限にし、予備の機動部隊を最大にすることで、この南部防衛区域で部隊を大幅に節約できる。予備の機動部隊は、南東防衛区域にすぐさま移動できるようにする必要がある。**この状況は、明らかに週ごとに判断する必要がある。**

7. イギリス本島西岸には、まったく異なる状況の原則が当てはまる。敵は広い海を渡らなければならないし、敵を私たちが探知したときには、巡洋艦や小艦隊で攻撃するのにたっぷり時間がある。海軍本部はこの必要に適した部隊配置を行なうべきだ。いまの敵には、侵攻部隊を護衛する軍艦がない。たとえば私たちが、ノルウェーに上陸するかスカゲラク海峡かカテガット海峡を急襲するための兵員一万二〇〇〇人を、護衛が付いていない商船に乗せて、敵の優勢な空軍力や海軍力の面前に送り込むだろうか？　そんなことは狂気の沙汰だと見なされるはずだ。

8．しかしながら、念には念を入れて、ブリストル海峡とアイリッシュ海を南方面に対する攻撃から護るために、海軍本部はコーンワルからアイルランドまで厳重な機雷原を設置する計画を立案すべきだ。商船の航路を北寄りに変更したことにより、哨戒艦艇の大部分を［南］西近接水路からそちらに移動したので、この水域はつねに防御が手薄で監視の目が届かない。そのため、この機雷原はいっそう不可欠になった。

9．この機雷原敷設は、コーンワル半島付近から北の陸上防衛の問題を単純化し、緩和する。このコーンワル半島からキンタイア半島までの防衛区域は、海からの侵攻に対して脆弱ではない。この区域の防御の仕組みは、砲と陸地の魚雷発射管だけで事足りる。それによって主要港を防御し、搦め手†をじゅうぶんに護れる。私たちの限られた資源をこの防衛区域に無駄遣いするのは許されない。

10．キンタイア半島の北からシェトランド諸島のスカパ・フロー、フェロー諸島にかけては、すべて主力艦隊の活動圏内にある。ノルウェー沿岸からの遠征部隊の航海はきわめて危険だし、どこかを経由してクロマーティ峡湾に達するというようなことは、いまのところ考えられない。いま身をかがめている敵は、やがて匍匐前進しようとするだろう。地形が険しく、人口がすくない地域で進撃するはずだ。

★ここでは、遠く離れたビスケー湾から来るかもしれない二万人には言及していない。しかし、その後判明するように、私たちの提案した部隊配置は、可能性はあったがいまでは存在しなかったとわかっているこの危険要因に対しても、護りを固めていた。

† 要塞や陣地の裏門・裏手。

かなりの規模の敵部隊が集中するまで、封じ込めるのは可能だし、敵の交通路をただちに海上で遮断することができる。重要目標との距離が長くなり、輸送車両が数多く必要になるので、敵はいっそう形勢が悪化する。この防衛区域のすべての上陸地点を築城するのは不可能だし、力の無駄遣いになる。それに、ロンドンと向き合う南東から敵が攻めてきた場合よりも、反撃期間にはずっと余裕があるはずだ。

11. クロマーティ峡湾からウォッシュ湾にかけては、ウォッシュ湾からドーヴァーまでに次ぐ、二番目の重要な防衛区域だ。しかし、ここでは港と入江がすべて海からも後背からも防御されており、二四時間以内に優勢な部隊で反撃できる。タイン川はロンドンに次ぐ重要目標だと見なされているにちがいない。なぜならここでは（ティーズ川流域ほどではないにせよ）侵攻部隊もしくは大規模な襲撃部隊によって、短時間で重大な被害を引き起こすことができる。その反面、南方面よりは海と空が私たちに有利な状態だ。

12. 統合参謀本部は、地元の海岸と港の防衛に従事する人数と、強力な反撃が可能になるまでにかかる日数あるいは時間に応じて、これらの防衛区域の脆弱性と防御の規模に見合う部隊を配分するよう努めなければならない。これらの攻撃と防御の規模の指標として私は、以下の事柄を考慮するよう求める。

クロマーティ峡湾からウォッシュ湾も含めて★……………3
ウォッシュ湾からドーヴァー海角まで……………5
ドーヴァー海角からランズ・エンドをまわり機雷原の起点まで……1½
機雷原起点からキンタイア半島まで……………¼
キンタイア半島から北のクロマーティ峡湾まで……………½

参謀総長委員会は、私たちが握っていた情報すべてと照らし合わせて、この文書に対し、秘書官ホリス大佐を介して返答した。

侵攻に対する防御

一九四〇年八月一三日

総理大臣へ

1．参謀総長委員会は、本国艦隊司令長官と協議して、総理の公式覚書［八月五日］を検討し、段落1から5に明確に述べておられた考え方に、全面的に合意しました。

2．敵が一時的に海岸に足場を得た場合には、ただちに反撃することが最重要であることを、すべての将兵が力説していますし、攻撃的な作戦のためにじゅうぶんな訓練をほどこし、装備を支給したら、師団をただちに予備軍に組み入れるというのが自分の方針であると、司令長官は断言しました。

3．また、三軍の参謀総長は、沿岸部のさまざまな防衛地域が海から攻撃された場合の脆弱性を比較する総理の評価基準にも賛成です。当然ながら、本国防衛師団の現在の配置は、段落12の総理の数値と驚くほど近似しております。以下にそれを記します。

4．総理の理論上の尺度

クロマーティ峡湾からウォッシュ湾まで……………3

ウォッシュ湾からドーヴァー海角まで……………5

★もちろんこれは師団数ではなく**比率**。

ドーヴァー海角からコーンワル北部まで……………$1\frac{1}{2}$
コーンワル北部からキンタイア半島まで……………$\frac{1}{4}$
キンタイア半島からクロマーティ峡湾まで……………$\frac{1}{2}$
合計……………$10\frac{1}{4}$

5．上記の割合で一〇個師団を配分すると、フォース湾―ウォッシュ湾防衛地域に三個師団、ウォッシュ湾―ドーヴァー海角防衛地域に五個師団、というようになります。現在、二六個師団がこの島にはありますから、総理の数字を二・六倍にし、これらの二六個師団のじっさいの配分を示しているのが、以下の表です。

防衛区域	総理の脆弱性判定による配分	じっさいに配置される師団数
クロマーティ峡湾からウォッシュ湾	$7\frac{1}{2}$	$8\frac{1}{2}$
ウォッシュ湾からドーヴァー海角	$12\frac{1}{2}$	7―10
ドーヴァー海角からコーンワル北部	$4\frac{1}{4}$	5―8
コーンワル北部からキンタイア半島	$\frac{1}{2}$	2
キンタイア半島からクロマーティ峡湾	$1\frac{1}{4}$	$\frac{1}{2}$

6．ロンドンの北と北西の間近に位置する予備師団が、ウォッシュ－ドーヴァーもしくはドーヴァー－ポーツマス防衛区域に配置できるので、二組の数値は見た目以上に近似しています。したがって、これら二区域の〝投入可能な〟師団数は変動します。一六と四分の三という総理の提案する所要に対して、合計一五個師団をさまざまな組み合わせの防衛区域に投入できます。

7．総理の数値は海からの攻撃を基本としていますので、じっさいには空挺攻撃の脅威に対する配置も計算に入れることになると、三軍の参謀総長は指摘しています。現在は南岸に少々過度に保険をかけておりますが、以上の理由から私たちの防御は敵戦闘機の〝護衛の傘〟の下にはいってしまい、比較的短距離から海峡越えの急襲を受けるおそれがあります。

＊

これらの文書が検討され、印刷されるあいだに、状況が決定的に変わりはじめた。私たちの優秀な情報機関は、ヒトラーが〝海驢《ゼーレーヴェ》〟作戦と呼ぶものを命じ、準備段階にはいっていることは間違いないと断言した。ヒトラーが乗り気になっているのはたしかだと思われた。しかも、攻撃される正面は、予想とはまったく異なり、参謀総長たちと海軍本部と私が全面的に合意して、その時点でも主力を集中していた東岸ではなかったし、東岸は**追加目標**でもなかった。

だが、その後、急激な変更が行なわれた。敵の自走式艀や高速内火艇多数が夜間にドーヴァー海峡を通過し、フランス沿岸をこっそり進んで、カレーからブレストに至る海峡のフランス側の港に徐々に集結した。私たちの日々の偵察写真が、この動きを正確に捉えていた。フランス沿岸にあらためて機雷原を敷設するのは不可能だとわかっていた。私たちはただちに敵船艇に対する小型艇による攻撃を開始し、イギリス侵攻の準備を行なっている各港に爆撃機集団が攻撃を集中した。それと同時に、ドイツ陸軍もしくは侵攻軍が敵岸沿いに集結し、鉄道で移動し、パ・ド・カレー県とノルマンディーに大部隊が集中していることを示す大量の情報が届いた。その後、ラバを連れた山岳師団二個が、ブローニュ近くで目撃されたと報告された。フォークストンの崖を登るのに使うつもりなのだろう。そのあいだも、強力な長距離砲の陣地が、海峡沿岸にずらりと設置された。

このあらたな脅威に対応するために、私たちは重点をいっぽうから他方へ移しはじめ、増大する機動性の予備軍が南方防衛線に移動するにあたって、施設すべてを改善した。八月第一週の末ごろには、本国部隊総司令官ブルック将軍が、侵攻の脅威は東岸だけではなく南岸についても高まっていると指摘した。その間ずっと、私たちの部隊の兵員、効率、機動性、装備は向上しつづけていた。

＊

八月から九月にかけて、私たちの部隊の配置変更は以下のとおりだった。

	八月	九月
ウォッシュ湾－テムズ川	七個師団	四個師団及び一個機甲旅団
南岸	五個師団	九個師団及び二個機甲旅団
両防衛区域の予備軍	三個師団	三個師団及び二個機甲師団 及びロンドン地区一個師団（相当）
南岸に投入可能、合計	八個師団	一三個師団及び三個機甲師団

このように、九月後半に私たちは、ドーヴァーを含めた南岸防衛線で、練度の高い師団一六個を戦

闘に投入できるようになっていた。そのうち三個は機甲師団か師団に相当する戦力の機甲旅団で、それらすべてが沿岸防衛に増援され、侵攻部隊の上陸に対してかなり迅速に戦闘行動を開始できるようになっていた。ブルック将軍は、必要とあればパンチを一発もしくは何発もつづけて食らわす態勢を整えていたし、ブルック将軍よりも有能な指揮官はどこにもいない。

*

カレーからテルスヘリング島やヘルゴラント島までの入江や河口と、（前の戦争で〝浅瀬の難所〟と呼ばれていた）オランダとドイツの沖にある無数の小島に、小型と中型の艦艇から成る大規模な敵部隊がひそんでいるかもしれないので、私たちは安心できなかった。ハリッジからポーツマス、ポートランドにかけて、あるいはプリマスにかけて、ケント州の岬角を中心とする攻撃が差し迫っているように思えた。大型艦でバルト海からスカゲラク海峡を押し通り、他の侵攻と合わせて実行される侵攻第三波について、悲観的な証拠ばかりが届いていた。もちろん、ドイツ軍が勝利を収めるためには、これが不可欠だった。重火器を上陸した部隊に届け、東海岸近くで座礁した補給艦を中心に大規模な補給処を設けるには、そうするしかない。

イギリスは極度の緊張と警戒の期間にはいっていた。もちろん、この時期にはウォッシュ湾からクロマーティ峡湾まで重武装の部隊を維持していた。敵襲が南で行なわれることが疑いの余地なく明確になったときには、これらの部隊の一部を引き抜く手配が完全に整っていた。イギリスには複雑に組み合わさっている鉄道網があり、国内の航空もひきつづき統御していたので、敵の全容が暴かれてから四、五、六日後に南部防衛に応援が必要になったときには、四個ないし五個師団が確実に移動できるはずだった。

月齢と潮汐について、きわめて入念な研究がなされていた。敵は夜間に渡海して夜明けに上陸することを望むはずだと私たちは考えた。ドイツ陸軍総司令部がそう考えていたことが、現在ではわかっている。隊形を維持し、間違いない地点に上陸するために、往きは多少欠けていても月が出ているのが望ましいと思うはずだ。海軍本部は、こういったことを正確に推し量って、敵にとってもっとも好適な条件になるのは、九月一五日から三〇日にかけてだと判断した。ドイツ軍上層部が、おなじ見立てだったことも、いまではわかっている。ドーヴァー岬角かドーヴァーからポーツマスにかけての防衛区域、あるいはポートランドに上陸した敵がどのようなものであろうと殲滅できると、私たちは確信していた。指導部の私たちの考えはすべて調和し、細部まで合意して、ともに前進していた。自然のうちにますます明瞭になっていた全体像を、だれもが気に入っていた。これは、世界中に影響がひろがるような一撃を強大な敵に食らわす好機かもしれない。ヒトラーの意図をしだいに理解しはじめた私たちは、気分しだいでそれが変わる証拠を見て、内心では欣喜雀躍していた。当然ながら、ヒトラーの遠征が完敗に終わり、敵部隊が全滅すれば、戦争全体に影響が及ぶから、やらせてみればいいと、純粋に技術的な見地から唱えるものもいた。

七月と八月に、私たちは大英帝国の空を制し、ことに南東諸州については強力に支配していた。カナダ軍団がきわめて都合よく、ロンドンとドーヴァーの中間に陣取っていた。カナダ軍の銃剣は鋭く、将兵の意気は高かった。イギリスと自由のために決定的な打撃を敵に加えていたなら、さぞかし誇りに思っただろう。すべての人々の胸で、おなじ熱情が燃えていた。築城、防御された地域、対戦車障害物、小要塞、トーチカのたぐいが、複雑に組み合わさって全域にあった。海岸線には防御施設や砲兵陣地が林立していた。大西洋で護衛艦艇を減らしたために大きな犠牲を払っていたが、竣工した新艦艇が就役し、小艦隊は質も数も大幅に向上していた。私たちは、戦艦〈リヴェンジ〉、旧式標的艦、囮船〈センチュリオン〉、巡洋艦一隻を、プリマスに派遣した。本国艦隊は未曾有の最大戦力に達し、ハンバー川やウォッシュ湾でも、たいした危険を冒すことなく作戦行動ができた。したがって、あらゆる面で私たちは応戦準備が整っていた。

さらに、イギリスは一〇月にかならず訪れる彼岸嵐の季節に入ろうとしていた。思い切って侵攻を試みるのであれば、ヒトラーは九月に攻撃を開始すべきだった。九月中旬の潮汐と月齢は、それに適していた。

＊

〝侵攻のおそれ〟という危険な段階が過ぎると、議会でいくつかの議論がなされた。事情をもっともよく知っていた人間は、明らかにほとんど恐れていなかった。制空権と制海権を握っていただけではなく、陸軍も、四年後に私たちがヨーロッパ大陸に戻ろうとしたときに、それを阻止するためにノルマンディーに集結したドイツ軍と同等の兵力で、（装備はじゅうぶんではなかったものの）できたてで熱意を燃やしていた。ノルマンディーでは、最初の一カ月に連合軍一〇〇万人が上陸し、武器装備のたぐいも多く、そのほかの条件も有利だったが、つらく長い戦いがつづいた。当初奪った地域を拡大して、ひろびろとした平野に出るまで、三カ月近くかかった。だが、これらの真価が試され、知られるようになるのは、未来の話だ。

＊

ここで敵陣営に舞台を移し、現在私たちが知っている敵の準備や計画を明らかにしていこう。

第一五章　〝海驢《ゼーレーヴェ》〟作戦

〈ドイツ海軍総司令部の計画／フランスと低地諸国の征服によって条件が整う／七月二一日、ヒトラー総統と三軍の総司令官の会議／ヒトラーが困難な局面を理解しつつ命令を下す／ドイツ海軍と陸軍参謀本部の論戦／レーダー海軍総司令官とハルダー陸軍参謀総長の不和／妥協案に合意／ドイツ海軍総司令部のさらなる懸念／ドイツ海軍と陸軍の参謀総長が、ゲーリング空軍総司令官と空軍に重荷を転嫁／ゲーリングがそれを了承／ヒトラー、D－デイを延期／イギリスの反撃行動／九月七日、〝クロムウェル〟命令／強壮剤／水陸両用戦にドイツは無知／三軍分裂／ドイツが航空戦にすべてを賭ける〉

押収した文書から判明しているように、一九三九年九月三日に戦争が勃発するとほぼ同時に、ドイツ海軍総司令部の参謀たちはイギリス侵攻の研究を開始した。私たちとは異なり、イギリス海峡の狭い水路を横断するのが唯一の手段だということに、彼らは疑いを抱いていなかった。ほかの選択肢は考慮もされなかった。私たちがそれを知っていれば、かなり安心できたにちがいない。イギリス海峡を横断する侵攻は、私たちがもっとも厳重に防御している沿岸部で行なわれることになる。そこは昔からフランスに対抗していた海の防衛線だった。ロンドンを護るために、港はすべて築城され、小型艦艇の主要基地が置かれ、のちに飛行場や航空管制施設が設けられた。三軍すべての最大戦力でここよりも迅速に戦闘行動を開始できる場所は、ほかにはない。イギリス侵攻をドイツ海軍が命じられたとき、ドイツ海軍総司令官レーダー元帥は海軍の能力では無理だと思われるのを懸命に避けようとしたはずだ。そこで、数々の前提条件をつけた。まず、フランス、ベルギー、オランダのすべての海岸線、港、河口を支配しなければならないとした。そのため、不分明な戦争のあいだ、侵攻計画は遅々として進まなかった。

驚いたことに、これらの条件がにわかに整った。いくばくかの懸念はあったが、英軍のダンケルク脱出とフランスの降伏直後の満足感にひたっていたので、レーダーはヒトラーと会って、ある目論見について話すことができた。五月二一日と六月二〇日にふたたび、レーダーはこの問題についてヒトラーと話をしたが、侵攻に関する意見を具申するのではなく、立案を命じるのであれば性急に詳細を煮詰めるべきではないと主張するのが目的だった。ヒトラーは懐疑的で、〝このような作戦に予想外の困難が伴うのはじゅうぶんに理解している〟といった。ヒトラーは、イギリスが和平を懇願するはずだという考えを抱いていた。六月最終週になるまで、国防軍最高司令部はこの問題に目を向けず、七月二日にようやく、実行できる可能性があるひとつの案件として、イギリス侵攻を立案するよう最初の命令が下された。「特定の条件――そのうちもっとも重要なのは空での優勢を確保すること――が整えば、イギリス上陸は実行されるかもしれないと総統は決断した」。七月一六日、ヒトラーは命令を発した。「イギリスは軍事的に無力な立場であるにもかかわらず、現実を受け入れる気配がないので、私はイギリスに対する上陸作戦を準備し、必要とあれば実行することを決断した……。作戦全体の準備は、八月中旬には完了されなければならない」。あらゆる方面で、積極的な手立てがすでに進められていた。

*

現在では明らかになっているが、私が六月に入手したドイツ海軍の計画は、なんの創意もない機械的なものだった。グリ・ネからドーヴァーに向けて発砲する重砲陣地と、フランス沿岸のきわめて強力な砲兵陣地の掩護によって、最短距離で海峡を渡れる狭い航路を確保し、両側の機雷原とその外側のUボートでそれを護ることが提案されていた。陸軍部隊はここを通って運ばれ、何回にもわたって往復して補給を行なう。海軍の仕事はそこまでで、あとの問題は陸軍の参謀たちが解決しなければならない。

私たちの圧倒的に優勢な海軍が、まず優勢な空軍力に護られた小艦艇で機雷原を破壊し、護衛のために集中していたUボート多数を撃沈できることを思うと、これは初手から暗澹たる見通しの提案だった。それにもかかわらず、さまざまな影響をもたらす長期の戦争を回避するには、イギリスの屈服に期待を寄せるしかないことは、フランス失陥後、だれの目にも明らかだった。これまで記してきたように、ドイツ海軍はノルウェー沖の戦いで痛めつけられ、深刻な打撃をこうむっていた。存分に働くことができない状態で、陸軍には小規模な支援しか提供できない。それでも計画は立てていたし、思いがけない幸運に恵まれないとも限らなかった。

ドイツ陸軍総司令部は当初から、イギリス侵攻にかなり大きな不安を抱いていた。計画の立案や準備は行なわず、訓練もなされていなかった。何週間も驚嘆すべき戦勝がつづいて舞いあがった陸軍は、勇気づけられた。安全な渡海に責任を負うのは陸軍の役割ではないし、大挙上陸すればその後の任務は陸軍の力で遂行できると考えていた。ところが、じつのところレーダー元帥は、早くも八月から海峡横断が危険で、海を渡るあいだに陸軍派遣部隊は全滅するおそれがあることに注意を喚起する必要があると思っていた。陸軍を渡海させる責任をはっきり押しつけられたあとも、ドイツ海軍総司令部は一貫して悲観的な立場をとった。

七月二一日、三軍の総司令官がヒトラー総統と会った。戦争はすでに勝敗が決する段階に達しているが、イギリスはまだそれがわかっておらず、いまだに運命の逆転を期待していると、ヒトラーは三人にいった。アメリカがイギリスを支援していることと、ドイツのソ連との政治関係が変わる可能性があることを、ヒトラーは述べた。〝海驢《ゼーレーヴェ》作戦〟の実行は、戦争のすみやかな終結をもたらすもっとも効果的な手段だと見なさなければならないと、ヒトラーはいった。レーダー元帥との長時間の話し合いによってヒトラーは、潮汐や海流や海のあらゆる不可解な物事がつきまとう海峡横断に作戦が影響されることを認識しはじめた。〝海驢《ゼーレーヴェ》作戦〟は〝並外れて大胆で斬新な企て〟だと、ヒトラーは述べた。「距離が短くても、ただの渡河とは異なり、敵が支配する海を渡らなければならない。これはノルウェーとはちがって、一度の渡海ではないし、奇襲作戦になることは期待できない。防御を整えている**決然たる敵**がわれわれの前にいて、われわれが通らざるをえない水域を支配している。陸軍の作戦には四〇個師団を要する。もっとも困難な部分は、資材・装備の増援と保管だろう。イギリスでなんらかの補給物資を手に入れるのを当てにはできない」。制空権の完全な掌握、ドーヴァー海峡の強力な砲兵による作戦支援、機雷原による保護が求められる。「季節が重要な要素になる。九月後半の北海とイギリス海峡の天候は、きわめて悪く、一〇月中旬には霧が出はじめる。したがって、主な作戦は九月一五日までに完了していなければならない。それ以降だと、空軍と重火器の連携を当てにできなくなる。だが、空軍との連携はきわめて重要なので、それが日程を決める主な要因になる」

　前線の幅と攻撃地点の数について、ドイツ軍の参謀たちのあいだで、かなり刺々しい激論がぶつかり合った。陸軍は、ドーヴァーからポートランドよりも西のライム・リージスにかけてのイギリス南岸全体で一連の上陸を行なうことを主張した。ドーヴァーの北のラムズゲートでも補助上陸を行なうことを望んだ。ドイツ海軍参謀本部は、イギリス海峡でもっとも安全な横断個所は、ノース・フォアランド岬からワイト島西端にかけてだと述べた。これについて、陸軍参謀本部は一〇万人が上陸し、さらにドーヴァーから西のライム湾までのさまざまな地点に追加の一六万人以上が上陸するという計画を立案した。陸軍参謀総長ハルダー大将は、ブライトン地域に四個師団以上が上陸する必要があるといい放った。ハルダーは、ディール-ラムズゲート間への上陸も要求し、前線全体の上陸地点に沿い、一三個師団以上をできるだけ同時に展開しなければならないと主張した。加えて空軍が、第一波で五二個高射砲兵中隊を輸送することを要求した。

だが、海軍参謀総長は、そのような大規模で急速な移動は不可能だと断言した。物量の面からして、要求されているような広い範囲を渡る上陸部隊の護衛を引き受けることはできない。その限度内で陸軍は最善の場所を選ぶべきだ。たとえ制空権を握っていたとしても、海軍には第一波の一度の渡海を護るのが精いっぱいの戦力しかないし、ドーヴァー海峡のもっとも狭い部分がもっとも困難ではないと思われる。第二波の一六万人すべてとその装備を一度の作戦で運ぶには、二〇〇万トンの船舶が必要とされる。たとえその夢のような所要が満たされたとしても、出発する港にはそれだけの船を受け入れる能力がない。狭い範囲に海岸堡を築くために最初の梯隊が上陸できたとしても、これらの師団の第二梯団の上陸に二日以上かかる。ぜったいに必要だとされている追加の六個師団については、いうまでもないだろう。海軍参謀総長はさらに、幅広い前線を形成するように上陸すると、選択した海岸の満潮に三時間ないし五時間半の差が生じることを指摘した。いくつかの上陸地点でこの不便な潮の状況を受け入れない限り、同時上陸は断念せざるをえない。この難問の答は見つからなかった。

こういう意見書のやりとりで、貴重な時間がかなり浪費された。ハルダー大将と海軍参謀総長の最初の口頭での話し合いが行なわれたときには、八月七日になっていた。この会議でハルダーはいった。「海軍の提案を全面的に拒絶する。陸軍の観点では、それは自殺に等しいと考えている。上陸した将兵を腸詰製造機に押し込むようなものだ」。海軍参謀総長は、おなじ考え方から、幅広い前線に上陸する場合、渡海中に将兵が犠牲になるので、おなじように拒絶すると答えた。最終的にヒトラーがどっちつかずの決定を下し、陸軍も海軍も納得しなかった。八月二七日、国防軍最高司令部は、「陸軍の作戦は渡海の安全と船舶の積載能力という現実を見越したものでなければならない」と決定した。ディール-ラムズゲート間の上陸はすべて放棄されたが、前線はフォークストンからボグナーまでに至る長さだった。つまり、八月末近くになって、ようやくこの程度の合意が成立した。もちろん、それまで六週間にわたり激戦がつづいていた空戦で勝利をものにできるかどうかに、万事が左右されるはずだった。

ようやく決まったこの戦闘正面をもとに、最終案が作成された。ルントシュテットが総指揮をとることになったが、船舶不足のために部隊は一三個師団と予備兵力一二個師団に減らされた。ロッテルダムからブローニュにかけての港から第16軍が進発して、ハイス、ライ、ヘイスティングズ、イーストボーンの近辺に上陸する。ブローニュからルアーヴルにかけての港から第9軍が進発し、ブライトンとワージングのあいだを襲撃する。ドーヴァーは陸地から攻めて占領し、両軍はカンタベリー-アシュフォード-メイフィールド-アランドゥルの防護線に向けて進撃する。第一波で合計一一個師団が上陸することになっていた。上陸の一週間後には、グレイヴゼンド、ライギト、ピーターズフィールド、ポーツマスまで進軍できるだろうと、楽観的に願っていた。予備の第6軍は増援の師団を用意し、戦況が許せば、攻撃正面をウェイマスまで延長する。海岸堡を確保すれば、これらの三個軍を増強するのは簡単なはずだと、ハルダー将軍は説明した。「なぜなら、ヨーロッパ大陸でドイツ軍と対峙している軍隊は皆無だからです」。たしかに、武装が整った強力な部隊は存在しなかったが、ドイツ軍は船舶と安全な輸送を確保できていなかった。

海軍参謀本部は、最初のもっとも重大な仕事を担うはめになった。ドイツにはすべての入用に応じるのに約一二〇万トンの輸送能力があった。侵攻部隊を積載するには、その能力の半分以上が必要で、経済に重大な混乱を引き起こすおそれがあった。九月初旬、海軍参謀本部は以下の徴発が達成されたことを報告した。

輸送船一六八隻（七〇万トン）
艀一九一〇隻
曳船及びトロール漁船四一九隻
高速内火艇一六〇〇隻

これらの大艦隊《アルマダ》すべてに乗組員を配置し、海もしくは運河で集結地の港へ移動する必要がある。それまでずっと、私たちは七月初旬からヴィルヘルムスハーフェン、キール、クックスハーフェン、ブレーメン、エムデンの船舶に一連の攻撃を行なっていた。フランスの港やベルギーの運河で小型船や艀も攻撃した。九月一日に侵攻部隊を輸送する船艇が大規模な南への移動を開始すると、それが監視され、報告され、アントウェルペンからルアーヴルにかけて、英空軍が猛烈な襲撃を行なった。ドイツ海軍参謀本部の記録にある。〝敵の沿岸部における絶え間ない防空戦、〝海驢《ゼーレーヴェ》〟の乗船港への爆撃機の集中、沿岸部の偵察行動は、上陸作戦が差し迫っているのを予期していることを示している〟

さらに、〝しかしながら、英空軍の爆撃機と機雷投下部隊は……現在も完全に作戦可能な戦力を維持しており、ドイツの輸送艦艇移動にまだ決定的な障害を引き起こしてはいないが、英軍の活動が明らかに功を奏していることは認めざるをえない〟。

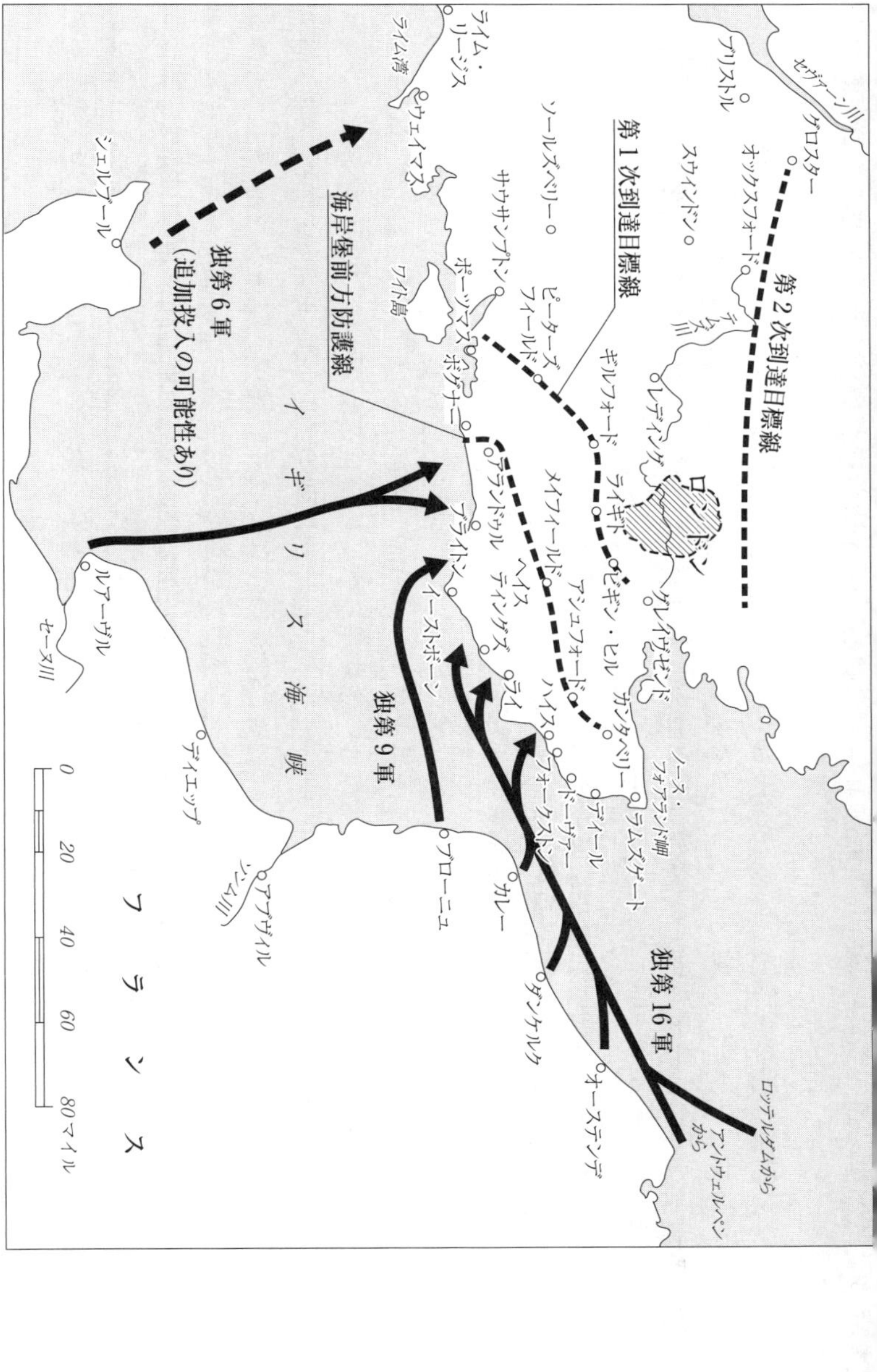

ドイツ軍侵攻計画　概略図

とはいえ、遅延が生じ、損害がつのっていても、ドイツ海軍は任務の最初の部分を達成した。事故と損耗で一〇パーセント減少することが見込まれていて、そのとおりになった。しかし、残存の船舶でも、第一段階に予定されていた最小限の所要を満たすことができたはずだった。

ドイツの海軍と陸軍が、今度は空軍に重荷を転嫁した。狭い航路を機雷原で囲み、圧倒的に優勢な英海軍小艦隊と小型艇に対抗してドイツ空軍が航路を維持するという計画は、英空軍を打倒して、イギリス海峡とイギリス本島南東部の制空権を握れるかどうかに懸かっていた。しかも、航路上だけではなく、上陸地点の上空も制覇しなければならない。空軍よりも歴史が長い陸軍と海軍は、この重荷を空軍総司令官のゲーリング国家元帥に負わせた。

ゲーリングがこの責任を担うのにやぶさかでなかったのは、数の上で優勢なドイツ空軍が、数週間の熾烈な戦いの末にイギリスの防空を叩き潰し、ケント州とサセックス州の飛行場を破壊して、イギリス海峡の制空権を完全に握れると確信していたからだった。しかし、それだけではなく、イギリス、ことにロンドンを爆撃すれば、退廃した平和好きなイギリスを追い込み、和平を請うような状況に陥れることができるはずだと思い込んでいたからでもあった。侵攻の脅威が着実に水平線の向こうから迫っているのだから、なおさらそうなる見込みがあった。ドイツ海軍参謀本部には、そんな確信はまったくなく、深甚な懸念を抱いていた。〝海驢《ゼーレーヴェ》作戦〟は最後の手段としてのみ発動すべきだと、海軍参謀本部では考えていたので、一九四一年春まで延期すべきだと七月に進言していた。**無制限の航空攻撃とUボートによる襲撃によっても、**敵が〝総統の条件に応じて交渉を開始しない場合に限り〟との留保をつけて。だが、国防軍最高司令部総監カイテル上級大将と、国防軍統帥幕僚部長ヨードル少将は、空軍総司令官のゲーリングが自信満々であることに、安心し切っていた。

そのころが、ナチ・ドイツの絶頂期だった。因縁のあるコンピエーニュで休戦協定を結んで、フランスに屈辱を味わわせたヒトラーは、小躍りしてよろこんだ。ドイツ軍は勝ち誇って凱旋門を通り、シャンゼリゼを行進した。向かうところ敵なしだった。勝つとわかっている勝負をつづければいい。そういうしだいだったから、〝海驢《ゼーレーヴェ》作戦〟に関与した三軍は、それぞれの主な目標の期待が持てる部分だけに取り組み、嫌な仕事はあとの軍に押しつけた。

日がたつにつれて、疑念と遅れが表面化し、増えていった。七月一六日のヒトラーの命令では、八月中旬に準備が完了していなければならなかった。それが不可能だということを、三軍すべてが悟った。そこで、七月末にヒトラーは、Dーデイは最短でも九月一五日になることを認め、航空攻撃を激化するという計画の結果が出るまで、作戦開始の決定を保留することにした。

八月三〇日、侵攻に対するイギリスの妨害活動のために、艦隊の準備を九月一五日までに完了することができなくなったと、海軍参謀本部が報告した。海軍の要請によってDーデイは、一〇日前に予告するという条件で九月二一日に延期された。つまり、仮命令を九月一一日に発しなければならない。九月一〇日にふたたび海軍参謀本部が、つねに厄介な問題である天候とイギリスの報復爆撃のために、さまざまな困難が生じていると報告した。必要な準備は二一日までに完了するが、イギリス海峡で完全に制空権を握るという、当初に定められた作戦状況が達成されていないと、海軍参謀本部は指摘した。そこで九月一一日にヒトラーは、仮命令を三日延期し、Dーデイを最短でも二四日だとした。一四日に、それがさらに延期された。

*

その一四日、レーダー元帥はつぎのような意見を表明した。

（a）現在の空中戦況では、危険な要素があまりにも大きく、作戦を実行する状況がもたらされていない。

（b）〝海驢《ゼーレーヴェ》〟作戦に失敗すれば、イギリスの威信が大幅に高まり、われわれの攻撃の強力な効果が帳消しになる。

（c）イギリス、ことにロンドンへの航空攻撃は、中断せずに続行しなければならない。天候が好適であれば、〝海驢《ゼーレーヴェ》〟とは無関係に空襲の強化を目指さなければならない。航空攻撃は決定的な成果をあげなければならない。

（d）しかしながら、イギリスの不安がいっそうつのるように、〝海驢《ゼーレーヴェ》〟はまだ中止すべきではない。中止したことが外部に漏れれば、イギリスはたいそう安堵するはずだ。

一七日に作戦は無期延期になった。ドイツにとってもイギリスにとっても、それには当然の理由があった。レーダーはなおも述べている。

（i）イギリス海峡沿岸に上陸するための準備は、敵に熟知され、敵は対抗手段を大幅に増やしている。その兆候をいくつも挙げることができる。ドイツが運用している港への攻撃と偵察に航空機を実戦配備状態で使用していること、イギリス南岸沖、ドーヴァー海峡、フランス－ベルギー沿岸に駆逐艦が頻繁に現われること、フランス北岸沖に哨戒艦艇を配置していること、チャーチルの前回の演説、等々。

（ii）英本国艦隊の主力部隊は、上陸撃退のために即応状態で待機しているが、艦隊の大多数はいまも西部の基地にいる。

（iii）多数の駆逐艦（三〇隻以上）が南と南東の港にいることが、航空偵察によって確認されている。

（iv）入手できたあらゆる情報が、敵海軍部隊がもっぱらこの戦域に進駐していることを示している。

＊

八月のあいだに約四〇人のドイツ兵の死体が、ワイト島からコーンワルに至るあちこちの地点で打ちあげられた。ドイツ軍はフランス沿岸で筏に乗って進発する訓練を行なっていた。そういった筏のうちの数隻が、イギリスの爆撃から逃れるために沖に出て、爆撃か悪天候のために沈没した。これが、ドイツ軍が侵攻しようとしたが、溺れるか、水面で燃える油のために焼け死んで、きわめて大きな損耗をこうむったという噂がひろまる原因になった。私たちはこの作り話を打ち消す手段を講じなかった。ドイツに占領されていた国々で、この噂はでたらめに誇張されてどんどんひろまり、抑圧された大衆を激励した。たとえば、ブリュッセルではある店が、〝海峡遠泳用〟と記された男性用水着を陳列した。

九月七日、艀と小型船がオーステンデとルアーヴルのあいだの港に向けて西と南に移動していることを示す情報を、私たちはつかんだ。集結に使われる可能性があったそれらの港は、イギリスの激しい空襲を浴びていたので、上陸作戦直前でないかぎりそれらの舟艇が集められることはないはずだった。ノルウェーから爆撃機一六〇機が来援したため、アムステルダムからブレストにかけてドイツ空軍の攻撃力は増大していた。さらに、航続距離の短い急降下爆撃機部隊が、パ・ド・カレーの前方航空基地で目撃されていた。数日前にイギリス南東の海岸で手漕ぎのボートから上陸して捕まったドイツ兵四人が、自分たちはスパイで、今後二週間のいずれかの日に、イプスウィッチ–ロンドン–レディング–オックスフォード地域のイギリスの予備部隊の動きを報告する予定だったと自白した。九月八日から一〇日にかけての月齢と潮汐は、南東岸への侵攻に好適だった。そのため、参謀総長委員会は、侵攻の可能性が差し迫っているので、防御部隊は命令を受けたらただちに行動できるように待機すべきだと結論を下した。

だが、そのときはまだ、本国部隊総司令部には、既存の通告から八時間後の即応態勢を、中程度の脅威のもとで〝緊急行動の即応態勢〟に変える仕組みがなかった。このため、〝侵攻が差し迫っている〟ことを示す〝クロムウェル〟という暗号を本国部隊が東部と南部の各司令官管轄区域に向けて発信し、沿岸部の前方師団に戦闘配置につくよう求めたのは、九月七日午後八時だった。ロンドン地域のすべての部隊と、総司令部予備軍の第4、第7軍団にも発信された。イギリス中のそのほかの管轄区域すべてに情報を求めるために、それが下級部隊に再送された。このとき、国内の数カ所では、郷土防衛隊の指揮官が自発的に教会の鐘を鳴らし、隊員たちを招集した。そのため、敵の落下傘部隊が降下したとか、ドイツの高速艇《Eボート》が海岸に接近しているというような噂が流れた。私も参謀総長たちも、〝クロムウェル〟という決定的な言葉が使われたことを知らなかった。翌朝には、今後は侵攻が差し迫っていると宣言せずに警戒を強められるように、中程度の段階を考案することが命じられた。たとえ暗号〝クロムウェル〟を受信しても、郷土防衛隊は特別な任務以外では招集されない。落下傘兵二五人が降下するのを目撃した郷土防衛隊員が命じたのであれば教会の鐘を鳴らしてもよいが、よその鐘の音が聞こえたとかいうような理由で鐘を鳴らしてはならない。想像はつくだろうが、この出来事で噂や騒ぎがかなり起きたが、新聞や議会ではいっさい取りあげられなかった。関係者全員が、格好の予行演習で、強壮剤のような効果があったと思っていた。

＊

ドイツの侵攻準備が着実に進んで頂点に達するのを見守っていた私たちは、彼らの当初の勝ち誇った気運がしだいに迷いへと変わり、最後には結果にまったく自信が持てなくなっていることに気づいた。それどころか、一九四〇年のうちに自信がすでに打ち砕かれ、侵攻計画は一九四一年に復活したものの、フランス失陥直後の悠揚たる日々とは打って変わって、ドイツの指導者たちの心を虜にすることは二度となかった。運命の分かれ目だった七月と八月のあいだに、ドイツ海軍総司令官レーダー元帥が、大規模な水陸両用戦に伴う重大な障害のことを陸軍と空軍の幹部に教えようとした。海軍の弱点と適切な準備をする時間が足りないことを、レーダーは認識しており、ハルダーが推し進めていた、幅広い前線に同時に大部隊が上陸するという壮大な計画を制限しようとした。いっぽう、広大な野心を抱くゲーリングは、自分の空軍だけで壮観な勝利をものにしようと決意し、侵攻地域の敵の海と空の部隊を着実に減らすという合同計画で質素な役割《ロール》を演じることを拒んだ。

ドイツ軍の最高司令部が、他の軍の能力と限界をきちんと理解して、共通の目的のために協力するような、連携がとれた集団ではなかったことが、記録によって明らかになっている。三軍がいずれも、自分だけが天空のもっとも輝ける星になることを願っていた。出だしから軋轢があったのは明らかだった。それに、レーダーに責任を押しつけることができるあいだは、ハルダーが自分の計画を現実に起こりうることに則するように調整するはずがなかった。ヒトラー総統の干渉が必要だったが、軍種間の関係を改善する力はほとんどなかった。ドイツでは陸軍の威信がもっとも高く、陸軍の指導者たちは海軍の同僚たちをかなり見下していた。ドイツ陸軍が大規模作戦で姉妹軍種である海軍に身を任せるのを渋ったというのが、否定しがたい結論だろう。戦後、これらの計画について聴取されたヨードル将軍は、いらだたしげに述べた。「われわれの段取りは、ユリウス・カエサルのやり方とほぼおなじだった」。海のありとあらゆる危険にさらされている防御された海岸に、大規模な部隊が上陸して展開することにともなう数々の困難をほとんど理解していない、昔ながらの陸軍将校の発言だった。

イギリス人にもさまざまな短所はあるが、海事についてはとことん理解している。何世紀ものあいだ、それが私たちの血のなかを流れ、数々の伝統が船乗りだけではなくイギリス民族すべての感情を掻きたてる。ほかならぬそのことによって、私たちは侵攻の脅威をまじろぎもせずに注視できた。国防相のもとで協力し合った三軍の参謀総長が作戦を統帥するという仕組みが、いまだかつてなかったような、共同作業、相互理解、自発的な提携の基準を生み出した。やがて私たちが海から壮大な侵攻を行なう絶好の機会が訪れたときには、重大任務のための準備が堅実に達成されていて、それが基盤になった。さらに、そういう危険が大きい企てにどういう技術が必要とされるかということも、完全に理解していた。ドイツが一九四〇年に、現代の水陸両用戦用装備をすべて備えた練度の高い水陸両用戦部隊を保有していたとしても、私たちの海と空の戦力が相手では、まず勝ち目はなかっただろう。しかもドイツにはそういう手段も訓練もなかった。

*

私たちがさまざまな不安材料を抱えて自問したことによって、着実に自信を深め、当初から侵攻計画に対抗できると考えていたことを、これまで述べてきた。それに対して、ドイツ軍最高司令部とヒトラー総統は、その冒険的な企てについて検討すればするほど、乗り気ではなくなった。もちろん、敵国の気運や分析を、私たちは知る由もなかったが、七月中旬から九月中旬にかけて週を追うごとに、ドイツ海軍参謀本部とイギリス海軍本部、ドイツ軍最高司令部とイギリスの参謀総長たち、ヒトラー総統と本書の著者である私のあいだの知られざる意見の一致が際立つようになっていた。それ以外の問題でもおなじように同意していたら、戦争は起こらなかったかもしれない。当然のことだが、空での戦いにすべてが左右されるというのが、彼我に共通した見方だった。問題は、戦う人々のあいだでそれがどう終わるかだった。さらに、イギリス国民が爆撃に立ち向かうかどうかを、ドイツ側は疑問視していた。当時は爆撃の影響が誇大に評価されていた。イギリス国民がくじけて、国王陛下の政府が降伏するかもしれないと、敵は思っていた。国家元帥ゲーリングにはそういう高望みがあったが、私たちはすこしも心配していなかった。

第二編　孤塁

第一六章　英本土防衛戦《バトル・オヴ・ブリテン》

〈命運を懸けた戦い／ヒトラーの苦境／ドイツの三段階の航空攻撃／自国の領空で戦う利点／〝海驢《ゼーレーヴェ》〟と航空攻撃／ドイツのタイン川流域襲撃／ハインケル爆撃機を多数撃墜／ビーヴァーブルック卿の晴れ舞台／アーネスト・ベヴィン氏と労働党／内閣の団結／ドイツ軍の損耗確認／最初のロンドン空襲／ドイツ海軍参謀本部の危惧／九月一一日、私のラジオ演説／八月二四日から九月六日にかけての過酷な重圧／戦闘機集団の連繋が危機にさらされる／二週間で操縦士の四分の一が戦死もしくは戦闘不能になる／ゲーリングが早まって矛先をロンドンに転じるという失敗を犯す／貴重な休息／九月一五日、攻防転換日／第11（戦闘機）群／パーク空軍少将／第11群作戦室／敵襲開始／予備戦力すべて投入／状況を左右した勝利／九月一七日、ヒトラーが〝海驢《ゼーレーヴェ》作戦〟を延期／撃墜と損耗の事後調査／すべてのものに栄えあれ〉

いまや私たちの命運は、空での勝利に懸かっていた。イギリス侵攻計画すべてが、イギリス海峡と選択した南岸の上陸地点上空の制空権を勝ち取ることに影響されるのを、ドイツの指導者たちは認識していた。乗船港の準備、輸送船艇の集合、航路の掃海、あらたな機雷原敷設は、イギリスの航空攻撃からの防御がなければ実行できない。海峡横断と上陸には、輸送船団と海岸の上空掩護が決定的な条件だった。したがって、そのためには英空軍及びロンドンと海のあいだに配置された飛行場を掃滅する必要があった。七月三一日にヒトラーがレーダー元帥にこういったことが、いまではわかっている。「空軍《ルフトヴァッフェ》の八日間にわたる熾烈な航空戦で、敵空軍、港、海軍部隊を大幅に破壊できなかったときは、作戦を一九四一年五月に延期せざるをえないだろう」。その戦いが、これから行なわれることになる。

目前に迫っていた戦力の試練に、私は精神的にまったく動じていなかった。六月四日に、議会で私は述べた。「偉大なフランス陸軍は、数千両の装甲車両が殺到したために、いまのところ大きく後退して混乱しています。しかし、文明の理想そのものを、数千人の飛行士の技倆と熱意で護れないはずがありません」。スマッツには六月九日にこういった。「いま確実にいえることはひとつです――すなわち、ヒトラーがこの国を攻撃すれば、それによって、彼は自分の空の兵器をぶち壊すことになります」。そのときがいま訪れた。

英本土防衛戦《バトル・オヴ・ブリテン》と呼ばれるイギリスとドイツの空軍の壮絶な戦いについて、称賛に値する記述がいくつも書かれている。ダウディング空軍大将の発信書類と、空軍省小冊子一五六号には、一九四一年から一九四三年にかけて私たちに知られていた重要な事実がすべて記録されている。現在では、ドイツ軍最高司令部の見解とさまざまな段階における内部の反応も知ることができる。重要な戦いにおけるドイツ側の損耗は、当時私たちが思っていたほど甚大ではなく、双方ともに報告は著しく誇張されていたようだ。しかし、イギリスの生存と世界の自由が懸かっていたこの名高い紛争の主な特徴と概要には、異論がないだろう。

ドイツ空軍はフランスの戦いで限度ぎりぎりまで戦ったし、ドイツ海軍はノルウェー遠征後、陣容の回復に数週間もしくは数カ月を要した。私たちの戦闘機の飛行中隊は、三個を除き、どこかの時点で大陸での作戦に参加していたので、この休止は私たちにとって好都合だった。フランス失陥後、よもやイギリスが和平案を受け入れないとは、ヒトラーは思ってもいなかった。ペタンやウェイガンをはじめとするフランスの数多くの将軍や政治家とおなじように、ヒトラーは孤高の姿勢を保つというこの島国の資質を理解していなかった。フランス人たちとおなじように、私たちの意思の力を見誤った。私たちはミュンヘン以来、長い道のりを歩み、さまざまな物事を、身をもって学んでいた。六月のあいだ、ヒトラーはしだいに差し迫るあらたな情勢に取り組んでいたし、ドイツ空軍はつぎの仕事のために陣容を立て直し、再建している最中だった。それがどういう仕事になるかは、火を見るよりも明らかだった。ヒトラーはイギリスに侵攻して征服しなかったら、果てしなくつづく戦いに直面し、無数の危険要因や厄介な問題を抱え込むことになる。空の戦いでイギリスに勝てば、イギリスの抵抗が熄むかもしれなかった。その場合、侵攻が実行可能だとしても、敗北した国を占領するのでなければ、やらなくてもすむ。

六月から七月初旬にかけて、ドイツ空軍は回復して、再編成し、フランスとベルギーの飛行場すべてに陣取った。そこから攻撃を開始し、偵察と探りを入れる領空侵入で、遭遇する敵の性質と規模を計ろうとした。最初の大規模な猛攻が開始されたのは七月一〇日で、たいがいこれが戦闘開始日とされる。甚大な影響があった日が、ほかに二日ある。八月一五日と九月一五日である。ドイツ軍の攻撃が三度にわたり行なわれ、それが重なったこともあった。最初は七月一〇日から八月一八日まで、イギリス海峡でイギリスの船団と、ドーヴァーからプリマスにかけての南部の港を執拗に攻撃した。戦いにひきずり込まれた英空軍は、試練を受け、激減した。今後の侵攻の目標と見なされていた海辺の町も損害を受けた。第二段階は八月二四日から九月二七日にかけてで、英空軍を掃滅して、ロンドンへの道をこじあけ、首都への猛爆を続行することを狙っていた。これによって、脅威にさらされている地域との交通路も絶たれるはずだった。だが、ゲーリングは、世界最大の都市を混乱に陥れ、麻痺させることとおなじくらい重大な賞品が目の前にぶらさがっていると思っていた。政府と国民を脅しつけ、ドイツの意のままにできると思っていたのだ。ドイツ海軍と陸軍の参謀たちは、ゲーリングの読みが正しいことを心底願っていた。戦況が進展するにつれて、英空軍は掃滅されず、冒険的な〝海驢作戦《ゼーレーヴェ》〟のために緊急に達成すべきだった要件が、ロンドンを破壊するためになおざりにされていることに、海軍と陸軍の上層部は気づいた。やがて、なによりも重要な制空権が得られないために、侵攻が無期延期になったときに、最後の第三段階が開始された。昼間に勝利をものにする希望は薄れたし、英空軍は腹立たしいくらい活発だった。ゲーリングはその後、一〇月にロンドンと工業地帯の中心部への無差別爆撃を断念する。

＊

戦闘機の性能については、望むべくもなかった。ドイツ機のほうが速く、上昇率が優れていた。イギリス機は運動性能に優れ、武装が充実していた。ドイツの飛行士は、数の上で優勢であることを意識し、ポーランド、ノルウェー、低地諸国、フランスでの勝利を誇っていた。私たちの飛行士は、ひとりひとりが自信と、とてつもない逆境に直面したときにイギリス人が最大限に発揮する決意に満ち溢れていた。ドイツが巧みに駆使して満喫していた戦略上の重要な利点がひとつあった。ドイツ空軍部隊は、広い範囲の数多くの基地に散開していた。それによって、ほんとうの攻撃目標がわからないように欺瞞や陽動作戦を行ないつつ、戦力を集中することができた。だが、つねに陸地上空で戦ったフランスやベルギーとは異なり、海峡の上空や敵地で戦うという不利な条件を、敵は見くびっていた。ドイツが効率的な海上救難隊を組織したのは、それが重大だということを認識したからにほかならない。民間機を装って赤十字の標章を付けたドイツの水上機が、七月から八月にかけて、空戦が行なわれたときにイギリス海峡にかなりの数、姿を現わすようになった。撃墜された敵飛行士がこの手段によって救出されたあと、私たちの一般市民をふたたび爆撃するかもしれないということに、私たちははじめのうちは気づかなかった。救出できるときには救出し、捕虜にした。だが、私たちの戦闘機はドイツの空の救急車を強制着陸させるか撃墜するようにという明確な命令を、戦時内閣は承認した。これらの水上機のドイツ人搭乗員と医師は、そういう扱いに驚愕し、ジュネーヴ協約に反すると抗議した。ジュネーヴ協約はこういうたぐいの戦いを想定していなかったので、こういう不測の事態に関する言及がない。ドイツは自分たちの都合でつねに、あらゆる条約、戦時国際法、厳粛な合意を破ってきた。苦情をいえるような立場ではなかった。ドイツはすぐにこの実験的な試みを放棄し、双方とも海上での救難は私たちの小型艇のみで行なわれるようになり、当然ドイツはあらゆる機会にそれに銃撃を浴びせた。

*

八月、ドイツ空軍は可動機（程度はさまざまだが作戦に運用できる状態の航空機）二六六九機を集めた。爆撃機一〇一五機、急降下爆撃機三四六機、戦闘機九三三機、重戦闘機三七五機という内訳だった。八月五日、総統命令第17号により、イギリスに対する航空戦の強化が承認された。ゲーリングは、〝海驢《ゼーレーヴェ》作戦〟をほとんど重視していなかった。〝全面的な〟航空戦しか念頭になかった。そのために定められた段取りが曲解され、海軍参謀本部は動揺した。英空軍とイギリスの航空機産業の殲滅は、目的を達成するための一手段だと、海軍では見なしていた。それが達成されたときには、航空戦は敵の軍艦と造船産業に向けられるべきだと考えていた。ゲーリングは海軍関連の攻撃目標を優先していないと彼らは見なし、遅れが生じていることにいらだっていた。八月六日、イギリスの空からの脅威が絶え間ないので、海峡での機雷敷設の準備を進めることができないと、海軍参謀本部は最高司令部に報告した。八月一〇日、海軍参謀本部の日誌には、つぎのように記されている。

〝海驢《ゼーレーヴェ》〟作戦の準備、ことに現在、悪天候のために実施を妨げられている掃海のための安全確保は、空軍の活動の欠如に影響されている。海軍参謀本部には不明の理由により、空軍はもっとも好適だった先ごろの天候がもたらした好機を逃した……。

七月と八月初旬に絶え間なくつづいていた激しい航空戦は、ケント州海角とイギリス海峡沿岸に向けられていた。ゲーリングと有能な補佐官たちは、私たちの戦闘機中隊をすべてこの南部の激戦に引きずり込まなければならないと考えていた。そのため、ウォッシュ湾の北の工業都市に昼間攻撃を行なうことを決定した。ドイツの一線級戦闘機メッサーシュミットMe109〔制式名称はBf109だが、連合軍側はしばしばこう呼んだ〕では、航続距離が足りない。危険を承知で、爆撃機はMe110に護衛させるしかなかった。Me110なら航続距離に不足はないが、肝心な性能がだいぶ劣っていた。しかしながら、ドイツ空軍にとってはそれが合理的な手段で、危険は承知のうえだった。

そういうしだいで、八月一五日、メッサーシュミットMe110四〇機に護衛された爆撃機約一〇〇機が、タイン川流域に向けて出撃した。それと同時に八〇〇機以上が、私たちの部隊を南部に釘付けにするために襲来した。すでに英空軍がそちらに集結していると、ドイツ側は思い込んでいた。だが、ダウディング大将が行なった戦闘機集団の配置が正しかったことが、はっきりと立証された。この危険はすでに予測されていた。ハリケーン戦闘機もしくはスピットファイア戦闘機七個飛行中隊が、休息をとるとともに北部を防備するために、南部の激戦から引き抜かれていた。これらの部隊は損耗が激しかったが、それでも戦闘からはずされたことを心の底から嘆いていた。操縦士たちはおのおの、まったく疲れていないといい張った。そこへ予想外の敗者復活戦の機会がめぐってきた。敵機が海岸線を越えたとき、これらの飛行中隊は歓迎する準備ができていた。ドイツ機三〇機が撃ち落とされ、大半が重爆撃機（ハインケルHe111と、一機あたり四人の練度の高い搭乗員）だった。イギリス側の損耗は、操縦士ふたりの負傷だけだった。ダウディング大将の戦闘機集団指揮に先見の明があったことは高い称賛に値するが、さらに注目すべきなのは、南部で何週間も死闘がつづいていたあいだも、自制し、敵の恐るべき圧力を正確に推し量って、戦闘機部隊を北部で温存したことだった。この指揮能力を私たちは、兵法の真髄の手本と見なさなければならない。爾後、一線級の戦闘機の護衛圏外で昼間爆撃が敢行されることは、二度となかった。したがって、ウォッシュ湾の北はなにもかも昼間は安全になった。

戦争のこの時期、八月一五日が最大の航空戦だった。全長五〇〇マイル（約八〇〇キロメートル）の前線で五つの大規模な戦闘が行なわれた。当然ながら、きわめて重要な一日だった。南部で私たちの飛行中隊二二個すべてが交戦し、多くは二度出撃し、三度出撃した飛行中隊もあった。ドイツ軍の損耗は北部の損耗と足すと七六機、私たちの損耗は三四機だった。ドイツ空軍にとっては看過しがたい大損害だった。

ドイツ空軍参謀本部は、未来の悪い予兆だったこの敗北を不安にかられて評価したにちがいない。しかし、ドイツ空軍にはいまなお、ロンドンの港という攻撃目標があった。大量の船舶が停泊している桟橋が並び、世界最大の都市が間近にある。しかも、精確な弾着は求められない。

＊

不安が絶えなかったこの激戦の数週間、ビーヴァーブルック卿が目覚ましい働きをした。戦闘機飛行中隊になんとしても信頼できる機体を補充しなければならない。秩序正しく平穏な組織にはお役所仕事や口実が付き物だが、そんなことを許す時間はなかった。ビーヴァーブルック卿のすばらしい資質が、この要求を満たした。楽天的な性格と熱意が、強壮剤の役割を果たした。ビーヴァーブルック卿が頼りになるおかげでほっとしたことが、何度もある。彼はけっしてくじけなかった。これはビーヴァーブルック卿の晴れ舞台だった。力と非凡な才能を備えたビーヴァーブルック卿は、説得を重ね、計略を駆使して、数多くの障害を払いのけた。戦闘の場に向けて供給経路が延長された。新造もしくは修理済みの航空機が、前代未聞の数量で続々と納入され、飛行中隊は大喜びした。整備・修理部門は発破をかけられ、猛烈に働いた。ビーヴァーブルック卿を高く買った私は、八月二日に、国王の許可を得て彼を戦時内閣に加えた。この時点で、ビーヴァーブルック卿の長男マックス・エイトキンは、戦闘機操縦士として六機以上を撃墜し、名声をものにしていた。

この時期に私が息を合わせて働いていたもうひとりの閣僚は、国の労働力すべてを管理し、活気づけていた労働・国民兵役大臣のアーネスト・ベヴィンだった。軍需品工場の労働者はすべて、ベヴィンの指示に従うつもりでいた。九月にベヴィンも戦時内閣に加わった。労働組合は、ゆっくりと構築して用心深く守ってきた規則と特権をなによりも大切に崇め、それをもとにして富、地位、特権、財産がすでに定まっていた。白熱したこの数週間、私たちはビーヴァーブルックやベヴィンとかなり協調していた。その後、残念なことに、ふたりは口論して、かなり軋轢が生じた。だが、この山場には、私たちはみんな協力していた。チェンバレン氏の忠誠や、閣僚たちの決意と能率については、いくら褒めても褒め足りない。彼らに敬意を表する。

*

私はドイツ軍の損耗の正確な見積を作成することを切望していた。雲の上で戦うことが多い操縦士たちが、撃墜した敵機の数を確認するのは不可能だし、おなじ敵機を何人もが撃墜したと報告することも多かった。

総理大臣よりイズメイ将軍へ　一九四〇年八月一七日

木曜日の戦闘で八〇機を超えるドイツ機が撃ち落とされて地上で捕獲されたと、ビーヴァーブルック卿が私に述べた。それは事実なのか？　事実でないとしたら、何機だったのか？

この戦闘を陸地上空と海の上空に区別できるかと、私は戦闘機集団総司令官に質問した。これが、私たちが納得できるように主張されている戦果を確定する、格好の手段になるはずだ。

総理大臣より空軍参謀総長《CAS》へ　一九四〇年八月一七日

私たちの視線はこの国の上空で行なわれている航空戦の結果に集中しているが、爆撃機集団に深刻な損耗が生じていることを見落としてはならない。昨夜は重爆撃機七機［が損耗し］、地上で二一機――タングミア基地の大半――が破壊された。合計二八機が損耗した。それに戦闘機二二機の損耗を足すと、一日に五〇機が失われた勘定になる。ドイツの七五機損耗という全体像が、それによって大きく変わる。じっさい、その日の損耗の比率は、二対三だった。

地上で破壊された航空機の機種を教えてもらいたい。

総理大臣より空軍大臣へ　一九四〇年八月二一日

いま重要なのは、ドイツ機を撃墜して戦いに勝つことだ。しかるに、私たちが勝利を収めているとアメリカの特派員と大衆が確信するような比率には達していないし、私たちの発表している数字の信憑性は低い。ただそれは、ドイツの航空攻撃があっさり撃退されれば、たちまち明らかになるだろう。毎時間のように戦いがつづき、空襲などへの対策をつぎつぎと打ち出さなければならない現時点で戦闘機集団を責めるのは気の毒だ。事実に真相を語らせるべきだという心境になっていることを打ち明けたいと思う。戦闘機操縦士たちが撃墜数を大袈裟にいったり嘘をついたりしていないことをアメリカの大衆が納得するように、特派員たちを飛行中隊に案内するのは、はなはだ不愉快である。私たちはこの問題についてもっと冷静になれると思う。
陸地上空だけでも一日にドイツ機八〇機以上が撃墜され、地上で捕獲されたと航空機生産省《MAP》が述べている事実の確認を求める私の書面に目を通してもらいたい。私たちの目的のために、これがもっとも好都合な方針になる。アメリカの懐疑的な態度にはいささかいらだっているといわねばならない。なにもかも、重大な事実が決着をつける。

*

八月二〇日、私は議会に報告することができた。

もちろん、敵は数で私たちをしのいでいます。しかし、私たちのあらたな生産はすでにこの差を大幅に超えましたし、アメリカの生産品はまだ流入しはじめたばかりです。今回の戦いのあと、私たちの爆撃機と戦闘機の戦力は、いまだかつてなかったほど増大しました。敵が望むあいだ航空戦を無制限につづけることは可能だと確信しておりますし、戦いが長くつづけばつづくほど、私たちはまず敵と同等になり、やがて戦争の決着を左右する大きな手段である制空権を握るでしょう。

八月末までゲーリングは、航空戦が不利に傾いているとは見ていなかった。ゲーリングと彼の取り巻きは、イギリスの地上の組織と航空機産業と英空軍の戦闘能力は、すでに甚大な損害をこうむっていると信じていた。八月八日以降、私たちが航空機一一一五機を損耗し、ドイツの損耗は四六七機だと見積もっていた。だが、もちろん双方ともに希望的な観測を抱いていたし、それがそれぞれの指導者にとって都合がよかった。九月の一時期は好天に恵まれたので、決定的な戦果をものにできるとドイツ空軍《ルフトヴァッフェ》は期待した。ロンドンの周囲にある私たちの飛行場に猛攻が加えられ、六日夜には六八機がロンドンを攻撃し、つづいて七日には三〇〇機という初の大規模空襲が行なわれた。この日からずっと、私たちの高射砲は二倍に増やされ、首都上空できわめて熾烈な航空戦がくりひろげられた。それでもなお、ドイツ空軍は私たちの損耗を過大に見積もり、自信を保っていた。だが、自分たちの利害と責任について危惧を抱いていたドイツ海軍参謀本部が、九月一〇日の日誌につぎのように記していたことが、現在ではわかっている。

イギリス南部と海峡地域で敵空軍が敗北した兆候は見られないし、このことは戦況の今後の判断にとって重要である。空軍による予備攻撃はもちろん敵戦闘機の防衛をかなり弱めたので、イギリス上空でドイツの戦闘機はかなり制空権を握ることができた。しかしながら……本参謀本部が、作戦実行に不可欠な条件として最高司令部に求めたような作戦状況は、まだ得られていない。具体的にいうなら、海峡地域における明白な制空権と、ドイツの海軍部隊と特務艦船が集結する地域における敵の航空活動の撲滅が、達成されていない……。〝海驢《ゼーレーヴェ》作戦〟準備の予定表に従うには、空軍は攻撃をロンドンではなく、ポーツマス、ドーヴァー、作戦地域に近い海軍港に集中しなければならない……。

この時点では、ロンドン攻撃が決定的要因になると、ゲーリングがヒトラーを説得していたので、ドイツ海軍参謀本部は最高司令部に嘆願するのを控えたが、危惧は解消されず、一二日に暗澹たる結論に達している。

この航空戦は、現在の海戦に必要な条件をまったく顧みず、〝海驢《ゼーレーヴェ》作戦〟の枠組みの外で、〝純然たる航空戦〟として行なわれている。現在のような形の航空戦は、海軍が大幅に担うことになる〝海驢《ゼーレーヴェ》作戦〟準備を支援していない。さらにいえば、空軍は英海軍部隊との交戦に取り組んでいるようには見受けられない。そのため、英海軍は海峡で妨害されることなく作戦行動し、われわれの海上輸送がきわめて危険になっている。したがって、英海軍部隊に対する安全策は機雷原しかない。最高司令部に何度となく説明してきたように、それは船舶にとって信頼できる防護策にはなりえない。

現時点では、航空戦の強化は上陸作戦になんら寄与していないというのが事実である。ゆえに、作戦上・軍事上の諸理由から、いまはまだ上陸の実行を考慮することはできない。

*

九月一一日、私はラジオで演説した。

天候が好適なとき、軍事目標その他を攻撃するために、戦闘機に護衛されたドイツの爆撃機が、昼間にしばしば一度に三、四〇〇機、この島、ことにケント州海角に押し寄せています。しかしながら、私たちの戦闘機飛行中隊の応戦によって、ほとんどの場合算を乱し、航空機の損耗は私たちの一機に対してドイツ側が三機、操縦士の損耗は私たちのひとりに対しドイツ側が六人という比率になっています。

イングランド上空の昼間の制空権を握ろうとするドイツのこの活動は、もちろん戦争全体の最重要点です。これまでのところ、ドイツはことごとく失敗しています。ドイツはきわめて大きな犠牲を払い、私たちは力を強めたと感じ、じっさいに、激戦が開始された七月よりも、敵と比較してかなり強くなっています。ヒトラー氏が戦闘機部隊をかなりの割合で消費していることは間違いありませんし、何週間もこういうことをつづければ、空軍の生存に不可欠な部分をすり減らし、台無しにしてしまうでしょう。

それは私たちに大きな優位をあたえてくれます。

いっぽう、空の支配を確保できずにこの国に侵攻しようとするのは、ヒトラー氏にとってまことに危険な企てになります。それにもかかわらず、大規模な侵攻の準備は進められています。自走式艀数百隻が、ドイツとオランダの港から、ダンケルクからブレストに至るフランスの港に向けてヨーロッパ沿岸を南下しています。

ブレスト以南では、ビスケー湾のフランスの港を目指しています。

これに加えて、一〇隻ないし一二隻の商船団が、ドーヴァー海峡を抜け、ドイツ軍がフランス沿岸部にあらたに設置した砲兵陣地に護られながら、港から港を伝い、イギリス海峡にはいり込んでいます。こうして、ハンブルクからブレストに至るドイツ、オランダ、ベルギー、フランスの港に、かなりの数の船舶が集結しました。最後に、ノルウェーの港で、船舶が侵攻部隊を積載する準備を行なっています。

これらの船舶や艀の集団の背後には、膨大な数のドイツ軍将兵がいて、乗船命令を待っています。彼らは、きわめて危険で先行きのわからない航海に乗り出そうとしています。彼らがいつ渡海を試みるのか、私たちにはわかっていません。ほんとうに海峡を横断しようとするかどうかもわかりません。しかし、総力をあげてこの島に侵攻する準備が行なわれていて、ドイツのいつもの徹底した手順からして、いますぐに実行されるかもしれないという事実に、目をつぶるわけにはいきません――イングランド、スコットランド、アイルランド、あるいはそのすべてが攻撃されるかもしれないのです。

この侵攻が敢行されるとすれば、長期間の遅れは許されないでしょう。天候がいつ悪化するかわからないからです。それに、集結している船舶は、毎晩、私たちの爆撃機に攻撃され、港外の私たちの軍艦の艦砲射撃を浴びているので、無期限に待機することはできないでしょう。

したがって、来週あたりがイギリスの歴史にとってたいへん重要な時機になると考えておかなければなりません。スペインの無敵艦隊《アルマダ》がイギリス海峡に近づき、ボウリングを楽しんでいたドレイク船長にそれを目視したことが伝えられたときや、ブローニュ・スル・メールでネルソン提督がナポレオンの大陸軍《グランダルメ》と私たちのあいだに立ちはだかっていたときとおなじくらい、重要な時機なのです。私たちはこういったことを歴史書で読みましたが、いま起きていることは、そういう華麗な昔日の出来事よりもずっと規模が大きく、世界とその文明の生存と未来にはるかに深甚な影響を及ぼすのです。

＊

八月二四日から九月六日にかけての戦いでは、英空軍戦闘機集団が不利な状況に追い込まれた。この重要な日々、ドイツ軍はイングランド南部と南東部の飛行場に対して、強力な部隊をたてつづけに投入した。戦闘機による首都の昼間の防御を打ち砕くのが目的だった。ドイツはロンドンを攻撃しようと逸っていた。恐怖を植え付けるための爆撃からロンドンを護ることよりも、これらの飛行場と、そこを基地にしている飛行中隊の機能と連繋《アーティキュレイション》のほうが、私たちにとってはるかに重要だった。二カ国の空軍の死闘において、これは勝敗が決する時機だった。私たちはロンドンやそのほかの場所の防衛を念頭に置いて戦っていたのではなく、空でどちらが勝つかということだけを考えていた。スタンモアの戦闘機集団司令部と、とりわけアクスブリッジの第11（戦闘機）群司令部では、不安をつのらせていた。第11群の前方飛行場のうち五カ所と防衛区域基地七カ所〔原文は六カ所だが、この時点でタングミア、ケンリー、ビギン・ヒル、ホーンチャーチ、ノーソルト、ノース・ウィールド、デブデンの七カ所があった〕が、かなり被害をこうむっていた。マンストンとリムの飛行場、ケント州沿岸部は、何度か数日にわたって戦闘機の作戦行動に不適になった。ロンドンの南のビギン・ヒル防衛区域基地は被害が激しく、一週間に一個飛行中隊が出撃するのがやっとだった。敵が隣接する各防衛区域への猛攻を執拗に行なって、作戦室か電話連絡網に損害をあたえていたら、戦闘機集団の入り組んだ組織全体が崩壊したにちがいない。その場合、ロンドンが叩きのめされるだけではなく、私たちは決戦地域の完全な支配を失っていただろう。補遺Aに記された公式覚書にあるように、私はこれらの基地を視察し、マンストン（八月二八日）と、私の私邸に近いビギン・ヒルを訪れた。いずれもかなり痛めつけられ、滑走路は漏斗孔《クレーター》によって損なわれていた。そういうしだいだったので、ドイツが九月七日から攻撃の矛先をロンドンに向けたとき、敵は攻撃方針を変更したのだと判断して、戦闘機集団は胸をなでおろした。ゲーリングは飛行場への攻撃を続行すべきだった。その時期、私たちの空軍の戦闘能力すべてが、周到に組み合わせて配置された飛行場組織に依存していた。昔ながらの戦争の鉄則を捨て、これまで受け入れられてきた人の道をはずれたために、ゲーリングは愚かな過ちを犯したのだ。

そのおなじ時期（八月二四日から九月六日）、戦闘機集団全体の戦力の消耗は深刻だった。この二週間で操縦士一〇三人が戦死し、一二八人が重傷を負い、スピットファイアとハリケーンが合わせて四六六機、全壊するか大破していた。操縦士の兵力約一〇〇〇人のうち四分の一近くが失われたことになる。ぴかぴかの新しい戦闘機二六〇機が補充されたが、意気盛んだが未経験な操縦士が、たいがいの場合、訓練を完了する前に訓練部隊から引き抜かれた。九月七日以降、ロンドンへの夜間攻撃が一〇日つづき、ロンドンの港湾施設と鉄道拠点が攻撃を浴びて、一般市民多数が死傷したが、じつは私たちの空軍にとってそれが必要不可欠だった貴重な休息になった。

この時期に私は、一週間に二度、じっさいになにが起きているかを自分の目でたしかめるために、ケント州とサセックス州の攻撃を受けている地域を午後に訪れた。そのために、寝台、洗面所、事務室があり、電話がつながり、有能な職員がいるという、すこぶる便利な列車を使った。眠るときを除けば、仕事をつづけることができたし、首相官邸にひけをとらない設備が整っていた。

*

私たちは九月一五日を攻防転換日《カルミネイティング・デイト》、つまり攻撃と防御の均衡が崩れて形勢が変わった日とすべきだろう。ドイツ空軍《ルフトヴァッフェ》は、一四日に猛攻を二度行なったあと、この日に、最大規模の集中攻撃によるロンドンへの昼間爆撃を再開した。

それはワーテルローの戦いとおなじように、この戦争の趨勢を決する重要な戦いのひとつになった。その日も日曜日で、私は首相別邸《チェッカーズ》にいた。航空戦がどう行なわれているかを見るために、それまでもわりあい平穏なときに、私は第11（戦闘機）群司令部を何度か訪れていた。しかし、この日の天候は敵にとって好適のように思われたので、自動車でアクスブリッジへ行き、群司令部に到着した。第11群は二五個もの飛行中隊から成り、エセックス州、ケント州、サセックス州、ハンプシャー州、それらの地域からロンドンへの接近経路すべてを防護していた。パーク空軍少将が六カ月前から、私たちの命運を大きく左右するこの部隊の司令官をつとめていた。ダンケルク撤退開始時から、早くもイングランド南部の昼間作戦行動すべてを、パーク少将が指揮し、第11群の配備と装備は完璧に調えられていた。私と妻は、地下五〇フィート（約一五メートル）にある爆撃に耐える作戦室に案内された。

戦闘機集団司令官ダウディング空軍大将の助言と推進力によって考案され、空軍省が戦前に構築した、この地下管制中枢の仕組みと電話網がなかったら、ハリケーン戦闘機やスピットファイア戦闘機は優勢な性能を発揮できなかったはずだ。すべての関係者の功績は、永遠に残るだろう。この時期、イングランド南部には、第11群司令部と、その下級部隊の戦闘機基地指揮所が六カ所にあった。前述のように、これらの施設は過酷な重圧を浴びていた。スタンモアの戦闘機集団司令部が最高司令部だったが、飛行中隊へのじっさいの指示は第11群司令部が出し、各州に置かれている戦闘機基地を経由して伝えられるという、賢明な仕組みになっていた。

群作戦室は、差し渡し約六〇フィート（約一八メートル）で、二層に分かれている小さな劇場のような造りだった。私たちは二階最前列の迫り出した席についた。眼下には大縮尺の地図用のテーブルがあり、高度な訓練を受けた男女二〇人ほどが、電話係とともにそれを囲んでいた。劇場なら私たちの向かいには緞帳幕があるはずだが、そこには巨大な黒板があり、防衛区域七カ所が、区域ごとに分かれて、縦列の電灯で示されていた。それぞれの基地の飛行中隊の電灯が、さらに細い縦列をなし、水平の線でも区切られていた。たとえば、いちばん下の電灯が点いている場合には、二分で出撃できる〝待機〟状態にある。つぎの電灯は、五分で出撃できる〝即応〟態勢、つぎが二〇分で〝出撃可能〟というように、地上にある戦闘機の現況を示している。すでに離陸した戦闘機の現況を表わす部分もあり、敵機を目視したという報告や――赤い電灯が点くと――交戦していることを示す。いちばん上の列は、帰投した戦闘機を表わしている。黒板の左手にガラス張りの舞台装置制御室のような場所があり、将校四、五人が詰めて、このときには男女と若者五万人を超える監視特務部隊《オブザーヴァー・コー》〔イギリス上空の航空機を肉眼で探知、識別、追跡する民間人組織〕からの情報を念入りに検討し、評価していた。レーダーはまだ揺籃期だったが、爆撃部隊が私たちの沿岸に近づいていることは警告できた。上空を飛ぶ敵機についての主な情報源は、双眼鏡と野戦電話機を持った監視員だった。したがって、戦闘中には何千件もの情報を受信することになる。地下司令部にはほかにもいくつか部屋があり、経験豊富な人々がおおぜいいて、かなりの速度で情報を選り分け、それを毎分、テーブルの周囲にいる表示員《プロッター》とガラス張りの制御室の将校たちにじかに伝える。

右手にべつのガラス張りの部屋があり、そこに詰めている陸軍将校たちは、この時点で戦闘機集団の管轄内に二〇〇個あった私たちの高射砲兵中隊の射撃について報告する。夜間には、私たちの戦闘機が敵機に接近している特定の区域で、これらの砲兵が射撃を中断することが不可欠だった。開戦の一年前にスタンモアのダウディングのもとを訪れたときに説明を受けたが、私はこの仕組み全体の要点に精通していなかった。その後ずっと、絶え間ない戦闘行動のあいだに形が定まり、微調整され、いまでは世界に類を見ないもっとも精巧な戦争の道具になっていた。

「きょうなにかが起きるかどうか、なんともいえませんね。いまはなにもかも平穏です」。地下におりていくときに、パークがいった。しかし、一五分後、敵襲を駒で表わす機敏な表示員たちが動きはじめた。ディエップ地域のドイツ軍基地から〝四〇機以上〟が襲来すると報告された。あちこちの飛行中隊が〝待機〟し、壁の現況板で下のほうの電灯が輝きはじめた。やがて、たてつづけに〝二〇機以上〟、〝四〇機以上〟の通信連絡が届き、一〇分後には由々しい戦いが起きていることが明らかになった。彼我の航空機が空を覆いはじめた。

つぎつぎと〝四〇機以上〟、〝六〇機以上〟という通信連絡がはいった。〝八〇機以上〟という連絡もあった。私たちの下の階では、敵襲の動きを示すために、いくつもの接近経路に沿って分刻みでテーブルの駒が押し進められた。いっぽう、向かいの黒板では電灯の輝きが上に移動し、私たちの戦闘機飛行中隊が空に昇っていることがわかった。〝即応〟態勢は、わずか四個飛行中隊だけになった。このすべてを左右する戦いは、最初の遭遇戦から一時間以上つづいた。敵にはあらたな攻撃波を送り出すのにじゅうぶんな戦力があり、敵の上に出ようとして総出で出撃した私たちの飛行中隊は、七〇分か八〇分ごとに給油するか、弾薬補給のために五分間の交戦後に着陸しなければならなかった。この給油や弾薬補給の最中に、敵の飛行中隊が抵抗に遭わずに到着したら、私たちの戦闘機の一部が地上で破壊されるおそれがある。そこで、昼間には給油や弾薬補給のために地上におりる機数を増やさないようにと、飛行中隊に命じてあった。

現在、第11群の大半の飛行中隊が交戦していることを、赤い電灯が物語っている。あっという間に変化する戦況に合わせて、表示員がせわしなく対勢盤の駒をあちこちに動かし、床から低いすり足の音が聞こえる。戦闘機部隊の配置について、パーク少将が全般的な指示を出し、最前列の中央で私の隣に座っていた若手将校が、それを個別の命令に置き換えて、各戦闘機基地に伝えた。数年後に、私はその将校の名前をたずねた。その将校はウィロビー・ド・ブローク男爵だった。（一九四七年に、男爵が責任者をつとめたジョッキー・クラブに招待され、ダービーを観戦したときに再会した。第11群作戦室のことを私が憶えていたので、男爵はびっくりした。）テーブルの対勢図に表示された最新情報をもとに、彼が個々の飛行中隊に上昇し、哨戒するよう命令を下していた。パーク少将はうしろのほうで歩きまわり、勝負のあらゆる動きを油断なく見守り、下級幹部を監督し、脅威にさらされている区域への増援といったような重要命令をときどき下すとき以外は、干渉しなかった。やがて全飛行中隊が戦闘に参加し、一部は早くも燃料補給のために帰投していた。全機が出撃し、下のほうの電灯は消えていた。予備として残されている飛行中隊は、一個もなかった。そのときパークがスタンモアのダウディングと電話で話をして、第11群の飛行中隊が弾薬補給や給油を行なっている最中に大規模な敵襲があった場合に第12群の飛行中隊三個を使えるように手配してほしいと頼んだ。その手配がなされた。第11群にはもう手持ちの戦闘機が残っていなかったので、ロンドンと戦闘機の飛行場を掩護するために必要だった。

くだんの若い将校は、それが日常茶飯事でもあるかのように、落ち着いた抑揚のない小声で、群司令官の全般的な指示に従って命令を出しつづけ、増援の三個飛行中隊もすぐに吸収された。部下の椅子のうしろにじっと立っていたパークの不安が、私にも感じ取れるようになった。それまで無言で見守っていた私は、そこでたずねた。「ほかに予備はあるのかね？」「ありません」。パークが答えた。パークはのちにこのときのことを、〝首相は悲壮な顔をしていた〟と書いている。そうだったかもしれない。地上で給油もしくは弾薬補給中に、〝四〇機以上〟か〝五〇機以上〟に襲撃されたら、すさまじい損害が生じていたはずだ！　ふたたび痛打をこうむる確率は高く、私たちにはほとんど余裕がなかった。とてつもない賭けだったのだ。

さらに五分が経過し、私たちの飛行中隊の大半が給油のために着陸していた。私たちの資源は乏しく、彼らへの上空掩護はほとんど行なえなかった。やがて、敵機がひきかえしていくようだった。私たちの下のほうにある対勢盤の駒の動きは、ドイツ軍の爆撃機と戦闘機が東に向けて飛びつづけていることを示していた。あらたな攻撃は出来《しゅったい》しなかった。さらに一〇分が過ぎると、戦闘は終わっていた。私たちが地表に通じる階段を昇り、表に出るとほとんど同時に、〝敵機なし《オール・クリア》〟の放送があった。「総理、これを見てくださってほんとうによかったと、私たちは思っています」。パークがいった。「ご承知のように、最後の二〇分間は情報で窒息して、処理できなくなりました。私たちの現在の資源に限りがあるのを、おわかりいただけたと思います。きょうは限度を超えて彼らが酷使されました」。一定の戦果が得られ、敵襲は満足のいくように撃退されたのではないかと、私はきいた。期待していたほど多くの敵機を邀撃できなかったので、満足していませんと、パークが答えた。敵がいたるところで私たちの防衛線を突破したことは明らかだった。戦闘機の護衛付きの爆撃機多数をロンドン上空で撃墜したという報告が届いていた。私が地下にいるあいだに、十数機が撃墜された。だが、戦闘の結果や被害や損耗の全体像は、まだつかめていなかった。

私がチェッカーズに戻ったときには、午後四時三〇分をまわっていたので、すぐに午睡のためにベッドにはいった。第11群での張り詰めた展開に気疲れしていたらしく、八時まで目を醒まさなかった。秘書のジョン・マーティンに電話をかけると、世界中の新聞をまとめて持ってきてくれた。不愉快な記事ばかりだった。こんな過ちがあった、こんな遅れが生じた、どこそこから納得のいく回答が得られなかった、大西洋で何隻もが撃沈された、等々。「しかしながら」マーティンが、最後にこういって締めくくった。「すべて空戦で埋め合わせましたよ。敵機一八三機撃墜、当方の損耗は四〇機以下です」

戦後の情報によって、この日の敵の損耗はわずか五六機だったとわかっている。しかし、九月一五日は英本土防衛戦《バトル・オヴ・ブリテン》のもっとも重要な日だった。まさにその夜、私たちの爆撃機集団は、ブローニュからアントウェルペンまで、港内の船舶を大挙攻撃した。アントウェルペンにことに甚大な損耗をあたえた。九月一七日にヒトラーが〝海驢《ゼーレーヴェ》作戦〟を無期延期したことが、現在ではわかっている。侵攻が公式に翌春まで延期されたのは、一〇月一二日だった。一九四一年七月、ふたたびヒトラーは一九四二年春に延期した。〝それまでにソ連方面作戦は完了しているだろう〟。うぬぼれた幻想だったが、このことは重要だった。一九四二年二月一三日、レーダー元帥が〝海驢《ゼーレーヴェ》作戦〟について最後の会見を行ない、ヒトラーは完全な〝作戦休止〟に同意した。こうして〝海驢《ゼーレーヴェ》作戦〟は消滅した。九月一五日をその終焉の日としてもよいかもしれない。

*

ドイツ海軍参謀本部は、度重なる作戦延期に心から同意したし、延期されるように画策した。陸軍指導部も苦情をいわなかった。九月一七日に、私は議会で述べた。「待機の手順は毎日のように緊張を高めるので、そのうちに目新しさという魅力が薄れかねません。しかしながら、日曜日の戦闘行動は、英空軍の戦闘機がこれまで行なってきたどんな戦闘よりもすばらしく、実りあるものでした……。この長い航空戦の決着を、私たちは自信を深めつつ冷静に待ちましょう」。アメリカの戦争計画部部長で、武官としてロンドンに派遣されていたストロング陸軍准将は、ドイツ空軍の攻撃の結果を見届けた公平な観察者だった。九月一九日にアメリカに帰任したストロング准将は、ドイツ空軍《ルフトヴァッフェ》は英空軍《RAF》の戦力に対して優位を得ることができず、爆撃による英軍の損害は比較的小さく、イギリスが主張するドイツ機の損耗は〝控え目〟だったと報告した。

しかしながら、ロンドン防衛戦はその後もつづけられた。侵攻は中止されたが、航空戦によって戦争に勝てるかもしれないという望みをゲーリングが捨てたのは、九月二七日のことだった。一〇月には、ロンドンへの空襲がもっとも激しかったとはいえ、ドイツは数多くの場所で昼も夜も頻繁に小規模な攻撃を行なっていた。集中攻撃から分散攻撃に転じていた。消耗戦が開始された。消耗! だが、消耗するのはどちらなのか?

＊

全世界における決戦のひとつとなったこの戦いにおける英空軍とドイツ空軍のじっさいの損耗を、私たちは事後の知識によって、冷静に研究すべきかもしれない。私たちの願望と恐怖を示す次頁及び次々頁の図表を、じっさいに起きたことと見比べてみよう。

敵の首をとった数について、私たちがつねにかなり楽観していたことは間違いない。一対三の比率で敵を撃墜したと私たちは信じ、そう発表していたが、つまるところほぼ一対二だった。しかし、それでじゅうぶんだった。英空軍は殲滅されるどころか、勝ち誇った。新手の操縦士がどんどん補充された。緊急に必要だっただけではなく、私たちが長期の戦争を行なう力の源だった航空機製造工場は、打撃を受けたが麻痺しなかった。労働者の技倆には差があったが、男も女もまるで交戦中の砲兵のように旋盤のそばで待機し、作業場に詰めた。彼らはじっさいに戦っていたのだ。軍需省ではハーバート・モリソン大臣が、幅広い分野で拍車をかけていた。「断固としてやれ」。モリソンが厳命し、彼らはやった。パイル将軍が指揮する防空集団は、高い技倆でつねに航空戦を支援する構えをとっていた。彼らはこのあとも大きく貢献する。疲れを知らない熱心な監視特務部隊は、たえず持ち場にいた。戦闘機集団の入念に組み立てられた組織がなかったら、すべては徒労に終わっていたかもしれないが、

英本土防衛戦

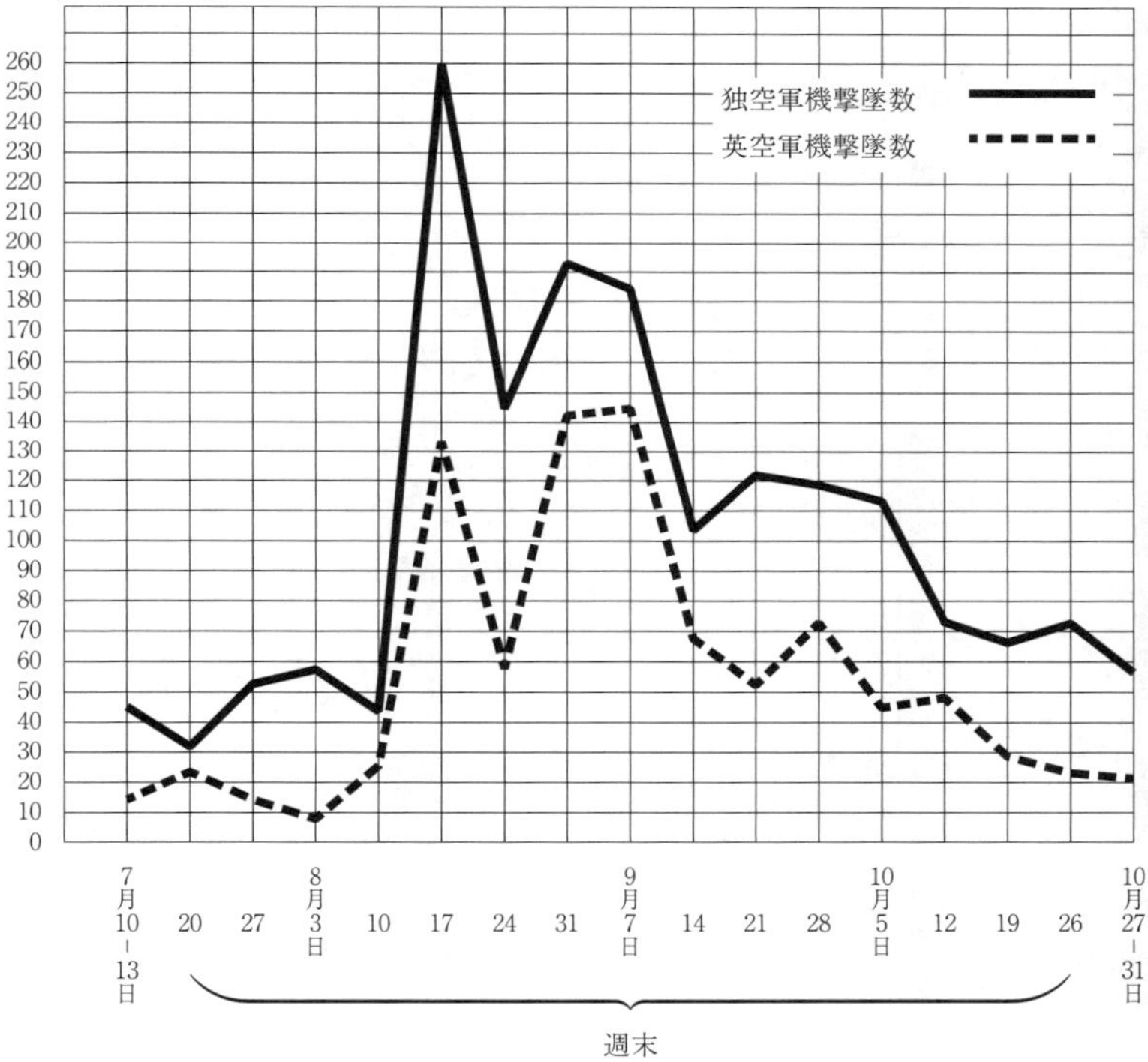

その組織には何カ月もつづいた重圧に耐える力があった。すべての人々が、それぞれの役割を果たした。

戦いが頂点に達したとき、戦闘機操縦士たちは敵を寄せつけない最高の気力と武勇を発揮した。かくして大英帝国は救われた。私は庶民院でつぎのように述べることができた。「人類の争いという分野で、これほど多くの人々が、これほどすくない人々に、これほど絶大な恩義を受けたことは、いまだかつてありませんでした」

航空機の損耗

	RAFの戦闘機損耗（全損もしくは行方不明）	敵機の実際の損耗（ドイツ側の記録による）	申告された敵機撃墜数（戦闘機集団、高射砲、気球などによる）
週　計			
7月10－13日	15	45	63
7月20日まで	22	31	49
27日まで	14	51	58
8月 3 日まで	8	56	39
10日まで	25	44	64
17日まで	134	261	496
24日まで	59	145	251
31日まで	141	193	316
9月 7 日まで	144	187	375
14日まで	67	102	182
21日まで	52	120	268
28日まで	72	118	230
10月 5 日まで	44	112	100
12日まで	47	73	66
19日まで	29	67	38
26日まで	21	72	43
10月27－31日	21	56	60
月　計			
7月(10日より)	58	164	203
8月	360	662	1,133
9月	361	582	1,108
10月	136	325	254
合　計	915	1,733	2,698

補遺Cにも一覧表あり。

第一七章　夜間爆撃《ブリッツ》

〈ドイツの攻撃の変遷／ゲーリングが航空戦の指揮をとる／ゲーリングがロンドンを屈服させようとする／ヒトラーの強がり／五七夜連続爆撃（九月七日－一一月三日）／パイル将軍の弾幕射撃／個人の備忘録／ダウニング街と別館／大手術後のチェンバレン氏の毅然とした態度／ロンドンを離れることにチェンバレン氏が同意／チェンバレン氏の冷厳な死／一〇番地での晩餐会／天祐のひらめき／爆弾が大蔵省の庭に弾着／ペル・メル炎上／カールトン・クラブ全壊／民衆の勇気／ラムズゲートのホテルと戦災保険制度／地下鉄を防空壕に／ロンドンが瓦礫と化すことを予想／官公庁向けの規則／〝警急待機《アラート》〟と〝警報発令《アラーム》〟／〝女妖《バンシー》の叫喚〟／アンダーソン防空壕の改善／内閣が食事時刻を早める／議会の気運／議員たちに思慮分別を促す／幸運に恵まれた議員たち〉

ドイツのイギリスへの空襲には、参謀の意見が割れていて、目的が矛盾し、計画を完全に達成していないという特徴があった。この数カ月のあいだにドイツは三度か四度、私たちに厳しい圧力をあたえていた戦法を捨てて、新しい手順に変更した。しかし、こういった段階は重なり合っていて、正確な日付であっさりと区切ることができない。どれもつぎの段階と混淆していた。最初のころの作戦では、私たちの空軍とイギリス海峡上空や南の沿岸で交戦しようとした。つぎは私たちの空軍力の組織を打ち砕く目的で、南部諸州、主にケント州とサセックス州で戦いをつづけようとした。そのあとはロンドン近郊とロンドン上空で戦い、やがてロンドンが究極の攻撃目標になった。そして、ロンドンがついに勝利をものにすると、地方都市や私たちの大西洋とつながっている生命線のマージー川やクライド川へと、攻撃が分散された。

これまで述べてきたように、八月の最終週と九月の第一週の沿岸部の飛行場に対する攻撃のとき、私たちは対策に追われた。だが、九月七日にゲーリングが公に航空戦の指揮をとるようになると、昼間攻撃から夜間攻撃に切り換わり、ケント州とサセックス州の戦闘機用飛行場ではなく、ロンドンの広大な密集地域が攻撃目標になった。昼間に小規模な攻撃が頻繁に行なわれ、常時それがつづいていたし、やがて大規模な昼間攻撃が一度行なわれたが、ドイツの攻勢全体の特徴ががらりと変わった。五七日のあいだ、ロンドンへの夜間爆撃が熄まなかった。世界最大の都市が厳しい試練に遭うことになり、どういう結果になるかはだれにも予測できなかった。無数の住宅が建ち並んでいる広大な都市がこのような爆撃にさらされ、無数の家族が厄介な問題や恐怖と向き合わなければならなかったことは、いまだかつてなかった。

八月末までに散発的に行なわれたロンドン空襲に、私たちはただちにベルリン空襲で報復した。フランスやベルギーの飛行場から出撃できるドイツ空軍とは異なり、私たちは長距離を飛行しなければならなかったので、攻撃の規模はかなり小さかった。戦時内閣は、賭け金を吊りあげ、敵をものともしないことを示すために、反撃を望んでいた。私はそれが正しいと確信していた。ヒトラーが瞠目し、動揺するように仕向けるには、イギリスの怒りと意志の力を悟らせるしかない。ヒトラーは内心、私たちに崇拝されていると思っていた。当然ながら、ヒトラーはベルリンへの報復攻撃にめいっぱいつけ込み、ロンドンやそのほかのイギリスの都市を混乱と荒廃に陥れるのがドイツの方針であると、以前から決まっていたことを公然といい放った。「彼らが私たちの都市を攻撃すれば」九月四日に、ヒトラーはいい放った。「私たちは彼らの都市を消し去る。それだけのことだ」。それが精いっぱいの強がりだった。

私たちの航空戦力の殲滅が、ドイツの当初の目標だった。つぎの目標はロンドン子の気骨を打ち砕くか、せめて世界最大の都市をだれも住めないようにすることだった。これらの新しい目的を、敵は達成できなかった。英空軍の勝利は、操縦士たちの技倆と大胆な戦いぶり、私たちの航空機の優秀な性能、彼らのすばらしい組織のおかげで得られた。その勝利につづいて、それとおなじようにイギリスの生存にとって不可欠だったすばらしい美徳を数百万人の偉ぶらないありふれた人々が発揚し、自由のもとではぐくまれた共同体の力を世界にはっきりと示すことになる。

＊

九月七日から一一月三日まで、平均二〇〇機のドイツの爆撃機が、毎晩ロンドンを攻撃した。三週間前に地方都市に対して行なわれた予備攻撃のせいで、私たちの高射砲はかなり分散していたので、ロンドンがはじめて主要攻撃目標になったときには、位置についていたのは九二門だけだった。第11群の夜間戦闘機が邀撃できるように、空を開放しておいたほうがいいと考えられた。ブレニムとデファイアントが夜間戦闘機の任務を担い、六個飛行中隊が出撃した。夜間の空中戦はまだ揺籃期で、敵にほとんど被害をあたえられなかった。私たちの砲兵陣地は、夜間戦闘機が邀撃した三日間、沈黙していた。この時期は、対空砲撃の技術が情けないくらいお粗末だった。それでも、夜間戦闘機の弱点と未解決の問題を考えれば、高射砲の砲手たちに自由にやらせ、なんでも好みのやり方で見えない敵に向けて撃たせるほうが得策だと判断された。高射砲部隊を指揮するパイル将軍は、地方都市から高射砲を引き抜いて、四八時間以内に首都防衛の砲を二倍以上に増やした。英空軍機は邪魔をしないようにして、高射砲中隊に好機があたえられた。

三夜のあいだロンドン子は、自宅か粗末な防空壕にいて、まったく抵抗に遭っていないように思える敵襲に耐えた。それが突然、九月一〇日に、まばゆい探照灯の光とともにすべての高射砲による弾幕射撃が開始された。このときの連続砲撃は敵にさしたる被害をあたえることはできなかったが、住民にとっては胸がすく思いだった。殴り返しているのだと感じることができたので、だれもが歓声をあげた。その後、高射砲部隊は頻繁に射撃を行ない、実戦と工夫を重ね、是が非でも必要とされたことが刺激となって、着実に射撃の技術が改善された。ドイツ軍機の受ける痛手が徐々に大きくなった。ときには高射砲が沈黙し、やはり戦法を改善した夜間戦闘機が登場することもあった。夜間空襲には、ずっとつづいていた小規模な部隊か場合によってはたった一機の昼間攻撃が伴い、一日中、短い間隔でサイレンが鳴ることが多かった。ロンドンの住民七〇〇万人は、この奇妙な暮らしぶりに慣れていった。

*

この出来事の描写はいよいよ厳しくなるばかりなので、いくらかでも明るい面を示すために、〝夜間爆撃《ブリッツ》〟について私個人が憶えていることを記したい。もちろん、もっと面白い話を語れる人々が何千人もいるのは承知している。

空襲が開始された当初は、軽んじて侮るという考え方で受け止められていた。ロンドンのウェストエンドでは、だれもがふだんとおなじように、仕事や遊びをやり、食事をして、眠った。劇場は満員だったし、照明を消した街路はのんきに往来する人々で混雑していた。五月に最初の激しい攻撃があったときに、パリの敗北主義者たちがけたたましく不平の声をあげたことへの自然な反応だったのかもしれない。盛んに空襲がつづいていたときに、少人数で食事をしたことを憶えている。ストーノウエイ・ハウス〔航空機生産大臣ビーヴァーブルック男爵の屋敷〕の大きな窓はグリーン・パークに面していて、高射砲の閃光が明滅し、炸裂する爆弾のぎらつく光に照らされることもあった。私たちは無用の危険を冒していると、私は思った。食事のあと、私たちはテムズ河岸を見おろすインペリアル・ケミカル社の建物へ行った。そこの高い石造りのバルコニーから、テムズ川がよく見える。南側では十数カ所を超える場所で、火の手があがっていた。そこにいるあいだに大型爆弾数発が落ちて、そのうちの一発がかなり近かったので、私は友人にひっぱられて、頑丈な石柱の蔭にはいった。そのことが、人生のありふれた楽しみを大幅に制限されるのを受け入れるしかないという私の持論の裏付けになった。

ホワイトホール周辺の官公庁の建物は、何度も被弾した。ダウニング街は築二五〇年の古くてガタがきている貧弱な建物から成っていた。そこを建設し、通りの名になっている人物が、暴利をむさぼったためだ。ミュンヘン会談の時期に一〇番地と一一番地の居住者〔総理大臣と大蔵大臣〕のために防空壕が造られ、一階の部屋は天井を木で補強し、頑丈な支柱を入れた。建物が爆風を浴びるか揺さぶられても、これで残骸を支えられると考えられていた。だが、これらの部屋も防空壕も、もちろん直撃に対しては有効ではない。九月後半の二週間、首相官邸の機能をセント・ジェイムズ公園を見おろすストーリーズ・ゲート近くのもっと近代的で頑丈な官公庁の建物に移す準備が進められていた。その一角は、〝別館《アネックス》〟と呼ばれていた。地下に作戦室と爆弾に耐えるかなりの数の宿泊施設があった。もちろん、この時期の爆弾は、もっとあとの時期の爆弾よりも小さかった。それでも、あらたな官邸の準備ができる前のダウニング街ではかなり刺激的だった。前線で大隊本部にいるような心地だった。

＊

この時期、私たちは別館地階の作戦室で夜の閣議をひらいた。ダウニング街からそこへ行くには、外務省の中庭を抜けて、作戦室と地下をもっと安全な場所にするためにコンクリートを流し込んでいる作業員のあいだを縫って進まなければならなかった。大がかりな手術の影響が残っているチェンバレン氏にとってそれがどれほどつらいか、私にはわかっていなかった。チェンバレン氏は、自分が内闇を仕切っていたときよりも身だしなみがよく、冷静で、決然としていた。

一九四〇年九月末のある夜、向かいにある外務省の低い地階の窓の正面に作業員が土嚢を積んでいるのを、私はダウニング街の玄関口から見ていた。なにをやっているのかと、私は彼らにたずねた。ネヴィル・チェンバレン氏が手術後の定期的な治療を受けなければならないのだが、頻繁な空襲の最中に二〇人以上も集まっている一一番地の防空壕では見苦しいので、外務省に目につかない狭い場所を用意しているのだと教えられた。チェンバレン氏は毎日の仕事をこなし、控え目ながら効率よく働き、服装も申し分なかった。だが、それにはこういう裏の事情があったのだ。これはやりすぎだった。私は権限を行使して一〇番地と一一番地を結ぶ通路を歩き、チェンバレン夫人を見つけてこういった。「彼はああいう状態だから、ここにいるべきではない。体がよくなるまで、よそに連れていってください。毎日、電報をすべて彼に送るようにします」。チェンバレン夫人は夫のところへ行った。一時間後に、夫人が伝言をよこした。〝夫は総理のおっしゃるとおりにいたします。今夜、出発します〟。私はチェンバレン氏に会えなかった。二カ月とたたないうちに、彼は亡くなった。チェンバレン氏は仕事中に死にたかったにちがいない。これはつらい話だった。

＊

それとはべつの夜（一〇月一七日）のことが、私の記憶にありありと残っている。私たちは一〇番地の庭に面した部屋で食事をしていた。アーチー・シンクレア、オリヴァー・リトルトン商務庁長官、ムーア＝ブラバゾン運輸大臣が、同席していた。鋼鉄の鎧戸《シャッター》は閉めてあった。あまり遠くないところで、何度か大爆発が起きた。やがて、距離一〇〇ヤードほどの近衛騎兵連隊司令部観閲式場に一発の爆弾が落ちて、すさまじい音が轟いた。突然、私は天祐のひらめきを感じた。ダウニング街一〇番地の厨房は天井が高く、かなり広い。高さ二五フィートほどのガラス窓から外が見える。執事と女給仕は、いたって冷静に食事を出していたが、私はその大きな窓のことが気がかりになった。ランドメア夫人と料理人と厨房の手伝いの女性は、平然と仕事をしていた。私はにわかに立ちあがって厨房へ行き、料理を晩餐室の保温鉄板に置くようにと執事に指示し、料理人やほかの使用人に、なにはともあれ防空壕にはいるよう命じた。席に戻って三分ほどたったとき、ほんとうにすさまじい破壊音が轟き、激しい衝撃が伝わってきたので、建物が直撃を受けたとわかった。護衛の警官がやってきて、かなり大きな被害があったと告げた。厨房、食料品貯蔵室、大蔵省の事務室が粉砕されていた。

惨状を見るために、私たちは厨房へ行った。完全に破壊されていた。爆弾は五〇ヤード離れた大蔵省に落ちて、きちんと片付いていた広い厨房を爆風が襲っていた。鮮やかな色のソース鍋や陶器類が、黒い埃と瓦礫やさまざまなものの破片に埋もれていた。大きなガラス窓は破れて、ガラス片や木の破片が部屋中に飛び散っていた。厨房に人間がいたら、当然ながら、ずたずたに引き裂かれていたはずだ。だが、気にもとめなかったおそれもあった私の幸運なひらめきが、間一髪、間に合ったのだ。庭の向かいにある大蔵省の防空壕は直撃でバラバラになり、郷土防衛隊で夜間勤務についていた文官四人が死んだ。あとのものたちは何トンもの煉瓦の瓦礫に埋もれ、だれが行方不明なのかわからなかった。

空襲がつづき、激しさを増すようだったので、私たちは鉄兜をかぶり、別館の建物の屋上から現場を眺めにいった。しかし、その前に私は、厨房を見てもらうために、防空壕のランドメア夫人たちを連れ出さずにはいられなかった。破壊された厨房を見て彼らは動揺したが、なによりも散らかっているのが嫌だったからだ！

アーチーと私は、別館の丸屋根にあがった。晴れた夜で、ロンドンの広い範囲が見えた。ペル・メルのかなりの部分が炎に包まれているようだった。すくなくとも五カ所で激しく燃えあがっていたし、セント・ジェイムズ通りとピカデリーでも数カ所に火の手があがっていた。反対方向のテムズ川対岸でも、かなり数多くの場所で火災が起きていた。しかし、ペル・メルがもっとも鮮やかな炎の額縁だった。しだいに空襲が熄んで、やがて〝警報解除〟の号令が響いて、あとには燃え盛る炎だけが残った。別館一階の新しい宿舎へおりていくと、常々カールトン・クラブを住まいにしていた院内幹事長のデイヴィッド・マージスン大尉がいた。クラブが全壊したのだと、マージスンが語った。もちろん、火災の状況からして被弾したにちがいないと私たちは思っていた。クラブには会員と職員が約二五〇人いた。そこに大型爆弾一個が弾着した。建物の正面すべてと、ペル・メルに面した笠木が崩壊して通りに落ち、正面出入口付近にとめてあったマージスンの自動車がぺしゃんこになった。会員でいっぱいだった喫煙室の天井が崩れて落ちてきた。翌日に残骸を見たとき、彼らの大部分が死ななかったのは信じがたいと私は思った。だが、どうやら奇跡が起きたようで、全員が土埃、煙、瓦礫のなかから這い出し、多くは怪我を負っていたが、ひとりの命も失われなかった。その後、この事実が内閣の目に留まると、労働党の閣僚たちが、〝悪いやつらは悪運が強い〟と茶化した〔カールトン・クラブは保守党の牙城〕。クインティン・ホッグ氏〔保守党庶民院議員でのちチャーチル内閣の航空政務次官〕は、トロイアの城が陥落したときにアイネイアースがアンキーセースを背負って脱出したように、元大法官の父親を背負って残骸から出てきた。マージスンには寝るところがなかったので、別館地階の寝台と毛布をあてがった。総じて恐ろしい一夜で、建物がかなり損壊したことを思えば、死者が五〇〇人に満たず、負傷者が二〇〇〇人ほどだったのは驚きに値する。

*

ある日、昼食後にキングズリー・ウッド大蔵大臣が要用で一〇番地に来たとき、テムズ川の向かいのロンドン南部で、ものすごく大きな爆発が起きるのが聞こえた。なにが起きたのか見届けるために、私はウッドとともに出かけた。爆弾はペッカムに落ちていた。とてつもなく大きな爆弾だった――おそらく地雷だろう。小さな三階建ての家が二、三〇軒、全壊するか骨組みだけになり、この貧困者の住む界隈に広大ななにもない空間ができていた。哀れを催す小さな国旗が、すでにその打ち壊された地域に何本も立ててあった。私の自動車だとわかると、群衆が四方八方から走ってきて、すぐに一〇〇〇人以上が集まった。その人々はかなり熱狂していた。群衆が私たちを囲んで、歓声をあげ、元気よく好意を表わすいろいろな仕草をして、私の服に触ったりなでたりした。彼らの暮らしの現状を改善する絶大な利益を、私が運んできたとでもいうような感じだった。心の底のなにかを掘り起こされて、私はさめざめと泣いた。いっしょにいたイズメイが、年配の女性がこういうのを聞いたと書き留めている。「ごらん、ほんとうに気にかけてるんだよ。あの男、泣いてる」。悲しみの涙ではなく、驚嘆と称賛の涙だった。「でも、見て。ここを見て」。人々がそういって、私を破壊された地域のまんなかへひっぱっていった。差し渡し四〇ヤード、深さ二〇フィートの巨大な漏斗孔《クレーター》があった。その縁にななめになったアンダーソン防空壕があり、ねじ曲がった戸口で若い男とその妻と子供三人に出迎えられた。怪我はしていなかったが、彼らは見るからに精神に衝撃を受けていた。爆発の瞬間、その家族はそこにいたのだ。だが、こうして生きているし、誇らしげだった。近所の人々は、彼らをうらやましい稀有な例だと見なしていた。私たちが自動車に戻ると、やつれた顔の群衆は、さっきよりも荒々しい気分に支配されていた。〝やつらにやり返せ〟と彼らは叫んだ。〝**やつら**をおなじ目に遭わせろ〟。その願いをかなえると、私は即座に約束した。そして、約束は守られた。借りを一〇倍、二〇倍にして返した。私たちの航空戦力が発達するにつれて、ドイツの都市への恐ろしい爆撃が毎日のように行なわれ、激しさを増した。爆弾も大型になり、爆発力が増大した。敵が存分に仕返しされ、押し潰され、蹂躙されたことは明らかだった。人類のなんと愚かなことよ！

＊

べつの機会に、私はラムズゲートを訪れた。おりしも空襲があり、私は防空壕に改造されたそこの広大な隧道に案内された。かなり多くの人々が、そこで常時暮らしていた。一五分くらいたって私たちが表に出ると、被害を受けたところからまだ煙が出ていた。小さなホテルが被弾した。負傷者はいなかったが、陶磁器、調理用具、家具の破片の山と化していた。ホテルの所有者とその妻、料理人、女給たちが、泣いていた。彼らの家はどこにある？　生計を立てる場所はどこにある？　権力の特権を行使して、私はすぐさま解決策を編み出した。列車に戻る途中で、大蔵大臣宛の手紙を口述し、敵の攻撃が原因の火災の損害は、国に請求し、ただちに補償金が全額支払われるという原則を打ち出した。こうすれば、住宅や事業用建物の所有者だけが重荷を背負うのではなく、国民全体が負担を分かち合うことになる。キングズリー・ウッド大蔵大臣は、当然ながらこの責任を無期限に負うことに難色を示した。だが私は強く主張し、二週間後には保険制度が案出されて、それ以降、イギリスの内政で重要な役割を担うようになる。私は九月五日に、議会でそれについて説明した。

この国のあちこちを旅して目の当たりにしましたが、イギリスのささやかな家や商売が敵の射爆撃によって叩き潰されるのを見るのは、私にとってたいへんつらいことであります。また、重荷を分担して全員がともに肩代わりするために、私たちが最善を尽くしていると確信できないことも心苦しいのです。国は外部からの猛攻に対して臣民や納税者の生命と財産を護る任務を引き受けているのですから、敵の戦闘行動による損害は、それ以外の損失や損害とは異なる基盤に立脚しているわけです。世論と庶民院の判断が、敵の射爆撃によって生じた損害と戦争のそのほかの形態によるものとを区別する用意があり、庶民院が爆弾及び砲弾による損害と、そのほかの形態による損失のあいだに明確な一線を引く用意があるのでなければ、この問題に対処することはできません。さもないと、際限のない範囲にひろがってしまいます。しかしながら、爆弾もしくは砲弾による損害に対してだれもが最低限の特定の金額を補償される、完全な保険を提供する計画に私たちが着手することができれば、きわめて強力な信頼のしるしになると思います。そして、信頼こそ私たちがこの戦争を切り抜けるすべであることが、経験によって立証されているのです。

この保険の仕組みについて、大蔵省はさまざまな感情を味わった。まず、破産状態になると考えた。だが、一九四一年五月以降、空襲が三年以上途切れ、予算が潤沢になりはじめたので、将来に備えた政治家らしい計画を考慮した。しかし、戦争の末期にV－1飛行爆弾《ドゥードゥル・バグ》やV－2ロケットによる攻撃が開始されると、収支が逆転し、合計八億九〇〇〇万ポンドがすでに支払われている。私はいまもそれでよかったと思っている。

*

頑丈な近代の建築物を除けば、ロンドンはまもなく瓦礫の山と化すだろうというのが、この時期の私たちの見通しだった。私はロンドンの住民のことが心配で仕方がなかった。多くの住民が、危険を承知でおなじところに住んで眠っていた。煉瓦とコンクリートの防空壕が急激に増やされていた。地下鉄も多くの住民が寝泊まりする場所を提供していた。七〇〇〇人も収容できる大規模な防空壕も数カ所にあり、直撃を受けたときにどうなるかは不明だったが、そこで安心して連夜過ごす人々も多かった。そういうところには煉瓦で防御用の土塁を築いてほしいと、私は頼んだ。地下鉄については反対意見もあったが、最後には妥協案で解決された。

総理大臣よりエドワード・ブリッジズ卿、内務大臣及び運輸大臣へ　一九四〇年九月二一日

1．輸送施設を犠牲にしてでも地下鉄の一部を防空壕に使用することができないのはなぜかと、先日の閣議で私は質問した。きわめて望ましくないのはわかっていたが、問題全体を再検討してから結論が出された。そしていま、オールドウィッチの地下鉄が防空壕に使用されることを知った。これについてさらに情報を教えてもらいたい。それに、前の強硬な反対意見がどうして覆されたのかも知りたい。

2．私はいまも地下鉄を幅広く使用すべきだと考えている。それには駅のみではなく線路も含まれる。さまざまな区画に収容できる人数とそれらの区画をあらたに利用するために必要な構造の変更を記した、短い報告書一枚を提出してもらいたい。たとえば、オールドウィッチ区画だけでも七五万人を収容できるというのは事実なのか？　輸送と防空壕の要求を秤にかける必要があるかもしれない。

3．以下の点について、内務大臣は将来の政策を報告してもらいたい。

(a) 防空壕をさらに多く造る。

(b) 既存の地下室の強化。

(c) 使用されていない地下室と建物の利用。

(d) 最重要。私たちが望む場所にとどめ、混雑を避けるために、大多数の住民に入場券を配って、指定の場所を割りふる。

戦争のこの段階では、工場だけではなく、昼も夜も頻繁に爆撃を受けていたロンドンの省庁の作業を最適にすることが重要になっていた。最初は、サイレンが鳴るたびに、状況の如何にかかわらず、多くの省庁で全員がただちに集められて、地下室に連れていかれた。この移動が行なわれるときには、効率的で疎漏がないことが重視され、誇りは度外視された。多くの場合、接近する敵機が五、六機し

かいないこともあった――一機だけのこともあった。来襲しないこともままあった。取るに足らない空襲で、ロンドンの行政や管理の機構が一時間以上も停止する可能性があった。

そこで私は、空襲警報が鳴ることによって実施される〝警急待機《アラート》〟の段階と、〝警報発令《アラーム》〟を明確に区別することを提案した。後者は、敵機の爆音が上空の間近から聞こえたことを意味する〝差し迫った危険〟を、〝ジム・クロウ〟と呼ばれるようになっていた屋根の監視員が報告したときに執行される。それに従った枠組みが勘案された。規則に厳密に従わせるために私は、こういった昼間急襲の期間中に職員が防空壕で過ごした時間を毎週報告するよう求めた。

総理大臣よりエドワード・ブリッジズ卿及びイズメイ将軍へ　一九四〇年九月一七日

九月一六日にロンドンの主要省庁が、空襲警報のさなかに防空壕にこもって活動を中断していた時間を、あすの夜までに報告してもらいたい。

イズメイ将軍は、敵機がわずか二、三機、ロンドンに接近しているときには空襲警報を発令する必要はないという意見を、空軍省と戦闘機集団がどう見なしているかを確認すること。

総理大臣よりホレス・ウィルソン卿とエドワード・ブリッジズ卿へ　一九四〇年九月一九日

一七日と一八日とその後の日々についても、三軍の省も含めた全省庁に関して［空襲警報による時間損失について］今後も報告書を届けてもらいたい。報告書は私のもとに届けられると同時に、すべての省庁の長に配布される。それにより、だれが最善を尽くしているかがわかる。いずれかの省庁からすべての日について報告がない場合でも、戻ってきた報告書は配布すべきだ。

＊

これによってだれもが奮起した。これらの報告のうち八件が、じっさいに要件を満たしていた。面白かったのは、三軍の省がしばらく最悪の状態だったことだ。叱責されそうなことに拍車をかけられて、彼らはあっという間に適切な地位を占めた。全省庁の時間損失は、ごくわずかになった。やがて、私たちの戦闘機の邀撃によって、敵は損害が過大になった昼間空襲を中止し、この時期は過ぎ去った。警急待機と警報発令は頻繁だったが、昼間に建物が被弾した省庁はなく、職員がおおぜい勤務していても死者は出なかった。しかし、文官や軍の幕僚たちが弱みを見せたり、間違った方向へ導かれていたりしたら、軍事機構が機能する時間がどれほど失われていたか、わかったものではない！

激しい夜間空襲が開始される前の九月一日に、早くも私は内務大臣やそのほかの人々に対して、つぎのように述べた。

空襲警報と予防措置

1．現在の空襲警報体系は、一日に数度来襲する攻撃波ではなく、明確な攻撃目標に対するたまさかの大規模空襲に対処するように組み立てられている。まして夜間に散発的にあてどなくやってくる爆撃機に対するものではない。国の大部分が毎日何時間も活動できなくなったり、毎晩注意をそらされたりするようなことがあってはならない。これまで破壊できなかった工場での作業を敵が中断させて、私たちの戦争遂行能力を阻害するようなことを許してはならない。

2．したがって、あらたな警戒体系を定めなければならない。

警急待機《アラート》

警報発令
警報解除《オール・クリア》

警急待機は、その地域の通常の生活を邪魔してはならない。国の仕事に携わっていない人々は、望むのであれば避難し、子供たちを安全な場所に連れていけばいい。しかし、おおむね求められるのは、危険に順応し、責務と両立する予防措置のみを、それぞれの気が済むように講じるというやり方を、身をもって学ぶことだ。

3．空襲に対応する組織は、人数を増やした幹部によって運営されなければならないし、現在のような空襲警報を毎回発令するのはやめるべきだ。戦争のために操業している工場すべてで監視態勢を強化し、警急待機が発せられたときには発動するようにする。見張員は地元の工場や官庁に警急待機を呼びかける完全な権限を有する。昼間には特殊任務をあたえられた空襲監督官が黄色い旗を立てるのが信号になる。夜間には黄色（もしくは赤）の信号灯を明滅させる。街灯を利用する方法を研究する必要がある。電話で特殊な信号を伝えることもできるかもしれない。

4．警報発令は〝避難〟の直接命令で、空襲警戒部《ARP》陣地に総員配置する。じっさいの空襲とほぼ同時か、直前の可能性が高い。いずれの場合も、手順は現場の状況に従わなければならない。

警報発令の信号にはサイレンを使う。光や電話の信号で補う必要はないだろう。

5．警報解除は現在とおなじ手順で行なう。それによって警報発令は終了する。警急待機がつづいているときは、黄色い旗を立てたままにし、敵が帰投したことが明らかになったら、旗や信号灯は収納される。

国のさまざまな地域によって、警急待機と警報発令の信号は異なるかもしれない。ケント州東部やロンドン南部と南東部、東アングリアの南部、バーミンガム、ダービー、リヴァプール、ブリストルなど、敵襲が頻繁にある地域では、警急待機は日常茶飯事になるはずだ。警報発令はかならず空襲があることを意味する。ホワイトホール地区にも、それが当てはまる。国のそのほかの地域では、空襲に対応する組織が疲弊しないように、警報発令は控え目にするほうが望ましい。

6. ロンドンの政府官庁では、じっさいに射爆が開始され、あらたな条件に従って空襲警報発令が命じられるまで、職員は避難を強制されない。ロンドンが警急待機中だというだけでは、だれも仕事を中断する必要はない。

＊

〝女妖《バンシー》の叫喚〟と呼ばれるサイレンについては、議会で述べたように私は譲らざるをえなかった。

総理大臣より内務大臣及び関係者各位へ　一九四〇年九月一四日

私は庶民院で、空襲警報、サイレン、呼子、監視員《ジム・クロウ》などについての新しい規則は先週のあいだに検討すべきであると約束した。しかし、空襲の激化により、現時点でサイレンを廃止するのは不適切だ。だが、先週のあいだに案出された手順について短い声明を用意してくれれば幸甚だ。

＊

小さな家に住んでいた貧しい人々のことが気がかりで仕方なかった。いまの彼らには雨露をしのぐ屋根もない。

総理大臣より内務大臣へ　一九四〇年九月三日

資材不足にもかかわらず、貴君の大きな功績であるアンダーソン防空壕の排水に絶大な努力を払わなければならない。さらに、冬の雨に備えて床も敷く必要がある。漆喰を使わずに煉瓦を端に並べてリノリウムを載せればいい床になるが、排水管と汚水溜めもなければならない。これに取り組む包括的な計画について貴君を支援する用意がある。ラジオで指示を出し、当然ながら自治体の長や地元当局も利用すべきだ。計画を用意してほしい。

総理大臣よりイズメイ将軍及び秘書官室へ　　**一九四〇年九月一一日**

空襲で以下の事柄に深刻な影響が生じているかどうか、報告を求めてほしい。

（a）食糧の供給と配給
（b）家を失った人々の数とそれに対する援助
（c）消防士の疲労
（d）ロンドン地域の下水
（e）ガスと電気
（f）ロンドン地域の水の供給
（g）イズメイ将軍には、空襲がウリッジ兵器廠の生産にどういう実質的な影響をあたえているか調べてほしい。軍需省からの私の報告も参照すること。

総理大臣よりエドワード・ブリッジズ卿へ　　**一九四〇年九月一二日**

時間割を早めるべきだという私の提案を閣僚と各大臣に伝えてもらえないだろうか。昼食は午後一時にすべきだし、閣議の開始時刻も三〇分早めるべきだ。原則として、夕食の時間も早め、たとえば午後七時一五分にするほうが便利だ。暗くなるのが早くなっているので、これから数週間、防御の戦闘機が帰投したあとは敵の爆撃が激しくなると予想される。職員や使用人をできるだけ早く防空壕に行かせるのが最善だし、大臣たちは、夜間空襲のあいだじゅうぶんに安全な場所で勤務するよう手配しなければならない。とりわけ、直撃以外では安眠を妨害されないような場所を見つける必要がある。

議会には通常のときには火曜日の午前一一時に開会し、午後四時か五時に閉会するよう求めたいと思う。そうすれば議員たちが明るいうちに自宅に帰るか、防空壕へ行くことができる。いっそう極端になる可能性が高いこの状況に、私たちは順応しなければならない。当然ながら、昼間が短くなるにつれて、勤務時間をさらに三〇分、早めなければならなくなるだろう。

＊

この危険な日々、議会は業務の運営方法についても指導を必要としていた。議員たちは、模範を示すのが自分たちのつとめだと考えていた。それは正しいが、やりすぎていた。その時期の特殊な状況に沿ってごくふつうの思慮分別を守るように、私は庶民院を説得しなければならなかった。熟慮された必要な予防措置を講じる必要があると、非公開審議で私は彼らを納得させた。審議の日時を公にすべきではないことと、監視員が議長に〝差し迫った危険〟を報告したときには審議を中断することに、議会は同意した。そのあと、議員たちは従順に、用意されていた狭苦しくあまり頑丈ではない防空壕にはいる。この時期のあいだずっと、議員たちが着席したまま義務を遂行すれば、イギリス議会の名声はさぞかし高まったことだろう。庶民院はこういった問題にかなり神経質だし、彼らの気運を正しく判断するのは難しい。一カ所の議場に被害が生じ、議員たちがべつの議場に移動した際に、賢明な助言に潔く従うよう、私は精いっぱい説得した。やがて彼らの移動は議事録に記されるようになった。要するに、全員が分別と尊厳を保って身を処した。数カ月後に庶民院議場が木っ端みじんに吹っ飛ばされたときも、運よく昼間ではなく夜間で、満員ではなくだれもいなかった。昼間の空襲を完全に撃退できるようになったので、個人の利便は回復した。だが、最初の数カ月、議員たちの安全についての懸念を私は払拭できなかった。つまるところ、普通選挙権によって公正に選ばれた自由な主権国家の議会は、いつでも政府を交替させることができるが、それでももっとも暗い日々に誇り高く政府を支えた。それは敵との戦いでもっとも重要な得点のひとつだった。議会は勝負に勝った。

どの独裁者も、イギリスの戦時内閣ほど国全体に有効な力を持っていなかったのではないかと思う。私たちが要望を力説すると、国民が選んだ議員たちに支えられ、全国民がよろこんで従った。それでいて、批判の権利は損なわれなかった。ほとんどの場合、批判者は国益を尊重した。彼らが異議を唱えたときは、庶民院が圧倒的多数で否決した。これは全体主義者の手法とは正反対で、強制、干渉、警察や秘密情報部の使用はいっさいなかった。議会民主主義やイギリスの公務員が求められることすべてが、あらゆる試練に耐え、打ち勝ち、生き抜いた。皆殺しにするという脅しにも、議員たちはひるまなかった。だが、さいわいそうはならなかった。

第一八章　〝ロンドンは耐えられる〟

〈不屈で陽気／アメリカの激情／ロンドンの下水設備／伝染病の危険／窓ガラス破損／延期爆弾／それに関する公式覚書／不発爆弾処理特別班／危険を打ち負かす／大型落下傘地雷（機雷）／報復という問題／ドイツのその後の経験と私たちの経験の比較／中央政府の安全確保の必要／〝パドック〟予行演習／内務大臣ジョン・アンダーソンの後任ハーバート・モリソン／焼夷弾攻撃開始／国家消防局／民間防衛局、イギリス軍の第四の兵科／ロンドンは耐えられる／戦争機構を護る永続する手筈／ピカデリーの地下の安全な場所に移動／別館に戻る／ドイツの計画のさらなる変更／地方都市／コヴェントリー／バーミンガム／港湾への攻撃／一九四〇年一二月二九日、シティ・オヴ・ロンドン大火／バッキンガム宮殿の国王／国王陛下が国務に精通していること／先行きについての一考〉

イギリス人、ことにロンドン子は、面目をほどこす立場に置かれたときに、もっとも優れた資質を示したことがいくたびもあった。征服されたことがない人々の自信が骨身に沁みている彼らは、恐怖や精神的な衝撃と動揺に満ちたこの異様な新しい暮らしに順応し、不屈で陽気で、根気強く、てきぱきと役目を果たすことができた。ある晩、東海岸視察に出かけようとして、私がキングズ・クロス駅に向かっていたとき、サイレンが鳴り、通りが閑散となりはじめた。残っていたのは、来るはずの最終乗合自動車《バス》を待っている、たいそう疲れて蒼ざめた人々だけだった。秋の霞と霧雨がその光景を包んでいた。空気はひんやりと湿っていた。夜と敵が近づいていた。私は一瞬の心の痛みとともに、世界最大の首都全体が耐えている緊張と苦しみの奥深い感覚を味わった。それがいつまでつづくのか？これからどれほど耐えなければならないのか？　自分たちの活力の限度は？　私たちの戦争遂行のための生産力に、極度の疲労はどういう影響があるのか？★

延々とつづくロンドン爆撃とその後の他の都市や海港への爆撃に、大西洋の向こう側のアメリカ合衆国では、英語諸国のあいだでそれ以前もそれ以後もなかったような激しさで同情の声が湧き起こった。その激情はアメリカ人の心に火をつけ、なかんずくローズヴェルト大統領の心で激しく燃えあがった。アメリカ国内でその熱気が着実に高まり、何百万人もの男女が、一撃を加えたいと熱望し、苦しみをともに味わいたいと思っているのが感じられた。海を渡る手段があるアメリカ人多数が、精いっぱい贈り物を持参してやってきた。彼らの配慮、敬愛、心からの愛情、同志愛は、きわめてありがたい刺激をあたえてくれた。しかし、これはまだ九月のことで、このいっぷう変わった暮らしぶりは、それから何カ月もつづくのである。

爆撃の圧力を受けているあいだも、防空壕や防空態勢はたえず強化されていた。私は主に三つの問題点を心配していた。第一は下水設備だった。六〇〇万人ないし七〇〇万人が建物の密集したところに住んでいるとき、下水道や上水の供給が打ち壊されるのは、きわめて重大な危険だと私は見なしていた。下水道が機能しつづけるようにしないと、悪疫が流行るのではないか？　下水が上水にはいり

★ある晩、別館へ行く途中で、そう遠くないところでかなりの騒音となにかが割れる音がして、巡察か任務中の郷土防衛隊員七、八人が戸口のそばに集まっているのが、暗いなかで見えた。挨拶を交わすと、そのなかの大男ひとりがいった。「心がぐらつかなければ、華やかな人生ですよ」

込んだらなにが起きるのか？　じっさい、一〇月上旬に下水の流れ口が破壊され、下水をすべてテムズ川に流さなければならなくなった。テムズ川はまず下水のために悪臭を放ち、その後も処理用に流し込んだ化学薬品のために悪臭が漂った。だが、すべて抑え込まれた。第二に私が恐れたのは、数百万人がぎゅう詰めの防空壕――といっても爆発に耐える程度の物――で長い夜を過ごすと、インフルエンザやジフテリアや普通の風邪やそれ以外の病気の爆発的な感染が起きるのではないかということだった。だが、自然はすでにその危険への対策を用意してくれていた。人間は群居性の動物だし、人間が吐き出した有害な病原菌は戦って殺し合い、人間はなんの被害もなく歩み去っているようだった。これが科学的に正しくなくても、そうであるにちがいない。この厳しい天候にもロンドン子の健康がじっさいに標準以上だったという事実は残る。それに、どんな国でも、人々が苦しみに耐える力は、彼らが意気軒昂なときには際限がないように思われる。

　私の第三の懸念は、ガラス不足だった。一本の通りの窓枠すべてが、爆弾一発の爆風によって砕かれることがあった。私は一連の公式覚書でこの懸念について問い合わせ、今後のガラス輸出をすべて停止することを提案した。しかし、事実と数字を知らされて安心した。それに、この危険は訪れなかった。

*

　九月中旬、大きな被害をもたらす新しい形態の攻撃が、私たちに対して用いられた。大量の延期爆弾〔目標に落下したあとで設定された時間を経て起爆する爆弾。不発弾だと誤認すると予期せぬ被害が生じる〕が、広い範囲でかなりの数、投下され、厄介な問題を引き起こした。長大な鉄道、重要な接続駅、必要不可欠な工場・飛行場・幹線道路を結ぶ道すじが、何度も遮断されて、往来を阻まれた。これらの爆弾は掘り出されて爆破処理されるか、爆発しないように処理された。これはきわめて危険な作業で、生死がかかわるような経験によって手段と方法をすべて学ばなければならなかった初期には、ことに危険だった。磁気機雷の処理については、第一巻ですでに詳しく述べたが、こういう身を挺する仕事はいまや日常茶飯事になった。しかしながら、崇高な仕事であることに変わりはない。一九一八年にはじめて威力を見せつけた延期信管に、私はずっと興味を抱いていた。当時、ドイツ軍は延期信管を大量に展開し、私たちがドイツへ進軍するのに使う予定だった鉄道の使用を阻んだ。私はノルウェーとキール運河でそれを使用するよう促した。延期信管は長時間の不確かな状態を引き起こすので、戦闘行動《ウォーフェア》では間違いなくもっとも効果的な手段になる。私たちはいま、それをみずから味わっていた。キング将軍〔チャールズ・ジョン・ステュアート・キング代理工兵少将〕のもとで、それに対処する特別組織が発足した。キング将軍はきわめて有能な将官で、私は首相別邸《チェッカーズ》でみずから面接した。しばらくしてキング将軍はテイラー将軍〔サー・ジョージ・ブライアン・オーグルヴィー・テイラー工兵少将〕にその仕事を託した。私は一連の公式覚書でその作業を鼓舞しようとした。

総理大臣より陸軍大臣へ　　一九四〇年九月一三日

昨夜貴君に電話したとおり、ロンドン、ことに鉄道の不発爆弾《UXB》に対処することはきわめて重要だと見受けられる。この原因によって貨物列車の操車場の混雑が深刻になっている。北部と西部から爆弾処理要員を呼び寄せ、キング将軍の組織をできるだけ迅速に拡大するのが望ましい。まもなく深刻な局面になりかねないこの厄介なことに対処する大規模な正規軍を用意するよう計画しなければならない。

総理大臣より軍需大臣へ　　一九四〇年九月二一日

不発爆弾の迅速な処理が、最重要である。この問題に取り組むのに失敗するようなことがあれば、航空機その他の戦争に不可欠な資材の製造に重大な結果をもたらすかもしれない。不発弾処理班の作業を、あらゆる種類の最新鋭装備の支給で円滑にする必要がある。陸軍大臣から受け取った報告書には、実験が着手され、装備が予定されていると記されていた。要求された装備の生産と今後明らかになる必要品を最優先1（a）に割り当てるべきだ。

総理大臣より陸軍大臣へ　一九四〇年九月一四日

人力で掘るのに二、三日かかる大きさと深さの穴を一時間以下で掘ることができる特殊な掘削ドリルがアメリカで製造されているという話を聞いた。

不発弾処理班が使えるようにこの装置を多数注文することを検討すべきだと思う。できるだけ遅滞なく不発弾のところまで掘って処理するのが、この作業の要諦だ。

この掘削ドリルは高価であるかもしれないが、生命と財産の節約をもたらすので、その何倍もの値打ちがあるだろう。それに、私たちにはこの勇敢な男たちに最高の技術の装備を提供する義務がある。

総理大臣より陸軍大臣へ　一九四〇年九月二八日

時限爆弾に対処する装置で〝冠状鋸★〟を使用すると、きわめて成功率が高いことが実証されていると聞いている。この手の爆弾による深刻な問題が拡大していることに鑑みて、この手法が大規模に使用されることを確認したい。冠状鋸による処理がどれほどの規模であるのかを知らせてもらいたい。

すべての都市、町、地区で、特別中隊が編成された。死を賭した勝負に、志願者が殺到した。いくつもの作業班が結成され、運がいい班もあれば運が悪い班もあった。私たちの苦難のこの段階を生き延びた班もあった。二〇回や三〇回、あるいは四〇回も終えてから、不運に見舞われた班もあった。

私がどこへ視察に行っても、そこには不発爆弾処理特別班がいた。ふつうの人々がいくら勇敢で忠実であろうと、なぜか彼らの顔はそれとはちがうように見えた。物腰は非の打ちどころがなかったが、やつれた顔で、目が落ちくぼみ、蒼ざめて、目がギラギラ輝き、口を一文字に結んでいた。厳しい時期のことを書くとき、私たちは〝不屈〟という言葉を使いがちだ。その言葉は、UXB処理班のために特別に取っておくべきだろう。†

数多くの処理班の典型といえるかもしれないひとつの班が、私の記憶に残っている。その班は三人から成っていた――サフォーク伯爵、女性の私設秘書、そして年配のお抱え運転手。彼らは〝三位一体〟と自称していた。彼らの卓越した技倆と生き延びつづけていることが、事情通のあいだで知れ渡った。品よく笑みを浮かべながら彼らは効率よく取り組み、爆弾三四発が爆発しなかった。だが、三五発目が罰金を科した。三位一体のサフォーク伯爵は空に吹っ飛んだ。しかし、『真理のために勇敢に』〔レイフ・ヴォーン・ウィリアムズ作曲、ジョン・バニヤンの『天路歴程』から一節を取り入れた合唱曲〕に歌われているように、「向こう側ではすべてのトランペットが彼らのために鳴り響く」だろう。

★冠状鋸によって爆弾の筐体に穴をあけて、内部の爆発物を処理する方法。

†この陰鬱な場面の冗句を書き記すのは、場違いのように思えるかもしれない。しかし、戦争における兵士の粗野な笑いは、内向きに押し込められた感情の発露でもある。処理班が爆弾を掘り起こし、起爆しないようにする微妙な作業のために、もっとも優秀な男が穴におりていった。突然、その男が引きあげてくれと叫んだ。仲間が近づいてひっぱりあげた。肩をつかんで地面をひきずり、全員が急いで、安全だとされていた五、六〇ヤードの距離まで遠ざかった。だれもが地面に伏せた。だが、なにも起こらなかった。男は心底動揺していた。蒼ざめ、息を切らしていた。仲間が問いかけるように男の顔を見た。「いや、たまげた」。男がいった。「**鼠**がいたんだ！」

きわめて迅速ではあったが、もっとも崇高な人々多数を犠牲にして、ＵＸＢ処理特別班の献身により、危機を打ち負かした。一カ月後に私はつぎのように書くことができた。

総理大臣よりイズメイ将軍へ　　**一九四〇年一〇月九日**

九月初めにかなり厄介な問題を引き起こした延期爆弾について、最近はあまり聞いていない。この方面では事態が楽になったという気がしている。最近、何発が私たちに向けて投下され、何発の処理に成功したのか、あるいはまだ厄介な問題として残っているのか、報告を提出してもらいたい。

私たちがいくぶんの平穏を感じているのは、敵が投下しなくなったからなのか、それとも私たちの処理方法が改善されたからなのか？

胸をなでおろすような応答があった。

*

おなじ時期に、敵はそれまで航空機には搭載できなかったような重量と爆発力の地雷（機雷）多数を、落下傘で投下しはじめた。すさまじい爆発が各地で起きた。防御策はなく、報復するしかなかった。航空戦を軍事目標に限定するという見せかけをドイツが捨てたことによって、報復という問題が浮上した。私はそれに賛成したが、数多い良心のとがめによる躊躇にぶつかった。

総理大臣より空軍参謀次長《VCAS》へ　　**一九四〇年九月六日**

私はわが国の主要政策からはずれるような提案をしたことはないが、現時点では、一カ月に二度か三度、広い範囲でドイツの小都市に対し、小規模な予想外の攻撃多数を行なった場合、倫理的に得をするのはドイツのほうだろう。ドイツ国民が真実を聞かされていないことを忘れてはならない。空軍が行かなかった地域では、ドイツの防御は攻略不能だといわれているにちがいない。数多くの要素を考慮しなければならないし、それには完全に技術的ではない問題も含まれている。従って、私の望みを考慮して、機会が訪れたときにそれを実行できるような提案をしてほしい。

私の友人で海軍参謀次長《VCNS》のトム・フィリップス提督も、慎重派のひとりだった。

総理大臣よりイズメイ将軍、参謀総長委員会《COS》へ　**一九四〇年九月一九日**

（フィリップス提督も披見のこと）

1．ドイツへの報復を行なわないことにしたのは、倫理のみが理由ではなかった。限られた高度な軍事目標に集中するほうが、もっと割がいいからだ。また、この無差別の戦闘行動では、航法の技術等を欠いていることが、敵には大きな不利にはならない。

2．しかしながら、落下傘で大型機雷を投下することは、軍事目標のみを狙うという見せかけを敵がいっさい捨てたことをはっきりと示している。高度五〇〇〇フィート（一五二四メートル）からの投下では、どこに弾着するか敵にはまったく見当がつかない。したがって、これは一般市民に対する〝テロ行為〟であると判明している。これが私たちの士気だけではなく敵の士気を高めるかどうかを考慮しなければならない。これは単純な戦争思想である。

3．私たちに一発が投下されるたびに、ドイツの都市に大型落下傘地雷（機雷）一発を投下しようといいたい気持ちもある。この目的のために要注意目標に指定する都市の一覧表を作成するのも面白いかもしれない。敵はさぞかし嫌がるだろうし、やつらがしばらく不安にさいなまれるように仕向けるのも悪くない。

4. 公表の時機とその性質は、政治的決断だ。それはそれとして、道具がいつ準備できるかを知りたい。これに早急に対応してほしい。最短の時間で相当の規模で実行できる手段を提案する準備を、幹部将校に命じてほしい。現在攻撃にさらされていないドイツの町多数に落下傘地雷（機雷）を投下するのがよいかもしれないが、現有の一〇〇〇ポンド（約四五〇キログラム）爆弾以外では延期時間が長くなりすぎるはずだから、同爆弾を使用した場合について説明してほしい。

5. ドイツが現在、落下傘地雷（機雷）で私たちの都市に行なっていることに対して、私たちがドイツのふつうの都市に科すことができる、釣り合いのとれた、すなわち**同等**の報復の最悪の形について、土曜日の夜までに知らせてもらいたい。きょうの時点で三六発が投下されたと報告されているが、あしたにはそれが一〇〇発になるかもしれない。では、一〇〇発として、その規模の行動のできるだけ最善の計画を、一週間もしくは一〇日以内に立案してほしい。もっと長くかかるようなら、それでもいいが、引き延ばすことがないようにしてほしい。

6. 上記の情報を懸案として、これまで起きたことを嘆いたり泣き言をいったりしないようにすべきだという考えに同意する。土曜日の夜までに実践的な提案を届けてほしい。

一カ月後、私はなおも報復を求めた。だが、倫理と技術の面で反対意見が続々と出て、それを妨げられた。

総理大臣より空軍大臣及び空軍参謀総長《CAS》へ　一九四〇年一〇月一六日

昨夜、大量の地雷がここに投下されたという報告を見た。その多くがまだ爆発していないし、甚大な被害が出ている。

ドイツに対する効果的な報復について至急、提案してもらいたい。

同様の地雷もしくは大型爆弾をドイツまで運ぶことは比較的可能であり、各飛行中隊もそれの使用を望んでいるが、空軍省が許可を拒んでいると知らされている。私の意見と希望がじゅうぶんに考慮されるはずだと確信している。私たちがあたえられている損害に対し、ドイツの軍事目標に同様の処置を行なうよう私が要求しはじめてから、約三週間が過ぎている。行動が停滞しているのはだれの責任なのか？

一九四〇年から四一年にかけての冬にロンドン子が味わったつらい経験と、戦争の最後の三年にドイツ国民が味わった試練を比較するのは難しい。戦争のその段階では、爆弾がかなり強力になり、空襲もかなり熾烈だった。その反面、長期の準備と、何事も徹底的にやるドイツ人の特質によって、爆弾に耐える防空壕が完備され、厳しい決まり事によって全員がそこに退避することを強要された。その後、私たちがドイツに進攻したときには、都市はほとんど叩き潰されていたが、頑丈に造られていた建物は地上に聳え、地下にはだだっぴろい通路があって、地上の家屋敷が破壊されていたにせよ、住民は毎晩そこで寝泊まりしていた。たいがいの場合、爆弾が落ちても瓦礫の山が揺れ動く程度だった。だが、ロンドンでは、攻撃力ははるかに弱かったにもかかわらず、安全のための方策があまり進歩していなかった。地下鉄以外に、ほんとうに安全な場所はなかった。直撃に耐える地下室や地下蔵は、きわめてすくなかった。ロンドンの住民のほぼすべてが、一日のたいへんな仕事を終えたあと、イギリス人らしく冷静沈着に運を天に任せ、敵襲を受けながら自宅かアンダーソン防空壕で暮らし、眠っていた。爆風や木の破片に対処する以外に身を護る手段があるものは、一〇〇〇人にひとりもいなかった。だが、心はほとんどぐらつかず、しぶとい体力を維持していた。もちろん、一九四三年型の爆弾が一九四〇年にロンドンに使われていたら、人間の体がすべて粉砕されるような状況に陥っていたかもしれない。しかし、戦争の転機とそれに関連する事柄では、なにが起きてもおかしくはないし、明らかに征服されていなかったロンドンが、どうあろうと征服不可能でなかったとは、だれにも断言できない。

戦前と攻撃されるいっぽうだった時期には、中央政府が業務を続行できるような、爆弾に耐える要塞を用意する方策は皆無に近かった。政府がロンドンから移転する複雑な計画は、以前から立案されていた。多くの省庁がそっくりそのまま、すでにハロゲート、バース、チェルトナムなどへ移転していた。ロンドンから疎開する場合のために、大臣や重要な役人用の宿泊施設が広い範囲で接収された。しかし、爆撃を受けているいま、政府と議会はまぎれもなくロンドンに踏みとどまるという執念と決意を示していたし、私もまったくおなじように感じていた。私もほかの人々同様、破壊が抗しがたいほどになったら、全体が移動し、分散せざるをえなくなるだろうと予想することも多かった。だが、重大な出来事の影響を受けていたとはいえ、私たちはそれとは逆の反応を示した。

総理大臣よりエドワード・ブリッジズ卿及びイズメイ将軍、あるいはジェイコブ大佐、及び秘書室へ

一九四〇年九月一四日

1. 私は黒もしくは黄色の公務員★がロンドンから全員移動することは、片時も考えていなかった。こういった性質の物事はなんであろうと有害であるので、ロンドン中央部が実質的に居住不可能になった場合のみやむなく行なわれる。それに、公務員の疎開先はすぐに突きとめられ、擾乱攻撃を受けるにちがいないし、防空壕がロンドンよりも多い地域はない。

2. 上層部のホワイトホール区域から、〝パドック〟〔地下壕に設置されたチャーチルの戦時内閣作戦室の暗号名。パドック・ロードの近くなのでそう呼ばれた〕かそのほかの地盤にあるべつの要塞への移転について。政府の中核が調和して精力的に機能するようにしなければならない。ほとんど切れ目のない爆撃のもとでは、これは不可能だ。戦時内閣の各階層、戦時内閣官房、参謀総長委員会、本国部隊総司令部の〝パドック〟への移動はいま立案しなければならないし、あまり重要ではない部分ではもう開始したほうがいいかもしれない。戦時内閣の閣僚は〝パドック〟の宿舎へ行き、短時間でそこに移動できるよう準備しておくべきだ。静かな夜を過ごしたいのであれば、そこで眠ることを勧めたい。秘密保持は期待できないが、公にするのは禁止しなければならない。

ホワイトホール－ウェストミンスター区域は、今後つねに激しい空襲を受けると予想しなければならない。一国への大規模な強襲の重要な先駆けとして、中央政府の機能途絶を図るのが、ドイツの手法である。ドイツはあらゆる地域でそれをやってきた。地形を見分けやすく、テムズ川と高い建物が、昼も夜も確実な道標《みちしるべ》になるここでも、間違いなくそれをやるだろう。私たちは中央政府の機能途絶を未然に防がなければならない。

3. 海軍本部はまだ移転する必要はない。じゅうぶんな備えができている。空軍省は軸足を移しはじめたほうがいい。陸軍省と本国部隊はあらゆる準備を行なわなければならない。

4. 多くても二、三〇〇人の幹部とその直属の補佐官をあらたな施設に移すために必要な手順すべてを事前に調整してほしい。また、どういうふうに段階的に進めるかを示してもらいたい。熟考した計画案を月曜日に内閣に提示できるように、これを日曜日の夜までに届けてほしい。月曜日に内閣は、これ

★これは公式の分類である。〝黄色〟公務員はあまり不可欠ではない業務を行なっているので、〝黒〟公務員よりも先に疎開できる。〝黒〟公務員は業務続行が可能な状態のあいだロンドンにとどまる。

までに述べた規則に従い、閣議室か中央作戦室に集合する。

＊

ロンドンでぎりぎりまで耐え抜くという方針に沿い、数千人の官吏を抱えている行政府が任務を実行できるように、地下と地上にあらゆる種類の牙城を築かなければならなくなった。戦時内閣のための要塞は、すでに近くのハムステッドに用意されていた。事務室と寝室があり、電信と強化された電話網が備わっていた。そこは〝パドック〟と呼ばれていた。九月二九日、状況が悪化したときにやるべきことが周知されるように、私は予行演習を指示した。「なにしろ〝パドック〟だから、調教が必要だろうね。つぎの木曜日に内閣がそこに集合する。それと同時に、そのほかの省庁にも、最小限必要な要員で仮の移動を試すことを奨励する。できれば、閣僚と出席者のために昼食を提供すべきだ」。昼光から遠く離れた〝パドック〟で私たちは閣議をひらき、大臣はそれぞれ寝室と仕事部屋を調べて満足した。陽気な昼食会でこの出来事を祝い、それからホワイトホールに戻った。大臣たちが〝パドック〟を使ったのは、このときだけだった。別館の地下にあるもうひとつの戦時内閣作戦室と事務室で私たちは、厚さ六フィート（一八三センチ）の鋼鉄とコンクリートのなかで浮かび、そこには換気と水道となによりも重要な電話が設置されていた。これらの事務室は、一一〇〇ヤード（約一八〇メートル）しか離れていないテムズ川の水面よりもかなり下にあるので、そこにいる人間が浸水のために閉じ込められないように注意が払われていた。

＊

一〇月にはいると、さらに厳しい状況になった。だが、ロンドンは、生きるか死ぬかというこれまでにない異様な状況に順応しているようだった。方面によっては、平穏ですらあった。ホワイトホール区域を出入りする交通手段は、毎日頻繁にくりかえされる敵襲、道路の混雑、鉄道の故障に、とりわけ悩まされていた。私はいくつか解決策を思案した。

総理大臣よりホレス・ウィルソン卿へ　**一九四〇年一〇月一二日**

約二週間前に私は、公務員の週四日勤務についての話し合いは、工場労働者への影響を恐れてやめるべきだと指示した。しかし、いまは週五日勤務を再考している。四泊五日の勤務で（できれば食事もして）、そのあと自宅で三泊する。そうすれば、昼間も二日間、仕事を離れて家にいられる。もちろんこれは、ロンドンで勤務し、郊外で暮らしている人間だけに適用される。乗合自動車《バス》の停留所に長い列ができているのを見かけるし、ロンドンを迅速に出入りするのはいよいよ難しくなるばかりだろう。各省庁はそれぞれに適し、職員にとって便利な計画案を立てるべきだ。いまもやっているように五日間に仕事を詰め込まなければならない。出勤と退勤の時刻もずらして、交通混雑時をできるだけ避け、交通量を一日のさまざまな時間に分散する。

これに関する意見と、各省庁への回状に記す提案について教えてもらいたい。

*

この計画は詳細な吟味によって頓挫し、なにも案出されなかった。

チェンバレン氏が病篤くなって引退を余儀なくされたため、重要閣僚が交替することになった。ハーバート・モリソン氏は有能で活力あふれる軍需大臣であり、枢密院議長となったジョン・アンダーソン卿は夜間爆撃《ブリッツ》に際して、力強く有能な管理を行なった。一〇月初旬、世界最大の都市ロンドンが受けた連続空襲で、かなりの数の住民が攻撃にさらされ、社会的かつ政治的な問題が数多く出来したので、本土安全保障省を兼ねている内務省に、議会運営に熟達している議員を擁すればおおいに助かると私は考えた。ロンドンは攻撃の矢面に立っていた。ハーバート・モリソンはロンドン子で、首都行政のあらゆる面に精通していた。ロンドン統治の経験にかけて、モリソンの右に出るものはいなかったし、さまざまな面で市の問題における最重要人物だった。それと同時に、私にはジョン・アンダーソンが必要だった。内務省での仕事ぶりは秀でていたし、枢密院議長としても莫大な量の業務を引き受けて内閣の重荷を減らしている内務委員会で、もっと広い範囲の仕事をこなしていた。これによって私自身の重荷も減り、閣僚たちが私に自由裁量をあたえたいという気持ちを強めていた折に、戦争の軍事運営に専念できるようになった。

そこで私は、この重要閣僚ふたりに省を移るよう求めた。ハーバート・モリソンに私が差し出したのは、けっして薔薇の褥《しとね》〔安楽な境遇〕ではなかった。ロンドン統治の問題をここで筆述するのはとうてい不可能である。毎晩のように一万人ないし二万人が家を失い、消防団員が屋根に登って、鎮火できない大火災が起きるのを防ごうとしているあいだ、市民たちは何度となく徹夜を重ねる。手や脚を切断された人々が満ち溢れている病院そのものも敵の爆弾による被害を受ける。数十万人の疲れ果てた人々が、安全ではなく不衛生な防空壕で身を寄せ合っている。道路と鉄道の交通はしじゅう遮断され、下水管は砕け、灯火は消え、電力とガスの供給は途絶え、それでも戦いながら苦渋を味わうロンドンの暮らしはつづいて、一〇〇万人に近い人々が毎晩、毎朝、仕事のために街を出入りしている。それがいつまでつづくのか、私たちにはわからなかった。もっとひどいことにはならないだろうと予想する根拠はなかった。モリソン氏に私が提案したとき、事情をよく知っている彼は軽く引き受けることができなかった。何時間か考えさせてほしいといった。だが、まもなく戻ってきて、その仕事を担うのを誇りに思うと告げた。私はモリソンの男らしい決断をきわめて高く評価した。

民間防衛委員会は、チェンバレン首相の時期にすでに発足していた。全体の状況を検討するために、毎朝委員会が行なわれていた。新任の内務大臣が国の力をすべて結集できるように、私は週に一度、たいがい金曜日に、関係する当局すべての会議をひらいた。話し合われる話題は、たいがい悲惨なものだった。

*

閣僚交替の直後に、敵の手法が変更され、私たちの政策全般に影響を及ぼした。それまで敵の爆撃はもっぱら高性能爆薬（炸薬）を充塡した普通爆弾に限定されていたが、一〇月でもっとも空襲が激しかった一五日の満月の夜、ドイツ機約四八〇機が、普通爆弾三八六トンに加えて、七万発の焼夷弾を投下した。それまで私たちはロンドンの住民に、物蔭に隠れるよう勧めていて、身体保護を改善するためにあらゆる努力を払っていた。だがいまでは、〝地下室へ〟を〝屋根へ〟に変更しなければならなくなった。新任の本土安全保障相が、この政策を開始する責任を担った。ロンドン全体を（地方都市が採択している対策とはべつに）網羅する大規模な火災監視と消防組織が急遽編成された。はじめのうち、火災監視員は志願者だったが、必要とされる人数が多く、また当番表に基づいてだれもが交替でつとめるべきだという意見が強かったので、すぐに火災監視は義務になった。こういう形の奉仕は、あらゆる階級が気を引き締めて勇み立つという影響があった。女性も役目を分担すると主張した。私たちに対して使用されるさまざまな焼夷弾への対処を火災監視員に教えるために、大規模な訓練体系が開発された。多くの人間が熟達し、数千件の火災が勢いを増す前に消火された。軽量鉄兜以外に身を守るものがない状態で、連夜、屋根で過ごすことが、じきに習慣になった。

*

やがてモリソン氏は、一四〇〇カ所の地元消防署を、単一の国家消防局《ナショナル・ファイア・サーヴィス》に統合し、訓練をほどこして割ける時間に勤務する民間人の消防団でそれを強化することを決定した。消防団は屋根の監視員とおなじように、はじめは志願者をつのっていたが、まもなく監視員同様、義務だという総意ができあがった。国家消防局は機動性の向上、訓練と装備の標準化、正式に階級が認識されるという利点があった。そのほかの民間防衛隊には、報せがありしだい一分以内にどこへでも出動できる地域班があった。民間防衛局という名称は、戦前の空襲警戒部（ARP）から変更されたものだった。上等な制服が大量に支給され、イギリス軍の第四の兵科だという意識が高まった。これらすべての作業において、ハーバート・モリソンは勇敢な女性のみごとな補助を受けていた。その女性エレン・ウィルキンソンの死を、私たちはその後、嘆き悲しむことになる。彼女は夜も昼もずっとあちこちの防空壕で、消防団の一員として重要な役割を果たしていた。レディ・レディングの指導力で発奮していた婦人志願兵も計り知れない大きな役割を果たした。

*

私たちの都市のいずれかが攻撃を受けるのであれば、ロンドンがその矢面に立つべきだと思っていたので、私は多少の安堵をおぼえた。ロンドンは有史以前の巨大な動物のようなもので、ひどい傷を負っても耐える能力を備えている。ずたずたに切り裂かれ、数多くの傷から血を流しても、生き延びて動くことができる。アンダーソン防空壕が労働者階級の二階建ての住宅に普及していたし、それを住みやすくして、雨天には排水できるように、あらゆる工夫がなされていた。その後、モリソン避難箱《シェルター》〔庭がなくても狭い室内にも置ける〕が開発された。鋼鉄製の台所のテーブルのようなもので、側面は頑丈な金網格子だった。小さな家が崩れても支えることができる防護手段だった。そのおかげで命拾いした住民は多い。そのほかの住民にとっては、〝ロンドンは耐えられる〟という気概が拠り所だった。ロンドンはなにもかも受け止め、何事にも耐えた。もちろん、この時期には目にはいるものは破壊された首都だけで、終わりが見えていなかった。それでも、当時私が庶民院で指摘したように、大都市破壊には収穫逓減の法則が働く〔ある段階から加えた力の効果が徐々に小さくなること〕。じきに爆弾の多くは、すでに破壊された家の上に落ちるか、瓦礫を吹っ飛ばすだけになった。燃やしたり壊したりするものがない地域がひろがり、それでも人間はあちこちに家を建て、尽きることのない不屈の精神で仕事をつづけた。この時期はだれもがロンドン子であることを誇りに思っていた。イギリス全体がロンドンを称賛し、本土のそのほかの大都市はこれから味わうはずの困難に身構えて、そういう状況が訪れても打ち負かされなかった。当然ながら、多くの人々がロンドンの名声をうらやみ、街で一夜か二夜を過ごして、危険をともにし、〝お楽しみを味わう〟ために地方からおおぜいが詰めかけた。この動向を、私たちは管理上の理由から抑止しなければならなかった。

*

敵のロンドン爆撃が戦争中ずっとつづけられることはないと判断する理由はなかったので、中央政府の機構を安全に収容する長期計画を立てる必要があった。

総理大臣よりエドワード・ブリッジズ卿へ　　一九四〇年一〇月二二日

1．敵のロンドン航空攻撃のほぼ確実な限界が、いま私たちにはわかっているし、熾烈な攻撃が延々とつづけられることもわかっている。当然のことだが、ホワイトホールと政府中枢への爆撃は、古い建物や頑丈ではない建物がすべて破壊されるまでつづけられるだろう。したがって、できるだけ早く既存のもっとも頑丈な住宅や建物、もしくは強化できるような建物に設備を用意し、統治機構に関わる主だった幹部や職員多数と、戦争遂行に携わっている重要な大臣と省庁をそこに移さなければならない。ロンドンから叩き出されて、陸軍省やそのほかの省庁が離脱し、これまで黒い移動《ブラック・ムーヴ》〔ロンドンが完全に破壊され、敵の侵攻のおそれがあるときに最後の手段として政府が疎開すること〕のためにイングランド西部に用意してあった施設に移るようなことはやらないと決断したのだから、そうするしかない。なんらかの方策を採択しなければならないし、決定を下したら、徹底的に実行する必要がある。

2．〃パドック〃の施設は、いま起きているような状況にはまったく適していない。幹部職員の大部分をいまのホワイトホールよりも劣悪な施設に置き去りにして、戦時内閣がそこで何週間もつづけて暮らし、働くわけにはいかない。〃パドック〃の要塞を除けば、適切な施設や防空壕はないし、ネヴィルズ・コート〔チャーチルもここに部屋があった〕の住人は、監視員《ジム・クロウ》が警報を発するたびに右往左往しなければならない。〃パドック〃は最後の手段として温存すべきで、それまでロンドン中心部で必要とされない部局が使用すればいい。

3．政府の庁舎すべてとその地下の防空壕は、まったく安全ではないか、直撃には耐えられない。大蔵省のような古い建物は、これまで私たちが見てきたようにバラバラになって崩壊するだろうし、その地下の防空壕は防護として当てにはできない。キング・チャールズ通りの左右の外務省と商務庁の街区は頑丈に建てられているし、地階は防護手段としてかなり当てにできる。作戦室や作戦本部の事務室の上と、商務庁庁舎にある本国部隊施設で相応の備えをすることを、私は許可した。それには、休みなしで工事を行なって、一カ月ないし六週間かかる。これを推し進めなければならない。だが、完成しても耐えうるとは限らない。リッチモンド・テラス〔政府の事務所が置かれていた〕は防護が不備で、そこの状況によって緊要な仕事が妨げられている。商務庁は新しい施設に移るよう勧められていて、職員の大多数はロンドン以外に配置されることになるだろう。しかし、商務庁のこの移転は、全体計画の一部として考慮されなければならない。

4．ロンドンには、空襲を考慮して鋼鉄とセメントで作られた頑丈な現代の建物もいくつかある。そういう建物は戦時内閣と官房をただちに受け入れるべきで、重要閣僚に安全な宿泊施設も用意するべきだ。施設に収容される人数は間違いなく増えるはずなので、施設に余裕を持たせるのを厭わないようにしなければならない。政府の重要な仕事が、効率よく行なえるような状況にすることが不可欠だ。

5．議会の代替施設について、私はすでに問い合わせた。会期中に両院が危険にさらされれば深刻な事態になるし、議事堂や議場が攻撃に遭うのは時間の問題だ。議員がいないときに被弾することを願うしかない。議事堂の地下の防護は、直撃にはとうてい耐えられない。ウェストミンスター大聖堂とホワイトホール区域は、明らかに敵の主要目標だし、さらにいえば五〇発を超える大型爆弾がすでに付近に弾着している。内閣は両院が代替の施設に試しに移動するほうがいいと考えている。木曜日から二週間、休会することを私は提案した。それまでに、ロンドンで議会を開会する計画ができていることが望ましい。

6．戦時内閣の閣僚ひとりが大蔵大臣と緊密に連絡を取り、必要とされている多方面にわたる重要な仕事の全般的な指示と監督を任されるべきだと、私は考えている。そのうえで、リース卿と運輸省が、内閣の監督のもとでこの目的のための作業を進めればいい。閣僚たちの同意が得られれば、私はすでにこの問題に関与していたビーヴァーブルック卿に話して、総指揮をとるよう頼むつもりだ。

そういうしだいで、数多くの省庁の重要な官吏をすべて収容できる、爆弾に耐える拠点を多数建設する任務が、ビーヴァーブルック卿に一任された。トンネルでつながっている十数カ所が、いまもロンドンに残っている。空襲が終わってからだいぶたっても完成しなかった施設もいくつかあるし、一九四四年と一九四五年の無人飛行機〔〝ミステル〟と呼ばれ、大型機を母機に吊るしたもの。実戦使用は一九四六年だった〕とロケット攻撃〔V－1はジェットエンジン、V－2はロケットエンジンで、まったく異なる兵器だが、ここでは同種のものとしている〕の最中には、ほとんど使われなかった。しかし、これらの建造物は、準備された目的には使用されなかったが、用意されていたというだけで安心感があった。海軍本部も、近衛騎兵連隊司令部観閲式場に鎮座する巨大な建物を建築していて、厚さ二〇フィート（六・一メートル）の鋼鉄とコンクリートの壁を破壊するのは、私たちが安全な世界に到達したときに、未来の世代の課題になるはずだった。

*

一〇月半ばが近づくと、ジョサイア・ウェッジウッドが、夜間空襲に備えて完全に爆弾に耐える防空壕を私が用意していないことを、議会で問題にしはじめた。ウェッジウッドは私の旧友で、ダーダネルズの戦役では重傷を負った。彼はつねに単税主義者だった。その後、広い考え方をするようになり、労働党に加わった。ウェッジウッドの弟〔ラルフ・ウェッジウッド〕は鉄道執行委員会の委員長だった。先見の明があったふたりは、戦前にピカデリーの地下にかなりの広さの事務所を建設した。地表の七〇フィート（二一・三四メートル）下で、頑丈な高い建物に護られていた。沼のような下層土を一発の爆弾が八〇フィート（二四・三八メートル）貫いたことはあったが、その深さで上に高い建物があるので、そこにいれば安全なはずだった。私はあらゆる方面から、ここを眠る場所に使うようにと圧力をかけられた。そのうちに私は同意し、一〇月半ばから年末まで、敵襲が開始されたときには、そこへ行って、夜の仕事をやり、妨げられることなく眠った。たいがいの人々よりもずっと安全な場所にいることに、当然ながら気がとがめたが、みんなが強く勧めたので、いうとおりにした。この鉄道の防空壕で四〇夜ほど過ごしたころに、別館が強化されたので、そこに戻った。戦争のあいだずっと、私は妻とそこで快適に暮らした。その堅固な石造りの建物を信頼していたので、装甲の下におりていくことはめったになかった。飾り気がないほうがいいと私が考えていた居間に、妻は絵を何点か飾った。彼女の意見が通り、その後の出来事でそれが正しかったとわかった。晴れた夜には、別館屋上の丸屋根のそばから、ロンドンのすばらしい景色が見えた。破片が落ちてこないように頭上の照明には覆いが取り付けられ、月光を浴びて散歩し、高射砲の花火のような輝きを見ることができた。一九四一年には、晩餐のあとでアメリカからの訪問者をそこに案内したこともある。彼らはたいがいおおいに面白がった。

*

一一月三日の夜、ほぼ二カ月ぶりに、はじめてロンドンで警報が鳴らなかった。多くの人々には、その静寂が異様に感じられた。なにか異変が起きたのだろうかと、だれもが不思議に思った。翌日の夜、敵の攻撃はイギリス中に広く分散し、それがしばらくつづいた。ドイツの攻勢の方針が、ふたたび変更されたのだ。ロンドンは依然として主要目標だったが、イギリスの工業の中心地を麻痺させるための大規模な作戦が行なわれるようになっていた。特定の重要拠点を攻撃するために、特別な飛行中隊が訓練され、新型の航法機器が用いられた。たとえば、ある編隊は、グラスゴーのヒリントンにあるロールスロイスの航空機エンジン工場を破壊するよう訓練されていた。これはすべてやっつけ仕事の仮の計画だった。イギリス侵攻は一時的に放棄され、ソ連への攻撃はまだ開始されておらず、ヒトラーのもっとも近しい側近以外は予想もしていなかった。そこでドイツ空軍は、夜間爆撃とイギリスの海上交易への攻撃で技術的な機器を試すと同時に、イギリスの軍と民間の生産を掃滅するのに、このあとの冬を利用しようと目論んだ。一度にひとつの目的だけを追求して、決着がつくまでやれば、もっとうまく行ったはずだ。だが、ドイツ空軍はすでに気をくじかれ、さしあたり自信を失っていた。

このあらたな爆撃戦術は、一一月一四日の夜のコヴェントリーへの猛爆から開始された。ロンドンは渺茫としているので、決定的な戦果をあげづらいが、ゲーリングは地方都市か軍需工場が集まっているところなら、効果的に掃滅できるかもしれないと願ったのだろう。空襲は一四日の日没後すぐに開始され、夜明けまでに五〇〇機近いドイツ機が普通爆弾六〇〇トンと焼夷弾数千発を投下した。全体として、私たちがこうむったなかでもっとも被害が大きい空襲だった。コヴェントリーの中心部はめちゃめちゃに破壊され、生活機能がしばらく完全に途絶した。四〇〇人が殺され、さらに多くの人々が重傷を負った。ドイツのラジオ放送は、イギリスのそのほかの都市もおなじように〝コヴェントリー化〟すると宣言した。しかしながら、もっとも重要な航空機エンジンと工作機械の工場は、操業を停止しなかった。また、それまで爆撃の試練を受けていなかった住民も、戦いつづけた。一週間とたたないうちに、緊急建設委員会のすばらしい働きで、街は息を吹き返した。

一一月一五日、敵はロンドンに矛先を戻し、満月の夜にきわめて激しい空襲を行なった。かなりの被害が生じ、ことに教会や記念建造物が損壊した。つぎの攻撃目標はバーミンガムで、一一月一九日から二二日にかけて三度つづけて空襲があり、大幅な被害が出て、人命が失われた、八〇〇人近くが殺され、二〇〇〇人を超える負傷者が出た。だが、バーミンガムの生命と魂は、この厳しい試練を生き延びた。工場を視察してなにが起きたのかをこの目で見るために、翌日か翌々日に私が訪れたとき、ほんとうにすてきな出来事が起きた。ちょうど夕食時で、たいそう可愛らしい若い娘さんが自動車に駆け寄ってきて、葉巻の箱を投げてよこした。私がすぐさま車をとめると、彼女はいった。「今週、生産数がいちばん多かったので、賞をもらいました。こちらにおいでになると、一時間前に聞いたばかりなんです」。その贈り物に、彼女は二ポンドか三ポンド、払わなければならなかったにちがいない。私は大喜びして（職掌で）彼女にキスをした。そのあと、多くの市民と子供が埋葬されたばかりの長大な集団墓地へ行った。バーミンガムの魂が明るく輝き、高度に組織化された、意識が高く理解力の深い住民一〇〇万人は、身体的な苦しみをものともせず毅然と前進していた。

一一月の最終週から一二月初旬にかけて、敵襲の重圧は港へ移っていった。ブリストル、サウサンプトン、そしてなかんずくリヴァプールが、激しい爆撃を受けた。そのあと、プリマス、シェフィールド、マンチェスター、リーズ、グラスゴーなどの軍需品製造拠点が、くじけることなく集中攻撃を潜り抜けた。どこが打撃をこうむろうとも、イギリスは海がつねに塩辛いのとおなじように揺るぎなかった。

この時期の最大の空襲が、一二月二九日の日曜日に、ふたたびロンドンを襲った。ドイツが苦労して積み重ねた経験則が、このときに示された。焼夷弾攻撃の典型だった。攻撃の重点はシティ・オヴ・ロンドンに集中されていた。潮が引き切った時間に合わせて行なわれた。まず、きわめて大型の落下傘地雷によって、水道本管が破壊された。一五〇〇カ所近くの火災と戦わなければならなかった。鉄道駅と港湾施設が甚大な被害を受けた。クリストファー・レンの設計による教会八カ所が、全壊するか損壊した。ギルドホール〔シティ・オヴ・ロンドンの庁舎〕は、炎と爆風に襲われ、セント・ポール大聖堂は英雄的な消火活動でかろうじて救われた。英国世界の中心に、この日、廃墟が忽然として出現した。だが、国王と王妃が現場を訪れたとき、どんな王室の行事をもしのぐ熱狂に出迎えられた。

このあと数カ月つづいた長引く苦行のあいだ、国王はほとんどバッキンガム宮殿にいた。地下にきちんとした防空壕が建設されているところだったが、完成にはまだ時間がかかる。空襲のさなかに国王陛下がウィンザー城から来駕なさることも何度かあった。国王と王妃がきわどいところで避難したことも一度あった。国王はその出来事をみずから書き記している。許可を得て以下に掲載する。

一九四〇年九月一三日金曜日

私たちは（ウィンザー城から）ロンドンへ行き、空襲が行なわれていると気づいた。その日は雲が多く、雨が激しく降っていた。王妃と私は中庭〔バッキンガム宮殿は中庭を四方から囲むように建てられている〕を見おろす二階の狭い居間へ行った（いつも使う居間は前の爆撃で窓ガラスが割れていて使えなかった）。突然、急降下する飛行機の爆音が響き、それがどんどん大きくなって、爆弾二発がバッキンガム宮殿の裏手を通過して中庭に落ちるのが見えた。

八〇ヤード（約七三メートル）ほど離れたところで爆弾が炸裂して、閃光が見え、爆発音が聞こえた。私たちとは反対側の窓から爆風が吹き込み、中庭に大きな漏斗孔《クレーター》がふたつできた。漏斗孔のひとつから、破れた水道本管からの水が噴き出し、壊れた窓から通路へ流れ込んだ。すべてほんの数秒のあいだの出来事で、私たちは急いで通路に出た。爆弾は六発投下され、二発が前の庭に、二発が中庭に落ちて、一発が礼拝堂を壊し、もう一発は庭園に落ちた。

ユトランド沖海戦中に海軍中尉として勤務した国王は、こういったことすべてに活気づき、首都の臣民と危険をともにすることに満足していた。そのとき、この危険な出来事について私たちも閣僚たちもなにも知らなかったことを、白状しなければならない。窓があいておらず、閉まっていたなら、ガラスがすべて砕けて顔に突き刺さり、国王と王妃がひどい怪我を負っていたにちがいない。国王と王妃はたいしたことはないと思っていたので、おふたりが勇敢なのをしばしば目にしていた私も、かなりあとになって、本書執筆のためにいろいろ問い合わせるまで、なにが起きたかを知らなかった。

このころ、私たちはホワイトホールの残骸にあって、厳しい落ち着いた視線で、戦いつづけることの意味を見つめていた。国王陛下はバッキンガム宮殿の庭に射場を設けて、家族や侍従たちとともに、拳銃と短機関銃《トミーガン》で勤勉に射撃練習を行なっていた。そのうちに私は、私宛に送られてくる多数の銃のなかからアメリカ製の射程の短いカービン銃〔短銃身の半自動小銃〕を選んで、国王に渡した。これはかなり優秀な武器だった。

このころ国王は、私が首相に就任してから最初の二カ月のような、週に一度、午後五時ごろに謁見するという習慣を改めた。毎週火曜日に昼食をとるように手配された。国家の業務を処理するのにふさわしい手筈で、王妃が同席することもあった。皿とグラスを持って、だいぶできあがっていた防空壕へおりていき、食事を終えたことも、何度かあった。週一度の昼食は、定例の慣習になった。数カ月のち、国王陛下は、給仕を使わないで、自分で料理をとるか、お互いにとるようにすると決めた。これが四年半つづけられるあいだに、国王が提出された公電や公式文書をすべて勤勉に読んでいることに私は気づいた。イギリスの憲法制度のもとでは、国家元首には大臣たちが責任を負っている事柄すべてを知らされる権利があり、政府に助言する無限の権利を有している。国王の前にすべてが示されるよう私は細心の注意を払ったし、私がまだ処理していない書類に国王が精通していることが、週に一度の会合でしばしば判明した。この宿命的な歳月に、これほど優れた国王と王妃を戴いたことは、イギリスにとって絶大な援けになった。立憲君主制を心から信奉する私は、総理大臣として寛大な親交を賜ったことを、アン女王と絶頂期のモールブラ公の時代以来、いまだかつてなかった格別な栄誉だとして尊重した。

*

本章ではこうして一九四〇年末までを描き、話の流れが途切れないように、戦争全体の進行よりも先に進んでしまった。賢明な読者諸氏はお気づきだろうが、イギリス国内がこのように騒然としていても、それはあくまで伴奏にすぎず、私たちはあくまで冷静な手順で戦争を遂行しつづけ、政策と外交を行なっていた。敵襲の最盛期に私たちが傷つきはしたが致命傷を負わなかったことは、当然ながら、明晰な考え方、忠実な同志愛、思慮深い行動をもたらす活発な刺激剤になった。しかしながら、敵襲がこの一〇倍もしくは二〇倍の激しさだったら――いや、たとえ二、三倍の激しさであっても――私がここに書き記したような健全な反応が引き出されたと思うのは、賢明とはいえない。

第一九章　魔法戦争

〈秘密の戦い／リンデマンの功績／電波探知及び測距《RADAR》の進歩／ドイツの指向性電波《ビーム》／ジョーンズ博士の説／分割発信〝クニッケバイン〟の原理／電波を曲げる／ゲーリングの愚かしい頑迷／X装置／一一月一四－一五日、コヴェントリー／偽装火災／Y装置の機先を制する／ドイツ空軍の企ての挫折／イギリスの科学の勝利／私たちのさらなる計画／ロケット砲兵／パイル将軍の防空集団とイギリスの防空態勢／航空機雷の弾幕／近接信管／反撃の見込み／イギリスの防空の拡充〉

英空軍とドイツ空軍、彼我の操縦士、高射砲陣地と航空機、容赦ない爆撃とイギリス国民の不屈の精神という人間同士の闘争のさなかに、べつの戦いが月を追うごとに一歩ずつ進んでいた。これは秘密の戦いで、勝敗は大衆に知られることはなく、現在でも関係した小規模な科学者集団以外には理解するのが難しい。このような戦いを神ならぬ人間が行なったことは、いまだかつてなかった。記録されたり話し合われたりする用語は、一般人には理解できなかった。しかし、たとえその秘密を垣間見ることしかできなくてもその深遠な意味を会得して使うことができなかったら、すべての努力、戦っている航空兵の卓越した能力、人々の勇敢さと犠牲は無駄になっていたにちがいない。イギリスの科学がドイツの科学を凌駕していることが実証されなかったら、そしてその奇妙で不気味な資源を生存のための戦いで有効に投入できなかったら、私たちは敗北を喫していたかもしれない。そして、敗北を喫すれば、滅亡が待っている。
一〇年前にある才子が述べている。「思想面の指導者たちは人間の理性の地平線に達したが、電信がすべて壊れて、意志を伝えるのに理解できない信号を使わなければならなくなった」。しかし、その信号を理解し、受けた印象に対して適切な時機に正しい行動を行なえば、私たちの国の運命やそのほかの多くの事柄を左右する。私は科学のことはなにも知らないが、科学者たちについては多少知識があるし、自分が理解していないことを処理するのに、大臣としてかなり習熟している。とにかく、なにが役立ち、なにが有害か、なにが解決策になり、なにが命取りになるかを見分ける、鋭い軍事的な認識が、私には備わっている。防空研究委員会で四年のあいだ仕事をして、電波探知及び測距《RADAR》の問題の概要も知っていた。そこで、職務の権能が許す限り、この魔法戦争にのめり込み、重要な事柄すべてが障害や怠慢なしですくなくとも実用間際まで到達するように奮闘した。フレデリック・リンデマンには実績があり、真の尊敬を勝ち得ていたが、彼よりも偉大な科学者がいることは間違いない。しかし、私がきわめて重視するふたつの資質が、彼には備わっていた。まず、これまでに述べてきたように、彼は二〇年にわたって私が信頼する腹心の友だった。世界的な惨禍のはじまりと進展を、ふたりでともに見守ってきた。ふたりで精いっぱい警鐘を鳴らしてきた。そしていま、私たちはその渦中にあり、私は戦いを導き、武装を強化できる力を握っている。あとは知識をどうやってものにすればいいかが問題だった。

　リンデマンの第二の資質はつぎのようなものだ。リンデマンは、遠い地平線にいる専門家からの信号を解読して、なにが問題であるかを、凡人にわかる言葉で私に明確に説明できる。一日は二四時間しかなく、七時間以上、眠らなければならないし、三時間は食事をしたり気を抜いたりする必要もある。私のような立場の人間が、一生研究しても奥底に達しないような事柄の深みに潜っていったら、破滅してしまう。私は実用的な結果さえ把握すればいい。リンデマンがこの分野で重要なことについて私に意見を述べ、私は権力の中継装置をまわして、おぞましく理解しがたい真実の一部が、上層部の決断のなかに登場するようにする、という仕組みなのだ。

*

RADAR《レーダー》開発のすべての部門では、一九三九年に絶え間なくつぎつぎと進展があったが、それでも一九四〇年七月から九月にかけての英本土防衛戦《バトル・オヴ・ブリテン》では、前述のようにほとんど目と耳に頼って戦った。イギリスの冬に付き物の濃霧や靄や雲がグレート・ブリテン島を外套のように覆い、夜間はもとより日中の精確な爆撃から護る手段になることを、はじめのうち私は願っていた。

ドイツの爆撃機はしばらくのあいだ、主に無線標識を航法に使って飛行していた。無線標識はヨーロッパ大陸のあちこちに灯台のように設置され、それぞれちがう呼び出し符号を発信している。ドイツ機は普通の方向探知機を使い、二カ所からの送信の方位によって自機の位置を標定する。これに対抗するために、私たちは〝ミーコン〟と呼ばれる偽無線局を多数設置した。この無線局は、敵機が発する信号を受信し、増幅して、イングランドのべつの位置から敵機に向けて送信する。その結果、無線探知機の電波を頼りに目標に向かおうとしているドイツ機はたいがい迷子になり、敵機多数がそれによって損耗した。ドイツの爆撃機一機が、フランスだと思い込んでみずからデヴォンシャーに着陸したこともある。

ところが、六月に私は痛烈な衝撃を味わった。天候にかかわらず昼も夜も爆撃できるようにする装置をドイツが備えつつあると、リンデマン教授が私に報告した。ドイツはどうやら、爆撃機をかなり精確に目標に誘導できる、見えない探照灯のような指向性電波《ビーム》を開発したようだった。無線標識は操縦士を手招きするが、指向性電波は目標を指し示す。特定の工場に電波を当てることはできないかもしれないが、都市や町を照射することはできる。したがって、私たちは味方の戦闘機と敵機の両方の視界がきく月夜だけではなく、雲や霧のなかでも激しい敵襲が行なわれると予測しなければならなくなった。

リンデマンはさらに、ただちに行動すれば電波を曲げる方法があるが、それには何人かの科学者に会う必要があると私に告げて、オックスフォード大学の教え子だった空軍省の情報研究副部長R・V・ジョーンズ博士の名前を挙げた。不安にかられていた私は、六月二一日に閣議室で特別会議をひらき、ヘンリー・ティザード卿やさまざまな空軍司令官を含めて一五人ほどが集まった。数分後、若い男が――あとで知ったのだが、閣議室に呼ばれたのは悪ふざけにちがいないと思ったそうだ――あわててはいってきて、テーブルの末席に座った。予定どおり、私は彼に討論をはじめるよう促した。

そのジョーンズ博士は説明した。この数カ月、ドイツが夜間爆撃のための斬新な方法を編み出し、それに大きな期待を寄せているふしがあると、ヨーロッパ大陸のあらゆる情報源が伝えている。なぜかそれはクニッケバイン〔犬の肢もしくは曲がった脚〕という暗号名で呼ばれ、私たちの情報部も説明できないまま何度か言及していた。当初は、敵が諜報員に指示して、爆撃機を誘導する無線標識を私たちの都市に設置したのだと思われていた。その推理は成り立たないとわかった。数週間前に、敵の沿岸近くの中途半端な場所に奇妙な形の角張った塔がふたつか三つ建っているのが、偵察で写真撮影されていた。これまで知られている無線局やRADARのような形ではなかった。それらの施設だと仮定すると、位置の説明がつかない。最近撃墜されたドイツの爆撃機は、その時点で使用目的が判明していた通常のローレンツ指向性電波《ビーム》〔計器着陸用の無線航法装置〕で夜間着陸を行なうのに必要な装置よりも、かなり複雑に見える装置を積んでいた。この事実とさまざまな理由をもとに、ジョーンズ博士はひとつの累積理論をまとめあげ、ドイツはなんらかの指向性電波装置で誘導と爆撃を行なうことを予定しているのかもしれないと判断した。数日前に、その推理に基づいて訊問したところ、ドイツ人操縦士ひとりが口を割って、そういうものがあるという噂を聞いたと認めた。以上が、ジョーンズ博士の説の骨子だった。

ジョーンズ博士は、静かな口調で二〇分かそれ以上話をつづけ、一連の状況証拠を開陳した。説得力のある話しぶりで聴衆を魅了するところは、シャーロック・ホームズやルコック探偵〔フランスの推理小説家E・ガボリオが創作した警官の探偵〕を彷彿させた。話を聞いているあいだに、『インゴルズビーの伝説』が頭に浮かんだ〔イングランドの詩人リチャード・ハリス・バラムの別名義の作品。以下はその「死んだ鼓手」の一節〕。

さて、いまジョーンズ氏なるもの
進み出て誓言す
一五年前にあのうめき声を聞きしと
ストーンヘンジへ向かう途中
（故ジョン・ソーンズ卿の著作に記されし
石を吟味するために）
嘆きの声をたどり
その声音に導かれ
大鴉が少年鼓手の骨をついばんでいるのを見つけたり！

ジョーンズ博士が話を終えたときには、総じて信じられないという雰囲気だった。高官ひとりが、そのようなことが可能だとして、普通の航法施設をすべて使用できるのに、ドイツがどうしてそういう指向性電波を使わなければならないのかと質問した。高度二万フィート〔六〇九六メートル〕以上なら、ほとんどの場合、星が見える。私たちの操縦士は時間と労力をかけて航法の訓練を受け、位置や目標への方向がはっきりわかると考えられていた。そのほかの出席者は、心配顔だった。

＊

ドイツの指向性電波《ビーム》の仕組みと、私たちがそれをどうやって曲げたかを、私自身にも理解できるような言葉で説明したい。無線の指向性電波は、探照灯の光芒とおなじで、尖った形にはできず、先のほうでひろがる傾向があるが、〝分割発信〟と呼ばれる手法では、精確さがかなり向上する。探照灯の光芒を二本、平行に並べるところを想像すればいい。左の探照灯が点灯しているときに右の探照灯が消灯するように、交互《ヴァイス・ヴァーサ》に光が放たれる仕組みにする。攻撃機が二本の光芒の中間を進めば、操縦士の針路はたえず照射されることになるが、たとえばすこし右にずれると、右の光が強くなり、操縦士には明滅するその光しか見えず、方角がわからなくなる。だが、そういうことにならない位置を維持すれば、二本の光芒がおなじように行く手を照らす。その中間の道すじをたどり、目標まで導かれる。それとおなじ原理で、イングランド中部か南部のどこかの町で交差するように、二カ所の基地から指向性電波二本を発信すればいいだけだった。ドイツの航空機搭乗員は、二本目の指向性電波を探知するまで、一本目の指向性電波に沿って飛び、それから爆弾を落とす。証明終わり《QED》!

ドイツが期待した名高い〝クニッケバイン〟装置は、この分割発信の原理に基づいていた。ゲーリングはこれに希望を託し、ドイツ空軍《ルフトヴァッフェ》は、高射砲や邀撃機の抵抗に遭うことなく、雲、霧、闇を衝いてイギリスの都市を爆撃できると信じ込まされた。ドイツ空軍総司令部は、論理的な頭脳と周到な大規模計画立案で、この分野での運をひとつの装置に賭けた。磁気機雷の場合とおなじように、それで私たちを始末できると思ったのだ。そのため、ドイツ軍は私たちとは異なり、並の能力の爆撃機操縦士に難解な航法技術の訓練をほどこさなかった。ドイツ人は考え方と性格の両方で、科学のすばらしさの虜になる傾向がある。だから、科学によって一切合切の結果を出そうとして、大規模な訓練に適しているもっと簡単で確実な手法を採用した。ドイツ人の操縦士たちは、ドイツ国民が総統に従ったように、指向性電波に従った。たどるすべは、ほかにはなかった。

だが、適切に事前の警告を受け、瞬時に行動する素朴なイギリス人には、対抗策があった。私たちの国に適切な時機に適切な無線基地を建てて、敵の電波を妨害したのだ。当然ながら、敵はすぐさまそれに気づいた。しかし、それとはべつのもっと優れた対抗策もあった。分割発信のいっぽうの電波だけを強化する位置に、反復装置を設置したのだ。もういっぽうの電波には手を付けない。そうすると、敵機の操縦士が、分割発信の指向性電波二本がおなじ強さになるように操縦すると、ほんとうの針路からずれてしまう。都市を打ち砕くか、すくなくとも被害をあたえるための爆弾の瀑布は、一五マイル（二四キロメートル）もしくは二〇マイル（三二キロメートル）離れた広い野原に落下する。物事を取り仕切っていて、議論する必要もなかった私は、この奇妙な恐ろしい勝負の原理に納得するとすぐに、敵のこの指向性電波の存在がわかり、対抗手段を講じることが最優先事項だと判明した六月のその日に、必要な命令をすべて発した。この政策の実行をすこしでもためらったり、そこから逸脱したりしたときには、ただちに私に通報されることになっていた。事態が逼迫していたので、私は内閣に諮らず、参謀総長たちにも相談しなかった。仮に激しい反対に遭ったなら、もちろんそういった友好的な反対者に対して申し立て、長い話をしていたはずだ。しかし、それは必要なかった。この心霊術の集まりのような小集団は即座に従ったし、わずかな反対意見は一蹴された。

八月二三日ごろ、ディエップとシェルブール近くに新設されたクニッケバイン基地局が、はじめてバーミンガムに狙いを定め、大規模な夜間攻勢が開始された。私たちはもちろん〝乳歯が生えるときのむずかり〟〔初期の困難〕を味わったが、数日後にはクニッケバインの指向性電波をそらすか、妨害していた。その後の勝敗を左右する二カ月、九月と一〇月には、ドイツ軍の爆撃機は、あてずっぽうで爆撃しながらイングランドのあちこちを彷徨うか、完全に迷っていた。

たまたま私の注意を惹いた実例がひとつある。私の国防執務室のある将校が、ロンドン空襲のあいだ、夫人と幼い子供ふたりを田園地帯に行かせた。どこの町からも一〇マイル（一六キロメートル）離れたところで、三面離れた畑で大きな爆発が起きたので、三人はびっくりした。一〇〇発を超える大型爆弾が落ちた。ドイツ軍はなにを狙っているのだろうと彼らは不思議に思い、被弾しなかったことを神に感謝した。翌日、将校がこの事件のことを話したが、秘密が厳重に守られていて、知っている人間がごく少数だったし、情報が高度に専門的だったので、将校が枢要の地位にいたにもかかわらず、彼に満足のいく説明ができる人間はひとりもいなかった。事情を知っている数人が、神々しい笑みを交わしただけだった。

ドイツの航空機搭乗員たちは、指向性電波がいじくられていることに、すぐさま気づいた。この二カ月間、指向性電波が曲げられているか、妨害されているとゲーリングにいう勇気がある人間は、ひとりもいなかったという。浅はかなゲーリングは、そんなことは不可能だと誓言した。指向性電波を使う装置が確実であることを請け合い、それに疑問を呈するものはただちに解雇するという訓告と警告が、ドイツ空軍に対してなされた。

これまで述べてきたように、私たちは夜間爆撃《ブリッツ》で大きな被害をこうむったし、ロンドンに爆弾を落とすのは容易い。もちろん、もとからドイツの爆撃は精密ではなかったが、私たちの対抗手段によってドイツの爆撃態勢そのものがひどく混乱し、通常よりも失敗の割合が増え、目標地域に弾着する爆弾は五分の一に満たなかった。いまとなっては、それを大成功だったと見なさざるをえないだろうが、私たちが食らったのがたとえドイツの爆弾の五分の一であっても、安心して仕事に精を出すのを妨げられていたことは間違いない。

ドイツは、内輪で揉めたあとで、ついに手法を改めた。彼らにとって幸運だったことに、爆撃第100戦闘大隊《カンプフグルッペ》が、独自の特殊な指向性電波を使っていた。その機器を、同部隊は〝X装置〟と呼んでいた。その謎の名称に遭遇したとき、私たちの情報機関は興味深い難問を抱えた。九月半ばには対抗手段を設計できるくらいに正体を突きとめていたが、そのための電波妨害装置の製造には、さらに二カ月を要した。そのため、第100戦闘大隊はなおも精確に爆撃できた。敵は急いで同大隊に爆撃嚮導機《パスファインダー》部隊を編成し、焼夷弾で目標地域に火災を起こし、それがクニッケバインを使えなくなったドイツ空軍機にとって目印になった。

＊

一一月一四日から一五日にかけて、コヴェントリーが新戦法の最初の目標として攻撃された。私たちの電波妨害も開始されていたが、技術的な誤りのために有効になるまで数カ月を要した。それでも、X装置の指向性電波の存在を知ったことは役立った。敵の指向性電波の設定と発せられた時刻を手がかりに、私たちは攻撃の目標、時刻、航路、高度を予想した。残念なことに(!)、私たちの夜間戦闘機には、この時期にはまだそういう情報を利用できるような機数も装備もなかった。それでも、消防やそのほかの民間防衛機関にはおおいに役立った。脅威にさらされている地域に夜間戦闘機が集中し、空襲がはじまる前に特別な警報が住民に向けて発せられた。やがて私たちの対抗手段が改善され、空襲に間に合うようになった。いっぽう、暗号名〝ヒトデ《スターフィッシュ》〟の偽装火災が、攻撃目標への経路の見通しのきく適切な場所で、主攻撃をそらすために大々的に燃やされ、それが驚異的な結果をもたらすこともあった。

一九四一年初頭には、私たちは〝X装置〟を打ち負かしていたが、ドイツ側も真剣に考えていて、その時期に〝Y装置〟と呼ばれるあらたな航法支援策を導入した。前のふたつの手法では、指向性電波が目標上空で交差する仕組みだったが、新装置は一本の指向性電波を使うだけで、無線によって測距する特殊なやり方を、それと組み合わせていた。敵機は指向性電波に沿ってどこまで進めばいいかを指示される。適切な距離に達したところで、爆弾を投下する。関係した人間の幸運と天才と熱意がすべて重なって、私たちは〝Y装置〟をドイツ軍が実戦に使用できるようになる数カ月前に、その仕組みを完全に突きとめた。そして、ドイツ軍がそれを爆撃嚮導に仕立てる準備ができたときには、それを無用にする手段が私たちにはあった。ドイツ軍が〝Y装置〟に運命を委ねた最初の夜に、私たちの対抗手段が稼働した。私たちの努力が実ったことは、私たちの聴音装置が記録していた、爆撃嚮導機とそれを管制している地上基地との激高したやりとりからも明らかだった。かくして敵の搭乗員の新装置への信頼は最初から粉々に砕け、何度となく失敗がつづいたあとで、〝Y装置〟は放棄された。一九四一年五月三〇日夜のダブリン空襲は、私たちが〝Y装置〟を妨害したことによる予想外の意図しなかった結果だった可能性がある。

この分野のドイツ側の責任者だったマルティーニ将軍〔ドイツ空軍通信科長〕は、〝高周波戦争〟がはじまっていたことを認識するのが遅れ、イギリスの情報機関と対抗手段を考案した組織を理解していなかったと認めた。電波《ビーム》戦争でマルティーニ将軍が犯した戦略的失敗に私たちがつけ込んだことによって、さまざまな防御手段が失敗に終わったか、あるいは未発達だったこの時期に、私たちの都市から無数の爆弾をそらすことができた。しかし、致命的な攻撃のおそれがあるという圧力のもとで、防御手段は急速に改善されつつあった。開戦時から私たちはＡＩと呼ばれる航空機搭載ＲＡＤＡＲを積極的に生産しはじめていた。ＡＩは、一九三八年からずっと国防研究委員会が努力してきた成果であり、敵爆撃機を探知して接近するのに役立つことを願っていた。この装置は大型で複雑なので、操縦士ひとりでは操作できない。したがって、操縦席が複座型のブレニム双発軽爆撃機に取り付けられ、のちにボーファイター双発戦闘機に搭載されて、偵察員がRADARを操作し、敵機を目視し、射撃を開始できるようになるまで——通常、夜間で距離約一〇〇ヤード（九一メートル）——操縦士に指示をあたえた。最初のころ私は、この装置を〝鼻〟と呼び、早く実戦配備できることを願った。やむをえないことだが、進捗は遅かった。しかし、ようやく使用が開始された。地上管制邀撃の幅広い方法が進歩し、使えるようになった。イギリスの操縦士たちは、恐るべき機銃八挺を備えていたが、まもなく機関砲も役割を果たすようになり〔口径二〇ミリ以上が機関砲で、口径がそれより小さいものを機銃と呼ぶ〕、偶然にではなく装置に誘導されて、ほとんど無防備なドイツの爆撃機に接近した。

敵が指向性電波を使用していることが、いまや私たちにはかなり有利に働いた。それによって空襲の時間と方位を明確に知ることができ、該当する地域の夜間戦闘機飛行中隊とそれらの部隊の装備すべてが、適切な時間に最大の力を発揮することが可能になった。当該地域の高射砲《AA》砲兵中隊の要員がすべて出揃って、複雑な砲術の計算によって指示され、その後さらに計算が修正された。三月と四月にドイツの爆撃機の損耗がじりじりと増えたので、ドイツ軍の幹部は重大な懸念を抱え込んだ。イギリスの都市を〝消し去る〟のは、ヒトラーが思い描いたほど簡単ではないとわかった。ありがたいことに、五月にドイツ空軍はイギリスへの夜間空襲を中止し、べつの戦域で戦う準備をするよう命じられた。

このように、フランス失陥後、イギリスを征服しようとする大きな試みが三度つづけて打倒されるか、防がれた。一度目は七月、八月、九月の英本土防衛戦《バトル・オヴ・ブリテン》でドイツ空軍が決定的な敗北を喫したことだった。英空軍を掃滅し、基地と空軍の生存と今後を左右する航空機工場を破壊するどころか、圧倒的多数だった敵は、耐えられないような損耗をこうむった。この最初の勝利が、第二の勝利をもたらした。ドイツは制空権を得られなかったために、イギリス海峡を越える侵攻を妨げられた。私たちの戦闘機操縦士の卓越した技倆と、彼らを支えた組織が優秀だったことが――言葉では表わせないほど異なった状況下で――ドレイク提督とその勇敢な艦隊と向こう見ずな船乗りたちが三五〇年前に果したのとおなじ貢献を果たした。スペインの無敵艦隊が打ち破られて散り散りになったあと、イギリス海峡を押し渡る手段を失ったパルマ公の強力な陸軍は、低地諸国〔現在のベネルクス三国に相当する地域〕でなすすべもなく立ち往生していた。

三度目の試練は、私たちの都市に対する大規模攻撃における無差別夜間爆撃だった。私たちの戦闘機操縦士の絶え間ない献身と技倆、一般大衆ことに支援の市民組織とともに激しい攻撃に耐えたロンドン子の不屈の精神と忍耐力が、これを乗り越えて打ち勝った。だが、空と燃えあがる街路でのこういった気高い尽力は、イギリスの科学と頭脳が、本章に記したような記憶されるべき決定的な役割を果たさなかったら、徒労に終わっていたはずである。

＊

ドイツには有益な格言がある。〝木は空までのびていかない〟。しかし、イギリスへの空襲が際限なく激化しつづけると予想される理由がいくつもあった。ヒトラーがソ連を攻撃するまで、ドイツの攻撃が弱まって熄むと考えるのは至当ではなかった。だから、私たちは、全力をあげてこれまで生存に役立ってきた手段を改善し、あらたな手段を見つけようとした。あらゆる形のＲＡＤＡＲ研究と応用が、最優先された。科学者と技術者がきわめて大規模に雇用され、組織化された。労働力と資材を最大限に利用できるようにした。敵爆撃機を撃ち落とすためのそのほかの手段も、飽くことなく模索され、その後の長い歳月、私たちの港や都市に甚大な被害を及ぼす敵襲が度重なるあいだ、その努力に拍車がかかった。この第二巻の補遺でたびたび述べられているが、リンデマンの督励と、戦前の防空研究委員会でともに研究した事柄によって、私が格別の興味を抱き、権限を行使した三つの事柄の進展について、ここで説明したいと思う。ひとつ目は高射砲砲兵中隊を補強するための大量のロケット弾発射、ふたつ目は長い鋼索で吊って落下傘で爆弾を投下する航空機雷の弾幕、三つ目は目標に当たらなくても、航空機の近くを通っただけで起爆する敏感な信管の探求である。私たちの資源をかなり投入し、苦心して研究したこの三つの手段について、手短に説明しなければならない。

これらの手段は、一九四〇年には実現しなかった。それから一年ほど過ぎると、おおむね安らかな時期が訪れた。私たちが新しい装置と手法で戦闘に加わる準備ができたときには、それで迎え撃とうとしていた敵襲が不意に終わり、それから三年近く、ほとんど爆撃に遭うことはなかった。そのため、批判勢力は大規模に試用しないと真価が実証されないこれらの手段をこぞってけなした。いずれにせよ、これらはおなじ分野でのべつの開発を妨げてはいなかった。

*

指向性電波《ビーム》を歪めるだけでは、じゅうぶんではなかった。適切な目標を照射したあとは、私たちの〝ヒトデ〟偽装火災に惑わされない限り、ドイツの爆撃機は前夜に起こした火災の輝きを目当てに飛べばいいだけだった。爆撃機をなんとかして空からひきずり落とさなければならない。このために私たちはふたつの新しい装置、ロケット弾と航空機雷を開発した。高射砲砲兵中隊にＲＡＤＡＲを配備したことで、敵機がおなじ速度で直線飛行していれば、位置を精確に予測できるようになった。だが、経験豊富な操縦士がそんなことをやるわけがない。当然ながら、敵機はジグザグに、もしくは〝くねくねと〟飛んだので、砲弾が発射されて爆発するまでの二、三〇秒のあいだに、予測位置から二分の一マイル（約八〇〇メートル）離れていることもあった。

予測位置の周囲の広い範囲を集中的に連射するのが、ひとつの解決策だった。高射砲が一〇〇門あれば最高だ。それだけの高射砲を大量生産し、砲側員を配置し、適切なときに適切な位置を撃つことができればいいのだが、人間の力ではそれを達成できない。だが、きわめて単純で安価なべつの解決法は、当時、非回転飛翔体（UP）という秘密の名称で呼ばれていたロケット弾だった。クロー博士が、戦前、防空研究委員会にいたころに、高射砲とほぼおなじ高度を射程に収められる二インチ（五・〇八センチ）と三インチ（七・六二センチ）のロケット弾を開発した。三インチ・ロケット弾は、三インチ砲弾よりも威力の大きい弾頭を備えていた。命中精度はあまり高くない。その反面、ロケット発射器には計り知れない利点があった。迅速かつ簡単に莫大な数を製造できるので、めいっぱい操業している銃砲工場に負担を掛けることがないのだ。このUP発射器が何千基も製造され、ロケット弾は数百万発製造された。戦争中ずっと私たちの対空地上防御を指揮していた優秀な将校、サー・フレデリック・パイル大将〔防空集団司令官〕は、職業軍人の新兵器嫌悪とはめずらしく無縁で、これを戦闘力に加えることを歓迎した。パイル大将は発射器九六基を備えた、郷土防衛隊を中心とするロケット砲兵中隊を大がかりに編成して、高射砲砲兵中隊よりも激しい集中射撃を行なえるようにした。

　戦争中ずっと、私はパイル大将と緊密に仕事をして、創意に満ちた実践的な仕事ぶりをつねに見ていた。最盛期には三〇万人を超える男女将兵とロケット弾以外に二四〇〇門の高射砲や対空火器を擁した防空集団の拡張期だけではなく、イギリスへの空襲が撃退されたその後の時期も、パイル大将は最高の将官だった。その時期になると、火力の低下を招くことなく、固定対空陣地の防御からできるだけ多くの男性兵力を割かなければならなくなり、正規軍と技術兵の大部分が、女性将兵と郷土防衛隊に置き換えられた。だが、それはべつの適切な機会に語られるべき話だ。

　イギリスの科学者の研究が助けたのは、パイル将軍の防空集団の責務だけではなかった。戦いが進むにつれて、彼らの支援がイギリスの土台そのものを支えていた。英本土防衛戦《バトル・オヴ・ブリテン》の昼間空襲で、高射砲は敵機二九六機を撃墜し、さらに七四機をおそらく破壊するか損壊した。しかし、夜間空襲は、既存の音響標定機に補助されている探照灯だけでは乗り越えられない、あらたな難問をもたらした。一〇月一日以降の四カ月間、破壊した敵機はおよそ七〇機のみだった。RADARが助けになった。最初の射撃指揮RADARが使われたのは一〇月で、ベヴィン氏と私はほとんどの夜、それを見守っていた。一二月になってようやく、RADAR管制探照灯が配備された。しかし、使用にはかなりの訓練と経験が必要だったし、数々の改造と調整が不可欠だとわかった。この幅広い分野でたいへんな努力がなされ、一九四一年春にほんとうに大きい成果がもたらされた。

五月の最初の二週のロンドン攻撃――ドイツ軍の攻勢の末期――のあいだに、七〇機を超える敵機が破壊された。冬の四カ月間をしのぐ撃墜数だった。もちろん、そのあいだに高射砲の数も増えていた。一二月には重砲は一四五〇門、軽砲は六五〇門だった。五月には重砲一六八七門、軽砲七九〇門、ロケット砲兵中隊約四〇個を擁していた。★だが、私たちの高射砲による防御の有効性が大幅に高まったのは、新発明や技術的進歩によるところが大きい。科学者たちがそれを将兵の手に渡し、将兵がみごとに使ったからだ。

＊

ロケット砲兵がようやくかなりの規模で参加するようになった一九四一年半ばには、空襲の回数はかなり減っていたので、本領を発揮する機会はほとんどなかった。しかし、行動を開始したときには、費用がかなりかさみ、不足しているせいでまばらに配置されていた高射砲の砲弾とほとんど変わらない数で、敵機を撃墜した。ロケット弾だけでも威力があるとわかり、防御の手段がひとつ増えたことになる。

もちろん、砲弾もロケット弾も、適切な瞬間に適切な場所に達していないと、効果がない。そこで、長い鋼索で吊るされて、敵編隊の通り道を落下傘でゆっくり降下する航空機雷が製造された。これを砲弾にこめることは不可能だが、筐体が薄くて隙間が大きいロケット弾なら収まる。長さ七〇〇フィート（約二一〇メートル）の鋼索で航空機雷を曳く機雷原を高度二万フィート（六〇九六メートル）に敷設するために、三インチ・ロケット弾が相当数用意され、ロンドンへの大規模空襲に備えた。この機雷原には一分のあいだ殺傷力を保つという、砲弾にはない利点がある。主翼が鋼索のどこにぶつかっても、機雷が引き寄せられて敵機に達し、爆発する。そのため、通常の砲弾とは異なり、信管が起爆する高度を精確に設定する必要がない。

航空機雷は、航空機からロケット弾を発射して配置しなければならない。あるいはもっと単純に、小型気球で打ちあげてもいい。あとの方法を海軍本部は熱烈に支持した。しかしながら、ロケット弾が大規模に戦闘に導入されることはなかった。ロケット弾が大量に生産されたときには、敵の爆撃機の大がかりな攻撃は熄んでいた。とはいえ、戦争の最後の三年間、私たちの大規模爆撃に対抗するこのような手段をドイツが開発しなかったのは意外だし、私たちにとっては幸運だった。機雷敷設機が少数あるだけでも、ドイツの都市の上空に機雷原を敷設して維持できたはずだし、数が多くなったら私たちの爆撃機にあたえる損害はさらに甚大になっていたにちがいない。

*

もうひとつ重要な局面があった。一九四〇年には急降下爆撃機が私たちの艦船や主要工場への危険きわまりない脅威だと思われていた。艦船の上空で急降下している飛行機を撃ち落とすのは簡単だと思うかもしれない。砲手は敵機の動きを考慮せず、まっすぐに狙えばいいからだ。しかし、正面を向

★章末の表を参照。

いている航空機はきわめて小さい的だし、接触することによって作動する接触信管が目標を直撃することはめったにない。また、航空機のそばを通過する瞬間に砲弾が爆発するように時限信管を設定することは、不可能に近い。一〇分の一秒ずれれば、目標から何百フィートもそれることになる。したがって、飛翔体《プロジェクタイル》〔ロケット弾など。砲弾もprojectileだが、〝発射体〟と訳される〕が命中してもはずれても、目標の近くを通過すると自動的に起爆を行なう信管を工夫するのが妥当だと思われた。

砲弾の弾頭にはほとんど隙間がないので、空間が大きい三インチ・ロケット弾が好都合のようだった。一九四〇年に私がまだ海軍本部にいたときに、私たちはこの案を推し進めた。敵機の影などによって光が変化したときに電気パルスを発する光電管（PE cell）を使った。一九四〇年二月には模型ができあがり、私はそれを閣議に持っていって、会議後に披露した。マッチ箱が信管のそばを通るように投げられ、実証実験用の電灯がはっきりとわかるほど明滅した。首相も含めて、集まっていた大臣たちは、かなり感心していた。しかし、不格好な模型と作動可能な大量生産の自動装置《ロボット》とは大きなひらきがある。私たちはいわゆる光電《PE》信管の製造に取り組んだが、大量に用意できるようになったときには、またしても私たちの危険とその信管が活躍する機会は去っていた。

一九四一年には、航空機のそばを飛翔体《プロジェクタイル》が通過すると弾頭を起爆するように設定した小型RADARを使う、同種の近接信管が造られた。予備実験には成功したが、この信管がイギリスで開発される前に、私たちが知見を伝えたアメリカが、その精密機器を完成させただけではなく、全体がロケット弾だけではなく砲弾にも収まるほどに小型化した。それが〝近接信管〟という名称を得てアメリカで製造され、戦争の最後の年に大量に使用され、一九四四年に私たちを猛攻した小型無人機（V－1）に対して有効であることが実証され、太平洋でも日本の航空機に対して威力を発揮した。

*

〝魔法戦争〟の最終段階はもちろん、私たちのドイツに対する反攻に必要なRADARの発展と発明だった。私たちが味わった事柄や防御の方策からも、そのことはある程度察しがつくだろう。それらが果たした役割については、今後の巻でも述べられる。形勢が変わるまで、一九四〇年九月から約九カ月の長きにわたって、私たちは激しく打擲された。その時期には、危機と格闘しても成果が得られなかった。私たちはそのあいだに気持ちを徐々に切り替え、もっと明るい時期が訪れるはずの未来に思考を集中するようになったといえるかもしれない。

イギリスの防空の拡充
1940 － 1941

1940年07月	1940年12月	1941年05月
重砲		
合計：1,200門	合計：1,450門	合計：1,687門
内訳： 4.5インチ、355門 3.7インチ固定、313門 3.7インチ移動、306門 3インチ、226門	内訳： 固定、1,040門 移動、410門	内訳： 固定、1,247門 移動、440門
軽砲		
合計：587門	合計：650門	合計：790門
内訳： ボフォース、273門 3インチ、136門 （低高度射撃に調整） 20ミリ、イスパノ、38門 2ポンド砲、140門		
ロケット砲兵中隊		
0	0	合計：約40個
探照灯		
合計：3,932基		合計：4,500基以上 （人員配置なしも含む）
要員		
合計：157,319人	合計：269,000人	合計：312,500人
	女性6,000人を含む （砲兵中隊3,700人、本部及び管理部2,300人）	女性6,500人を含む （砲兵中隊［常備］3,500人、本部及び管理部3,000人）

第二〇章　アメリカの駆逐艦と西インド諸島の基地

〈アメリカに駆逐艦五〇隻の貸与を懇願／ロージャン卿の尽力／七月三一日、アメリカ大統領宛の私の公電／西インド諸島基地使用を提案／艦隊の帰趨を取引に含めることに私が反対／八月一五日、再度のアメリカ大統領宛公電／大統領の声明／八月二〇日、私の議会での演説／八月二二日、大統領宛公電／八月二五日の公電／八月二七日の公電／私たちの最後の提案／艦隊に関する私の確約／九月五日、私の議会への報告〉

すでに述べたように、私は首相就任後の五月一五日、アメリカ大統領に最初の公電を送り、「第一に貴国の旧式駆逐艦四〇隻ないし五〇隻の貸与です。現存の駆逐艦にそれを加えて、開戦時に開始された新規建艦が竣工するまでのつなぎにします」と頼んだ。「来年のいまごろには、相当数が完成しているはずです。しかし、その間にイタリアがまた潜水艦一〇〇隻で襲いかかってきたら、私たちは極限状態に追い込まれるかもしれません」。イタリアがすでに私たちに宣戦布告したあとの六月一一日の公電でも、この懇願をくりかえした。「貴国がすでに修復にまわしている旧式駆逐艦の三〇隻ないし四〇隻を、私たちが保有することが、なによりも重要です。私たちはそれらの駆逐艦に短時間でASDICを取り付け（ます。）……今後六カ月が、きわめて重要なのです」。私たちが孤立して、差し迫っていた侵攻の前の命運を決する空戦に引き込まれていた七月末にも、私はあらためて懇願した。大統領の善意と困難な立場は、よくわかっていた。そのため私は、さまざまな通信文で露骨な表現を使い、イギリスの抵抗が崩壊してヒトラーがヨーロッパの主《ぬし》になり、造船所と海軍をすべて握ったら、アメリカが危険な立場を占めることになると必死で力説した。

＊

この議論がつづいているあいだ、六月の公電で、ドイツの侵攻とイギリス支配が成功したら、アメリカは深刻な影響を受けると私が延々と論じたことが、アメリカ政府の指導者に重大視されたのは明らかだった。いかなる状況でも英国艦隊をドイツに引き渡さないという確約を、アメリカ政府が求めた。私たちはもっとも重々しい形式で、この確約を行なう用意があった。私たちは死ぬ覚悟でいたのだから、約束しても損はない。しかしながら、侵攻が目前に迫っているかもしれず、空戦がたけなわのこの時機に、そのような不測の事態を私たちが脳裏に描いているとドイツが思うようなことがあってはならない。さらに、八月末には、私たちの状況は大幅に改善されていた。イギリスの正規陸軍は再編され、武器もかなり備わっていた。郷土防衛隊は現役で勤務していた。私たちはドイツ空軍に甚大な損害をあたえていたし、ただ持ちこたえている以上の働きをしていた。侵攻に関する論議すべてにおいて、私は六月と七月に自信を深めていたが、九月までにその自信は倍加した。

＊

この時期、私たちのワシントンDC駐箚大使は、際立った才能に恵まれ、影響力も大きかった。ロージャン侯爵を継承したフィリップ・カーのことは、一九一九年のロイド・ジョージ内閣の時代やそれ以前から知っていた。ヴェルサイユ条約やミュンヘン会談のときやその後も、私たちは意見を異にしていた。数々の重大事件によって緊張が高まると、ロージャンは状況を幅広く理解するだけではなく、深く洞察するようになった。フランス失陥のときに私は、イギリスが侵攻され、征服されたなら、英国艦隊の運命はどうなるかと、ローズヴェルト大統領に書き送った。その通信が示唆している重大事を、ロージャンはとっくり考えた。そして、イギリスとその大義に同調しているだけではなく、当然ながらアメリカ合衆国の命脈と安全を危惧して不安にかられていたアメリカ政府上層部とともに行動を起こした。

ロージャンは、六月四日の私の庶民院での演説の最後の部分によって懸念を抱いた。私はつぎのように述べた。「私たちはけっして降伏しません。この島もしくはその大部分が征服されて飢えるだろうというようなことは、片時も思っておりませんが、たとえそのようなことがあろうとも、英国艦隊によって武装し、護られている、いくつもの海にまたがる私たちの帝国は、時節がめぐってきて、新世界がすべての勢力と戦力をもって旧世界の救済と解放に乗り出すまで、奮闘をつづけます」。これらの言葉は〝たとえイギリスが斃れても、艦隊はなんとかして大西洋を渡って大英帝国の版図へ行くはずだと信じている人々〟への激励だと、ロージャンは解釈した。舞台裏で私がそれとは異なる文言を述べていたことを、読者諸氏はご存じだろう。私は当時の自分の立場を、外相とロージャン大使につぎのように説明した。

総理大臣よりロージャン卿へ　　**一九四〇年六月九日**

演説の最後の部分は、もちろん主にドイツとイタリアに向けたものだ。現時点では複数の大陸での長期の戦争はなんとしても避けるべきだというのがドイツとイタリアの考えで、私たちが権限を委ねている自治領もそれは変わりがない。しかしながら、私は貴君の指摘をつねに念頭に置き、大統領とマッケンジー・キング〔カナダ首相〕宛のさまざまな公電でそれを取りあげてきた。大英帝国が侵攻によって崩壊し、親独政権が、艦隊を引き渡せば好条件を示すとドイツにいわれて承諾したら、ドイツと日本が新世界の主《ぬし》になるだろう。国王陛下の政府はこのような卑怯な取引には応じないだろうが、クヴィスリング流の傀儡政権が発足したら、それをやるだろうし、おそらくそうせざるをえないだろう。大統領はこのことを明確に頭に入れておくべきだ。貴君はこういう意識で大統領と話をして、現在の政策をつづけて大英帝国の残骸《デブリ》の後始末をやればいいという、アメリカのひとりよがりの思い込みを捨てるよう促さなければならない。なにしろアメリカは、海軍力で完全に劣勢に追い込まれる危険を冒している。さらに、アメリカをいま恐るべき存在にしている島や海軍基地は、間違いなくナチに乗っ取られるだろう。私たちが斃れたら、ヒトラーが世界を征服する見込みはきわめて大きくなる。

前述の事柄が貴君の非公式会談の助けになることを願っている。

なんの成果も出ないままで一カ月近くが過ぎた。やがて、大使から励まされる電報が届いた。ロージャン大使は（七月五－六日に）、戦争がイギリスの不利になるように展開し、アメリカが中立をつづければ、英国艦隊をそっくりそのまま失うおそれがあると、アメリカの世論はようやく悟りはじめたと報告した。しかし、アメリカが参戦した場合、イギリスが蹂躙されても英国艦隊もしくはその生き残りが大西洋を押し渡ることが保証されない限り、アメリカの駆逐艦を私たちに貸与するのを考慮するようアメリカの世論を説得するのは、かなり困難だった。

七月末、多方面から同時に圧力が強まっていたなかで、私はこの問題をふたたび取りあげた。

元海軍関係者よりローズヴェルト大統領へ　一九四〇年七月三一日

大統領にじきじきの電報を差しあげてからだいぶ時間がたち、そのあいだによいことも悪いことも数多く生じました。私たちが求めた駆逐艦、高速モーターボート、飛行艇を引き渡してくださることが、ますます緊急を要するようになっております。ドイツは私たちの通商路と食糧輸送に対してＵボートと急降下爆撃機が出撃できるように、フランス沿岸部をすべて押さえておりますし、私たちは常時、イギリス海峡やアイリッシュ海における海上作戦で侵攻の脅威を撃退するよう備えていなければなりません。また、ノルウェーからアイルランド、アイスランド、シェトランド諸島、フェロー諸島への進出にも対処する必要があります。これに加え、地中海からの出口の統制と、可能であれば地中海そのものの制海権を握り、戦争がアフリカに本格的に拡大するのを防がなければなりません。

大量に建造している駆逐艦と対Uボート艦艇はまもなく登場しますが、今後三カ月ないし四カ月は以前申しあげたような空白が生じます。私たちの船舶に対する最近の攻撃で、被害が生じています。この一〇日間で以下の駆逐艦が沈没しました。〈ブレイズン〉〈コドリントン〉〈ディライト〉〈レン〉。以下が損壊しました。〈ビーグル〉〈ボリアス〉〈ブリリアント〉〈グリフィン〉〈モントローズ〉〈ウォルポール〉〈ウィトシェド〉。合計一一隻です。これらはすべて、侵攻のなんらかの試みに先立って受けた損害です！　現在の損耗率に長く耐えることはできませんし、大規模な増援が得られなかったら、容易に修復できる些細な要素によって、戦争の行く末が定まるかもしれません。

これは私たちの現況の率直な報告であり、私たちの立場を大統領は明確に知っておられて、五〇隻ないし六〇隻の旧式駆逐艦をただちに届けるために、あらゆる手を尽くしてくださるであろうと、私は確信しております。それらの駆逐艦にASDICをきわめて迅速に取り付け、西近接水路でUボートに対して使用すれば、もっと近代的で強力な砲を備えた艦を侵攻に対してイギリス海峡やアイリッシュ海に配置したままにできます。失礼とは思いますが、大統領、世界の長い歴史においても、これは**いますぐ**にやらなければならないことだと申しあげます。大規模に建造されている艦艇は一九四一年に私のもとへ届けられますが、それよりもだいぶ前に危機的状況が訪れるでしょう。大統領が力の限りを尽くしてくださるだろうということはわかっておりますが、情勢が重大で急を要することを伝える資格が私にはあると思い、こうして申し述べるしだいです。

駆逐艦をいただければ、やはり貴重になるはずの高速モーターボートと飛行艇がつづいて届けられることになるでしょう。

今後三カ月か四カ月を切り抜けることができれば、戦争についてかなり希望が持てるだろうと思いはじめています。空ではしっかりと護っています。攻撃を撃退し、ドイツを爆撃することで、あの男に痛打をあたえています。しかし、航空攻撃による駆逐艦の損耗は、大西洋における食糧輸送と通商路の防衛が遮断されるほど深刻になるかもしれません。

今夜、小銃、砲、弾薬を載せた最新の船団が到着します。陸軍部隊と郷土防衛隊に届けるために、特別列車が待っています。彼らはたとえ降伏しても、それまでに多数の敵を斃すことでしょう。大統領は海上の問題に懸念を抱いておられるから、これらの駆逐艦が不足したために、戦いのもっとも重要な時機が悪い方向に向かうのは避けたいと考えておられるはずです。


三日後、アメリカ駐剳大使に私は打電した。

一九四〇年八月三日

第二の代案、すなわち［イギリスが所有する］基地［の使用許可］には同意できるが、売却ではなく無期限租借にすべきだ。これによって駆逐艦と飛行艇を同時に護れると理解している。ノックス大佐と関係者に、この方針の要求に同意できると伝えてほしい……。貴君のいうとおり、早急に解決することがきわめて重要だ。私たちはいま駆逐艦を必要としている。届けられてから約一〇日でＡＳＤＩＣ装置を取り付けることができる。そのための準備はすべて完了している。また、ＡＳＤＩＣ装置多数を米海軍に渡して取り付けを手伝い、使用法を説明する準備もすべきだ。この方針に沿い、全力で前進してほしい。

アメリカ政府部内で不安に満ちた深遠な協議がなされ、八月第一週にロージャン卿を介して私たちに提案が示された。東海岸の海軍工廠にある旧式だが修繕済みのアメリカの駆逐艦五〇隻を、西インド諸島とバミューダ諸島にある一連のイギリスの基地の使用と引き換えに貸与するという提案だった。もちろんこれらの時代遅れの非効率的な駆逐艦そのものの値打ちと、それらの基地を使用するアメリカがとてつもなく大きい永続する戦略的安全保障を手に入れることとは、比べ物にならないくらい大きな差がある。だが、侵攻が差し迫っていて、イギリス海峡とアイリッシュ海で駆逐艦が多数必要だったので、とにかく入用を満たす必要があった。それに、それらの島々の戦略的価値は、アメリカに不利なように使えることだった。昔はヨーロッパやイギリスがアメリカを攻撃するために、その島々を飛び石に使った。航空力がものをいう現在では、それが友好国の手に握られているか、あるいは自分たちで掌握することが、アメリカの安全にとって重要だった。だが、イギリスの命運を左右する激しい戦いが開始されていて、友好国であるイギリスの手はそこを離れてしまうかもしれない。私がずっと思っていたように、イギリスの生存はアメリカの生存と結び付いているから、私と閣僚たちはこれらの基地をアメリカに委ねることには現実的な利益があると見なした。したがって私はこの問題を、イギリスだけの狭い視点では見なかった。

私たちが駆逐艦を必要とし、アメリカが基地を必要としていたことよりも、もっと幅広く強力な動因があった。アメリカの軍艦五〇隻をイギリスに貸与するのは、アメリカにとっては決定的に中立ではない行為だった。歴史上のどんな基準に照らしても、ドイツ政府のアメリカに対する宣戦布告は正当化できただろう。数々の難題に対するこの単純な解決策に危険はないと、ローズヴェルト大統領は判断し、私もまずそれはありえないと感じた。ヒトラーは、敵を一個ずつ攻撃することを重視し、そういう手法を用いてきた。イギリスの息の根をとめる前にアメリカとの戦争に引きずり込まれることは、ぜったいに避けたいだろう。それでも、一九四〇年九月のイギリスへの駆逐艦貸与は、アメリカが明確にイギリスに接近するとともに、参戦に近づく重大な出来事だった。大西洋では、その後もそういう非中立的な行為が増加し、私たちにはおおいに役立った。それはアメリカが中立国から非交戦国へと変わる道すじを示していた。ヒトラーは憤慨できる立場ではなかったが、その後わかるように、全世界がこの意思表示の重要性を理解していた。

こういったさまざまな理由から、戦時内閣と議会は駆逐艦を手に入れるために基地を貸すという政策を承認した。まず、大きな犠牲を払い、大英帝国のために生活に波乱が生じる西インド諸島政府を説得しなければならない。八月六日、艦隊の帰趨についてただちに返答してもらいたいと大統領がせっついていることを、ロージャン卿が伝えた。イギリスが蹂躙されても、艦隊は海外の自治領のために戦いつづけるし、敵に引き渡したり自沈したりはしないという確約を、大統領は望んでいた。駆逐艦の問題で米議会にもっとも影響があったのは、この論議だったという。法制化は着実に進んでいると、大統領は考えていた。

私は外務大臣に自分の考えを示した。

一九四〇年八月七日

私たちの立場はいたって明確だと私は思う。英国艦隊を引き渡したり、みずから自沈したりする意図はまったくない。当然ながら、そのような悲運はドイツ艦隊――もしくはその生き残り――を襲う可能性のほうが大きい。私たちの島が蹂躙されたときにどうすべきかという議論をわが国は寛恕しない。侵攻が差し迫っているときにそのような議論を行なうことは、いまきわめて高い大衆の戦意にとって有害である。また、アメリカ政府が、〝駆逐艦をあたえたときの両国の了解もしくは合意にしたがって、貴国が大西洋を越えて艦隊をこちらに派遣すべきときが来たと思う〟と主張するような立場に陥ってはならない。

私たちは提案されているような宣言をすべて拒否し、取引はあくまで植民地の基地使用に限定しなければならない。

私はロージャンに打電した。

一九四〇年八月七日

私たちは五〇隻ないし六〇隻の駆逐艦をなんとしても必要としているし、それを手に入れることを願っている。今後三、四カ月、それより効果的に私たちを支援する方法がアメリカにはない。周知のように私たちは西インド諸島の海軍基地と航空基地をアメリカが無期限で租借する条約を提案した。イギリスとアメリカの海事と軍の利害が必然的に互いに結合していることから、惜しみなくこれを行なう。したがって、これについて行動すると同時に、これらの方針、または似たような方針で、ただちに前述の駆逐艦を派遣するよう、ノックス大佐に促すことが望ましい。これは英国艦隊の帰趨に関して取引したり宣言したりすることとは、いっさい無関係である。そのような問題について私たちがなんらかの宣言に同意することは明らかに不可能である。貴君宛の秘密電報と大統領宛の公電で何度も警告したように、イギリスが侵攻されてクヴィスリング流の傀儡政権が樹立され、生き残っている国民に最善の条件をドイツが提示したら、アメリカはさまざまな危機に直面するだろう。そういった危機が深刻だと見なされているとを知って、私はほっとした。それを過小評価するのは賢明ではない。現時点でじゅうぶんな根拠のある懸念をアメリカが軽視するようなことがあってはならない。さらに、私たちはイギリス崩壊というような話題がじっさいに議論されるような立場に追い込まれてはならない。私は数週間前に、艦隊をアメリカもしくはカナダの沿岸に移動するというような問題はいっさい論じてはならないと、貴君に告げた。政府高官の会話でもそれが話題になることを、私は峻拒する。技術的な準備がなされるか、立案されるのは、もってのほかである。駆逐艦を手に入れるのが目的であろうと、なんであろうと、私たちはそのような問題について明言することはできない。それを認識することが、なによりも重要である。私たちの完全な行動の自由をわずかでも損ねるようなことには断じて同意できないし、悲惨な結果を招くそのような敗北主義者の発言は許容できないということを、ただちに明確にしてもらいたい。

六月四日の演説で私は、無期限の大洋での戦いがありうることをドイツに悟らせるためにああいう発言をした。だが、この提案は現在進行中であるし、中立の同盟国に対してこのことを認めるつもりはない。もちろん、アメリカが参戦して私たちの同盟国になったら、私たちは共通の戦争を遂行すべきだ。みずからの主導権を駆使するとともに、敵を最後に効果的に打倒するために、戦争のなんらかの段階でもっとも有利な形勢が得られるような合意を結んで戦うべきだ。大統領との最初の会談で、貴君はみずからこれを予見し、戦時同盟を結んだとき以外は、私たちの艦隊をたとえ一部であろうと大西洋を越えて派遣すべきではないと考えていると述べた。

私は大統領宛に公電を送った。

一九四〇年八月一五日

大統領のお言葉と実現可能な援助をすべて私たちにくださるたゆまぬご尽力に、どれほど励まされたかは、申しあげるまでもないと存じます。持てるものをすべて送っていただけると信じています。ご存じのように、私たちに分けあたえてくださる駆逐艦一隻一隻が紅玉《ルビー》に等しい価値があります。ところで、大統領がおっしゃった哨戒魚雷艇《PTボート》と多数の飛行艇、それに割いてくださる小銃も、私たちは必要としております。イギリスには小銃を待っている人々が一〇〇万人おります。

この危急存亡のとき、貴国の政府と国民からのこのあらたな援助の倫理的価値はきわめて大きく、多くの人々がそれを感じています。

議会とその他の関係者への対処に役立つと大統領が考えておられる要点ふたつに私たちは応じることができます。しかし、私たちが進んでそれに応じるには、艦艇と飛行艇を遅滞なく届けるという確約が条件になると申しあげても、誤解なさらないであろうと信じています。英国艦隊についての確約に関しては、もちろん私が六月四日に議会で述べたとおりのことを、くりかえし申しあげる用意があります。私たちはここで最後まで戦い抜く所存であり、艦隊を引き渡すか自沈することで和平を獲得するつもりは毛頭ありません。しかし、再三求められているこの確約がなにかの役に立つとしても、私たちの見地では、さらに貴国の見地でも、イギリスとその基地が征服されることを、私たちがまずありえない緊急事態ではなく起こりうると見なしているという印象が強まるのを見過ごせば、悲惨な結果を招くであろうということを、念頭に置いていただきたいのです。私たちの国民の気魄はすばらしい。これほど決意を固めるのは、いまだかつてなかったことです。進展に絶大な自信を抱いておりますし、先週の熾烈な空中戦で当然ながらますます自信を深めています。海軍基地と航空基地に関しましては、私たちにとって売却よりもずっと容易な手法である九九年租借というご提案に同意します。原則での同意がなされれば、詳細を調整すればよいだけで、ゆっくり議論できます。ニューファンドランドの基地については、諸々の権益を有するカナダ政府とニューファンドランドの州政府と相談する必要があります。ただちに同意を取り付けるようにします。

私たちにとって重要な助力と励ましについて、大統領にあらためてお礼を申しあげます。

この返信をロージャンはみごとな出来栄えだと考え、大統領が法案成立抜きで駆逐艦五〇隻を用意する公算がかなり大きくなったと述べた。まだ不確実だったが、ハリファクスとバミューダに少数のイギリスの駆逐艦乗組員を遅滞なく派遣すべきだと、ロージャンは判断した。駆逐艦が引き渡されるようになったときに、大西洋を越えて回航するイギリス人乗組員が用意されていなかったら、アメリカ国内の心証は最悪になる。それに、乗組員が現場で待機していれば、切迫した事態であることを議会に強調できる。

ローズヴェルト大統領は、八月一六日の記者会見で、つぎのような声明を述べた。「アメリカ合衆国政府とイギリス政府は、西半球、とりわけパナマ運河の防衛のために、海軍基地と航空基地を獲得することに関して非公式会談を行なっている。また、アメリカ合衆国政府は、西半球のアメリカ地域の防衛に向けて、カナダ政府と非公式会談を行なっている」

大統領はつづけて、イギリスになんらかの見返りをあたえるが、それがなにになるかはまだわかっていないと述べた。基地に関する交渉は駆逐艦の問題とは無関係だと力説した。駆逐艦は今後の手配には含まれていないと、大統領は述べた。

*

大統領はつねに議会とアメリカ海軍当局のことを考慮しなければならない。当然ながら、この危険な時機に時代遅れの駆逐艦の小艦隊数個と引き換えに膨大な安全保障が得られるのだから、きわめて有利な取引だということを上層部や国民に示そうとした。もちろんそれは事実だったが、私にしてみれば都合のいいばかりの発言ではなかった。いかなる地域であろうと歴史的な領土を租借に付すことに、議会や政府部内で複雑な感情が湧き起こっていた。事の次第が、駆逐艦五〇隻のためにイギリスの領土がむしり取られるというように示されたら、激しい反対に遭うことは間違いない。そこで私は、これは至上の取引なのだと表現した。当然ながら英語諸国の永遠の共通の利益を具現し、保持するものなので、最高位に置かれるべきだった。

ローズヴェルト大統領の許可を得て、私は八月二〇日にこの問題を議会に開陳した。それらの言葉は、時がたっても本質を失っていないといえるかもしれない。

現在、アメリカ合衆国の国内に、大西洋沿岸地域の空と海の防衛についての懸念が生じていることを、私たちは知っております。ローズヴェルト大統領はすでに、ニューファンドランドや西インド諸島で海軍と空軍の施設を開発することについて、私たちやカナダ自治領及びニューファンドランドと話し合いたいと明言しました。もちろん、これは主権の移譲という問題ではありません――そのような提案はまったくなされておりません――また、関係する植民地の合意なく、もしくは希望に反して、いかなる行動も行なわれませんが、国王陛下の政府はあくまでも九九年の租借を基本としてアメリカ合衆国に防衛施設を引き渡すつもりです。また、私たちの利益はアメリカ合衆国となんら変わらないと、私たちは信じています。したがって、植民地、カナダ、ニューファンドランドの利益もじゅうぶんに満たされるでしょう。これは重要な措置であります。この進展は明らかに、英語圏の二大民主主義国、大英帝国とアメリカ合衆国が、相互と全体の利益のために、それぞれの国事の一部でなんらかの形で合同しなければならないことを意味しております。私としては、未来に目を向け、なんの疑念もなくこの進展を考察するものであります。たとえ私が望んでも、阻止できません。だれにも阻止できません。それはミシシッピ川のように流れつづけます。流れるままにしましょう。流れつづけるままに——それがとめることのできない、抗しがたい有益な奔流となって、より広い地域とよりよい日々に向けて流れていくのを見守りましょう。

元海軍関係者より大統領へ　一九四〇年八月二二日

1. 大統領が私たちのためにやってくださったことすべてに、深く感謝しております。私たちのあいだに契約、取り決め、売買のたぐいがあると思ったことは、一度もありません。大西洋沿岸の海軍基地と航空基地を提供するという内閣の決定が、駆逐艦やその他の援助とはまったく独立しているというのが事実であります。私たちは危険に際して精いっぱいお互いに力を貸している友人ふたりだというのが、私たちの見方です。ですから、前述の施設は、なんら見返りを求めることなく貴国に差し出すべきであり、仮にあすになって貴国が駆逐艦貸与を実行するのが困難になったとしても、私たちの提案は全体の利益になるので撤回されません。

2. 書簡のやりとりのなかで、貴国が私たちに送る軍需品が施設費用の代価であると、いまなんらかの形で示唆したり認めたりすることは、重大な問題であり、危険を伴うと思います。その考え方が受け入れられたら、受け取ったものとあたえたものを人々が比較するでしょう。兵器の金銭的価値が計算され、施設と照らし合わされて、あっちがこう思えばこっちがこう思うということになります。

3. さらに、大統領もよくご存じのとおり、島も施設もそれぞれ異なります。たとえば、港や用地が一カ所しかないところもあります。それをどう分けてそこの利点を共有すればよいのか？　そのような場合、受け取った価値の見返りになにを差し出すべきかについて押し問答をはじめるのではなく　お互いに最善と思える提案を私たちが示すべきでしょう。

4. 私たちの保有する施設のいずれかが貴国の安全に貢献するのであれば、大西洋沿岸部が安全であると貴国が思えるようになることを私たちは願っております。それに、あなたがたが資金を投入して大幅に開発すれば、長期の租借と相まって効果的な安全保障が得られます。そこでこの機会に私は昨日、この論点と艦隊の帰趨について、庶民院で全体像の発表を行ないました。また、大統領がご希望についてさらに詳細を決めてくだされば、私たちにできることをただちにお知らせし、私たちの専門家が技術面と法律面での必要な手配を行ないます。その間私たちは、軍需品その他、私たちにあたえられると大統領が考えておられる支援すべてに関する大統領の判断とアメリカ国民の心情をとことん信頼することに大きな満足をおぼえます。しかしこれは、世界戦争に対する見解と、それに関する自国の利害関係とそれに伴う大義から生じた、アメリカ合衆国独自の自発的な行為であるはずです。

5. ここ数日、航空攻撃は弱まり、私たちの戦力はさまざまな面で増大しておりますが、あの悪党はまだ全力で襲いかかっているわけではないと思います。定期的な海上交通が維持されている唯一の水路である北西近接水路で、かなりの数の商船を損耗しているので、貴国の駆逐艦五〇隻がただちに到着すれば、貴重な応援になります。

大統領が自発的な贈り物として駆逐艦を送ることは憲法上の判断からして〝まったく不可能〟であるとサムナー・ウェルズ国務次官が告げたことを、ロージャンが電報で知らせた。同等の交換《クイド・プロ・クオ》であれば可能だという。駆逐艦貸与にアメリカの安全保障の強化が保証される明確な案件の見返りがない限り、参謀総長や海軍評議会は、それらの駆逐艦が国防に不可欠ではないと認定することができない。

法律に基づいて行なわれない限り、貸与は実行できない。大統領はほかの方法を見つけようとしたが、見つけることができなかった。

一九四〇年八月二五日

元海軍関係者より大統領へ

1．法律と憲法上の障害があり、書簡による正式契約を望んでおられることは、重々理解しておりますが、私がこの手続きの前から予見していたそれらの障害と危険要因について、私はあえて大統領に提起いたします。私たちが是が非でも必要としている前述の手段《インストラメンタリティ》〔チャーチルが言及した駆逐艦、PTボート、小銃などのこと〕一式のために、私たちは〝アメリカ合衆国の判断によって求められるまま〟、ニューファンドランドから英領ギアナに至るまで先に述べた島々と土地の漠然とした使用権を譲り渡すよう求められました。貴国の専門家の要求すべてに私たちが同意しなかった場合、私たちは契約違反に問われるのでしょうか？　その対価を私たちはすでに受け取っているのでしょうか？　貴国の取り組みが真剣であることははっきりしておりますし、私たちの取り組みには際限がありません。私たちは駆逐艦をぜひとも必要としておりますが、アメリカとのあいだに誤解や深刻な議論が生じるような危険を冒して入手することを望むべきではないでしょう。この問題を契約として提示するのであれば、双方の約定を明確にする必要がありますし、私たちの側はこれまで可能であったよりも厳密でなければなりません。ただ、それには時間がかかるかもしれません。

私は何度も指摘しましたが、駆逐艦は開戦時に着工した新型艦艇が納入されるまでのつなぎに必要なのです。かなりの数が建造されています。たとえば、来年の二月末には新型駆逐艦と新しい中型駆逐艦が二〇隻、外洋での対潜攻撃に適した小型護衛艦《コルヴェット》が六〇隻、高速魚雷艇が三七隻、機動駆潜艇が二五隻、木製の〝フェアマイル〟型機動艇〔原文は対潜哨戒艇だが、砲艇型と魚雷艇型が主で、機雷の積み、多用途に用いられた〕一〇四隻、七二フィート（二二メートル）級港湾防備艇二九隻。その後の六カ月間に、さらに大量に竣工します。ただ、九月から二月の空隙も含めて、新しい艦艇が到着して働きはじめるまで、貴国の駆逐艦五〇隻には計り知れない価値があります。それらの駆逐艦があれば、北西近接水路での船舶損耗を最小限にとどめることができ、地中海でもムッソリーニに対抗する戦線を強化できます。したがって、時間がきわめて重要なのです。とはいえ、この空隙のつなぎのためだけに大西洋のあちこちの領土すべてについて白紙委任状を渡すことは、現状では正当化されるべきではないでしょう。危険要因と損害が増えるかもしれませんが、その空隙を乗り越えられることはたしかだからです。私たちの障害については、この説明で納得していただけるはずです。

2. 以下のような手順は容認されうるでしょうか？　私たちが考えているたぐいの贈り物を貴国に示すために、使用目的がかなり明確な複数の施設を、ただちに提示します。そうすれば、貴国の専門家が、私たちが受け取るものと、それらの施設、もしくは同種の施設について検討できます――差し出すものについて最終的に判断するのは、私たちです。私たちのために手を尽くしてくださるかどうかという点について、私たちはアメリカの人々の雅量と善意を遺憾なく信頼し、あくまで率直にこれを行ないます。しかし、いずれにせよ、アメリカの大西洋沿岸部を護る確実で効果的な手段を貴国が望んだときにはそれを使用できるように提供するというのが、イギリス政府の決定済みの政策です。私はすでに海軍本部と航空省に、私たちが提供する用意がある施設一覧の概要を作成するよう命じました。貴国の専門家が代案を示すこともできます。二、三日中にその概要を送り、そのあとで公表することを提案します。そうすれば、論争を避けることができ、私たちが大義のために堂々と勝負していて、アメリカ国民の安全と利益を大切に思っていることが世界にわかり、私たちへの好感が高まるでしょう。

3. 貴国の法律、もしくは提督が、貴国が私たちにあたえる支援が同等の交換《クイド・プロ・クオ》であることを求めているとしても、イギリス政府がどうしてそれを要求される立場にあるのか、まったくわかりません。まさか、アメリカ合衆国がなんらかの形で同等の見返りがないようなら、この結構な提案は受け入れられないと思っていると、おっしゃるのでしょうか？　そのために提督は両方の提案を結び付けることができないというのですか？

4. これまでたいへんな苦労をなさったことに、深く感謝しております。大統領は一貫して私たちのいい友人でしたので、このうえ重荷を増やすのは残念であります。

元海軍関係者より大統領へ

一九四〇年八月二七日

1. 貴国が考えておられる施設の概要を、ロージャン卿からの電報によって知らされました。私たちの海軍と空軍の専門家が、貴国の観点から問題を研究し、ほとんどおなじ結論に達し、それに加えてアンティグアが飛行艇の基地として有用かもしれないと考えております。貴国にとっては願ったりかなったりのはずです。大統領が憶えておられる言葉を引用するなら、大西洋沿岸地域でアメリカ合衆国が〝疑念の余地なく〟安全なようにすることが、私たちの決定済みの政策です★。

2. 私たちはただちにこのようなたぐいの有益な提案を行なう用意があります。もちろん、詳細をさっそく打ち合わせる必要がありますが、前の電報で説明したような理由から、意見が食い違ったときに権威者が口を挟むようなことは避けたいと考えています。なぜなら、あたえる側として私たちは、アメリカの希望に精いっぱい対応するという了解のもとで、引き渡す予定の複数の施設を、全体の枠組みのなかでどう構成して提供するかを最終的に判断する必要があるからです。

3. ロージャン卿が国務長官宛に起草した書簡二通は、私たちがかなり合意できるものです。二通目の書簡の公開を私が望まない唯一の理由は、降伏して艦隊もしくは艦隊の生き残りを自沈させざるをえなくなるのは、ドイツ政府であるからです。ご存じのとおり、彼らはすでに予行演習を行なっています〔第一次世界大戦後にドイツ艦隊がスカパ・フローで自沈したこと〕。憶えておられるでしょうが、数カ月前に私は大統領宛の私信で、私たちにとってそのような行動は卑怯な行為であり、私たち全員がそう思っていると述べました。

4．私たちが提案を行なったあとで、先に述べた手段《インストラメンタリティ》†一式もしくは大統領が適切であると判断した装備を、私たちが保有してもかまわないと考えれば、支払いや熟慮による行為ではなく、私たちがアメリカ合衆国の安全保障のために行なったことを認識してこれを実行したのだと印象付けることができます。

5．ムッソリーニが最近ギリシャを脅かしているために、この取引はことに急を要するようになりました。この取引が大がかりなやり方と崇高な善意で成し遂げられれば、いまからでも歴史ある小国を侵攻と征服から救えるかもしれません。今後の四八時間すら重要なのです。

総理大臣よりイズメイ将軍へ　一九四〇年八月二七日

私たちの名前で公式宣言が求められた場合に備え、ロージャン卿が報告したローズヴェルト大統領の要求に第一人称で応じられるようにしておくべきだ。たとえば、〝国王陛下の政府は、以下の提案をアメリカ合衆国大統領に対して行なう。「私たちは友情と善意で、以下の島々にある現用の海軍基地及び航空基地の提供を検討するために、貴国の代表とただちに会見する用意がある」〟等々。

私が電報を口述できるように、これに類する草稿を届けてもらいたい。午前中に私の手元に届けてほ

★〝　〟内は一九一七年のウィルソン大統領の言葉。
† これもウィルソンの言葉。

しい。

それを受けて、以下の草稿が届いた。

一九四〇年八月二七日

国王陛下の政府は、アメリカ合衆国大統領に対してつぎのような提案を行なう。以下の場所に海軍基地と航空基地を設置するにあたって、九九年租借を検討するために、私たちは友情と善意から貴国の代表とただちに会見する用意がある。

ニューファンドランド　アンティグア
バミューダ　セント・ルシア
バハマ　トリニダード
ジャマイカ　英領ギアナ

詳細な要点について後日合意することを条件とする……。

それと同時に、私は公表用の電報の内容をつぎのように提案した。大統領が、望んでいる確約を得るために、私に問い合わせる可能性があったからだ。

英国総理大臣は、一九四〇年六月四日に議会で事実上つぎのように発言したと報じられている。イギリスとその植民地が現在遂行している戦争が進むにつれて、イギリス諸島の周囲の水域をイギリスの軍艦が護り切れなくなったとしても、いかなる場合でも英国艦隊が敵に引き渡されたり自沈したりすることはありえないが、艦隊は帝国のべつの地域を防御するために海外へ行くことはありうる。

アメリカ合衆国政府は前述の発言はイギリス政府の決定済みの政策であるのかと、丁重に問い合わせる。

大統領がこの電文を採択したので、私は以下の返信で同意した。

一九四〇年八月三一日

大統領は私に、大英帝国は艦隊をぜったいに引き渡したり自沈したりしないという一九四〇年六月四日の議会での私の発言は〝イギリス政府の決定済みの政策であるのか〟と問い合わせました。間違いなくそうであります。しかし、このもしもの場合の緊急事態は、私たちの艦隊ではなく、むしろドイツの艦隊もしくはその生き残りに当てはまると申しあげなければなりません。

こうしてすべてが円満に解決し、九月五日に私は控え目な言葉遣いで、庶民院に適切に報告し、黙諾と、当然ながらおおかたの同意を得た。

前回私が庶民院で演説したときに予示した、このイギリスとアメリカの記憶されるべき取引は、いま完了しました。私の見た限りでは、イギリスとアメリカの人々がおおむね満足し、世界中の友好国が励まされるような形で完了しました。政府の記録文書よりも数多く交わされた公式覚書の文面を深読みするのは間違っています。そういうやりとりは、友好的な二カ国が信頼と同感と善意の精神で互いを支援する手段にすぎません。これらの手段は、正式な合意のもとで連携されております。これらの覚書は、文面どおりに受け止めなければなりません。アメリカの駆逐艦をイギリスの指揮下に移すのは軽微な国際法違反だとか、アメリカ合衆国の非交戦状態にかすかな影響を及ぼすとほのめかすのは、とてつもなく無知な人間だけです。

ヒトラー氏はこの駆逐艦の貸与を不愉快に思っているにちがいありませんし、機会さえあればアメリカに一矢報いようとするでしょう。ですから、アメリカの陸軍や空と海の前線が、大きく弧を描いて大西洋に迫り出したのは、よろこばしいことでした。それによってアメリカは、本国から何百海里も離れたところで、敵の喉首をつかむことができるようになりました。また、海軍本部も駆逐艦五〇隻を獲得したことを大喜びしました。大規模な戦時計画の新造艦が就役するまで空隙が生じて、戦局が阻害されると、私は先に議会で説明しましたが、駆逐艦五〇隻はそれまでのつなぎに利用できます。

翌年には私たちが海でいまよりもずっと強力になることを、議会は認識しているはずですが、それだけでも現在の緊急の作戦にはじゅうぶんに強力です。アメリカの駆逐艦を一刻も早く現役に投入する必要があります。じつはイギリスの乗組員は、駆逐艦が引き渡されるあちこちの港ですでに待機しています。ひとによっては、意外な偶然の一致だと思うかもしれません。いまこの取引についてほかに述べるべきことがあるとは思われません。言葉を飾るような場合ではないのです。しかし、きわめて慇懃に庶民院で忠告するのも悪くないでしょう。物事を望みどおりの状況で手に入れたときには、その状況を動かさないほうがよろしい、と。

そういうしだいで、私たちはアメリカの駆逐艦五〇隻を手に入れた。西インド諸島とニューファンドランドの指定された海軍基地と航空基地を、九九年の年限でアメリカが租借することに合意した。さらに、確約という形で、英国艦隊の自沈や引き渡しはぜったいにやらないという宣言をくりかえした。私はこれはほぼ同一の取引であり、取り決めではなくお互いの利益のために善意で進めた行為だと見なした。大統領は、全体としてつながっていると議会に説明するほうが受け入れられやすいと考えた。ふたりの考えは矛盾しておらず、両国がともに満足した。ヨーロッパにあたえた影響は甚大だった。

第二一章　エジプトと中東
一九四〇年六、七、八月

〈ムッソリーニ、エジプト侵攻を準備／重複する懸念／北アフリカのイタリア軍の兵力／エジプト国境地帯への兵力集中／糸に通した数珠玉《ビーズ》／前方部隊の主動性／部隊分散への私の苦情／ケニア戦線／パレスチナ／地中海のほうが、輸送距離が短いこと／戦車部隊を喜望峰まわりで輸送するという提案／イタリアの沿岸道路を上陸部隊が遮断するという案／中東に関する閣議／ウェイヴル将軍が協議のために帰国／彼との緊張した厳しい議論／八月一六日の指令／ナイル軍集結／その戦術運用／ソマリランドの顚末／腹立たしい蹉跌／アルバニアのイタリア軍増大／オーストラリア首相とニュージーランド首相への私の戦況全般の説明〉

フランスが交戦国ではなくなり、イギリスが本土で命を懸けた闘争を開始した時点で、地中海を支配してかつてのローマ帝国を再建するという夢が実現するはずだと、ムッソリーニは考えたのかもしれない。チュニスのフランス軍に対して護りを固める必要がなくなったため、ムッソリーニはエジプト侵攻のために集めた大部隊をさらに増強した。世界中の目が、イギリスの命運、ドイツ軍侵攻部隊の集結、制空権をめぐる派手な格闘に焦点を合わせていた。当然ながら、それが私たちの主な関心事だった。多くの国々が、イギリスは息を引き取る間際だと推定していた。私たちの自信にあふれた断固たる態度は、友好国に称賛されていたが、土台は揺らいでいると見なされていた。それでも、戦時内閣は、本土での決戦から割ける資源のすべてで、エジプトをすべての外敵から護ろうと決意していた。空からの危険のせいで地中海を兵員輸送船団が通過するのは不可能だと海軍本部が明言したので、これがいっそう困難になった。全部隊が喜望峰まわりで行かなければならない。そういうしだいで、英本土防衛戦《バトル・オヴ・ブリテン》を戦う力を奪い、なおかつエジプトの戦い《バトル・オヴ・エジプト》も支援できないおそれがじゅうぶんにあった。当時、関係した人間はいたって冷静だったが、あとでこうして書き記すと、身の毛がよだつ。

*

一九四〇年六月一〇日にイタリアが宣戦布告したとき、イギリスの情報機関は、エチオピア、エリトリア、ソマリランドの駐屯部隊とはべつに、約二一万五〇〇〇人のイタリア軍部隊が、北アフリカ沿岸部にいると推定した――それが正しかったことが、現在ではわかっている。それらの部隊は、つぎのように配置されていた。トリポリタニア地方、六個メトロポリタン師団、二個民兵師団。キレナイカ地方、二個メトロポリタン師団、二個民兵師団、三個師団に相当する前線部隊。その他も含めて、合計一五個師団の兵力だった。エジプトのイギリス軍は、第7機甲師団、第4インド歩兵師団の三分の二、ニュージーランド師団の三分の一、一四個大隊、王立騎馬砲兵の二個連隊で、上級部隊《ハイアー・フォーメーション》〔この場合、師団の上の部隊組織のことなので〝軍団〟〕として編成されておらず、合計五万人だったとおぼしい。この兵力から西部戦線の防衛とエジプト国内の治安に一部を割かなければならない。したがって、戦場では私たちはかなり劣勢だったし、イタリアには航空機も多数あった。

七月と八月のあいだ、イタリア軍は数多くの地点で実働を開始した。カッサラから西のハルトゥームに脅威が及ぶ恐れがあった。イタリアの海外派遣部隊がエチオピアからタナ川とナイロビに向けて四〇〇マイル（六四四キロメートル）行軍するおそれがあるという噂がケニアでひろまっていた。かなりの規模のイタリア軍部隊が、英領ソマリランドに侵入していた。だが、これらの不安材料は、最大規模で準備されているにちがいないイタリアのエジプト侵攻に比べれば、取るに足らなかった。すこし前からムッソリーニは、部隊をエジプトに向けて着実に進めていた。戦前から一本の広い道路が、トリポリの主要基地から海岸に沿って建設され、トリポリタニア地方とキレナイカ地方を通って、エジプトの国境地帯に達していた。この道路に沿い、何カ月ものあいだに軍隊の交通の流れが膨張していた。ベンガジ、デルナ、トブルク、バルディア、サルームで、大規模な弾薬庫がじわじわと建設されて、弾薬が備蓄された。一〇〇〇マイル（約一六〇〇キロメートル）を超える長さの道路で、群れを成すイタリア駐屯部隊と補給処が、糸に通した数珠玉《ビーズ》のように連なっていた。

　エジプト国境地帯に近い道路の先端には、近代的装備多数を備えている七万人ないし八万人のイタリア軍部隊がいて、辛抱強く集結し、組織をまとめていた。この陸軍の前方で獲物のエジプトが燦然と輝いていた。背後にはトリポリまで長い道路がのび、その向こうは海だった！　数年のあいだほんのすこしずつ戦力を培養してきたこの部隊が、何週間もかけて東に向けて進軍をつづけ、行く手を阻むものがあれば打ち負かしたなら、輝かしい富をものにできる。肥沃なデルタ地帯を得ることができれば、国に戻る長い道のりについての不安も消えてなくなるだろう。逆に、不運に見舞われたなら、帰国できるのはごく少数になる。秋ごろには、野戦軍と沿岸の補給処に三〇万人以上のイタリア兵がいるはずだった。妨害されなければ、徐々に、あるいは断続的に、道路を西へ撤退できるだろうが、それには何カ月もかかる。それに、もしエジプトの国境地帯で戦いに敗れ、イタリア軍の前線が突破されたら、そして撤退する時間の余裕がなかったら、全将兵が捕虜になるか戦死するだろう。しかし、一九四〇年七月には、だれが戦いに勝つかはわかっていなかった。

　この時点の私たちの最重要防御拠点は、マルサ・マトルーフの補給端末駅《レイルヘッド》〔鉄道輸送の終点／起点〕だった。西のシーディー・バッラーニに向けて状態のいい道路が通っているが、国境地帯のサルームまでは、国境近くで大規模な兵力を維持するのに使えるような道路がない。小規模な前方部隊は正規軍の精鋭で、第7［クイーンズ・オウン］軽騎兵連隊（軽戦車）、第11［プリンス・アルバーツ・オウン］軽騎兵連隊（装甲車）、第60［キングズ・ロイヤル］ライフル連隊の二個自動車化大隊、ライフル旅団、自動車化された王立騎馬砲兵の二個師団から成っていた。戦争勃発後ただちにイタリアの国境地帯の分屯地を攻撃するようにとの命令が出ていた。それによって、二四時間以内に第11軽騎兵連隊が国境地帯を横断し、宣戦布告を知らされていなかったイタリア軍を不意打ちして、捕虜を捕らえた。翌六月一二日の夜にも同様の戦果をあげ、一四日には第7軽騎兵連隊と第60ライフル軍団の一個中隊が、国境地帯のカプッツォ要塞とマッダレナ要塞を占領し、二二〇人を捕虜にした。一六日にはさらに奥深く襲撃し、トブルク－バルディア間の道路で戦車一二両を破壊し、車両縦隊一個を邀撃して、将軍をひとり捕虜にした。

この小規模だが活発な戦闘行動で、私たちの将兵は自分たちが優位に立っていると考えて、砂漠の主《ぬし》になったという気持ちを抱いた。大規模に編成された部隊や、築城された分屯地にぶつかるまでは、彼らはどこへでも行くことができ、機敏な遭遇戦で戦利品を収集できた。彼我の部隊が接近するにつれて、自分たちが立っているか眠っている土地だけを確保している部隊と、それ以外をすべて確保している部隊の格差が大きくなった。私はボーア戦争でもそれを目の当たりにしていた。私たちは野営地と露営している場所の焚火しか確保していなかったが、ボーア人は国中どこへでも馬で行くことができた。

西から到着する敵部隊がどんどん膨れあがり、七月中旬には敵は二個師団とほかに二個の小部隊で、国境地帯の前線をふたたび確立していた。八月初旬に私たちの前方部隊は、第3コールドストリーム近衛連隊、第1／第60［キングズ・ロイヤル］ライフル連隊、第2ライフル旅団、第11軽騎兵連隊、第6ロイヤル戦車大隊の一個中隊、ロイヤル騎馬砲兵隊の機械化砲兵中隊二個――うち一個は対戦車中隊――を擁する第7機甲師団に交替していた。六〇マイル（約一〇〇キロメートル）を超える防衛線に配分されたこの小規模な部隊は、敵を擾乱しつづけ、ますます大きな影響を及ぼしていた。戦争開始から三カ月間のイタリア軍の死傷者は、三五〇〇人に近いと発表されている。そのうち七〇〇人が捕虜になった。私たちの損耗は一五〇人をわずかに超える程度だった。イタリアが大英帝国に宣戦布告したあとの最初の段階は、このように私たちに有利に運んだ。

*

ウェイヴル将軍が指揮する中東方面軍は、マルサ・マトルーフの築城された陣地近くでイタリア軍の猛攻撃による打撃を待ち受けるよう提案された。軍《アーミー》〔複数の軍団から成る上級部隊〕規模の軍勢を投入するまで、それしか方法がないと思われた。そこで、私は以下の任務を提案した。できるだけ大規模な戦闘部隊を集めて、イタリアの侵略軍と対峙する。そのために、べつの数多くの方面で危険を冒す必要があった。陸軍幹部が容認している部隊分散が、私には嘆かわしかった。ハルトゥームと青ナイル川〔エチオピアのタナ湖から発している川〕では、たしかにイタリアが制しているエチオピアとの国境に対して兵力を強化する必要があったが、南アフリカ連邦の旅団と、西アフリカの優秀な旅団二個を含めた二万五〇〇〇人をケニアで遊ばせておくのにどんな意義があるのか？　一九〇七年の末に、私は馬でタナ川の北のその地域を通ったことがあったが、風光明媚だというだけで、食糧になるものはほとんどなかった。砲兵を伴い、近代的な装備を携帯している一万五〇〇〇人ないし二万人のイタリア海外派遣軍が、四〇〇マイルないし五〇〇マイル（約六〇〇ないし八〇〇キロメートル）行軍してナイロビに到達するとはとうてい考えられない。ケニア戦線の後背にはウガンダの狭軌鉄道がある。私たちは海を制しているし、敵の陸上移動能力とは比較にならないほど便利な手段で、部隊を船と鉄道で往復輸送できる。そういった有利な交通手段を考えれば、ナイロビと鉄道にできるだけ近いところでイタリア海外遠征軍と戦うのが私たちの利益になる。そのためには大兵力は必要ではない。エジプトのデルタ地帯のほうが、ずっとそういう兵力を必要としている。私は一定の兵力を手に入れたが、すべての地域の安全を図らなければならないという漠然とした考えと延々、戦わなければならなかった。

シンガポールから兵力を引き出すことに私は全力を尽くし、そこに到着したばかりのオーストラリア師団を訓練のためにまずインドに送り、そこからエジプトの西部砂漠へ移動した。パレスチナは異なった様相を呈していた。パレスチナ中に優秀な部隊がまとまりなく散らばっていた。オーストラリア師団、ニュージーランド旅団、私たちが選抜した義勇農騎兵師団はすべて、装甲車に乗っているか、まもなく装甲車を備える予定だった。王室騎兵連隊はまだ馬に乗っていたが、近代的な武器をほしがっていた。行政職種〔総務、憲兵、軍僧などの非戦闘職種〕もかなり充実していた。適切な兵器があれば侵入者を相手に善戦するはずのテルアヴィヴのユダヤ人の武装化を、私は望んでいた。それについては、あらゆるたぐいの反対に遭った。私のもうひとつの執着は、マルタを攻略されないように、弱体なイタリア軍や重大な空からの脅威と戦って、地中海の移動の自由を確保することだった。軍の輸送船団が、喜望峰をまわるのではなく、地中海を抜けて戦車や重砲を運ぶことが重要だった。これは数々の危険を冒すに値する褒賞だと思われた。喜望峰まわりでイギリスから一個師団をエジプトまで運ぶと、その師団は三カ月ほど戦闘に参加できない。だが、いまは重要な月日だし、私たちが擁している師団は数すくない。最後に、私たちの島はいま、侵攻の直接の脅威にさらされている。最後の砦である本国から、中東のためにどれだけ兵力を割けるだろうか？

＊

一九四〇年七月、公電と公式覚書からもわかるように、私は中東について強く懸念するようになっていた。この長大な沿岸道路が、私の意識のなかで膨れあがった。強力な軽装備の部隊が上陸して、その道路を遮断するという案が、何度も頭に浮かんだ。もちろん、このときはまだまともな戦車揚陸艇がなかった。しかし、そのような作戦のために必要な道具を間にあわせでつくるのは可能だったはずだ。陸上の猛攻撃と連携すれば、敵部隊を前線から引き離す貴重な牽制になるかもしれない。

総理大臣よりイズメイ将軍へ　　一九四〇年七月一〇日

以下の事柄を参謀総長委員会《COS》に提示してほしい。

敵の大部隊がリビアからエジプト国境に接近した場合、敵軍があらゆる種類の補給を大幅に依存している沿岸自動車道を遮断する計画は用意されているのか？　空からの爆撃や海からの砲撃では、じゅうぶんではない。しかし、精兵の旅団二個が、敵交通路の町などの適切な地点を奪うことができれば、海軍力の応援で長期にわたる妨害を行ない、それに対抗するために敵がかなりの規模の部隊をふり向けざるをえなくなるかもしれない。そのあと、退却してまたべつの地点を攻撃する。もちろん、このような作戦は、敵部隊のかなりの部分が邀撃地点を通過してからでないと効果は薄い。しかし、砂漠を通れば敵は補給線へ思いのままに移動できるのではないか。それが可能であるのか、可能であるなら、イタリア軍がわざわざ長大な道路を建設する理由がわからない。

有効な計画をこれまで立てていなかった理由が、いまだに私にはわからない。しかしながら、中東やチュニスの私たちの司令官が、だれひとりとして、それをやるよう説得されていなかったのは事実である。だが、パットン将軍は一九四三年に、シチリア攻略の際にこういう性質の迂回《ターニング・ムーヴメント》〔敵の備えがない地域を攻撃して撃破するために、備えがある地域を避けて敵の後方にまわる攻撃機動〕を数度行なって大勝し、決定的に有利な形勢をものにした。一九四四年のアンツィオまで、私はこの実験的な作戦を行なうことができなかった。もちろん、そのときはもっと大規模だった。また、上陸には成功したものの、望んだような決定的な戦果は達成できなかった。だが、それはまたべつの話だ。

*

中東問題は、全員が戦争を経験していて、中東地域に深い懸念を抱いている大臣たちによって強力に提示されるべきだと、私は切望した。

総理大臣よりエドワード・ブリッジズ卿へ　**一九四〇年七月一〇日**

陸軍大臣［イーデン氏］、インド大臣［アメリー氏］、植民地大臣［ロイド卿］が、（三大臣がともに関係がある）中東での戦争遂行について協議する小規模な閣僚委員会を設置するのが至当だと思う。この委員会は、私の内閣に対する勧告について、国防大臣である私に助言する。これを正式な文書として作成してもらいたい。陸軍大臣はすでに委員長を引き受けることに同意した。

中東の兵員、装備、資源が不足していることと、帝国参謀総長《CIGS》もそれを憂慮していることを、イーデン氏が委員会で報告した。完全装備の装甲師団がすでにエジプトに配置されているが、まったくもって兵力が不足していると、委員会は力説し、追加の機甲師団が本国から割けるようになったら早急に用意するよう進言した。参謀総長たちがこの結論に賛成し、CIGSは本国での危険要因が減り、海外での危険要因が増える時点で実施すべきだと述べた。七月三一日、数週間後には戦車の一部を割けるかもしれないとイーデン氏が判断した。九月末までに現地に届くようにするには、戦車やその他の装備を地中海経由で輸送しなければならない。本国への侵攻に関する緊張が高まっていたが、私はこういう思考の趨勢に全面的に賛成し、閣僚たちに何度か厄介な選択を突きつけた。

中東でもうひとつの様相が私に示された。

総理大臣よりイズメイ将軍へ　一九四〇年七月二三日

南アフリカ連邦旅団の一万人は、どこにいるのか？　どうして中東でなんの役割も果たしていないのか？　ハリケーン戦闘機などの近代的な航空機で南アフリカ空軍をさらに増強することに、私たちは本日合意した。中東での軍事作戦の協力はどうなっているのか？　私が最近設置した閣僚委員会はなにをやってきたのか？　地中海での大規模な海上作戦が想定されているいま、エチオピアのイタリア軍陣地に対する攻撃を敢行し、あらゆる手段で協力することが、なおさら重要になっている。木曜日の午前中に考慮するので、その局面について報告してもらいたい。

リビア砂漠で差し迫っている重大な出来事について、ウェイヴル将軍本人と徹底した議論を行なう必要があると、私は強く感じた。この秀でた将軍には会ったことがなかったし、その双肩に多くのことがかかっていたので、機会が見つかれば協議のために一週間呼び寄せてほしいと、陸軍大臣に頼んだ。ウェイヴル将軍は、八月八日に到着した。将軍は幕僚たちと精いっぱい働き、私やイーデン氏と何度か長い話し合いを持った。当時の中東の統制は、きわめて複雑な軍事、政治、外交、管理の問題の混合から成っていた。補給の問題に対処するのに、総司令官、大臣、主計総監の中東における責任を分割する必要があることに気づくまで、私と閣僚は一年近く一喜一憂した。ウェイヴル将軍が資源を思いのままに使用するのを全面的に承認したわけではなかったが、将軍が指揮をとりつづけるのが最善だと私は思った。ウェイヴル将軍の高潔な性格は尊敬に値するし、数多くの人々に信頼されていることに深い感銘を受けた。

口頭でも書面でも、議論は激しかった。私はいつものように、黒白を明確にして自説を述べた。

総理大臣よりイズメイ将軍へ、ウェイヴル将軍宛　一九四〇年八月一〇日

エジプトとソマリランドの状況を徹底的に説明してくれたことに、おおいに感謝している。ケニアとエチオピアの情勢については、これから話し合わなければならないだろう。ケニアで貴官の麾下にあるかなり大規模な部隊、すなわち兵力六〇〇〇の白人の南アフリカ連邦旅団は、ひろびろとした国々での戦闘に適した現存の素材だと、私は述べた。二〇〇〇人にのぼるはずの東アフリカ入植者は、自分たちの国のことをよく知っている。西海岸からかなり不便を強いられて移動した西アフリカ旅団二個、兵力六〇〇〇や、キングズ・アフリカン・ライフル（ＫＡＲ）連隊の二個旅団以上を合わせると、二万人以上になる――もっと多いかもしれない。それらの部隊はどうして、イタリアの侵攻部隊がエチオピアから南に向けてきわめて困難な長距離行軍を行なうのを待って、ケニアでだらだらと停止しているのか？　それとも、同様のエチオピアへの困難な進出のために、準備を行なっているのか？　その場合、ふたたび長期の遅れが生じ、中東の命運や、アレクサンドリアやスエズ運河の趨勢も定まってしまうのではないか？

もちろん、現地の正確な状況を私は知らないが、ケニアを入植者とＫＡＲで堅持し、イタリア軍の南への進軍を鈍らせるのが、賢明な配備だと思う。また、私たちが部隊を海上輸送するのは、イタリア軍部隊が陸上を移動するよりもはるかに容易い。したがって、不意を衝いて迅速に増援することがつねに可能だ。それにより、南アフリカ連合旅団と西アフリカ旅団二個はただちにデルタ地帯へ移動でき、決定的瞬間に勝敗を左右する戦域で、貴君に貴重な増援を提供できる。ひとつの戦域とべつの戦域のあいだで部隊をきわめて迅速に移動できなかったら、制海権はなんの役にも立たない。南アフリカ連邦旅団

のこの移動について、スマッツ将軍の了承が得られるはずだと考えている。時間がないので、これに関する貴官の意見をあすの夜までに知らせてもらいたい。

総理大臣よりイズメイ将軍へ、ウェイヴル将軍宛

一九四〇年八月一二日

1. ケニアの南アフリカ連邦旅団と西アフリカ旅団について私はきわめて不満足である。これらの部隊は現在の配備では、エジプト、ハルトゥーム、ソマリランドでいま繰り広げられている重要な攻撃でなんの役割も果たさないだろう。よその地域で決着がつこうとしているのに、大規模な部隊がだらだらと停止しているのは、軍事作戦では重大な誤りだと見なされる。さらなる情報がない限り、南アフリカのこの旅団はまだ訓練を受けていないので戦闘に参加できないという申し立ては受け入れられない。ナタール騎銃兵〔南アフリカの騎馬ライフル連隊〕は戦前、私たちの国防義勇軍よりもずっと高度な訓練を受けていたし、開戦後に組織化されていたはずだ。南アフリカ連邦旅団全体が、なんらかの形でイギリスの国防義勇軍に劣ると見なされる理由がわからない。とにかく、イタリア軍と戦う力はあるはずだ。それぞれの案件について、組織化と訓練の詳細を知らせるよう私は要求した。

2. パレスチナの大部隊が適切に使用されていないと考えている。パレスチナ全体を短期間、ごく小規模な英軍部隊に任せておけるように、ユダヤ人入植者が自衛するのにじゅうぶんな武器をあたえることが、根本的な状況を左右する。義勇農騎兵師団を含めて、駐屯部隊のかなりの部分をただちに現任務から解く提案がなされるべきだ。六カ月以上もパレスチナで訓練を行なってきたオーストラリア軍とニュージーランド軍が、エジプトでの任務になぜ一個師団しか提供できないのか、私には納得がいかない。どれほどの兵力が現地にあるのか、訓練の実情はどうなのか？　それらの将兵はヨーロッパで軍務に服する最初の志願兵として選抜され、巨額の費用をかけてオーストラリアから輸送された。かなりの人数

が、軍隊の訓練を受けたことがあり、開戦後一年近く訓練を受けてきた。この重要な部隊の取り扱いを私たちが誤り、エジプト防衛にたった一個旅団しか参加させなかったら、面目丸潰れではないか！

3．西アフリカ旅団二個は、ポート・スーダン経由でハルトゥームに輸送できるはずだ。さまざまな産地からの現地住民部隊を混合するのは、ひとつの部隊の規律を維持するのにそのほかの部隊を利用できるので、きわめて優れた方針だ。この二個旅団はただちにスーダンへ移動しなければならない。そうすれば、到着した時点で、インド師団をただちにエジプトかソマリランドで使用できる。ケニアに駐屯する以外に使い道がないのであれば、どうして西アフリカから呼び寄せたのか見当もつかない。

4．ケニアの兵役年齢の白人入植者たちの話題をもう一度取りあげたい。自分たちの地域の防衛に彼らが現地で部隊を結成していないというのは信じがたい。もしそういう部隊がないのであれば、早急に彼らに現況を悟らせるべきだ。現時点では、ケニアには入植者とKARのほかには部隊がいないはずだ。本国からエジプトへ増援を行なう危険と手間を考えれば、危機的な局面に際して、現地部隊の能力を最大限に利用しないということは容認できない。

5．デルタ地帯のイギリス師団二個について、一部始終を説明してほしい。この地域をいくつかに区切って考えると、誤りを犯す。また、彼らがあらゆる部分で適切な装備を支給されていないというような申し立ては、これらの優秀な正規軍部隊の運用に先入観が生じる。

6．敵の機甲部隊と車両が沿岸道路とおなじように砂漠でも容易に移動できるという主張は、入念に吟味する必要がある。装軌車の場合はたしかにそうかもしれないが、岩が多く地盤が緩い砂漠では履帯の傷みが激しいはずだ。いずれにせよ、装輪車はインド製ゴムの砂漠用特殊タイヤを供給されない限り、砂漠では走行を妨げられる。イタリア軍の車両はこれを備えているのか、どの程度まで備えているのか？

7. 私たちが必要としない水源や井戸を長期にわたって〝飲料不適水〟にする手段は講じられているのか？　放棄する道路に敷設する地雷用の延期信管の備蓄はあるのか？　最長の延期信管、すなわち最長で二週間後に発火するもの（だが、いまはもっと長期間のものが望ましい）が、最初に地中海を突破する艦船でエジプトに運ばれるようにしてほしい。道路を放棄するときに、重油の化学反応でアスファルトを破壊するのが可能かどうか、あるいはべつの処理があるのかどうか、調べてほしい。

8. ポーランドとフランスの志願兵と到着する部隊も含めて、中東の全部隊の完全かつ正確な詳細について申し述べてほしい。

これらすべての論点を今夜検討できればありがたい。

＊

八月一〇日の幕僚会議の結果、イーデンの熱烈な承認を得たディルが、五二両から成る一個巡航戦車大隊と、おなじく五二両の軽戦車連隊一個、五〇両の歩兵戦車大隊一個に加え、対戦車砲四八門、ボフォース高射機関砲二〇門、二五ポンド野砲四八門、軽機関銃《ブレンガン》五〇〇挺、対戦車ライフル二五〇挺を、必要な弾薬とともに、ただちにエジプトに輸送する手配を陸軍省が行なうことを、私に通知した。積み込みが行なわれればすぐに出発する。唯一の未決問題は、喜望峰まわりにするか、危険を冒して地中海を通るかということだった。後述するが、船団が迂回せずに地中海を通過するよう、私は海軍本部に圧力をかけた。これについてかなりの議論がなされた。その間に、内閣は機甲部隊の積載と派遣を承認し、最終決定は船団がジブラルタルに近づくまで待つことになった。選択肢は八月二六日まで未決定で、そのころにはイタリア軍の攻撃が差し迫っていることについて、さらに詳しい情報を得ていた。無駄に費やされた時間はなかった。命にかかわる危険に直面して、私たちは覚悟を決めていたので、この輸血は不愉快であるとともに適切だった。だれひとりとして、揺るがなかった。

*

私たちが議論の末に決定した以下の指令を最終的に私が起草し、参謀総長たちの同意を得て、内閣が修正なしで承認した。

総理大臣より陸軍大臣及び帝国参謀総長《CIGS》へ　　一九四〇年八月一六日

中東方面総司令官への一般命令

1. リビアからエジプトへの大規模侵攻が、近々行なわれると予想しなければならない。したがって、西国境地帯に向けて可能な限り最大規模の部隊を結集して配備する必要がある。政治と運営のために考慮すべき案件はすべて、これに適切に従属するよう設定しなければならない。

2. 敵によって私たちはソマリランドから撤退せざるを得なくなるだろうが、それでもなお戦略的には好都合である。ソマリランドに駐留、もしくは割り当てられている部隊はすべて、アデン、スーダン、ポート・スーダン、あるいはエジプトに移動するのが最善だと思われる。

3. ケニア防衛よりもスーダン防衛を**優先**しなければならない。エジプトの危機のあと、時間があるだろうし、イタリア海外遠征軍の大部隊がタナ川に達する前に海路と鉄道でケニアを増援するのに、私たちの部隊がスーダンを通過する。エチオピアもしくはイタリアが領するソマリランドからのイタリア軍部隊がスーダンを通過する前に、私たちはいつでもケニアを迅速に応援できる。

4. したがって、西アフリカ旅団二個かKARの二個旅団は、至急ハルトゥームへ移動されるべきだ。南アフリカ連邦旅団もしくはその大部分を、国内治安維持のために運河地帯とデルタ地帯に移動するのを許可するよう、スマッツ将軍に要請してある。それらの部隊の訓練を続行する手配をしなければならない。インド洋と紅海で輸送が行なえるかどうかについて、海軍本部に問い合わせてある。

5．イタリアによる英領ソマリランド征服につづいて、紅海での航空攻撃増加が予想されるので、アデンの空軍増強が重要になっている。

6．今後、野戦のために装備を整えるか、あるいは国内治安維持任務向けに組織化される予備部隊の移動に備えて、パレスチナの交通路をあけるために、パレスチナで待機している正規軍一個旅団とオーストラリア軍一個旅団をデルタ地帯に移動すべきだ。

7．それとはべつに、正規軍三個大隊を解放してデルタ野戦軍の予備部隊にするために、自動車化された英陸軍騎兵師団三個か四個は、運河地帯で必要な任務を肩代わりすべきだ。

8．六個大隊を擁するパレスチナのオーストラリア軍の残りも［このように］、国内治安維持かそれ以外の緊急配備のために五日前の通知で、デルタ地帯へ移動できる。ポーランド旅団とフランス義勇兵部隊は、パレスチナから適宜にデルタ地帯に移動し、一般予備部隊に加わる。

9．乗船中もしくは輸送中のインド師団の移動は、最大限に加速すべきだ。ソマリランドから撤退したあとアデンでは必要とされない部隊の一部が、ケニアからの増援に加えて、スーダン増援にじゅうぶんだと判明しない限り、このきわめて望ましい師団は、スエズ運河まで進出して、デルタ軍［その後、ナイル軍に改称］に加わるべきだ。前記の部隊のほかに、騎馬砲兵ではあるが三個砲兵中隊が、インドでただちに乗船し、スエズに向かわなければならない。海軍本部が輸送を手配する。

10．前記の移動の大部分は、九月一五日から一〇月一日のあいだに完了しなければならない。それを踏まえ、デルタ軍は以下のような構成になるはずである。

（a）エジプトの英機甲部隊。
（b）マルサ・マトルーフの英四個大隊、アレクサンドリアの二個大隊、カイロの二個大隊――合計八個。
（c）運河地帯からの三個大隊。
（d）パレスチナの英予備旅団――英正規軍歩兵大隊合計一四個。
（e）ニュージーランド旅団。
（f）パレスチナからオーストラリア旅団。
（g）ポーランド旅団。
（h）東アフリカから南アフリカ連邦旅団の一部。
（i）現在マルサ・マトルーフ付近にいる第4インド師団。
（j）輸送中の新インド師団。
（k）まもなくスエズに到着する徴兵《アン・ルート》、兵力一万一〇〇〇。
（l）中東にあるかインドから向かっている砲兵すべて（砲一五〇門）。
（m）野戦に使用できるエジプト軍。

11. 遅くとも一〇月一日までに前記を構成すべきだ。機甲部隊とともに三九個大隊、合計五万六〇〇〇人、砲二一二門。国内治安部隊を除く。

第Ⅱ部

12. 三個戦車連隊を擁するイギリス本土の機甲旅団が、海軍本部の手配によって地中海を通過することが望ましい。これが不可能なら、喜望峰まわりでそれらの部隊が到着するのは、一〇月前半の二週間のあいだになるだろう。九月中の部隊到着はきわめて重要なので、輸送中の危険はある程度正当化できる。

第Ⅲ部

前記部隊の戦術運用について

13. マルサ・マトルーフの陣地は最大速度で完全に築城しなければならない。部隊全体を均質にするために、エジプト軍三個大隊が維持している防衛区域は、英軍三個大隊が引き継ぐ必要がある。エジプト軍三個大隊の手中にある砲兵を引き揚げることをエジプト政府が望んだとしても、そうしなければならない。マルサ・マトルーフの陣地を海から増強し、デルタ地帯に進軍する敵が通過したあとで交通路を遮断する可能性を、地中海艦隊司令長官が研究する必要がある。あるいは、サルームかもっと西で交通路に海から上陸急襲をかけるという代案のほうが、望ましいかもしれない。

14. マルサ・マトルーフとアレクサンドリア防御陣地のあいだの水源はすべて、"非飲水《デポタブル》"にしなければならない★。これに特別な覚書を付す。この地域の沿岸近くの井戸を護るために小規模な部隊を残すようなことはやるべきではない。第4インド師団は、必要とあればアレクサンドリアに撤退するか、海路で離脱すべきだ。サルームからマルサ・マトルーフまでの道路と、マルサ・マトルーフからアレクサンドリアまでの舗装道路はなおのこと、放棄する場合には、延期地雷かアスファルトの路面への化学処理で通行不能にしなければならない。

15. 予備部隊を適切に配備して、デルタ軍全体が支える主防衛線を（とうの昔にやらなければならなかったはずだが）、アレクサンドリアからデルタ地帯の耕作地と灌漑用運河に沿って準備しなければならない。

この目的のために、海から耕作地帯と主な灌漑用運河まで、もっとも頑丈なコンクリートと土嚢の防御構築物と特火点を建設するか、完備するべきだ。この防衛線の前方の補給線《パイプライン》をできるだけ延長しなければならない。あらゆる種類の戦車にとってデルタ地帯はもっとも有効な障害になるし、土嚢の防御構築物でエジプトを容易に護ることができ、アレクサンドリア戦線のためにきわめて強力な長い側面を形成できる。幅四、五マイル（六ないし八キロメートル）の細長い地域を、アスワンのダムが制御するナイル川の氾濫で冠水できる。この陣地線とその後背に、砲兵を備えた強力な分屯地を点々と配置すべきだ。

16．こういう態勢でデルタ軍はイタリアの侵攻を待ち受ける。敵は大部隊で進軍することが予想され、それを厳しく制限するのは、乏しい水の供給と燃料補給だけだ。イギリスから来る機甲連隊の増援が間に合わなかった場合には劣勢の私たちの部隊を封じ込め、押し戻すために、敵は右翼に強力な機甲部隊を配置するにちがいない。敵はマルサ・マトルーフに攻め込めなかったとしても、その陣地を牽制するだろう。しかし、デルタ地帯の主防衛線が適切に築城されていて、堅固に護れば、敵は水、ガソリン、食糧、弾薬の供給が困難な軍を配置せざるをえなくなる。敵軍が配置されて本格的な交戦が開始されれば、マルサ・マトルーフからの攻撃、海からの砲撃、サルームかもしくはもっと西での上陸急襲など、敵の交通路に対する軍事行動は敵にとって甚大な打撃になるはずだ。

17．したがって、デルタ防衛の軍事作戦は**アレクサンドリア内陸部からの強力な防御を左腕となし、右手をのばして海軍力で敵の交通路を攻撃する**という形に徐々に変わる。それと同時に、マルタから［行動する］［私たちの］増援が、ヨーロッパからアフリカへの――イタリアとドイツの――さらなる増援派遣を妨げることが期待できる。

★〝飲用に適さない〟ことを、当時はこういうお粗末な言葉で表現していた。申しわけない。

18. これらすべては、**時間さえ許せば**一〇月一日までに効果的に手筈が整っているかもしれない。時間がなかったら、できるだけのことをやるしかない。装備を完備しているかどうかにかかわらず、すべての正規軍と訓練済みの部隊を、デルタ地帯防衛に使用しなければならない。武装した白人とインド人や外国人の部隊は、国内治安維持に使わなければならない。エジプト軍は、デルタ戦線の支援という役割に振り向ける必要があるため、エジプト国内の暴動分子だけに対処すればよい。

前記の事柄を実行し、八月一六日午後四時三〇分に私と詳細を話し合う用意をしてもらいたい。

ウェイヴル将軍は、この指令を携えて、八月第三週にカイロに戻った。

*

些細だが当時としては腹立たしかった軍事的な蹉跌を、私はここに書き記さなければならない。イタリア軍が、大幅に優勢な部隊を使って、私たちをソマリランドから追い出したのだ。この顛末を語らなければならない。

一九三九年一二月まで、ソマリランドから撤退するのが、私たちの対イタリア戦の方針だったが、その月に帝国参謀総長《CIGS》のアイアンサイド将軍が、その領土の防衛と、最後の手段としてベルベラを維持することを宣言した。山地を通るトゥグ・アルガン峠道の防御が準備された。英陸軍一個大隊（ブラック・ウォッチ）、二個インド大隊、二個東アフリカ大隊に、ソマリランド駱駝部隊とアフリカ軽砲兵中隊各一個、小規模な対戦車と対空支隊が、八月初旬に集結した。ウェイヴル将軍が七月二一日に、戦わずに退却するのは私たちの威信に悪影響があるし、今後の攻勢にとってソマリランドは重要な拠点になるかもしれないと、陸軍省に電報で報告した。ウェイヴル将軍のロンドン滞在中に戦闘が開始され、ソマリランドを失う戦略的損失は小さいが、私たちの威信には痛手になると、中東関連閣僚委員会でウェイヴルは述べた。

イタリア軍は八月三日に、三個本国歩兵大隊、一四個植民地歩兵大隊、二個駄載砲兵群、中戦車と軽戦車と装甲車の支隊数個で、英領ソマリランドに進出した。この大規模な部隊が八月一〇日に英軍に迫り、新任の英軍司令官ゴドウィン＝オースティン将軍が、一一日の夜に到着した。ゴドウィン＝オースティンは、命令でつぎのように指示されていた。〝イタリア軍が主要陣地を越えて進軍するのを妨げるのが、貴官の任務である……。必要とあれば撤退のために必要な手段を講じること〟。一二日と一三日に戦闘があり、砲兵の激しい砲撃のあとで、私たちの主要陣地四カ所のうちの一カ所が攻略された。一五日の夜にゴドウィン＝オースティン将軍は撤退を決意した。これについて将軍は「大損害をこうむる敗北や全滅を避ける唯一の方策だった」と述べた。中東方面軍総司令部は後送を許可し、ブラック・ウォッチが強力な後衛をつとめて、引き揚げはみごとに達成された。

この出来事に私はひどく落胆した。私たちがイタリアに敗北したのはこの一回だけだった。もちろん、保護領のイギリスとソマリアの部隊の将兵が、この敗北をもたらしたわけではない。彼らは割り当てられた装備で精いっぱい戦い、受けた命令に従っただけだ。イタリア国内ではおおいに歓喜の声があがり、ムッソリーニはナイル川平野での攻撃もうまくいくはずだと考えて狂喜した。しかし、ウェイヴル将軍は、きわめて厳しい戦いだったと断言し、現地の指揮官を弁護した。

大局では私たちの意見は一致していた。私は陸軍省やウェイヴル将軍に自分の見解を押しつけなかった。

＊

この時期、私たちがつかんでいた情報は、アルバニアでイタリア軍が急激に増大し、それによってギリシャが脅威にさらされていることを示していた。ドイツのイギリス侵攻の準備が規模を拡大しており、ドイツ、オランダの河口、艀が集められているフランスの港への私たちの爆撃を減らすわけにはいかなかった。私は爆撃飛行中隊を本国から移動するという決定を考慮してはいなかった。しかし、細かい計画を練ることは、いつでも役に立つものだ。奇妙に思えるかもしれないが、空軍は空以外では移動にもっとも適していない軍種なのだ。飛行中隊は数時間で目的地に到達できるが、施設、補給処、整備工場を開設し、燃料や予備部品を移送するには、数週間か、場合によっては数カ月かかる。

（即日実行）

総理大臣より空軍参謀総長《CAS》及びイズメイ将軍へ

一九四〇年八月二八日

現在作業が進行している案件に加えて重爆撃飛行中隊四個以上をエジプトに移動する提案を示してほしい。ギリシャがイタリアによって戦争に巻き込まれた場合には、そのほうが便利かもしれないので、これらの飛行中隊はギリシャの前進基地から作戦を行なう。イタリア攻撃前に、そこで再給油することになるだろう。イタリア艦隊も含めた格好の攻撃目標の多くは、このような攻撃にさらけ出されているだろう。ギリシャが参戦した場合には、現在無防備な状態のマルタよりもギリシャから作戦を行なうほうがいい。報告は手短にし、やり方と障害と反対意見だけを示し、予定表を付すこと。政策の問題は内閣国防委員会が決めるので、論じる必要はない。最善の計画立案に際して、空軍省やそのほかの人間が採用に関わる必要はないが、問題解決にはあらゆる努力を払ってもらいたい。

＊

八月の戦況についてのオーストラリアとニュージーランドの首相への報告でこの章を締めくくるのが、もっとも適切だと思う。これは六月一六日の私の公式伝達の追加説明でもある。

総理大臣よりオーストラリア及びニュージーランドの両総理大臣へ　一九四〇年八月一一日

連合軍幕僚が、太平洋の現況について報告書を用意していますが、短いはしがきをあえて先にお送りします。日本の軍部が友好関係の断絶を強いるおそれがある主張を認めるいっぽうで、「日本の法律による」個人の逮捕のようなあまり危険ではない分野では譲らないようにすることで、私たちはできるだけ日本との戦争を回避することに努めてきました。ドイツがイギリス侵攻に成功しない限り、日本は宣戦布告を行なわないだろうというのが、私の考えです。ドイツが失敗したことに日本が気づくか、戦うのを尻込みすれば、太平洋はもっと安閑になるであろうと存じます。日本の脅威に対して、従順な政策を採用するのは意に染まないとはいえ、私たちはあなたがたの利益と安全をつねに念頭に置いています。

それでもなお日本が私たちに宣戦布告した場合、黄海の外における最初の軍事目標は、十中八九オランダ領東インドでしょう。アメリカはそれに気分を害するはずです。アメリカがどう出るかは、私たちにはわかりません。アメリカは支援を行なわないでしょうが、太平洋のアメリカの主力艦隊に日本の海軍軍令部は絶大な関心を寄せているにちがいありません。英日戦争のこの第一段階では、もちろん私たちはシンガポールを防衛します。シンガポールは攻撃されても――その可能性は低いですが――長期の攻囲戦に耐えるはずです。セイロンにも巡洋戦艦一隻と高速空母を配置することができます。太平洋戦域に戻されるオーストラリアとニュージーランドの巡洋艦と駆逐艦が加わり、敵の仮装巡洋艦に対するきわめて強力な抑止になります。商船破壊も防衛します。

私たちはもっと一線級の部隊で東地中海艦隊を増強しようとしています。この艦隊はもちろん、いつでもスエズ運河を通過してインド洋へ派遣するか、シンガポールの艦隊と交替できます。たとえ日本が宣戦布告しても、あなたがたの安全に不可欠であると判明しない限り、私たちはこれをやるつもりはありません。このような移動を行なうと、中東を完全に失うことになり、地中海でイタリアを打倒する見込みが完全に消滅します。近い将来にエジプトへの激しい攻撃が予想されているので、東地中海艦隊はそれを撃退するために必要なのです。敵が攻撃に成功したら、東地中海艦隊はスエズ運河かジブラルタル海峡を通って引き揚げなければならなくなります。どちらの場合も、あなたがたの防護に艦隊の大部分を使えるようになるでしょう。しかし、英日戦が起きた場合、その第一段階ではエジプトで自軍を維持し、アレクサンドリアの東地中海艦隊をそのままにしておくことが望ましいと考えています。なにが起きるかを事前に説明することは、だれにもできません。重大な出来事を日々比較考量し、持てる資源を最大限に活用するしかありません。

最後に、日本が宣戦布告した場合、大規模な陸軍でオーストラリアかニュージーランドを侵略しようとするかという問題が生じます。それはまずありえないと、私たちは考えています。一、日本は中国で手一杯である。二、オランダ領東インドで豊富な獲物を手に入れようとしている。三、艦隊主力を南に派遣すると、それと日本本土のあいだにアメリカ艦隊が位置することになるのを心配している。しかし、思慮分別と利害には反しますが、日本がオーストラリアかニュージーランドに対して大規模侵攻を仕掛けた場合には、私は内閣の明確な権限で、地中海での損耗を切り捨て、万事を左右するこのグレート・ブリテン島の防衛と食糧調達以外のすべてを犠牲にして、オーストラリア近海に配置されるはずの日本軍部隊と戦い、侵攻部隊を追い払うか、日本本土との交通を遮断できる艦隊で、即座にあなたがたを支援すると確約します。

しかしながら、そういう事態にならないことを、私たちは願っています。日本を相手に時間稼ぎをすれば、現在の危険な状況は乗り越えられるかもしれません。私たちは、五月に公電でお知らせしたときよりもずっと、本国での力を強めています。装備が充実しつつある大規模な陸軍があります。海岸地帯は築城されています。正規軍、オーストラリア、ニュージーランド、カナダの派遣部隊も含め、強力な予備の機動部隊があります。敵が占拠地域〔複数の橋頭堡または空挺堡からなる作戦起点〕を得た場合には、その先端部に反撃を加える機甲師団もしくは旅団が、そこに含まれています。砲一〇〇〇門近く、小銃六〇万挺、じゅうぶんな弾薬などの膨大な支援物資を、アメリカから輸送しています。私たちの陸軍はフランス防衛の重荷から解放され、日に日に強力になっていますし、弾薬も備蓄しています。かてて加えて、郷土防衛隊は一五〇万人にのぼり、その大多数が軍隊経験者で、ほとんどが小銃その他の武器を所持しています。

英空軍は、六月一六日の貴国宛の公電で述べたように、個人の能力が敵よりもはるかに優れています。昨日のイギリス海峡での重要な戦闘で、一対三という劣勢でも攻撃でき、一機あたり三・五機の損耗を敵にあたえられることが実証されました。ビーヴァーブルック卿は、最新鋭の武器装備の生産で驚異的な進展を遂げています。私たちの戦闘機と爆撃機の兵力は、前にあなたがたに打電したときの倍近くになり、予備の兵器と装備も大量にあります。ドイツ軍には私たちの防空をしのぐ数と質はないと思います。

私たちの海軍の兵力は毎月増大しています。宣戦布告の時点で開始された膨大な建艦計画の成果が出はじめています。一九四〇年六月から一二月にかけて、大小さまざまですがそれぞれに重要な五〇〇隻を超える艦艇が、艦隊に加わります。ドイツ海軍はいままでになく弱体です。〈シャルンホルスト〉と〈グナイゼナウ〉は損壊して入渠中ですし、〈ビスマルク〉は公試運転をまだ行なっていません。〈ティルピッツ〉の建造は、〈ビスマルク〉に三カ月遅れています。この重要な二週間を過ぎると、海峡越えの侵攻に適した天候がめぐってくるのはだいぶ先になりますが、現在ドイツが使用できるのは、ポケット戦艦一隻、八インチ砲搭載の〈ヒッパー〉級重巡二隻、軽巡洋艦二隻、駆逐艦数隻だけです。侵攻を成功させるのにいま必要とされている大規模な軍隊を積載し、私たちの海軍と空軍の目の前で、ほとんど護衛もなく海を渡ろうとしても、海岸で私たちの強力な部隊に迎え撃たれることになります。さらに、そのような軍隊を維持し、弾薬と補給物資で占領地域を維持強化するのには、かなり無理があります。逆に、天候が悪化する前にイギリス侵攻と征服を行なうことができなかったら、ヒトラーは最初でおそらく最後にもなる致命的な反撃を食らうでしょう。

したがって、私たちには自衛できる力があり、勝利をものにするのに必要な一年か二年、耐え抜くことができると、冷静に確信を強めています。

第二二章　地中海通航

〈あらたな形勢／フランス退場、イタリア登場／アレクサンドリアのカニンガム提督／カラブリアの軍事行動の成功／海軍の負担増大／地中海に対する気後れ／七月一二日、私の公式覚書と第一海軍委員の回答／七月一五日の私の公式覚書／地中海を通って増援を派遣することに関するカニンガム提督の見解／七月二三日、第一海軍委員の私の公式覚書／〝帽子〟作戦計画／地中海を通って戦車を輸送するための私の尽力／八月一三日、私の公式覚書／海軍本部の説得に失敗／〝帽子〟作戦の実施／大胆な作戦の成功／九月八日、私のカニンガム提督宛公電／マルタ防空支援のための絶大な努力／サマヴィル提督の挑戦／タコラディからエジプトへの航路開設／きわめて重要な細々とした供給／なお最前線のマルタ〉

フランスが崩壊するまで、地中海の支配はフランスとイギリスの艦隊が分担していた。ジブラルタルで私たちは、巡洋艦と駆逐艦の小部隊で海峡を監視していた。東地中海沿岸には、アレクサンドリアを基地とする私たちの地中海艦隊がいる。イタリアが脅威を示しはじめたこの年はじめ、地中海艦隊は戦艦四隻、巡洋艦七隻、駆逐艦二二隻、空母一隻、潜水艦一二隻で増強された。フランス地中海艦隊は、主力艦五隻、空母一隻、巡洋艦一四隻、多数の小型艦から成っていた。いまフランスは退場し、イタリアが登場した。数の上で強力なイタリア海軍には、最新型（〈リットリオ〉級）二隻を含む主砲一五インチの戦艦六隻が含まれていたが、旧式艦のうち二隻は再建中で、すぐには就役できない。

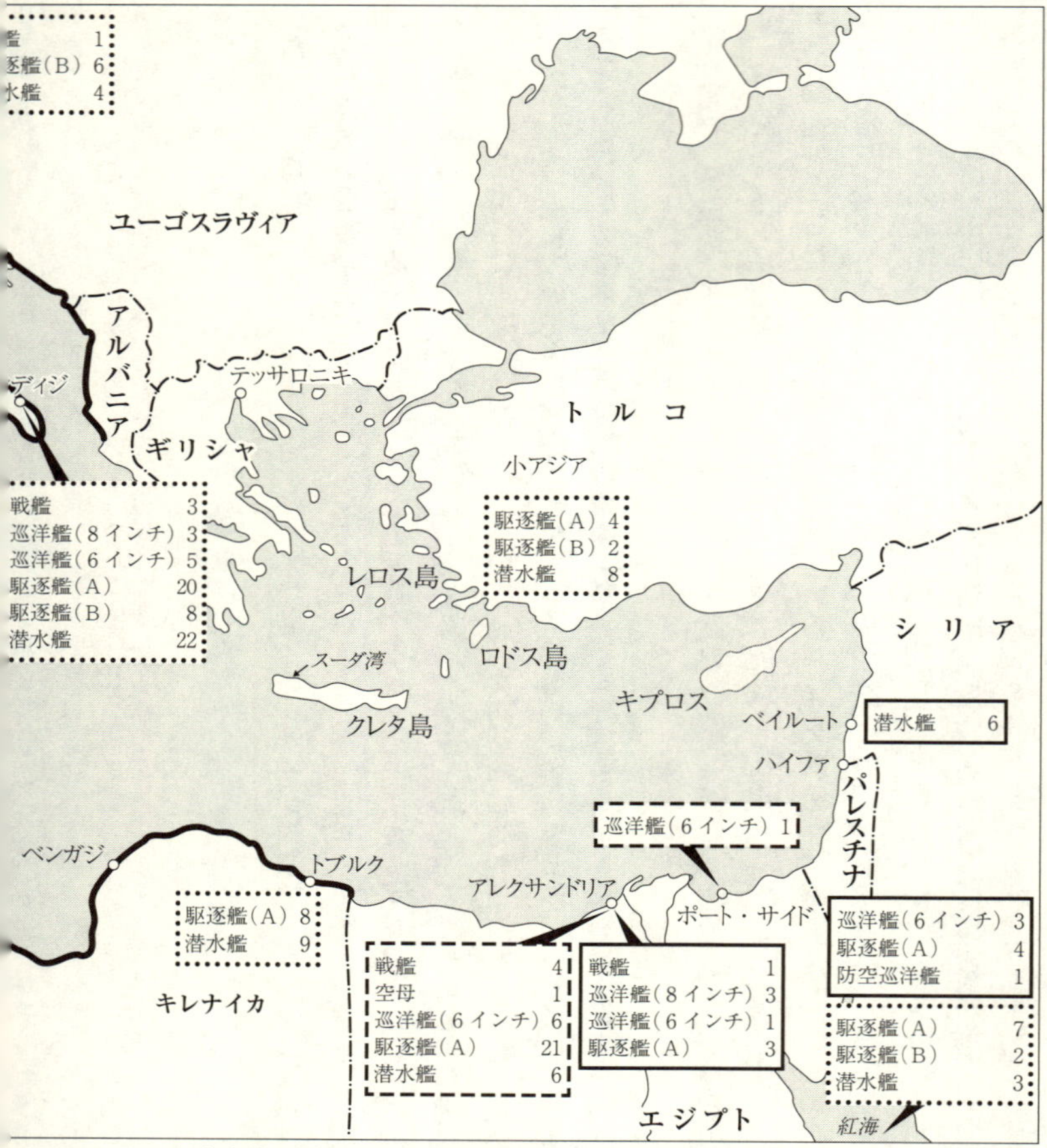

地中海における主要艦隊の配置　1940 年 6 月 14 日

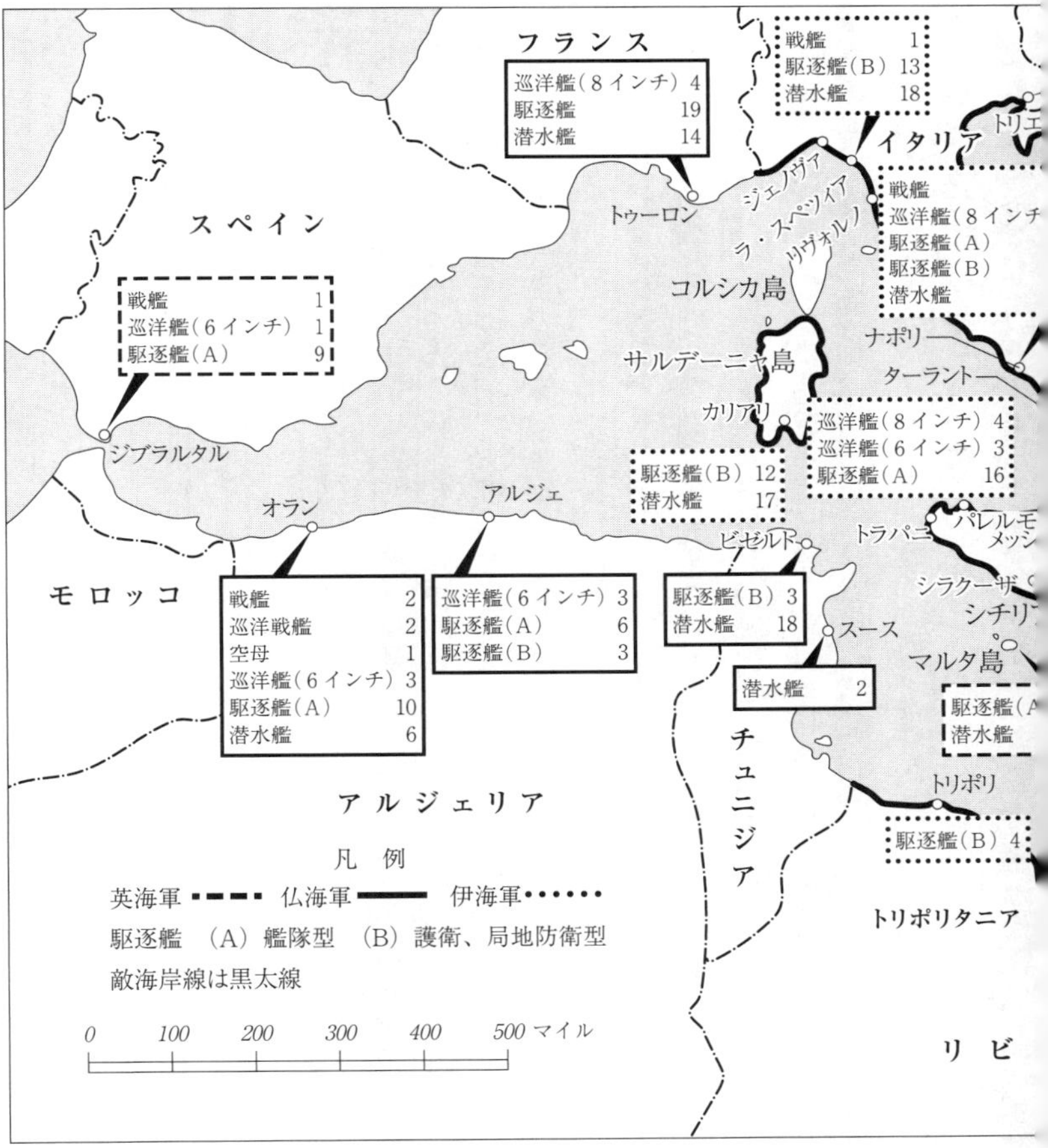

フランス
巡洋艦(8インチ) 4
駆逐艦 19
潜水艦 14
戦艦 1
駆逐艦(B) 13
潜水艦 18
イタリア
トゥーロン
ジェノヴァ
ラ・スペツィア
リヴォルノ
戦艦
巡洋艦(8インチ
駆逐艦(A)
駆逐艦(B)
潜水艦
スペイン
戦艦 1
巡洋艦(6インチ) 1
駆逐艦(A) 9
コルシカ島
サルデーニャ島
ナポリ
ターラント
カリアリ
巡洋艦(8インチ) 4
巡洋艦(6インチ) 3
駆逐艦(A) 16
ジブラルタル
駆逐艦(B) 12
潜水艦 17
オラン
アルジェ
ビゼルト
トラパニ
パレルモ
メッシ
シラクーザ
シチリ
モロッコ
戦艦 2
巡洋戦艦 2
空母 1
巡洋艦(6インチ) 3
駆逐艦(A) 10
潜水艦 6
巡洋艦(6インチ) 3
駆逐艦(A) 6
駆逐艦(B) 3
駆逐艦(B) 3
潜水艦 18
スース
潜水艦 2
マルタ島
駆逐艦(A
潜水艦
チュニジア
トリポリ
駆逐艦(B) 4
アルジェリア
トリポリタニア
リビ
凡例
英海軍 仏海軍 伊海軍
駆逐艦 (A) 艦隊型 (B) 護衛、局地防衛型
敵海岸線は黒太線
0 100 200 300 400 500 マイル

これらに加えて、イタリア艦隊には一九隻の近代的な巡洋艦があり、そのうち七隻は主砲八インチだった。駆逐艦と水雷艇は合わせて一二〇隻で、一〇〇隻を超える潜水艦もある。

さらに、強力なイタリア空軍が私たちに対して配置されていた。六月末には手に負えそうにない形勢になったので、海軍本部は最初のうち、東地中海を捨ててジブラルタルに戦力を集中することを考えた。私はこの方針に反対した。たしかに書類上の計算ではイタリア艦隊が有利なので、それが正しい判断だと見なされたかもしれないが、私が感じ取った戦闘力の評価とは一致しなかったし、撤退すればマルタが陥落するのは目に見えていた。地中海の東西両端でとことん戦うという結論が下された。七月三日、参謀総長たちは、地中海に関する報告書を用意し、中東が重要な戦域であることを強調したが、当面、私たちの方針はおおむね防御を主流にしなければならないと認識していた。ドイツのエジプト攻撃の可能性は深刻に受け止める必要があるが、東地中海に艦隊を配置しつづければ、純然たる局地攻撃には既存の部隊で対処できるという内容だった。

前述のように、サマヴィル提督が指揮するH部隊が、六月末にジブラルタルで編成された。巡洋戦艦〈フッド〉、戦艦〈レゾリューション〉、超弩級戦艦〈ヴァリアント〉、空母〈アーク・ロイヤル〉、巡洋艦二隻、駆逐艦一一隻という陣容だった。この部隊で私たちは、オランでの軍事行動を行なった。東地中海艦隊のアンドルー・カニンガム提督は、最高の資質と揺るぎない勇気が具わっている将官だった。イタリアが宣戦布告すると、カニンガム提督はただちに艦隊を外海に出して、敵を探した。英空軍がトブルクを攻撃し、イタリアの旧式巡洋艦〈サン・ジョルジオ〉を撃沈した。艦隊はバルディアを沖合から砲撃した。彼我の潜水艦が活動を開始し、六月末までに私たちは敵艦一〇隻を撃破し、水中機雷のために三隻を失った。

七月八日、マルタからアレクサンドリアに向かう船団通航を掩護していたときに、カニンガム提督はイタリア軍の軍事的存在が強まっていることに気づきはじめた。航空攻撃の激しさからも、イタリアが重要な作戦を進めていることは明らかだった。いまやわかっているように、イタリアは、空軍と潜水艦が全力をあげて集中攻撃できるような地域にカニンガム提督を誘い込もうとしていたのだ。カニンガム提督はただちに主導権を握って、数では劣勢だったにもかかわらず、大胆にも艦隊の針路を変更し、敵と敵の基地のあいだに艦隊を突っ込ませた。

翌日、敵と接触し、すぐさま長距離での戦闘が開始された。敵の戦艦一隻と巡洋艦二隻が被弾し、イギリス艦隊にはなんら被害がなかった。敵は踏みとどまって戦うのを拒み、速力にまさっていたおかげで、カニンガム提督の艦隊に追撃されながら、イタリア本土から二五海里以内に逃れることができた。この海戦とつぎの二日間、激しい航空攻撃がつづいたが、さしたる被害はなく、船団は何度も爆撃を受けたものの、無事にアレクサンドリアに到着した。この勇猛な行動は、英国艦隊が地中海で優勢であることを実証し、イタリアの威信は傷ついて、それ以降、二度と回復しなかった。一〇日後、オーストラリアの巡洋艦〈シドニー〉とイギリスの駆逐艦小艦隊一個が、イタリアの巡洋艦一隻を撃沈した。したがって、私たちはあらたな敵との遭遇に、かなり元気づけられたといえるだろう。

しかし、この時期に海軍本部が担っていた重荷は、すこぶる重かった。侵攻のおそれがあるために、小艦隊や小型艦艇はイギリス海峡と北海にかなり集中していた。八月にビスケー湾のいくつもの港から出撃しはじめていたUボートが、軽微な損耗をこうむるだけで、大西洋の私たちの船団に甚大な損害をあたえていた。イタリア艦隊の実力は、まだ試されていなかった。日本が宣戦布告して、私たちのアジアの帝国に全力で災厄をもたらす可能性も除外できないと、私たちは考えていた。したがって、地中海の軍艦すべてを危険にさらすのを不安視した海軍本部が、ジブラルタルとアレクサンドリアでは防衛のみに専念したかったのも不思議ではなかった。私はその逆で、地中海に割り当てられている多数の艦艇が、当初から積極的な役割を果たさなかった理由が理解できなかった。マルタは飛行中隊や陸上部隊で増援しなければならない。商船の航行がすべて中断されているのは適切な措置だし、大規模な兵員輸送船団はすべて喜望峰まわりでエジプトへ行くしかないが、地中海全体を閉鎖してしまうことは容認できない。小規模な特殊船団が何度か航行し、イタリア艦隊の戦力を見届けるために挑発するという手もあるのだ。ドイツ軍がこの戦域に現われることを私は早くもおそれていて、その前にそういう作戦を行ない、なおかつマルタに適切な駐屯部隊を置き、高射砲を設置することを願っていた。夏から秋にかけて、私たちの戦争遂行のこの部分について、私は海軍本部と友好的ではあるが緊張した議論を重ねた。

総理大臣より海軍卿及び第一海軍委員へ　　一九四〇年七月一二日

空母〈イラストリアス〉を地中海に移動し、〈アーク・ロイヤル〉と交替させるのがよいのではないかと思っている。これによって、ハリケーン戦闘機多数をマルタに配置できるかもしれない。現在、ハリケーンは余剰分が多数あるし、マルタのグラディエーターの操縦士はハリケーンを操縦できるのではないか？　そうすれば本国の操縦士の戦力が減ることはない。

ドイツがフランスとベルギーの鉱山をすべて押さえたので、［バルト海の］ルーレオでの作戦は現在さほど重要ではなくなっている。地中海での戦闘行動に目を向けなければならない。

航続力の大きい駆逐艦を地中海艦隊の駆逐艦と入れ替える計画について知らせてもらいたい。日程はわかっているのか？

これに対して、パウンド提督が海軍卿を通じてその日のうちに回答した。

私たちは西地中海の航空情勢を経験しましたし、東艦隊が行なっている現在の作戦が終わりましたらただちに、東地中海で対峙している敵についてかなり詳しいことがわかるはずです。H部隊と東地中海艦隊がいずれも由々しい不利な立場で活動していることに、疑いの余地はありません。なぜなら、爆撃範囲の北海とは異なり、戦闘機で防護することが不可能だからです。

現在私たちは、航空機と高射砲をマルタに、航空機をアレクサンドリアに届けるという急を要する問題に直面しております。これらの入手可能な物資をすべて積載した船が地中海を通航するのは危険が大きすぎるのではないか、喜望峰まわりで輸送することで生じる遅れを受け入れるほうがよいのではないかということに関して、私にはまったく確信がありません。

また、〈イラストリアス〉の派遣を検討するという問題に関しましては、ただちに検討することができません。帰着してフルマー戦闘機の総数が艦載されるまで、待たなければなりません。

ジブラルタルの駆逐艦の一部を航続力の大きい駆逐艦と入れ替える手配はなされておりますが、それらの出航日時はおそらく、前記の艦をジブラルタルまで護衛する日程に左右されるでしょう。

総理大臣より第一海軍委員へ　　　　　**一九四〇年七月一五日**

1．東地中海から撤退してカニンガム提督の艦隊をジブラルタルに移すという提案を私が拒否してから、三週間が過ぎた。この計画が戻ってこないことを、私は願っている。地中海中央で航空攻撃の危険に直面していることは、だれにでもわかる。じゅうぶんな目的があってこの危険に直面せざるをえないこともままある。敵の砲火を潜り抜けるのが軍艦の役目だ。昨年一〇月に、船体腹部の膨らみを増すことで速力を犠牲にしても、〈ロイヤル・サヴリン〉級を改造して甲板に厚い対空装甲をほどこすという私の提案が支持されていたら、いまの私たちの軍事的立場はまったく異なっていただろう。この提案を破棄したせいで、いまあらゆる段階で障害にぶつかっているわけだが、私たちは一年前からまったく進歩していない。〈ロイヤル・サヴリン〉級の甲板に装甲がほどこされ、高角砲が空を向いていれば、あるいは多少なりとも高角砲を備えていれば、あまり損害をこうむることなく、イタリア沿岸部を襲撃できていたはずだ。★戦前に発足した海軍本部のさまざまな委員会は、航空攻撃の危険を過小評価し、それに対処する軍艦の能力について、議会で大雑把すぎる見解を述べるのを容認した。ところがいまはその風潮が逆転して、航空攻撃の危険を逆に過大評価し、作戦の履行にはときとして欠かせないことなのに、国王陛下の艦艇を爆撃にさらすのは間違っていると考えている……。

ドイツ軍がやってきたら、地中海での敵の攻撃が激化するのは確実だと見なさなければならない。

2．きわめて強力な対空防御をマルタに設置し、私たちのもっとも優秀な戦闘機数個飛行中隊を配置することは、急を要する重要事項になっている。これは敵の攻撃を受けながらやらざるをえないだろう。これまで見てきたさまざまな報告書で提案されている防御態勢の全容を教えてもらいたい。配備は早急に行なわなければならない。輸送用の高射砲とハリケーン戦闘機が少数調達され、主力の装備は追って輸送されるはずだと考えている。今月末には本土防衛分からもっと大量に分遣することが可能かもしれない。緊急の第一次装備はできるだけ早くマルタに届けなければならない。一隻が攻撃されて装備がすべて失われることがないように、装備を何隻かに分けて積載すべきだろう。多大な遅れが生じる喜望峰まわりの輸送は容認できない。マルタに関するかぎり、この遠まわり《デトゥール》で危険を避けられるわけではない。ジブラルタルからマルタまでの航行よりも、アレクサンドリアからマルタまでの航行のほうが、ずっと危険なのだ。

3．〈イラストリアス〉。北海と大西洋で私たちが防御一辺倒であることを考えれば、〈イラストリアス〉をドーヴァー海峡の北か南に移動して、イギリス海峡やアイリッシュ海に派遣しようとは、だれも提案しないだろう。そちらは陸上基地の航空機がすでに完備しているし、本土付近にいる空母が敵沿岸からある程度離れた水域で作戦行動を行なうことができる。しかし、地中海ではイタリアに対して攻勢に出なければならないし、とりわけ、特殊な状況に備えてマルタを艦隊基地としてふたたび使用できるように努力しなければならない。飛行甲板に装甲をほどこした〈イラストリアス〉は、地中海に配置するほうが望ましいし、〈アーク・ロイヤル〉は本土近くの戦域に戻したほうがいい。〈イラストリアス〉の就役はかなり遅れているので、フルマー〔艦載戦闘機〕〔原文では〝高速〟としているが、複座でエンジンが非力なので、戦闘機としては高速とはいえなかった。ただ、単葉機で、従来の複葉機よりは速かった〕がいつ艦載され、〈アーク・ロイヤル〉と交替できるようになるのか、知らせてもらいたい。

4．行動半径がより大きい駆逐艦をジブラルタルに送り、行動半径の小さい艦が本国に戻ってイギリス海峡とアイリッシュ海に配置される手配がなされたことに安堵している。

＊

その間に海軍本部の方針がまたもやきわめて入念に吟味され、東地中海で強力な部隊を維持するという決定が、七月一五日に暗号通信でふたたびカニンガム司令長官に伝えられた。この公式伝達は、東地中海でのイギリスの主な任務は敵海軍部隊の殲滅であるとしていたが、数の上で敵は圧倒的に優位だった。西ではH部隊が地中海から西への出口を支配し、イタリア沿岸への攻勢作戦を行なうことになっていた。この力強い方針に、私はおおむね同意した。東西の両艦隊にどのような大型艦が必要であるか、配置換えが望ましいと思われたときに、地中海と喜望峰まわりのどちらを通って入れ替え

★第一巻第二五章で議論された。

るべきかについて、カニンガム司令長官が意見を求められた。

それに対してカニンガムは、〈ヴァリアント〉と〈バーラム〉の戦艦二隻を自分の艦隊に加えるべきだと答えた。それにより、主砲の射程と速力が最大の戦艦四隻を擁することになる。また、つねに不安材料になっていた甲板が脆弱で速力の劣る〈ロイヤル・サヴリン〉を手放すことができる。カニンガムはさらに、〈イラストリアス〉を含む空母二隻と、八インチ主砲の巡洋艦二隻を要求した。西地中海では〈フッド〉、〈アーク・ロイヤル〉、R級戦艦〔〈リヴェンジ〉級もしくは〈ロイヤル・サヴリン〉級とも呼ばれ、当初は五隻あった〕一、二隻を含む部隊で所要を満たすことができると、カニンガムは第一海軍委員と意見が一致した。マルタが戦闘機で護られ、アレクサンドリアの艦隊が増強されれば、これらの戦力で地中海を支配し、東地中海を永続して堅持できると、カニンガムは考え、つぎのように結論を述べた。「巧みに調整した移動を行なえば、増援が地中海を通航することは可能だが、おそらく一度の作戦で行なうことが望ましいだろう」

このように、海軍本部での話し合いにより、ほぼすべてで合意に達した。カニンガム提督の艦隊を戦艦一隻、空母一隻、巡洋艦二隻で増強し、それと同時に、機を見て補給物資を積んだ船団が**アレクサンドリアから**マルタへ急行するというのが、共通の基本方針だった。その後の七月二三日、第一海軍委員が、海軍卿と私宛の公式覚書で述べた。

東地中海艦隊を増援する戦闘艦だけではなく、艦隊向けの予備弾薬とマルタ向けの高射砲とマルタと中東向けの航空機を積んだ商船が地中海を通航することが可能かどうかについて、徹底的な議論がなされました。商船が一隻かそれ以上、速力を落とさなければならないような損害を受けた場合、自沈せざるをえなくなるので、現況では貴重な積み荷を載せた商船が地中海中央を通航するのは賢明ではないというのが、司令長官の明確な意見です。本官は司令長官に完全に同意します。

そういうしだいで、その後の暗号名〝帽子〟の重要な作戦には、商船の通航の準備は含まれなかった。それでも、カニンガム提督の全面的な支持を得て、地中海中央でイタリアの艦隊と空軍に挑んだ。そのときには私は海軍本部の決定の骨子にほぼ満足し、戦力試行を主導してくれることを願った。したがって、すべての準備が進められた。

数週間後、戦時内閣は、侵攻の脅威があるにもかかわらず運用可能な戦車の半数近くをエジプトに送るという大胆で遠大な計画に、参謀総長たちの完全な同意を得たが、地中海通航という問題をより厳しい形でふたたび突きつけられた。もちろん私は戦車を送ることに全面的に賛成だったが、喜望峰まわりではエジプトの命運が懸かっている戦いに間に合わないことを恐れていた。第一海軍委員は、はじめのうちは危険を冒す方向に傾いていたが、さらに検討した結果、海軍本部の舞台では主役になっていた〝帽子〟作戦を複雑にするのではないかと思うようになった。二隻以上の高速貨物船（速力一六ノット）をジブラルタルからマルタに派遣することになるが、このほうがアレクサンドリア発よりも危険だと見なされたのだ。そのため、さらに議論がなされた。

総理大臣よりイズメイ将軍へ、参謀総長委員会《COS》宛　　一九四〇年八月一一日

私はこの提案「すなわち戦車を喜望峰まわりでエジプトに送ること」を承諾しない。それでは、もっとも重要な時期にきわめて貴重な資源「〝I〟戦車、つまり歩兵戦車五〇両」を奪われ、それらがもっとも必要とされるときに中東で使用できなくなる。さらなる提案を行ない、障害を克服するよう、海軍本部に強く求める。必要とあれば、H部隊が東地中海に派遣する駆逐艦の数を増やし、戦車要員が分乗するとい

うことはできないのか？　その後、それらの駆逐艦は、カニンガム提督が駆逐艦六隻を西に派遣したときとおなじ手順で帰投すればいい。

第3軽騎兵連隊（戦車連隊の要員）が喜望峰まわりで輸送されることへの反対意見は、いまのところないようだ。ウェイヴル将軍が、その間、一時的に［戦車に］兵員を配置することが可能だからだろう。しかし、それにはまずウェイヴル将軍が軽戦車を受領する必要がある。戦車要員が海軍艦に分乗して派遣されるのであれば、私には歩兵戦車五〇両を地中海経由で運ぶ危険を冒す覚悟がある。だが、喜望峰まわりで戦車と戦車要員を輸送するのは論外である。それでは二カ月間、戦車も戦車要員も戦闘に参加できない。地中海経由で運ばれる戦車要員は、最小限に切り詰め、均等に配分しなければならない。

さらなる提案をあす（月曜日）までに届けてほしい。

一九四〇年八月一三日

総理大臣より海軍卿及び第一海軍委員へ

1．フランスが戦争から脱退する直前、ダルラン提督が、ASDIC搭載駆逐艦や航空機の防護なしでジェノヴァを白昼砲撃し、無傷でトゥーロンに帰投した。東地中海艦隊は地中海の中央まで三度進出し、一隻――軽巡洋艦〈グロスター〉――が爆弾一個を被弾しただけで、アレクサンドリアに帰投した。数週間前に、高速船団と低速船団がマルタからアレクサンドリアまで損害を受けずに航行した――その航海の二日間はイタリア機につきまとわれていた。
2．海軍本部は現在、H部隊を出迎えるためにアレクサンドリアから駆逐艦六隻を呼び寄せると提案している。間違いなく空から探知されるこれらの駆逐艦は、母港にいるきわめて多数のイタリア高速巡洋艦の航空攻撃の範囲内を通るだろう。イタリアの海上活動に関する地中海総司令官と海軍本部の適切な推定はべつとしても、この移動は当然ながら大損害を生じ、きわめて危険が大きいはずである。

3. 近い将来に私たちが動かす強力な部隊にとっても、わずか一五ノットという速力の民間貨物船二隻とともに東地中海を通航するのは、実行が不可能なくらい危険であると聞かされている。しかしながら、そのいっぽうで海軍本部は、イギリス西部沿岸の大部分を築城化するのに巨額の予算を要求している。ジロンド［川］から、もしくはサン・ナゼールから乗船して運ばれる一万二〇〇〇人により侵攻されるおそれがあるというのがその根拠だが、この敵部隊はまったく軍艦の防護を受けずに派遣されることになる。英海軍の総力を前にして、兵員一万二〇〇〇人を護衛なしでアイルランドかイギリスの西岸へ運ぶのが実行可能な作戦だというのであれば、いま地中海で危険と見返りを天秤にかけても、おなじことがいえるのではないか？

4. エジプトのどこでいつ主攻撃が起きるか、だれにもわかっていない。しかし、ドイツがイギリス侵攻に挫折するか、それを断念した場合、イタリアのエジプト攻撃をそそのかして支援する必要に迫られる可能性がきわめて高い。九月はきわめて重要な月だと認識しなければならない。

5. こういう状況のもとで機甲旅団を喜望峰まわりで派遣しようとするのは、重大な過ちである。その旅団は九月のあいだ、イギリスもしくはエジプトの防衛になんら役立たなくなってしまう。

6. 東地中海艦隊への増援とともに貨物船二隻以上が地中海を通航する作戦を再検討してもらいたい。戦車要員は軍艦で配置することができる。戦争全体から見れば、輸送艦が地中海を通航するほうが、機甲旅団を喜望峰まわりで輸送してそっくりそのまま戦闘からはずすよりも危険が小さい。戦車要員を軍艦に適切に配分してもらえれば、装甲車両の損耗の可能性については、私がすべての責任を負う。

私は、機甲旅団かあるいはその車両だけでも地中海を通って輸送するよう海軍本部を説得することができなかった。まったく嘆かわしく、腹立たしかった。パウンド提督への友情と彼の判断への信任は変わらなかったが、激しい議論がなされた。パウンド提督には軍人としての責任があるし、私がともに仕事をした海軍将校のなかでも、彼ほど危険を顧みない人物はいなかった。私たちはふたりでさまざまなことを切り抜けた。パウンドがやらないのであれば、だれもやらないだろう。私は海軍本部のことをよく知っていたので、海軍本部や偉大な友人で同志のパウンド提督や尊敬する海軍卿に、限度を超える圧力を加えはしなかった。私の海軍本部との関係は良好で、海軍本部の閣議に対する正式な反対で損なわれることはなかった。

八月一五日にようやくその問題を閣議で示したとき、〝帽子〟作戦に二個機甲連隊を加えるよう海軍本部を説得することを願っていたと、私は説明した。戦車部隊が地中海を輸送されれば、九月五日ごろにアレクサンドリアに到着するはずだった。喜望峰まわりだと、その三週間ほど後になる。しかし、帝国参謀総長は、イタリア軍の大規模攻撃は差し迫っていないと考えていた。ウェイヴル将軍の見方もおなじだった。近道をとることを精いっぱい説いたあと、戦時内閣は司令官たちの判断を覆す責任を負うべきではないと考え、無念だったが遠まわりの輸送を私は渋々容認した。しかし、参謀総長たちは、〝帽子〟作戦が開始される前に中東の戦局が不意に悪化した場合のために、近道の代案を用意した。巡航戦車と歩兵戦車を積んだ高速貨物船《MT》二隻が、海軍部隊に同行して地中海を通航するというものだった。増援部隊を輸送する船団がジブラルタルを通過する前に、決定が下されることになっていた。中東から届いた状況報告は、代案を強行する正当な理由にはならなかったので、船団はそのまま喜望峰まわりの航海をつづけた。

〝帽子〟作戦は順調に行なわれ、八月三〇日から九月五日まで、損耗は生じなかった。カニンガム提督は八月三〇日にアレクサンドリアを出航し、翌三一日の夜に艦載機が、戦艦二隻と巡洋艦七隻から成る敵部隊が接近していると報告した。交戦の期待が高まったが、イタリア軍は明らかに危険な事態を避けたかったようで、なにも起こらなかった。翌晩、私たちの航空機がふたたび触敵した。敵艦はターラントに撤退した。その後、カニンガム提督の艦隊は、空からの攻撃をほとんど受けず、マルタの東と南で自由自在に移動できた。一隻が航空攻撃で損傷しただけで、船団は無事にマルタに到着した。そのあいだに、再建中の姉妹艦〈バーラム〉は欠けていたものの、戦艦〈ヴァリアント〉、空母〈イラストリアス〉、防空巡洋艦二隻を含む増援が、サマヴィル提督のH部隊に伴われて、ジブラルタルから接近していた。〈ヴァリアント〉と巡洋艦二隻は、必要とされていた高射砲と弾薬をマルタでなんなく陸揚げし、カニンガム提督と合流して、九月三日に東へ進んだ。アレクサンドリアに帰投する途中で、艦隊はロドス島とカルパトス島を攻撃し、Eボート〔高速魚雷艇〕一隻の攻撃をあっさりと撃退した。サマヴィル提督の艦隊は、襲撃を受けることなくジブラルタルに帰投した。

敵の侵攻準備も顧みないで、頑なに本国の機甲部隊を大幅に減らす危険を冒していることに比べれば、マルタ付近の水路を通って機甲旅団を輸送する危険を冒すのは妥当だったにちがいないと、私はこういったことすべてから確信した。そうすれば、三週間以上後ではなくいまエジプトに駐留しているはずだ。じっさい、この三週間、エジプトではなにも重大な惨事は起こっていない。それにもかかわらず、イタリアの航空機を過度に恐れたせいで、海上作戦に支障をきたしてしまった。その後の出来事が私の主張の正しさを証明したと、そのとき思った。いまでもそう思っている。事実、一一月末が近づくと、サマヴィル提督のH部隊は、船団を護衛して西からマルタに無事に送り届けた。その途中のサルデーニャ島近くで、ターラントで攻撃による被害を免れたイタリア艦隊の一部と局地的な戦いをくりひろげた。H部隊が護送していた船団の一隻が、東地中海艦隊への追加増援の艦隊に護衛されていたマルタからの給糧艦三隻とともに、アレクサンドリアに到着した。イタリアが参戦してからはじめて、商船が地中海を完全に通航したのだ。つぎの巻で読者は知ることになるが、**ドイツ空軍が**

シチリアで完全に陣容を整えていた一九四一年にも、海軍はエジプトに戦車を輸送するために、さらに危険な偉業を遂行した。

総理大臣より海軍卿へ　一九四〇年九月七日

1．〝帽子〟作戦の成り行きによって私は、装甲車両を地中海経由で輸送する計画から手を引くのは間違いであると判断した。この路線を採用すべき理由を述べ立てている私の公式覚書を読んでもらえれば、いまそれが新しい事実に裏付けされていることがわかると思う……。

総理大臣より海軍卿へ　一九四〇年九月七日

〈ラミリーズ〉級戦艦の甲板に厚い装甲をほどこし、船体の膨らみを大きくして、爆撃に耐えるように改造するという過日の海軍卿時代の私の強い主張について、短い梗概《レジュメ》を届けてくださるとありがたい。これらの艦が、私がくりかえし力説したとおりに改造されていたら、いまごろ私たちはイタリア沿岸部を攻撃でき、政治面と軍事面できわめて大きな成果をもたらしていたかもしれない。代案も出さずにこの必要不可欠な手段を講じるのを先延ばしする傾向が、いまだに見られる。

艦砲射撃を行なう艦艇が来年また欠乏することがないように願って、私はこの再建計画をあらためて提案する公式覚書を送ったのだが、貴君はいまだに回答していない。資料を読み直して意識をあらたにしてから、この問題について貴君と話し合うことができれば幸甚である。

どういう時点であろうと、新建艦計画との比較較量なしでは、この問題を決定することはできない。方針のちがいではなく、この強固な岩盤で私の願いは暗礁に乗りあげた。

総理大臣よりイズメイ将軍へ

一九四〇年九月八日

総理大臣兼国防大臣より、東地中海艦隊司令長官サー・アンドルー・カニンガムへ。

先ごろの地中海東部と中部における作戦の成功を祝し、私たちの最高の艦隊二個に属する貴官の艦隊に貴重な主力艦を追加したことを寿ぐしだいである。しかしながら、エジプトとアレクサンドリアの防衛に必要不可欠な機甲旅団が、戦いの場へ運ばれるのに三週間以上かかることは遺憾である。〝帽子〟の期間中と〈イラストリアス〉及び〈ヴァリアント〉の到着によって得られた経験に照らして、海事の状況を吟味してもらえることを願っている。イタリア海軍の書類上の戦力だけではなく、彼らがどこまで反撃する気構えであるのかということも推し量ってほしい。時がたつにつれてドイツがイタリアの軍事機構を掌握する可能性が濃厚になり、戦況全体が大きく変わるはずなので、秋までにイタリアを叩くことがきわめて重要だ。私たちはあらゆる可能な手段でマルタの防空を強化するつもりだし、私がおおいに期待している斬新な兵器が、まもなく実験のために現地に送られる。マルタは、一九四一年四月より前に、艦隊の一時的寄港には安全になるはずだと考えている。それまでに貴官が攻勢行動を提案するのであれば、海軍本部に連絡してもらいたい。リビアのイタリア軍交通路への作戦については、陸軍及び空軍の計画と調整してもらえるとありがたい。適切なときに実行すれば、イタリアのエジプトへの大規模攻勢を妨げることができるだろう。主導権を握ることの利益は、明らかにきわめて大きい。フルマー［ようやく空母に艦載された戦闘機］が好印象をあたえたことを願っている。制空権をめぐる戦いはなおも熾烈だろうが、それによって成果が生じると強く確信している。

私たちの地中海支配に対する空からの荒々しい衝撃を、戦前のイギリス政府と専門家の顧問たちがはっきりと予見していなかったのは、いまもって驚くべきことである。しかし、それはそれとして、私たちは空での競争でドイツに大差をつけられていて、本土防衛にあたり、すでに兵力で敵に劣っていた部隊は過大な要求に圧倒されていた。英本土防衛戦《バトル・オブ・ブリテン》で決定的勝利をものにするまで、地中海とエジプトへの航空機増援は、激しく非難されるような行為だった。イギリスの昼間の空を牛耳っていると思えた冬の数カ月のあいだですら、夜間爆撃《ブリッツ》の猛攻を浴びているなかで戦闘機をマルタかエジプトに送るのは、きわめて困難だった。爆撃を受けているイギリスの都市や、重要な海港や軍需品工場から、それらを護るのになんとしても必要な高射砲と砲弾を調達して、喜望峰まわりでエジプトに送るか、もっと大きな危険を冒してマルタに届けるのは、さらに心苦しかった。

そういうしだいで、損失や失望にもかかわらず、これまでなおざりにされていたマルタ防空の増援が強行された。ジブラルタルのサマヴィル提督の任務には、空母一隻に搭載した戦闘機がマルタまで飛べる距離に近づくことができるように船団を組むことが含まれていた。最初の活動は八月初旬に行なわれ、空母〈アーガス〉から飛び立ったハリケーン戦闘機一二機が、マルタへ向かった。この戦闘機の到着までマルタの防空は、地元で〝信頼《フェイス》〟、〝希望《ホープ》〟、〝慈善《チャリティ》〟という愛称で呼ばれていたグラディエーター三機が担っていた。一一月に二度目の試みを行なったが惨事になった。マルタの四〇〇海里西で〈アーガス〉から発艦した一四機のうち九機が、風向きが変わったために途中で燃料切れになり、献身的な操縦士たちとともに海に沈んだ。その後は二度と、燃料消費をぎりぎりに計算せず、何度も同様の作戦を行なったが、不幸な結果は一度も起こらなかった。

*

地中海での危険と喜望峰まわりの最悪の遅れの両方を避けて、中東に航空機を送り込む方法を見つける必要があった。西アフリカから陸地を越えて飛ぶ航路なら、致命的な遅れが生じることはなく、輸送手段も節約できる。空母から陸地に向けて飛ぶか、分解して梱包し、どこかの港まで船で運んで、そこで組み立てて飛び立つことができる。ラゴス〔ナイジェリアの旧首都〕かタコラディ〔旧英領ゴールド・コースト、現ガーナ〕のどちらかを選ぶことになった。

入念に調査した結果、タコラディが選ばれ、早くも一九四〇年八月二一日に作戦部隊が現地入りした。カノ〔ナイジェリア北部の町〕からハルトゥームへの航路が設定され、その後、カイロまで延長された。総距離は三七〇〇マイル（約五九五〇キロメートル）にのぼった。タコラディに設備の整った整備場と宿泊施設を建設する必要があり、航路沿いに給油所と休憩所を設けなければならなかった。梱包されたハリケーン戦闘機とブレニム爆撃機が一二機、九月五日に海路で到着した。翌日にはハリケーン三〇機が、空母〈アーガス〉から飛び立って到着した。最初の引き渡し編隊は、九月二〇日にタコラディを発ち、四日後にハルトゥームに到着した。このような細々とした供給で、年末までに一〇七機がエジプトに到着した。

迅速に開始されたとはいえ、この航路をまとめあげるのに何カ月もかかった。梱包された航空機を組み立てる作業員を、タコラディの気候と風土病のマラリアが苦しめた。緊急の必要のために空母使用は限られた。空輸部隊の移動を天候が妨げた。運用できず、航路の途中で部品を待っている航空機の数が増えた。荒れ果てた広い砂漠の上を飛ぶために、エンジンの消耗が激しく、戦闘可能な期間が短くなった。初期の厄介な問題を克服しなければならなかった。この航空機供給は、一九四〇年には有効ではなかった。だが、私たちが手早く作業を開始していなかったら、ナイル軍とその冒険的な作戦は、一九四一年の悲惨な事件の数々を生き延びられなかっただろう。

*

一九四〇年末までに、英海軍は地中海でふたたび揺るぎない陣容を整えていた。マルタの防御は、サマヴィル提督が高射砲その他の装備を長距離輸送したおかげで、かなり強化されていた。東地中海ではカニンガム提督の攻勢方針がすばらしい戦果をあげていた。イタリアの優勢な空軍力にもかかわらず、あらゆる地域で私たちは主導権を握り、マルタはイタリア本国とアフリカ駐留部隊との交通路に対する攻勢作戦の前進基地として、重大な局面で最前面の位置を守りつづけた。

第二三章　九月の緊迫状態

〈空戦の最高潮／戦闘機操縦士への極度の負担／侵攻が差し迫っている証拠／集結中の艀への爆撃不首尾／艀を固めたイギリス／軍需品政策／私の一般指令／一九四一年の資材所要の調査／月初の計画八項目／一〇月、優先事項に関する私の意見書／遅れている部門／本国とエジプトの戦局の山場／霧がもたらす危険／デ・ウィルデ弾薬の不足／航空機生産省の業績／特別襲撃隊《コマンドウ》創設の政策執行／九月一三日、グラツィアーニ元帥軍の進軍／シーディー・バッラーニでの進軍停止／マルタの危険な状況／起こらなかった困り事〉

九月は六月とおなじように、イギリスの戦争の方向性に責任を負っている人間が、極度に相反する圧迫要因を受けていた月だった。先に述べたすべてを懸けた空戦が、すさまじい火勢で燃えあがり、着実に最高潮に向けて激化していた。いま思い返せば、九月一五日の英空軍《ロイヤル・エア・フォース》の勝利は、決定的な転換点だった。だが、当時はそれが明らかではなく、さらに激しい攻撃が予想されるのか、敵襲がいつまでつづくのかも、わからなかった。好天が昼間の大規模な戦闘を助長した。これまで私たちはそれを結構なことだと考えていたが、九月第三週に第11群司令官パーク空軍少将を訪ねたとき、その見方がかすかではあるが、明らかに変わっていることに気づいた。私が天候についてたずねると、数日のあいだ晴れるだろうといわれた。しかし、月初とは異なり、ありがたい見通しではないようだった。天候悪化がもはや不運だとは見なされていないと、私ははっきり感じ取った。

私がパークの執務室に将校数人といたときに、たまたま空軍省からの通知をひとりの将校が持ってきた。デ・ウィルデ弾薬〔スイス在住のベルギー人デ・ウィルデが発明した機銃用の焼夷弾薬〕の供給が尽きかけているという。この弾薬は、戦闘機操縦士に好まれていた。この弾薬の工場は、何度も爆撃されていた。パークは見るからに衝撃を受けていたが、息を呑み、間を置いたあとで、堂々と答えた。「われわれは前もこれなしで戦った。またこれなしで戦える」

週末にはたいがいアクスブリッジから自動車でチェッカーズに来るダウディング空軍大将との会話からも、戦闘機集団が極度の負担にさらされていることは明らかだった。私が毎週つぶさに見ている数字では、敵の攻撃の重圧が増えなければじゅうぶんな機数だった。だが、書類の図表は、操縦士たちにかかる肉体と精神への重圧を反映していない。五倍もしくは六倍の敵を相手に気高く献身し、勝ちつづけて敵に甚大な損害をあたえ、優位に立っていると思っていても、人間の持久力には限界がある。魂も、動物としても、疲労のきわみに達していた。ワーテルローの戦いの夕刻のウェリントンの気分に、私は思いを馳せた。「神が夜の帳《とばり》かブリュッヒャー〔元帥。プロイセン軍総司令官〕のどちらかをよこしたもう」。今回、私たちはブリュッヒャーの援軍ではなく天候の援けを望んでいた。

その間も、ドイツの侵攻が差し迫っている証拠が増えていた。三〇〇〇隻もの自走式艀〔ドイツで海軍輸送艀（マリーネフェーアプラーム）と呼ばれていたもの。さまざまな特化した型があった〕が、オランダ、ベルギー、フランスの港と河口を航空偵察した写真に写っている。ライン川河口や、バルト海にいまも通じているキール運河にどれほどの予備艦艇が集まっているか、私たちには正確なことがわかっていない。私は侵攻の問題を吟味し、敵が攻めてくれば撃破できるという確信と、したがって攻めてこないだろうという確信に基づいて、推論を打ち立ててからも、その問題から目を離さないようにして考慮しつづけた。それはそれとして、偵察写真や諜報員の報告で、準備が毎週のように拡大していることが、畏怖はなかったものの、否応なしに目にはいった。こういうことは、しだいに意識に植え付けられるものだ。恐ろしい敵は、勝利が確実にならない限りやってこないだろうし、計画はドイツ人らしい徹底したやり方で立案されるはずだ。奇襲ということはありうるだろうか？　戦車揚陸艇かなにかの巧妙な工夫があるのではないか？　ほかになにかあるのか？　私たちの夜間爆撃はすべて、侵攻部隊が進発するはずの港に集中していた。そこではドイツが毎晩、艀などの艦艇に行進していって乗船し、下船する予行演習を行なっているようだった。水面や埠頭沿いに密集している艀の大群への爆撃の成果を写真から判断して、何度かがっかりしたことがあった。

総理大臣より空軍大臣へ　　**一九四〇年九月二三日**

かなりの数が集結している艀の大群に、爆撃機が投下した爆弾が当たっていないことを示すこれらの写真に、私は唖然とした。長大な目標に沿っていくつも投下弾群《スティック》を落とし、大破壊を引き起こしたはずだと思っていたのに、港口近くの数隻を除けばすべて無傷で整然としているようだったので、私はいたく失望した。

この問題を改善できる方策はないのか？

すでに述べたように、参謀総長たちは総じて、侵攻が差し迫っているという意見だったが、私はそれを疑い、反対意見を述べた。そうはいっても、最悪の物事の権衡をはかることが長々とつづいていたので、心の動揺を静めるのは、ほとんど不可能だった。たしかに、覚悟を決めるために私たちは勇気をふり絞っていた。われわれの指揮官たちの注意と創意、規模を拡大した無敵の陸軍の警戒、イギリスの全国民の征服されざる恐れを知らない精神で達成できることは、なにひとつなおざりにされなかった。

*

私たちの戦時生産と最優先事項すべてを、大陸から切り離されていることを考慮して検討することが求められていた。このために、私は軍需相などの関係者と協議した。この月の初旬に、私の小規模な側近集団がかなり労働し、入念に調べて、一九四一年の国事の決定基準になる内閣向けの軍需品に関する一般指令を用意した。

軍需品の現況

総理大臣の意見書

一九四〇年九月三日

1. 海軍はイギリスに敗戦をもたらすかもしれないが、勝利をもたらすのは空軍だけだ。したがって、空で圧倒的な支配を握るために最大の努力を払わなければならない。戦闘機は私たちの救い主だが、爆撃機のみが勝利の手段を提供する。それゆえに、敵の手が私たちの島に届かないように食い止めるいっぽうで、敵が戦時活動と経済力を依存している産業と科学研究の施設すべてを完膚なきまでに掃滅するために、大量の爆弾を搭載してドイツで投下する能力を開発しなければならない。ドイツの膨大な軍事力に打ち勝ち、アフリカと東洋戦域に武力を集中した暁にドイツがものにする勝利を無効にすることを望むなら、いまのところ明らかな方策はそれしかない。そのために、空軍とその大規模な軍事行動は、後述の条件を満たせば、海軍や陸軍よりも最優先されるべきである。

2. ドイツがヨーロッパの陸地を征服して、捕虜や恫喝された人々から自分たちの利益になるように強奪しているので、海上封鎖の武器は切れ味が悪くなり、ドイツに対してあまり有効ではなくなっている。ドイツが入手できないと戦時活動に支障をきたすような特定の重要物資は、いまのところ皆無である。海軍は現在、航路の自由な航行を維持する作業にある程度力を注いでいるが、アメリカの駆逐艦が到着し、私たち自身の工廠が建造する対潜艦艇が増加すれば、海軍本部のあらたな方策によって、この不利な条件は解消され、状況は大幅に改善されるかもしれない。海軍本部が戦争の攻撃的な計画や、ことに地中海で敵軍もしくは敵が占領している海岸線の砲撃に専念することが、きわめて重要である。対潜艦艇の建造は、造船台が空いたらすぐにそこを使うようにして、追って指示があるまで最大速度で進めなければならない。海軍の開発計画は、空軍の計画と衝突しないようにして、装甲板の一部を戦車製造に譲るべきだ。

3．陸軍の兵力を可及的速やかに五五個師団にするという決定は、再考する必要がないように見受けられる。この決定の一環として、一〇個機甲師団を目標にして、春までに五個、夏までに七個、一九四一年末までに一〇個師団を編成する。武器供給のこの計画を達成するには、私たちの軍需品工場が全面操業する必要がある。軍需品供給の問題の処理について、私は軍需相［ハーバート・モリソン氏］の提案と、一九一七－一八年規模の砲撃は現在の戦争では起こりえないだろうという意見におおむね賛成する。

4．本国と中東の私たちの陸軍部隊の完全装備を達成するために、真剣な努力が必要とされる。もっとも深刻な弱点は戦車と小火器の弾薬、ことに特殊な弾薬が不備であることだ。対戦車砲と対戦車ライフルが不足し、それらの弾薬すら足りない。迫撃砲とその砲弾や小銃も不足している。アメリカから二五万挺の小銃を追加で入手することになっているが、残念なことに一九四一年末までに国内で生産できるのはわずか五〇万挺だといわれている。正規陸軍の大多数が海外に遠征するので、郷土防衛隊と本土防衛の駐屯地部隊は現在よりもずっと規模を拡大する必要があると見なされるだろう。小銃製造能力の大幅な増大が必要である。

5．冬が来ても侵攻の危険は消え失せないだろうし、来年にはこれまでになかったことが起こる可能性がある。戦争が進むにつれて、当然ながら敵はいっそうこの国を打ち倒す必要に迫られ、海を渡るのにいまは存在しないようなあらゆる種類の機器が考案されるかもしれない。侵攻の脅威そのものはたえず存在すると見なさなければならないが、この島に強力な部隊が立ちはだかっている限り、まず実現しないだろう。それはそれとして、一九四〇年から四一年にかけて予想される主な戦域は、中東だろう。海上輸送と現地での整備に制約されるが、私たちはそこへイギリス、オーストラリア、インドの部隊を大がかりに投入しなければならない。エジプトとスーダン、トルコ、シリア、あるいはパレスチナで戦うことを予期しなければならない。イラクとペルシャでも戦うことになるかもしれない。英軍一五個師団、オーストラリア軍六個師団、インド軍六個師団以上が、これらの戦域向けに用意されるべきだ。ただし、これらの部隊は前述の五五個師団への追加ではない。弾薬消費は前の戦争の規模には達しないと予想されている。航空力と機械化部隊が、趨勢を支配する要素になるだろう。

6．ヨーロッパと北アフリカの敵軍と敵占領地域への水陸両用の攻撃的な戦闘行為という選択肢も考えられる。しかし、このような作戦に必要な物資は、一般論として先に述べた武器や補給品によってまかなわれる。

7．軍需相が適切に戒めているように、ドイツ軍とその航空装備の巨大な規模を考慮すると、私たちの任務はもちろんきわめて困難である。しかし、この戦争は、多数の人間が大量の砲弾を互いに向けて発射するたぐいの戦争ではない。新兵器を考案し、なによりも科学で先導することによって、私たちは敵の優勢な兵力にもっとも巧みに対処する。たとえば、現在開発中の、視程に関係なく地上か空から敵機を発見して撃つ一連の発明が、期待どおりのことを実現したら、戦略だけではなく、軍需品の状況も根本的に変わるだろう。それに、UP〔非回転飛翔体〕に、現在の命中率の三倍か四倍になるような弾薬、予測装置、その他の補助手段が供給されれば、空をふたたび制覇する基盤が大きく前進する。海軍は以前のような移動の自由と、攻撃的な軍事行動の力を、かなり取り戻すだろう。さらに、陸軍は〝ナムソースの二の舞〟★になる危険を冒すことなく、さまざまな地点で上陸できるようになる。したがって、数多くの改良が見込め、計り知れない将来性があるRADAR〔電波探知及び測距〕のあらゆる分野を、空軍にとって最優先事項だと見なさなければならない。じっさい、それは空軍にとって不可欠な要素になっている。一流の科学者、新兵器を扱う人間の訓練、関連する研究作業の大幅な増加を、私たちの思考と活動の先鋒に置くべきである。高射砲と弾薬への負担はかなり軽減されることが予想されるかもしれないが、現時点ではいまの計画を変更するのは尚早だろう。

8．ありえないと思われる大規模侵攻が起きた場合を除けば、一九四一年春前に軍需品が大量消費もしくは浪費される見通しはない。中東ではいまにも決定的な激しい戦いが起きるかもしれないが、増援と補給品の輸送が困難なので、数も消費も制約される。したがって、邪魔がはいらなければ、戦争のための装備の生産を大幅に改善するのに八カ月の余裕があり、その間に着実で迅速な備蓄が望めるだろう。その目的のために、私たちの信用、資源、そしてなによりも熟練労働者には、負担がかかる。

＊

この政策は閣僚たちにおおむね受け入れられ、全省庁がそれにしたがって活動した。

全力を尽くそうとして、各省庁が激しく競い合っていたので、一〇月になると、優先事項について

★ナムソースでは、空からの攻撃に無防備だった。

もう一度意見書を出す必要があるとわかった。

優先事項

総理大臣の意見書

一九四〇年一〇月一五日

1. 人材と資材は無線《レイディオ》と呼ばれる分野に最優先で割り当てられるべきである。このために、科学者、無線通信の専門家、さまざまな種類の熟練労働者と高品質の材料が求められる。戦争に勝つことと私たちの未来の戦略、ことに海軍の戦略の大部分が、この進展の度合いに左右される。高射砲はいまよりも大幅に精確な射撃ができるようにしなければならないし、軍艦と港の防御を大幅に強化する必要がある。研究と実験だけではなく生産も、さまざまな方面から推進することが望ましいし、何度か失敗をくりかえしたあとで成功をものにできるはずだ。

2. すでに承認されている、目標を定めた開発計画を実行するにあたっては、やはり航空機生産を最優先（1A）しなければならない。考えられるあらゆる手段でそれをやってのけることを、責務にしなければならない。この優先事項は乱用されてはならないし、そのほかの重要な部門を無用に妨げてはならない。そのために、四半期ごとか、そのほうが望ましければ月ごとに、必要な労働力と資材の明細を事前に明らかにして、余剰分を他の部門がただちに利用できるようにするべきだ。これは航空機製造が限られた物品の供給を完全に独占するという感覚で実行するための優先順位ではない。承認された航空機生産省《MAP》の要求が供給をすべて呑み込むような状況がひろがった場合には、航空機製造に不利益であっても、ほかの省庁もしくは部局が最低限必要とする物品を特別に割り当てなければならない。この割り当てに同意が得られなかった場合には、内閣が決定を下す。

3. 現在、私たちは、機甲師団五個と、さらに三個師団に相当する機甲旅団の編成を目標にしている。これではじゅうぶんではない。兵員数では敵と競争することは望めないし、そのため装甲戦闘車両にかなり依存することになる。一九四一年末までに一〇個機甲師団を目標とすべきだろう。この目的のために陸軍は、輸送車両《メカナイズド・トランスポート》の需要をじっくり検討しなければならない。アメリカから大量の輸送車両《MT》を購入する必要があるだろう。本国の陸軍部隊は、あらゆる種類の交通手段が高度に発達している狭い島国で活動しているが、海外に遠征したときには師団の要求に見合うような同規模の輸送手段は見込めない。その場で工夫し、間に合わせの手段を使うしかないだろう。理想的な水準を求める幕僚では、国の軍務をこなせず、所要は増えるばかりで、そのうちにとうてい到達できない数字になる。イギリスの師団輸送車両に関し、以下の三点について報告を用意してもらいたい。

(a) 海外軍務。
(b) 国内軍務。
(c) 沿岸防御部隊。

この問題で悪天候を考慮しなかったら、私たちの所要を支援することはできない。国内でそれが可能な個所すべてで、馬による輸送で輸送車両《MT》を補わなければならない。私たちは将来のことを考えないで多数の馬をドイツに売ったが、アイルランドにはまだかなりの頭数がある。

4. 遅れている部門は、ときどき特別に支援し、一時的に優先する必要がある。ことに目立つのは以下の部門。

(a) 小銃。
(b) 小火器の弾薬――とりわけ特殊な弾薬。

新設の工場が操業を開始できるように、大々的な努力が求められる。年末――すなわち開戦から一六カ月後――までほとんど改善が期待できないことは重大である。薬莢工場には一二カ月あればじゅうぶんなはずだった。予想されていたとおり陸軍が当面、戦闘に参加していないので、ありがたいことにこの失敗の最悪の影響を受けずにすんだ。

迫撃砲と対戦車砲の弾薬も、愕然とするくらい深刻な状況なので、支援する必要がある。これらの遅れについて、生産委員会と私に毎週、報告してもらいたい。

5. 小型艦艇と対潜艦艇の建造に関して、海軍は現在の優先事項を実行しなければならない。商船と上陸作戦に使用する舟艇も同様である。一九四一年中に竣工できない大型艦すべての遅れは受け入れざるをえない。優先的な需要と衝突しない工程や部品すべてについては、計画を推し進めなければならない。鋼板と装甲板は、可能な限りアメリカに発注しなければならない。

九月中旬には、侵攻の脅威がかなり明白だったので、主要部隊を近東にもっと派遣することができなかった。とくに喜望峰まわりで輸送しなければならないからでもあった。緊張がみなぎっていたドーヴァー防衛区域を視察したあと、私はニュージーランド軍と残りの戦車大隊二個を中東に派遣するのを数週間延期することにした。それと同時に、〝グレン〔ライン〕船〟と呼ばれていた高速貨物船三隻を、地中海を緊急突破しなければならなくなった場合に備えて温存した。

総理大臣よりイズメイ将軍へ、参謀総長委員会宛　　一九四〇年九月一七日

いかなる状況であっても、ニュージーランド旅団をドーヴァー海角の前進陣地から引き揚げることは不可能である。巡航戦車二個中隊も移動できない。オーストラリア軍部隊を後方に残し、輸送船団すべての出発を一〇月第三週まで遅らせるほうが賢明ではないか？　どのみち、喜望峰まわりで輸送されるそれらの部隊は、差し迫っているエジプトでの戦いに影響を及ぼすように到着する可能性はない。だが、この地では大きな役割を果たすかもしれない。一〇月第三週には、海軍本部もより大きな危険を冒す覚悟を決めるだろう。とにかく、ニュージーランド旅団と戦車大隊が、一〇月中にどちらの戦域でも活動できないようにするのは、望ましくない。

総理大臣よりイズメイ将軍へ　　一九四〇年九月一九日

機甲部隊の増援がどうしても必要になり、危険を冒すことが正当化できるようになった場合に地中海を通航するために、グレン船を確保しておいてほしい。いざという場合に、適切な船が用意できないといわれるようでは困る。

一〇月第三週ごろに、船団が地中海を西から東へ通航するよう決断した場合に、ほかにどういう船が利用できるのか、知らせてほしい。

九月は好天だったが、私は霧が出るのを恐れていた。

総理大臣よりジェイコブ大佐へ

一九四〇年九月一六日

第一海軍委員のこの［霧中の侵攻に関する］報告書の写しを、以下の私の添え書きとともに、本国艦隊司令長官参謀部に送ってもらいたい。「この霧は空軍を戦闘から締め出し、私たちの砲兵を悩まし、組織立った海上での攻撃を妨げ、敵が占領地域を確保するために模索する可能性が高い浸透戦術〔小部隊に分かれて敵中に侵入し、後方で集結して目標を奪取する攻撃的な機動〕にことに有利に働く。霧が出るような状況が強まったら、夜間と早朝に侵攻部隊がいる港に最大級の爆撃を行なう必要がある。夜間から夜明けにかけての私たち艦隊の海上戦闘行動について、提案してもらえるとありがたい。（a）イギリス海峡のイギリス側のほうがフランス側よりも霧が多い場合と、（b）両方ともおなじ場合について。

「私たちは航法を無線で補助するのか？

「頻繁な爆撃のもとで長時間待機するのは、敵にとって疲労が激しいだろう。それでも、やはり霧は私たちの敵だ」

こういったあらゆる危険にもかかわらず、将兵が疲弊しないようにすることは重要だった。

総理大臣よりイズメイ将軍へ

一九四〇年九月一八日

参謀総長委員会《COS》から、悪天候を考慮して第一級警戒待機をつぎの段階まで慎重に引き下げるべきではないかとの問い合わせがあった。

報告してほしい。

総理大臣よりイズメイ将軍へ　**一九四〇年九月一八日**

侵攻部隊がいる港一カ所もしくは数カ所で、燃える油膜を拡散する方法があるかどうか、問い合わせてもらいたい。スペイン無敵艦隊の時代にダンケルクで試された火船とおなじだが、それを近代的に改善する。海軍本部はなにかしら考案できるはずだ。〔一五八八年のアルマダの海戦で、イギリスが火船を使用したこと〕

総理大臣よりイズメイ将軍へ　**一九四〇年九月一八日**

デ・ウィルデ弾薬はきわめて重要だ。第11群では明らかに、デ・ウィルデ弾薬工場への爆撃を大打撃だと見なしている。貴君がウリッジ兵器廠から戻ってきて復職した一週間に、生産数が三万八〇〇〇発に落ち込んだが、回復すると私は確信している。今後四週間の予想を教えてもらいたい。復活が見込めるのであれば、予備からすこし引き出すことができるかもしれない。

総理大臣より軍需大臣へ　**一九四〇年九月二五日**

私の統計局による小火器弾薬に関する最新の答申の注釈を、貴君に披露しなければならない。私はそれを読んでひどく心配になった。ことにもっとも重要なデ・ウィルデ弾薬のことで愕然とした。Ｍａｒｋ７〔三〇三口径の小銃、騎銃、機関銃用弾薬〕とＭａｒｋ８〔Ｍａｒｋ７を強化した弾薬で、主に重機関銃に向いているとされた〕の分野だけではなく、デ・ウィルデ弾薬と徹甲弾についても、最大限の努力を払う必要がある。貴君の困難はよく承知している。それらの障害を乗り越えるために、私に助力できる方法があるなら教えてほしい。

つぎの公式覚書については、読者諸氏の寛恕を願う。

総理大臣より海軍卿へ

貴官は海軍本部の新しい旗を好んでいるようだ。私は現在のくすんだ色の代物を毎朝見て悲しんでいる。

一九四〇年九月一八日

＊

新設の航空機生産省がもたらした成果によって、私は安心した。

総理大臣よりビーヴァーブルック卿へ

貴君の報告にあるように、五月一〇日から八月三〇日にかけて可動機種の機数が改善されたのはすばらしいことだ。そう遠くない九月三〇日までに、おなじ数値が用意できれば、回覧するのではなく内閣の前で読みあげたいと思う。しかし、九月の数値が一〇月にならないと得られないのであれば、「いまわかっている数値を」内閣の前で読みあげる。

国は貴君と貴君の省に多大な恩恵を受けている。

一九四〇年九月二一日

総理大臣よりビーヴァーブルック卿へ

難事が増加している状況で達成されたこれらのすばらしい成果について、国王陛下の政府の心からの感謝と祝意を、ぜひ貴君から貴君の省に伝えていただきたいと願うしだいである。

一九四〇年九月二五日

＊

夏と秋のあいだずっと私は、陸軍大臣が特別襲撃隊《コマンドゥ》もしくは突進部隊に関する陸軍省及び陸軍の偏見と論争するのを支援したいと考えていた。

総理大臣より陸軍大臣へ　一九四〇年八月二五日

先日の夜に私たちが交わしたきわめて非公式な話し合いについて、ずっと考えていたが、特別襲撃隊の地位そのものが疑問視されていると聞いたので、こうして書き送ることにした。彼らについては、もはや〝募集されておらず〟、今後どうなるかは流動的だとずっといわれてきた。ドイツは前の戦争でもこの戦争でも、突進部隊を適切に使用してきたと、私が強く確信していることを知ってもらうために、これを書いている。一九一八年には、突進部隊による浸透が私たちに大きな危険をもたらしたし、一九一八年のドイツの最後の四カ月間の防御は主に、巧みに配置されて勇敢に戦った機関銃巣〔隠蔽された防御地域に集中的に配置された機関銃陣地〕に頼っていた。今回の戦争ではこれらの要素すべてが増大している。フランス打倒は、高度な武器装備を備えた信じられないくらい少数の精鋭《エリート》によって達成され、ドイツ陸軍の鈍重な大軍がそのあとをついていって、征服を果たし、占領を行なった。私たちが一九四一年になんらかの軍事作戦を行なうのであれば、水陸両用戦の性質を帯び、小規模な作戦の機会が数多くあるはずだ。そういう作戦はすべて、正規軍の大部隊にふさわしい重々しく鈍い動きではなく、猟犬の群れのように働くのに慣れている軽装備の敏捷な部隊の奇襲上陸に依存することになるだろう。大部隊には多種多様な装備があり、組織が複雑で、輸送が大がかりになる。そういう部隊を時間が重要な作戦に使用するのは、きわめて難しい。

　したがって、ありとあらゆる理由から、私たちは突進部隊もしくは特別襲撃隊という案を発展させなければならない。私は五〇〇〇人の落下傘部隊を要求した。電撃的な戦闘行動を実行できるこの小規模な〝同胞団《バンド・オヴ・ブラザーズ》〟も、一万人以上ほしい。この手段のみで戦略地点を確保してから、高度な訓練を受けた正規軍部隊が大規模に作戦を行なえばいい。

　そこで、これまでに採用された方針を逆転するか、結集している志願者たちを不確実な状態に追い込むような行動の前に、貴君と話し合う機会を設けてもらいたい。

陸軍省の抵抗は頑なで、階級が高くなればなるほど、それが強まった。正規軍とは異なる服装で〔たとえば鉄兜ではなくベレー帽をかぶるなど〕自由気ままな態度の優遇されている〝不正規部隊〟を大規模に創設するのは、正規軍大隊の効率と勇気を暗にけなすようなものなので、永続する部隊の組織立った規律に命を懸けている将兵にとっては、はなはだ不愉快だった。英陸軍の大多数の最優秀連隊の大佐〔連隊長に相当〕が憤慨した。「そいつらは、私の大隊にできないどんなことができるんだ？　この計画は英陸軍全体と、もっとも優秀な将兵の威信を損ねる。一九一八年にはそんなものはなかった。どうしていま創設するんだ？」そういう気持ちは理解できるが、賛成はできない。陸軍省は彼らの苦情に応じた。だが、私は強く圧力をかけた。

総理大臣より陸軍大臣へ　　**一九四〇年九月八日**

貴君は私に、特殊中隊について私が推し進めている見解と、それが不確定な立場に置かれているのを解消すべきだということに、全面的に賛成だと述べた。残念なことに、兵士たちが知る限りでは、なにも行なわれていない。解隊という判決を受けたのかどうかも、彼らは知らない。順番待ち名簿はあるのに、募集はすべて中止され、審査されて承認された入隊希望者に電話をかけることすら禁じられているようだ。これらの中隊は最優秀で最高度の訓練を受けた兵員によって構成されているのに、現在では小銃しか支給されていない。彼らが侵攻の混戦《メレイ》に投げ込まれたら無残な無駄死にになるだろう。命令を下したら、確実にすぐさま実行されるようにしてもらいたい。貴君の決定が実施されるのをなにが妨げているのか、説明してもらえるだろうか。私は軍の省での経験が長いので、軍の偏見に反することはなんでも軍組織の第二階層の将校たちに妨害されたり、遅延されたりするおそれがあることを知っている。それに対処するには、見せしめになる実例をひとつかふたつ示すといい。それが知れ渡れば、その後は将校たちの服務態度がよくなるはずだ。

今夜、晩餐をともにできれば、それについて話してほしい。

総理大臣より陸軍大臣へ　**一九四〇年九月二一日**

特別襲撃隊の装備態勢について私は不満足である。作戦はおろか訓練のためにもじゅうぶんな装備をあたえないのは、この優秀な人材の無駄遣いだ。

以下について答申がほしい。

1. 各特別襲撃隊にすでに支給された装備。
2. これらの部隊が保有する装備の規模。
3. 訓練目的で彼らにただちに支給できる装備。

各特別襲撃隊について、正確な装備態勢を記した報告を毎週提出してもらいたい。

＊

総理大臣より本国部隊総司令長官［アラン・ブルック将軍］**へ**　**一九四〇年九月二一日**

ドイツ軍が広大な前線へ侵攻し、たとえば二五万人が上陸して、そのあとは有望な占領地域を利用するだろうという話をしばしば聞かされる。こういうたぐいの攻撃に対して、私たちの海岸防御体系は、みごとに工夫されているようだ。海を越える攻撃に対して敵が一カ所もしくは数カ所にかなり優勢な部隊を集中すると、島嶼を護るのは困難になる。だが、敵が広い範囲に分散すると、敵部隊が海岸に到達したとしても、海岸線沿いの同等もしくは優勢な部隊に迎え撃たれる。薄い前線同士が対峙するという形になる。いっぽう、敵が集中的な攻撃を行ない、すさまじい数の兵員がつづけざまに私たちの薄い前線めがけて前進することもじゅうぶん考えられるが、大規模な部隊を、私たちの組織立った海岸防御を打ち破る力がない小部隊に切り分けるのは、得策ではないだろう。たとえば、敵が海峡横断中に一〇万人を失い、残りの一五万人が海岸で足止めを食らったら、侵攻そのものが高くつく試みになり、私たちの予備部隊が出動する前に、敵は甚大な損耗をこうむるはずだ。したがって、ドイツの計画が、このように憶測されているとおりであるなら、私たちは悦に入ってもいいのではないか。数カ所の特定の戦略地点への大規模攻撃のほうが、ずっと危険だ。

つぎに会うときに、貴官とこの話をしよう。

*

私たちはイタリアのエジプト侵攻を懸念していたが、それを指揮したグラツィアーニ元帥がそれよりもはるかに大きな懸念を抱いていたことが、現在ではわかっている。チャーノが日記で指摘している。

一九四〇年八月八日、グラツィアーニが私に会いにきた。エジプト攻撃はきわめて重大な企てであり、現在のわれわれの準備は万全とは程遠いと、グラツィアーニはいった。首領《ドゥーチェ》の攻撃的な気性を抑えなかったと、バドリオ〔その後イタリア王国首相〕を攻撃した――「アフリカに詳しい人間なのだから、脳の軟化のせいか、もっと悪いことに、悪意から制止しなかったにちがいない。現地では水の供給が不足している。われわれは敗北に向けて進んでいるし、そうなると砂漠ではあっという間に潰走がはじまって、甚大な損害が生じる」

私がこれをそっくりそのまま伝えると、首領《ドゥーチェ》は激怒した。グラツィアーニと最後に話をしたときに、攻勢が数日以内にはじまるという印象を受けていたからだ。グラツィアーニは私に日付をいわなかった。まったく攻撃しないか、とにかく二、三カ月待つような感じだった。ムッソリーニは〝一階級以上、昇級したいと思っている人間だけに仕事をあたえるべきだな。グラツィアーニは元帥の地位にしがみつきたいだけだ〟と決めつけた。★

一カ月後、グラツィアーニはさらに一カ月延期したいと要求した。だが、ムッソリーニは、月曜日に攻撃を開始しないのであれば更迭すると応じた。グラツィアーニは、命令に従うと答えた。チャーノは書いている。「司令官たちの意にこれほど反して行なわれた軍事作戦は、ほかにはない」

九月一三日、イタリア陸軍の主力部隊が、だいぶ前から予測されていたエジプト国境地帯への進軍を開始した。† この部隊は、六個歩兵師団と八個戦車大隊から成っていた。私たちの前方部隊は、三個歩兵大隊、一個戦車大隊、三個砲兵中隊、二個装甲車中隊から成っていた。それらの部隊は、戦いながら撤退するよう命じられた。部隊の特質と砂漠での移動に適していた作戦だった。イタリア軍の攻撃は、国境地帯の町サルーム近くの私たちの陣地に対する熾烈な砲撃によって開始された。土埃と煙が消えると、イタリア軍は驚くほど整然と布陣していた。先頭はオートバイで、縦と横に正確な列をなしていた。そのうしろが軽戦車といくつもの列をなす輸送車両だった。ある英軍大佐の言葉によれ

★『チャーノの日記』p. 281。
† 七一九ページの地図参照〔ただしこれは時期が異なる〕。

ば、その壮大な眺めは「オルダーショットのロング・ヴァレー〔駐屯地があり、訓練にも使われている〕に誕生日の祝賀行列が並んでいるようだった」という。この堂々たる戦列と対峙した第3コールドストリーム近衛連隊はゆっくり撤退し、砲兵隊が自分たちにもたらされた膨大な攻撃目標に打撃をあたえた。

さらに南では、敵の大規模な車両縦隊二列が、海と平行にのびている長い尾根の南の見通しのいい砂漠を移動していた。尾根を越える道すじはハルファヤー峠——またの名を〝地獄火《ヘルファイア》峠〟——しかなく、そこは私たちの後日の戦いで重要な役割を果たす。イタリア軍の車両縦隊は、いずれも数百両という規模で、戦車、対戦車砲、砲兵が前方にいて、貨物自動車に乗った歩兵が中央に陣取っていた。何度か採用されたこの整列隊形を、私たちは〝ハリネズミ〟と呼んだ。この大軍を前にした私たちの部隊は、退却しながら不規則で自信なげに移動する敵を機会があるたびに擾乱した。砂漠で敵を包囲するように移動する計画をぎりぎりになって変更し、「部隊をすべて左に集中し、海岸沿いにシーディー・バッラーニに向けて電撃的に進軍する」ことにしたと、グラツィアーニはのちに弁明している。このため、イタリア軍の大部隊は平行する二列の道路に沿い、のろのろと前進した。イタリア軍は、貨物自動車の歩兵を五〇人ずつ前方に進めて、波状攻撃をくりかえした。コールドストリーム近衛連隊は、自分たちに都合がいいように、巧みに退却し、サルームから四日のあいだ陣地を何度も移しながら、敵に手痛い打撃をあたえた。

一七日にイタリア軍はシーディー・バッラーニに達した。私たちの死傷者は四〇人だったが、敵の人的損耗はその約一〇倍で、それに加えて車両一五〇両が破壊された。その時点で敵の交通路は六〇マイル（約一〇〇キロメートル）に達し、イタリア軍はそこに居座って、三カ月間動かなかった。それを私たちの小規模な機動性車両縦隊が絶え間なく擾乱し、敵は整備に深刻な支障をきたすようになった。ムッソリーニは、はじめのうちは「歓喜ではちきれんばかりだった。攻勢の責任をすべて自分で担っていた」と、チャーノは書いている。「自分が正しかったと、鼻高々だった」。何週間もたち、何カ月もたつうちに、ムッソリーニの満悦は消滅した。だが、私たちが集められるよりもはるかに規模が大きくなったイタリア軍が、二、三カ月中に進軍を再開し、デルタ地帯を攻略するだろうと、ロンドンでは確信していた。それに、ドイツ軍が登場するおそれがつねにあった！　もちろん、グラツィアーニの部隊が進撃後に長期間停止することなど、私たちは予想していなかった。マルサ・マトルーフで大規模な戦闘が起きるというのが、当然の予想だった。すでに数週間が過ぎていて、私たちの貴重な機甲部隊が喜望峰まわりで時間を無駄にしたことも、不利には働かなかった。

*

総理大臣より陸軍大臣へ　　**一九四〇年九月一四日**

機甲旅団が間に合うことを願っている。地中海と現在の脅威を無事に通過できたことに疑いの余地はないので、それを避けて大きな遅れが生じるのは望ましくない。しかし、ウェイヴル将軍が、海軍、陸軍、空軍の参謀総長の意見に同調し、エジプトの現況はその危険を冒す正当な事由にはならないと申し立てたことを、忘れてはならない。この申し立てによって、海軍本部の決定を覆すことは不可能になった。それがなければ、私はその決定を覆していただろう。

(即日実行)

総理大臣より陸軍大臣へ　　**一九四〇年九月一九日**

(イズメイ将軍も披見のこと)

増援の機甲部隊はいまアデン湾にいる。当然ながら増援部隊が一刻も早く戦闘に参加するように、ウェイヴル将軍がすべての手配を行なったので安心するようにといわれている。そうであることを願う。

ビーヴァーブルック卿のような人物が桟橋で待っていて、戦闘の第一線に送り届けるのではないことが残念だ。私たちは最善を尽くさなければならない。それらの車両をスエズ運河経由でアレクサンドリアに運び、前線に近いそこで揚陸するのがよいか、あるいは特別列車を仕立て、クレーンなどの設備をスエズに集めておくのがよいか？　**いますぐに**方策を吟味してほしい。時を措かずに電報を送稿し、ウェイヴル将軍がいま行なっている方策や手配を問い合わせてほしい。この問題では一日一日、いや一時間一時間が重要なのだ。

その間ずっと、私はほとんど無防備のようだったマルタのことを恐れていた。

総理大臣よりイズメイ将軍へ、帝国参謀総長《CIGS》宛　一九四〇年九月二一日

［マルタ総督兼総司令官からの］電報は、マルタに関する私の懸念材料を裏付けている。海岸線は前線一五マイル（約二五キロメートル）を平均的な一個大隊に護られ、逆襲〔防御部隊が陣地奪回のような限定的目標のために行なう一時的な局地戦闘行動〕のための予備部隊は皆無に近く、島は上陸部隊のなすがままになるだろう。私たちがマルタの周囲の制海権を握っていないことを、忘れてはならない。したがって、危険はきわめて大きいと思われる。四個大隊が必要だと思うところだが、西からの輸送が困難なので、当座は二個大隊でよしとするしかない。優秀な二個大隊を見つけなければならない。居住施設については、さしたる困難はないもようだ。

＊

これらの心配事をいま思い起こすと、自分の人生には数多くの困り事があったが、その大多数は起こらなかったと、死の床でいった老人の話を思い出す。一九四〇年九月の私の人生が、まさにそうだった。ドイツは英本土防衛戦《バトル・オヴ・ブリテン》に敗れた。海を越えるイギリス侵攻は試みられなかった。それどころか、

その時点でヒトラーは東を睨みつけていた。イタリアはエジプト攻撃を強行しなかった。戦車旅団は喜望峰まわりでじゅうぶん間に合うように到着した。もちろん、九月のマルサ・マトルーフ防御戦には参加できなかったが、それとは比較にならないくらい有益なその後の作戦に参加した。空からの攻撃がなされる前に、私たちがマルタを増強する手段を見つけたので、そこの要塞に何者も揚陸作戦をかけようとはしなかった。九月はそのように過ぎ去った。

第二四章　ダカール

〈ド・ゴール将軍支援を重視／ダカール解放計画／自由フランス軍支援の必要性／一九四〇年八月八日、私の公式覚書／戦時内閣が〝脅迫《メナス》〟作戦を承認／遅延と漏洩の危険／〝ジャック〟からの報告／第二の手蔓／フランス巡洋艦を目視／政府の失態／手遅れ／計画を放棄するよう私が戦時内閣に勧告／司令官たちの強い攻撃意欲／ド・ゴール将軍の意志強固／戦時内閣が将軍たちに自由裁量をあたえる／スマッツ将軍とローズヴェルト大統領への私の公電／ダカール攻撃／軍艦対要塞／ヴィシー政権の頑強な抵抗／英海軍の甚大な損耗／内閣と司令官が離脱に合意／本国と現場での役割《ロール》変化／司令官たちの正当な事由／議会、釈明を求めず〉

この時期、イギリス政府は、フランスのアフリカにおける領地と植民地、ことに大西洋沿岸のそういった版図を結集していた、ド・ゴール将軍と自由フランスの支援をかなり重視していた。そういった版図すべてのフランス軍将校、官僚、貿易業者が望みを失っていないことが、私たちのつかんだ情報からわかっていた。彼らは母国の突然の失陥に愕然としたが、ヒトラーの勢力やペタンの背信の影響は及んでおらず、降伏という気運はなかった。彼らにとってド・ゴール将軍は、真っ暗な夜に光るひとつの星だった。本国から遠く離れていることで時間を稼ぐことができ、その時間が彼らに勝機をあたえた。

カサブランカに私たちの力が及ばないことがはっきりすると、私は当然ながらダカールに目を向けた。フランス問題についてじかに助言を受けるために設けた小規模な担当委員会は、この件すべてを深く理解して活動していた。一九四〇年八月三日の夜、自由フランス軍が西アフリカに上陸することを承認する一般指令を、私はチェッカーズから発した。ド・ゴール将軍、スピアーズ少将、モートン少佐が、西アフリカで自由フランス国旗を掲げ、ダカールを占領して、ド・ゴール将軍のために西アフリカと赤道地帯のフランス植民地を強化し、その後、北アフリカのフランス植民地を結集するというおおよその計画を煮詰めた。カトルー将軍がインドシナからイギリスに来て、その後、フランスの北アフリカの植民地が解放されれば、そこを統裁することになっていた。

八月四日、参謀総長委員会がこの計画の細部を考慮し、さらに統合立案委員会が改善して、戦時内閣に報告書を提出した。参謀総長委員会の提案は、つぎの三つの前提に基づいていた。一、西アフリカのフランス領のどこでも上陸できるように、部隊は装備を支給されて乗船しなければならない。二、この遠征はすべて自由フランス軍によって構成され、輸送と海上での護衛の艦船を除けば、イギリスの部隊はいっさい参加しないこと。三、遠征部隊が強力な抵抗に遭わずに上陸できるように、遠征部隊と現地のフランス人のあいだで問題を解決しておくこと。

自由フランス軍の兵力は約二五〇〇人になるはずで、二個大隊、一個戦車中隊、砲兵と工兵の班数個、爆撃機と戦闘機の混成飛行隊という編成だった。私たちはハリケーン戦闘機をそのために供給した。この部隊は、八月一〇日にオルダーショットで準備が整うはずで、輸送艦と補給艦が八月一三日にリヴァプールを出航し、兵員輸送船は一九日から二三日のあいだに出航できるはずだった。ダカール到着は二八日、そのほかの港、コナクリやドゥアラにはその数日後に到着する。戦時内閣は、八月五日の閣議でこれらの提案を承認した。

参謀総長委員会が考えていたよりも大きな支援を、ド・ゴール将軍が必要としていることが、すぐに判明した。予想よりもずっと大規模で長期の兵力投入になるだろうし、この遠征は自由フランス軍の主導であるという色合いが薄くなるだろうと、私は説明された。この時期、私たちの資源への負担はかなり大きくなっていたので、この作戦拡大をあっさり容認することはできなかった。しかし、私は八月六日にド・ゴール将軍と相談し、八月七日午後一一時に、この問題について参謀総長委員会をひらいた。ダカールが上陸にもっとも適しているということに私は同意し、遠征を成功させるには英軍の大幅な支援が必要だと指摘して、そのたぐいのもっと大がかりな計画を要求した。ヴィシー政権との関係を改善するという私たちの政策と、ドイツに対抗するためにフランスの植民地を組織化して得られる利点は相反しているということに、参謀総長たちはこだわった。ド・ゴール将軍の運動は、フランス本国の政権や植民地との戦争を引き起こすおそれがあると、参謀総長たちは述べた。しかしながら、現地の自由フランスの諜報員や私たちの駐在員の報告が好都合な状況を伝えていれば、遠征を進めるべきと進言した。それによって、八月八日早朝に、私はつぎのような指令を発した。

総理大臣よりイズメイ将軍へ、参謀総長委員会《COS》宛　**一九四〇年八月八日**

1．ナイジェリアの総督からの電報は、ヴィシー政権の黙認もしくは援助によって、西アフリカのフランス植民地全域でドイツの影響力が強まる危険があることを示している。私たちが機敏に勢いよく行動しないと、ドイツの航空機の支援を受けている有効なUボート基地が沿岸にひしめくようになり、ヨーロッパ西部の沿岸とおなじように、私たちが遮断され、ドイツ軍が自由に使用するということになりかねない。

2．カサブランカで行動を起こすよう内閣が強く促し、ダフ・クーパー氏とゴート卿が派遣されてから、六週間が過ぎた。しかし、なんの結果も得られていない。現地のフランス人は敵性だ。参謀総長委員会はなんら有益な提案を行なっていないし、状況はかなり悪化している。

3．ド・ゴール将軍ができるだけ早くダカールを奪取することは、イギリスの利益にとってきわめて重要であると思われる。平和裏に奪取できると将軍の特使が報告すれば、それにこしたことはない。特使の報告がその逆なら、ポーランドとイギリスの部隊を提供し、海軍で全面的に護衛すべきだ。作戦を開始したら、最後までやり抜かなければならない。ド・ゴール将軍がフランスの作戦であるという色合いを濃くするだろうし、成功すればもちろん同将軍の政権が統治する。だが、私たちは部隊の勢力が釣り合うように計らわなければならない。

4．参謀総長たちは、ダカール奪取を達成するための計画を立案すべきだ。この目的のために利用できる部隊をつぎに挙げる。（a）ド・ゴール将軍の部隊と、集められるフランス艦艇。（b）付近のヴィシー・フランスの艦艇を圧倒し、上陸を掩護するのにじゅうぶんな英海軍部隊。（c）適切な装備のポーランド軍一個旅団。（d）大西洋の島々に使用するために温存してある英海兵隊一個旅団。この旅団は、ド・ゴール軍が先に上陸するのを手伝うのが望ましいかもしれない。あるいは、ロジャー・キーズ卿の特別襲撃隊《コマンドウ》を使う手もある。（e）空母か西アフリカの英植民地から発進する適切な航空支援。

5．計画をただちに用意し、地中海での作戦に関する日程を取り決めてもらいたい。

6．ダカールが奪取されたあと、英軍部隊で維持することは意図していない。ド・ゴール将軍の政権が樹立され、自力で維持する。イギリスの援助は適度な規模の補給物資に限られ、もちろんドイツ化したフランスの海からのいかなる遠征も阻止する。ド・ゴール将軍が航空攻撃や空挺部隊の襲撃に対して長期間持ちこたえられなかった場合には、港の施設をすべて破壊してから同将軍を救出する。もちろん、いずれにせよ、戦艦〈リシュリュー〉〔建造中だったがドイツに捕獲されるのをおそれてダカール港に逃げ込んだ。攻撃を受けて航行不能になったが強力な主砲を備えていた〕をフランス国旗が翻るようにして乗っ取り、修理する。ポーランドとベルギーは、フランス政府が休戦前に大事を取ってアフリカに移した黄金を取り戻して手に入れる。
7. 上記の計画を練るにあたっては、時間が重要だ。私たちはすでに時間をかなり浪費している。イギリスの船は好都合なときに輸送に使用し、フランス商船旗だけを掲げる。イギリスの輸送船がフランス商船旗を掲げることに問題があるかどうかを枢密院勅令もしくは法制で考慮する必要はない。
8. フランスが宣戦布告するおそれと、それをこちらから求めるべきかどうかは、内閣に一任される。

＊

八月一三日、私は戦時内閣にこの問題を提示し、純然たるフランスによる遠征という最初の計画からかなり拡大されたことを説明した。敵対行為があった場合に防御側の対応が分散するように、六つの異なる部隊が夜明けにダカール近くの海岸に上陸する計画を、閣僚たちが吟味した。ヴィシー・フランスの宣戦布告の可能性を外務大臣が考慮するという条件で、戦時内閣は計画を承認した。状況を推し量った限りでは、それはありえないだろうと私は思っていた。私はこの冒険的な企てをやるようにせっつかれていた。カニンガム提督とアーウィン少将を遠征の司令官に任命することを、私は承認した。八月一二日の夜に、ふたりがチェッカーズにいる私に会いにきて、この不確かで複雑な作戦のすべての面を徹底的に検討した。私はふたりへの指示をみずから起草した。

そういうしだいなので、〝脅迫《メナス》〟作戦という暗号名が付されたダカール遠征の着手と擁護に、私は並外れた度合いで関わっていた。この作戦はあらゆる段階で手抜かりがあり、たしかに不運だったとはいえ、片時も悔やみはしなかった。ダカールは大きな獲物だった。フランス植民地帝国をもっと大規模に結集する。流血抜きでそれを達成する見込みがじゅうぶんにあったし、ヴィシー・フランスは宣戦布告しないだろうという感触があった。イギリスの頑固な抵抗とアメリカの容赦ない態度が、フランス人の心にあらたな希望をもたらしていた。私たちが勝てば、ヴィシーは肩をすくめるだろう。

私たちが負けたら、彼らは抵抗をやめて、その代わりにご主人さまのドイツへの貞節を示すかもしれない。もっとも重大な危険は、戦闘が長引くことだった。しかし、当時は私たちの日常生活にも重大な危険があたりまえのように存在していた。私たちの資源は最後のひとかけらしか残っていないくらい乏しかったが、それでなんとかやってのけた。侵攻が差し迫っていて、いまにも起こりそうだったが、エジプト防衛のために戦車の半数をウェイヴルに渡すのをひるみはしなかった。それに比べれば、この作戦は些細なものだった。私たちの戦時内閣、保守党、労働党、自由党は、必勝の手札を握っているると確信している堅忍不抜の男たちから成っていた。そこで、反対するものとてない権威のもとで、すべての命令が下され、万事が進行した。

私たちが抱えていた危険要因は、遅延と漏洩だった。遅れが生じたことで、情報漏洩の危険が増した。それと同時に、イギリスにいた自由フランス軍は、母国の現政権に対抗して国外追放された英雄の群れだった。彼らは同国人に向けて発砲するのにやぶさかでなかったし、イギリスの砲でフランス艦が撃沈されることも受け入れていた。彼らの指導者たちは死刑判決を受けていた。彼らがどれほど思い詰めていたかはだれにもわからないし、まして軽率だったことも責められない。私たちの意図を知らせなければならない司令官たちや参謀総長たちの側近以外の部隊に対して、戦時内閣は緘口令を敷くことができた。しかし、ド・ゴール将軍は、勇敢なフランス人の一団の共感を得なければならなかった。おおぜいに知らせる必要があった。ダカールは、フランス兵の共通の話題になった。リヴァプールのレストランでの夕食会で、フランス軍将校たちが乾杯した。「ダカール！」そもそも、私たちの上陸用舟艇は、ポーツマス近くからリヴァプールまで、イングランドをまたいで貨物自動車で運ばなければならなかったし、警備兵は熱帯用の軍装を身につけていた。私たちはすべて戦時の初期段階にあった。のちに〝松明《トーチ》〟や〝大君主《オーヴァーロード》〟のような作戦を実行したときとは異なり、グレート・ブリテン島は厳重に封じられていなかった。

それに、遅れが生じていた。九月八日に攻撃することを願っていたが、どうやら主力部隊は給油して最後の構えを整えるのに、フリータウンに寄港する必要があるようだった。計画は、フランスの兵員輸送船が一二ノットで一六日以内にダカールに到着することを前提にしていた。しかし、輸送車両を積んだ船は、八ノットか九ノットしか出せないとわかった。しかも、それがわかったのは積み込みの段階だったので、もっと速い船に積み替えても時間の損失を取り戻すことはできない。当初の日程から合計一〇日の遅れが生じたのは、避けられないことだった。船の速力の計算ちがいで五日、予想していなかった積み込みの問題で三日、フリータウンでの給油で二日。九月一八日の到着で我慢するしかなかった。

私は八月二〇日午後一〇時三〇分に、参謀総長たち及びド・ゴール将軍との会議をひらいた。計画を以下のとおりに要約したことが記録されている。

英仏大艦隊は、夜明けにダカールに到着し、航空機が街の上で吹き流しやビラを撒く。英海軍小艦隊は水平線で待機し、フランス船は港に向かう。三色旗と白旗を翻す内火艇に乗った特使が、ド・ゴール将軍と自由フランス軍が到着したことを告げる総督宛の手紙を携えて入津する。ド・ゴール将軍はその手紙で、差し迫っているドイツの侵略の危険からダカールを解放するために来たのだし、守備隊と住民のために食糧と支援物資を運んできたと力説する。総督が快く応じれば、万事うまくいく。そうではなく、沿岸の防御部隊が発砲を開始したら、英海軍小艦隊が接近する。敵対行為がつづいた場合には、英海軍戦艦がフランスの砲兵陣地を砲撃するが、できるだけ自制する。頑強な敵対行為に遭ったときは、英軍部隊はあらゆる手段で抵抗を打ち砕く。日没までに作戦を完了し、ド・ゴール将軍が支配することが不可欠である。

ド・ゴール将軍は同意すると述べた。

二二日に私たちはまた会合し、情報漏洩があることを明らかにする外相からの手紙が読みあげられた。どれほどの情報が漏れているのかは、だれにもわからなかった。海軍力を攻勢に使用する利点は、艦隊が航海している段階では、どこを攻撃しにいくのか、だれにもわからないことだった。海は広く、大洋はさらに広い。熱帯用の装備は、アフリカ大陸向けだというだけで、具体的な手がかりにはならない。リヴァプール在住のあるフランス人の妻は、ヴィシー政権とのつながりがあると疑われていたが、マージー川に集結している兵員輸送船の目的地は地中海だと思い込まされていることがわかっていた。不注意に「ダカールだ」と噂をしても、それは真相を隠すためかもしれない。私たちが経験を積んでもっと狡猾になるにつれて、そういう〝秘匿《カヴァー》〟は大幅に改良された。私は遅延とそれによって勢いが狂うことを心配していた。漏洩については、だれにもわかっていなかった。とにかく、八月二七日に内閣は実行することを最終的におおむね承認した。日程は、九月一九日を目標とすることになった。

＊

九月九日の午後六時二四分、タンジェの英総領事が、ジブラルタルの陸上職務である北大西洋基地司令官のノース提督に打電し、外務省にも打電した。

以下を〝ジャック〟から伝えられた。フランス海軍小艦隊がジブラルタル海峡を通過して、未詳の西の目的地へ向かうかもしれない。この試みは七二時間以内に行なわれるかもしれない。

ノース提督は、ダカールの件を知らされて**いなかった**ので、特別な行動はとらなかった。電報はタンジェから外務省にも同時に送られ、一〇日午前七時五〇分に受信された。そのとき、私たちはほとんど切れ目のないロンドン爆撃を浴びていた。空襲のあいだ仕事の中断が頻繁に起きていたせいで、暗号班では作業の遅れが蓄積していた。その電報は〝重要〟の印がなく、そのほかの電報とともに順番に解読された。配布準備ができたのは九月一四日で、ようやく海軍本部に届けられた。

だが、私たちには第二の手蔓があった。九月一〇日午後六時、マドリードの英海軍武官が、フランスの海軍司令部から、〈ジョルジュ・レイグ〉級軽巡洋艦〔正確な艦級は〈ラ・ガリソニエール〉級〕三隻と駆逐艦三隻が、トゥーロンを出航し、一一日の朝にジブラルタル海峡を通過すると通知された。それが、この時期にヴィシー政権が受け入れていた正式な手順だったが、ただし、抜け目なくぎりぎりの瞬間になって講じられた。英海軍武官はすぐさま海軍本部に報告し、ジブラルタルのノース提督にも知らせた。暗号通信を海軍本部が受信したのは、九月一〇日午後一一時五〇分だった。解読されて当直の大佐に届けられ、大佐がそれを作戦局長〔海外担当〕に渡した。作戦局長は、ダカール遠征について万事を知らされていたのだから、この暗号通信がきわめて重要だと悟ってしかるべきだった。だが、それについて即座に行動せず、第一海軍委員宛の通常の電報とおなじ扱いで上に送った。その後、この失態によって、局長は第一海軍委員閣下の不機嫌な表情に面と向かうはめになった。

しかし、地中海で哨戒を行なっていた駆逐艦〈ホットスパー〉が、九月一一日午前五時一五分にジブラルタルの五〇海里東でフランス艦隊を目視し、ノース提督に報告した。ジブラルタルのH部隊司令長官サマヴィル提督も、海軍武官からの暗号通信を午前一二時八分に受け取っていた。サマヴィル提督は巡洋戦艦〈リナウン〉を一時間後の午前七時に出動できる態勢にして、海軍本部からの指示を待った。作戦局長の失態と、総領事からの暗号電報の解読の遅れのせいで、閣議の前にひらかれた参謀総長会議中に〈ホットスパー〉の通信が届けられるまで、第一海軍委員はフランス軍艦の通航のことをまったく知らなかった。第一海軍委員はただちに海軍本部に電話をかけて、〈リナウン〉と僚艦の駆逐艦数隻の出航を命じた。それはすでに行なわれていたので、第一海軍委員は戦時内閣に伝えた。しかし、タンジェの総領事とマドリードの海軍武官の報告という二件で連絡の失態が重なり、さまざまな部門で重大な意味合いが理解されていなかったために、万事が手遅れになった。第一の通信に総領事が〝重要〟と印をつけるか、ジブラルタルの提督たちが、秘密を明かされていなくても知恵を働かせていれば、あるいは外務省が通常どおりに業務を行なっていれば、あるいは作戦局長が第二の通信を優先事項にして、第一海軍委員が目を醒ましてただちに目を通すようにしていれば、〈リナウン〉がフランス小艦隊に停船と和平交渉を要求し、私が戦時内閣を招集するまで、当然下されるはずの決定的な命令は延期されていたはずだ。

結局、私たちの対策の連絡網はうまく機能せず、フランスの軽巡洋艦三隻と駆逐艦三隻は一一日午前八時三五分に最大速力（二五ノット）でジブラルタル海峡を通過し、アフリカ沿岸を南下した。通知を受けた戦時内閣は、〈リナウン〉がフランス艦と接触して、目的地を問いただし、フランス艦がドイツの占領下にある港へ行くのは許されないと明確に伝えるようにと、ただちに海軍卿に命じた。南に進むという返答があった場合には、カサブランカまでは行ってもよいが、その場合には追随すると告げる。カサブランカを過ぎてダカールを目指すようなら阻止することになっていた。だが、フランスの巡洋艦を捕捉することができなかった。一二日と一三日、カサブランカは靄に覆われていた。イギリスの偵察機一機が撃墜された。カサブランカ港にさらに軍艦がいるという報告は、真偽が定かではなかった。〈リナウン〉と駆逐艦隊は、フランス小艦隊を邀撃するために、一昼夜、カサブランカの南で待った。一三日の午後四時二〇分、カサブランカに巡洋艦はいないという航空機からの報告を、〈リナウン〉が受信した。それどころか、フランス小艦隊はすでにかなり南へ進んでいて、全速力でダカールを目指していた。

しかし、まだ勝ち目は残っていた。私たちの遠征部隊と強力な護衛艦隊が、ダカールの南におり、フリータウンに近づいていた。九月一四日午前一二時一六分、海軍本部はジョン・カニンガム提督に暗号通信を送り、フランスの巡洋艦隊が未詳の時刻にカサブランカを離れたことを報せ、ダカール入港を阻止するよう命じた。カニンガムは重巡洋艦〈カンバーランド〉を含めた手持ちの艦を使用することになった。やむをえなければ空母〈アーク・ロイヤル〉は、駆逐艦の直衛なしで艦載機を運用しなければならない。そんなわけで、重巡三隻――〈デヴォンシャー〉と〈オーストラリア〉〈カンバーランド〉――と〈アーク・ロイヤル〉は、ダカールの北に阻止哨戒線《パトロール・ライン》を敷くために、全速力でひきかえした。この艦隊が占位位置《ステーション》に到着したのは九月一四日夜だった。フランス小艦隊はすでに港内で投錨し、甲板を覆う天幕をひろげていた。

この一連の偶発によって、ダカールを目指していた英仏遠征部隊の運命は定まった。どうあろうと、この企ては放棄すべきだと、私は確信した。無血上陸とド・ゴール将軍による占領という組み立てそのものが、フランス小艦隊の到着によって台無しになったと思われた。十中八九、増援部隊、優秀な砲手、敵意を抱いているヴィシー政権寄りの将校を運んできただろう。総督に決断を迫り、守備隊を悪用し、砲台に砲側員を配置するにちがいない。だが、そのとき私たちにとってきわめて重要だった威信を損ねることなく、だれにも知られずに計画を中止することは、可能だった。遠征の目的地をドゥアラに変更し、フランス領カメルーンに対するド・ゴール将軍の作戦を掩護することもできたはずだ。そのあと、艦艇と貨物船は分散し、帰投すればいい。

そういうしだいだったので、九月一六日正午の戦時内閣の閣議で私は、ダカール作戦の発案当初から、当初決定された九月一三日から大幅に遅延したことによる重大な成り行き、さまざまな源からの情報漏洩、フランス軍艦がジブラルタル海峡をすり抜けるという不運まで、一部始終をざっと説明してから、状況がすべて一変したので、作戦実行はいまや問題外だと明言した。内閣が私の助言を採用し、おなじ日の午後二時に、ダカール部隊へ以下の命令が発信された。

> フランスの巡洋艦がダカールに駐留していることから、ダカール作戦の実施は現実に即さないと、英国政府は決定した。代替の計画も吟味された。コナクリでの上陸は、バマコへの交通が難路であり、部隊の移動手段がなく、ダカールの敵部隊が先手を打つはずなので、成功の見込みはないと思われる。また、近距離からダカールを封鎖するのは、手持ちの海軍部隊では不可能なので、ド・ゴール将軍の部隊がバマコに駐屯しても、ダカールへさしたる影響をあたえることはできない。ド・ゴール将軍の部隊がドゥアラで上陸し、カメルーン、赤道アフリカ、チャドの護りを強化し、リーブルヴィルへ影響をひろげるのが、最善の計画のように思われる。英軍部隊は当面、フリータウンに駐留していればいい。
> 後者にド・ゴール将軍が強く反対しない限り、ただちに作戦を開始すべきだ。

*

遠征部隊は、九月一七日にフリータウンに到着した。この雄大な企てを放棄するという意見に、司令官すべてが激しく反対した。ヴィシー政権の巡洋艦の到着が現地の戦意を高揚したことがわかるまで、巡洋艦の存在はこれまでの海上の戦況をなんら実質的に変えないと、提督〔カニンガム〕と将軍〔アーウィン〕は主張した。現在、巡洋艦は甲板の天幕をひろげていて、二隻は桟橋に横付けしているので、ほとんど無力であり、爆撃の目標にうってつけだと、ふたりは唱えた。

ここで状況にもうひとつ意外な展開が生じた。戦争のこの段階では、現地の司令官が大胆な方針を強行するのは稀だった。ふつうなら、危険を冒せという圧力は、本国がかける。今回、アーウィン将軍は、行動を開始する前に自分が疑問に思っていることを入念に書類に書き記した。この政治がからむ複雑な作戦を試そうとする熱意に、私は快い驚きを感じた。現地の人間が思い切って実行する潮時だと思ったのであれば、自由にやらせるべきだ。そこで私は、九月一六日午後一一時五二分に、以下のように書き送った。

貴官は随意にすべての状況をみずから考慮し、ド・ゴール将軍と協議してかまわない。そのあとでなにか助言があれば、私たちは入念に考慮する。

ほどなく、計画実行を望んでいたド・ゴール将軍から、激しい抗議が届いた。「海からのダカール直接行動に関して、イギリス政府があらたな消極的な決定を支持するのであれば、せめて現存のイギリスの海軍と空軍の部隊がただちにわれわれと連携し、私が自軍のみで内陸部からダカールに対して行なう作戦を掩護することを要求する」★私たちの司令官たちは、つぎのように報告した。†

本日の会議で、ド・ゴール将軍は、ダカールで早期の軍事行動が必要であると強くいい張りました……。諜報員を送り込んで煽れば、ダカールでかなりの支援が得られると知らされているし、行動を過度に延期するべきではない、作戦をイギリス流に複雑にするのは避けるべきだ、諜報員たちはバサースト〔ガンビアの首都バンジュールの旧称〕で待機し、指示はあたえてあると、将軍は述べました。敵対行動がない港に進入するという当初の計画はそのまま進めるべきだが、それに失敗したら、自分のフランス軍部隊は、必要とあれば海と空からの行動に支援され、リュフィスクで上陸し、そこからダカールに向けて進むと、ド・ゴール将軍は提案しました。海岸堡が確保されたあと、英軍は支援のみの目的で上陸する……。すべての要素を入念に検討した結果、巡洋艦三隻の駐留は、どのみちいつも受け入れているはずのリスクを、作戦を放棄する正当な理由になるほどには増大しないという見解に達しました。そこで、ド・ゴールの提案を受け入れるよう進言いたします。それが失敗したときには、英軍部隊上陸は、先に検討したようにド・ゴール将軍が現地で地盤を固められるように行なうべきです。しかしながら、[私たちの]海軍部隊の兵力増強は不可欠だと考えられます。

作戦は、イギリス政府の決定を受けてから四日後に実行すべきです。

最後に、アーウィン少将から帝国参謀総長《CIGS》に宛てて、以下のような報告があった。

ご存じのように、私は純然たる軍事的立場からは全面的に正当化できないこの作戦の危険要因を、すでに受け入れております。新情報はこれらの危険要因をいや増す可能性がありますが、成功によって得られる成果は明らかなので、受け入れる甲斐があると考えております。ド・ゴールは、必要とあれば英軍と全面的に連携するし、フランス人同士が戦う責任を逃れるつもりはないと断言しております。

★一九四〇年九月一七日午前一一時五五分に受信。
†一九四〇年九月一八日午前七時五六分に海軍本部が受信。

一七日午後九時に、戦時内閣が二度目の閣議をひらき、司令官たちの望みどおりにやらせることに、全員が同意した。最終決定は翌日正午にくりこされた。打撃が加えられるまで一週間近くあるので、時間を無駄にしているわけではなかった。内閣の求めで、私はダカール部隊の司令官たちに宛てて、以下の通信文を起草した。

私たちがここからさまざまな代案の利点を比較して判断することはできない。物事を進めて、遠征の当初の目的を有効にするのに最善だと諸君が考えたことをやる全権をあたえる。報告を絶やさないように。

九月一八日午後一時二〇分に、それが送信された。

＊

いまでは、結果を待つほかにやることはなかった。一九日に第一海軍委員が、フランス小艦隊もしくはその一部が、ダカールを出て南に向かったと報告した。小艦隊がヴィシー政権寄りの兵士、技術者、政府関係者をダカールに運んだことが、それで明らかになった。あらたな勢力が関係する部分すべてで、激しい抵抗が増す可能性が高い。激烈な戦いが起きるにちがいない。私の閣僚は気丈だが、状況に応じて考えを変える柔軟性も備えている。戦争ではそれが適切なのだ。成り行きに任せるべきだという私の直観に彼らは賛成で、さまざまな報告を黙然と聞いていた。

二〇日にパウンド提督が私たちに、重巡〈コーンワル〉と軽巡〈デリー〉に海上で阻止されたフランスの軽巡〈プリモゲ〉が、カサブランカへ行くことに同意し、現在護送中だと告げた。重巡〈オーストラリア〉が目視したフランス艦三隻は、いずれも軽巡洋艦の〈ジョルジュ・レイグ〉〈モンカルム〉〈グロワール〉だと判明した。一九日正午、〈オーストラリア〉に〈カンバーランド〉が合流し、夜までヴィシー政権の艦隊につきまとった。この艦隊は北に転針し、速力を一五ノットから三一ノットに加速した。追跡が開始された。私たちの重巡では追いつくことはできない。しかし、午後九時に〈グロワール〉が機関故障を起こし、一五ノットで航行するのがやっとになった。カサブランカへ行くことに艦長が同意し、〈グロワール〉は〈オーストラリア〉に護送された。二隻は午前零時ごろにダカール沖を通るはずだったので、〈オーストラリア〉の艦長は〈グロワール〉に、潜水艦で攻撃された場合にはただちに撃沈すると警告した。〈グロワール〉はダカールに連絡したもようで、万事が順調に進んだ。あとの軽巡二隻を追っていた〈カンバーランド〉は、激しい暴風雨のために見失い、二隻は目視されたものの砲撃を受けることなくダカールに戻った。その前の一七日に、海上で誰何されたフランスの貨物船〈ポワティエ〉が自沈のために取水弁〔船底などにある、海水を取り入れるための弁〕をあけたあと、〈カンバーランド〉の砲撃で撃沈された。

＊

私はスマッツ将軍に万事を報告しつづけていた。

総理大臣よりスマッツ将軍へ　　**一九四〇年九月二二日**

ダカールに関する伝達をご覧ください。アフリカ地域をおろそかにしてはならないと貴君がさまざまな通信で述べたことについて、つくづく考えております。フランスの植民地を救うためのド・ゴール運動は、エクアトリアと両カメルーン〔この当時は英領と仏領に分かれていた〕では成功しております。せっかく得たこの確実な利点が、おそらくドイツの指図で派遣されたとおぼしいフランス艦とヴィシー政権の要員によって打ち壊されるのを許すわけにはいきません。ダカールがドイツの支配下に陥り、Uボート基地になったら、喜望峰まわりの航路が大きな危険にさらされます。したがって、できれば平和裏に、やむをえなければ強制的に、ド・ゴールをダカールに据える仕事に着手しましたし、現在、攻撃しようとしている遠征部隊には必要な武力があると思われます。

当然ながら、フランスの水兵や守備隊の一部と血みどろの衝突が起きる危険は、けっして軽視できません。フランスの植民地は戦意が弱く、ひどい苦境に陥り、私たちが海上を支配しているために破綻して飢えに苦しんでいるので、本腰を入れて抵抗する可能性は低いと思われます。しかしながら、私たちがやってみるまで、どうなるかはだれにもわかりません。イギリスの抗戦によってヴィシー政権下ですらフランスの世論がイギリス寄りになっている時期に、このような危険を冒すべきではないし、オランの二の舞は大きな挫折になるという意見が、私たちに重くのしかかっております。それにもかかわらず、この反論は妥当ではなかったと判明するかもしれないし、いずれにせよ、なにもやらず、ヴィシーがド・ゴールに打ち勝つほうが、はるかに危険であるという結論に、私たちは全員一致で達しました。ヴィシーは、オランの事件後や、私たちの海上封鎖に対しても、宣戦布告しなかったので、ダカールで戦闘が起きたことで宣戦布告するのは理屈に合いません。ダカールの戦略的重要性と、ド・ゴールが占領した場合の政治的影響のほかにも、内陸部で不当に保管されている六、七〇〇〇万ポンド相当のベルギーとポーランドの黄金があり、航行不能に陥っている大戦艦〈リシュリュー〉も間接的に私たちのものになります。とにかく、賽は投げられたのです。

ドイツがスペインと、モロッコにおけるスペインの権益に圧力をかけているので、いまのところモロッコに手出しをするつもりはありません。来週にカトルー将軍が赴くシリアには、おおいに希望を抱いています。マルサ・マトルーフでは、現在、重要な戦いが起ころうとしていますし、私たちの機甲部隊の増援が間に合うことを願っています。

ケニアでの危険要因は、とりたてて銘記しておりません。私たちが鉄道を使って戻り、戦ったら、敵は交通路に困窮するからです。この戦域には適切な戦車を少数送ろうとしています。そうしないと、スーダンとデルタ地帯の部隊が必要以上に過大になると思っているからです。

長年私たちがともにたどってきた道で、貴君とともに旅をすると、大いなる喜びと自信をあたえられます。

ローズヴェルト大統領には、つぎのような電報を送った。

元海軍関係者より大統領へ　　**一九四〇年九月二三日**

ロージャン卿が伝えたダカールに関する情報を受け入れてくださったことに励まされました。そこにドイツの強力な潜水艦基地と航空基地が設置されるのは、私たちの共同の利益に反します。厳しい戦いになるかもしれません。そうならないかもしれませんが、とにかく突入せよという命令が下されました。アメリカの軍艦数隻をモンロヴィアかフリータウンによこしていただけると喜悦至極であります。それまでにアメリカ艦がダカールに寄港できるようになっていることを願っております。しかし、なによりも重要なのは、宣戦布告はアメリカに関係のある物事すべてにおいて、フランスにとって最悪の事態を招くと、フランス政府に伝えてくださることです。ヴィシー政権が宣戦布告すれば、フランスはドイツの同類項になり、西半球のヴィシー政権の版図はドイツの版図だと見なさなければなりません。

侵攻に関する有益な情報にも深く感謝いたします。私たちは全員、いまもそれに備えています。小銃の件を聞いてたいへんうれしく思いました。

＊

ダカール攻撃の三日間に起きたことを、ここで詳しく語る必要はないだろう。それは軍事年代記で叙述されるのがふさわしいし、不運の好例でもある。空軍省の気象学者はもちろん西アフリカ沿岸の気象状況を入念に研究していた。記録を長期にわたって調査し、その季節には太陽が明るく輝く晴天ばかりがつづくとわかった。九月二三日、ド・ゴールとフランス艦が堂々と先頭に立っている英仏の大艦隊が要塞に接近したとき、霧があたりを支配していた。フランス人も現地民もともに、住民の大多数が私たちの味方にちがいないし、イギリス人が乗り組んでいるそれらすべての艦艇が遠い水平線に停泊して威容を示すのを見て、総督が決断してくれることを私たちは願っていた。だが、ヴィシー政権支持派が支配者であることが、すぐにわかった。それに、ヴィシー政権の巡洋艦が到着したことで、ダカールが自由フランス運動に加わる見込みは消滅していた。ド・ゴール側の飛行機二機が現地の飛行場に着陸すると、操縦士たちはすぐさま逮捕された。ひとりは自由フランスの有力な支持者の名簿を持っていた。三色旗と白旗を翻した内火艇に乗っていたド・ゴールの特使は追い返され、そのあとで内火艇に乗って港にはいったものは銃撃され、ふたりが負傷した。だれもが強硬になり、英艦隊が霧のなかを五〇〇〇ヤード（約二・五海里）以内に接近した。午前一〇時、港の砲台が、私たちの陣形の端にいた駆逐艦に向けて発砲を開始した。応射があり、すぐに交戦が全体に及んだ。駆逐艦〈イングルフィールド〉と〈フォアサイト〉に軽微な損害があり、〈カンバーランド〉は機械室に被弾して離脱せざるを得なくなった。ヴィシー・フランスの潜水艦一隻が潜望鏡深度で爆撃を受け、さらに駆逐艦一隻が炎上した。

軍艦 対《ヴァーサス》 要塞については、長年にわたる論議がある。ネルソン提督は、大砲六門の砲台は、艦砲一〇〇門の戦列艦と戦えるといった。ダーダネルズの件で査問を受けたバルフォア氏〔アスキス首相の軍事委員会に加わっていた元首相〕は、一九一六年に述べている。「軍艦が、要塞が応射できない距離から要塞に命中できる砲を備えていれば、この一騎打ちはそこまで不平等とはいえない」。今回、適切な観測を行なっていたら、英艦隊は理論的には、二万七〇〇〇ヤード（一三・三海里）〔〈カンバーランド〉の八インチ砲の最大射程は約三万ヤード〕の距離から交戦し、九・四インチ（二四センチ）砲を備えたダカールの砲台を一定量の砲弾で破壊できていたはずだった。だが、このときヴィシー側には戦艦〈リシュリュー〉があり、一五インチ（三八センチ）四連装砲塔二塔が一斉射撃に使用できることがわかっていた。英海軍の提督は、これを計算に入れなければならなかった。それに、なによりも霧があった。そのため、午前一一時三〇分ごろには、射撃は熄み、イギリスと自由フランスの艦船は引き揚げた。

その午後、ド・ゴール将軍はリュフィスクで部隊の揚陸を試みたが、霧が濃くなり、混乱が生じたために、中止された。午後四時三〇分には、司令官たちは兵員輸送船を撤退させ、翌日に作戦を再開することを決断した。この情報が午後七時一九分に暗号通信でロンドンに届き、九月二三日午後一〇時一四分に、私は以下の通達を司令官たちに送った。

　はじめたからには、最後までやらなければならない。何事があろうと中止するな。

その晩にダカール総督宛に最後通牒が送られた。要塞を最後まで護り抜くというのが、総督の返答だった。司令官たちは、作戦を続行すると応じた。二四日の視程は前日よりましだったが、やはり視度不良だった。私たちの艦が近づくと、陸地の砲台が射撃を開始し、〈バーラム〉と〈レゾリューション〉の二戦艦が、一万三六〇〇ヤード（約六・七海里）で〈リシュリュー〉と交戦した。その直後に〈デヴォンシャー〉と〈オーストラリア〉の重巡二隻が、巡洋艦一隻、駆逐艦一隻と交戦し、駆逐艦に損害をあたえた。砲撃は一〇時ごろに終わり、それまでに〈リシュリュー〉は一五インチ砲弾一発を被弾した。マニュエル要塞も被弾して、軽巡一隻が炎上した。その間に、私たちの接近を妨害しようとした敵潜水艦一隻が、爆雷のために浮上せざるをえなくなり、乗組員が降伏した。私たちの艦隊に被害はなかった。午後に砲撃がふたたび短いあいだ起きた。このときに〈バーラム〉は四度被弾したが、重大な損害はなかった。砲撃戦は勝負を決めなかったが、防御が強力で、守備隊があくまで抗戦するつもりでいることがわかった。

九月二五日に戦闘が再開された。晴天だったので、私たちの艦隊は距離二万一〇〇〇ヤード（約一〇・四海里）から砲撃し、沿岸の砲台のきわめて精確な射撃だけではなく、〈リシュリュー〉の一五インチ砲からの応射もあった。ダカールの司令官は、私たちの狙いを狂わせるために煙幕を張った。まもなく、午前九時過ぎに、戦艦〈レゾリューション〉が、ヴィシー側の潜水艦の魚雷一本を被雷した。そのあと、「〈レゾリューション〉の状態と潜水艦の脅威がつづいていること、海岸防御のきわめて精確な射撃と決意から判断して」提督は沖に撤退することを決めた。

そのあいだに、私抜きで午前一〇時に招集された国防委員会が、賢明な判断に反する行動をとるよう司令官たちに圧力をかけるべきではないという意見をまとめていた。午前一一時三〇分に閣議がひらかれ、その最中に朝の作戦の結果報告が届いた。こういった趨勢のもとで、思慮分別と資源が許す範囲内でこれを進めるべきだということが明らかになった。優秀な艦数隻が、甚大な被害をこうむった。ダカールが死守されることは明白だった。戦闘が長引くと激しい感情が湧き起こって、ヴィシー政権のフランスの宣戦布告を誘発しないとはいい切れなかった。そこで、耐えがたい議論の末に、これ以上無理をしないことに全員が同意した。

そのため、私は以下の電報（九月二五日午後一時二七分発）を司令官たちに送った。

〈レゾリューション〉に被害があったことも含めたあらゆる情報に基づき、明らかに悪影響があることを直視しつつ、ダカールに対する企ては中止するべきだと、私たちは決定した。私たちの知らない重大事が起きて、貴官たちが上陸を強行することを望む場合はべつとして、ただちに離脱してほしい。指示に従うかどうかを〝大至急〟知らせてもらいたいが、そちらの戦況が私たちに有利なように逆転しない限り、私たちの返事があるまで上陸開始は控えてもらいたい。

作戦を中止する場合、私たちはドゥアラを海軍部隊で掩護すべきだが、ド・ゴール軍をバサーストで［そこに踏みとどまったとして］護衛することはできない。フリータウンを部隊で補強するという問題は検討されている。残った部隊の配置については、貴君たちの応答を受けてから指示をあたえる。

司令官たちは、つぎのように応答した。

離脱に同意します。

＊

元海軍関係者よりローズヴェルト大統領へ　　**一九四〇年九月二五日**

ダカールの企てを中止しなければならなかったのは、まことに残念です。ヴィシー政権が私たちの邪魔をして、ヴィシー支持派と優秀な砲手が活発な防御を行なったのです。友好的な勢力は捕らえられるか、抑えつけられました。私たちの軍艦数隻が被弾しました。上陸を強行すれば、すでにイギリスが陥っていると大統領が考えておられる過度の兵力投入につながります。

*

三日間の砲撃戦で、イギリスの軍艦は一隻も沈没しなかったが、戦艦〈レゾリューション〉は数カ月、行動不能になり、駆逐艦二隻が本国の工廠で大幅な修理を要するような損害を受けた。ヴィシー側は潜水艦二隻が沈没し、うち一隻は乗組員が救助された。また、駆逐艦二隻が火災を起こして海岸に引き揚げられた。戦艦〈リシュリュー〉は一五インチ砲弾一発を被弾し、近くに落ちた二五〇ポンド爆弾二発で損壊した。もちろん、ダカールには、七月の攻撃ですでに一時的に航行不能になっていたこの無敵戦艦を修理する施設がないので、私たちの計算ではもう敵勢力とは見なされていなかった。

戦時内閣と作戦中の司令官たちの役割《ロール》が変わったことを指摘するのも、興味深いかもしれない。司令官たちは、最初はまったく乗り気ではなかった。アーウィン将軍は帝国参謀次長《VCIGS》宛の意見書で、あらゆる難事があることを強調し、長々と理由を述べて自己弁護した。遠征部隊がカナリア諸島の南に達したあと、フランス共和国の権限を物理的かつ倫理的に表象しているフランスの巡洋艦小艦隊が、ヴィシー支持派の増援を載せて、ジブラルタル海峡を通り抜けた。その瞬間に状況は一変したと、私は確信した。私の助言と、参謀総長たちの意見に支えられて、戦時内閣は時間があるうちに、さらには損害が生じず、失態が暴かれる前に、この企てを中止するべきだと合意した。

行動を強く熱望する現場の司令官たちがそのとき進み出て、戦時内閣は判断と自由裁量を司令官たちにあたえるべきだと感じた。私の観点では、それが当然だった。そこで小手調べが行なわれ、ダカールの効率的な激しい抗戦によって、中止するという戦時内閣の判断は正しく、それを勧めた助言も正しかったことがわかった。

ダカールでの戦闘は予想していたよりも本格的だったが、ヴィシー政権は大英帝国に宣戦布告しないだろうという私たちの判断は、間違っていなかった。彼らは北アフリカからジブラルタルへ航空攻撃で報復しただけだった。九月二四日と二五日、港と海軍工廠にたてつづけに空襲が行なわれた。初日には爆弾一五〇発が投下され、約一〇〇機が参加した二日目はその倍が投下された。フランス機の搭乗員たちは、あまり仕事をやる気がなかったようで、爆弾は大部分が海に落ちた。多少の損害はあったが、死傷者はごく少数だった。私たちの高射砲は、三機を撃墜した。ダカールでの戦闘がヴィシー側の勝利で終わっていたので、ジブラルタル爆撃は巧みに〝引き分け〟として処理された。

イギリスの海軍と陸軍の司令官は責任を負わされることなく、ふたりとも終戦まで絶え間なく軍務に従事した。カニンガム提督は最高の栄誉を授けられた。**敵に立ち向かって犯した過ち**は軽めに裁かなければならないというのが、私の鉄則のひとつだった。現場で得た知識で最後までやれると思ったのだから、ふたりがやろうとしたことは、まったく正しかった。巡洋艦と増援の到着によるヴィシー側の守備隊への影響を見くびったという事実は、彼らを責める材料にはならない。ド・ゴール将軍について、私は庶民院で、このときの行動と態度で私は将軍への信任をいっそう深めたと述べた。

ダカールの出来事の一部始終は、緻密な研究に値する。なぜなら、戦争の予想できない偶発事をありありと示しているだけではなく、軍事と政治の力の相互作用や、同盟国がからむときの共同作戦の困難な要素も浮き彫りにしているからだ。世間一般には、誤算、混乱、臆病、不手際のひどい実例のように思えるかもしれない。ダカールがアメリカ大陸に近いので、アメリカ合衆国ではことに強い関心がもたれ、激しい非難の嵐が湧き起こった。オーストラリア政府はがっかりした。イギリスでも戦争指揮の失敗にかなり苦情が寄せられた。しかし、釈明は無用だと私は判断し、議会も私の希望を尊重した。★

★メンジズ氏〔ロバート・メンジズ。オーストラリア首相〕との交換書簡については、補遺Dを参照。

いま思い返すと、この事件はもっと明るい見方ができるかもしれない。海軍史の学徒は、これが三世紀ほど前の出来事によく似ていることに驚くかもしれない。一六五五年、クロムウェルがサン・ドミンゴ攻略のために、海軍と陸軍の統合遠征部隊を西インド諸島に派遣した。攻撃には成功しなかったが、司令官たちは手ぶらでは帰らず、代わりにジャマイカを奪取した。

＊

ダカールで私たちは失敗したが、フランスの巡洋艦がさらに南に進むのを食い止め、フランス領赤道アフリカの駐屯部隊をヴィシー陣営に引き入れようとするのを阻んだ。二週間もたたないうちにド・ゴール将軍はカメルーンのドゥアラで陣容を整えることができ、そこが自由フランスの大義の集合地点になった。この地域での自由フランスの活動は、ヴィシー政権という病原菌の浸透を食い止めるのに役立っただけではなく、アフリカ中部を支配したことによって、タコラディから中東へと至る私たちのアフリカ大陸横断空輸航路の発達に貢献した。

第二五章　イーデン氏の使命
一九四〇年一〇月

〈チェンバレン氏の引退／閣僚交替／保守党の指導者／空いた地位を私が引き受けた理由／ビルマ公路再開／大統領宛公電／砂漠戦線の英軍兵力増大／中東の部隊運営に対する私の苦情／マルタの不安材料／イーデン氏、空路で中東へ／一九四〇年一〇月一三日、私の懸念／カイロでのイーデン氏と将軍たちの会議／イーデン氏の報告と要望／マルサ・マトルーフの英軍兵力増大／イーデン氏とスマッツ将軍のハルトゥームでの会見を提案／イタリアに対する先手攻勢を私が強く望む／中東での資源使用を改善する必要〉

九月末にチェンバレン氏の健康がかなり悪化した。七月に診査手術を受け、そのあと果敢に仕事に復帰したが、癌にかかっていて外科的な治療法はないというのが医師たちの見立てだった。チェンバレン氏はいまやその事実を知り、仕事には戻れないと悟った。そこで、私に辞表を渡した。いくつもの重大事件の圧力を考えて、前の章で述べたように、私は政府の改造が必要だと思った。ジョン・アンダーソン卿が枢密院議長に就任し、内閣の内務委員会の議長をつとめることになった。ハーバート・モリソン氏がアンダーソン卿の後任の内務大臣兼本土安全保障大臣に就任し、アンドルー・ダンカン卿が軍需大臣に就任した。これらの交替は、一〇月三日に発効した。

保守党党首を辞任するのが適切だとチェンバレン氏が考え、私はあとを継ぐようにと勧められた。私は自分に問いかける必要があった――ほかにさまざまな意見があるかもしれないということを――

偉大な党の指導者の地位は、国王と議会によって支えられているすべての党から成り、すべての党に公式に支持されている内閣の総理大臣という地位と両立できるのかどうか。その答に、私はいっさい疑問を抱いていなかった。保守党は庶民院で、そのほかの政党すべての合計議席よりも、はるかに多くの議席を握っている。意見の相違や膠着状態があっても、戦時中なので選挙で国民に訴えることはできない。敵意と混乱に満ちた長い歳月のあいだ、否応なしに危機を突きつけられている日々に、少数党二党の指導者だけではなく多数党の保守党の指導者の合意も得なければならないようでは、戦争を指揮するのは不可能だろう。だれが保守党首に選ばれ、克己心という美徳を備えていたとしても、強い政治力を握ることになる。その場合、私は行政府の責任者にすぎなくなり、党を動かす力を失う。

　こういう論理は平時にはあまり当てはまらないが、戦争中に私がそのような試練を潜り抜けることができたとは思えない。それに、連立内閣の労働党と自由党に対処する際には、私が総理大臣であるとともに最大の党の指導者であるという事実が、つねに重要な基盤になる。労働・自由両党の投票に依存せず、両党の力を借りずに、もっと重要な論点について、議会で審議を進めることができる。そこで、私は是非にと勧められた保守党党首の地位を引き受けた。その地位と、それに伴う揺るぎない忠節なしでは、戦争に勝つまで任務を遂行することはできないと、確信していた。私が断ったら、代わりの候補者のハリファクス卿が名乗りをあげて、満場一致で選ばれていたはずだ。

*

　その夏は、なにもかも引き裂く激烈な衝撃を引き起こして暴走したが、生き延びられるという自信は強まった。秋と冬はそれほど致命的ではなかったが、もっとわかりづらい複雑に絡み合った状態に陥った。侵攻という難問は、かなり弱まった。空では英本土防衛戦《バトル・オヴ・ブリテン》で勝利を収めた。ドイツの指向性《ビー》電《ム》波を曲げた。本国の陸軍部隊と郷土防衛隊は、大幅に増大し、より強力になった。一〇月の彼岸嵐は、気まぐれな手をイギリス海峡やアイリッシュ海の対岸にまでのばした。私がそれまで大事ないと論じていた根拠が裏付けられ、強化された。極東では、日本が宣戦布告するおそれが弱まったようだった。イギリス侵攻がどうなるか、日本はようすを見ていたが、なにも起こらなかった。日本の軍閥は確実なことを見つけようとしてきた。だが、戦争では確実なことなどめったにない。七月に日本が攻撃しても益はないと考えたようなら、大英帝国の栄光が燦然と輝き、世界情勢が日本にとってあまり有利ではなくなったいまになって攻撃することはありえないのではないか？　私たちは、三カ月の閉鎖期間が過ぎていたビルマ公路を再開することにした〔陸軍参謀本部のごり押しで日本の外務省がここを経由する中国への武器輸送停止をイギリスに要求し、イギリスが暫定的に三カ月間の輸送停止に合意した〕。日本は海戦の経験が豊富だから、イギリスの海軍本部とおなじような筋道で考えるにちがいない。それでも、中国へ補給物資が流れるようにビルマ公路を再開するという決断には、不安が伴っていた。この先行きがわからない方策を大局的な物差しで測ると、私たちの判断は間違っていなかったことが実証された。

アメリカとローズヴェルト大統領にとって好都合なはずだと確信し、私は勇んで大統領宛に公電を送った。

元海軍関係者より大統領へ　　**一九四〇年一〇月四日**

関係するすべての物事を長々と検討した結果、私たちは本日、三カ月の閉鎖期間が過ぎたビルマ公路を、一〇月一七日に再開することを決定いたしました。外務大臣と私は、これを八日火曜日に議会で公表します。日中が公平な合意に達することを願っておりましたが、結実せず、また日独伊三国同盟は一九三九年の反共同盟の再現であるとともに、明らかにアメリカ合衆国を指し示しております。たとえ仮の話でも、太平洋における貴国の行動方針を言明するようなことを口にするのが難しいのは、わかっております。しかし、この時機、単純な行動のほうが言葉よりも有効ではないかと、あえて問いかけたいと存じます。できればかなりの規模のアメリカの小艦隊がシンガポールを親善訪問するように手配することは可能でしょうか？　艦隊はそこで完全に正常で適切なやり方で歓迎されます。望まれるのであれば、そのような訪問の際に、現地とフィリピン近海の海事と軍事の問題について専門的な討論を行なうこともできます。オランダを招待してもよいかもしれません。このような方向の対策は、ビルマ公路再開に対して日本が私たちに宣戦布告するのを抑止する効果があるはずです。こういう路線の行動は、戦争の拡大を防ぐのに重要な役割を果たすはずなので、考慮していただけるようならおおいに感謝いたします。

ダカールでの事態にもかかわらず、ヴィシー政権が私たちとの関係を深めようとしていることは、フランス国内の趨勢を物語っております。フランスはドイツが重荷になっていると感じ、なおかつ私たちが護り抜くことができると見なしているのです。

私たちの空での形勢は、実質と敵との比較の両方で、着実に強まっていますが、航空機の需要が逼迫しています。重要な工場数カ所が深刻な被害をこうむっているうえに、空襲警報によって生産率が低下しています。その反面、本土上空で戦うので、大多数が無事に着陸するか、負傷する程度であり、操縦士の損耗は予想よりもすくないのです。貴国の将校が以前こちらに来たときには、もっぱら操縦士のことが話題になりました。いまは、近い将来についていえば、航空機の数が物事を制約する要素になると考えるようになってきています。

侵攻の危険が過ぎ去ったとは思っていません。侵攻という名の紳士は服を脱ぎ、水着に着替えましたが、海水は冷たくなるいっぽうで、秋風は身を切るようです。私たちは最大限に警戒しつづけます。

*

地球の反対側でこれらの重大事が願いどおりに進んでいたおかげで、中東でもっと強力な行動を起こす道が拓けた。私の予想よりもずっと遅い速度で移動していたイタリア軍に向けて前進するには、勇気をふり絞らなければならなかった。強力な増援がウェイヴル将軍のもとへ到達した。二個戦車連隊が、砂漠に到着した。〝ナイル軍〟と呼ばれるようになっていた部隊を指揮していたメイトランド・ウィルソン将軍は、将兵が〝マチルダ〟という愛称をつけていた〝I〟（歩兵）戦車の可能性を高く買っていた。マルサ・マトルーフの私たちの防御陣地は、前よりもはるかに堅固になっていたし——もっとも、私はまだそれを知らなかった——中東の司令部の幕僚や計画立案者のあいだでは、あらたな考え方が渦巻いていた。中東、ことに西部砂漠の部隊を、イギリス本土とインドからの部隊で増強することが、私たちのつぎの主な任務であることは明らかだった。

私はまだ、軍の輸送船団が地中海を通航しようとすることについて、海軍本部と論争していた。「試してみればよかったと、いまはわかっているはずだ」と私がいうと、「結局、急がなくてもよかったわけですね」と海軍本部がいう。中東の英軍部隊の配置について、私はすでに不満に思っていたし、糧食と戦闘能力が不均衡だと判断していた。マルタのことが、ことに心配だった。ウェイヴル将軍と陸相にこういったすべての要点を直接、あるいは参謀総長たちを通して、強調した。イーデン氏には、こう書き送った。

総理大臣より陸軍大臣へ　　一九四〇年九月二四日

私たちのあいだには大筋では意見の相違はないが、原則を適用するときには、細部に争点が生じる。この島が差し迫った侵攻の脅威にさらされているため、ことにそれが当てはまる。陸軍参謀本部は、中東から方向転換し、たとえば第7オーストラリア師団をマレー守備隊に使用するようにと圧力をかけつづけている。日本との戦争が起きた場合や、もっと可能性の低い日本のシンガポール攻囲に備えて、このジャングルに二個インド旅団が投入されることになっている。インド旅団で増援する一件の書類を、私と参謀総長たちが昨夜検討した。それによれば、一個師団をマレーのために用意し、べつの一個師団をバスラに、一個軍団をイラクに割くことになっている。一九四一年のインド軍の増援がすべて吸収されることになる。この地域別の部隊配置あるいは分散は、戦略的な思慮からするとまったく間違った考え方が染みついていることを示している。しかしながら、これらの部隊は特定の戦域のために選ばれているとはいえ、求められればすべて中東に派遣できると、私は説明された。そこで、それを明確にする文言を書き加えることに、私は同意した。とはいえ、戦争の入用を顧みずにこれらの師団の分散について書き記したことは、はなはだ好ましくないと私は感じた。

つぎに私たちは、ケニアで部隊の無駄遣いが増え、パレスチナでもひきつづき無駄に使われていることについて検討しなければならない。パレスチナでは多少の改善がなされたが、ケニアではその逆で、現時点でも一個山岳砲兵中隊が、スーダンではなくケニアに送られた。スマッツ将軍が現地へ行ったときに、当然、そこの状況に影響を受けることが心配される。しかし、私は電報でスマッツ将軍と連絡を維持することを願っている。

最後に、イギリスの正規軍部隊が、運河地帯、カイロ、アレクサンドリアでたんなる警備任務に使われるという衝撃的な無駄遣いもある。また、中東方面軍全体がたるんでいて、戦闘に最大限に集中できず、食糧の分配と戦闘能力を均等にするのを怠っている。この点について数字を要求したが、まだ返答がない。

貴君とおなじように私は、今後数カ月のあいだに中東でできるだけ強力な陸軍を集結することを考えている。中東に集められることを願っている師団数については、べつの書類に記した。だが、真っ先にやるべきなのは、陸軍省とエジプトの総司令部が、すでにあるきわめて大規模な部隊をできるだけ有効に使用することだ。そのために、私たちは巨額の予算を注ぎ込んでいる。

また、マルタの態勢にはかなり不安をおぼえている。増援のために二個大隊を送ることが同意されたが、さんざんいい争ったり、ドジを踏んだり、口実をつけられたりしたあげくの果てに、いまだに島に収容されていない！　ドビー将軍の正しい現実認識と意見書に目を通したかね？　長さ一五マイル（二四キロメートル）の前線に各大隊が散らばり、飛行場防衛に割り当てる予備部隊がないというのだ。マルタ近辺で私たちが制海権を握っておらず、イタリア海軍の支援を受ける二万人ないし三万人の遠征部隊がいつなんどきイタリア本土から押し寄せるかもしれないということを、認識しているかね？　それなのに、旅団を完全編成にするために、その二個大隊をフリータウンに送ることが提案されている。大西洋を私たちが制している限り、フリータウンが敵に攻撃されることはありえない。貴君の意識にもあるような戦争の計策そのものとまったく無関係な風潮がはびこっているのを示すために、このような事柄を指摘するのを寛恕してもらいたい。

一九四〇年一〇月六日

総理大臣よりイズメイ将軍へ

アレクサンドリアから地中海中央へ移動するときはつねに、現在、重大な危険にさらされていると思われるマルタに増援を運ぶべきだ。この増援には、運河地帯の数個大隊を利用し、騎馬ではない義勇農騎兵か、いまパレスチナに駐留しているオーストラリア派遣部隊か、ケニアから移動する予定の南アフリカ軍部隊がそれと交替する。そういうたぐいの提案がほしい。つぎの機会に最低でも一個大隊がマルタへ行くようにしてほしい。正規軍の大隊をエジプトの国内治安維持のために無駄遣いすることはできない。野戦軍にその大隊が必要とされているのであれば、もちろん呼び戻すわけにはいかないが、いまはそういうふうに使われていない。

私はイーデン陸相と意見がぴったり合っていたし、私たちの見解は、延々と送る電報で伝えるべきではなく、ぜひとも現地で提唱する必要があると感じていたので、中東をじかに視察してくれないかと頼んだ。イーデン氏はおおいによろこび、ただちに出発し、戦域すべてを徹底的に視察した。イーデン氏が留守のあいだ、陸軍省は私が受け持った。

また、この時期に私は、自分の視点からの軍事的状況全体を参謀総長たちに示した。

＊

総理大臣よりイズメイ将軍へ、参謀総長委員会《COS》宛　　　　**一九四〇年一〇月一三日**

1. もっとも急を要するのは、マルタ増援である。

(a) 手段を講じてハリケーン戦闘機をさらに配置する。

(b) できるだけ多数の防空装備と大隊と砲兵中隊を搭載する船団によって増援する——車両輸送船《MT》が一隻用意できるはずだ。

(c) 一個か、できれば二個大隊を運河地帯もしくはパレスチナの治安維持任務から解放し、艦隊がつぎにアレクサンドリアからマルタ方面へ向かうときにマルタへ運ぶ。ドビー将軍の現在の懸念に応じて、私たちはマルタ守備隊を強化する深刻な必要に迫られている。マルタがイタリアの脇腹を刺す棘になったら、敵はそこを狙うはずなので、この必要性に応えるためにあらゆる努力を払わなければならない。したがって、この増援の移動は、マルタから目につくような活動が行なわれる前に終える必要がある。

(d) マルタに歩兵戦車三両があっても、現実の防御では無力だが、そこにあるのがわかっているだけで、抑止力になる。空から観察できる場所に、戦車の原寸模型をいくつか展示してもいいかもしれない。

2. 艦隊のマルタへの移動は、この防空強化を待たなければならない。しかし、それはなんとしても必要だし、根本的な優位を得る方策になる。小型艦艇の部隊であっても、マルタを基地にする可能性があるのはよろこばしい。ただちに警戒が強化されるからだ。艦艇は概して昼間に出港して敵に反撃し、夜だけ港にひきこもることになるはずだとわかっている。戦艦〈ヴァリアント〉のような強力な艦のほうが、小型艦艇よりも爆弾に耐えることができ、それに加えて、高性能の高角砲二〇門を備えていることも、考慮しなければならない。賭けるものが大きくなることはべつとして、小型艦艇の部隊がマルタの港で攻撃にさらされるのをよしとするのであれば、装甲も兵装もずっと優れている軍艦を使ってはいけないという理由は見当たらない。急降下爆撃に対しては、航空機雷と非回転飛翔体兵器《UP》がかなりの防御策になるだろう。

これについて海軍本部のもっと徹底した情報が得られるとありがたい。

英艦隊全体がときどき訪問すれば、敵の攻撃を抑止するのにかなり役立つはずだし、その間、［敵の］リビアへの交通路に対する脅威にもなる。

現在配置されている高射砲の数と、あらたな輸送船団［に積載されている装備］の全内容と、それが取り付けられる予定の日時を教えてもらいたい。

3. ヴィシー政権との関係。ジブラルタル空襲を恐れてヴィシー政権の望みに従うような態度は容認できない。そのような空襲はなんの成果もあげられない。対象の艦船が護衛付きであろうと護衛なしであろうと、海上封鎖を行なうと、ふたたび断言しなければならない。ただし、スペイン領海を侵さないようにする。この目的のために、できるだけ早くじゅうぶんな部隊を集める。そのいっぽうで、ダカール封鎖を精いっぱい維持し、ダカールのフランス巡洋艦による反撃などからドゥアラを防衛する必要がある。ヴィシー政権との非公式会談が行なわれるのであれば、こういった必要措置ほど強硬ではない暫定協定《モウダス・ヴィヴェンディ》に合意できるかもしれない。もちろん、ヴィシー政権もしくはその一部が、ほんとうに私たちに歩み寄れば、彼らへの厳しい態度をかなり緩めることができるだろう。ヴィシー政権は私たちの要望に応じようとする傾向を強めているように見受けられるし、私個人は、いまのような厳しい圧力が、彼らのそういう望ましい動きを阻害するとは思っていない。ヴィシー政権がフランスを私たちとの戦いに引きずり込むことは、日増しに難しくなっている。海上封鎖の騒然とした渦や海上で事件が偶発する可能性を、私たちに有利な潮の流れが抑え、制圧するはずなので、この措置が阻止されるのを過度に恐れてはならない。差し迫っているマルタへの船団移動を妨げるような厄介な問題がフランスとのあいだに起きるとは思えない。その可能性がないわけではないが、微々たるものなので、受け入れなければならない。

4. 爆撃機集団には、戦艦〈ビスマルク〉と〈ティルピッツ〉を行動不能にするという大手柄を立てる途が残されている。〈ビスマルク〉が三カ月か四カ月、復帰できなかったら、戦艦〈キング・ジョージ五世〉が東地中海へ赴いて任務に励み、艦隊によるマルタ駐留に決定的な役割を果たすことができる。地中海の戦略状況はたちまち一変する。

5. 侵攻なしに一〇月が過ぎたら、私たちの輸送能力を最大限に発揮して、喜望峰まわりで中東増援を開始する。かねてから手配していたとおり、機甲部隊、オーストラリア軍、ニュージーランド軍は一一月に、そのほかのイギリス師団はクリスマス前に、そしてさらに四個師団以上を、一月、二月、三月のあいだに送る。これらの部隊は、必要な徴兵への追加である。現在の航海計画がこれにどこまで順応できているか知らせてほしい。

6. 中東を戦闘機と爆撃機でさらに増強する時機が訪れた。危険がきわめて大きく、入用もまだ大きいことに鑑みて、参謀総長たちがどれほど推進する用意があるのかを知りたい。
7．今後六カ月のあいだに地中海艦隊を増強する計画を見せてもらいたい。年末までに三個駆逐艦小艦隊を東地中海に、追加の一個をジブラルタルに派遣することが可能なはずだ。〈ビスマルク〉を監視するために〈キング・ジョージ五世〉を残さなければならないとしたら、〈ネルソン〉か〈ロドニー〉と、〈バーラム〉か〈クイーン・エリザベス〉〔いずれも戦艦〕が、アレクサンドリアへ行くべきだ。巡洋艦の増援は完了したのか？〈フォーミダブル〉〔空母〕をそちらに送ることは可能か？　それはいつになるのか？
8．複数の師団を中東に急派するのが望ましい。本国陸軍と郷土防衛隊は、その分を穴埋めするほどに増大するはずだ。沿岸部の部隊とはべつに、最低でも一二個の機動性師団が、予備として常時［本国に］存在していなければならない。
9．七月末までに水陸両用戦のための打撃部隊を六個師団、用意することは可能であるはずだ。そのうち二個は機甲師団にすべきだ。そのような部隊の運用についてさまざまな選択肢が検討されている。

＊

いっぽう、イーデン氏は旅空にあった。「ジブラルタルの防御が最近の作業で急速に進歩していることに、たいへん感心いたしました」とイーデン氏は述べていた。「精力と決意と創意工夫がその原動力です」。将兵の戦意は高く、守備隊は自信を深めていた。マルタの形勢についてはかなり心配していて、追加の一個大隊以上、二五ポンド砲を備えた一個砲兵中隊、そしてもちろん航空機の増援がひきつづき必要だと力説した。マルタ総督ドビー将軍は、マルタへの報復を煽る攻勢政策は一九四一年四月まで控えることが重要だと考えていた。それまでに、航空機や高射砲を増強する計画が実現するはずだった。

イーデン氏は一五日にカイロに到着した。ウェイヴル将軍や砂漠軍を率いるメイトランド・ウィルソン将軍と綿密な議論を行なった。イタリア軍の攻勢を撃退することに、かなり自信があるようだった。整備と、ことに飲料水と、交通路に制約されるので、マルサ・マトルーフに対して展開できるイタリア軍の最大兵力は三個師団だと、ウィルソン将軍は推定していた。これに対してウィルソン将軍が展開できる部隊は、新着の戦車連隊数個を含む第7機甲師団、第4インド歩兵師団、五個ライフル大隊と一個機関銃大隊と八個ないし九個砲兵中隊から成るマルサ・マトルーフ守備隊だった。英陸軍第16旅団群〔臨時編成の部隊単位〕とニュージーランド旅団群が、パレスチナから到着していた。オーストラリアの旅団群は、アレクサンドリアの西にいた。第二のオーストラリア旅団も、そちらに向けて移動していた。ポーランド旅団もいた。これだけの部隊が結集したことで、敵の脅威にじゅうぶん対応でき、適切な航空支援が確保できれば敵を打ち破ることができると、ウィルソン将軍は考えていたと、イーデンは書いている。また、私が質問した水攻めも実行され、対戦車障害物も設置されたという。イーデンは、航空機を含めた要求の長いリストをよこした。ロンドン爆撃が最高潮に達しかけていたので、航空機の要求は、いうは易し、行なうは難しだった。イーデンは、カッサラからのイタリアの脅威に対して攻勢を行なうために、ポート・スーダン向けの一一月の輸送船団には歩兵戦車一個中隊を含めてほしいと述べていた。

イーデンはカイロで適切な疑問も呈していた。イタリアの攻撃が起こらなかったら、私たちの部隊はどのような行動を行なうのか？　これに対して、将軍たちはまず、それぞれが希望する攻勢を主張した。「けさの私たちの話し合いから浮上しました」とイーデンは電報で伝えた。「歩兵戦車〔マチルダ〕は、私たちが考えている以上にこの戦域で使用されるほうがより大きな役割《ロール》を果たすことができます。ウェイヴル将軍は追加のI戦車大隊と、完全な操用性を維持するためにことに重要な旅団修復班一個をほしがっています」

私たちが攻勢に出ることについて、陸相の電報にはなにも言及がなかったが、朗報を知って私はたいへん安堵し、ひきつづき視察を行なうよう促した。

総理大臣より陸軍大臣へ

一九四〇年一〇月一六日

貴君の電報をすべて読み、深く興味を抱くとともに、貴君の視察の真価を認識している。貴君の要求に応じられるかどうか検討している。その間、現地の状況をひきつづき把握してほしい。急いで帰るには及ばない。

イーデンはさらに、トルコ軍派遣部隊が私たちの陸軍に参加するよう手配し、全体的な状況と、具体的には私たちのスーダンでの攻勢計画と、ケニアに部隊を集めすぎているという私の苦情について話し合うために、スマッツ将軍とハルトゥームで会見するよう手配した。この会見は一〇月二八日に予定されたが、それはのちに注目される日付になった。エチオピアの反政府勢力を支援するための小銃一万挺を含めて、対戦車砲や対戦車ライフルなどの装備や、高射砲中隊、航空機増援の流れが増大していたことは、いうまでもないだろう。この時期、私たちは本土防衛を犠牲にして、これらの需要に懸命に応じていた。すべての戦闘員の半数に行き渡る数しかなかったので、一挺を配布すれば、その一挺は危険にさらされているべつの人間には配布されないことになる。

イーデン氏は、見たこととやったことをすべて口頭で報告したいので、ハルトゥームの会見のあと、ラゴスから空路で帰国したいと提案した。私は戦局の全体像に励まされて、西部砂漠で攻勢に転じたいという気持ちが強まっていた。そこで、イーデン氏につぎのような電報を打った。

一九四〇年一〇月二六日

帰途に就く前に先手攻勢の可能な選択肢について、将軍たちと綿密に検討してもらいたい。ここからはそれについてなにも意見をまとめることができないが、なにか方策があるのなら、圧倒的な兵力の部隊が結集して展開するのを待つのは適切な戦略ではないだろう。防御的な戦闘と反撃で攻撃を撃退するという現在の計画は、かなり優れていると思うが、ドイツ軍が大挙して到着するまで敵があえて攻撃を仕掛けてこなかったらどうなるのか？　これに対する返事は無用だが、徹底的に検討してほしい。戻ってきたら話し合おう。

私たちの軍の膨大な給食対象人員の大部分を戦闘員や各種部隊が占めるようにするために、中東方面軍の現場の状況を詳細に調べてもらいたい。運河地帯の白人派遣部隊と国内治安維持の改善を研究してもらいたい。イギリスの大隊はすべて機動性で、戦闘に参加できるようにしなければならない。中東ではほかの地域よりも、給食対象人員の数と比較した戦闘員の割合が低すぎると思う〔無駄飯を食っていて実戦に貢献していない人員が多いと、チャーチルは批判している〕。用意済みの回答に納得してはいけない。陸軍兵站施設軍団の補給処その他の技術部門も、その場所で秩序を維持すべきで、非常事態に使用できるように組織を整えなければならない。一線級の部隊だけではなく、二線級も三線級もそれぞれの役割を果たさなければならない。

このように、重要な問題に関する私たちの考え方は、本国でも現地でも和合して進展していた。

第二六章　ヴィシー政権及びスペインとの関係

〈フランスとの和合／アメリカとカナダのヴィシー政権との接触／ド・ゴール将軍の数々の難事／一〇月二一日、フランス国民への私のラジオ演説／ずっとつづいているその効果／最重要事項の続行が不可欠／トゥーロン艦隊／ローズヴェルト大統領の干渉／海軍本部の懸念／一一月の大統領とのやりとり／フランスの戦艦にたいする揺るぎない方針／ド・ゴール将軍への電報／ペタン元帥の大統領への確約／イギリスとスペイン／サミュエル・ホア卿が大使に就任／フランコ将軍の政策／スペインの敵意の危険要因／アルヘシラス湾と中立地帯／スペイン政府の巧妙な対ヒトラー外交／フランコの引き延ばし戦術／特使スニェールの使命／九月一九日、リッベントロップのローマ訪問／スペインの要求増大／一〇月四日、ブレンナー峠のヒトラーとムッソリーニ／一〇月二三日、アンダイエのヒトラーとフランコ／一〇月二四日、モントワールのヒトラーとペタン／フランスのナチ協力／一一月一四日、私の個人的見解／ペタンとラヴァル決裂／ヒトラーのスペインへの失望／ヒトラーとムッソリーニに対するフランコの二枚舌と忘恩／私の大統領宛公電〉

　フランスが単独で休戦協定を結んだこと、オランでの事件、ヴィシー政権との外交関係断絶にもかかわらず、私はフランスとの和合を思わないことはなかった。祖国のすさまじい荒廃によって優秀なフランス人が個人として担っていたような重圧にさらされたことがない人間は、個々のフランス人への批判には慎重を期さなければならない。フランスの政治の迷宮を取りあげるのは、本書の及ぶところではない。しかし、フランスの国民は自分たちが突きつけられている事実のもとで、共通の大義のために最善を尽くすだろうと、私は確信していた。高名なペタン元帥の助言に従った場合にのみ救済されるとフランスが告げられたときも、フランスをほとんど助けることができなかったイギリスが征服されるか屈服する寸前だったときも、フランスの大衆にはほとんど選択の余地がなかった。しかし、彼らは私たちが勝つのを望んでいたにちがいないし、私たちが力強く闘争をつづけるのを見るのは、なによりもよろこばしかったはずだ。ド・ゴール将軍の勇敢な忠節を誠実に支援するのが、私たちの第一の責務だった。八月七日、私はド・ゴール将軍と、実際的な入用を満たすための軍事協定に調印した。ド・ゴール将軍の感動的な演説がイギリスのラジオ放送によって、フランスと全世界に知らされた。ペタン政府がド・ゴール将軍に科した死刑判決は、将軍の令名を高めた。私たちはド・ゴール将軍を支援し、彼の運動を拡大するために、あらゆる手を尽くした。

それと同時に、ヴィシー政権すら含めて、フランスとの接触を維持する必要があった。そのために、つねにフランスをよく見せようとした。年末にアメリカがヴィシー政権に大使を送り込んだのは、かなりよろこばしかった。新任の大使は、影響力が大きく人格も優れたリーヒ提督で、大統領とも近しい。私はマッケンジー・キング氏（カナダ首相）に何度も、有能な熟練のデュピュイ氏（代理大使に就任し、連合国のフランスに対する窓口として重要な役割を果たした）をヴィシー・フランスに対するカナダの代表にするべきだと勧めていた。これでようやく、私たちにほかの入口がない中庭に窓ができたわけだった。七月二五日、私は外相宛の公式覚書につぎのように書いた。「ヴィシー政権内で共同謀議のたぐいを促進したい。それによって、特定の政府幹部が、残留する幹部の了承を得て、北アフリカ沿岸や独立した立場からフランスのためにもっと有利な交渉を行なうために、北アフリカに逃れる。この目的のために、わかりやすい論拠に加え、食糧やそのほかの優遇措置を示す」。この趣旨に則って私は一〇月に、ペタン元帥じきじきの指示で動いていると称するルジェ氏〔哲学者のルイ・ルジエ。このときにペタンとチャーチルの合意を取り付けたと、後日いくつかの著作で述べたが、英政府は公式白書でそれを否定した〕なる人物に引見した。私も同僚たちも、ペタン元帥に敬意を抱いていたわけではなかったが、自制を失ってフランスとのつながりを絶つべきではなかった。いまでも関係改善には手遅れではないとイギリスが思っていることを、ヴィシー政権とその閣僚たちが察するように仕向けるのが、私たちの一貫した政策だった。過去になにがあっても、フランスは私たちと苦難をともにする同志であり、じっさいに干戈を交えない限り、戦勝の折に私たちが相棒になるのを妨げるものはなにもない。

　こういう風潮は、すべてを危険にさらしてフランス国旗を翻しているド・ゴール将軍にとっては不愉快だっただろうが、フランス国外のド・ゴール将軍の支持者は数すくなく、フランス政府に代わる政体であると名乗りをあげることはできなかった。それにもかかわらず、私たちはド・ゴール将軍の影響力、権威、力を増大するために、精いっぱいのことをやった。ド・ゴール将軍は当然ながら、私たちがどのような形であれヴィシー政権と交際することに憤慨し、自分だけに忠実であるべきだと考えた。それに、フランスの人民の前で自分の立場を示すことがきわめて重要だったので、国外に追放され、私たちに保護され、私たちのところに住んでいても、〝不誠実なアルビオン〟〔国際問題ではイギリスがよく相手を裏切ると非難する言葉。アルビオンはイングランドの古称〕に対して誇り高く、高慢な態度を示さなければならなかった。イギリスの傀儡ではないことをフランス人の目の前で証明するために、イギリスに対して無作法である必要があった。そして、たしかに忍耐強くこの方針を貫いた。ある日、ド・ゴール将軍は私にこの技巧のことを説明すらした。私はド・ゴール将軍が抱えている問題の数々の難事を、完全に理解した。堂々たる力をつねに崇敬していた。

*

一〇月二一日、私はラジオでフランス国民に訴えた。この短い演説をフランス語でやらなければならなかったので、準備にかなり骨折った。最初に用意された直訳では、私が英語で述べることができ、フランス語で感じることができる事柄を、熱意をもって伝えることができないので、満足できなかった。だが、ロンドンにいる自由フランス軍要員のデュシェーヌ氏〔フランスの俳優・演出家のマイケル・サン＝ドニ。ジャック・デュシェーヌという変名でBBCのフランス人向けのフランス語番組の制作責任者をつとめた〕がはるかに優れた翻訳を行なった。私はそれを数度予行演習して、爆撃の衝撃のさなかに別館地下から放送した。

フランスのみなさん！

三〇年以上の平和と戦争のさなかで私はあなたがたと行進し、いまもおなじ道を行進しています。あなたがたがどこにいようと、あなたがたの巡り合わせがどんなものであろうと、今夜、私はあなたがたの暖炉のそばで話をします〔ローズヴェルト大統領の恒例の夜のラジオ演説「炉辺談話」を意識していると思われる〕。私はルイ金貨《ルイドール》に刻まれている祈りの言葉、〝神はフランスを護りたもう《ディユー・プロテジェ・ラ・フランス》〟を、ここでくりかえします。ここイギリスでドイツ野郎《ボッシュ》の集中攻撃を浴びている私たちは、フランスと私たちを団結させている結び付きや絆を忘れておりませんし、ヨーロッパの自由とすべての国の庶民への公正な扱いという大義のために、揺るぎなく意気盛んに耐え抜いております。そのために私たちは、あなたがたとともに剣《つるぎ》を抜いたのです。善良な人々が下劣で佞悪なやからに攻撃され、ひどい苦しみを味わっているとき、お互いに対立しないようにできるだけ用心しなければなりません。共通の敵はつねに私たちが仲たがいするように仕向けようとします。もちろん、不幸にしてさまざまな物事が敵に有利に働くこともあります。私たちはこれから起きる物事を、できるだけ有効に活用しなければなりません。

ヒトラー氏はロンドンを灰にすると豪語し、彼の飛行機はいまも爆撃を行なっていますが、イギリスの人々はひるまずにがんばっています。私たちの空軍は敵に屈しないどころか、敵を圧倒しています。

だいぶ前から起こりそうだった侵攻を、私たちは待ち受けています。敵兵が魚の餌食になるのを待っています。しかし、もちろん、これは私たちにとって、ほんの手はじめです。この一九四〇年、ときどき損耗が生じてはいますが、これまで以上に私たちは海を制しています。一九四一年には空を制しているはずです。それがなにを意味するか、おわかりでしょう。戦車などの機械的兵器を保有しているヒトラー氏は、売国奴とともに陰謀を企てる第五列を使って、ヨーロッパでもっとも立派な人種の隷属をしばし試みました。そして、ちっぽけなイタリア人の共犯者が、期待と欲望にうずうずしてはいるものの、くたびれて及び腰で付き従っています。彼らはフランスとその帝国を、鶏肉のように切り分け、ひとりには肢を、ひとりには手羽肉を、あるいは胸肉の一部をというように分配したいと思っています。フランス帝国が醜いやつらに貪り食われるだけではなく、アルザス－ロレーヌ地方がふたたびドイツのくびきにつながれ、ニース、サヴォイ、コルシカ――ナポレオンのコルシカ――がフランスの美しい国土からもぎ取られます。しかし、ヒトラー氏は他人の領土を盗むことと、肉の切れ端を共犯者に投げあたえることだけを考えているのではありません。どうか私がこれから真摯に申しあげることを信じていただきたい。この邪悪な男、この憎悪と敗北が産み落とした矮小な怪物は、フランスという国を消し去り、その生命と未来をバラバラにすると決意しているのです。この男は、フランス特有の文化と世界にフランスがあたえているすばらしい発想の泉が永遠に枯れてしまうように、あくどく残虐なあらゆる手段で策略をめぐらし、画策しています。この男の自由にさせておいたら、ヨーロッパ全土が画一的なドイツ野郎《シュ》《ボッ》の国になり果て、ナチのギャングどもに搾取され、略奪され、踏みつけにされるでしょう。まわりくどいいいかたをする場合ではないので、率直に申しあげるのを寛恕していただきたい。フランスはこれからドイツによって敗北の苦汁をなめるだけではなく、完全に消滅する運命にあるのです。陸軍、海軍、空軍、宗教、法律、言語、文化、社会制度、文学、歴史、伝統といったすべてが、勝ち誇った軍隊の暴力と、冷酷な警察部隊の系統立った汚い手段によって、消し去られるでしょう。

フランス人よ――手遅れになる前に、あなたがたの魂に武器を持たせなさい。ナポレオンが戦いの前に述べた言葉を思い出しましょう。「いま豪語しているプロイセン人は、イエナでは三対一、モンミライユでは六対一の賭け率だった」。フランス人の気魄が死に絶えたとは信じられませんし、世界でもっとも偉大な国であるという地位はぜったいに失われることがないと確信しています！　ヒトラー氏のこの悪だくみと犯罪は、本人とその体系に属するものすべてに天罰で報い、私たちの多くは生きてそれを目にするでしょう。物語はまだ終わっていませんが、結末はそう遠くはないでしょう。私たちはこの男を追い詰めていますし、大西洋の向こうの私たちの友人たちとあなたがたの友人たちもこの男に迫っています。この男が私たちを滅ぼすことができなかったら、私たちがこの男とその仲間の悪党どもと彼らの機構をかならず滅ぼします。ですから、万事うまくいくはずなので、希望と信頼を持ってください。

さて、このつらく苦しい日々に、イギリスはあなたがたになにを頼もうとしているのでしょうか？　この戦いであなたがたと分かち合う戦勝をものにするために、いまあなたがたに頼みたいのは、たとえあなたがたが私たちに協力できなくても、せめて私たちの妨げにならないでほしいということです。あなたがたはまもなく、自分たちのために、殴りかかる腕を押さえ込むことができるし、そうすべきです。しかし、私たちが空や海で勝利を収めているとき、あるいはいずれ――時機が訪れて――陸で勝利を収めるとき、フランスの人々は、どこにいようと、心が熱くなり、誇り高い血がたぎるはずだと、いまも私たちは確信しています。

私たちはけっしてやめないし、疲れないし、けっしてくじけないことを、忘れないでください。イギリス国民も帝国も、ナチという悪疫をヨーロッパから一掃し、世界をあらたな暗黒時代から救う任務に誓いを立てています。ドイツが支配するラジオ局が、イギリスがあなたがたの艦船や植民地を奪おうとしていると宣伝しているのを、うのみにしてはいけません。私たちはヒトラーとヒトラー主義の命と魂を打ち負かすつもりです。そのことのみを、たえずつづけて、最後までやり遂げます。ほかの国に求めるものは敬意だけです。フランス帝国といわゆる自由地域〔ヴィシー政権による一応の独立が認められた地域〕のフランス人は、折々有用な行動が可能かもしれません。詳細は申しあげません。敵が聞き耳を立てています。イギリスはこれらの人々に心から同情します。野蛮人《フン》による厳しい統制と抑圧とスパイ行為に——被占領地域の人々とおなじように——さらされているこれらの人々が、未来に思いを馳せるときに思い出してもらいたい言葉があります。偉大なフランス人ガンベッタ〔一八七〇年にはじまった普仏戦争時代の政治家。プロイセン王国に強く抵抗したことで知られる〕が、一八七〇年の戦争勃発後に、フランスの未来と今後の成り行きについて述べた言葉です。「つねに考え、ぜったいに口にするな」

それではおやすみなさい。よく眠って、朝のために力をたくわえましょう。朝はかならず訪れます。勇敢で誠実な人々を明るく照らし、大義のために苦しみを味わっている人々をやさしく照らし、英雄たちの墓を栄光で照らします。夜明けはこのように輝かしいでしょう。フランス万歳《ヴィーヴ・ラ・フランス》！　正義と真実の継承とひろびろとした完全な世界を目指すすべての国の庶民の力強い前進にも万歳。

この訴えかけが数百万人のフランス人の心を打ったのは間違いない。私はお互いを救済するために——ときとしてフランスに対して——ひどいことをやらなければならなかったが、それにもかかわらず、フランスのあらゆる階級の男性と女性がつねにきわめて優しく接してくれるおかげで、いまもこの演説を思い出す。

*

この時期、最重要事項の続行が不可欠だった。ヨーロッパ、ことにヒトラーに占領されているフランスの封鎖を緩めてはならなかった。時にはアメリカの希望にしたがって、医療品を積んだ少数の特定の船が、フランスの自由地域へ通航するのを認めたが、フランスの港へ向かうか、出航するそれ以外の船はすべて停船させ、捜索した。ヴィシー政権の善行や悪行には関係なく、私たちはド・ゴールを見捨てず、ひろがりつつあった植民地の勢力圏を増やすのをとめなかった。とりわけ、フランスの植民地で動けなくなっているフランス艦隊の一部がフランスに戻るのを許すわけにはいかなかった。フランスがイギリスに宣戦布告し、それでなくても数多い心配のたねを増やすのではないかと、海軍本部がひどく心配することがあった。無期限に戦う決意と能力を実証すれば、ヴィシー政権がその不自然な措置を講じるのをフランス国民の気概がぜったいに許さないだろうと、私はつねに確信していた。このころには、当然ながらイギリスに対する熱意と同志愛が強まり、フランスに希望をあたえる事柄が月を追うごとに増えていた。ほどなくペタン政権の外相に就任するラヴァル氏ですら、それを認識していた。

秋から冬にかけて私は、フランスの偉大な戦艦二隻〈後述の〈リシュリュー〉と〈ジャン・バール〉〉がトゥーロンに逃げ込もうとすることを憂慮していた。未完成だった二隻はそこで艤装を完了できる。ローズヴェルト大統領の特使、リーヒ提督は、ペタン元帥と親密な関係を結んでいた。そこで私はローズヴェルト大統領に頼み込み、それが功を奏した。

元海軍関係者よりローズヴェルト大統領へ　一九四〇年一〇月二〇日

ドイツの私たちとの戦いを支援するために、ヴィシー政権が艦艇と植民地の部隊を準備しているという噂が、さまざまな情報源から聞こえてきます。私自身はこれらの報告を信じておりませんが、トゥーロンの艦隊がドイツに引き渡されれば、きわめて重大な打撃になります。大統領、そのような行為をアメリカ合衆国は民主主義と自由への背信と見なし、断じて承認できないと、フランス大使にできるだけ強い口調で断じるのが、間違いなく賢明な予防措置です。ヴィシー政権ではそのような警告を重んじるでしょう。

先日の二度の輸送船団が北西近接水路で甚大な損耗をこうむったことを、ご存じだと思います。★ これは以前申しあげた、駆逐艦建造の空白期間に起こりました。ありがたいことに、貴国の駆逐艦五〇隻が到着しつつあり、何隻かはまもなく実戦に参加するはずです。年末には私たちの対Uボート艦艇が多数竣工するので、状況は改善されるはずですが、イギリス海峡やアイリッシュ海で侵攻に備えて数多くの小型艦艇が警戒しなければならず、地中海でも海軍が絶大な努力を強いられ、船団護衛作業も膨大なので、当然ながらそれまで不安に満ちた危機的な時期を潜り抜けなければなりません。

そのあと、ローズヴェルト大統領は、トゥーロン艦隊について、ヴィシー政権のペタン首相宛にきわめて厳しい文言の私信を送った。「政府が他の大国の捕虜になっているからといって、その捕虜がかつての同盟国に対する征服者の作戦を助けることは正当化できない」。フランス艦隊は引き渡さないという厳粛な約束について、大統領はペタン首相に念を押した。ドイツがフランス艦隊をイギリス艦隊への敵対行動に使用するのをフランス政府が容認しようとすることは、アメリカ合衆国政府との信義へのはなはだしい故意の違反に相当する。そのような合意は、フランスとアメリカの国民の昔ながらの友情を台無しにする。フランスに対する激しい憤りの波がアメリカの世論に湧き起こり、フラ

★一〇月一七日から一九日にかけて、英艦船二二隻を含む（合計）三三隻が、北西近接水路でUボートによって撃沈された。この数字には一個船団の二〇隻が含まれている。

ンス国民に対するアメリカの支援は永久に途絶えるだろう。フランスがそのような政策を採れば、フランスが時宜を得て海外の領土を取り戻そうとするようなときに、アメリカはそれをいっさい保証しない。

元海軍関係者よりローズヴェルト大統領へ　一九四〇年一〇月二六日

大統領のフランスに対するすばらしい警告の文言の電報は、ペタン宛の通達を提案する私の電報と行き違いに届きました。大統領がこれまでやってくださったことに深く感謝しておりますが、いまも万事がどちらに転ぶかわかりません。私たちが入手したドイツの条件に関する最新情報を大統領に打電したと、外務省から伝えられました。ペタンはそれに抵抗している由です。これに関連して、アフリカ沿岸の基地を航空機やUボートに明け渡すのは、艦艇の引き渡しとおなじくらい悪い事態です。ことに、大西洋に面した基地が悪党の手に渡れば、貴国にとって脅威になり、私たちにとっては重大な政治問題になります。そこで、基地に関する背信に、艦艇に関するくだんの警告が当てはまることを、フランス側に明確に示していただきたいと存じます。

侵攻の脅威と、この五カ月間の航空攻撃にもかかわらず、私たちは喜望峰まわりで中東への増援の流れを絶やしていませんし、近代的な航空機と艦隊の主力部隊も派遣しています。侵攻の危険性はまだ消えていないと思いますが、東への部隊移動を強化しています。どちらの戦域でも緊張がかなり高まっていますので、どのような助力でもありがたく頂戴いたします。

この時期、海軍本部はヴィシー政権と決裂することをひどく恐れていて、フランスの戦艦二隻のトゥーロン帰投を軽視する傾向にあった。これに関して、私は指示を出した。

総理大臣より海軍卿及び第一海軍委員へ　一九四〇年一一月二日

フランスの寝返りのあと、〈ジャン・バール〉と〈リシュリュー〉の二戦艦を敵の手に渡さないことと、竣工まで建造をつづけられるような港に逃れるのを防ぐのが重要だと判断された。この目的のために貴官たちは〈リシュリュー〉を攻撃し、ほとんど行動不能にしたと主張した。〈ジャン・バール〉は未完成の状態で、二隻とも大西洋岸のアフリカの港内でじっとしていて、戦闘に参加できない。これらの軍艦が悪党の手に渡らないようにすることは、私たちの既定の方針である。ゆえに、〈ジャン・バール〉がトゥーロンへ戻るのを妨げることに第一海軍委員が異を唱え、無事に航行できるようにすべきだと唱えたと聞いて、私は啞然とした。トゥーロンは敵が支配する港であると、私たちはつねに判断している。まさにこの理由から、最大限の努力が払われたが、あいにく成功せず、〈ストラスブール〉はトゥーロンに到達した。〈ジャン・バール〉がトゥーロンを目指すのを進んで認めるようなこの行動には賛成できない。

海軍本部にはこれら二隻が、大西洋もしくは地中海のフランスの港に帰投するのを阻止する責任がある。二隻はトゥーロンで修理し、艤装を完了できる。そのあとでドイツに引き渡されるか、あるいは鹵獲されるだろう。

総理大臣より外務大臣へ（列車内より）　一九四〇年一一月二日

戦艦〈ジャン・バール〉の移動がどれほど差し迫っているか、私は知らない。同艦が地中海にはいるのを阻止するのは海軍本部の責任だと、すでに伝えてある。したがって、問題の船は停船を命じられるであろうし、ドイツ支配下にある大西洋の港か、いつなんどきドイツの手に落ちるかもわからない地中海の港を目指そうとした場合には、必要とあれば撃沈すると、ヴィシー政権に明確な警告を伝えるべきだ。私の海軍卿及び第一海軍委員宛の公式覚書の写しを、ロンドンの私の私設執務室が貴君に送る。

元海軍関係者よりローズヴェルト大統領へ一九四〇年一一月一〇日

1．フランス政府が〈ジャン・バール〉と〈リシュリュー〉の竣工を図るために地中海へ移すつもりであるとの報告に、私たちは大きな不安にかられております。このようなことになれば、［それらが］もたらすおそれがある危険は、いくら強調しても足りないほどです。また、この二隻がドイツに支配される可能性もあります。それを阻止するために、私たちは最善を尽くさなければならないと思っています。

2．数日前に、マドリード駐箚大使を通じて、フランス政府に以下のような警告を伝えました。

このような措置は、ドイツとイタリアがフランス艦隊を奪おうとする衝動を大幅に増大します。私たちはフランス政府の誠意を疑ってはおりませんが、艦隊を敵の手に渡さないという確約を実行する力が現実にあるとは思えません。イギリスとフランスの海軍部隊のいかなる衝突も避けたいと願っておりますし、したがって、貴国政府が問題の二艦を移動することを考慮したのであれば、それを控えてくださるよう願うしだいです。

3．フランス政府に述べたとおり、私たちはフランスの確約の誠意を疑うべきではありませんが、たとえ確約を受け入れたとしても、二艦が敵の手に落ちるか、敵の力が及ぶフランスの港にはいったあと、確約を守れる保証はないと思われます。率直に申しあげるなら、二艦を戻したいというフランスの願望が事実であるようなら、その動機はいささか疑わしいように思われます。

4．この問題についてヴィシー政権にさらに警告できると思ってくださるようなら、おおいに助かります。事態が悪い方向へ進んだ場合、米英にとってきわめて危険な状況になるかもしれません。

私は、ド・ゴール将軍と緊密に連絡をとっていた。

*

総理大臣よりド・ゴール将軍へ（リーブルヴィル）　**一九四〇年一一月一〇日**

貴官と相談することを切望しております。貴官がイギリスを離れたあと、フランスとイギリスの状況は大幅に変わりました。私たちが征服されず、戦争がつづくだろうという見通しのもとで、フランス中で私たちに優勢な気運が高まっています。ヴィシー政権は、アメリカ合衆国がフランスにあたえたきわめて容赦ない圧力に、心底から動揺しています。そのいっぽうで、ラヴァルと復讐に燃えるダルランは、私たちに対する宣戦布告を政府に強要し、些細な海上での事件を挑発してうれしがっています。私たちはアフリカのウェイガンに期待を寄せていますし、ウェイガンのもとに勢力が結集した場合の利点を見くびるべきではないでしょう。私たちは、事件が偶発する危険を減らし、フランス国内で好意的な勢力を増やすために、ヴィシー政権と一定の暫定協定《モウダス・ヴィヴェンディ》を結ぼうとしています。ジブラルタルを爆撃したり、そのほかの攻撃的な行為を行なったりしたときには、ヴィシーを爆撃し、ヴィシー政権がどこへ移動しても追撃すると、私たちは彼らに明言しました。これまでのところ、彼らから回答はありません。こちらに来ていただくことが重要だというのが、おわかりでしょうか。したがって、リーブルヴィルの整理を付けて、できるだけ早く戻ってきてください。私たちの計画をお知らせします。

一一月一三日、〈ジャン・バール〉と〈リシュリュー〉を竣工のために地中海に移動することに関する一〇日の私の公電に、ローズヴェルト大統領が返信した。大統領は、この報告の真偽を確認するようヴィシー駐剳米代理大使にただちに指示し、アメリカ合衆国の利益に反する目的に使用するかもしれないある大国に支配されたり、奪取されたりしない場所に、二艦を留め置くことが、アメリカ合衆国政府にとって重大な利益であると指摘した。それに反する措置は、米仏関係に深刻な悪影響を及ぼす。フランス政府に売却するつもりがあるなら、購入してもいいと、大統領は提案した。

　大統領は私に、その二隻を含むフランス艦隊は断じてドイツの手に落ちることはないと、ペタンがかなり重々しく米代理大使に確約したことも伝えた。この約束はこれまでにもアメリカ政府やイギリス政府に伝え、私（チャーチル）個人にも伝えたと、ペタンはいった。「それをくりかえし申しあげる」とペタンはいった。「これらの艦は、フランスの領地と所有物を護るために使用されます。フランスがイギリスに攻撃されない限り、けっしてイギリスに対して使用されることはありません。たとえ私が望んだとしても、これらの艦を売ることができません。休戦協定の条項によって、それは不可能だし、たとえ可能だったとしても、ドイツがそれを許すはずがありません。フランスはドイツに踏みにじられていて、無力なのです。私が自由にやれるのなら、戦後に返却されるという条件で、よろこんで売却します。そうすればフランスのために温存できます。くりかえしますが、いまの状況のもとで二艦を売却するのは正当ではないし、またその可能性もありません」。ペタン元帥はきわめて真剣にこの声明を述べたが、提案に驚いたり恨みに思ったりする様子はなかった。ローズヴェルト大統領は、その二艦やフランス海軍のそのほかの艦艇について、アメリカの提案は今後も有効であることをペタン元帥に伝えるよう、代理大使に指示した。

　一一月二三日、大統領は、二艦を現在のままダカール〔〈リシュリュー〉〕とカサブランカ〔〈ジャン・バール〉〕に留め置くとペタン元帥がきっぱり確約し、計画に変更があったときには事前に大統領に通知すると告げたことを、私に知らせた。

＊

スペインの態度は、スペインとのつながりが深いヴィシー政権の態度よりもさらに私たちへの影響が大きかった。スペインは多くをあたえることができ、さらに多くを奪うことができた。私たちは血なまぐさいスペイン内戦では中立だった。フランコ将軍は私たちにほとんどなんの借りもなかったが、枢軸国に対しては――たぶん自分の命そのものについても――借りがあった。ヒトラーとムッソリーニは、わざわざフランコに手を貸した。フランコはヒトラーを嫌い、恐れていた。ムッソリーニを好み、恐れていなかった。世界大戦がはじまったとき、スペインは中立を宣言し、厳格に中立を守った。実りの多い必要不可欠な貿易が、イギリスとスペインのあいだで行なわれ、ビスカヤから積み出される鉄鉱は、私たちの軍需品にとって重要だった。しかしいま、〝不分明な戦争〟が五月に終わった。ナチ・ドイツの強さが実証された。フランスの前線は破られた。北部の連合軍は危機にさらされた。その時点で私は、閣僚入れ替えではずした元同僚に、よろこんであらたな領域での責務を担わせ、彼の天性の才能と気性がそれにぴたりと合った。五月一七日、サミュエル・ホア卿が、スペイン駐箚大使に就任した。心身を消耗し、扱いが難しい、きわめて重要なこの五年間の使命をこなせた人物はほかにはいないと、私は信じている。このように、私たちはマドリードに辣腕の代表団を置くことができた。ホア大使と参事官のアーサー・イェンケン氏★だけではなく、海軍武官ヒルガース大佐も加わっていた。ヒルガース大佐は海軍を退役してマヨルカに住んでいたが、スペイン問題について奥深い知識を携えて、職務に復帰した。

戦争中のフランコ将軍の政策は、一貫して利己的で冷酷だった。スペインとスペイン人の利益だけを考えていた。ヒトラーとムッソリーニの助力に対する感謝の念は、フランコ将軍の脳裏にはなかっ

★一九四四年に飛行機事故で死亡。

た。その反面、イギリスの左翼政党がスペインを敵視しているにもかかわらず、イギリスを恨んではいなかった。この狭量な暴君は、流血に疲れた国民がさらなる戦争に巻き込まれないようにすること だけを考えていた。スペイン人は、もう戦争はこりごりだと思っていた。同胞の手で一〇〇万人が虐殺された。貧困、物価高、苦難の連続で、岩がちな半島は凍り付いていた。スペインはもう戦争はやらないし、フランコ〔古い表現では「フランス」のこと〕のためには戦わない！ 世界を揺るがしている恐ろしい激動に対して、そのような共通の国民感情があるのを、フランコは考慮し、それに応じていた。

英国政府は、この英雄的とはいえない見方に、おおいに満足していた。私たちはなによりもスペインの中立を望んでいた。スペインとの貿易を望んでいた。スペインの港がドイツとイタリアの潜水艦の入港を許さないことを望んでいた。ジブラルタルが襲撃されないことだけではなく、艦艇がアルヘシラスを停泊地に使用でき、ジブラルタルの岩と本土をつないでいる土地を、拡大するいっぽうの航空基地に使用できることを、私たちは願っていた。私たちの地中海への進出は、これらの施設に大幅に依存していた。アルヘシラスの後背の低山にスペインが重砲十数門を据え付けるか、据え付けるのを許可することは容易に考えられた。スペインにはいつでもそれをやる権利があり、重砲が設置されれば、いつでも砲撃して、私たちの海軍と空軍の基地は使えなくなる。ジブラルタルの岩は、ふたたび長い攻城戦に耐えることになるかもしれない。だが、それはその岩場だけの問題にすぎない。スペインはイギリスの地中海での大規模な活動すべての鍵を握っていたが、もっとも暗い時期でもけっして鍵をかけて私たちを締め出しはしなかった。その危険がきわめて大きかったので、私たちは二年近く、数日以内に五〇〇〇人を超える部隊と艦艇が遠征してカナリア諸島を奪い、それによってUボートに対する制空権と制海権を握る準備を整えていた。さらに、ジブラルタルの港への出入りをスペインによって封じられた場合には、喜望峰まわりでオーストラレーシアと結合できた。

フランコ政権が私たちにこの壊滅的な打撃を加えるには、もうひとつのきわめて単純な方法があった。ヒトラーの部隊がイベリア半島を横断し、ジブラルタルを包囲して奪うことを容認する。そのあいだにスペインはモロッコとフランス領北アフリカを占領する。これがフランス休戦直後に重大な懸念になった。一九四〇年六月二七日にドイツ軍が大挙してスペイン国境地帯に達し、サン・セバスティアンとピレネー山脈の奥の町々で親善の儀式を提案した。スペイン領内にはいり込んだドイツ軍部隊もあった。しかし、ウェリントン公爵が一八二〇年四月に書いているように、「外国人はスペインにおける物事で些細な優越感と衝突する。そういう物事がある国は、ヨーロッパにはスペインしかない。スペインでは外国人がひどく嫌われ、軽蔑さえされ、作法や習慣がほかの国々とまったく似ていない。ヨーロッパではそういう国はスペインだけだ」。その一二〇年後に、内戦で自傷して、よろめき、おののいていたスペイン人は、いっそう人づきあいが悪かった。外国の軍隊が自分たちの国のあちこちを行進するのを、彼らは望まなかった。思想面ではナチズムとファシズムは近かったかもしれないが、気難しいスペイン人は、おなじ部屋で朋友と暮らすよりも、外国人に一室をあたえたほうがましだと考えた。フランコはこういう国民感情と同感で、もっとも巧妙なやり方でそれを実施した。フランコの抜け目なさは、たいしたものだった。私たちの役に立ったから、なおさら感心した。

＊

スペイン政府は、ほかの国々の政府とおなじように、フランスの突然の失陥に動揺し、イギリスが崩壊するか破滅することを予想した。世界中の数多くの人々が、〝ヨーロッパの新秩序〟、〝君主的民族《ヘレンフォルク》〟といったような思想と折り合いをつける途を選んだ。そこでフランコは六月に、勝者たちに加わって戦利品を分かち合う用意があるとほのめかした。物欲と思慮分別の両方から、スペインには大幅な要求があると明言した。だが、その時点では、ヒトラーは同盟国が必要だとは思っていなかった。フランコとおなじように、数週間、いやことによると数日のあいだに、すべての敵対行為が熄み、イギリスが講和の条件を請うはずだと思っていた。したがって、積極的に連帯を求めるスペイン政府の意思表示には、まったく興味を示さなかった。

八月には情勢が一変していた。イギリスが戦いつづけ、戦争が長引くことは確実だった。七月一九日の〝和平提案〟を軽侮していたイギリスにはねつけられると、ヒトラーは同盟者を探し求めた。当然ながら、自分がかつて支援したことがあり、先ごろ同盟に参加すると提案した独裁者に目を向けた。だが、フランコの見方も、おなじ原因によって変わっていた。八月八日、マドリード駐箚ドイツ大使が、統領《エル・カウディーリョ》〔フランコの称号〕の考えは変わっていないが、具体的な要求がなされたことを、ベルリンに伝えた。まず、ジブラルタル、フランス領モロッコ、オランを含むアルジェリアの一部をスペインにあたえると保証し、アフリカにおけるスペイン植民地のさまざまな領土拡大を保証すること。スペインには八カ月分の穀物しかないので、じゅうぶんな軍事と経済の支援も必要とされる。最後に、「早まった参戦を避け、なおかつ、戦争がスペインには耐えられないほど長引いて、政権《レジーム》にとって危険な要因になるような状況を回避するために」、ドイツのイギリス上陸まで、スペインの干渉は控える。それと同時に、フランコはムッソリーニに書簡を送り、スペインの主張をそこでも述べて、支持を求めた。ムッソリーニは八月二五日に返信し、「ヨーロッパの歴史から締め出されないように」とフランコに促した。ヴィシー政権と紛糾するようなことが含まれていたスペインの大幅な要求に、ヒトラーは当惑した。オランをフランスから奪えば、北アフリカに敵対的なフランス政府が樹立されることは間違いない。ヒトラーはその問題を比較考量した。

その間も日々は流れた。九月中、大英帝国はドイツの航空攻勢に対して自力で護り切っているように見えた。アメリカの駆逐艦五〇隻の派遣が、ヨーロッパ中に甚大な効果をひろげ、スペインにはアメリカが参戦に近づいているように見えた。そのため、フランコとスペイン人たちは、要求を増やして具体的に示す方針を続行し、事前に合意しなければならないと明言した。補給品、ことにジブラルタルに面しているスペイン砲兵隊向けの一五インチ榴弾砲多数も供給されなければならない。そのあいだずっと、スペインはドイツに代金を小銭で払うような対応をした。スペインの新聞はすべて反英主義だった。ドイツの諜報員は、マドリード中でこれみよがしにふるまうことができた。スペイン外相ベイグベデルがドイツとの親交に乗り気ではないと思われていたので、ファランヘ党の幹部のセラーノ・スニェールが特使となり、事態を鎮めて同志愛を維持するためにベルリンを公式訪問した。ヒトラーはスペインのアメリカに対する先入観にこだわって、スニェールに長々と説教した。戦争は大陸間戦争――ヨーロッパ対アメリカ――になるかもしれないと、ヒトラーはほのめかした。西アフリカ沿岸の諸島を確保しなければならない。その日の後刻、リッベントロップが、カナリア諸島にドイツの軍事基地を置きたいといった。スニェールは親独でファランヘ党員だったが、これについて話し合うことすら拒み、スペインが近代的な兵器と食糧と燃料を必要としていることをくどくどと述べ、フランスから領土を奪う要求について満足のいく回答を求めた。スペインが参戦を望ましいと認識するには、事前にこれらすべてが必要だと、スニェールは主張した。

リッベントロップは、報告と協議のために、九月一九日にローマに赴いた。イギリスの態度は「自暴自棄と、現実をまったく理解していないことと、ソ連とアメリカによる介入への期待に影響されている」とヒトラーが思っていることを、リッベントロップは伝えた。ムッソリーニは、「アメリカはあらゆる現実的な目的でイギリスの側についている」と所見を述べた。駆逐艦五〇隻の売却が、それを証明している。アメリカの行動を食い止めるために、日本と同盟を結ぶべきだとムッソリーニは助言した。「アメリカ海軍は数の面では大きいと判断されがちだが、イギリス陸軍とおなじように些事

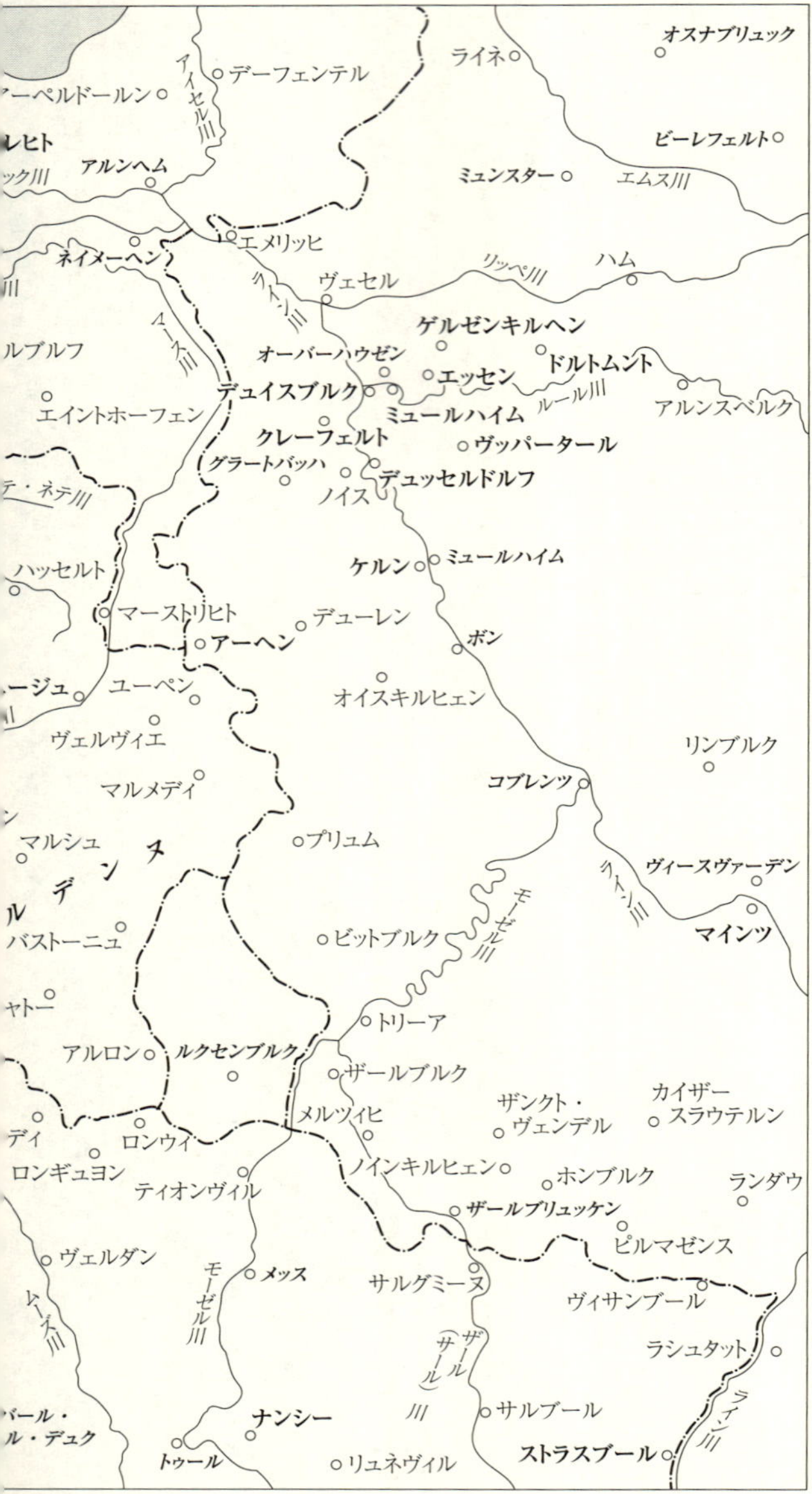

フランス北西部とベルギー

0 10 20 30 40 50マイル
ハールレム
アムステル
ハーグ
ロッテルダ
ドルドレヒト
ベルヘン・
オプ・ゾー
ミデルブルフ
トゥルン
オーステンデ
ブルージュ
アント
ウェル
ニーウポールト
ダンケルク
ヘント
スヘルデ(エスコー)川
メヘレ
カレー
グラヴリーヌ
ディクスムイデ
アールスト
レイエ川
スヘルデ川
ブローニュ
サントメール
トゥルコアン
ゼンヌ川
ブリュッ
アズブルック
ルーベ
リール
アト
トゥルネ
ニヴェル
ベテューヌ
モントルイユ
ランス
モン
サン・ポル
ドゥエ
ヴァランシエンヌ
シャルルロ
アラス
スヘルデ川
サン・ヴァレリー
ドゥラン
カンブレ
サンブル川
フィリップヴィ
アブヴィル
アヴェン
フュメ
ソンム川
ペロンヌ
オワーズ川
アミアン
ヴェルヴァン
ロクロ
サン・カンタン
ポワ
シャルルヴィル
メジエール
モンディディエ
ノワイヨン
ラン
ルテル
ボーヴェ
エーヌ川
コンピエーニュ
ヌフシャテル・
スル・エーヌ
ソワソン
オワーズ川
ランス
サンリス
マルヌ川
シャロン・
スル・
モー
エペルネー
セーヌ川
パリ
ヴェルサイユ
クロミエ

に拘泥する素人集団だと見なさなければならない……」。首領《ドゥーチェ》はなおも述べた。「ユーゴスラヴィアとギリシャという問題が残っている、イタリアはユーゴスラヴィアとの国境地帯に五〇万人を、ギリシャとの国境地帯に二〇万人を配置している。ギリシャはイタリアにとって、ドイツが四月に戦闘行動を開始する前のノルウェーのようなものだ。われわれはギリシャの清算に着手しなければならない。われわれの地上軍がエジプトに進軍し、イギリス艦隊がアレクサンドリアにいられなくなって、ギリシャの港に逃れるときのことを考えれば、なおさらそうする必要がある」

この時点でふたりは、主要目標がイギリスの打倒だということに同意した。唯一の問題は、その方法だった。ムッソリーニはいった。「戦争は春の前に終わるか、あるいは翌年まで長引くだろう」。あとの可能性が高いと、いまやムッソリーニは見ており、スペインという切り札をもっとも効果的に使う必要があると考えていた。独伊が日本と同盟を結んだあとで、スペインが宣戦布告すれば、イギリスにはあらたな手痛い打撃になると、リッベントロップは断言した。だが、スニェールは日程を明確にしていなかった。

＊

スペイン人の熱意が冷め、物欲ばかりが強くなるのに対して、ヒトラーはスペインの助力が必要だと痛感するようになっていた。八月一五日に早くもヨードル将軍が、イギリスを打ち負かすのに、正面から侵攻する以外にも方法があると指摘した。具体的には、長期の空戦、Uボートの戦闘行為の増大、エジプト攻略、ジブラルタル攻略だった。ヒトラーはジブラルタル急襲にかなり乗り気になった。だが、スペインの出した条件が厳しすぎたし、九月末にはほかの案がヒトラーの意識を揺さぶった。九月二七日、日独伊三国同盟が、ベルリンで調印された。かくして戦場は拡大した。

＊

ヒトラーは、みずからの影響力で権衡を動かすことを決断した。一〇月四日、ヒトラーはブレンナー峠でムッソリーニと会見した。スペイン政府の高望みの要求と引き延ばし戦術について、ヒトラーは述べた。スペインに要求どおりのものをあたえた場合、直接の影響がふたつ生じることを、ヒトラーは恐れていた。ひとつは、イギリスがカナリア諸島にあるスペインの基地を占領すること、もうひとつは、北アフリカのフランス帝国がド・ゴール運動に密着することだった。そうなったら、枢軸国の作戦地域が拡大し、深刻な事態になると、ヒトラーはいった。それはそれとして、イギリスに対するヨーロッパ方面の作戦でフランス軍を味方につける可能性がないわけではない。ムッソリーニは、エジプトを征服するための計画について、詳しく述べた。この攻撃にドイツの特殊部隊を使ってはどうかと、ヒトラーが提案した。最終段階の前には必要ではないと思うと、ムッソリーニはいった。ソ連の問題について、ヒトラーは意見を口にした。「私のスターリン不信が、スターリンの私への不信とおなじ程度だということを、認識する必要がある」。いずれにせよ、モロトフがまもなくベルリンに来るし、ソ連の力をインドに向けることが、ヒトラーの課題だった。

一〇月二三日、ヒトラーはフランス-スペイン国境のアンダイエにわざわざ赴いて、スペインの独裁者と会った。ヒトラーがムッソリーニに語ったところによれば、フランコたちはそこで、相手が恩着せがましく足を運んだことにうれしがるでもなく、「スペインの国力とははなはだしく不釣り合いな目標」を要求した。スペインは、ピレネー山脈の国境線の変更、フランス領カタロニア（歴史的にスペインと結び付きがあるが、じっさいにはピレネー山脈の北のフランス領）、オランからブランコ岬まで、つまりアルジェリアの一部とモロッコのほぼ全域の割譲を要求した。通訳を介した話し合いは、九時間に及んだ。漠然とした外交儀礼と軍の非公式会談について手配が決まっただけだった。「あれをもう一度やるくらいなら」ヒトラーはのちにフィレンツェでムッソリーニに語った。「歯を三本か四本抜くほうがましだ★」
アンダイエからの帰途、ヒトラーはペタン元帥をトゥールに近いモントワールに呼びつけた。この公式会見を手配したラヴァルは、二日前にリッベントロップと会ったのだが、ヒトラーがその場にいたので驚いた。ヒトラーとラヴァルは、イギリスを打倒するためにフランスが結束することを願っていた。ペタンとその側近たちは、そのことに最初は衝撃を受けた。だが、ラヴァルはドイツ側が求めたこの会見のことを絶賛している。会見がヒトラーの主導だったのか、それとも提案されたのかと質問されたラヴァルは答えた。「彼をどういう人物だと見なしているのか？　ヒトラーに乳母が必要だと思っているのか？　彼は自分の考えを持っている男だ。ヒトラーはペタンに会いたかった。それに、ペタンをたいへん尊敬していた。ふたつの国の指導者の公式会見は、歴史的な出来事になる。とにかく、チェッカーズでの昼食会など、比べ物にならない」†。ペタンはラヴァルの計画に乗せられた。自分の名声がヒトラーに影響を及ぼすかもしれないし、フランスには〝イギリスに協力する〟つもりがないことを示すのは意義があることだと思った。ヒトラーが西側を憂慮せずにすめば、思考と軍隊を東に向けるかもしれない、と。

会見は、一〇月二四日の午後に、トンネル近くに停車したヒトラーの装甲列車内で行なわれた。ヒトラーはいった。「この戦争に責任がないフランス人と握手をすることができてうれしい」

そのあとの礼儀正しいやりとりは、かなり恥ずべき行為だった。ペタン元帥は、戦前にフランスとドイツが親密な関係を結ばなかったことを悔やんでいると語った。まだ手遅れではないかもしれない。戦争を挑発して負けたのはフランスのほうだと、ヒトラーは指摘した。だが、いまの目的はイギリスを掃滅することだ。アメリカが有効な支援を行なう前に、イギリスを占領するか、廃墟と化せしめる。戦争ほど利益がすくない物事はないので、できるだけ早く戦争を終わらせることを目標にしている。

ヨーロッパ全体がその費用を払わなければならないから、ヨーロッパ全体の利益は一致している。フランスはどこまで助力できるのか？　ペタンは協力するという原則は渋々認めたが、どこまでやるかは明言できないと抗弁した。議事録《プロセ・ヴェルヴァル》が書きあげられ、そこには「首領《ドゥーチェ》との合意で総統《フューラー》は、新ヨーロッパでフランスがふさわしい地位を占めるように計らうという決意を明確にした」と記されていた。枢軸国とフランスには、イギリス打倒をできるだけ早く実現するという同一の関心事がある。ゆえにフランス政府は能力の限界内で、枢軸国が防御のために講じる手段を支援する。詳細については、休戦委員会がフランス代表団と共同で策定する。イギリスとの和平が締結された時点で、フランスがアフリカの植民地の領土を「現在所有しているのとほぼおなじだけ」保持するように、枢軸国が取り計らう。

ドイツ側の記録によれば、ヒトラーは落胆したという。ラヴァルまでもが、フランスの世論が要求されているとおりにまとまるまで、フランスに圧力をかけないでほしいと、ヒトラーに懇願した。ヒトラーはその後、ラヴァルのことを、「薄汚れたチビの民主主義政治屋」だとけなしているが、ペタン元帥についてはもっと好意的な印象を抱いた。しかし、ヴィシーに戻ったペタン元帥は、「この計画を検討するのに六カ月かかるだろうし、それを忘れるのにさらに六カ月かかる」といったという。だが、この悪評芬々《ふんぷん》たる取引は、いまだにフランスでは忘れられていない。

一〇月に、私はマドリードの大使に打電した。

★ Ciano, *Diplomatic Papers*, p. 402.

† H. Du Moulin de Labarthète, *Le temps des illusions*, pp. 43-4.

総理大臣よりサミュエル・ホア卿へ　一九四〇年一〇月一九日

厄介な仕事を処理する貴君の手腕に敬服している。フランス大使を通じて、ふたつの根本的な考えをヴィシーに伝えてもらえるとありがたい。一、共通の敵を打倒する決意があると私たちを納得させる相手ならだれとでも協同するというのは、過去の話になるだろう。二、私たちは自分たちの命を護るために戦い、それと同時に囚われている国すべてが解放される勝利のために戦い、なにがあろうとやり抜く。私たちはヒトラーを打ちのめす。たとえヒトラーがヨーロッパをさんざん荒らし、戦争が長引いたとしても、ヒトラーはかならず滅亡する。私たちがそう確信していることを、ヴィシー政権が感じ取るように仕向けてほしい。どうしてフランスの指導者たちがひとりも、帝国を樹立でき、制海権を握れるアフリカで分離独立しないのか、私にはとうてい理解できない。それに、フランスの黄金はアメリカ合衆国で凍結されている。最初からそれがなされていたら、私たちはいまごろイタリアを殴り倒していたはずだ。だが、いまもすばらしい勝機が、勇敢な男たちの前にあるのは確実なのだ。当然、このような提案に明確な回答があるとは期待していないが、きっかけがあれば彼らの脳裏にこれを押し込んでもらいたい。

モントワールについてさまざまな報告が届き、それも私たちのヴィシー政権への姿勢に関する、私の概観を変えはしなかった。一一月に私は、意見書で私の見解を同僚たちに伝えた。

一九四〇年一一月一四日

政治に復讐がはいる余地はないし、私たちはつねに過去ではなく未来に目を向けるべきだが、ヴィシー政権とのいざこざが、たんなる弱腰で寛容な方針で解決に達すると判断するのは間違っている。ヴィシー政府はドイツの重い圧力を受けていて、それとは反対側のイギリスが親切で、やさしく、温かみがあり、寛大であると感じられることだけを願っている。つまり、私たちを犠牲にしてドイツからちっぽけな好意を得ながら、できるだけ長く生き延びて、戦争の行方を眺めていようという寸法だ。私たちは逆に、自分たちの関心事の求めにしたがい、彼らに困難な厳しい状況を突きつけ、**私たちに**ヒトラーとおなじ猛々しさがあることを思い知らせなければならない。

彼らが国際社会で永遠に蔑まれるような卑劣な行為を犯したことを、忘れてはならない。しかも彼らは**フランス国民からなんの権限も渡されることなくそれをやったのだ。**ラヴァルは間違いなくイギリスを骨の髄から憎悪し、私たちが〝押し潰される《エクラブィエ》〟のを見たいといったと報告されている。油の染みしか残らないほどに潰してしまうという意味だ。ラヴァルが権力を握ったら、私たちにとどめを刺すのをフランスが手伝うことにできるだけ高い値段をつけて、予想外のイギリスの抗戦をドイツのご主人さまに売り渡すにちがいない。ダルランは、艦隊を私たちに損傷されたため、殺意に近い憎悪を抱いている。つねひごろから反英の敗北主義だったペタンは、老頽している。こういう連中を当てにしても無駄だ。しかし、フランス国内の世論の高まりと、ドイツの過酷な行為のせいで、彼らの路線は私たちに有利な方向に向くかもしれない。彼らとの連絡を絶やすべきではない。しかし、私たち寄りの傾向を醸成するために、ヴィシーの連中がドイツとイギリスという石臼の上下の石のあいだに挟まれている状態を維持する必要がある。そうすることで、残された短い日々に、貢献したいという気持ちが強まるだろう。

＊

ペタン元帥は、イギリスとの開戦とドイツの北アフリカ占領をもたらす路線を、ラヴァルにせっつかれることに、ますます憤慨するようになっていた。一二月一三日、ラヴァルがヴィシーにやってきて、〝若鷲《レグロン》〟ことナポレオン二世（ライヒシュタット公爵）の遺灰を廃兵院《アンヴァリッド》に移す行事に出席するためにパリを訪問するべきだとペタンに提案した。モントワールで達した了解《アンタント》を重々しく神聖化するためにヒトラーが思いついた、けばけばしい計画だった。

しかし、ヴェルダンの戦いの勝者〔プロイセンのこと〕が、フランス国土、それも皇帝ナポレオンの墓の前で、ドイツ軍儀杖兵を伴って誇示されるような行事に、ペタンが惹かれるはずはなかった。ラヴァルのやり口と真意に、ペタンはうんざりし、怪しんだ。そのため、ペタンの幕僚がラヴァル逮捕を手配した。ドイツが精力的に介入し、ラヴァルは釈放されたが、閣僚に復帰させることをペタンが拒んだ。ラヴァルは激怒してドイツ占領下のパリで引退した。フランダン氏が後任の外相を拝命したので、私は安堵した。この一大事件は、ヴィシー政権のひとつの変化を示していた。どうやら、ナチとの協力の限界に達したようだった。この時点では、フランスとイギリスの関係が良好になり、アメリカ合衆国がヴィシー政権の立場により同情する見込みがあった。

＊

ここでスペインについての経緯をさらに述べるのが好都合だろう。長期戦になること、スペイン国民の戦争嫌悪、ドイツの戦勝が決して確実ではないことを確信したフランコは、腹立たしい時間稼ぎと法外な要求のあらゆる企みを駆使した。このころにはフランコはスニェールを信任していて、一〇月一八日に外相に任命した。枢軸国への忠誠の証として、ベイグベデルを解任したのだ。一一月にスニェールがベルヒテスガーデンに呼ばれ、スペインの参戦が遅れていることにヒトラーがいらだちをあらわにした。そのときには、英本土防衛戦《バトル・オヴ・ブリテン》でドイツ空軍が敗北し、イタリアがすでにギリシャと北アフリカで参戦していた。セラーノ・スニェールは、相手が望むような返答をしなかった。イベリア半島の経済苦境について、長々と語るばかりだった。三週間後、国防軍情報局《アプヴェーア》〔Abwehr（防御）と称したのは、防御的な情報活動に限ると連合国側に要求されたからで、実質は諜報機関だった〕長官カナリス提督が、スペイン参戦の詳細を煮詰めるために、マドリードに派遣された。カナリスは、一月三〇日にジブラルタルを攻撃する準備として、ドイツ軍部隊がスペインの国境地帯を一月一〇日に通らなければならないと提案した。その日付にスペインが参戦することは不可能だとフランコが述べたので、カナリスは仰天した。フランコは、大西洋の島々とスペインの植民地を英海軍に奪われるのを恐れているようだった。また、食糧がなく、スペインは長引く戦争には耐えられないといった。ドイツのイギリス上陸が無期限に延期されたようなので、フランコは新しい条件を持ち出した。**スエズ運河が枢軸国の手に落ちるまで**、スペインはいっさい動かない。なぜなら、そうでない限り、スペインは長期の敵対行動に関わることに自信が持てないからだ。

一九四一年二月六日、ヒトラーはフランコに宛てて、これ以上引き延ばすことなく、男らしく身を処すべきだと、切迫した強い語調で訴えた。フランコはそれに対して、不滅の忠誠を強調した。ジブラルタル攻撃は、あらためて熱心に続行すべきだと促した。もうひとつあらたな要点として、その大仕事にはドイツの装備を持つスペイン軍部隊だけを使用するべきだと宣言した。これらすべてが手配できたとしても、経済的な理由からスペインは参戦できない。そこでリッベントロップは、フランコには戦争をやるつもりがないと、ヒトラーに報告した。ヒトラーは憤慨したが、ソ連侵攻に着手しかけていたし、ナポレオンがロシアと同時にスペインを攻めようとして失敗したことが頭にあった。かなりの規模のスペイン軍がピレネー山脈沿いに集結していたので、〝一国ずつ撃破する〟というやつもの手法を墨守するのが賢明だとヒトラーは感じた。こうして、フランコは、狡知とぺてんと追従によって、事態を乗り切り、スペインが戦争に巻き込まれないようにした。そのことは、孤塁を護っていたイギリスにとって、計り知れないほど好都合だった。

当時、私たちはそれを当てにするわけにはいかなかったので、全力でスペイン懐柔策を進めるよう私は大統領に促した。

元海軍関係者よりローズヴェルト大統領へ

一九四〇年一一月二三日

私たちが受けている報告は、スペインの状況が悪化し、イベリア半島がまもなく飢餓状態に陥るおそれがあることを示しています。スペインが戦争に参加しないあいだは毎月食糧を提供するという大統領の提案は、決め手になるかもしれません。いまは些細なことは重要ではありませんし、これは彼らと本音で話をする好機です。ジブラルタル海峡の南北をドイツが占領することは、すでに過酷な無理を強いられている私たちの海軍にとって、深刻な負担の増大になります。ドイツはすぐにRADARを使用する［すなわち闇でも狙いをつけられる］砲台を設置するでしょうし、そうなったら昼夜ともに海峡が封鎖されます。東地中海で大規模な軍事作戦がくりひろげられているので、そこの部隊への増援と補給を喜望峰まわりで行なわなければならず、英本土やジブラルタル海峡近くでの軍事行動は検討することもできません。ジブラルタルの岩は長い攻城戦に耐えるでしょうが、港が使えず、海峡が通れなかったら、なんの役に立つというのですか？　モロッコでドイツ軍が南下を開始し、ほどなくカサブランカとダカールからUボートと航空機が気ままに出撃するようになったら、どうなりますか？　大統領、これが私たちにもたらす災厄のことや、西半球に迫る災厄のことを、ことさら大袈裟にいい立てる必要はないと存じます。私たちはできるだけ時間を稼がなければならないのです。

この巨大な危険は過ぎ去り、私たちは知る由もなかったが、永遠に過ぎ去ったままになった。フランコ将軍の悪行についてあれこれ述べるのが当世風だが、ヒトラーとムッソリーニには二枚舌と忘恩で応じた証拠を、私はよろこんでここに記したい。フランコ将軍のこういった邪悪な特質が、連合国の大義にさらに大きく貢献したことを、私はこのあとも述べるつもりである。

第二七章　ムッソリーニのギリシャ攻撃
一九四〇年一〇―一一月

〈ムッソリーニがギリシャ攻撃を決断／一〇月一九日、ムッソリーニのヒトラー宛書簡／フィレンツェ会談／一九四〇年一〇月二八日、イタリアのギリシャ侵攻／カニンガム提督の艦隊への増援／〈イラストリアス〉到着／私たちの責務／クレタ島の重要性／ギリシャへの航空支援／一九四〇年一一月二日、空軍参謀総長への公式覚書／ウェイヴルとウィルソンがリビアでの攻勢を計画／極秘扱いによる誤解／イーデン氏への追加電報／ギリシャがクレタ島師団を必要とする／イーデン氏の最新電報／イーデン氏の復命／〝羅針盤《コンパス》〟作戦をイーデン氏が支持／全般に合意／戦時内閣が承認／艦隊航空隊がイタリア艦隊を攻撃／ターラントでの勇猛な戦果／イタリア艦隊の半数が六カ月間行動不能／海軍部隊の配備／〝羅針盤《コンパス》〟に水陸両用戦の特徴を取り入れることを私が要望／一一月二六日、私のウェイヴル宛電報／対トルコ政策／改善された戦局／スーダ湾のさまざまな不備／イタリアによるアルバニアからのギリシャ侵攻失敗／チェンバレン氏逝去／チェンバレン氏追悼の辞〉

予想されていたこととはいえ、ムッソリーニのあらたな憤怒が地中海地域を襲った。それにはあらゆる厄介な問題が付随し、私たちの悩みの尽きない情勢すべてにも影響を及ぼした。

首領《ドゥーチェ》ムッソリーニがギリシャ攻撃の最終決定を下したのは、一九四〇年一〇月一五日だった。その朝に、イタリアの戦争指導者たちが、ヴェネツィア宮殿で会議をひらいた。ムッソリーニは、つぎのような言葉で会議を開始した。

この会議の目的は、私が決定したギリシャに対して開始する行動方針を――わかりやすい表現で――明確にすることだ。第一に、この行動の目標には、海事面と領土面の両方の性格がある。領土面の目標は、アルバニア南部の海岸線すべての支配と……イオニア海の島々――ザキントス、ケファロニア、ケルキラ――とテッサロニキの占領を基本とする。これらの目標を獲得すれば、地中海でイギリスに対《ヴィー・ザ・ヴィー》する形勢が改善される。第二に……ギリシャが行動できないようにし、いかなる場合もわれわれの政治経済圏にとどまるように、完全な占領を行なう。

問題をこのように明確にしてから、私は日程を定めた――私の考えでは、たとえ一時間でも延期すべきではない――今月の二六日に決行する。これはわれわれが参戦する前、戦争開始前から、何カ月もかけて私が仕上げた行動計画である……。北部には厄介な状況は存在しないと見ていることをいい添える。ユーゴスラヴィアはおとなしくしているほうが利益になる……。ドイツがルーマニアを押さえ、ブルガリアが力を強めているので、トルコ側からの厄介な問題は除外できる。ブルガリアはわれわれの企てに一役買うかもしれないし、マケドニアで野望を達成して海への通路を確保するめったにない好機だということを、彼らが見逃さないように、必要な方策を講じるつもりだ……。★

一〇月一九日、ムッソリーニはヒトラーに自分の決定を伝える書簡を書いた。そのときヒトラーは、アンダイエ及びモントワールへ移動している最中だった。その書簡（文面は明らかではない）は、ヒトラーのあとをずっと追いかけていたようだった。ようやく届けられると、ヒトラーはすぐさま、ヨーロッパの政治情勢全般を話し合うために会うことを、ムッソリーニに提案した。会談は一〇月二八日にフィレンツェで行なわれた。その朝に、イタリアのギリシャ攻撃が開始された。

しかし、ヒトラーはギリシャでの冒険的な作戦を問題視しないことにしたようだった。ドイツはギリシャにおけるイタリアの行動に合意すると丁重に述べて、フランコやペタンとの会見の話をした。同盟者がやってしまったことが気に入らないのは明らかだった。数週間後の一一月二〇日、イタリアの攻撃が食い止められたあとで、ヒトラーはムッソリーニ宛の書簡で述べている。「フィレンツェで会ってほしいと貴君に頼んだときには、おおまかな話しか聞いていなかった、ギリシャに対する危険に満ちた行動が開始される**前**に、私の意見を説明できることを願って出発した」。だが、ヒトラーは同盟者の決定をおおむね受け入れていた。

＊

一〇月二八日の夜明け前、アテネ駐剳イタリア公使が、ギリシャの首相メタクサス将軍に最後通牒を突きつけた。ギリシャ全土でイタリア軍が自由に行動することを、ムッソリーニは要求した。それと同時に、アルバニアのイタリア軍がさまざまな地点からギリシャに攻め込んだ。ギリシャ政府は国境地帯を軍で防備していなかったが、最後通牒を拒否した。一九三九年四月一三日にチェンバレン首相があたえた保証にも訴えようとした。私たちはそれを尊重するつもりだった。戦時内閣の助言とご自身の心情に基づいて国王陛下がギリシャ国王ゲオルギオス二世に、「あなたがたの大義は私たちの大義とおなじであり、私たちは共通の敵と戦う所存です」と回答した。私はメタクサス首相の訴えに答えた。「私たちの持てる力の限りで、あなたがたを支援します。共通の敵と戦い、ともに勝利を分かち合います」。この約束は、長い物語のあいだに実を結んだ。

★ *Hitler and Mussolini: Letters and Documents*, p. 61.

＊

私たちはまだ書類上ではイタリア艦隊よりかなり劣勢だったが、地中海の戦力に著しい改善があった。九月のあいだに〈ヴァリアント〉と飛行甲板に装甲がほどこされた空母〈イラストリアス〉と防空巡洋艦二隻が、地中海を無事に通航し、アレクサンドリアのカニンガム提督の艦隊に加わった。それまでカニンガム提督の艦艇は、大幅に優勢なイタリア空軍によってつねに監視され、頻繁に爆撃されていた。〈イラストリアス〉には近代的な戦闘機と最新のＲＡＤＡＲ機器があり、敵の哨戒と襲撃を撃退して、艦隊が隠密裏に移動できるようになった。この利点は時宜を得ていた。私たちには数個飛行中隊と英軍派遣団一個〔エジプト軍の訓練を行なった小規模な部隊〕しかなく、わずかばかりの兵員がいるだけで、なんの支援もできなかったし、この小規模な兵力ですら、すでに燃えあがっていたリビア戦域から引き抜くのは、かなりつらかった。そこへ、際立った戦略的事実が、私たちに跳びかかった——クレタ島！イタリアにそこを渡してはならない。私たちが先に奪取しなければならない——それもいますぐに。このときイーデン氏が中東にいるのは幸運だった。現地にいる閣僚として対応を指示できる。イーデン氏は、ハルトゥームでスマッツ将軍との会議を終えたあとで、帰国する予定だった。私は電報を打った。

一九四〇年一〇月二九日

スマッツ将軍との会議が重要であることは認識しているが、まずウェイヴルが、つぎに貴君が、できるだけ早くカイロに戻ることが望ましい。

クレタ島で私たちが陣容を整えるよう努力するべきだし、この貴重な獲物のために危険を冒すべきだと、私たち全員が確信している。この問題については追って公電で詳述する。

総理大臣より（ハルトゥームの）イーデン氏へ

一九四〇年一〇月二九日

スーダ湾にできるだけ最高の飛行場と艦艇給油基地を確保するのが、もっとも重要だと思われる。クレタ島の防衛の成就は、エジプト防衛にとってきわめて貴重な支援になる。クレタ島をイタリアに奪われたら、地中海の難事すべてが深刻に悪化するだろう。きわめて大きい獲物なので、危険を冒す価値があるし、リビアでの攻勢の成功とほとんど同等だ。ウェイヴルやスマッツとともに問題全体を吟味し、躊躇せずに他の防衛区域を犠牲にする大規模な軍事行動を提案し、航空機や高射砲も含めたこの時点からのさらなる支援を要求してもらいたい。私たちはそちらの所要を満たす方法を検討している。貴君のカイロ帰着はぜったいに必要だと見なしてほしい。

ギリシャ政府の招致により、二日後に私たちの部隊が、クレタ島で最良の港スーダ湾を占領した。

総理大臣より帝国参謀総長《CIGS》へ

一九四〇年一〇月三〇日

ギリシャ前線からの報せを受けるために、私たちはどういう措置を講じているのか？　そこに私たちの立会人《オブザーヴァー》はいるのか？　ギリシャにいる武官はなにをやっているのか？

どうしてエジプトの英軍派遣団の幹部の将軍ひとりを、ギリシャ野戦軍の司令部に派遣しないのか？　現地に行けば、戦闘を間近に見て、ギリシャ軍とイタリア軍の優劣についての情報を私たちに届けることができる。ギリシャ側が許可するようなら、なにが起きているかを正確に伝えるしっかりした電報をほぼ毎日受信したい。

総理大臣よりイズメイ将軍へ、参謀総長委員会《COS》宛

一九四〇年一〇月三〇日

二個大隊をフリータウンへ送り、西アフリカ旅団に交替されるのを待って、そこからエジプトに移動することに反対意見はないようだ。西アフリカ旅団の西アフリカ行きが決定されるまで、その大隊はイギリスに残すべきだ。

高射砲に関しては、フリータウンよりもクレタ島とマルタを優先すべきなので、現時点でこの目的地変更を許可することはできない。また、現時点で戦闘機飛行中隊一個を「フリータウンに」目的地変更することにも賛成できない。私たちの西アフリカ植民地に対して敵遠征部隊が海から行なう攻撃を防ぐのは、海軍の責務だ。航空攻撃に関しては、フランスがフリータウンかバサーストを爆撃したら、私たちはヴィシーを爆撃する。そのようなことは起きないと思う。

総理大臣よりロングモア空軍少将★へ

一九四〇年一一月一日

「ブレナム一個飛行中隊をギリシャに派遣することに関して」貴官はきわめて大胆で賢明な決定を下した。できるだけ早く増援できることを願っている。

総理大臣よりイズメイ将軍へ、空軍参謀総長《CAS》及び参謀総長委員会《COS》宛

一九四〇年一一月一日

追加の重爆撃機飛行中隊四個（すでにマルタに派遣した一個を含む）と、ハリケーン戦闘機飛行中隊四個をただちに中東に派遣する緊急手配を提案する。この移動の計画を示してほしい。本日中に報告書を提出してもらいたい。

総理大臣よりイズメイ将軍へ、参謀総長委員会《COS》宛　　**一九四〇年一一月一日**

イーデン氏が中東向けに小銃一万挺を要求している。アメリカの荷物からこれを供給できないか？　あるいは世界のどこかに拾いあげられるような小銃の小さな包みはあるのか？

総理大臣より空軍参謀総長《CAS》へ　　**一九四〇年一一月二日**

1. 爆撃機飛行中隊四個をマルタ経由でクレタ島かギリシャへ派遣することを考えている。人員と地上の補給品は、巡洋艦で運ぶしかない。これらの飛行中隊ができるだけ早くギリシャ領内の基地からターラントのイタリア艦隊と、イタリア南部全体への作戦を行なうことが不可欠だ。非常に重要な軍事行動のために、海軍は格別に尽力せざるをえない。地上員や補給品その他、この火急の時機に戦闘に参加するために必要な物資を運ぶ艦船がかならず来ると思っていてほしい。車両の運搬はもっと困難だと思うが、エジプトから何台か運べるはずだし、あとは現地でやりくりできるだろう。

2. もちろん、戦闘機の派遣はさらに困難だが、前回のように空母からマルタへ飛べるはずだと期待している。必要とあれば、〈フューリアス〉が〈アーク・ロイヤル〉を支援する必要があるだろう。マルタからギリシャの飛行場まで飛べるだろうか？　飛べないようなら、空母に着艦して給油し、そこからギリシャへ行くという方法は？　戦闘機の場合も、爆撃機とおなじように補給品と地上員について手配しなければならない。

★英空軍中東集団総司令官〔この時点では少将ではなく大将だと思われる。チャーチルによって解任される。最終階級は少将を維持〕。

一九四〇年一一月二日

総理大臣よりイーデン氏宛（中東総司令部《GHQ》気付）

ギリシャの状況はいま、そのほかの問題に強い影響を及ぼしている。私たちは資源が乏しいことを重々承知している。ギリシャへの支援は慎重に考慮しないと、イギリスは保障を守ろうとしないと実証されてトルコでの軍事的立場が瓦解する。これらの問題を研究し、両側から最善策を講じるまで、一週間以上カイロにとどまってもらいたい。その間に、一一月一五日までには三万人の増援がそちらに到着する。それがエジプトの現地の状況に影響するはずだ。

その前のウェイヴル将軍及びウィルソン将軍との会議や話し合いで、イーデン氏は、イタリア軍の攻勢が進展しなかった場合に、どのような行動を意図しているのかと質問した。イタリア軍のマルサ・マトルーフへの攻勢を待たずに西部砂漠のイタリア軍を攻撃する計画が立案されていることを、イーデン氏は極秘裏に知らされた。イーデン氏もウェイヴルも、こういった着想を私や参謀総長たちに教えなかった。この問題について電報を打つのを控え、帰国したら口頭で伝えてほしいと、ウェイヴル将軍がイーデン陸相に懇願したからだった。そのため、私たちは数週間、彼らの意識がどう動いていたかをまったく知らなかった。一〇月二六日の私の電報からもわかるように、西部砂漠での大規模な先手攻勢が提案されれば、私の熱烈な支持を受けていたはずだった。しかし、イーデン氏が帰国するまで私たちは、ウェイヴルとウィルソンはマルサ・マトルーフで防御戦をつづけ、攻撃されるまでそこに踏みとどまるという方針を墨守していると思い込んでいた。このきわめて重大な危機のさなかに彼らが考慮するのは、一個大隊ほどをクレタ島に、数個飛行中隊をギリシャに派遣し、ドデカネス諸島で小規模な陽動作戦を行ない、スーダンで小規模だが有用な攻勢を行なうといったようなことであるはずだった。私たちが彼らに預けた大部隊を、重大な危険と骨折りと代償を伴う作戦に投入するのは、断じて適切な運用ではなかった。

そういうしだいで、この時期に私たちがやりとりした通信は、どちらも誤解に基づいていた。ウェイヴルとイーデン氏は、西部砂漠での攻勢のために自分たちが集めている部隊を、ギリシャに対してあまり有効ではない支援を行なうために私たちが削り取っていると思っていた。いっぽう、私たちは、彼らに攻勢の意図があるとはつゆ知らず、雌雄を決するような時機にだらけてのうのうとしていることに抗議した。しかしながら、やがてわかるように、私たち全員が合意した。一一月一日、イーデン氏から暗号めいた電報が届いた。

> ギリシャでの戦いの趨勢になんらかの決定的な影響をあたえられるような空もしくは陸のじゅうぶんな増援を、中東の部隊から派遣することはできません。そのような部隊をここから派遣するか、こちらにすでに向かっているか、承認済みの増援の行き先を変更すると、中東における私たちの軍事的立場全体が危険にさらされ、**複数の戦域でいま準備されている攻勢作戦の計画が危険にさらされます**★。私たちは苦心惨憺し、重大な危険という代償を払って、私たちの地上部隊をかなり満足のいく**防御**★部隊に増強しました。ほどなく、成功した暁には戦争全体の行方に影響をあたえるかもしれない、特定の攻勢作戦を実行できる軍容になるはずです。私たちがこの任務から逸脱するのは劣悪な戦略であり、決定的な戦闘になりえない局地戦に私たちの部隊を断片として使用するのは賢明ではありません……。イタリアに打撃をあたえるのが、ギリシャを助ける最善の方策です。兵力をずっと発展させ、計画を練ってきた地域からそれをやるのが、もっとも効果的です。こちらで練られていた部隊配置と計画を早急に説明し、

★強調は著者による。

提案したいと気が逸っています……。三日にこちらを発ち、最短経路で帰国します。

この電報は、私がイーデン氏に宛ててハルトゥームに送った電報と行き違いになり、イーデン氏がそのあとで行ったカイロに私の電報は転送された。

総理大臣よりイーデン氏宛（中東総司令部《GHQ》気付）

一九四〇年一一月三日

ギリシャの状況の重大さと影響によって、貴君はカイロにいなければならなくなった。いくら不当なこととはいえ、ギリシャが私たちの努力なしで崩壊したら、トルコと戦争の行く末に重大な影響が及ぶ……。ドイツはまだ現場に到着していない。クレタ島の給油基地と飛行場の開設を着々と進めて、永続する戦争の要塞にすることが不可欠だ。これは行なわれている。だが、たとえわずかな部隊であろうと、ギリシャを直接支援する努力を行なわなければならない。貴君のところの全員が、マルサ・マトルーフで雛型どおりの戦闘が起きると考えているのは理解できる。まさにその雛型という観点から、それが起きる可能性は低い。敵は補給線《パイプライン》が完成し、いま集結しているよりも規模の大きい部隊ができあがるまで待つだろう。諸君の部隊が砂漠を横断して攻撃するのが難しいのは明らかだが、今後二カ月のあいだにリビアで大規模な攻勢を行なうのが不可能なら、危険を冒してギリシャの抗戦を鼓舞すべきだ。六月以降、七万人を超える兵員が中東方面軍に派遣され、一一月一五日までに三万人がそちらに到着し、年末には五万三〇〇〇人が到着する。機甲連隊がきのう大船団で出発した。したがって、貴君が話したような各種の小規模攻勢とマルサ・マトルーフの大幅防御が、ギリシャで効果的な軍事行動を行なう必要性を凌駕するとは思えない。

ギリシャの苦境と、それが左右するすべてを打ち捨て、増大するいっぽうの部隊を抱えて私たちがエジプトでじっとしていても、だれにも感謝されないだろう。アテネを失えば、ケニアやハルトゥームを失うよりもずっと大きな痛手になるが、そのような犠牲を払う必要はない。パレリト［アテネ駐剳英公使］の電報を念入りに読むといい。戦争におけるあらたな緊急事態は、ありのままに受け止めなければならないし、局地的な見方が主要な問題をしのいではならない。イタリアが年末近くになってギリシャを攻撃するとは、だれも予想していなかった。ギリシャはエジプトとイギリスから相応の支援を受けて、激しく交戦しているから、侵略者を食い止めるかもしれない。私はかなりの数の爆撃機と戦闘機の増援を本国から空路クレタ島とギリシャに送り、巡洋艦で補給品を輸送しようとしている。これが実行可能であれば、あすか月曜日に打電する。悲観的な受け身の方針を捨て、私たちの手に転がり込んだ勝機をつかんで、状況をしっかり把握してほしい。たとえいま安全であっても、〝安全第一〟は、戦争では破滅への道だ。いまは安全ではない。提案を早急に送ってほしい。あるいは、なにも提案がないのなら、そういってほしい。

追加の電報。

一九四〇年一一月四日

参謀総長たちからの同封の通知に詳しく記されているように、航空機の増援を派遣する。グラディエーターの一個飛行中隊と、ブレナム戦闘機の二個飛行中隊、合計三個が、ただちにギリシャに送られる。さらに必要とあれば第二の大隊をクレタ島に派遣する。前述の航空増援とともに到着するのが望ましい。さらに追加のグラディエーター一個飛行中隊をできるだけ早く派遣する。ギリシャの飛行場向けの高射砲は、飛行中隊よりも先に到着すべきだ。

この時点で私は、クレタ島師団を留め置くようギリシャに頼んでほしいと提案されていた。そこで、公式覚書に記した。

総理大臣より帝国参謀総長《CIGS》へ　一九四〇年一一月六日

ギリシャがクレタ島師団を使用するのを阻むのは難しい。したがって、クレタ島に駐屯する私たちの部隊を増やさなければならない。一定の人数がそこにいることが重要だし、私たちが大軍で上陸できると敵に思わせる必要がある。その地域は幅広く観察されているし、逆襲があれば大きな損害をこうむる。

貴君の意見を教えてほしい。

総理大臣より帝国参謀総長《CIGS》へ　一九四〇年一一月七日

私たちの目的のためにクレタ島を使用する影響で、ギリシャ軍第5師団の三分の二が本土で使えなくなるようでは、ギリシャにあまり役立っているとはいえない。クレタ島防衛は海軍に依存しているが、それでも抑止力としてある一定規模の部隊を沿岸部に置かなければならない。イギリスの二個大隊と、ギリシャの残存する大隊三個では心もとない。貴官からウェイヴル将軍に電報を打って、私の要望を伝えてもらえるとありがたい。ウェイヴル将軍は、なにかしら提供できるはずだ。

(a) 追加の三〇〇〇人もしくは四〇〇〇人の英軍部隊と、砲一二門。完全装備もしくは機動性でなくてもよい。

(b) ウェイヴル将軍は、差し迫っている可能性のある戦闘に使用されない部隊から、これを融通しなければならない。

(c)［主力部隊との軍務のために］ギリシャ軍第5師団の六個大隊と砲兵の駐屯を解くと、ギリシャ側に伝えなければならない。

ギリシャの予備役一個師団をクレタ島で編成できるように、武器と装備を急いで用意するべく、あらゆる努力を払うべきだ。この場合、小銃と機関銃は潤沢にある。イピロス前線の戦いにギリシャ正規軍の一個師団が参加できないと、重大な結果を招くはずだし、部隊が不足しているせいでクレタ島を失うのは馬鹿げている。

まもなくイーデン氏が帰国し、心から望んでいたとおりの報告を行なうはずだった。以下の電報で、イーデン氏はそれに先駆けて弁明した。

イーデン氏より総理大臣へ　　一九四〇年一一月三日

当地から見た全戦局をすべてご説明するために、私ができるだけ早く帰国すべきだというのが、全員の強力な意見です。これに賛成してくださることを、心から願っております。明朝出発するつもりです。お目にかかったあとで求められればこちらに戻る用意を整えてありますが、私たちのこの会議はきわめて急を要すると確信しております。戦局と計画を電報で完全に説明することは不可能であります。

至急応答願います。

承認を得て、イーデン陸相は帰途についた。以下の要点は、同時に送られた私宛の電報に述べられていた。

カイロの会議で、クレタの状況が話し合われました。カニンガム提督は、東地中海を確保し、イタリアの北アフリカへの輸送を妨害する手段として、クレタ島を支配することが重要だと力説しました。しかし、スーダ湾にはいまのところ潜水艦に対する防護手段がないので、艦隊が一度に数時間以上、基地として使用するのは不可能だとのことです。

ギリシャが蹂躙されない限り、イタリアが近々クレタ島を奪取しようとすることは考えられないそうです。カニンガム提督とウェイヴル将軍は、一一月一日の私の電報で言及した増援の一部をただちにクレタ島に派遣する手配を、合意のうえで調整しています。イギリスの大規模な守備隊をクレタ島に置く必要はないし、クレタ島のギリシャ軍が組織化されれば、一個大隊と高射砲だけでじゅうぶんだと、カニンガム提督は確信しています。そのあと、私たちは対ギリシャ支援全般の問題を協議しました。九月二二日に私たちが話し合ったとおり、〝ギリシャに対して行なえる可能性があるいかなる支援も、ドイツとイタリアのエジプトに対する脅威が一掃されない限り実行できない。エジプトの安全保障は私たちの戦略にとってきわめて重要であり、ひいてはギリシャの未来にとっても重要である……〟のです。

支援要請の最たるものは航空増援です。ブレナム戦闘機の第30飛行中隊が、本日アテネに向けて出発しました。現状ではギリシャへの兵力投入にこれ以上、飛行中隊をつけくわえることには極度のためらいがあると、ロングモアがふたたび力説しました。ギリシャやクレタ島の飛行場には退避壕やじゅうぶんな高射砲などの予防措置がなく、そういった対策を短時間に工夫するのは難しいので、私たちの航空機は駐機しているあいだ、イタリアの攻撃によって甚大な損害をこうむるにちがいないと、ロングモアは考えています……。私たちの中東での軍事的立場にとって、エジプト防衛が何事よりも重要であるというのが、総司令官全員の一致団結した意見です。戦略的観点からしてエジプトの安全保障はもっとも急を要する責務であり、ギリシャの蹂躙を防ぐ努力よりも優先しなければならないと、彼らは考えています。また、トルコの支援を維持することも不可欠です……。

イーデン氏は私宛の暗号電報で、つぎのようにつけくわえた。

一九四〇年一一月五日

参謀総長委員会の電報で命じられた増援は、西部砂漠での危険要因を増やし、おそらく死傷者が増加するでしょうが、ギリシャ支援という政治的責務に鑑みて、これらの危険要因を受け入れなければなりません。撤退によって西部砂漠でなされていた手配りは妨げられますが、部隊が完全に離脱するわけではありません。しかし、いま指示されているよりも多くの兵力を投入したり、ギリシャ派兵をさらに加速したりすると、エジプトにおける私たちの軍容に重大な危険をもたらすでしょう。航空増援、ことにギリシャへ派遣した戦闘機の代わりの戦闘機がエジプトに到着する日にちが、まだ確実ではありません。たいがい予想どおりに進まず、残念ながら日程が遅れることが、これまでの経験からわかっています。こちらで私にできることはないと思われますので、あすの朝、空路で帰国するよう提案します。

＊

イーデン陸相は、一一月八日に帰国し、その晩、いつもどおり空襲がはじまってから、ピカデリーの地下の私の仮住まいにやってきた。イーデン氏は、私がもっと早く知りたいと思っていた、厳重に守られた秘密を携えていた。しかし、これまでのところ、不都合はなんら生じていなかった。イーデン氏は、帝国参謀総長《CIGS》とイズメイ将軍を含む少人数の関係者に、ウェイヴル将軍とウィルソン将軍が考えついて用意した攻勢計画を、かなり詳細にわたって明らかにした。延々とつづけてきた巧妙な仕組みの防戦は打ち切られ、築城されたマルサ・マトルーフの前線でイタリア軍の強襲を待つのはやめる。逆に、一カ月ほどのあいだにこちらから攻撃する。その作戦は〝羅針盤《コンパス》〟と名付けられた。

地図を見ればわかるように、★いまでは八万人以上に膨らんでいるグラツィアーニ元帥のイタリア陸軍は、エジプト国境を越え、一連の築城された宿営地に沿い、五〇マイル（約八〇キロメートル）を超える前線にひろがって布陣していた。宿営地と宿営地の間隔は広く、相互支援はなく、前線に縦深がなかった。敵陣の右翼はサファーフィーで、ニブイワーにある隣の宿営地とのあいだに二〇マイル（約三〇キロメートル）を超える間隙があった。攻撃部隊はその間隙を一気に抜けて、海の方角へ迂回し、ニブイワーの宿営地とトゥッマールの宿営地群を西から――つまり背後から――たてつづけに攻撃する。そのあいだに、サファーフィーと海岸近くのマクティラーの両宿営地を、軽快部隊で封じ込める。この目的のために第7機甲師団、完全編成になった第4インド師団、英第16歩兵旅団と、マルサ・マトルーフ守備隊から引き抜いた臨時編成部隊を使う。この計画はきわめて大きい危険を伴うが、輝かしい獲物が差し出されていた。敵陣のまんなかに私たちの最強部隊を突き入れるために、見通しがきく砂漠を二晩かけて七〇マイル（約一一〇キロメートル）移動するのは、かなり危険な行動だった。その間の昼間に、空から観察されて攻撃されるおそれがある。それに、食糧と燃料を入念に計算しなければならない。また、時間割が狂ったら、重大な結果を招くだろう。

危険要素に見合う獲物だった。私たちの先頭部隊がブクブクかその近辺で海に達したら、グラツィアーニ軍の四分の三の交通路を遮断できる。背後から奇襲されたイタリア軍部隊は、激しい戦闘によって一斉に降伏するかもしれない。そうなったら、イタリア軍の前線は破られ、修復不能になる。最強の部隊が捕虜になるか壊滅したあと、さらなる猛攻撃に耐えられる部隊はなく、数百マイルの沿岸道路をトリポリまで整然と撤退することもできない。

この恐ろしい秘密について、将軍ふたりと陸相はさんざん話し合っていたのだ。これを彼らは電報で伝えたくなかった。私たちはみんな大喜びした。私は猫六匹が喉を鳴らすような音を立てた。これはやってみるに値する。参謀総長委員会と戦時内閣の同意が得られればただちに承認し、このすばらしい大事業を全面的に支援すると、その場、そのときに決定された。なによりもこれを優先して考え、逼迫している資源〔特定の行動に必要な人的・物的資源および資金の総称〕から真っ先に請求する権利をあたえることが決まった。

つぎにこれらの提案を戦時内閣に示した。私は論拠を述べるか、だれかに説明させる準備をしていた。だが、現地の二将軍や参謀総長委員会と、私やイーデン氏とで意見が一致したことを知った閣僚たちは、計画の詳細を知る人間はすくないほうがいいので知りたくないし、攻勢という方針そのものを心から承認すると宣言した。戦時内閣は何度か訪れた重要な機会に、そういう姿勢を示していた。その後のおなじような危険要因や難事が勃発したときの実例として、ここに書き記したい。

*

イタリア艦隊は私たちのクレタ島占領にまったく反応しなかったが、艦隊は主要基地のターラントにひきこもっていたので、カニンガム提督は強化された海軍航空部隊で打撃を加えたくてうずうずしていた。巧みに調整された一連の作戦〔複数の作戦が組み合わさったMB8作戦のこと。ターラントの戦いはその小さな一部だった〕が最高潮に達した一一月一一日に、攻撃が行なわれた。その間に、マルタは部隊を受け取り、戦艦〈バーラム〉、巡洋艦二隻、駆逐艦三隻を含む海軍の増援が、アレクサンドリアに到着していた。ターラントはイタリアの踵の部分にあり、マルタからの距離は三二〇海里（約五九〇キロメートル）だった。そこの壮大な港は、近代のあらゆる種類の攻撃に対して、厳重に防備されていた。マルタに高速偵察機が数機到着していたので、私たちの獲物を見分けることができた。英軍の計画では、〈イラストリアス〉の艦載機が二波に

★七一九ページの地図参照。

分かれて飛ぶ。第一波は一二機、第二波は九機で、そのうち一一機が航空魚雷を搭載し、あとは爆弾か照明弾を積んだ。〈イラストリアス〉は、暗くなった直後に、ターラントから約一七〇海里（約三一五キロメートル）の位置から艦載機を発艦させた。一時間にわたる戦いがくりひろげられ、イタリア艦隊のまんなかで炎と破壊が荒れ狂った。激しい対空射撃にもかかわらず、撃墜されたのはわずか二機だった。あとは無事に〈イラストリアス〉に帰還した。

この一度の打撃で、地中海の海軍力の権衡は決定的に変わった。航空写真によって、新型の〈リットリオ〉を含む戦艦三隻が被雷し、巡洋艦一隻も被弾して、工廠に甚大な損害をあたえたことがわかった。イタリアの実戦艦隊の半分が、すくなくとも六カ月間、行動不能になり、イギリスの艦隊航空隊は、勇猛果敢な行為によってめったにない勝機をものにして、おおいによろこんだ。

ちょうどこの日に、ムッソリーニのたっての願いで、イタリア空軍がイギリスへの航空攻撃に参加するという皮肉な出来事があった。戦闘機約六〇機に護衛されたイタリアの爆撃機部隊が、メドウェイ川で連合国の船団を爆撃しようとした。私たちの戦闘機の邀撃を受け、爆撃機八機、戦闘機五機が撃墜された。イタリアが私たちの国内問題に干渉するのは、これが最初で最後だった。ターラントの艦隊防衛に使うほうが、もっと賢明な配備だったかもしれない。

私は大統領に逐一報告していた。

元海軍関係者より大統領へ　一九四〇年一一月一六日

ターラントの件でよろこばれるだろうと確信しております。損壊していないイタリア戦艦三隻が本日ターラントを離れました。トリエステまで退却するものと思われます。

ふたたび報告。

元海軍関係者より大統領へ　　　　一九四〇年一一月二一日

海軍本部に用意するよう私が命じたターラントでの軍事行動に関する海軍の短信に興味を持っていただけるかもしれません。

1．この攻撃はすこし前から地中海艦隊司令長官の頭にあり、月明かりが利用できる一〇月二一日（トラファルガー記念日）に実行する予定だったが、〈イラストリアス〉で些細な事故があり、延期された。一〇月三一日と一一月一日に同司令長官が地中海中央を航海しているときにも考慮されたが、月明かりがなく、落下傘に吊った照明弾の明かりでは攻撃の効果が薄れると判断された。このような攻撃の成功は、月、天候、艦隊が探知されずに接近すること、綿密な偵察に依存すると考えられていた。偵察は飛行艇が行ない、グレン・マーティン飛行艇一個飛行中隊が、マルタから行動した。一一月一一日から一二日にかけての夜、上記の条件がすべて整った。ターラント湾の天候悪化のため、一二日から一三日にかけて反復することは妨げられた。

2．複式起爆装置が使われたことが、雷撃の成功に貢献したことは間違いない。

3．アンゴラ駐剳ギリシャ大使が一一月一一日に、ケルキラ島攻撃のためにイタリア艦隊がターラントに集結していると報告した。一一月一三日の偵察で、被害がなかった戦艦と主砲八インチの巡洋艦がターラントを離れたとわかった――一一日から一二日にかけての攻撃によるものだろう。

＊

私はウェイヴル将軍に宛てて打電した。

総理大臣よりウェイヴル将軍へ　一九四〇年一一月一四日

三軍の参謀総長、三軍の大臣、私は、最近の重大事に鑑みて状況全般を検討した。ギリシャ戦線におけるイタリア軍の停止。ターラントでの実戦艦隊に対する英海軍の勝利。イギリス本土上空でのイタリア空軍の不振。イタリア国内の戦意が低いという吉報。ガラバト奪回〔東アフリカにおける作戦でイギリス側が優勢であることを指す〕。西部砂漠での貴官の触敵の経験。さらに、なによりも政治情勢全般によって、陸相に貴官が話したような作戦を行なうのにきわめて望ましい状況になっている。

落ち目の同盟国をドイツがいつまでもほうっておくことはありえない。したがって、いまこそ危険を冒して、陸と海と空からイタリア軍を攻撃する時機だ。他の総司令官と協調して行動してほしい。

総理大臣よりウェイヴル将軍へ　一九四〇年一一月二六日

バルカン半島とトルコを含めた中東全体の戦局、北アフリカにおけるフランスの態度、崖っぷちでふるえているスペインの態度、深刻な苦境に陥っているイタリア、大局的には戦争そのものとのつながりで、〝羅針盤《コンパス》〟が重要であることを、あらゆる方面からの報せで貴官は認識しているにちがいない。けっして過度に楽観してはいないが、自信と期待を強く感じていることは否めないし、偉業に付き物の危険要因は完全に正当化されていると確信している。

艦隊に割り当てられる役割を問い合わせるよう、海軍本部に指示した。成功した暁には、それを全面的に使用する計画が貴官にあるものと思っている。どのような方策が考えられるか、幕僚に研究するよう命じてある。万事がうまくいけば、戦闘部隊と予備部隊を海岸線に沿って長距離輸送し、敵を追撃する装甲車両や部隊が頼れるような新しい補給基地を設置するといったようなことだ。詳細は知らされたくないが、これらすべてが念入りに検討され、調査され、できるだけの準備がなされていると確信したい。

ヒトラーがやむをえず相棒を助けにくることは間違いないし、ブルガリアからテッサロニキへ一気に突き進むという計画がかなり進められているかもしれない。いくつかの方面から、ドイツはムッソリーニの冒険的な軍事行動に賛同しておらず、代償をムッソリーニに払わせるつもりだという報告を受けている。だとするとなおのこと、よくない事態が洪水のように盛りあがってまもなく殺到するのではないかという気がする。敵が出遅れる一日一日が、私たちに有利に働く。〝羅針盤《コンパス》〟そのものがユーゴスラヴィアとトルコの行動を左右するかもしれないし、それに成功すれば、私たちの力ではこれまで精いっぱいだったトルコへの保障を強化できるかもしれない。また、中東の重心がエジプトから突然バルカン半島へ、カイロからコンスタンティノープルへ移動する可能性も、考慮したほうがいいかもしれない。貴官は当然こうしたことに備えているだろうし、こちらでも幕僚の研究が進んでいる。

先日私たちが貴官に述べたように、じゅうぶんに考慮された行動すべてについて、私たちは結果にかかわらず貴官とウィルソンを支持する。戦争ではだれも成功を確約できないが、支持されるに値するからだ。

南部の飛行中隊を呼び寄せて、そちらが痛打をこうむる危険を受け入れたロングモアに、たいへん感服していると伝えてもらいたい。万事が順調に進めば、〈フューリアス〉とその部隊があすタコラディに到着するはずだ。これが、ギリシャのために私たちがロングモアからむしり取らなければならなかった羽根すべての埋め合わせになるだろう。ギリシャでは、英空軍《RAF》が勝利で果たした役割が、軍事と政治に重大な影響を及ぼしてきた。貴官とロングモアと、すばらしい働きをしているカニンガム提督の今後の活躍を祈る。スーダ湾が提督にとって〝計り知れない利益〟であると聞いてよろこんでいる。

総理大臣より外務大臣へ一九四〇年一一月二六日

トルコ駐剳大使に以下のことを提案する。

（ここから。）幕僚たちが思い浮かべて報告した、トルコ介入へのさまざまな賛否の声を、私たちは貴君に提示したが、私たち自身の意見と貴君が受けている指示について、疑念がないようにしたい。トルコにはできるだけ早く参戦してもらいたい。ドイツがブルガリアを通ってギリシャを攻撃するか、あるいはブルガリアがギリシャに対して敵意ある行動をとれば、トルコはただちに宣戦布告すると、ブルガリアに警告することを除けば、私たちは、ギリシャを支援する特別な措置を講じるようトルコに圧力をかけてはいない。ドイツがブルガリアに向けて進む兆しがあったときに、ドイツとブルガリアに対して共同で警告を発する準備をしておくために、トルコとユーゴスラヴィアはいますぐ協議すべきだ。ブルガリアの支援の有無にかかわらず、ドイツ軍部隊がブルガリア領内を横切ったときには、トルコはその場ですぐさま戦うことが不可欠だ。トルコが戦わなかったら、バルカン諸国はひとつずつ食い荒らされ、トルコは完全な孤塁になって、私たちの力では助けられなくなる。一九四一年夏までに私たちが中東で一五個師団以上を運用し、同年末には二五個師団近くになることを願っていると伝えてもいい。私たちにはアフリカでイタリアを打ち負かす能力があると確信している。

午後六時――参謀総長たちが上記におおむね同意した。

総理大臣より海軍卿、第一海軍委員及びイズメイ将軍へ、参謀総長委員会宛

一九四〇年一一月三〇日

〈フューリアス〉をただちに本国に戻し、中東向け増援の新手の航空機と操縦士を積載すべきだ。この部隊の輸送が終わるまで〈フューリアス〉の修理を延期できるように、精いっぱい努力しなければならない。空軍参謀総長《CAS》は、どのような部隊構成が最善か、意見を述べること。

（空軍参謀総長《CAS》も披見のこと）

総理大臣よりイズメイ将軍へ

一九四〇年一二月一日

スーダ湾［クレタ島］にいまなにがあり、どういうことをやったのか、正確に知りたい――つまり、部隊、高射砲、海岸の防備砲、探照灯、無線、ＲＡＤＡＲ、防潜網、機雷、飛行場の準備態勢といったことだ。

島民数百人が防備の強化と、飛行場の滑走路延長と改善のために働いていると確信したい。

イズメイ将軍より、参謀総長委員会《COS》宛

一九四〇年一二月一日

イタリア軍はアルバニアで退却をつづけています。リビア砂漠で部隊への食糧と水の供給にイタリア軍が難儀しているという報告が本日届きました。私たちの攻撃を受けないトリポリにイタリアの航空機が退避しているという報告もあります。また、ハリケーン三三機と一線級の操縦士がタコラディに無事に到着しました。こういったあらたな事実を考え合わせると、私たちは戦局をもっと自信をもって眺められるはずです。それをウェイヴル将軍に伝えていただきたい。

敵が潰走したら、補給品と戦闘部隊を夜間に八〇マイル（約一三〇キロメートル）前方へ海上輸送し、新手の部隊を前衛に立てて、戦争ではめったにないとてつもない優位が得られます。私の電報に対するウェイヴル将軍の返信には、これにまったく言及がないようですが、私たちが大きな賭けをしていることを考えれば、私たちの幕僚の研究結果を同将軍に提供しなかったら、責務を果たしているとはいえないと思います。水陸両用戦の能力がありながら、それを利用しないのは、まったくもって馬鹿げていいます。そこで、よろしければ、その研究を打電していただきたい。ただし、遅くとも三日までに用意する必要があります。

以下の全般的な観測をつけくわえます。スーダ湾で陣容を整えたことにより、マルタに関してはもっと安心できるでしょう。艦隊がスーダ湾にいるか、いるかもしれないと見られれば、マルタ島への大規模な上陸が試みられる可能性はきわめて低いですし、すでに中東から移動した戦車や砲で防備を固めています……。スーダ湾を得たことが、東地中海に大きな変化をもたらしました。

スーダ湾の経緯は嘆かわしい。一九四一年にはついにたいへんな惨事に至った。私はこの時期のどの国の公僕にも劣らないくらい、戦争遂行をじかに制御していたと、いまも信じている。私の持てる知識と戦時内閣の忠節と積極的な支援、閣僚全員の支持、どんどん効率がよくなる私たちの軍事機構といったすべてが、憲法に基づく権威を集中して行使することを可能にしていた。それでも、命じられたことと私たちみんなが切望したことに対して中東方面軍が講じた対策は、あまりにも不備だった！　人間の行為に限界があるのを正しく理解するには、同時期にあらゆる方面で多くのことが起きていたのを肝に銘じる必要がある。それでも、クレタ島全体を要塞として、スーダ湾を水陸両用戦の砦にするのに失敗したことに、いまだに私は啞然とする。万事、理解され、同意され、かなりのことがなされたが、どれも中途半端な努力だった。私たちはまもなくその不備のつけを払うことになる

〔一九四一年三月に、イタリア軍の小型舟艇による襲撃で〕〔油槽船や重巡〈ヨーク〉が大破するなどの損耗があった〕。

＊

イタリアによるアルバニアからのギリシャ侵攻は、ムッソリーニにとって二度目の門前払いになった。最初の強襲は甚大な損耗をこうむって撃退され、ギリシャはただちに逆襲した。北部（マケドニア）防御区域からギリシャ軍がアルバニアへ進攻し、一一月二二日にコルチャを攻略した。中央防御区域のピンドス山脈北部では、イタリアのアルピーニ師団一個が殲滅された。沿岸部では、イタリア軍が当初、縦深突破に成功したが、あわててカラマス川から撤退した。パパゴス将軍が率いるギリシャ陸軍は、山岳戦ですばらしい技倆を発揮し、敵軍を奇襲機動と包囲機動で翻弄した。年末にはギリシャ陸軍の卓越した能力のために、イタリア軍はすべての前線でアルバニア国境地帯から三〇マイル（約五〇キロメートル）引かざるをえなくなっていた。イタリア軍二七個師団が、ギリシャ軍一六個師団によって、アルバニアで数カ月のあいだ釘付けになっていた。ギリシャの驚異的な抗戦は他のバルカン諸国を勇気づけ、ムッソリーニの威信は地に落ちた。

＊

一一月九日、ネヴィル・チェンバレン氏が、ハンプシャーの邸宅で逝去した。私は国王の許可を得て閣議書が配布されるようにしていたので、数日前までチェンバレン氏は私たちの国事を熱心に、興味深く、忍耐強く見守っていた。死が近づくのを、彼は揺るがぬ視線で出迎えた。自分の国がようやく最悪の事態を脱したと知り、安心して亡くなったと思う。

一一月一二日に庶民院が開会すると、私はすぐにチェンバレン氏の人格と経歴に対して弔辞を贈った。

墓地門で私たちはみな、自分の行ないとみずからの判断への綿密な吟味を潜り抜けます。くりひろげられている物事の行方をおおよそ見通したり予言したりする力をあたえられていないのは、人間にとって幸せなことです。そうでなかったら、人生は耐えがたいものになるでしょう。人間には、正しかったと思えるひとときもあれば、間違っていたと思えるひとときもあります。そして、何年かたって、展望する時間が長くなると、なにもかもがまったく異なる背景に佇んでいるのです。新しい美的調和がありますのべつの規矩があります。歴史は、光がちらつくランプを手に過去の細道をよろめき歩き、場面を再現せんと試み、反響を呼び戻しながら、ほの白い輝きで昔日の熱情をかきたてます。こうしたすべてにどんな価値があるのでしょうか？　ひとりの人間のたったひとつの道標《みちしるべ》は、その人間の良心です。彼の記憶へのたったひとつの楯は、彼の行動が清廉で誠実であったことです。この楯なしで人生を歩むのは、はなはだしい浅慮です。なぜなら、私たちの希望がついえたり、計算が狂ったりして嘲られることがすくなくないからです。しかし、この楯があれば、運命にどのようにもてあそばれても、私たちは誉れ高い隊列に加わって行進します。

この凄絶な恐ろしい歳月のことを歴史がどう語っても、あるいはなにも語らなくても、ネヴィル・チェンバレンが、自分の物の見方にしたがい、自分の能力と強力な権威を最大限に発揮し、いま私たちが取り組んでいる破壊的なおぞましい闘争から世界を救おうとして、完璧な誠実さで行動したと、私たちは確信できます……。ヒトラー氏は言葉と身振りで躍起になって、平和だけを望んでいると抗議しました。このたわごとと剝き出しの感情は、ネヴィル・チェンバレンの墓の静寂の前で、どのように見なされるでしょうか？　危険に満ちた長く厳しい歳月が、私たちの前にありますが、すくなくとも私たちは団結し、清い心でそれに向かっています……。

ネヴィル・チェンバレンは、父や兄のオースティンとおなじように、名声を博した庶民院議員でした。

けさここに集まった全党の議員すべてが、ひとりも欠けることなく、ディズレーリが〝イングランドの名士〟と呼ぶはずの故人に敬意を表し、私たちの国とともに称賛を捧げます。

第二八章　戦時物資支援《レンド・リース》

〈ローズヴェルト大統領三選／イギリスの軍需品をアメリカ国内で一括発注／ロージャン卿がディッチリー城館の私を訪問／一九三九年一一月末　〝現金払い自前輸送《キャッシュ・アンド・キャリー》〟／不分明な戦争でのイギリスのドル減少／一九四〇年五月、〝新時代〟／一九四〇年一二月八日付の大統領宛書簡を起草／イギリスとアメリカの共通の利益／前進計画の必要性／六月以降のイギリスの回復／一九四一年、大西洋の差し迫った危機／私たちの輸送船損耗／イギリスとドイツの戦艦戦力／日本の脅威／大西洋の戦略的補給線／アメリカのエールに対する影響力／一カ月に二〇〇〇機追加を要求／陸軍の装備／どうやって代金を払うのか？／アメリカへの懇願／大統領が〝レンド・リース〟を発見／一二月一七日、大統領の記者会見／〝ドル記号を消す〟／戦時物資支援法が議会に提出される／フィリップ・ロージャンの急逝／後任にハリファクス卿を選ぶ／ハリファクス卿への賛辞／イーデン氏、外務省に復帰／マーゲソン陸軍大尉（退役）が陸軍大臣に就任／戦時物資支援を待つ／大統領への新年の挨拶〉

戦争の轟音と衝突の響きよりもひときわ大きい、まったくべつの部類の世界を揺るがす出来事が、私たちにのしかかった。アメリカ合衆国大統領選挙が、一一月五日に実施された。この四年に一度の権力争いは、粘り強く活気あふれるやり方で行なわれるし、この時期には国内問題での激しい意見の対立で二党が分裂していたが、共和党でも民主党でも、責任ある指導者たちは〝至高の大義〟を尊重していた。一一月二日、クリーヴランドでローズヴェルト氏は述べた。「大西洋と太平洋で侵略を行なっている当事国にいまも抵抗している国々に可能な限り物質的援助を行なうのが、私たちの政策です」。対立候補のウェンデル・ウィルキー氏は、おなじ日にマディソン・スクエア・ガーデンで、こう宣言した。「私たち全員が――共和党も、民主党も、無所属も――非常に勇敢なイギリスの人々を支援することが正しいと思っています。私たちの産業の製品を、彼らが手に入れられるようにしなければなりません」

この雄大な愛国主義が、アメリカ連合〔アメリカ合衆国のこと〕と私たちの命を守っていた。それでも、心の底には不安があったので、私は選挙結果を待っていた。どんな新大統領にも、フランクリン・ローズヴェルトほどの知識と経験はないし、それらをすぐに身につけることはできない。また、ローズヴェルトのような天性の威風もないだろう。私はローズヴェルトとの関係をきわめて注意深くはぐくんでいたし、私の思考すべてのなかでもっとも重要な要素である信頼と友情を勝ち得たように思われた。じっくり築きあげた同志愛を打ち切り、私たちの話し合いの流れが途切れ、これまでとは意識も個性も異なる人物を相手に最初からやり直すというのは、ぞっとするような見通しだった。こんな緊張を味わうのは、ダンケルク以来だった。ローズヴェルト大統領が三選されたという知らせが届いたときには、言葉に尽くせないくらいほっとした。

元海軍関係者よりローズヴェルト大統領へ　　**一九四〇年一一月六日**

選挙中にアメリカの政策について意見を述べるのは、外国人である私にとって適切ではないと考えましたが、大統領の勝利を祈っていたことと、当選なさったことに心から感謝していることをいま述べても、差し支えないだろうと思ったしだいです。いま危険にさらされている世界情勢に、私たち二カ国はそれぞれの責務を果たさなければなりませんが、その問題に大統領が委細漏らさない公正で自由な意識を向けていただくことのほかには、なにも求めたり望んだりするつもりはありません。私たちはいま、戦争が長引き、拡大することが明らかな、暗い局面にはいりつつあります。戦争勃発時に私が海軍本部での職務を開始したときからずっと育ててきた信頼と善意に包まれて大統領と意見を交換できることを楽しみにしております。地球のどこかで英語が使われている限り記憶に残るような物事が起ころうとしています。アメリカ合衆国の人々がふたたび大統領に重荷を託したことで、どれだけ安心したかわかりません。私たちが舵をとるための光が、私たちみなが無事に錨をおろすところまで導いてくれると心の底から信じていることを、ここに公言いたします。

不思議なことに、この電報には返信がなかった。急務を前にして脇に追いやられた膨大な祝電の山に埋もれたのかもしれない。

このころ私たちは、アメリカの陸軍、海軍、航空隊〔この時点ではアメリカには独立した空軍はなかった〕と協議はしていたが、アメリカ国内での軍需品の発注を個別に行なっていた。量が増えるいっぽうの必需品のいくつかは、あちこちで重複していて、全体としては善意であっても、末端で軋轢が生じる可能性があった。ステティニアス氏〔戦争資源委員会委員長を経て、ローズヴェルト大統領の特別補佐官として戦時物資支援の責任者をつとめた。のち国務長官〕は述べている。★「すべての防衛目的について政府の調達を統合して一本化すれば、目の前の途方もない仕事を片付けることができる」。要するに、アメリカ政府には兵器の注文をすべて国内で発注するという狙いがあった。三選から三日後、ローズヴェルト大統領は、アメリカで生産される兵器を分配する〝大雑把な原則〟を公表した。製造工程から出てくる兵器を、アメリカ軍とイギリス軍及びカナダ軍で、ほぼ半分に分ける。その日、戦争資源委員会は、予約済みの航空機一万一〇〇〇機に加えて一万二〇〇〇機を注文したいというイギリスの要求を承認した。だが、それらすべての代金を、どうやって払うのか？

＊

一一月中旬、ワシントンDCから空路で帰国していたロージャン卿が、ディッチリー城館の私のもとで二日間過ごした。敵が格別な注意を払うといけないので、毎週末にチェッカーズに泊まるのを習慣にせず、ことに満月の晩は避けるようにと、私は助言されていた。ロナルド・トリー氏と夫人が、オックスフォード近くの広壮で美しい城館で、私と側近たちを何度となくたいへん温かく迎えてくれた。ディッチリーはブレナム〔チャーチルが生まれたチャーチル家所有の宮殿のこと〕からわずか四、五マイル（約六・四～八キロメートル）の距離だ。この快適な環境で、私はアメリカ駐劄大使のロージャン卿を出迎えた。ロージャンは、以前とは別人のように見えた。私はかなり前から彼を知っているが、たいへん教養があり、貴族らしく俗間の事柄にはまったく関心がないという印象があった。気取っていて、派手で、よそよそしく、威厳があり、他人に批判的だが、優しくて陽気な態度なので、どんなときでもいい仲間だった。いま、私たちみんなを強打している大槌のもとで、ロージャン卿は、真剣で、心の底から奮い立っている人間のように見えた。ロージャン卿は、アメリカの態度のあらゆる面と細部を知らされていた。駆逐艦と基地の交渉を巧みにさばいて、ワシントンDCで善意と信頼を勝ち得た。個人として温かい友情を確立した大統領と、親密に接触したばかりだった。そして、いまはドル問題に着手しようとしていた。それがじつに厳しい問題だった。

戦前のアメリカは、中立法に規定されていた。一九三九年九月三日に大統領は、船積みされた武器すべての交戦国への禁輸を敷いた。大統領はその一〇日後に議会で特別審議をひらき、この禁輸の廃止を検討するよう求めた。公平という見せかけのもとで、武器と補給品の輸送において実質的にイギ

★Stettinius, *Lend-Lease*, p. 62.

リスとフランスの制海権の利点すべてを奪うことになるためだった。何週間も議論され、世論が沸騰したあと、中立法は一九三九年一一月末に廃止され、〝現金払い自前輸送《キャッシュ・アンド・キャリー》〟という新しい原則が代わりに定められた。アメリカ企業は連合国とドイツの双方へ束縛されることなく武器を売却できるので、合衆国は厳格な中立を維持できる。しかし、じっさいは私たちの海軍力がドイツの輸送を妨げるし、イギリスとフランスは〝現金《キャッシュ》〟がある限り、好きなように〝持ち帰る《キャリー》〟ことができる。この法律成立の三日後に、傑出した能力の持ち主のアーサー・パーヴィス氏が率いる私たちの調達委員会は作業を開始した。

*

イギリスは、参戦したときには、約四五億ドルを、金及びドルに換金できるアメリカ国内への投資で保有していた。この財源を増やすには、主に南アフリカで産出している大英帝国の金をあらたに掘り起こすか、ウイスキー、上等な羊毛、陶磁器などの贅沢品を中心にアメリカへせっせと輸出するしかない。この方策で戦争の最初の一六カ月に追加の二〇億ドルを得た。〝不分明な戦争〟の時期のあいだ、私たちはアメリカに軍需品を注文したいという激しい願望と、ドル財源が先細りになるのではないかという絶え間ない恐怖の板挟みになっていた。チェンバレン政権では大蔵大臣のジョン・サイモン卿が常々、イギリスのドル財源の嘆かわしい状態を説明して、節約する必要があると力説した。アメリカからの購入を厳しく制限することが、おおむね同意されていた。パーヴィス氏が一度ステティニアスに述べたように、「私たちは無人島にいて糧食が乏しいので、できるだけ長くもたせないといけない★」。

つまり、私たちのお金をなんとかもたせるための入念な手配りが必要だった。平時には好きなだけ輸入して、都合のいいときに支払っていた。戦争がはじまると、不心得な人間が諸事安全だと思える国に資金を移すのを阻止し、無駄な輸入やそのほかの支出を削減して、金、ドル、そのほかの個人資産を結集する機構を、創りあげなければならなかった。なによりも、自分たちがお金を無駄遣いしないようにするとともに、他人にひきつづきお金を奪われないようにしなければならなかった。英ポンドが流通している地域の国は私たちに同調した。私たちとおなじような為替政策を行ない、英ポンドを受領して保有した。そのほかの国々とは、英ポンドが流通している地域ならどこでも使用できる英ポンドで支払う特別な取り決めを結んだ。差し当たって使う必要がない英ポンドは保有し、公式な為替相場で取引をつづけることに、それらの国は同意した。当初は取り決めの相手国はアルゼンチンとスウェーデンだったが、ヨーロッパ大陸と南米の数多くの国々へと拡大した。一九四〇年春に、この措置は完了し、満足のいく結果が出て——英ポンドにも貢献した——困難のなか英ポンドの流通を達成し、維持することができた。これによって、私たちは世界の大部分の国と英ポンドで取引をつづけ、アメリカでの重要な購入のために貴重な金とドルをかなり節約した。

一九四〇年五月に戦争が爆発的に拡大して忌まわしい現実になると、英米関係に新時代が訪れた。その時点で私はあらたな政府を組成し、キングズリー・ウッド卿が大蔵大臣に就任すると、しごく単純な計画を進めはじめた。具体的にいうと、注文できるものは注文し、将来の財政問題は永遠なる神に任せるというものだった。絶え間ない爆撃を浴び、侵攻の危険に睨まれて、命を護るためにしばらく独りで戦わなければならないのだから、ドルが尽きたらどうなるかを過度に心配するのは、間違った経済、見当ちがいの思慮分別だろう。私たちはアメリカの世論の大きな変化を意識していた。この時期、アメリカでは政府だけではなく国中で、自国の運命がイギリスの運命と結び付いているという

★ Stettinius, *Lend-Lease*, p. 60.

確信が強まっていた。さらに、イギリスに対する同情と敬意の大波が、アメリカじゅうで湧きあがっていた。アメリカ政府から直接に、またカナダ経由でも、きわめて友好的な意思表示がなされ、私たちの大胆な行動を励まし、なんらかの方法が見つかるだろうとほのめかしていた。アメリカのモーゲンソー財務長官は、連合国の大義のたゆまぬ擁護者だった。六月にフランスの発注を引き継いだために、手形交換所中でイギリスの支出が倍増した。それに加えて、航空機、戦車、商船をあらゆる方面にあらたに発注し、アメリカとカナダの国内で大規模な新工場の建設を促進していた。

＊

一九四〇年一一月まで、私たちは納品された物すべての代金を支払っていた。すでにイギリス国内の所有者から徴発して国庫に入れてあった三億三五〇〇万ドル相当のアメリカの株式を売却していた。それまでに四五億ドルを超える現金を支払っていた。残りは二〇億ドルしかなく、大部分は投資で、すぐに市場で売ることができない。このやり方では長続きしないことは明らかだった。たとえ金と外貨をすべて手放しても、発注分の半分も支払うことができないし、戦争が長引いているので、手持ちの一〇倍は必要だった。毎日の国事を進めるためにも、手持ちの財源がいる。

大統領と補佐官たちは、私たちを助ける最善の方法を真剣に模索しているはずだと、ロージャンは確信していた。選挙が終わったので、行動する潮時だった。ワシントンDCでは、大蔵省特使のフレデリック・フィリップ卿とモーゲンソー財務長官とのあいだで果てしない協議が行なわれていた。私たちの形勢をすべて述べる声明を大統領に宛てて起草するよう、ロージャン大使が私に促した。そのため、私はディッチリーでその日曜日に、ロージャンと相談のうえで、大統領宛の私信を書いた。一一月一六日に、それをローズヴェルトに宛てて打電した。「数日以内にロージャン卿から説明いたしますが、一九四一年の見通しについて書き送ります」。参謀総長三人と大蔵省の検査を受け、戦時内閣の承認を得なければならなかったので、ロージャンがワシントンDCに戻る前に完成しなかった。一一月二六日に私はロージャンに電報を送った。「大統領宛の手紙を書くのにまだ苦労しているが、数日以内に打電できると思う」。書簡の最終稿の日付は一二月八日で、ただちに大統領に送られた。すべての状況について、ロンドンの関係者すべてが同意する意見を述べなければならなかったし、私たちの運命に明確な役割を果たしたので、その書簡はいまでも研究に値する。

ホワイトホール、ダウニング街一〇番地
一九四〇年一二月八日

親愛なる大統領

1．年末が近づくにあたって、一九四一年の見通しを私が提示することを大統領が求めるだろうと感じています。私は率直に確信をもって提示します。なぜなら、アメリカ市民の大多数が、アメリカ合衆国の安全と、民主主義国二カ国とその二カ国が象徴する物事の未来が、英連邦の生存及び独立と固く結び付いているという確信を述べているように見えるからです。ゆえに、大西洋とインド洋の支配を左右する海軍力という牙城は、誠実で友情あふれる勢力のみによって維持されなければなりません。米海軍による太平洋の支配と、英海軍による大西洋の支配が不可欠です。両国の安全と通商路を保障し、そして、戦争がアメリカ合衆国の海岸に達するのを防ぐ確実な手段としても。

2．もうひとつべつの側面があります。近代国家の産業を戦争目的に転換するには、三、四年かかります。膨大な工業活動が、民間需要に応じることなく軍需品の製造に専念すると、いずれ飽和状態に達します。ドイツは間違いなく一九三九年末までにこの段階に達しました。大英帝国の私たちは、二年目を半分終えただけです。アメリカは、あえて申しあげるなら私たちほど進んでいません。また、海軍、陸軍、防空の膨大な開発計画がアメリカ国内で開始されているはずですが、完了するには間違いなく二年かかるでしょう。共通の利益と、私たち自身の生存のために、アメリカの準備が完了するまで前線を維持し、ナチの軍事力と格闘するのが、私たちイギリスの責務です。二年が過ぎる前に勝利が訪れるかもしれませんが、それを当てにして、人間の力でできるかぎりの骨折りをおろそかにしてはいけません。したがって、この状態がつづくあいだ、大英帝国とアメリカ合衆国の利益が確実に同一であるという、大統領の善良で友好的な賢慮に、大いなる敬意を表して承服するしだいであります。このような関係に基づいて、卒爾ながら申しあげます。

3．この戦争の様態と今後もそれがつづく可能性が高いことからして、ドイツ軍が主力を集中できるいかなる戦域でも、私たちはその膨大な陸軍には太刀打ちできません。しかしながら、海軍力と空軍力を使用することによって、比較的小規模な部隊が戦闘に投入される地域では、ドイツ陸軍に対応できます。ドイツのヨーロッパ支配がアフリカや南アジアへ拡大するのを阻止するために、私たちは最善を尽くさなければなりません。また、海を渡る侵攻を答の出ない難題にしておくために、この島の陸軍がつねに強力な即応態勢を維持する必要があります。大統領もお気づきのように、この目的のために、五〇個ないし六〇個師団をできるだけ早く編成しなければなりません。アメリカが友好国でかけがえのない相棒であるだけではなく、たとえ私たちの同盟国であっても、大規模な海外遠征軍を要請すべきではないでしょう。人員ではなく輸送に限界がありますし、軍需品と補給品の輸送力が、大規模な歩兵部隊を海上輸送するよりも優先されます。

4．一九四〇年前半は、連合国とヨーロッパにとって災厄の時期でした。最後の五カ月は、イギリスが独りで戦ったことで、強力な、さらには予想外の回復の場になりましたが、それは、三度つづけて貴君を首班に選んだ偉大な共和国の軍需品と駆逐艦という貴重な支援があればこそでした。

5．迅速かつ圧倒的な打撃によって大英帝国が滅ぼされる危険は、当面、大幅に弱まりました。その代わり、突然ではなく劇的でもないが、おなじように致命的な徐々に発達する長期の危険が存在しています。この死を招く危険とは、海上輸送の総トン数が着実に減りつづけていることです。私たちは、無差別爆撃による住宅の破壊と民間人の虐殺には耐えられますし、私たちの科学の進歩により、攻撃をかなりかわすことができると期待しています。それに、敵の兵力と同等になりつつある私たちの空軍で、ドイツの軍事目標を報復攻撃することもできます。一九四一年を決定づけるのは海です。この国の食糧を確保し、必要なすべての軍需品を輸入し、陸軍部隊をさまざまな戦域に運んでヒトラーとその共犯のムッソリーニを迎え撃ち、そこで陣容を整え、大陸の独裁者たちの決意を打ち砕くまで戦いつづけることができなかったら、私たちは道半ばで斃れ、アメリカ合衆国には防衛態勢を完成する時間があたえられないかもしれません。したがって、海運と大洋、ことに大西洋を横断して輸送する能力が、一九四一年には戦争全体の決定的要因になりうるでしょう。その反面、必要な量の輸送船が海上を頻々と往復できれば、優勢な空軍力でドイツ本土を圧し、ドイツやそのほかの国でナチに弾圧されている住民の怒りをかきたてることができれば、文明社会の苦しみに対して幸いなる輝かしい終わりをもたらすことでしょう。

しかし、その責務を過小評価してはいけません。

6．この数カ月間の私たちの船舶のさらなる損耗は、前の戦争の最悪の年とほぼ同等の規模に達しました。一一月三日までの五週間で、損耗の合計は四二万三〇〇〇トンに達しました。全力で戦時活動を維持するために必要な輸入の推定年間トン数は、四三〇〇万トンです。九月にはいった時点のトン数は三七〇〇万トン程度にすぎず、一〇月は三八〇〇万トンでした。現在の見通しよりもはるかに大きい補充が間に合うようになされないと、この割合で減少がつづけば命取りになります。私たちは新しい手法で精いっぱいこの状況に対処していますが、損耗を減らすのは、前の戦争よりもずっと困難です。第一次世界大戦が頂点に達した歳月に必要不可欠だった、フランス海軍、イタリア海軍、日本海軍の支援はなく、そしてなによりもアメリカ海軍の支援がありません。敵はフランスの北と西の海岸線の港をすべて瞰制《かんせい》しています。敵は潜水艦、飛行艇、作戦機の基地をそれらの港とフランス沿岸の島々にどんどん築いています。私たちは空と海で沿岸哨戒を組織化するのにエール〔アイルランド〕の領土を使用することを拒まれています。それどころか、いまではイギリス諸島に到達する唯一の有効な航路、北近接水路に敵はますます兵力を集中し、Uボートの行動と長距離航空機の爆撃により、これまで以上に遠くまで手をのばしています。それに加えて、数カ月前から仮装巡洋艦が大西洋とインド洋に出没しています。そして、いまではもっと強力な通商破壊艦が私たちと争っています。私たちは索敵と護衛の両方に艦艇を必要としています。私たちの資源と準備はかなりの規模ですが、艦艇の数はじゅうぶんではありません。

7. この先六、七カ月間、本土近くの水域では戦艦の兵力差が縮まり、楽観できない状態になります。〈ビスマルク〉と〈ティルピッツ〉が、一月には間違いなく戦線に復帰するでしょう。私たちにはすでに〈キング・ジョージ五世〉があり、同時に〈プリンス・オヴ・ウェールズ〉が就役することが期待されています。これらの近代的な戦艦はもちろん、二〇年前に設計された〈ロドニー〉や〈ネルソン〉よりも装甲が強化され、ことに航空攻撃への対策がなされています。最近、大西洋横断の護衛に〈ロドニー〉を使わなければなりませんでした。主力艦の数がすくないときにはいつでも、機雷や魚雷が戦列の兵力を決定的に変えてしまうおそれがあります。六月に〈デューク・オヴ・ヨーク〉が就役したら安心できるでしょうし、一九四一年末には〈アンソン〉★が参加して、いっそう良好な状態になります。しかし、この第一線級の三万五〇〇〇トンで主砲一五インチのドイツ戦艦二隻のために、私たちはこの戦争でこれまでになかったような兵力集中の維持を強いられます。

8．イタリアの〈リットリオ〉級戦艦二隻はしばらく戦闘に参加できないし〔〈リットリオ〉の姉妹艦〈ヴィットリオ・ヴェネト〉はターラント攻撃後、ナポリに逃れた。チャーチルは被雷した他の戦艦二隻〈カイオ・ドゥイリオ〉か〈コンテ・ディ・カヴール〉と誤認しているようだ〕いずれにせよ、ドイツ人が乗り組んでいるほど危険ではありません。いや、乗り組んでいるかもしれない！〈リシュリュー〉と〈ジャン・バール〉の件で手助けしてくださったご恩は忘れませんし、そちらは問題ありません。しかし、大統領が明察しておられるように、この数カ月間、私たちはこの戦争ではじめて、二隻しかない私たちの最強の新鋭戦艦とおなじくらい優秀な戦艦二隻を敵が運用する状況で、艦隊の戦闘行動を考慮しなければならなくなりました。トルコの態度と東地中海の戦局全体が、そこで強力な艦隊を維持することに左右されるので、今後、地中海の兵力を減らすことは不可能です。近代化されていない旧式戦艦は、船団護衛に使用しなければなりません。したがって、戦艦ですらめいっぱい無理をしている状況です。

9．第二の危険分野があります。ヴィシー政権が、ヒトラーのヨーロッパ新秩序に参加するかも知れません。あるいは、海路で自由フランスの植民地へ派遣されるヴィシー政権の遠征部隊を私たちが攻撃せざるをえないように策略をめぐらし、いまも管理下にある損耗のすくない大規模な海軍部隊を伴って枢軸国に与する口実を手に入れるかもしれません。フランス海軍が枢軸国に加わったら、西アフリカはたちまち枢軸国の手に落ち、私たちの北大西洋と南大西洋との交通路に重大な影響を及ぼし、なおかつダカールと当然ながら南アメリカにも影響があるでしょう。

10．第三の危険領域は極東です。日本がインドシナを、サイゴン及びそのほかの海軍基地や航空基地に向けて南へ押し進むことは明らかです。そうなると、日本軍と、シンガポール及びオランダ領東インドとの距離がかなり縮まります。日本は海外遠征部隊に使える優秀な五個師団を用意していると報告さ

★じっさいは常備排水量が四万五〇〇〇トンを超えていた。

れています。状況が進展したときに対処できる部隊が、いまのところ極東にはありません。

11. こういった数々の危険要因に対して、私たちは一九四一年を通じて兵器、ことに航空機の供給を充足しなければなりません。爆撃をものともしない国内での生産増大と、海上輸送による補給の両方によって、それを実現します。この責務は困難で莫大な規模なので、これまでに述べてきた事実と、そこに書き加えることができる数々の事実が浮き彫りにしているように、かならず起きる数々の局面で、アメリカ合衆国が共通の大義に決定的な究極の支援をあたえることができる方策の数々を、腹蔵なく大統領に開陳する資格が私にはあると存じます。

12. 私たちの島へ至る大西洋近接水路での積み荷の損耗を阻止するか抑えることが必須です。襲撃に対処する海軍部隊の増大及び私たちが依存している商船の数を増やすことで、これを達成できるかもしれません。第一の目的には、つぎのような代案があると思われます。

（1）前の大戦後に合意に達し、一九三五年にドイツがみずから受け入れて定義した決定に従い、違法もしくは野蛮な戦闘行為から航行の自由を護るというアメリカの基本原則をふたたび断言する、というものです。これによってアメリカの船舶は、実際に合法的な封鎖が行なわれていない国と、制約なしに交易できるはずです。

（2）その後、この合法的な貿易はアメリカ軍、すなわち戦艦、巡洋艦、駆逐艦、航空部隊によって護衛されるべきだと提案します。戦争のあいだずっとエールに基地を確保すれば、護衛はきわめて有効になるでしょう。そのような護衛のせいでドイツがアメリカ合衆国に宣戦布告することはありえないだろうと思いますが、危険な性質の海上での小事件はときどき起きるでしょう。ヒトラー氏はこれまで、ドイツ皇帝が犯した過ちを避ける傾向があることを示してきました。大英帝国の力に重大な傷を負わせるまで、アメリカ合衆国との戦争に引き込まれたくないと思っているのです。〝一国ずつ撃破する〟というのが、ヒトラーの金言です。

私がこれまで思い切って概略のようなものを述べてきた政策は、アメリカが交戦国ではないと解釈されうる断固たる行動です。それはほかのどんな方策よりも、イギリスの抗戦を、勝利をものにするまで、望みどおりの期間、効果的に引き延ばすことを確実にします。

（3）上記の措置がない場合には、アメリカの軍艦、とりわけすでに大西洋に配置されている駆逐艦のような贈り物、貸与、供給が、大西洋航路の維持に不可欠です。さらに、西半球のイギリス領の島々にアメリカがいま設置している海軍基地と航空基地という新しい前線への近接水路で、敵艦艇がいやがらせをするのを防ぐために、アメリカ海軍部隊が大西洋の自国側まで支配をひろげることは可能でしょうか？　アメリカ海軍の兵力は膨大なので、上記の支援を大西洋で私たちに行なっても、太平洋の支配を危うくすることはないはずです。

（4）大西洋に向けて西に出撃する小艦隊とさらに重要な航空機のために、エールの南岸と西岸でイギリスが必要としている施設を確保できるように、アメリカ合衆国の斡旋と絶大な影響力をひきつづき行使していただく必要があります。イギリスの抗戦が持続し、いま北米で準備されている重要な武器を輸送するために大西洋航路を通航できることが、アメリカ合衆国の利益であると公言されれば、アメリカ合衆国国内のアイルランド人がエール政府に、現在の方針はアメリカ合衆国に数々の危険をもたらしていると進んで指摘してくれるかもしれません。

国王陛下の政府はもちろん、エールがその行動によってドイツの攻撃にさらされる場合のために、アイルランドを護る最善の対策を事前に講じます。意思に反して連合王国を去り、南アイルランドへ行くようにと、北アイルランドの人々に強制することはできません。しかし、この危機に際して英語圏の民主主義との連帯感をエール政府が示したときには、アイルランド全土の防衛委員会が発足し、戦後になんらかの形でアイルランド統一の動きが生じるだろうと、私は確信しています。

13. 前述の数々の措置の目的は、現在の海上における破壊的な損耗をまかない切れる度合いに減らすことです。さらに、イギリスが供給を受け、力強く戦争を遂行するために使用できる商船を、私たちの現在の建造能力である年産一二五万トンよりも多く建造することが不可欠です。船団方式、遠まわり《デトゥール》、ジグザグ航行、現在の途方もなく長い輸入物資輸送距離、私たちの西岸の港の混雑によって、現在の総トン数の成果は約三分の一に減少しています。最後の勝利を確実にするには、商船建造能力を三〇〇万トン以上増大することが求められるでしょう。この必要量を供給できるのは、アメリカ合衆国だけです。将来に目を向けるなら、一九四二年には前の戦争のホッグ島計画〔アメリカ合衆国の資金援助を受けて、緊急に造船所が設けられた〕並みの規模の造船数になることを視野に入れる必要があります。その間、一九四一年に私たちはアメリカ合衆国に、所有もしくは運用している船舶のうち、余剰の商船すべてを入手できるようにしてほしいと要求します。また、貴国の国家海事委員会向けに建造が進んでいる商船の大部分を、私たちが使用できるようにしていただきたいと思います。

14. さらに、私たちの国内での作戦機製造を貴国がその産業力で増援してくださることを願っています。私たちへの増援がかなりの数にのぼらないと、ドイツのヨーロッパ支配を緩めるか崩壊させるのに私たちが依存しなければならない、空での圧倒的優位を達成できません。現在私たちは、一九四二年春までに一線級航空機を七〇〇〇機という兵力に増大する計画に取り組んでいます。しかし、この計画では勝利への扉を押しあけるのにじゅうぶんな重みの航空優勢を得られないことが、きわめて明白です。そのような優勢をものにするには、私たちに送ることができるような膨大な数の航空機をアメリカ合衆国が生産する必要があります。絶え間ない爆撃のさなかでも、自国で計画した製造の大部分を実現できるだろうと、私たちは切に期待しています。しかし、現在の手配どおりに機数すべてを飛行中隊に追加できたとしても、アメリカ合衆国で計画されている生産機数をあたえられなかったら、必要な優位をものにすることは望めません。そこでお願いしたいのですが、大統領、一カ月に二〇〇〇機を追加するための共同計画をただちに命じることを、真剣に考慮していただけませんか？　これらの航空機のうち、できるだけ多数を重爆撃機にすることを提言します。私たちはドイツの軍事力の基盤を打ち砕くのに、なによりもその兵器に頼っています。これがアメリカ合衆国の産業機構にとてつもない責務を担わせることになるのは承知しております。しかしながら、私たちははなはだしい必要に迫られ、世界でもっとも臨機応変で創意に満ちたアメリカの技術者たちを信頼し、声を大にして申しあげます。ぜったいに達成されるだろうと確信し、前例のない努力をお願いしたい、と。

15．私たちの陸軍がなにを必要としているかについて、大統領は情報を受けていると思います。弾薬の分野では、敵の爆撃にもかかわらず、着実に進歩しています。工作機械の供給と、特定の品物の放出で貴国がひきつづき支援してくれなかったら、一九四一年までに五〇個師団分もの装備を整えることは望むべくもなかったでしょう。すでにほとんど完了している手配、私たちが予定していた陸軍の装備の援助、一九四二年の軍事作戦の際に追加される一〇個師団用のアメリカ製武器の供給を、ありがたく思っています。しかし、独裁者の勢いが弱まりはじめたら、自由を取り戻そうとする多くの国々が武器を要求するでしょうし、それらの国々が目を向ける供給源は、アメリカ合衆国の工場しかありません。そこで、アメリカの小火器、砲、戦車の生産能力をできるだけ拡大することが重要だと進言いたします。

16．貴国から入手するつもりのあらゆる弾薬の完全な計画を提示する準備をしています。もちろん、大部分はすでに合意されています。アメリカの三軍が選択した型が――可能なときにはつねに――実戦で長所が実証された型と一致するようにすれば、貴重な時間と骨折りを節約できます。こうすれば重砲や弾薬や航空機の予備が、たしかな事実を根拠として、交換可能になります。しかし、これは高度な技術の範疇に属するので、私にはこれ以上詳しいことを申しあげることができません。

17．最後に、財務問題について申しあげます。貴国が私たちに送る軍需品と艦船の流れがより潤沢で迅速になればなるほど、私たちのドル残高はみるみる減少します。ご存じのように、これまでの支払いで、かなりの額が引き出されました。アメリカに軍需品工場を建設するための費用の決着した額と未決の額も含め、既決の発注と交渉中の発注の金額は、ご存じのように、大英帝国が自由に使える外貨資産の合計の幾層倍にも達しています。船舶やそのほかの補給品の代金を現金で支払うことができなくなる瞬間が近づいています。私たちは精いっぱい努力しますし、手形交換所でさまざまな支払いを行なうために適切な犠牲を払うのにやぶさかではありません。ですが、この戦争が頂点に達しようかというときに、大英帝国が売却可能な資産をすべて剝奪されるのは、理論的に間違っていますし、事実上、双方の不利益になることに同意してくださるものと考えております。そのようなことでは、私たちの血によって勝利が得られて、文明が護られ、あらゆる不測の事態に備えてアメリカ合衆国が完全武装したときに、私たちは丸裸で立っていることになります。そのような推移は、道義的にも経済的にも、両国の利益にかないません。戦後に貴国の関税と産業経済に受け入れられるような量の輸出を行ない、それをはるかに超える量を貴国から輸入して、貿易収支の大きな赤字で決済することが不可能になります。イギリスがひどい窮乏を味わうだけではなく、アメリカの輸出力が弱まって、失業がアメリカ国内にひろがるでしょう。

18．さらに、鷹揚に約束した支援を、すぐに支払いがなされる軍事物資と商品のみに限定するように指導する方針に、アメリカ政府と国民が従うとは思えません。私たちが大義のためにどこまでも苦しみを味わい、犠牲を払う覚悟があることを示すにちがいないと、あなたがたは確信しているかもしれません。私たちは大義の擁護者であることを誇りに思っています。大西洋の両側で未来の世代が是認し、称賛するような方法と手段が見つかると確信し、大統領とアメリカ国民を信頼して、そのほかの物事をお任せするしだいです。

19．大統領、もし私が思っているとおり、ナチとファシストの専制政治の敗北がアメリカ合衆国と西半球の人々に重要な影響がある問題だと確信しておられるようなら、この書簡は援助を求める訴えではなく、共通の目的を達成するために必要な最低限の行動についての申し立てだと見なしていただきたいと存じます。

敵の行動によるイギリス、連合国、中立国の商船の損耗に関する時期ごとの総トン数の表を添付した。★

私が書いたもっとも重要な一通だったこの書簡は、偉大な友人が巡洋艦〈タスカルーサ〉に乗ってカリブ海の陽光のもとで航海していたときに届けられた。まわりにいたのは腹心だけだった。当時まだ私が知己を得ていなかったハリー・ホプキンズ〔一九三八年から一九四〇年にかけてアメリカ商務長官。その後、ローズヴェルトの非公式な特使〕からのちに聞いたのだが、ローズヴェルト大統領はデッキチェアに独りで座って、私の書簡を何度も読み直し、二日のあいだ、明確な結論に至らなかったようだったという。ローズヴェルト大統領は、真剣に考えこみ、無言で思い悩んでいた。

そういったすべてから、ひとつのすばらしい決断が生まれた。大統領は、自分のやりたいことをつ

★補遺Bを参照。

ねに明確にわかっていた。問題は、国全体の支持を取り付け、自分の指導に従うよう議会を説得する方法だった。ステティニアスによれば、ローズヴェルト大統領は早くも晩夏に、資源輸送に関する国防諮問委員会の会議で、「イギリスが自国の資金を使ってアメリカ国内で船舶を建造する必要はないし、そのために私たちがイギリスに融資する必要もない。竣工した船を緊急時の期間、賃貸すればいい」と述べたという。この思いつきは、財務省で生まれたようだった。そこの法律家たち、ことにメイン州のオスカー・S・コックスが、モーゲンソー財務長官に発破をかけられていた。一八九二年の法令によれば、陸軍大臣は「公共の利益になると判断した場合」、五年以内で、公に使用されることを求められないような陸軍の資産〔土地建物、設備、装備、補給品〕を賃貸できる。陸軍のさまざまな品目の〝賃貸《リース》〟にこの法令がときどき適用された前例が、記録に残っていた。

〝賃借《リース》〟という言葉と、イギリスの入用に対応するために賃借を適用するという考えは、あっという間に返済能力が追いつかなくなる無期限貸付《ローン》の代案として、だいぶ前からローズヴェルト大統領の頭にあった。こういったすべてが、不意に断固たる行動に発現して、レンド・リースという輝かしい概念が明言された。

大統領は一二月一六日にカリブ海から戻り、自分の構想を翌日の記者会見で切り出し、単純なたとえ話で説明した。「私の隣の家が火事になり、私が長さ四〇〇フィートか五〇〇フィート（約一二〇メートルか一五〇メートル）離れたところで庭用のホースを持っていたとしよう。隣人が私のホースを受け取って、自分の消火栓につなぐことができれば、彼が火事を消すのに、私が役立ったことになる。さてどうするかね？　それをやる前に、〝お隣さん、私のホースは一五ドルするんだ。一五ドル払ってもらわないといけない〟というはずはない。そんなことはいわない！　このあとのやりとりは、どうなるかね？　一五ドルほしいわけではない――火事が消えたらホースを返してほしいだけだ」。さらに述べた。「アメリカ合衆国にとって最善の急を要する防衛は、大英帝国の自衛の成功だということを、圧倒的多数のアメリカ人が間違いなく確信している。したがって、世界の民主主義の完全なる生存が、私たちの歴史的かつ現代の利益であることをさておいても、大英帝国の自衛を支援するためにできる限りのことをやるのが、利己的な観点からも、アメリカの防衛という観点からも、おなじくらい重要なのだ」。ローズヴェルト大統領は、最後にこういい添えた。「私はドル記号を消そうとしている〔値札を付けずに提供し、紳士の義務としてなんらかの形で返済されるのを期待するという意味〕」

これを根拠に、名高いレンド・リース法案が、連邦議会に提出するためにすかさず用意された。私はその後、英国議会で「あらゆる国の歴史において、もっとも高貴で無私無欲な法律」だと描写した。アメリカの連邦議会に承認されると、たちまち全局面が一変した。私たちの入用すべてのために、合意によって膨大な範囲の長期計画を思う存分、形作ることができた。返済に関する条項はなかった。ドルもしくは英ポンドで維持される公式口座すらなかった。私たちがヒトラーの独裁に抵抗しつづけることが、偉大なアメリカ合衆国にとってきわめて重要な利益だとされて、私たちの持ち物として貸与され、貸借された。ローズヴェルト大統領の言葉を借りるなら、アメリカ合衆国と非ドル圏の防衛は、今後アメリカの武器がどこへ行くかに左右されることになった。

*

この時期、文民としてもっとも重要な地位にあったフィリップ・ロージャン卿が、私たちから奪われた。ロージャン卿は、ワシントンDCに戻った直後に突然倒れて、重篤になった。彼は最期までたゆまず働いた。一二月一二日、成功の頂点でロージャン卿は亡くなった。イギリスと大義にとって、大きな損失だった。大西洋の両側の幅広い友人たちが彼の死を悼んだ。つい二週間前に親密に接触した私は、個人としても大きな衝撃を受けた。ロージャン卿の功績と令名に深く敬意を表して結束していた庶民院で、私は弔辞を贈った。

*

そして、ただちに後任選びに移らねばならなかった。この時期の対米関係からして、アメリカ駐剳大使は、傑出した著名人で、世界政治のあらゆる面に精通している立派な政治家でなければならなかった。私の提案を受け入れるという大統領の了解を得て、私はロイド・ジョージ氏にその職務を勧めた。ロイド・ジョージ氏は、七月には戦時内閣に加われないのを察していたし、このころイギリスの政界では不遇だった。私とはちがう観点から、戦争とそこへ至る重大事を展望していた。しかし、ロイド・ジョージ氏は、明らかに至高のイギリス国民であり、たぐいまれな天性の才能と経験が、任務の成功に捧げられるはずだった。私はロイド・ジョージ氏と閣議室で長いあいだ話をして、翌日の昼食もともにした。請われたのをほんとうによろこんでいるようすを見せた。「友人たちにいうよ」といった。「総理大臣から名誉ある提案があったと」。七七歳という高齢で過酷な責務を引き受けるべきではないと決心していたのだ。ロイド・ジョージ氏との長い話し合いで、戦時内閣に参加するよう頼んでからの歳月のあいだにさえ、彼が齢をとったことがわかった。一抹の後悔はあったが、確信をもって氏を大使に据える計画を断念した。

つぎに私は、保守党で名声が高く、外務省でいっそう評判が高まったハリファクス卿に頼ることにした。外相が大使になるという異例な手順で、任務が重要であることを示す。ハリファクス卿の高潔な性格は、あらゆる方面で尊敬されていたが、それと同時に、戦前の経歴と、重大事が起きたときの動きのせいで、挙国一致内閣の労働党側からの非難と、ことによると敵意にさらされていた。本人がそれを意識しているのを、私は知っていた。

明らかに昇進の人事ではないこの提案をすると、ハリファクス卿は納得し、自分がもっとも役に立つと思われた部署なら、どこでも国に仕えると、朴訥な堂々とした態度で答えた。彼の責務が重要であることをさらに強調するために、ハリファクス卿が休暇で帰国したときには戦時内閣の一員として機能できるような仕組みを、私はこしらえた。この仕組みは、関係者の資質と経験のおかげで、挙国一致内閣と労働党社会主義政権の両方で、六年間なんの不都合もなくうまくいき、ハリファクス卿は輝かしい成功と強い影響力をものにして、アメリカ駐劄大使のつとめを果たした。

ローズヴェルト大統領、ハル国務長官、そのほかのアメリカ政府高官たちは、ハリファクス卿が選ばれたことに大喜びした。当然ながら、私の最初の提案よりもずっと好ましいと、大統領が思っていることが、たちまち明らかになった。新大使任命はアメリカとイギリスの両方で顕著な賛同を得て、度重なる重大事に対してあらゆる面で適任でふさわしいと判断された。

＊

外務省の空席をだれが埋めるべきかについて、私は疑問の余地なく確信していた。この四年間の問題すべてについて、本書の記述からもわかるように、私はずっとアンソニー・イーデンと密接な意見の一致を見ていた。イーデンが一九三八年春にチェンバレン氏と袂を分かったとき、私は自分のさまざまな不安や感情を打ち明けた。ミュンヘン協定に関する投票を、ともに棄権した。その憂鬱な年の冬中、私たちの選挙区に対する党の圧力に、ともに抵抗した。イーデンの官吏としての半生は、外交問題の研究に捧げられていた。戦争勃発時、私たちは思考と心情の両方で団結し、戦争が進むにつれて同僚たちとも団結した。外相として卓越した能力ですばらしい省を運営し、四〇歳という若さで辞任した。あとから思えばその理由は明らかだったし、この時期にはイギリスのすべての党がそれを是認していた。この大変な月日、イーデンが陸相として立派に職務を果たし、陸軍の問題を執り行なったことで、私たちはいっそう緊密になっていた。きわめて数多くの実務的な問題が日々起きていたが、協議しなくてもほぼおなじように考えた。首相と外相の好ましく調和がとれている同志愛を、私は期待していた。私たちが直面したその後四年半の戦争と政策が、その期待を実現した。イーデンは、重圧と刺激的な出来事に没頭していたので、陸軍省を去るのを残念がったが、まるで自分の家に戻った男のように、外務省に復帰した。

＊

私はマーゲソン陸軍大尉（退役）〔第一次世界大戦時の階級。その後は軍歴なし〕の名前を国王に示して、イーデンの後任の陸相に任命した。その時期、マーゲソンは挙国一致内閣の院内幹事長だった。この選択は、いくらか反対意見を呼び起こした。デイヴィッド・マーゲソンは庶民院の政府院内幹事長を一〇年近くつとめており、ボールドウィン政権とチェンバレン政権で長らく過半数を維持してきた忍耐強く揺るぎない保守党を、先導し、鼓舞する役目を担っていた。私はインド法案では保守党内の反対派の領袖で、マーゲソンとは何度となく激しい論戦を交わした。内閣に属していなかったそのころの一一年間、マーゲソンとはほとんど接触がなく、おおむね敵対していた。マーゲソンが高度の能力を備えていて、だれが首班でも揺るぎない忠誠をもって尽くし、政敵にもとことん誠実に接するというのが、私の持論だった。労働党と自由党の幹事もおなじ意見で、もちろんこの重要な役職の遂行には、そういう評判が不可欠だった。私が首相に就任したとき、この任務にはべつの人間を充てるべきだと予想されたが、チェンバレン首相に彼が授けたのとおなじ熟練の忠実な奉仕が受けられると、私は確信していたし、その期待は裏切られなかった。マーゲソンは第一次世界大戦で軍務に服し、連隊付副官として最悪の期間の大部分を切り抜けて、武功十字章を受勲した。このように、庶民院に精通しているだけではなく、強力な確固たる経歴があった。

マーゲソンの後任には、やはり意見の相違がたびたびあったが、私が人格を高く評価していたジェイムズ・ステュアート大尉を任命した。

＊

一九四〇年一一月から一九四一年三月のレンド・リース法成立までのあいだ、ドルの資金繰りが非常に厳しかった。友人たちがあらゆる一時しのぎの方便をひねり出した。私たちのアメリカ国内での注文向けに建設された軍需品工場の一部を、アメリカ政府が買い取った。それをアメリカの防衛計画に充てるいっぽうで、私たちが全面的に使えるようにしてくれた。米陸軍省は、完成品を私たちに放出できるように、すぐには必要としない軍需品を発注した。そのいっぽうで、私たちにとって過酷で耐えがたいような物事も行なわれた。私たちがケープタウンに集めておいた金《きん》をすべて運び去るために、大統領が軍艦を一隻派遣した。イギリスの偉大な企業コートールズ（イギリスの生地、衣料、人造繊維、化学製品製造会社）のアメリカでの事業を、アメリカ政府の求めで、本質的な価値よりもかなり低い値段で売却した。これらの措置は私たちの置かれていた立場が厳しいことを強調し、レンド・リースの反対者に対抗する気運を醸成するために行なわれたのだという気がした。とにかく、私たちはなんとかして切り抜けた。

一二月三〇日、大統領はラジオで〝炉辺談話〟を行ない、自分の方針を国民に説いた。「危険が前方にあります――私たちはその危険に対して備えなければなりません。しかし、私たちがよく知っているように、ベッドに這い込んで寝具を頭にかぶせても、危険を免れることはできません……。イギリスが斃れたら、南北アメリカ大陸すべてが、経済的にも軍事的にも、爆発する銃弾をこめた銃の前に立つことになります。私たちは、結集できる力と資源の限りを尽くして、武器と艦船を製造しなければなりません……。**私たちは民主主義の偉大な武器庫になる必要があるのです**」

元海軍関係者よりローズヴェルト大統領へ　　　　一九四〇年一二月三一日

大統領が昨日述べられたことすべて、ことに私たちへの支援なくしてはヒトラー主義をヨーロッパとアジアから根絶することはできないという計画の概要を説明なさったことに、私たちは深く感謝しています。大統領の提案がどのように進められるかについて、正確に描写できない理由を、私たちは察しております。それはさておき、いくつか不安な材料がありました。

まず、軍艦をケープタウンに派遣して、そこに置かれていた金《きん》を持ち去ることには、厄介な政治的問題を引き起こす影響があります。知れ渡ることは間違いありません。イギリス本国と自治領の世論を揺るがし、敵は活気づいて、あなたがたが私たちの最後の貯えを奪うために軍艦を派遣したといい立てるでしょう。これしか方法がないと思っておられるのであれば、移せるだけの金を積み込むようケープタウンに指示をあたえます。しかし、できればそれを避けるべきでしょう。たとえば、南アフリカにある金とオタワにある金を交換し、オタワの金をニューヨークに移すというような、技巧的な手順を使うことができませんか？　軍艦は航海中なので、早急に知る必要があります。

ふたつ目の不安材料は、連邦議会が大統領の提案をどれだけ長く審議するかわからないことです。これが長引いたら、武器の発注と支払いの方法をどうすればよいのか、見当がつきません。大統領、私たちには大統領の胸中がわかりませんし、アメリカ合衆国がどうするつもりなのかも明確にわかっていませんし、私たちは命を懸けて戦っています。従業員に給料を支払わなければならないアメリカの軍需産業に対して、私たちが債務不履行に陥ったら、世界情勢にどういう影響があるでしょうか？　英米の協力の崩壊だと見なされ、敵につけ込まれるのではないですか？　しかしながら、数週間の遅れでも、私たちはそういう状況に見舞われるかもしれません。

三つ目の不安材料は、空白期間があることはべつとして、大統領の提案が議会に承認されても、その計画の及ぶ範囲に関して数々の問題が生じることです。引き渡しが完了する前に、既存の発注の莫大な代金の支払期日が来たら、どうなりますか？　これらの発注で巨額の前払いを行ない、私たちの資源はすでにかなり減っています。私たちは武器以外にも、さまざまなアメリカの商品——たとえば、原材料や石油など——を今後も必要とします。カナダやそのほかの自治領、ギリシャ、亡命中の同盟者は、生き延びて戦いつづけるために、緊急にドルを必要としています。あとのほうの問題をどう解決なさるのかを、ただちに知りたいと申しあげているのではありません。私たちは、自分たちの資産と全世界での負債をさらけ出す覚悟を固めていますし、共通の大義に要求される以上の援助を求めるつもりはありません。当然のことながら、貴国が提案している自衛のための武力が、こういったより大きな問題に対処できるほど幅広いものであり、あらゆる適切な吟味を受けていることを知って安心したいと願っているのです。

こういった問題をフレデリック・フィリップ卿がモーゲンソー財務長官と協議し、貴国の直接の支援が受けられない地域での兵力投入に金とドルが必要であることを説明しています。いずれ正金で返済することになるオランダとベルギーの金についても、おなじことがいえます。

昨夜、敵はシティ・オヴ・ロンドンの大部分を焼き、ここと地方都市には衝撃的な破壊の痕がひろがっています。ですが本日、まだ燃えている破壊された地域を訪れたとき、ロンドン子は、四カ月前の九月の無差別爆撃の最初の日々とおなじくらい意気軒昂でした。

アメリカ合衆国の未来の安全と偉大さが、イギリスのそういう不屈の精神を支え、効果的にイギリスを武装させることと密接に関わっていると、全世界に証言してくださったことに感謝します。

私たちの目の前でひろがっている嵐の新年を迎えるにあたり、貴国のご多幸を心からお祈りいたします。

第二九章　ドイツとソ連

〈ヒトラーが東に転じる／スターリンがドイツを懐柔しようとする／イギリスの工場における共産主義者の策謀／ソ連の誤算／モロトフのベルリン訪問／モロトフ－リッベントロップ会談／モロトフ－ヒトラー会談／独ソ交渉／大英帝国分割計画／ヒトラーとのさらなる議論／イギリスのベルリン空襲で会談が中断／防空壕での会話／一九四二年八月、スターリンの私への談話／ソ連侵攻をヒトラーが最終決定／軍の準備態勢／草案合意／ソ連の追加要求／シューレンブルク大使の合意に向けた努力／一九四〇年一二月、〝赤髭《バルバロッサ》〟作戦〉

ヒトラーはイギリスを鎮圧することも、征服することもできなかった。イギリスが最後まで屈しないことは明らかだった。制海権か制空権を握らない限り、ドイツ陸軍がイギリス海峡を渡ることは不可能だった。冬と嵐がその状況を閉ざした。爆撃でイギリス国民を脅しつけ、戦争遂行能力と意志の力を叩き潰そうとする試みは阻止されたし、〝夜間爆撃《ブリッツ》〟の代償は大きかった。〝海驢《ゼーレーヴェ》〟の復活には、何カ月もかかるだろうし、イギリス本土の部隊は毎週のように増大し、熟達し、装備が整うので、もっと大がかりな〝海驢《ゼーレーヴェ》〟が必要になり、輸送に伴う数々の障害が悪化する。一九四一年四月か五月には、完全装備の兵員七五万人でもじゅうぶんではないだろう。それほど大規模な海上行動に必要な輸送船、艀、特殊な揚陸艇を用意できる見込みはあるのか？　増大するいっぽうのイギリスの空軍力にさらされながら、それだけの部隊と装備を結集できるのか？　イギリスとアメリカの多忙な工場と、カナダを中心とする自治領での膨大な操縦士訓練計画が、その空軍力を強化しているから、一年ほどたったら、すでに質で優勢な英空軍は、機数でもドイツをしのぐようになるだろう。ゲーリングの期待とうぬぼれが打ち砕かれたと確信したら、ヒトラーが東に目を向けるのではないかと、そのとき私たちはふと考えた。一八〇四年のナポレオンとおなじように、せめて東が危険ではなくなるまで、ヒトラーはイギリス強襲に踏み切れなかった。だから、イギリス侵攻にすべてを賭ける前に、なんとかしてソ連と和解しなければならないと、ヒトラーは考えたにちがいない。大陸軍《グランダルメ》をブローニュから、ウルム、アウステルリッツ、フリートラントへと進めたときのナポレオンとおなじさまざまな影響力にしたがい、おなじ思考の流れをたどって、ヒトラーはつかの間イギリスを滅ぼすという願望と必要性を捨てた。それは劇の最後の幕にしなければならない。

一九四〇年九月末には、ヒトラーが決意を固めていたことが、いまでは明らかになっている。その時点からイギリスに対する航空攻撃は、たいがい航空機の機数を増やしてしばしば大規模に行なわれたものの、ヒトラーとドイツの計画では二の次になった。それ以外の策謀の格好の隠れ蓑として空襲をつづけていたのかもしれないが、ヒトラーはそれによって決定的な勝利をものにするのを当てにしていなかった。よし、東に転じよう！　私としては、純然たる軍事的な見地からして、一九四一年春か夏にドイツがイギリスに進攻すればもってこいだと思っていた。敵はどの国も一度の軍事作戦では味わったことがないような凄絶な惨敗を喫するはずだと、私は予想していた。しかし、まさにその理由からそれがじっさいに起きると思うほど、私は単純ではなかった。戦争では、敵の動向をありがたく思うことはめったにない。それでも、長い戦争を運営しているあいだに、一年か二年、時節が自分たちに味方し、強力な同盟者が得られるかもしれないようなときには、自国民がとてつもなく厳しい経験を味わわずにすむことを、神に感謝した。この時期に私が書いた書類からもわかるように、一九四一年にドイツが海からイギリスを急襲することがありうると真剣に考慮したことはなかった。一九四一年末には、軍靴が軸足を移していた。私たちはもう孤塁ではなかった。世界の四分の三が私たちの味方だった。だが、事前には計り知れない、とてつもない大事件がこの年には続発した。

情報を知らされていないヨーロッパ大陸や外界の人間に、私たちの運命は絶望的か、せいぜい崖っぷちの状態だと思われていたのに対し、ナチ・ドイツとソ連の関係は世界情勢でもっとも注目されていた。イギリスがフランスや低地諸国とはちがって茫然自失してねじ伏せられはしないことがはっきりすると、独裁制の二大国の根本的な反目が、ふたたび影響を強めはじめた。公平を期するためにいうと、スターリンはヒトラーに対して精いっぱい忠実かつ誠実に協力するいっぽうで、ソヴィエト・ロシアの広大な国土ですべての兵力を結集した。ドイツの戦勝のたびに、スターリンとモロトフは律儀に祝電を送った。食糧と必要不可欠な原材料の盛大な流れを、帝国《ライヒ》〔ナチ・ドイツが自称した第三帝国のこと〕に注ぎ込んだ。ソ連の第五列は、私たちの工場を混乱させるために手を尽くした。ソ連のラジオ放送は私たちに対する雑言や虚偽宣伝をひろめた。ソ連はいまにもナチ・ドイツと、両国間の重要な未解決問題について永続する合意に達し、自己満足に陥って、イギリスの力を最終的に破壊することを受け入れそうだった。だが、そのあいだもずっと、この方針は頓挫するかもしれないということを認識していた。ソ連はあらゆる手段で時間を稼ぎ、問題の軽重が判断できる限り、ドイツの勝利だけを自国の利益や野望の拠り所にするつもりはなかった。この全体主義の二大帝国は、どちらも道義的な抑制などかけらもなく、うわべは丁重でも、対決せずにはいられなかった。

当然のことだが、フィンランドとルーマニアについて、独ソには意見の相違があった。ソ連の指導者たちは、フランス失陥と、早々と要求していた第二戦線が消滅したことに、激しい衝撃を受けた。それほど急激な崩壊は予期しておらず、西部戦線で双方が消耗する局面を当てにしていたからだ。ソ連はほどなくあらたな第二戦線の構築を盛んにいい立てるようになるわけだが、とにかく当面、西部戦線は存在しない。それでも、一九四〇年にイギリスが屈服するか叩き潰されるように見える前にドイツとの協力を大幅に変えてしまうのは、愚かだっただろう。ソ連政府《クレムリン》の見立てでは、イギリスが先の見えない長引く戦争をつづけられることが徐々に明らかになった。その間にアメリカ合衆国と日本国内がどういうことになるのか、見当もつかなかったので、スターリンは自分が直面している危険を強く意識して、なおのこと真剣に時間を稼ごうとした。そうはいっても、その後判明するように、スターリンがナチ・ドイツとの友好関係をつづけたことで、いくつもの利点を犠牲にし、大きな危険を冒したことには愕然とする。さらに驚くべきことは、自分の身になにが起きるかをスターリンが誤算し、まったく気づいていなかったことだ。そのため、一九四〇年九月から、ヒトラーの突然の攻撃が開始された一九四一年六月まで、この狡知に長けた無情な巨人は、情報に無知な巨人でもあった。

*

こういった前提のもとで、一九四〇年一一月一二日のモロトフのベルリン訪問という一幕があった。ボリシェヴィキの特使がナチ・ドイツの中心地に到着すると、あらゆる敬意が払われ、さまざまな儀式が披露された。それから二日間、モロトフとリッベントロップの緊迫した会談が行なわれ、ヒトラーとの会談もあった。この威圧に満ちた意見交換と対立にまつわる基本的な事実の全容は、早くも一九四八年にアメリカ国務省が、押収した書類の一部を〝ナチ－ソ連関係、一九三九－一九四一年〟と題して公開したことで暴かれた。この経緯を語ったり、理解したりするためには、これを引用する必要がある。

モロトフはまずリッベントロップと会談した。★

一九四〇年一一月一二日

帝国《ライヒ》外相は、スターリン宛の書簡ですでに、大英帝国終焉の兆しがいま訪れたという事実を、地球上のどの勢力も変えられないというドイツの揺るぎない確信を強調したことを述べた。イングランドは打ちのめされ、敗北をついに認めるのも時間の問題である。イングランド国内では状況が日増しに悪化しているので、まもなくそうなる可能性がある。ドイツは、いかなる状況でも人間の命を必要以上に犠牲にすることは望んでいないので、むろん紛争の早い決着が望ましいと考えている。しかし、イングランドが近い将来に敗北を認める覚悟を固めなかったとしても、翌年中に講和を求めるにちがいない。ドイツは昼夜、イングランドへの爆撃を続行する。潜水艦を徐々にすべて投入し、イングランドにすさまじい損耗をもたらす。イングランドはおそらく、これらの攻撃によって闘争をあきらめざるをえなくなるというのが、ドイツの見解である。グレート・ブリテン島ではすでに明らかに不安がひろがっていて、このような結論を示しているように見える。しかし、イングランドが現在の攻撃形態で膝を屈しなかった場合には、ドイツは実行可能な気象状況になったら即座に、断固として大規模攻撃に踏み切り、それによって間違いなくイングランドを覆滅する。この大規模攻撃は、これまでのところ、異常な気象状況のみによって妨げられていた……。

イングランドもしくはアメリカの応援を受けているイングランドが、ヨーロッパへの上陸か軍事作戦を試みようとしても、最初から完全な失敗に終わる運命にある。これは軍事的問題とはまったく関係がない。イングランド人がこれをまだ理解していないのは、見てのとおりグレート・ブリテン島にかなり混乱が生じていることに加え、道楽で政治や軍事にちょっかいを出すチャーチルという名前の素人が国を率いているからだ。この男はこれまでの経歴で、決定的な瞬間に完全な失敗を犯してきたし、今回もまた失敗を犯すにちがいない。

さらに、枢軸国はヨーロッパの自分たちの地域を軍事的、政治的に完璧に支配している。戦争に負けてその代償を支払わなければならなかったフランスですら（ついでながら、フランス人はそれを承知している）、今後、二度とイングランドや、ドン・キホーテまがいにアフリカのほんの一部を征服しているド・ゴールを支援することはできないという原則を受け入れた。したがって、枢軸国は軍事的立場で並外れた力を有しているので、どうやって戦争に勝つかではなく、すでに勝利を収めている戦争をどれほど迅速に終えるかを考えている。

＊

昼食のあと、ソ連特使モロトフは、ヒトラー総統と面会し、イギリスの全面的な敗北について、さらに細かい話を聞かされた。ヒトラーは、戦争はドイツが意図しなかった複雑な状況に陥り、そのためにときおり特定の出来事に軍事的に対応することを余儀なくされていると述べた。

ヒトラーはそのあとでモロトフに、現在に至るまでの軍事作戦の経過のあらましを語った。それによって、イングランドにはもはやヨーロッパに同盟国がない……。イギリス人の報復手段は馬鹿げているし、ロシアの諸君はベルリンが破壊されているなどということが作り話であるのを、じかに見て納得するはずだ。大気の状態がよくなれば、ドイツはイングランドに対して最後の大打撃を加える準備を整える。そして、そのときには、この最終闘争のための軍事的準備を行なうだけではなく、その対決の最中とその後に重要になる政治問題を明確にするつもりである。したがって、ソ連との関係を悲観的な態度ではなく、前向きに――できれば長期的に――構築する意図で再検討する。そのために、ヒトラーはい

★ *Nazi-Soviet Relations*, pp. 218 ff.

くつかの結論に達していた。

1. ドイツはソ連から軍事援助を得ることを模索しない。

2. 戦争が大幅に拡大したことにより、イングランドと敵対するために、ドイツは本国から遠く離れ、政治と経済の面で根本的に利害関係がない地域に進出せざるをえなくなった。

3. しかしながら、重要であることが明らかになったのは戦争に至ってからだが、ドイツにとってぜったいに不可欠な特定の要件がいくつかある。欠くことができない重要物資だとドイツが見なしている原材料の供給源も、それに含まれる。

*

これに対してモロトフは、言質をとられないような賛意を示した。

モロトフは、日独伊三国同盟について質問した。★ヨーロッパとアジアの「新秩序」の意義はなにか？　そこでソヴィエト社会主義共和国連邦はどういう役割《ロール》をあたえられるのか？　この問題はベルリンでの非公式会談と、目下考慮中で、ソ連がおおいに当てにしている帝国外相のモスクワ訪問中に論議されなければならない。さらに、ソ連のバルカン半島と黒海における権益、ブルガリア、ルーマニア、トルコに関する問題も、明確にする。説明を求めた事柄に回答があれば、総統が提起する質問にソ連政府が具体的な返答を行なうのが容易になる。ソ連はヨーロッパの「新秩序」に関心があり、ことにその進捗と形に興味を抱いている。大東亜共栄圏と呼ばれるものの範囲についても、おおよそのことを知りたい。

日独伊三国同盟は、ヨーロッパ諸国の本来の利益に沿うようにヨーロッパの状況を規制することを目的としていると、ヒトラーは答えた。結果としていまソ連に接近しているのは、ソ連がヨーロッパを関心領域と見なしていると表明するかもしれないからだ。どういう場合でも、ソ連の協力なしでは、いかなる合意もなされない。これはヨーロッパだけではなく、大東亜共栄圏の定義づけにソ連が協力し、そこでみずからの権利を提示するはずのアジアにも当てはまる。この場合、ドイツは仲介という役目を果たす。ソ連が既成事実《フェタコンプリ》を突きつけられることはぜったいにない。

上記の二大国との連合を確立しようとしたとき、ヒトラーは独ソ関係がもっとも厄介な段階に達しているとは思っていなかった。それよりも、ドイツ、フランス、イタリアの協力が可能かどうかということのほうが、大きな問題だった。しかし、いまは……黒海とバルカン諸国とトルコの問題を解決するために、ソ連と接触するのは可能だと、ヒトラーは考えていた。

この論議はある程度、総合的な協力に向けた最初の確実な一歩だったと結論を述べて、ヒトラーは会見を締めくくった。ドイツ、イタリア、フランスが決着をつける西ヨーロッパの課題と、おおむねソ連と日本の関心事だが、ドイツが仲介者として斡旋すると提案した東の問題も、適切に考慮された。アメリカが〝ヨーロッパで金儲けをする〟動きは、敵対行為と見なす。アメリカには、ヨーロッパ、アフリカ、アジアに介入する権利はない。

モロトフは、アメリカとイングランドの役割《ロール》に関する総統の声明に同意すると述べた。日独伊三国同盟におけるソ連の関与は、ソ連がただの対象ではなく相棒として協力するのであれば、原則として完全に受け入れられる。そうであれば共同作業にソ連が参加するのになんの困難もない。だが、第一に協定の目的と意義、とりわけ大東亜共栄圏の限界設定を、もっと綿密に定義しなければならない。

＊

★ドイツ、イタリア、日本が一九四〇年九月二七日に調印した。

一一月一三日に会談が再開されたときには、以下のやりとりがあった。

モロトフは、リトアニアの細長い国境地帯〔かつて中立地帯だったポーランドとの国境〕に言及し、ソ連はこの問題についてドイツから明確な回答を得ていないと強調した。しかしながら、決定を待つことにする。ブコヴィナ〔一九四〇年にソ連の要求でルーマニアから北部地方の一部を割譲され、ウクライナ・ソヴィエト社会主義共和国領になった〕に関しては、秘密議定書に述べられていなかった領土を増やすことになると、モロトフは認めた。ソ連は当初、ブコヴィナ北部だけを要求していた。しかし、現況ではブコヴィナ南部がソ連の利害に重要であることを、ドイツは理解しなければならない。だが、この問題についてもソ連はドイツからの回答を得ていない。その代わりドイツは、ブコヴィナ南部に関するソ連の希望を完全に無視し、ルーマニアの領土すべてを保証している。

ブコヴィナの一部であろうと、ソ連に占領されるのは、ドイツにとって大幅な譲歩なのだと、ヒトラーは答えた……。

だが、モロトフはそれまでに述べた意見に固執した。ソ連が要求している国境の変更は、きわめて重要なのだ。

ヒトラーは答えた。今後、独ソ関係が有益な結果をもたらすためには、ドイツがなんとしても首尾よく決着をつけたいと願っている命懸けの戦いに臨んでいることを、ソ連政府が知悉することが不可欠である……。フィンランドがソ連の勢力圏に属することに、両国は原則として同意した。ゆえに、純然たる理屈だけの議論をつづけるのではなく、もっと重要な問題を話し合うべきだ。

イングランド征服後、大英帝国は世界にまたがる四〇〇〇万平方キロメートルの破産した地所として分配される。この破産した地所には不凍港があり、ソ連はひろびろとした大海原へ乗り出すことができる。これまでは四五〇〇万人という少数のイギリス人が、大英帝国の住民六億人を統治していた。私はいま、この少数を叩き潰そうとしている。アメリカ合衆国ですら、この破産した地所から、自分たちの国にことに適した品物をいくつか拾いあげることしかできない。ドイツはむろん、帝国の心臓部であるイギリス諸島に対する戦いから注意がそれるような紛争は避けたい。その理由から、私（総統）はイタリアの対ギリシャ戦をよしとしていない。イングランドに向けて部隊を集中するのではなく、周辺部に転用しているからだ。バルト海の戦争でも、おなじことが起きるだろう。イングランドとの戦いは最後までやり抜かなければならない。イギリス諸島の敗北は帝国全体の崩壊を招くと、私は確信している。カナダからヨーロッパを統治し、維持できると思うのは妄想にすぎない。こういった状況のもとで、全世界の将来を見通すことができる。数週間のうちにイングランドは、ソ連との共同外交交渉をやらざるをえなくなり、こういった問題の解決にソ連が参加するように手配しなければならなくなる。破産した地所に関心を抱く国々は論争をやめて、大英帝国の分割のみを気にかけるしかない。ドイツ、フランス、イタリア、ソ連、日本がそれに参加する。

モロトフは、総統の論理を興味深くうかがいましたし、納得したことすべてに同意しますと答えた。

＊

そのあと、ヒトラーは退席した。ソ連大使館の晩餐会後、イギリスのベルリン空襲があった。会議のことを私たちは事前に知っていたし、招待されなかったが、まったく無関係でいるのも業腹だった。〝警報〟によって全員が防空壕にはいり、安全な場所で独ソの外相は午前零時まで非公式会談をつづけた。ドイツの公式報告は、つぎのようなものだった。

空襲のために二外相は、最後の非公式会談を行なうべく、午後九時四〇分に帝国外務大臣専用防空壕にはいった……。

ポーランドの新秩序を話し合うには機が熟していないと、リッベントロップが述べた。バルカン問題はすでに広範にわたって話し合われた。バルカン諸国にドイツは経済面での関心しかなく、そこでイングランドに邪魔されたくない。ドイツのルーマニアに対する補償を、ソ連は明らかに誤解している……。ドイツ政府は、バルカン諸国で平和を維持し、イギリスがそこに足場を得てドイツへの補給を妨害するのを妨げることのみを、すべての決定の指針にしている。したがって、バルカン諸国におけるドイツの行動は、もっぱらイングランドとの戦いの情勢を動因としている。イングランドが敗北を認めて和平を求めれば、バルカン諸国におけるドイツの権益は経済の分野だけに限られ、ドイツ軍はルーマニアから撤退する。総統が何度も宣言したように、ドイツはバルカン諸国に版図をひろげることに興味はない。総統が何度もくりかえし述べているように、ソ連には大英帝国の大清算に協力する用意があるのか、それができる態勢なのかということが、決定的な疑問なのだ。それ以外の問題はすべて、ドイツとソ連が関係を拡大し、勢力圏を明確にすれば、容易に了解に達するはずだ。勢力圏がどこであるかは、何度となく述べられてきた。したがって――総統が明確に説明したように――お互いに胸を突き合わせるのではなく、双方の大望を達成するために、相棒として背中合わせになることが、ソ連とドイツの利益のために求められている……。

これに対してモロトフは、ドイツはイングランドとの戦争にすでにじっさいに勝利を収めたと想定していると指摘した。したがって、べつの人脈から伝えられたように、ドイツがイングランドと生きるか死ぬかの戦いを行なっているのだとすると、ドイツは〝生きるために〟戦い、イングランドは〝死ぬために〟戦っていると解釈するしかない。協力については賛同するが、とことん了解に達する必要がある。この考えは、スターリンの書簡でも強調されていた。勢力圏の限界設定も模索しなければならない。しかし、この点について彼（モロトフ）は、スターリンやそのほかのモスクワの友人たちの意見がわからないので、現時点でははっきりした立場を示すことができない。しかし、今後のこういった大きな問題は、現在の問題や既存の合意の達成と切り離すことはできない……。

その後、モロトフ氏は、空襲のおかげで帝国外務大臣とこれほど徹底的な会談ができたので、空襲警報が鳴ったのを残念に思ってはいないと力説し、帝国外務大臣に真心のこもった別れの挨拶をした。

*

一九四二年八月、私がはじめてモスクワを訪れたとき、この会談についてスターリンの口から手短に説明を受けた。ドイツの記録と本質的には変わらなかったが、もっと簡潔で要点を衝いているかもしれない。

「すこし前までは」スターリンはいった。「モロトフに対する激しい苦情は、親独の度合いが強すぎるというものでした。いまは親英の度合いが強すぎるとだれもがいいます。ですが、私たちはふたりとも、ドイツ人を信用したことなどありませんでした。私たちにとって、ドイツはつねに死活問題でした」。私たちもそれを潜り抜けたから、あなたがたの気持ちはわかると、私は口を挟んだ。スターリンがいった。「モロトフが一九四〇年一一月にベルリンのリッベントロップに会いにいったとき、あなたがたはそれを聞きつけて、空襲を行ないましたね」。私はうなずいた。「空襲警報が鳴ったとき、リッベントロップは先に立って長い階段を下り、地下深くにある豪華なしつらえの防空壕へ行きました。なかにはいったときに、空襲がはじまりました。リッベントロップはドアを閉めて、モロトフにいいました。〝さて、ふたりきりになった。もう別れられませんよ〟。モロトフはいいました。〝イングランドのいい分も聞きたいですね〟。リッベントロップがいいました。〝イングランドは終わりだ。もう大国としての力はありません〟。〝そうであるなら〟モロトフがいい返しました。〝どうして私たちは防空壕にいるのですか？　落ちてくるのはだれの爆弾ですか？〟」

*

ベルリンの非公式会談は、ヒトラーの根強い決意にはまったく影響しなかった。一〇月のあいだカイテル〔国防軍最高司令部総監〕、ヨードル〔国防軍統帥幕僚部長〕、ドイツ参謀本部は、ヒトラーの命令で、一九四一年初夏にドイツ陸軍が東へ進軍し、ソ連に侵攻するための計画をまとめ、具体化していた。この段階では、正確な日にちを決定する必要はなかったし、天候に影響される可能性もあった。国境地帯を越えてから横断しなければならない距離と、冬が来る前にモスクワを奪う必要があることから、五月初めが最適だと予想されていた。さらに、バルト海から黒海まで二〇〇〇マイル（約三二〇〇キロメートル）の前線に沿って陸軍を集結・展開し、弾薬庫、宿営地、鉄道待避線などすべてを供給するだけでも、前代未聞の最大の軍事作業で、計画立案や行動の遅延は許されなかった。そういったことすべてに加えて、隠蔽と欺騙が不可欠だった。

この目的のために、ヒトラーは二種類の異なった偽装を利用した。どちらにも独特の利点があった。ひとつは、東にある大英帝国の分割と配分に基づく共同方針を、ソ連と念入りに交渉することだった。もうひとつは、部隊を徐々に注入して、ルーマニア、ブルガリア、ギリシャを占領し、その途中でハンガリーを占領することだった。これによって重要な軍事的利益があることが示されるとともに、ソ連に対する前線の南側面でドイツ陸軍の増強が進められていることを隠すか、あるいは釈明できる。

ドイツが作成した提案の草稿に示されているように、東洋のイギリスの権益を譲る代わりに日独伊三国同盟に同意してほしいという、ソ連への申し出の形をとっていた。スターリンがこの企みを受け入れていたら、その後の重大事はしばらくまったく異なる方向へ進んでいたかもしれない。ソ連侵攻計画をヒトラーが延期する可能性はつねにあった。兵員数百万人を擁するヨーロッパ大陸の二大帝国が軍事同盟を結び、バルカン諸国、トルコ、ペルシア、中東の戦利品を分け合っていたら、いったいどういうことになったか、描写することすらかなわない。背後にはつねにインドがいるし、〝大東亜共栄圏〟の積極的な相棒の日本もいる。だが、ヒトラーの胸のなかでは、極端なまでに憎悪しているボリシェヴィキを滅ぼすという一事が凝り固まっていた。自分の生涯の目的を果たす力があると、ヒトラーは確信していた。したがって、そのほかのことはすべて、ヒトラーにとっては付け足しにすぎなかった。ベルリンでの非公式会談と、そのほかの伝手から得た情報で、リッベントロップに送るよう命じた提案では、ソ連の大望をとうてい満足させることはできないと、ヒトラーは承知していたにちがいない。

日付のない四大国同盟の草案が、押収されたドイツ外務省とモスクワのドイツ大使館の通信文書のなかから発見された。報告されている一九四〇年一一月二六日のシューレンブルク大使とモロトフの非公式会談は、明らかにこれに基づいて行なわれたようだ。これによると、ドイツ、イタリア、日本は、それぞれの勢力圏を尊重することに同意するとされている。これらの勢力圏が重なり合うようなときは、そのために生じた問題について、たえず友好的に協議する。ドイツ、イタリア、日本は、ソ連の現在の版図を認めて、それを尊重すると、おのおのが宣言する。四大国は、彼らのいずれか一カ国に対抗するいかなる組み合わせの勢力にも参加せず、そのような勢力を支援しない。経済問題についてあらゆる方法でお互いを支援し、既存の合意を強化し、拡大する。この合意は一〇年間つづく。

このための秘密議定書でドイツは、平和がもたらされたときにヨーロッパで行なわれる領土変更を除けば、領土に関する大望は中央アフリカの領土を中心とすると宣言する。イタリアは、ヨーロッパにおける領土変更を除けば、領土に関する大望はアフリカの北部と北東部を中心とすると宣言する。日本は、領土に関する大望は東アジアと日本列島の南を中心とすると宣言する。ソ連は、領土に関する大望はソ連の国土の南、インド洋方面を中心とすると宣言する。
四大国は、特定の問題の解決を留保し、相互の領土に関する大望を尊重し、それぞれが達成したことに反対しない★。

*

予想されたとおり、ソ連政府はドイツの遠大な計画を受け入れなかった。ソ連はヨーロッパでドイツだけが友好国で、世界の反対側では日本が重くのしかかっていた。それでも、ソ連は増大する戦力と、地球の地表の六分の一を占める広大な領土に、自信を抱いていた。そのため、したたかに交渉した。一九四〇年一一月二六日、シューレンブルクは、ソ連の逆提案の草案をベルリンに送った。それには以下のような事柄が明記されていた。一九三九年の独ソ不可侵条約によってソ連の勢力圏に属するとされたフィンランドから、ドイツ軍部隊はただちに撤退しなければならない。ソ連の黒海での境界線の防衛区域内に位置するブルガリアと相互支援条約を締結し、ボスポラス海峡とダーダネルズ海峡を作戦範囲内に収める場所に長期貸借によってソ連軍の地上部隊と海上部隊の基地を設置することで、数カ月以内にソ連の二海峡通航の安全を確保する。バトゥーミ〔グルジア〕とバクー〔アゼルバイジャン〕以南のペルシャ湾へ向かう地域を、ソ連が大望の中心とすることを認める。北サハリン〔北樺太〕の石炭と石油の利権を日本は放棄すべきだ。

この文書への有効な回答はなかった。ヒトラーは、双方の差異を足して二で割ろうとはしなかった。このような重要問題では、双方が友好的な気分で慎重にじっくり研究するのが当然だろう。ソ連側は間違いなくそれを期待して、回答を待った。その間、国境地帯の両側で、すでにかなりの規模になっていた部隊が、増大しはじめ、ヒトラーの右手はバルカン半島に向けてのびていた。

*

ヒトラーの指示でカイテルとヨードルが用意した数種類の計画がかなり発達し、一九四〇年一二月一八日に、歴史的な総統指令第21号をヒトラーが最高司令部から発することが可能となった。

赤髭《バルバロッサ》作戦〔〝赤髭〟は神聖ローマ帝国皇帝フリードリヒ一世の綽名〕

ドイツ軍は、イングランドに対する戦争が終結する前であっても、**迅速な軍事作戦でソヴィエト・ロシアを掃滅する**準備をしなければならない。

この目的のために**陸軍**は、予備も含めて利用できるあらゆる部隊を運用し、占領地域が奇襲攻撃に対して安全であるようにしなければならない。

空軍にとっては、地上作戦の迅速な完了が期待され、敵航空攻撃による東部ドイツ領土の損害ができるだけ軽微になるように陸軍を支援するために、東部の軍事作戦向けの強力な部隊を割くことが課題になる。東部におけるこの主な活動の集中は、われわれが優位を占めるすべての戦域と武装地域を敵の航空攻撃からじゅうぶんに護るための所要と、イングランドに対する攻勢、ことに補給線への攻撃が頓挫

★ベルリンのヒトラーやリッベントロップとの非公式会談ではイギリスの領土を分け合うことに重点が置かれていた。だが、秘密議定書のもとでは、分割される領土が明らかにフランス、オランダ、ベルギーの植民地だったのに対し、今回の合意の草案に大英帝国という国名が記されていなかったことは指摘しておくべきだろう。大英帝国はもっとも派手で貴重な戦利品になるはずだったが、ベルリンの非公式会談でも、モスクワでの交渉でも、ヒトラーが狙っていた唯一の獲物ではなかった。ヒトラーは、自分が戦ってきたか、いまも戦っているすべての国のアフリカとアジアにおける植民地全体という、もっと広大な領地を分配しようとしていた。

しないようにすることに限定される。
海軍の主な活動は、東部軍事作戦のさなかでも、明白に**イングランド**に対するものでありつづける。作戦開始予定のおそらく八週間前に、私はソヴィエト・ロシアに対する**兵力集中**を命じるであろう。それよりも日にちを要する準備は――まだなされていなかった場合には――いまから開始され、一九四一年**五月**一五日までに完了される。

しかし、攻撃の意図を悟られないことが、まぎれもなく重要であると、考えなければならない。

最高司令部の準備は、以下の原則で行なわれる。

I．総合的な目的

装甲部隊が前進して縦深に及ぶ楔を打ち込み、戦闘可能な敵部隊が広大なソ連領土に退却するのを不可能にする積極果敢な作戦で、ロシア西部のソ連**陸軍**を殲滅しなければならない。

迅速な追撃によって、ソ連空軍がドイツ帝国領土をもはや攻撃できないところまで、前線を押し込む。作戦の最終目標は、アジア・ロシアに対して、ヴォルガ川からアルハンゲリスクまでほぼ達している防御線を確立することだ。そのあと、必要ならウラル山脈に残されたソ連の最後の工業地帯を空軍《ルフトヴァッフェ》によって撃滅できる。

これらの作戦のさなかに、ソ連の**バルティック艦隊**は基地を失い、したがって戦えなくなる。

II．考えられる協力者とその任務

ソ連**空軍**の効果的な干渉は、作戦開始時に強力な打撃によって防止される。

1．われわれの作戦の側面については、**ルーマニア**、及びソヴィエト・ロシアと戦争中の**フィンランド**を当てにできる。

最高司令部は、しかるべきときに、この二カ国の軍隊が介入する際に、どういう形でドイツの指揮下に置かれるかを調整し、決定する。

2．そこに集中する部隊とともに、正面の敵を釘付けにし、なおかつ後方地域で補助役務を行なうのが、**ルーマニア**の任務になる。

3．**フィンランド**は、ノルウェーから来て再展開するドイツ軍**北方軍集団**（第21軍集団の一部）の集結を掩護し、合同で作戦を行なう。加えて、フィンランドにはハンコ半島の敵を殲滅する任務が課せられる。

4．**スウェーデン**の鉄道と幹線道路は、遅くとも作戦開始からドイツ軍北方軍集団の集結に使用できるかもしれない。

Ⅲ．作戦指令

A．**陸軍**（提示された計画をこのように承認した）：

プリピャチ湿地によって南と北の二戦域に分かれる作戦地帯での主な活動は、このうち**北**の地域で行なわれる。軍集団二個がここに投入される（北方軍集団と中央軍集団）。

この二個軍集団のうち、南の集団――全前線の中央（中央軍集団）――には、ことに強力な装甲部隊と自動車化部隊でワルシャワの周囲及び北の地域から前進して、白ロシアの敵部隊を殲滅する任務があたえられる……。ふたつの目標を同時に狙うのが正しかったと証明されうるのは、ソ連軍の抵抗が意外なほど早く崩壊した場合のみである……。

プリピャチ湿地の南に展開する軍集団は、ルブリン近辺の地域からほぼキエフに向けて主な活動を行ない、強力な装甲部隊で迅速に突破し、ソ連軍部隊の側面と後方縦深に達して、ドニエプル川に沿い敵軍を包囲する。

右側面のドイツ－ルーマニア軍集団は、以下の任務を割り当てられる。

（a）ルーマニアの領土を護り、したがって全作戦の南側面を護る。

（b）南方軍集団が北側面を攻撃するあいだ、対抗する敵部隊を釘付けにし、状況のその後の進捗によっては、空軍と協力して、追撃中に敵軍がドニエストル川を渡って整然と退却するのを妨げる。

［さらに］**北部**では、迅速にモスクワに到達する。この都市の攻略は、政治と経済の両面で決定的な勝利であり、さらにもっとも重要な鉄道中心地の排除でもある。

B．**空軍**

ソ連空軍の干渉を可能なかぎり食い止めるか撃滅するのが、空軍の任務になるだろう。さまざまな影響をもたらす要所での陸軍支援も求められる。具体的には中央軍集団の要所と、側面では南方軍集団の要所がそれにあたる。ソ連の鉄道は、作戦にとってどの程度重要であるかに応じて、遮断するか、近くの最重要目標（渡河点）を、落下傘部隊か空挺部隊の大胆な使用で奪取する。

敵空軍に対して全部隊を集中し、ただちに陸軍を支援できるように、主作戦の最中は軍需産業を攻撃しない。そのような攻撃は、機動性の作戦が完了したあとで考慮する——ウラル山脈地帯に対する攻撃が主になるだろう……。

Ⅳ．この指令が、ソ連がわれわれに対する現在の姿勢を変える可能性があることを考慮した**予防手段**であることを明確に示すような方針で、総司令官はすべての命令を下さなければならない。初期の準備作業に任命される将校の人数は、できるだけすくなくして、追加の人員には、個々の活動に求められる範囲内に限り、できるだけ遅く説明する。そうでないと、われわれの準備が見破られた場合——実行の日にちが決定されていないとはいえ——政治と軍事の両面で不利益が生じるおそれがある。

Ⅴ．この指令をもとにした今後の計画に関する最高司令部総監からの報告を待つ。

軍のすべての兵科において、企図されている準備を、その進捗を含め、最高司令部を通じて私に報告すること。

アドルフ・ヒトラー★

＊

この瞬間、一九四一年に起きる究極の重大事件の鋳型が形成された。もちろん、大英帝国という戦利品を分けることや、イギリスを滅ぼすことについて、ドイツとソ連がどういう交渉を行なっていたのか、私たちは詳細を知る由もなかった。まだ定まっていなかった日本の意図も、推し量ることができなかった。ドイツの陸軍部隊が東に移動しつつあったことを、私たちの活動的な秘密情報部はまだつかんでいなかった。ブルガリアとルーマニアに浸透して徐々に増大していることだけは、察知して

★ *Nazi-Soviet Relations*, pp. 260 ff.

いた。この章に述べられているようなことを、私たちが当時知っていたら、さぞかし安心したにちがいない。私たちがドイツ、ソ連、日本をすべて敵にまわすことは、最悪の恐怖だった。だが、だれに予想できただろうか？　当面、〝戦いつづける！〟しかなかったのだ。

第三〇章　大洋の危機

〈偽装した水上襲撃艦〉〈アトミラール・シェーア〉の遠征／武装商船〈ジャーヴィス・ベイ〉が船団を救う／〈シェーア〉のその後の破壊と略奪／重巡洋艦〈ヒッパー〉が不意を打たれる／極度の重圧／最大の懸念、Uボート危機／北西近接水路への締め付け増大／潜水士の不安の種／深刻な損耗／北西近接水路の管制をプリマスからリヴァプールに移す必要／輸入の急激な縮小／血まみれ岬沖《ブラディ・フォアランド》での損耗／アイルランド補助金撤回／一二月一三日、私の大統領宛公電／海軍本部の苦肉の提案／ダイナマイトの絨毯／空軍沿岸集団への増強と激励／沿岸集団のその後の反攻の成功〉

一九三九年一二月のラプラタ沖海戦で、ポケット戦艦〈アトミラール・グラーフ・シュペー〉〔ドイツ海軍での艦種は装甲艦。ポケット戦艦はイギリスの新聞がつけた綽名〕が自沈したあと、さまざまな大洋での私たちの海運に対するドイツの第一次軍事作戦は、不意に終了した。これまで述べてきたように、ノルウェーでの戦闘は、ドイツ海軍が本国水域にとどまっていたために、一時停止していた。ドイツ海軍の生き残りの軍艦は、侵攻計画のために温存する必要があった。レーダー提督はドイツの海上での戦争執行について、専門家として適切な見解を抱いていたが、総統評議会で自説に承認を得るのは難しかった。海岸線の長距離砲兵が使えるように、大型艦の艦砲を取り外してはどうかという陸軍の提案に反対したことがあったほどだった。しかし、夏のあいだにレーダー提督は、商船多数を仮装巡洋艦に仕立てた。私たちの武装商船よりも重武装で、速力もたいがい速く、偵察機も用意されていた。この型の五隻が私たちの哨戒を潜り抜けて一九四〇年四月から六月のあいだに大西洋に侵入した。その間に六隻目が、ロシアとシベリアの沿岸を北上する危険の大きい北東航路で、太平洋を目指した。その仮装巡洋艦は、ソ連の砕氷船一隻に付き添われ、二カ月かけて北東航路を航海し、ベーリング海を抜けて、九月に太平洋到達に成功した。これらの襲撃艦の行動にレーダー提督が定めた目標は、三つあった。一、敵艦船を撃沈するか鹵獲する。二、海上輸送の移動を攪乱する。三、英艦艇が脅威に対抗するべく護衛と哨戒のために分散するよう仕向ける。この周到に考えられた戦術は、私たちに痛手と厄介な状況をもたらした。九月前半の週にはこれらの偽装した水上襲撃艦五隻が、私たちの通商路に解き放たれた。二隻が大西洋、二隻がインド洋へ行き、五隻目はニュージーランドのオークランド沖に機雷を敷設したあと、太平洋を徘徊した。一年間ずっと、私たちのこれら五隻との触敵はわずかに二度だった。七月二九日に〝襲撃艦E〟が、南大西洋で武装商船〈アルカンタラ〉と交戦したが、雌雄を決するに至らない戦闘後に逃れた。一二月に武装商船〈カーナヴォン・カースル〉が同艦をラプラタ川沖で攻撃したが、多少の損害を受けただけで同艦は逃れた。一九四〇年九月末までに、この襲撃艦五隻は、合計二三万五〇〇〇トンにあたる商船三六隻を撃沈もしくは鹵獲した。

　一九四〇年一〇月末に、ポケット戦艦〈アトミラール・シェーア〉が、ようやく実戦に参加する準備ができた。イギリス侵攻が棚上げになると、〈シェーア〉は一〇月二七日にドイツを出航し、アイスランドの北でデンマーク海峡〔アイスランドとグリーンランドのあいだの海峡〕を抜けて、大西洋に突入した。その一カ月後に、主砲八インチ（二〇センチ）の重巡洋艦〈アトミラール・ヒッパー〉が大西洋にはいった。〈シェーア〉は、北大西洋の船団を攻撃するよう命じられていた。このとき、地中海増援のために、護衛の戦艦が船団から引き揚げられていた。イギリスに向かう船団は一〇月二七日にハリファクスを出航すると、

〈シェーア〉のクランケ艦長は確信していて、一一月三日前後に邀撃することを願っていた。クランケの偵察機が五日に、南東に八隻を発見したと報告し、〈シェーア〉は追撃を開始した。午後二時二七分、一隻を発見した。その貨物船〈モパン〉の乗組員六八人を収容したあと、クランケは砲撃で同船を撃沈した。威嚇することによって、〈モパン〉から無線で通報されるのを防いだ。これらの作業に追われていた午後四時五〇分、三七隻から成る船団HX84の檣《マスト》が水平線の上に現われた。船団の中央には大洋で護衛にあたっていた武装商船〈ジャーヴィス・ベイ〉がいた。艦長のフィーゲン英海軍大佐は、勝ち目のない戦いに直面していることをただちに悟った。敵艦の存在を無線で報告したあと、フィーゲン大佐の頭にあったのは、ポケット戦艦とできるだけ長く交戦し、船団が分散する時間を稼ぐことだけだった。夜の闇が近づいていたので、暗くなれば多数が逃れられる可能性があった。船団が散り散りになるあいだに、〈ジャーヴィス・ベイ〉は圧倒的な強さの敵艦に向けて、全速力で接近した。距離一万八〇〇〇ヤード（九海里弱）で、〈シェーア〉が砲撃を開始した。〈ジャーヴィス・ベイ〉の旧式六インチ（一五・二四センチ）砲では届かない射程だった。一方的な戦いが午後六時までつづけられ、ひどい火災を起こして、まったく操艦できなくなった〈ジャーヴィス・ベイ〉は総員が離艦した。午後八時ごろについに沈没し、二〇〇人を超える将兵の命が失われた。船とともに沈んだフィーゲン艦長も、非業の死を遂げた。英海軍の記録に栄誉ある地位を占める壮烈な行動に対し、フィーゲンはヴィクトリア十字章を死後叙勲された。

戦いが終わるとようやく〈シェーア〉は船団を追跡したが、冬の夜の闇が迫っていた。船団は散開していて、闇に包まれる前に〈シェーア〉が追いついて撃沈したのは、わずか五隻だった。位置を知られたので、〈シェーア〉は付近にとどまるわけにはいかなかった。強力な英海軍部隊が、まもなく群がってくる。したがって、貴重な船団の大部分が、〈ジャーヴィス・ベイ〉の献身のおかげで救われた。商船乗組員の気概は、護衛の将兵の気概に劣らなかった。たとえば、ガソリン七〇〇〇トンを積んでいた油槽船〈サン・デメトリオ〉は、火災を起こし、乗組員は離船した。しかし、翌朝に乗組員の一部がふたたび乗船し、消火して、羅針盤も航法の補助もないのに雄々しく航海し、貴重な積み荷とともにイギリスの港に到達した。しかし、四万七〇〇〇トンの船舶と、二〇六人の商船乗組員の命が失われた。

追手との距離をできるだけあけるために、〈シェーア〉は南に向けて航行し、一〇日後にドイツの補給艦と出遭って、燃料と補給品を補充した。一一月二四日、西インド諸島に現われて、キュラソーに向かっていた〈ポート・ホバート〉を撃沈してから、カーボ・ヴェルデ諸島方面に折り返した。その後、南大西洋とインド洋に活動範囲をひろげ、一九四一年四月までキールに帰投しなかった。そのあとで、もう一度デンマーク海峡通過に成功した。五カ月間の航海で、一六隻、合計九万九〇〇〇トンの獲物を撃沈するか鹵獲した。

*

六月以降、兵員輸送船団（暗号名〝WS〟★で呼ばれていた）が、厳重な護衛付きで毎月、喜望峰まわりで中東とインドへ航海した。それと同時に、インド洋の港を兵員輸送船が何度も行き来し、大西洋を渡るカナダ軍部隊が切れ目なく英本土に到着していたので、私たちの海軍資源には極度の重圧がかかっていた。そのため、一九三九年にあちこちの海で〈グラーフ・シュペー〉を捜しまわった掃討部隊群を再編することができなかった。巡洋艦は主要輸送航路周辺の航路収束区域《フォーカル・エリア》に配備され、独立して航海する船舶は、敵を回避する進路と大海原の広さに頼るしかなかった。

一九四〇年のクリスマスの日、兵員輸送船と補給艦二〇隻で中東に向かっていた船団WS・5Aが、アゾレス諸島に近づいたところで、〈シェーア〉に一カ月遅れて出航した重巡〈ヒッパー〉に攻撃された。視程が悪く、〈ヒッパー〉は護衛の重巡〈ベリック〉、軽巡〈ボナヴェンチュア〉、軽巡〈ダニーディン〉に不意を打たれた。〈ヒッパー〉と〈ベリック〉がしばし激しく交戦し、二隻とも損害が生じた。〈ヒッパー〉は離脱し、本国艦隊とジブラルタルから出撃したH部隊が捕捉しようとして精力的に活動したものの、霧のなかをブレストに逃れた。だが、損害をこうむったのは、三万人以上が乗っていた〈エンパイア・トルーパー〉だけで、修理のためにジブラルタルに寄港しなければならなかった。

遠い大洋を、私たちは不安感なしには見ることができなかった。未知数の偽装商船が、南の水域全体で獲物を狙っていることがわかっていた。ポケット戦艦〈シェーア〉が解き放たれ、隠れている。〈ヒッパー〉はいつなんどきブレストから跳び出してくるかわからない。それに、戦艦二隻、〈シャルンホルスト〉と〈グナイゼナウ〉も、まもなくそれぞれに役目を演じると予想されていた。襲撃艦の数と、それらに対抗するとともに膨大な海上輸送を護衛するために海軍本部が運用している艦艇の数の差がとてつもなく大きいことは、第一巻で説明した。海軍本部は数多くの要所で準備し、商船数千隻を護らなければならなかった。兵員輸送船は確実に護ったが、ときどき起きる嘆かわしい惨事に対して、なんの保証もあたえることができなかった。

*

これらの問題に、さらに深刻な危険が加わった。私が戦争中に心底怯えたのは、Uボート危機だけだった。本土への侵攻は空戦前から、失敗するはずだと思っていた。空戦勝利後、侵攻は私たちに好

★自分がよく口にしたこの略称が、〝ウィンストンの特別便《ウィンストンズ・スペシャル》〟を意味する海軍本部の符丁だということを、私は戦後にはじめて知った。

都合な戦いになるはずだった。私たちに有利な条件が重なり、敵が明らかに悟ったように、敵には不都合な状況だった。私たちはこの恐ろしい敵を溺れさせて殺すことができただろう。戦争の残酷な状況のもとでは、そういう戦いでもやらざるをえない。しかしいま、広い大洋ばかりではなく、イギリス諸島への入口ではことに、私たちの生命線が脅かされていた。英本土防衛戦《バトル・オヴ・ブリテン》と呼ばれる輝かしい空戦よりも、この戦いのほうがずっと私には気がかりだった。

　私が緊密な友好関係と連絡を保っていた海軍本部も、これをおなじように恐れていた。海岸線を侵攻から護り、外界との生命線が途切れないようにすることが、海軍本部の主要な責務だったから、恐れはなおさら大きかった。これを海軍はつねに、究極の神聖な必然の本分として受け入れていた。そこで、私たちは本腰を入れてこの問題をともに熟考した。これは燃えあがる戦いと輝かしい手柄にはならない。国には未知で、大衆には理解できない、統計、図表、曲線によって明らかになる。

　Uボート戦で私たちの輸入と船舶はどれほど減少したのか？　私たちの暮らしが崩壊するところまで達するおそれはあるのか？　じたばたしたり、大騒ぎしたりしてもはじまらないのだ。図表にゆっくりと引かれる冷酷な線のみが、私たちが絞め殺される可能性があることを示していた。これに比べれば、侵略者に跳びかかる構えをとっている勇敢な軍隊や、砂漠の戦いのための優れた計画はなんの価値もない。人々の高揚した忠実な気運は、この荒涼とした領域では無価値だ。新世界と大英帝国から食糧、補給品、武器が、大洋を越えて到着するか、あるいは到着しないか。ダンケルクからボルドーに至るまで、フランス沿岸地域をすべて手に入れたドイツは、獲得した領土にさっそくUボートと直協航空機の基地を造りはじめた。七月以降、私たちは海上輸送を、戦闘機基地の設置を許可されていないアイルランドの南の近接水路から移動せざるをえなくなった。すべて北アイルランドをまわって来なければならなくなった。ありがたいことに、北アイルランド《アルスター》は、忠実な歩哨だった。マージー川とクライド川を肺に使って、私たちは呼吸していた。東岸とイギリス海峡では、増えるいっぽうの空からの攻撃、Eボート★、機雷をよけながら、小型船が頻繁に往復していた。東岸の航路は変更できないので、フォース川とロンドンのあいだを船団が通過すること自体が、ほぼ毎日の戦闘になっていた。危険を冒して東岸を通航する大型船はほとんどなく、イギリス海峡にはぜったいにはいらなかった。

私たちの商船の損耗がもっとも深刻になったのは、一九四〇年七月から、イギリスの大西洋での戦いに勝ったと主張できる一九四一年七月にかけての一二カ月間だった。アメリカが参戦し、アメリカの東海岸で船団方式を確立するまでの損耗のほうが、はるかに大きかった。だが、そのときには、私たちはもう孤塁ではなかった。一九四〇年の後半六カ月にはすさまじい損耗をこうむり、Uボートを大量に撃沈することができなかったが、冬の嵐によってようやくひと息つけるようになった。爆雷の散布範囲拡大と、敵を回避する航路によって、いくらか優位を得られたが、侵攻の脅威のためにイギリス海峡とアイリッシュ海に部隊を集中しなければならなかったし、大量に建造していた対潜艦艇はすこしずつ納入されるだけだった。この影が海軍本部と、海軍本部の事情を知っている人間の上に覆いかぶさっていた。九月二二日で終わる週は、開戦以来最大の損耗率で、それどころか、一九一七年七月に私たちがこうむった損耗よりもはるかに甚大だった。二七隻、一六万トン近い船舶が沈められ、その多くはハリファクス船団だった。〈シェーア〉がまだ活動していた一〇月には、べつの大西洋船団がUボートによって大量虐殺され、三四隻のうち二〇隻が沈められた。

一一月と一二月が近づくにつれて、マージー川とクライド川の工業地帯への航路と河口が、国の死

★ドイツの高速艇（Schnellboot 魚雷艇・砲艇）の英米による呼称。

活を左右するという点において、戦争における他のあらゆる要素よりはるかに重要になった。もちろん、私たちはこの時期にデ・ヴァレラのアイルランドに襲いかかり、近代的な武器の力で南部の港を奪回することもできた。ほかならぬ自己防衛本能からそれをやるだろうと、私は常々放言していた。だが、もしかすると自己防衛本能の出番が来るかもしれない。それならそれでいい。この厳しい手段でも、状況が緩和されるだけだ。ほんとうの解決策は、マージー川とクライド川を出入りする艦船の自由な往来を確保することなのだ。

毎日の会議のたびに、事情を知るものは顔を見合わせた。海面から遠く離れたところまで潜り、空気のホースに毎分命を託している潜水士の気持ちがよくわかる。鮫が群がってホースをかじっているのが見えたら、なにを思うか？　それよりも、海面まで引き揚げてもらう見込みがなかったら！　私たちには、海面すらない。その潜水士は人口過密な島にいる四六〇〇万人で、自然と重力によって海底に固定され、戦争という膨大な事業を世界中で執り行なっている。鮫は空気のホースに何をしでかすのか？　鮫を避けるか殺すことはできるのか？

早くも八月初旬に、マージー川とクライド川へ抜ける西近接水路をプリマス管区から管制するのは不可能だと、私は確信していた。

総理大臣より海軍卿及び第一海軍委員へ

一九四〇年八月四日

北西近接水路での度重なる深刻な損耗はきわめて重大であり、磁気機雷対策で海軍本部が示したのとおなじ膨大な努力で取り組まなければならないと確信している。これらの近接水路の管制が大幅に低下しているように見受けられる。侵攻への予防措置のために駆逐艦が不足しているのが大きな原因であることは間違いない。この水域に投入できる駆逐艦、小型護衛艦《コルヴェット》、ASDIC搭載トロール船の全部隊と、航空機について、ただちに知らせてもらいたい。それらの運用はだれが司っているのか？　ネイズミス提督の参謀が、プリマスから管制しているのか？　入港の航路を南から北へ変更したのだから、プリマスが適切な管区なのかどうかという疑問が生じる。一線級の管区をクライド川に設立するか、ネイズミス提督［プリマス管区司令長官］がそこに移るべきではないか？　いずれにせよ、現状のままつづけるわけにはいかない。南の機雷原敷設はどうなっているのか？　短期間の変更を報せてから、船団が機雷原に設けた間隙を通過することは可能か？　一時しのぎの措置として提案する。

一種類の近接水路しか使わなかったときには、つねに危険が増大するのが感知されていた。予測される敵勢力より大幅に優勢な護衛を集中的に実行しないと、この危険要因は克服できない。敵はすぐにそこへ全力を注ぐことをおぼえるだろう。東岸の機雷原が敷設されたあとは、マリー湾の最初のころのようになる。海軍本部が臨機応変に対応すると確信しているが、あらたに力強いとっさの対応が必要とされていることは明らかだ。返信してほしい。

いくつかの抵抗に遭った。海軍本部は、管制をプリマスから北へ移し、クライド川の代わりにマージー川を使うという私の意見を九月に受け入れた。だが、必要な司令部組織、作戦指令室、複雑な通信網を設置するのに数カ月かかり、そのあいだ即興の工夫がかなり必要だった。新管区〔西近接水路管区。一九三九年から極秘裏に準備が進められていた〕は、サー・パーシー・ノーブル提督に任され、人数がどんどん増えていた参謀たちを従えて、一九四一年二月にリヴァプールで司令長官に就任した。その後、ここは私たちの最重要基地になった。この必要性と利点が、そのときには全方面で認識されていた。

一九四〇年末が近づくと、私は輸入の不吉な落ち込みがいよいよ心配になった。これはUボートによる攻撃のもうひとつの側面だった。船舶が失われただけではなく、損耗を避けるための予防措置が商船の航行そのものに悪影響を及ぼしていた。私たちが依存していた少数の港が、混雑しはじめた。すべての船舶の次回航海準備《ターン・ラウンド》と航海の期間が長くなった。輸入は最後の試練だった。フランスの戦いが最高潮に達していた六月八日で終わる週に、私たちは石油を除いて一二〇万一五三五トンの積み荷を本国へ運んでいた。この頂点から、輸入量は減りはじめ、七月末には一週間の量が七五万トンを下回っていた。八月にはかなり改善されたが、週平均がまた減りはじめ、一九四〇年の最後の三カ月は八〇万トン程度だった。

総理大臣より海軍卿及び第一海軍委員へ　一九四〇年一二月三日

ハリファクス船団を見舞っているあらたな災難を正確に吟味する必要がある。一週間ほど前に、船団の近接水路で一三隻ものUボートが待ち伏せていたと聞いた。船団が両ミンチ海峡に針路変更したほうがよかったのではないか？　悪天候のために往航する船団の出発が遅延され、その結果、到着する船団用の護衛が間に合うように危険区域に到達できないときには、そのほうが望ましいのではないか？

総理大臣より大蔵大臣へ　一九四〇年一二月五日

私たちの全船舶への重荷と、アイルランド沖での大量の沈没とアイルランドの港を使用できないことによる財務への影響を軽減する手段について検討する会議を招集してもらいたい。以下の大臣を集めてもらいたい。貿易、海運、農業、食糧、自治領。原則が合意されていると見なし、手順の日程と予定表も含め、対策の総合的な計画を早急に立案しなければならない。この段階では外交や国防の側面を考慮する必要はない。そういったことにはあとで対処する。まず必要なのは、私たちが受ける被害がそのほかの方面よりもできるだけ小さくなるような、実行可能な優れた事業計画だ。

総理大臣より運輸大臣へ　　**一九四〇年一二月一三日**

鋼鉄に関する貴君の一二月三日の意見書に感謝している。必要な手段によって貴君の提案を推し進める努力を行なっていることを願う。

荷物をおろすのが遅れて、荷馬車がなかなか前へ進めないという現状は、はなはだ耐えがたいように思える。それを防ぐ方策を講じなければならない。

一例を挙げよう。油槽船以外の貨物船がリヴァプールで次回航海準備《ターン・ラウンド》に要する平均日数は、二月は一二・五日、七月は一五日、一〇月は一九・五日というように増えている。ブリストルでは、九・五日から一四・五日に増加したが、グラスゴーは一二日で安定している。これを改善することが、すべての状況においてもっとも重要に思える。

総理大臣より運輸大臣へ　　**一九四〇年一二月一三日**

九月と一〇月の石油輸入は、五月と六月の半分にすぎないし、私たちの消費量の三分の二しかまかなえない。油槽船の数が不足していないのはわかっているから、この減少は南岸と東岸の一部の港に入港できず、多数がクライド川に避難し、それ以外がノヴァスコシアのハリファクスにとどまっている結果だ。最近、一部の油槽船が南岸と東岸に送り込まれ、一一月のあいだに石油輸入は増加した。

八月二六日の私の公式覚書に対する貴君の前任者★の返信によれば、石油を西岸の港から輸入することに関する目下の準備に、彼は満足していると思われた。だが、彼の予想は達成されていないようだ。

★ジョン・リース卿。一九四〇年一〇月二一日に男爵に叙爵され、労働・建設大臣に就任した。

この状況に応じるためにたどる方策がふたつある。さらなる危険を冒して南岸と東岸の港に油槽船を行かせて輸入量を増やす。あるいは、荷捌きの手配が完了すれば西岸の港から補充されるのを当てにして、備蓄分を使いつづけ、それによる不便を受け入れるか。それぞれの方策をどこまでたどるべきかについて、海軍卿と協議して考慮してほしい。

この書簡の写しを海軍卿に送る。

総理大臣より海軍卿へ

一九四〇年一二月一四日

アメリカの駆逐艦の状態について、一切合切報告してもらいたい。数多くある欠点、これまで私たちが利用してきたわずかな使い道など。近い将来、検討するために報告書がほしい。

総理大臣より海軍卿及び第一海軍委員へ

一九四〇年一二月二七日

往航の船団から消耗できる飛行機を射出機《カタパルト》で飛ばすことについて、どういう手を打っているのか？ 船団にかならず何隻か含まれている油槽船から射出する計画があると聞いた。そのあと、フォッケウルフFw200哨戒爆撃機を攻撃し、海に着水して、操縦士が拾いあげられ、飛行機は都合によって回収するか放棄する。

この計画はどう見られているのか？

第三巻で述べられるように、この特定計画は実を結んだ。フォッケウルフを攻撃する戦闘機を射出できる装置を備えた船舶が、一九四一年初頭に開発された。

総理大臣より運輸大臣へ　一九四〇年一二月二七日

私たちの海上輸送の出来高減少の五分の二は、イギリスの港における次回航海準備《ターン・ラウンド》に要する日数の増加によるものだといわれている。現在、私たちはマージー川とクライド川にほとんど集中していて、そこに対する敵の攻撃はますます激化すると予想される。私たちの前線すべてにおいて、この問題はもっとも危険な部分を成している。

以下について意見書がほしい。

（a）事実。

（b）いまなにをやっているか、なにをやるよう提案するか。

（c）手伝えることはあるか。

総理大臣より海軍卿へ　一九四〇年一二月二九日

これら［Uボート囮船］★は、この戦争ではいまのところまったく期待はずれだった。これのべつの使用法を海軍本部は考えなければならない。技倆の高い水兵が多数乗り組んでいるはずだ。これらの船、総トン数、速力などの一覧表がほしい。航路で獲物を捜すあいだ、兵員か補給品を積むことはできないか？

★Uボートをおびき寄せて撃沈するために、一九一四－一八年に効果的に使用された〝Q〟シップの現代版。今回の戦争では状況が変わったので、好結果が出なかった。［Qシップは兵器を隠蔽した小型の蒸気船か帆船。一九一七年にドイツが無制限潜水艦戦に転じると、ほとんど戦果が得られなくなった］

これらの重圧のもとで、アイルランド南部の港の使用を禁じられていることに対する憤りがつのった。

*

総理大臣より大蔵大臣へ　　一九四〇年一二月一日

アイルランドの行動によって私たちが通航できる海峡が減ったことにより、〔アイルランドへの〕補助金を再考せざるをえなくなった。私たちが最後の息を引き取るまで彼らに払いつづけることができるという主張は通用しない。血まみれ岬《ブラディ・フォアランド》〔アイルランド北西部の岬。現地では同義でノック・フォーラと呼ばれる〕沖での重大な損耗を思えば、この補助金は艦船をもっと建造するか、アメリカからもっと購入するのに使うべきだ。

この補助金をどうやって打ち切ることができるのか、また、財務の分野でアイルランドによるどのような報復措置がありうるのか、教えてほしい。デ・ヴァレラが支援しているドイツの海上封鎖を突破して、大量の肥料と飼料をアイルランド向けに運ぶ手間を省くことができるので、アイルランドが私たち向けの食糧供給を絶つことは心配する必要がない。現在の賛否両論をすべてまとめてほしいが、私たちがどのような財政措置を行なうことができ、その結果がどうなるかを示してもらいたい。あすこれを知ることができればありがたい。

総理大臣よりイズメイ将軍へ、参謀総長《COS》委員会宛　　一九四〇年一二月三日

貴官と各参謀総長に、アイルランドの新聞の写しを送った。大蔵大臣も賛意を示しているし、直前の通知でいつでも補助金を撤回できることは間違いない。

つぎに軍事面での反応を考慮しなければならない。アイルランドがドイツ人を港に招き入れたら、国

民が分断されることになるから、私たちはドイツを阻止するよう努力しなければならない。アイルランドは中立を模索しながら、戦争に引き込まれようとしている。私たちはイングランドと南アイルランドのあいだの交通手段をすべて一時的に中断できるわけだが、アイルランドが現在ある海底ケーブルや監視施設を引き揚げたら、どういうことになるか？　Uボートが西海岸の港にやってきて休息することを、アイルランドが許可したら、重大な事態になるのではないか？　Uボートは、型によっては三〇日近く作戦行動を行なえる航続距離を誇っているので、活動を制約する要素は、給油や補給の必要よりも、帰国したいという乗組員の願望と、修理の必要があることだけだ。これらの事柄と、思いついた事柄について、意見を聞かせてもらいたい。

この政策に大統領の同意をえたほうがいいと、私は考えた。

元海軍関係者よりローズヴェルト大統領へ　　**一九四〇年一二月一三日**

北大西洋の輸送は依然として第一の不安材料です。ヒトラーは間違いなくUボートと航空攻撃を強化し、大西洋のさらに遠方で作戦を行なうでしょう。現在、私たちはアイルランドの港と飛行場の使用を禁じられているので、困難な諸事情によって私たちの小艦隊は限界寸前まで酷使されています。貴国の五〇隻の駆逐艦は修理のために長期にわたって繋船されていたため、大西洋の気象にさらされたときに当然ながら不具合が生じ、ごく少数しか戦闘に投入できていません。より旧式な駆逐艦が現在の任務向けの艤装を整えるのに必要な改修と改善に備えて、徹底した技術面での調査を手配しています。これは貴国の旧式小艦隊の役に立つかもしれません。

いっぽう、私たちは海上で厳しい圧力を受けているので、これまで敵のあらゆる攻撃を潜り抜けてエールに届けていた飼料と肥料四〇万トンをエールに運ぶことは、もはや不可能になりました。これらの船舶は私たちの補給品のために必要ですし、エールがこれまで私たちに送っていた食糧はもう必要ではありません。いまは必要不可欠な物品に集中しなければなりませんし、現状では補給をつづけることができないと、デ・ヴァレラに知らせるよう内閣が提案しています。もちろん、アイルランドにはじゅうぶんな食糧がありますが、いまのような豊潤な貿易はもう行なえなくなります。残念ですが、私たちは自分たちの身を護ることと、数多くの危機を潜り抜けて到着する私たちの船舶を、もっとも重要な目的のために使うことを考えなければなりません。ひょっとするとこれによって事態が緩和され、デ・ヴァレラが共通の大義を検討する気になるかもしれません。私たちが自国の船舶をイギリスへの供給に集中せざるをえなくなった時、大統領の反応がどのようなものになるのか、ごく内密に知りたいのです。また、現状では、これまでアイルランドの農業生産を支援してきた多額の補助金を払いつづけることはできないと考えています。イギリスの船員も、大多数の世論も、敵機とUボートの攻撃を潜り抜けてアイルランドの補給物資を運び、デ・ヴァレラが満足げに座って、私たちが首を絞められているのを見ているときに、気前よく補助金を支払うのは不適切だと思っています。

*

一二月のある晩、私は一階の作戦室で会議をひらいた。出席者は海軍本部の幹部と水兵たちだけだった。一同が明確に知らされていた危機と難事が、さらに厳しさを増していた。一九一七年二月と三月が、脳裏に蘇った。Uボートによる撃沈数がじりじりと増え、英海軍の必死の働きにもかかわらず、連合国はあと何カ月戦えるだろうかとだれもが思っていた。その晩、提督たちが提案した特定の計画は、危険がきわめて大きいことを示す説得力のある証拠だった。どんな犠牲を払ってでも大海原への航路を切り拓くことが、何事をもしのぐ私たちの最優先事項だった。そのために、マージー川とクライド川に通じる北方水路の沖の端からアイルランドの北西一〇〇尋（水深約一八〇メートル）の等深線に向けて、海中にダイナマイトの絨毯を敷くことが提案された。この水中機雷原は、これらの沿岸水域からひろびろとした大洋まで、幅三海里、長さ六〇海里にわたって敷設される。陸地での作戦や兵員への適切な装備支給をないがしろにして、この作業のために爆薬をすべて独占しなければならないとしても、この絨毯を敷くことは不可欠に思えた――ほかの方策がないようであれば。

その手順を、ここで説明しよう。何千個もの接触機雷を深度三五フィート（一〇・六七メートル）まで届くように海底に係維する。イギリスに食糧を運ぶか、海外で戦いをつづけている艦船は、竜骨が機雷に当たらないように行き来できる。しかし、この機雷原に侵入したＵボートは、すぐに吹っ飛ばされ、やがて**そこを通るのはまずい**と気づく。至高《エクセルシス》の防御手段だ。とにかく、なにもないよりはましだった。最後の手段だった。その晩に暫定の承認と、提案の詳細を求める指示が下された。このような方策を採れば、潜水士は空気のホースのことしか考えなくなりそうだった。だが、潜水士にはほかにやることがあった。

おなじ時期に、私たちは英空軍沿岸集団に、マージー川とクライド川の河口と北アイルランドの周囲を制するよう命じていた。この任務に全力を注がなければならなかった。何事よりも優先された。ドイツ爆撃は二の次だった。すべての適切な航空機、操縦士、資材を、私たちの反攻のために集中しなければならなかった。戦闘機が敵爆撃機に対抗し、これらの重要な狭い水路で、爆撃機の支援を受けた水上艦がＵボートに対抗する。そのほかの特定計画の多くは脇に追いやられるか、延期されるか、粗略にされた。なんとしても息をしつづけなければならなかった。

その後の数カ月、海軍と沿岸集団によるこの反攻は大きな成功を収めることになる。私たちは河口の主《あるじ》になった。ハインケルＨｅ１１１爆撃機は私たちの戦闘機に撃墜された。Ｕボートは、私たちを絞め殺そうとした海で絞殺された。沿岸集団の成功がダイナマイトの絨毯の準備よりも勝ったというにとどめておこう。そのぞっとしない防御の思考と計画は、私たちの戦争経済に割り込む前に消え失せ、私たちはふたたび輝く武器によって、グレート・ブリテン島への近接水路を切り拓いた。

第三一章　砂漠の勝利

〈不安と期待に満ちた待機と準備／一二月六－八日、跳躍的前進／完全な成功／大統領、メンジズ首相、ウェイヴル将軍への私の電報／〝大軍を叩け《フラペ・ラ・マス》〟／マタイ伝福音書／ヤコブの書／一月三日、バルディア／一月二一日、トブルク／捕虜一一万三〇〇〇人、七〇〇門を超える砲を鹵獲／チャーノの日記／ムッソリーニの反応／今後について私の議会での警告／Uボートの脅威／イタリア国民に向けた私のラジオ演説／〝ひとりの男、ただひとりの男だけが有罪〟／エチオピアでの反乱／皇帝の帰国／ヴィシー政権救済の試み／ペタン元帥宛の私の書簡／ウェイガン将軍宛電報／ジブチ解放のための計画：〝マリー作戦〟／ギリシャとトルコの飛行場／豊富な代案／年末／国王からの親書を拝受／一月五日、私の返信／英国と大英帝国の栄光／自由の旗が翻る／だが、生死にかかわる危機の兆し〉

偉大な企てが開始される前は、日々の流れが遅いように思える。それを和らげるのは、そのほかの急務だが、そちらのほうは、この時期にはまるでツキがなかった。将軍たちが攻勢に出ることに私はかなり満足していたし、結果についてはさほど心配していなかった。ケニアとパレスチナでの運用とエジプトの国内治安維持のために、部隊が無駄遣いされていることは不満だったが、名高い各連隊と、この重要な問題を任された練度の高い将校や兵士の質と優位を信頼していた。イーデンも自信を深めていて、ことにこの戦闘を指揮するウィルソン将軍を信頼していた。ふたりとも〝グリーンジャケッツ★〟で、前の戦争でもこういう戦いを経験していたから、当然のことだった。いっぽう、なにが試みられるかを知っている小集団の外ではさまざまな風聞や行動があった。

この攻勢に投入される予定の部隊はすべて、一カ月かそれ以上、極度に複雑な攻撃でそれぞれが演じなければならない特殊な役割の演習を行なった。計画の詳細はウィルソン中将とオコナー少将が立案し、ウェイヴル大将〔最終階級の元帥は一九四三年〕が頻繁に視察に訪れた。計画の全容を知っていたのは、ごく少数の将校団だけで、ほとんど書類にされてはいなかった。奇襲の要素を確保するために、ギリシャに増援を送ったせいで部隊が深刻なくらい弱体化しており、今後撤退することが検討されているという印象を敵にあたえる情報操作がなされていた。一二月六日、日焼けし、引き締まった体つきになり、砂漠で鍛えられ、完全に機械化された、約二万五〇〇〇人の部隊が、四〇マイル（約六五キロメートル）を超える距離を跳躍的に前進した。翌日には、イタリア空軍に発見されるのをさけるために、一日ずっと砂漠でじっと静止していた。一二月八日にふたたび前進し、その晩にはじめて、これは砂漠演習ではなく〝実戦〟だと全部隊に伝えられた。九日の夜明けに、シーディー・バッラーニの戦いが開始された。

それから四日間、ヨークシャーほどの広さの地域を占めていた複雑で分散して行なわれた戦いを描写することを、私は目指していない。すべてが順調に推移した。ニブイワーの敵陣地は午前七時に一個旅団に攻撃され、一時間とたたないうちに完全に私たちの手に落ちた。午後一時三〇分にはトゥッマール宿営地への攻撃が開始され、日没までにほぼ全域を攻略して、敵防御部隊を捕虜にした。その間に、第7機甲師団が、沿岸道路を西で遮断することで、シーディー・バッラーニを孤立させた。それと同時に、コールドストリーム近衛連隊の一部を含むマルサ・マトルーフ守備隊が、打撃を加える準備をしていた。一〇日の夜明けにその部隊が、海からの強力な掩護射撃を受けながら、正面のイタリア軍陣地を急襲した。戦闘は一日つづき、一〇時になるとコールドストリーム近衛連隊の大隊本部が、捕虜の人数は勘定しきれないが、「将校は約五エーカー、下士官と兵は二〇〇エーカーほどいます」と無線で報告した。

イギリス本土のダウニング街では、戦場からの一時間ごとの無線による報告を受けていた。なにが起きているのかを正確に理解するのは困難だったが、有利な展開だというのはおおよそ察しがついたし、第7機甲師団の戦車の若い将校からの「ブクブクのふたつ目の〝ブ〟に到達しました」という無線連絡に感動したことを憶えている。砂漠でじっさいに戦闘が進められ、捕虜五〇〇〇人を得て、イタリア軍の将軍もひとり戦死したと、一〇日に私は庶民院で報告できた。それに加えて、私たちの部隊が海岸に到達したことも知らせた。「現在進行中の注目に値する作戦の規模や結果について予想しようとするのは尚早であります。しかし、いずれにせよ、最初の段階が成功であったと申しあげることはできます」。その午後、シーディー・バッラーニが攻略された。

一二月一一日以降は、第7機甲師団と、後続の第16歩兵旅団〔自動車化〕や第4インド歩兵師団と交替した第6オーストラリア歩兵師団によるイタリア軍の敗残兵追撃が、主な作業だった。一二月一二日に私は庶民院で、ブクブクとシーディー・バッラーニの周囲の海岸地帯すべてが、英軍と自治領軍の手に落ち、捕虜七〇〇〇人がすでにマルサ・マトルーフに連行されたことを報告できた。「全周包囲によってどれほどの数のイタリア軍将兵が捕らえられたのかは、まだわかっておりませんが、多数の黒シャツ隊を含むイタリア軍三個師団の大部分が殲滅されるか捕虜になっていたとしても、意外

★ライフル旅団〔ウィルソンは一九〇〇年にこの部隊に入隊し、その後さまざまな戦闘に参加した〕とキングズ・ロイヤル・ライフル軍団〔実質的に師団規模。イーデンの最終階級は少佐〕。

ではないでしょう。西への追撃はすさまじい勢いでつづけられています。いまでは敵が退却に使える主要道路に対して、空軍が爆撃を行ない、海軍が艦砲射撃を行なっていますし、捕虜がかなりの数にのぼっていると報告されています」

「この作戦の規模を推し量るのは、いまなお尚早でありますが、アフリカ戦域では第一級の勝利であると見なしてもよいでしょう。総司令官アーチボルド・ウェイヴル卿、司令官メイトランド・ウィルソン卿、この極端なまでに複雑な作戦を立案した参謀諸君、忍耐力と豪勇でそれを達成した兵士諸君には、これにより最大級の称賛を授けられます。たった三、四カ月前にはエジプト防衛に極度の不安材料があったという事実を背景に、すべての出来事を判断する必要があります。その不安材料は取り除かれ、エジプトをあらゆる攻め手から適切に護るというイギリスの保証と約束が、きちんと果たされたのです」

シーディー・バッラーニの戦いに勝利を収めた瞬間——一二月一二日当日に——ウェイヴル将軍は自発的に賢明で大胆な決定を下した。交替したばかりの第4インド歩兵師団を、戦場の総予備軍として温存するのではなく、プラット将軍が指揮するエチオピア方面作戦用の第5インド師団と合流するために、エリトリアに派遣したのだ。第4インド歩兵師団の一部は海路でポート・スーダンへ運ばれ、一部は鉄道と船でナイル川を遡上した。一部はシーディー・バッラーニの前線から輸送船まで、ほとんど直線に移動し、七〇〇マイル（約一一〇〇キロメートル）離れた戦域で、到着後すぐに戦闘に投入された。ポート・スーダンに一二月末に到着した部隊を皮切りに、師団の移動は一月二一日に完了した。第4インド歩兵師団は、一月一九日にカッサラから撤退したイタリア軍部隊をケレンまで追撃するのに加わり、そこでイタリア軍の主な抵抗に遭った。のちに判明するように、プラット将軍は第4と第5の二個インド歩兵師団を擁していても、ケレンでかなり苦戦した。ウェイヴル将軍の先を見越したこの決定がなかったら、ケレンで勝利を得ることはできず、エチオピア解放はとてつもなく遅れていたはずだ。北アフリカ沿岸部とエチオピアでのその直後の趨勢は、中東方面軍総司令官ウェイヴル大将が、戦局におけるさまざまな事柄の軒軽《けんち》と状況を正しく見極めていたことをはっきりと実証した。

*

私はさっそく関係者すべてに祝意を表するとともに、兵力をできるだけ温存するよう促した。

元海軍関係者よりローズヴェルト大統領へ　一九四〇年一二月一三日

私たちのリビアでの勝利をよろこんでくださるだろうと思っています。このこととアルバニア軍の敗北が重なった場合〔アルバニアはイタリアの属国になり、ギリシャでイタリア軍に組み込まれて戦ったが、戦意が低くかえって足手まといになった〕、私たちが資源を有効に利用すれば、ムッソリーニには痛手になるでしょう。戦闘の全面的な結果はまだ入手していませんが、イタリアを打倒できれば、私たちの情勢は四、五カ月前よりもずっと希望が持てるようになります。

チャーチル氏より、オーストラリア首相メンジズ氏へ　一九四〇年一二月一三日

大英帝国陸軍がリビアでものにした勝利に、勇気づけられたであろうと思います。それとアルバニア軍の失策が重なれば、ムッソリーニには痛手になるでしょう。数カ月前にはデルタ地帯やスエズ運河をきちんと防衛するという約束すらできなかったことを、思い出してください。私たちは、侵攻の脅威が差し迫っているときに、本国でさまざまな厳しい危険を冒して、兵員、戦車、砲をすべて喜望峰まわりで輸送し、いまその報奨を得ました。ドイツがよろめき進んでくるはずの中東で、大英帝国すべてのきわめて大規模な軍隊とじゅうぶんな海軍力を結集することを、私たちは計画しています。必要とあれば、それと同時に、貴国に向けて東へ移動します。成功はつねに絶大な努力を必要とします。ご多幸を祈ります。

総理大臣よりウェイヴル将軍へ　　一九四〇年一二月一三日

私たちのもっとも高い望みを果たした、貴官のすばらしい勝利に、心から祝意を表したい。熟練の参謀の作業が必要であり、骨の折れる任務を陸軍が果敢に実行したことを説明すると、庶民院は感動した。結果がすべて判明した暁には、国王が貴官に祝電を送るはずだ。その前に、私の謝意と賛辞をウィルソンに伝えてほしい。貴官もおなじ謝意と賛辞を受け取ってもらいたい。

詩人のウォルト・ホイットマンは、成功がどれほど完璧に得られても、それよりも大変な苦闘が必要になる物事がその成果から生じると述べている。当然のことだが、貴君の思考では追撃が第一の地位を占めるだろう。しかし、勝者がもっとも疲弊しているときには、敗者によって最大の罰を科されるおそれがあるのだ。リビアそのもので惨敗を喫するほど、ムッソリーニを縮みあがらせることはない。貴君は当然、イタリア領土内の港を奪取することを考慮したにちがいない。そうすれば、艦隊が貴官の将兵全員を運ぶことができるし、本格的な抵抗に遭うまで海岸線に沿って索敵をつづけるあらたな起点が得られる。敵軍は鎌で収穫できる実ったトウモロコシのように見える。貴君の考えと計画をできるだけ早く知らせてほしい……。

アフリカの海岸線で完全に行軍を停止すると同時に、私たちの今後の見通しにはあらたな展望が加わり、魅力的な選択肢が現われるだろう。

一二月一五日には、敵の全部隊がエジプトから追い払われていた。キレナイカ地方に残っていたイタリア軍主力は、孤立していたバルディア要塞内に撤退した。これをもってシーディー・バッラーニの戦いの第一段階は終わり、敵の五個師団の多数が殲滅された。捕虜は三万八〇〇〇人を超えていた。私たちの死傷者は、戦死一三三人、戦傷三八七人、行方不明八人だった。

総理大臣よりウェイヴル将軍へ　　一九四〇年一二月一六日

ナイル軍は大英帝国と私たちの大義に栄えある貢献をして、私たちはすでにあらゆる方面でその報奨を収穫している。貴官、ウィルソン、そのほかの司令官たちに私たちは大きな恩恵をこうむった。彼らの軍人としてのすばらしい技倆と勇猛な指揮によって、リビアの砂漠で記憶されるべき勝利をものにした。イタリア陸軍を叩きのめしてアフリカの海岸線をひとかけらも残さずに奪い取ることが、貴官の第一目標であるにちがいない。バルディアとトブルクに対する貴官の意図を知って私たちはたいへん喜んでいるし、さらに、最近のサルームとカプッツォの獲得についても耳にして、誠に喜ばしい。これ以上は進めないというところに達してはじめて、貴官は第一の希望を捨て、スーダンかドデカネス諸島での第二の活動を採択するだろうと、私は確信している。スーダンはきわめて重要で、ずっと望ましい。それに、二個インド旅団［すなわち第4インド歩兵師団］を、リビアでの追撃戦に悪影響を及ぼすことなく割くことができる。ドデカネス諸島のほうは、すこし待っても悪化しないだろう。だが、どちらも、イタリア陸軍の主力にさらなる敗北を味わわせるという至高の任務を損なってはならない。もちろん、私がここから特定の状況を判断できるといい張るつもりはないが、ナポレオンの金言がある。〝大軍を叩《フラペ・ラ・》けば、残りすべてがついでに手に落ちる《マス、エ・トゥ・ル・レスト・ヴィヤン・パル・シュルクロワ》〟という言葉が、耳を離れない。水陸両用戦と敵前線後背での上陸により、敵の支隊を切り離し、補給品と兵員を前方に海上輸送するという、前の電報の提案をくりかえしたい。

英空軍《RAF》のすばらしい運用と陸軍との巧みな連携について、ロングモアに賛辞と祝意を伝えてもらいたい。新手のハリケーン戦闘機が、彼のもとに無事に届くことを願っている。タコラディから到達できるさらに多数の航空機を〈フューリアス〉に積載していると伝えてほしい。ロングモアは、〃エクセス〃[作戦]によって運ばれる分も得られる。いずれも一月初旬に到着するはずだ。

総理大臣よりウェイヴル将軍へ　一九四〇年一二月一八日

マタイ伝福音書、第七章七節

求めよ、さらば與へられん。尋ねよ、さらば見出さん。門を叩け、さらば開かれん。

ウェイヴル将軍より総理大臣へ　一九四〇年一二月一九日

ヤコブの書、第一章一七節

凡ての善き賜物と凡ての全き賜物とは、上より、もろもろの光の父より降《くだ》るなり。父は変はることなく、また回転の影もなき者なり。

*

バルディアが私たちのつぎの目標だった。全長一七マイル（約二七キロメートル）の防衛境界線内に、イタリア軍四個師団の大部分が布陣していた。防御は連続する対戦車壕と鉄条網の障害物に加えて、コンクリートブロックの小屋が間隔を置いて設置されていた。これらのうしろに第二の築城された前線があった。この堅固な要塞へ突撃するには、準備が必要だった。第7機甲師団は、敵が北や北西に逃れるのを阻止した。強襲に投入できるのは、第6オーストラリア歩兵師団、イギリスの第16歩兵旅団、第7ロイヤル戦車連隊（戦車二六両）、一個機関銃大隊、軍団砲兵から割りふられた野戦砲連隊一個と中砲連隊一個だった。

砂漠の勝利の一話を締めくくるには、新年に割り込まなければならない。攻撃は一月三日の早朝に開始された。強力な集中砲撃に掩護されたオーストラリア軍一個大隊が、西防衛境界線の応急防護施設を奪取して保持した。その背後で工兵が対戦車壕を埋め立てて横断可能にした。二個オーストラリア旅団が攻撃を続行し、東と南東に殺到した。そのときにアメリカ映画で歌われた曲を歌った。じきにイギリスでも人気が出た。

おれたちは魔法使いに会いにいく
すばらしいオズの魔法使いに
魔法使いのなかの魔法使いだと聞いている
魔法使いがいればだけど

この歌を聞くといつも、この楽天的な日々を思い出す。四日の午後には、イギリスの戦車――〝マチルダ〟と呼ばれていた――が、歩兵の支援を受けてバルディアに入城し、五日には防御部隊がすべて降伏した。捕虜四万五〇〇〇人に加え、砲四六二門が鹵獲された。

翌一月六日、つぎの目標のトブルクは、第7機甲師団によって孤立していた。翌七日、先頭のオーストラリア旅団がその東防御の前に布陣していた。そこの防御境界線は全長二七マイル（約四三キロメートル）で、バルディアと似たような防御だったが、対戦車壕が浅くてものの役に立たない個所がいくつもあった。守備隊は一個歩兵師団丸ごとと軍団司令部から成り、前方地域の敗残兵多数がいた。攻撃がやっと可能になったのは一月二一日で、熾烈な弾幕射撃を受けながらべつのオーストラリア旅団が南面で防御境界線を突き破った。おなじ師団の二個旅団が左右にすばやく分かれて、形成された橋頭堡にはいった。夜までに防御区域の三分の一が私たちの手に落ち、翌日の早朝には抵抗が熄んだ。捕虜は三万人近くに及び、砲二三六門を鹵獲した。砂漠軍は水も食糧もない地域で六週間にわたって二〇〇マイル（約三二〇キロメートル）を超える距離を進軍し、空と海から常時防御されている厳重に築城された海港二カ所を強襲によって掌握し、捕虜一一万三〇〇〇人と砲七〇〇門超を得た。エジプトに侵攻し、あわよくば征服することを願っていた偉大なイタリア陸軍は、軍隊の体裁を失い、英軍が西に向けてどこまでも進軍するのを遅らせていたのは、距離と補給という差し迫った難事だけだった。

　これらの作戦のあいだずっと、海軍が活発な支援を提供していた。バルディアとトブルクはそれぞれ海から激しい艦砲射撃を受け、地上戦では艦隊航空隊が役目を果たした。なによりも重要だったのは、海軍が前方部隊に一日約三〇〇〇トンの補給品を届けるとともに、攻略した各港のあいだで兵員を輸送する重要な任務をつづけて、陸軍の進軍を支えたことだった。勝ち誇る私たちの陸軍は、英空軍が王立イタリア空軍《レギア・アエロナウティカ》をしのいで空を支配していたことにも、恩恵をこうむっていた。私たちの操縦士たちは、数で劣っていても勇敢で、士気が急上昇し、思う存分、空を飛びまわっていた。敵飛行場の攻撃は利益が大きく、その後、敵機数百機が破壊されるか放棄されていたことがわかった。

＊

　相手側の反応を見るのは、どんなときでも興味深いものだ。読者はもうチャーノ伯爵とは知己を得ているから、富裕になって高い官職の魅力に負けて易々と道を誤る弱い人々に、あまりきつく当たらないほうがいいだろう。そういう誘惑すべてにみごとに抵抗できた人間だけが、ひとを裁くことができる。チャーノは、銃殺隊に直面したときに、負債をすべて返済した。悪党どもは、もっとちがう特

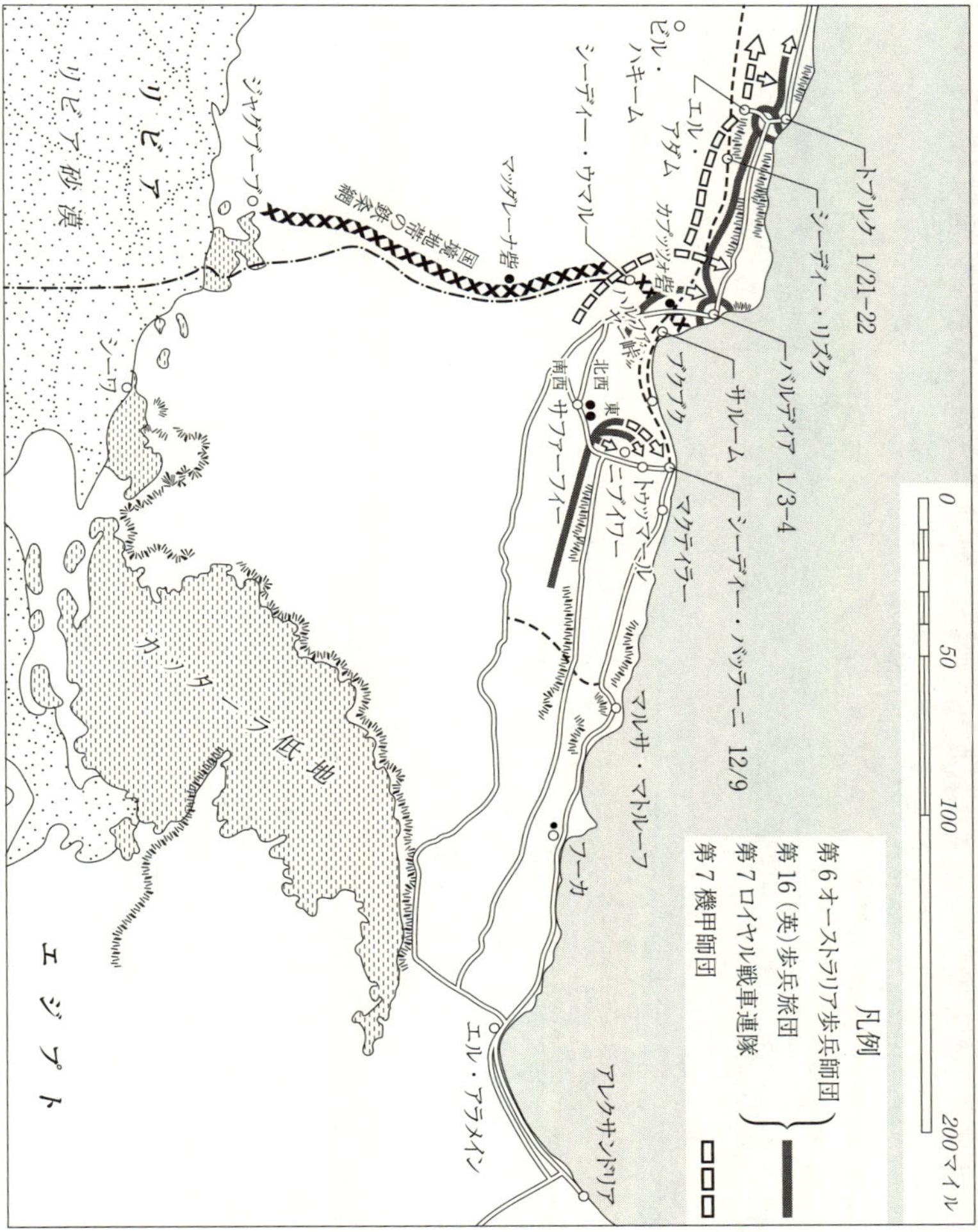

砂漠の勝利　1940 年 12 月－1941 年 1 月

質を備えている。チャーノをしのぐ悪党はめったにいないだろうが、そういう悪党になるか、チャーノに似た多数の同類項のひとりになりたいと思ってはならない。

私たちには、毎日書き留められたチャーノの日記がある。★日記：——一二月八日、目新しいことはなにもない。一二月九日、バドリオに対する陰謀。一二月一〇日、「シーディー・バッラーニへの攻撃が青天の霹靂のごとく襲いかかる。最初は重大だとは思えなかったが、その後のグラッツィアーニからの電報で、われわれが敗北を喫したことが確実になる」。この日、チャーノは義父ムッソリーニに二度会い、彼がひどく落ち着いているのを目にした。「彼はその事件について、冷淡に他人事のような意見を口にした……グラッツィアーニの威信のほうが気がかりなのだ」。一一日には、イタリア軍四個師団が壊滅したことを、ローマの側近たちが知った。さらに悪いことに、グラッツィアーニは自分たちの対抗手段のことよりも、敵の大胆さと巧妙な企てのほうにこだわった。ムッソリーニは落ち着いたままだった。「どんな戦争にも運不運があり、われわれが過ごしている数多くの苦しい日々を避けることはできないと、彼は主張した」。イギリスが国境地帯にとどまれば、重大な事態は起きなかった。逆に、トブルクに達したら、「悲惨な事態の瀬戸際になると、彼は思っていた」。その夜、ムッソリーニは、五個師団が二日のあいだに「完全に粉砕された」ことを知った。明らかに、この陸軍部隊には欠陥がある！

一二月一二日に、グラッツィアーニから「悲惨きわまりない電報」が届いた。「せめてトリポリの要塞に旗が翻るように」そこまで後退することを、グラッツィアーニは考慮していた。ロンメルがムッソリーニに過度の影響力を及ぼしているせいで、エジプトへの危険の大きい進軍を強いられたことに、グラッツィアーニは憤慨していた。「蚤と象の争い」に押し込まれたと、文句をいった。どうやら、その蚤が象の大部分を呑み込んだようだった。一五日にはチャーノ自身も、イギリスが国境地帯で停止することに甘んじるとは思えなくなり、そういう趣旨の意見を書き留めている。軍功をあげられなかったグラツィアーニは、飼い主のムッソリーニに厳しい非難を浴びせた。ムッソリーニがこれに応じた言葉には一理あるかもしれない。「私が怒る気にもなれない男が、またひとり現われた。なにしろ私が軽蔑している相手だからな」。せめてデルナで英軍を食い止められることに、ムッソリーニはなおも希望をつないでいた。

＊

私は毎日、砂漠での進展を庶民院に報告していた。一二月一九日に私は、戦争の全体の局面について、長い声明を述べた。本土防衛の改善について説明し、いっそう警戒を強めるよう促した。空襲がなおもつづくと予想しなければならないので、組織立った防空壕の設置、衛生状態の改善、人々が夜を過ごすときの極度に劣悪な状態の緩和は、政府が本国でやらなければならない第一の責務だった。「空襲警戒部（ARP）、内務省、保険省は、リビアの砂漠でイタリア軍を追撃している私たちの機甲車両縦隊同様、まさに前線にいるのです」。大西洋での船舶の沈没についても、警告する必要があると思った。「依然として不安を催す水準で、一九一七年の重大な時期ほどひどくはないですが、私たちが一年前に制御したと思われた危険の再燃を認識しなければなりません。今後、小艦隊の資源やそのほかの防御手段が着実に増加しますが、**潜水艦と長距離航空機に対抗して、この水路が世界に通じている状態を維持することが、私たちがもっとも優先すべき軍事的責務です**」

＊

イタリア国民にラジオで演説する潮時だと思い、一二月二三日の夜に私はイギリスとイタリアの長

★『チャーノの日記、一九三九—四三年』（ed. Malcolm Muggeridge）pp. 315–17.

い友好関係を思い出すようにと述べた。いま両国は戦争状態にある。「……私たちの陸軍はあなたがたのアフリカの帝国をずたずたに引きちぎっていますし、これからも引きちぎります……。どうしてこうなったのでしょうか？　なんのためなのでしょうか？」

イタリアのみなさん、私はあなたがたに真実を告げます。すべてはひとりの男のせいなのです。ひとりの男、たったひとりの男が、大英帝国に対する死を招きかねない闘争でイタリア国民を戦列に配し、アメリカ合衆国の同情と親交をイタリアから剝奪したのです。その男が偉大であることを私は否定しませんが、何事にも抑制されずに一八年のあいだ権力を握ったあと、その男があなたがたの国を破滅の瀬戸際へと導いたことは、だれにも否定できません。イタリアの王位と王族に反し、教皇とヴァチカンとローマ・カトリック教会のあらゆる権威に反し、この戦争を渇望しなかったイタリア国民の望みに反したこの男は、古代ローマの受託者と相続人を、凶暴な異教徒の野蛮人の側で戦闘配置につけたのであります。

首相就任時にムッソリーニに送った書簡と、一九四〇年五月一八日のムッソリーニの返信を読みあげてから、私は演説をつづけた。

一八年のあいだ独裁権力を握ったあと、首領《ドゥーチェ》は彼を信じて疑わない国民をどこへ導いたでしょうか？　いま彼らにはどんな過酷な選択肢が残されているでしょうか？　海と空とアフリカで全大英帝国の砲門の前に立たされ、ギリシャで強烈な逆襲に遭うか、あるいはブレンナー峠に貪欲な軍隊と秘密警察《ゲシュタポ》の犯罪者どもを従えた蛮族の王《アッティラ》を呼び出し、イタリアを占領して抑えつけ、イタリア国民を保護してほしいと頼むか。その男とナチの信奉者たちは、イタリア人に人種間の記録に残るもっとも辛辣であからさまな侮蔑を浴びせて楽しむことでしょう。

ひとりの男、たったひとりの男が、あなたがたをそこに導いたのです。イタリアの国民がふたたび自分たちの運命を形作るためにもう一度介入する日まで——その日がかならず来ます——いまくりひろげられているこの物語を語るのは、ここでやめておきます。

不思議なことに、これとおなじ日に、ムッソリーニはイタリア陸軍の士気についてチャーノに語っていた。★「それにしても、一九一四年のイタリア人のほうが、これよりずっとましだったということは、認めざるをえない。当時の政権《レジーム》にへつらうわけではないが、じっさいそうなのだ」。翌日、窓の外を眺めていった。「この雪と寒さはたいへんありがたい。これならば、わが役立たずのイタリア人ども、この二流人種も、改良されるだろう」。退廃していると見なした大英帝国に対する侵略戦争を開始してから六カ月後に、この腹黒い人物は、イタリア陸軍のリビアとアルバニアでの失態によって本音を吐き、こういう辛辣で恩知らずな言葉を口にしたのだ。

＊

この時期、きわめて移り変わりの激しい重大事件が続出していたので、考えられるあらゆる行動を事前に研究しなければならず、そのおかげで行動の選択肢が大幅にひろがっていた。私たちのリビアでの勝利が、早くもエチオピア国内でのイタリアに対する反乱を鼓舞していた。皇帝ハイレ・セラシエ一世が望みどおりに帰国することを、私は強く願っていた。外務省は、まだその段階ではないと考

★『チャーノの日記』p. 321.

えていた。私は新外相の判断を受け入れたが、たいした遅れが生じることもなく、あらゆる危険を冒すことに乗り気だった皇帝は、まもなく母国の土を踏んだ。

（即日実行）

総理大臣より外務大臣及びイズメイ将軍へ、参謀総長委員会《COS》宛

一九四〇年一二月三〇日

エチオピア皇帝の希望をかなえるために、あらゆる努力を行なうべきだと思われる。私たちの将校がガラ族〔現在はオロモ人と呼ばれるエチオピア最大の民族〕の国にはいるのを早くもやめたと聞いている。反乱を煽ることができるかもしれないエチオピアからの逃亡者の大隊をたんなる道路建設に使用しているのは、残念に思える。無気力状態に支配されているケニアには、私たちの将兵六万四〇〇〇人がいるから、道路建設要員と交替することも可能なはずだ。第一の論点について、私はハイレ・セラシエがエチオピアに帰国することに強く賛成する。エチオピアのさまざまな部族にどんな意見の相違があるにせよ、皇帝の帰国は反乱が大幅に拡大した証拠だと見られるだろうし、リビアでの私たちの勝利と結び付けられるだろう。

皇帝に送れるような諾意の返答を起草してもらえるとありがたい。

総理大臣より外務大臣へ

一九四〇年一二月三一日

玉座のために命を懸けるかどうかを判断するのは、皇帝本人でなければならないと思う。貴君は公式覚書に「時期尚早で大惨事を起こしかねない行動に向けて暴走する」ようなものだと書いていた。私は「暴走」するつもりは毛頭ないが、なおも数カ月間、皇帝は行動すべきではないとする理由の一端を知りたい。皇帝宛の電報ではもっと心をひらいて述べるのが望ましいと思う。マイルズ・ランプソン卿〔エジプト駐箚大使。実質的にエジプトを牛耳っていた〕宛の電報はもっと楽観的なほうが望ましい。しかし、いずれも強調すべき問題についての私見であり、明確な指針を示すのは不安だと貴君が認識しているようであれば、電文の変更を強く求めることはしない。
復帰についてのハイレ・セラシエへの約束という問題と、私たちの作戦がいまのように成功すると想定した場合の、東アフリカにおけるイタリアの軍事的立場についての見解は、けさ貴君からよろこばしい連絡があったとおり、外務省の注意を喚起している。

＊

最後に、諸事が有利な方向に進んでいるのを利用する機会をヴィシー政権にあたえたいと、私は強く願っていた。戦争に憤懣、悪意、怨恨を持ち込むべきではない。主な目標が、さして重要ではない苦痛の種の原因すべてを凌駕しなければならない。これまで数週間、参謀総長委員会と陸軍省参謀本部は、フランスが友好的になった場合にモロッコに上陸するために、六個師団から成る遠征軍の準備と立案を行なっていた。私たちは、ヴィシー政権におけるカナダ代理大使デュピュイ氏を、ペタン元帥との連絡手段に利用できた。ローズヴェルト大統領がタンジールやカサブランカと、当然ながらアフリカ大西洋岸に興味を抱いていることがわかっていたので、アメリカに情報を流しつづける必要があった。ドイツがそういった場所を占領してUボート基地として維持することは、アメリカ合衆国の安全保障を脅かすと、アメリカ軍上層部は判断していた。そこで、参謀総長委員会と戦時内閣の最終承認を得て、以下の呼びかけをデュピュイ氏の手を通してヴィシー政権に渡すと同時に、外務省がワシントンDCの代理公使に伝えた。

総理大臣よりペタン元帥へ　　　一九四〇年一二月三一日

近い将来にフランス政府が北アフリカに渡るか、そこでイタリアやドイツに対する戦争を再開すると決断したときには、モロッコ、アルジェ、チュニス防衛支援のために、最大六個師団から成る装備の整った強力な遠征軍を派遣するつもりです。輸送と上陸のための施設が用意されしだい、これらの師団は出航できます。いまイングランドには、装備の整った大規模な陸軍があります。しかも、侵攻を撃退するのに必要な部隊のほかにも、じゅうぶんな訓練を受け、急速に改善が進んでいる、かなりの規模の予備部隊があります。中東の戦局もかなりよくなっています。

2．英空軍はいま拡大しはじめていて、重要な支援を行なうことができます。

3．地中海の制海権は、英仏艦隊の再結集とモロッコ及び北アフリカの基地の共同使用によって確保できるはずです。

4．貴官が指名する軍の代表と極秘裏に参謀会議を開始するつもりです。

5．その反面、遅延は危険です。ドイツが腕ずくかあるいは協力を得て、いつなんどきスペインを通過し、ジブラルタルの錨地を使用不能にして、海峡の両側の砲台を実質的に手に入れ、飛行場に空軍を配置するかもしれないのです。ドイツ軍には迅速な攻撃という習性があり、モロッコ沿岸で陣容を整えたら、どんな特定計画《プロジェクト》も不可能になります。私たちが共同で計画を立て、大胆に実行しないと、戦局はあっという間に悪化し、成功の見込みは打ち砕かれるでしょう。私たちはますます強力になる支援をあたえられますし、それをやるつもりであるのを、フランス政府が認識することが、きわめて重要です。しかし、現状では私たちの力の及ぶところではないかもしれません。

同様の呼びかけをべつの経路で、アルジェ総司令官のウェイガン将軍にも伝えた。どちらの方面からも、いかなる返答もなかった。

*

この時期に私たちは、計画とほとんどの場合、準備がすでに行なわれ、おおよその承認を得ていた多数の任務と特定計画を検討していた。第一はもちろん侵攻に対する本土防衛だった。すべてが近代的な高い水準の装備ではなかったにせよ、武装して装備を整え、優秀な機動性の師団が三〇個近くあった。そのかなりの部分が正規軍で、全員が一五カ月にわたり、厳しい訓練を受けていた。このうち、沿岸部の部隊はべつとして、一五個師団あれば、海を越える侵攻にじゅうぶん対処できると、私たちは判断していた。一〇〇万人を超えていた郷土防衛隊は、予備役以外は小銃と実弾を備えていた。したがって、海外で攻撃的な軍事行動が必要になったり、そういう好機が生じたりしたときには、一二個ないし一五個師団を割くことができる。中東、ことにナイル軍への増援は、すでにオーストラリア、ニュージーランド、インドから供給されることになっていて、海上輸送やその他の手段が手配済みだった。地中海がまだ通航できないので、これらの船団と護衛の艦隊は、何週間もかかるきわめて長い旅を強いられていた。

第二は、ヴィシー政権か北アフリカのフランス勢力が、共通の大義のために結集した場合にそなえて、航空部隊を加えた六個師団規模の遠征軍を準備していることだった。敵の抵抗がなければ、これらの部隊が支援を受けて、カサブランカなど、モロッコの大西洋岸の港に上陸する。これと同等の兵力と装備のドイツ軍がスペインを通過してやってくる前に、この優秀な部隊をフランス領モロッコからジブラルタルの対岸のセウタに移動できるかどうかは、スペインの抵抗の度合いに左右される。しかし、来援を乞われたら、そして都合がよければ、私たちはカディスに上陸して、スペイン軍を支援できる。

第三は、スペイン政府がドイツの圧力に屈し、ヒトラーの同盟国になるか、共同参戦国になり、そのためにジブラルタルの港が使えなくなった場合への対応だった。大西洋の島々を占領するために、強力な一個旅団と適切な高速輸送艦四隻を用意してある。べつの方策は、イギリスとポルトガルが一三七三年の「友には友となり、敵には敵となる」〔この同盟の有名な条文の一部〕ような同盟に訴えることにポルトガル政府が同意すれば、カーボ・ヴェルデ諸島〔アフリカの西にあるポルトガルの植民地［当時］〕に全速力で基地を設置するというものだ。〝榴散弾《シュラプネル》〟と名付けられたこの作戦では、喜望峰まわりの航路の重要な直線部分の制海権を維持するのに必要な航空基地と給油基地を確保できる。

第四に、ジブチの戦況が有利になったら当地の攻略を達成するために、ド・ゴール主義者のフランス人一個旅団に西アフリカ増援を加えて、喜望峰まわりでエジプトに派遣する（〝マリー〟作戦★）。

航空戦力を中心にマルタを増援する準備もなされていた（〝巻き上げ機《ウインチ》〟作戦）。シチリアとチュニスのあいだの通航をふたたび制することが目的だった。この方針の計画の重要部分（〝作業場《ワークショップ》〟作戦）は、特別襲撃隊《コマンドウ》一個旅団による岩場の多い島パンテッレリアの入江の奪取で、ロジャー・キーズ卿がみずから指揮をとることを望んでいた。ギリシャの戦局の変化によっては、増援が必要になるかもしれなかったが、増援部隊がクレタ島のスーダ湾の守備隊に移動するのを待つあいだに、堅固な海軍・航空基地を設置するためのあらゆる活動が命じられた。ギリシャ陸軍を支援し、イタリア軍を叩き、必要とあればルーマニアの油田を攻撃するために、私たちはギリシャに飛行場をいくつも開設していた。それと同様に、トルコでの積極的な飛行場開設と、トルコへの技術支援も行なっていた。

最後に、エチオピアでの反乱があらゆる手段で煽られ、エチオピアのイタリア軍の脅威に対抗すべく、カッサラ近辺を攻撃するために、ハルトゥームにかなりの規模の部隊が配置された。陸海軍が合同でケニアからアフリカ東海岸を紅海に向けて進軍し、エリトリアのイタリア植民地を征服することを視野に入れて、アッサブとマッサワの築城されたイタリア軍の港を攻略する移動計画が立てられた。

これについて私は、きわめて短時間の通達で敵への攻撃を開始できる、入念に考慮された綿密な企ての幅広い選択肢を、戦時内閣に示すことができた。副次的な規模ではあるが積極的な絶え間ない海外攻勢作戦の方策を、そこから見出せるはずだった。それによって、一九四一年初頭の戦争遂行を楽にするとともに、華やかにできる。それを通じて、兵員、軍需品、航空機、戦車、砲兵といった主な戦力の増強が、持続的に大幅に拡大する。

*

年末が近づくと、戦局全体の光と影がいずれも強烈になった。私たちは生きている。私たちはドイツ空軍を叩きのめした。イギリス侵攻は行なわれていなかった。本国の陸軍は、いまやきわめて強力

★総理大臣よりイズメイ将軍へ、参謀総長委員会《COS》宛

一九四〇年一二月一日

ド・ゴール将軍は私に、ジブチ奪回を考えていると語った――今後、その作戦に関係があるすべての文書と電報で〝マリー〟と呼ばれることになる。ド・ゴール将軍がアフリカ赤道地帯からエジプトへフランス人大隊三個を派遣し、ルジャンティヨム将軍がそれを出迎える。これらの大隊はエジプト防衛に使われるか、ギリシャ防衛に多少なりとも貢献するように見せかける。その部隊を隠す必要はない。むしろ逆で、到着が目立つようにすべきだ。しかし、最適の好機に、これらの大隊は厳重な護衛付きで英海軍に運ばれ、ジブチへ行く。イギリス側はそれ以上の支援を求められない。ルジャンティヨム将軍が現地の支配者になり、守備隊を呼び寄せて結集し、ただちにイタリア軍と交戦すると、ド・ゴール将軍は確信しているし、添付の文書もその案に賛同している。これはきわめて好ましい進展になるはずだし、現時点ではド・ゴールが行なうことができる最善の策だろう。これを注意深く研究し、ド・ゴールに協力してもらいたい。ダカールの一件を思い出して、秘密保持を重視し、地名をぜったい口にしないよう、全員にいい聞かせること。フランス人大隊がエジプトに到着するまで、二カ月はかかると思う。

漏れのない完璧な報告を提出してもらいたい。

になった。ロンドンはあらゆる苦難を潜り抜けて、意気揚々と佇立している。私たちの島の上空の制空権については、なにもかもが急速に改善していた。モスクワの指令に従う共産主義者は、資本主義者と帝国主義者の戦争だと、わけのわからない中傷をべらべらしゃべっていた。だが、工場は活発に操業し、安心感と誇りの高まる波によって気分が高揚したイギリス国民全員が、昼も夜も精を出して働いていた。リビアの砂漠では勝利が光り輝き、大西洋の向こうの偉大な共和国は責務を果たして私たちを援助する方向に近づいていた。

このとき、私は国王からたいへん思いやりのある手紙を頂戴した。

サンドリンガムにて
一九四一年一月二日

親愛なる総理大臣

新年を迎え、心より貴君のご多幸と、あらたな年にこの紛争の終わりが見えることを祈ります。私はここでも滞在をすでに楽しむようになっています。健康によいようですし、景色が変わり、戸外で運動することで元気づけられます。しかし、ほかのみなさんが仕事をつづけているのに、私が責務を果たすべき場所から遠ざかっているのは、よくないことのように思えます。とはいえ、これを薬のようなものだと見なし、心も体も爽快になって復帰し、敵に対抗する活動を再開できることを願っています。

骨の折れる仕事をたくさん抱えている貴君が、クリスマスにすこしでも息抜きできたことを心から願っています。私の総理大臣としてこの七カ月間、貴君が行なってきたことすべてに敬服しているとともに、週に一度の昼食会での私たちの話し合いをたいへん楽しみにしていました。私が復帰したときには、それがつづけられることを願っていますし、それがとても待ち遠しいのです。

つぎの月曜日に、私はシェフィールド★を訪れたいと思っています。ここからなら一日で済むことですし……。

あらためてご多幸を祈ります。

いつものように
心より誠意を抱いて
国王ジョージ

心の底からの感謝を、私は表明した。

一九四一年一月五日

陛下

国王陛下のたいへん丁寧なお手紙を光栄に思っております。国王陛下ならびに王妃様は、私が海軍卿だったときから親切にしてくださり、総理大臣に就任してからはいっそう親切にしてくださり、この生死を懸けた熾烈な戦いの浮き沈みのあいだ、それが力づけと励ましの源となってきました。私は以前も陛下のお父上とお祖父上に国務大臣として何年ものあいだ仕え、父と祖父はヴィクトリア女王に仕えましたが、国王陛下は私にとうていありえないくらい親密に、そして寛大に接してくださります。

私たちはいま、イングランド君主制の歴史上の何事よりもつらく重大な月日を通過し、さらにいま、私たちの前方には長く厳しい道のりがのびています。爆弾に打擲される哀れな古いバッキンガム宮殿で

★シェフィールドはきわめて激しい爆撃を受けた。

の毎週の昼食会と、国王陛下ならびに王妃様の心中で危難に動じず、容赦ない労苦にも疲れを知らない熱意が燃えているのを感じることで、私はたいへん元気づけられました。この戦争で、玉座と国民はどんな記録にも残されていないほど密接になりましたし、陛下はあらゆる階級と身分の人々から、過去のどんな王よりも愛されるようになりました。英国の物語のこのような最高潮のときに総理大臣として国王陛下のかたわらに立つ巡り合わせと責務をあたえられたことを、当然ながら誇りに思っておりますし、たしかな希望と自信をもって私は、勇敢なオーストラリア兵がまたしてもイタリア兵二万人を捕虜にした〝バルディアの日〟に署名いたします。

国王陛下の忠実で献身的な
僕であり臣民である
ウィンストン・S・チャーチル

*

この凄絶な一年は、もっとも死の危険が大きかった年だったからこそ、イングランド及び大英帝国の歴史でもっともすばらしい年だと見なしてもよいかもしれない。スペインの無敵艦隊《アルマダ》を殲滅したのは、古式ゆかしい偉大なイングランドだった。信念と決意の力強い炎によって私たちは、ウィリアム三世とモールブラ公がルイ一四世を相手に行なった二五年にわたる戦争をやり遂げた。名高いチャタムの戦いもあった〔オランダの火船による急襲でイングランドが大損害をこうむった〕。ナポレオンとの長く苦しい戦いもあり、ネルソン提督と協力者たちの傑出した指導力によって英海軍が海を制し、私たちは生き延びることができた。第一次世界大戦で、英国人一〇〇万人が死んだ。だが、何事も一九四〇年を凌駕してはいない。一九四〇年末、この長生きしてきた小さな島は、献身的な連邦と自治領とあらゆる空のもとの結び付きによって、この世の宿命の衝撃と重みに耐えられることを実証した。私たちはひるまず、揺るがなかった。

私たちはたゆむことがなかった。イギリスの国民と民族の魂は、無敵であるとわかった。自治領と帝国の砦に攻め込むことは不可能だった。たとえ孤塁であっても、人類すべての寛大な心の動きに支えられ、勝利の絶頂にあった暴君に公然と反抗した。

私たちの秘められた力が、いまや生き生きと活動していた。空の脅威はたかが知れている。グレート・ブリテン島は、手で触れることも、侵すこともできない。これからは、私たちには戦うための武器がある。組織立った軍事機構がある。自力で持ちこたえられることを、世界に示した。ヒトラーの世界制覇という問題には、ふたつの側面があった。多くの人々がものの数ではないと見なしていたイギリスが、かつてなかったほど強くなり、日に日に力を増しながら、いまも競技場《リング》にいる。かつて私たちの敵だった時間が、いまは味方になっている。それはイギリス国内に限ったことではない。アメリカ合衆国が迅速に武装を強化し、どんどん参戦に近づいている。戦争勃発時には鈍感な計算ちがいで私たちを役立たずだと見なし、はかない不可侵と戦利品の分け前をドイツから購っていたソヴィエト・ロシアも力を強め、国防に適した位置まで前線を押し出していた。日本は当面、世界戦争が明らかに長引きそうなことに気後れし、ソ連とアメリカを不安気に眺めて、なにが賢明で得になるかと、深刻に考えこんでいる。

そしていま、このイギリスと遠くに散らばった同盟国や保護領は、破滅の瀬戸際にあり、いまにも心臓を貫かれそうだったものの、この一五カ月、戦争の問題に集中し、兵員を訓練し、じつに多種多様な活力をすべて戦いに注ぎ込んできた。それよりも小さな中立国や征服された国々は、空にまだ星が輝いているのを見て、驚きと安堵の息を呑んだ。熱情を宿した希望が、数億人の人々の心にあらたに燃えあがった。正しい大義は勝利を収めるだろう。正義が踏みにじられることはないはずだ。この宿命的なときに自由の旗である英国国旗《ユニオン・ジャック》はいまも、吹くすべての風のなかで翻るだろう。

だが、戦局が頂点に達したときに正確な情報を前に思い悩んでいた私と忠実な閣僚たちは、心配事に事欠かなかった。Uボートによる封鎖の影が私たちを覆い、冷たい恐怖がひろがっていた。私たちの計画はすべて、この脅威を打倒することに依存している。フランスの戦い《バトル・オヴ・フランス》では敗北を喫した。英本土防衛戦《バトル・オヴ・ブリテン》では勝利をものにした。つぎは大西洋の戦い《バトル・オヴ・ジ・アトランティック》を行なわなければならない。

補遺

補遺A　総理大臣の直達覚書及び公電

一九四〇年五―一二月

五月

総理大臣よりイズメイ将軍、関係者各位へ

四〇年五月一八日

近接信管と必要なロケット発射器は、従来、重要な艦船防護手段と見なされてきたが、航空機工場などのきわめて重要な地点の防護にもっと大量に、なおかつ緊急に必要とされるだろう。これについて、なにがなされているのか？　必要な生産を準備するための提案をあす行なってほしい。飛翔体の設計の変更は必要なのか？　この作業の艦船向けの部分は海軍兵器部長が続行できるだろうが、陸地の攻撃を受けやすい地点への供給が遅延してはならない。この生産を調達するのに求められる組織や手段を明晩に報告してもらいたい。

総理大臣より植民地大臣へ

四〇年五月二三日

ウェッジウッド★の質問に対して貴君が提案した回答に、全面的に賛成する。パレスチナの外で軍務に服するユダヤ人部隊の編成は望まない。現時点でのパレスチナにおけるほとんど唯一の主目的は、そこにつなぎ

★ジョサイア・ウェッジウッド議員（熱心なシオニスト）。

とめられている優秀な正規軍の大隊一一個を解放することだ。この目的のためにユダヤ人が武装して自衛し、できるだけ迅速に組織化されなければならない。彼らがアラブ人を攻撃するのを、私たちは海軍力で阻止できる。そのようなことが起きたら、彼らは外界と疎遠になり、友好国の影響力が及ばなくなる。いっぽう、早急に現地を離れなければならない私たちの部隊が去るときに、彼らを非武装のままにしておくことはできない。

総理大臣より航空機生産大臣へ

四〇年五月二四日

現在と今後予想される航空機生産高について、意見が一致した数値を得るために、リンデマンと話し合ってもらえるとたいへんありがたい。空軍省は供給されている数に対してじゅうぶんな配備を行なっていないと、私はつねづねから思っていたし、リンデマンが空軍省の在庫にある航空機の統計を入手しているところなので、どう利用されているか見極めることができる。

在庫と予備の航空機すべてを軍務に使用できるようにするだけではなく、操縦士とともに飛行中隊でそれらの航空機をきちんと編成する必要がある。戦場が近づきつつあるいま、貴君が述べたように、オランダ、ベルギー、フランスの海岸地帯にある敵飛行場まで爆弾を運ぶように訓練された民間機も含めて、最大数の航空機を用意することを目指さなければならない。納入と運用の両方についてすべての数字を知りたい。また、この数字は週ごとに更新されるはずだ。

総理大臣よりリンデマン教授へ

四〇年五月二四日

戦車に関する意見を書類一枚にまとめてもらいたい。陸軍の保有両数は？　各型の月産両数は？　製造中の両数は？　今後の予想は？　大型の戦車向けの計画は？

付記——現在の戦闘の形態と、戦車が築城された前線を蹂躙できるという物証が、〝耕耘機〟計画に影響をあたえるだろうし、ごく限られた数しか必要ではない可能性がきわめて高い。

総理大臣よりエドワード・ブリッジズ卿へ　四〇年五月二四日

大臣が出席しなければならず、じゅうぶんな結果をもたらしていない委員会の数と種類が多すぎると確信している。抑制と合併で減らすべきだ。つぎに、内閣が活動範囲を狭め、人数を減らすよう圧力をかけられるように、答申書を減らす努力がなされるべきだ。これらの簡略化を成就するために、内閣官房職員による提案を示してほしい。

総理大臣より空軍大臣へ　四〇年五月二七日

本日の公式発表で、貴君は敵機を〝戦闘不能にした〟あるいは〝破壊した〟と区別している。このふたつはほんとうに異なるのか、それとも反復を嫌ったのか？　そうであるなら、英語の典拠に則っていない。音の響きのために判断を犠牲にするべきではない。

ベルギー沿岸部への作戦に晴天と曇天のどちらが適しているかも、本日、報告してもらいたい。

総理大臣よりイズメイ将軍及び帝国参謀総長《CIGS》へ　四〇年五月二九日

戦争に訪れた変化が、〝耕耘機第6号〟の有用性に決定的な影響をあたえている。防御と攻撃の両方の作戦で役割を果たせるかもしれないが、もはや築城された前線を破る唯一の手段ではない。この計画を半分に縮小するよう、本日中に軍需大臣に指示が与えられるべきだ。数日後にはおそらく四分の一に縮小することになるだろう。余った利用できる能力は、戦車にふり向けることができる。ドイツが九カ月で戦車を建造できるのなら、間違いなく私たちにもできるはずだ。一九四一年には敵の用法が改善されて機能しているだろうし、それと交戦できる追加の戦車一〇〇〇両を優先的に製造するためのおおよその提案を伝えてほしい。

また、対戦車委員会がまだ設立されていないようなら、ドイツの最新型戦車を攻撃するあらゆる手段を研究し、考案するために、設立するべきだ。提案されている候補者名簿を提出してもらいたい。

六月

総理大臣よりエドワード・ブリッジズ卿へ

四〇年六月三日

被抑留者二万人をニューファンドランドかセント・ヘレナに輸送することについて、なにかなされているのか？　これは枢密院議長が取り扱う問題なのか？　そうであるなら、どうか議長にきいてもらいたい。被抑留者をできるだけ速やかに海上輸送したいと思っているが、受け入れ側はさまざまな手配りを行なわなければならないだろう。そういったことは進められているのか？

総理大臣より空軍大臣へ

四〇年六月三日

戦闘機操縦士が不足し、それが制約の要因になっていると貴君から聞いて、内閣は困惑している。

空軍省がこの一件について失敗を認めるのは、これがはじめてだ。操縦士育成に対して、ドイツよりもはるかに高い割合で、莫大な数の航空機が充当されていることは知っている。数カ月前に、飛行機を割り当てることができない操縦士が何千人もいるので、その操縦士たちは〝再召集する〟必要があると、空軍省が宣言したのを、私たちは聞いている。それが七〇〇〇人にものぼり、そのすべてが、現在私たちが多数を捕虜にしているドイツ人操縦士よりも飛行時間がずっと長いということだった。それが、いまになって不足していると弁解するのは、どういうわけなのか？

ビーヴァーブルック卿が、航空機の供給と修理を驚異的に改善し、航空機製造部門の混乱と恥ずべき事態を一掃した。航空機を飛ばす操縦士がいないために、何機も使われずにじっとしているというのは、あまりにも嘆かわしい。貴君が人事面で同様の改善を図れることをおおいに期待している。

総理大臣よりリンデマン教授へ　**四〇年六月三日**

軍需品製造の減少もしくは改善について、短い明確な報告書を数日置きあるいは毎週もらいたいのだが、貴君はそれを提出していない。それがないと、私ははっきりした見通しを立てることができない。

総理大臣よりリンデマン教授へ　**四〇年六月三日**

添付の書類［参謀総長三人による製造計画意見書］を見てほしい。散漫な思考が数多く含まれているように思える。今後五カ月のあいだに実施できるすべてを〝前倒し〟にして、それによってその後の生産に遅延が生じるのを甘受しなければならないことは明らかだ。しかし、私の見るところでは、三年間の戦争に向けた現存の改善された組織的な計画を変更する理由はない。もちろん、フランスが脱落したら、それがいっそう必要になる。

貴君の見解を教えてほしい。

総理大臣よりリンデマン教授へ　**四〇年六月七日**

（極秘）

近接信管にさらに遅れが生じると聞いて、かなり悲嘆した。

これがとてつもなく重要であることと、あと押しのためにあらゆる圧力をかけるよう指示したことを思うと、一社が失敗してもべつの会社がつづけられるように、二、三社が同時に試作型を造るのが、正しいやり方だったにちがいない。

これまでになされたことを報告してほしい。

近接信管《PF》を使用するロケットと、PFが入手できる前の通常信管向けのロケットのすでに発注した分の製造について、まだ貴君から漏れのない完璧な報告書を受け取っていない。
敵が私たちの工場にもたらしている被害とおなじ割合の損害を敵の航空機工場にあたえるために、安定装置付き爆撃照準器を開発することが、きわめて重要だ。（a）PFに関心がある人々と、（b）安定装置付き爆撃照準器に関心がある人々をすべて集めてくれれば、来週に私がその人々の報告を受けて、進めるよう促す。

総理大臣より航空機生産大臣へ　**四〇年六月一一日**

一二月二二日に爆撃照準器設計に関する委員会で、自動爆撃照準器《ABS》MkII二六〇〇台を、安定装置付き高空爆撃照準器（SABS）に改造するための緊急措置が講じられることが決定され、設計図が九割がた完成した。その後のことを正確に知らせてもらいたい。改造された爆撃照準器が一台だけなのはどういうわけか？　書類綴りを調べて、この措置をとめているのがだれなのか、突き止めてほしい。

総理大臣より空軍大臣及び空軍参謀総長《CAS》へ　**四〇年六月一一日**

この報告★はたいへん興味深い。交通がかなり激しいと報告されている候補地に影響をあたえる目的で、貴君らがきのう言及した飛行中隊を使用する手配を行なってもらえるとありがたい。これにフランスの了解を得る必要はないが、河川艦艇のたえまない移動については了承を得ておく。これは私がやる。そのあいだに、河口近くでできるだけ早く行動してほしい。なにをやるか、報告してもらえるとありがたい。

総理大臣より植民地大臣へ　**四〇年六月一六日**

西インド諸島連隊の編成が賢明かどうか、検討したことはあるだろうか？　三個大隊を英軍将校によって強化し、諸島の大部分を代表し、帝国の軍務に使用できるようにする。現地住民が忠誠心を発露でき、貧しい島々にお金が流れ込む。

現在は兵器が不足しているが、やがて供給される。


総理大臣より第一海軍委員へ　　**四〇年六月一七日**

主力艦の配置に関する貴官の提案に賛成である。具体的には、〈レパルス〉と〈リナウン〉をスカパ封鎖のために西に配置し、〈ロドニー〉〈ネルソン〉〈ヴァリアント〉を本土防衛のためにロサイスに配置し、〈フッド〉〈アーク・ロイヤル〉がジブラルタルの〈レゾリューション〉に合流し、フランス艦隊の末路を見届ける。

アレクサンドリアの艦隊がエジプトをイタリア軍の侵攻から護ることは、ひきつづきもっとも重要でありつづけるだろう。イタリアの侵攻が成就したら、中東での私たちの軍事的立場すべてがあっというまに打ち砕かれる。この艦隊は、トルコにおける私たちの権益を維持し、エジプトとスエズ運河を護り、状況が変わった場合には西に向けて戦いを進めるか、スエズ運河を抜けて帝国を護るか、あるいは喜望峰まわりで私たちの交易路へ行くのに格好な位置にいる。

東地中海艦隊が置かれている形勢をたえず監視し、フランス艦隊がどうなるか、スペインが宣戦布告するか否かが判明したときには、あらためて検討する必要がある。

たとえスペインが宣戦布告しても、東地中海から立ち去る必要はない。ジブラルタルを捨てなければならないときには、ただちにカナリア諸島を奪取すれば、地中海の西の出入口を支配するのにきわめて好都合な

★〝英海兵隊〟作戦。第一巻を参照。

基地として役立つ。

総理大臣より本土安全保障大臣へ　　**四〇年六月二〇日**

工場など攻撃目標にされる工業施設を隠す手段として煙幕の行政管理を内務省が担当することが、先週の土曜日に決定されたと聞いている。だれをこの最重要な作業の責任者に任命したのか、どのような進捗があったのか、教えてもらえるとありがたい。

総理大臣より海軍本部へ　　**四〇年六月二三日**

〈フッド〉と〈アーク・ロイヤル〉が、陸地からいつなんどき砲撃されるかわからないジブラルタル港でのらくらしているのは、よいことだとは思えない。

給油を終えたら外海に出るべきだし、帰港を予測されないようにして、入港しているのは短時間にするべきだ。

どんな手を打っているのか？

総理大臣よりイズメイ将軍へ　　**四〇年六月二四日**

フランスで捕虜になっているドイツ人操縦士について、なにか情報を得ているか？　レノー氏は彼らの帰国を重々しく約束した。

総理大臣より外務大臣へ　　**四〇年六月二四日**

駆逐艦の問題を一両日中に大統領に談判する必要はないと思われる。フランス艦隊の末路に大統領は影響を受けるにちがいないし、期待が持てると私は考えている。現時点では、非公式参謀会議の開催についても私は懐疑的だ。英艦隊が大西洋の反対側の基地に移動することについて、フランス側はアメリカ側とは徹底して立場を異にするだろう。だれもが究極の闘争のために身構えなければならないこの時期に、これについて話し合えば、信頼が揺らぐことになる。駆逐艦と飛行艇に関しては、すこしたってから私が大統領に私信を送る。

総理大臣より植民地大臣へ　四〇年六月二五日

貴君の前任者がパレスチナのユダヤ人の武装化に残酷な罰を科したために、無駄に部隊を張り付けて彼らを保護しなければならなくなった。ユダヤ人が自衛のためにどのような武器と組織を保有しているのか、正確に知らせてもらいたい。

総理大臣より軍需大臣へ　四〇年六月二五日

アメリカからの鋼鉄輸入が増加していることに関する貴君の六月二二日の手紙に感謝している。フランスの契約分をこちらに移したことで、来月の購入量が二倍以上になり、いま私たちは一カ月約六〇万トンの割合で購入しているとわかった。好ましい状況であり、入手できるあいだはアメリカからできるだけ大量に入手すべきだ。

総理大臣より外務大臣へ　四〇年六月二六日

戦争終結時のジブラルタルについて〝話し合う〟よう提案することからは、なにも得られないと確信している。私たちが勝利を収めたら実りのある話し合いにならないことが、スペイン人にはわかるだろうし、私たちが負けたときには話し合いなど無用になる。この手の無駄な言辞がスペイン側の決定に影響をあたえるとは思えない。

総理大臣よりイズメイ将軍へ　　**四〇年六月二八日**

フランス海軍に対する私たちの方針は明確だが、その後に予想される影響について、海軍本部の判断が知りたい――具体的には、フランスの敵対的な態度、私たちが確保できなかったフランス海軍の一部をドイツとイタリアが押収することなど。来週の日曜日までにこれがほしい。

総理大臣よりイズメイ将軍へ　　**四〇年六月二八日**

この［民間人労働者の］★数字は、まことに意に沿わないものである。先日、閣議で五万七〇〇〇人と述べたときには、それは使用されている人数の一部で、実数は一〇万人に近く、週末までにもっと増大するという話だった。ところがいまは、わずか四万人という数字を示されている。これについて確たる説明を聞かせてもらいたい。

民間人労働者の使用を怠っているせいで、戦闘員が訓練から遠ざけられているのは、重大な誤りだ。この問題は、月曜日に閣議にかけなければならない。

総理大臣より内務大臣へ　　**四〇年六月二八日**

これまでに逮捕した重要人物の名簿が見たい。

総理大臣よりリンデマン教授へ　　**四〇年六月二九日**

雲や暗さに関係なくRADARによって誘導できる連装発射器とロケット及び昼間だけではなく月光や星明りでも有効な近接信管が大量に供給されれば、航空攻撃に対する防御は揺るぎないものになる。したがって、それらを組み合わせることが、もっとも急を要する目標になる。私たちはあらゆる面でそれに近づいているが、どうも進捗がはかばかしくないようだ。私がこの作業を最優先して発破をかけられるように、貴君の着想と事実を組み立ててもらいたい。

総理大臣よりリンデマン教授へ　　**四〇年六月二九日**

海上封鎖はほとんど崩壊しているように見受けられる。その場合、私たちが手にしている唯一の決定的な武器は、ドイツに対する圧倒的な航空攻撃だ。

近い将来、フランス国内で部隊を維持したり、牛肉や石炭などの補給物資をフランスへ送ったりする必要がなくなれば、かなり楽になるだろう。これについて教えてもらいたい。

牛肉供給の問題は、これまでどれくらい影響を受けていたのか？　私たちは、フランス陸軍に牛肉を供給する義務から解き放たれた。大型軍需品製造の労働者よりもずっと上等な糧食を本国の陸軍にあたえてはいけないという理由はどこにもない。冷凍肉と鮮肉にまつわる厄介な問題は、これまでに起きたことに影響されるだろうが、いい影響があるのか、悪い影響があるのか、私にはわからない。

七月

総理大臣よりイズメイ将軍へ　　**四〇年七月二日**

ジャージー島かガーンジー島にドイツ兵数百人が兵員輸送船で上陸したというのが事実なら、夜間にひそかに島に上陸して、侵略者を殺すか捕虜にする計画を研究するべきだ。この勇敢な行為には、まさに

★防備作業向けの労働者。四〇年六月二五日の私の公式覚書が、本巻第八章、一九七ページに記載されている。

特別襲撃隊《コマンドウ》が適している。住民と避難した人々から必要な情報を得るのは、難しくないだろう。戦闘中に敵のところに到達できる増援は航空母艦によるものだけだから、空軍の戦闘機構にとってはまたとない好機になる。計画を示してもらいたい。

総理大臣より外務大臣へ　　　　**四〇年七月三日**

ペタン政権支持派の有力なフランス人多数が、私たちの軍上層部とこの国にいるフランス人団体の内部で、私たちが公に熱心に取り組んでいるド・ゴール将軍支援の政策すべてに反対する、積極的かつ効果的な宣伝活動《プロパガンダ》を行なうのを放置していることは、承服しがたい。モロッコでフランス政府を樹立し、戦艦〈ジャン・バール〉などの船舶を入手して、大西洋の基地を使ってモロッコで軍事作戦を開始することがきわめて重要だというのが、私の意見だ。原則は内閣が友好的に採用したし、技術面での詳細を除けば、一当事者としてそれを断念することはとうていできない。また、断念によって消極的な防衛に劣化すれば、私たちの利益に致命的であることが、ずいぶん前から立証されている。

（即日実行）

総理大臣より海軍参謀次長《VCNS》及び海軍参謀次長補《ACNS》へ　　　　**四〇年七月五日**

イギリス海峡の船団について、どのような手配りがなされているのか、書類一枚で教えてもらえないだろうか？　いまやフランス沿岸地帯すべてにドイツ軍がいる。航空機とEボートによるきのうの攻撃はきわめて熾烈だったので、今朝の状況を掌握して、空軍が効果的に貢献していると確信したい。

総理大臣より海軍卿、陸軍大臣、及び空軍大臣へ　　　　**四〇年七月五日**

（E・ブリッジズ卿を含む）

戦時内閣には加わっていないが、〝実戦級〟の同僚たちが、軍事の領域でなにが進められているのかを詳しく知ることができないので落胆しているという申し立てを聞いた。三軍の大臣が交替でひとりずつ彼らと話し合って、質問に答え、おおよその戦局を説明するのが有益なはずだ。週に一度の会議を制定すれば、三軍の大臣は、彼らと三週間に一度会うことになる。諸君にとってそれほどたいへんな重荷ではないはずだ。将来の作戦については、だれにもひとことも漏らしてはならない。それはきわめて少数の集団内にとどめなければならないが、過去についての説明と、現状の解説だけでも、かなり広い分野になる。上記に諸君が合意できるようであれば、エドワード・ブリッジズ卿を介して私が指示を出す。

総理大臣よりジェイコブ大佐へ　　　　**四〇年七月六日**

敵の急襲もしくは侵攻の準備を示す今後の兆候について、統合情報参謀部〔情報部門を統括する陸軍省軍情報総局の下部機関〕からきわめて入念な報告を本日中に入手してもらいたい。今夜、私に届けてほしい。

総理大臣より航空機生産大臣へ　　　　**四〇年七月八日**

現在の厳しい非常事態に鑑みて、戦闘機こそが必要とされている。敵の攻撃を打ち破るまで、戦闘機生産を最優先で考慮しなければならない。だが、どうやって戦争に勝つか、全体を見まわすと、確実な道すじはひとつしかない。ドイツの軍事力を打倒する大陸向けの陸軍が、私たちにはない。海上封鎖は破られたし、ヒトラーはアジアとおそらくアフリカからも資源を引き出すだろう。ヒトラーがここから撃退されるか、侵攻をあきらめた場合、東に向けて反動するはずだし、私たちにはそれをとめる手立てがない。だが、ヒトラーを呼び戻して斃す方法がひとつある。この国からナチの母国に向けてきわめて大型の爆撃機が出撃し、すべてを覆滅し、根絶するような攻撃を行なうことだ。この手段で敵を圧倒できるようにしなければならない。これなくして突破口は見当たらない。航空優勢という目標をなんとしても達成しなければならない。いつぞれが得られるのか？

総理大臣より空軍大臣へ　四〇年七月一一日

概して爆撃機の損耗は過度に大きく、ブレーメン爆撃では六機のうち一機しか帰投できないという惨憺たるありさまだった。現時点は、（a）ドイツの港、ドイツが支配している港と河口の状況を偵察して得た情報と、（b）それによって探知した艀や集結している艦船への爆撃のために、きわめて大きい代償を払っている。これとはべつに、ドイツへの長距離爆撃は、着実な攻撃をつづけつつ、航空機と搭乗員をできるだけ節約したいという願望も考慮して行なう必要がある。現在かなり低い水準にある爆撃機部隊の数の増大がもっとも重要である。

総理大臣より内務大臣へ　四〇年七月一一日

この戦争中に、大臣の許可を得ずに六カ月以上、管轄区域外にとどまっている議員の議席を無効にする法律を、貴君は用意するべきだと思う。

総理大臣よりイズメイ将軍へ　四〇年七月一二日

飛行場のコンクリート面に埋め込み、圧搾空気を使って二、三フィート（六〇、九〇センチ）の高さまで持ちあげられ、飛行場を制する小さな砲塔の役目を果たす、小型の円形トーチカを複製するために、どのようなことがなされているのか？　先週、ラングレー飛行場を視察したときに、はじめてそれを見た。これは落下傘部隊に対する有効な防御手段になりそうだし、応用範囲も広いはずだ。計画を示してもらいたい。

総理大臣より陸軍大臣へ　　四〇年七月一二日

いまこそ、貴君の省運営が隅々にまで普及するように、すべての連隊や部隊に将兵が気に入りそうな小さい徽章や栄誉のしるしをあたえる時機だ。アイリッシュ近衛師団の青緑色の羽根飾りを見たことがある。銅の徽章の費用など、容易に調達できるし、重さもほんのわずかだ。すべての連隊を区別できるようにするのが望ましい。フランス陸軍は、大衆に見せる非公式な連隊徽章を付け加えるのがかなり上手だ。この発想を私は気に入っているし、長い寝ずの番を過ごす兵隊もおもしろがるだろう。楽隊に関する貴君の措置はよろこばしいが、いつその演奏を街頭で聞くことができるのか？　たとえ小規模な音楽隊の行進でも、リヴァプールやグラスゴーのような街ではことに有益だ。それだけではなく、兵隊がいて彼らが余暇を過ごす場所では、軍隊を誇示するのが望ましい。

総理大臣よりイズメイ将軍へ、参謀総長委員会《COS》宛　　四〇年七月一二日

1．イタリア軍との交戦は、イタリア本土への爆撃と艦砲射撃のようなもっと攻撃的な軍事作戦の発展を促している。また、艦隊がマルタをもっと自由に使えるようになることが望ましい。さまざまな種類の高射砲と航空機を使い、マルタの防空をもっとも強力なやり方で増援する計画を準備すべきだ。さらに、マルタでは〝産卵器〟〔爆撃機の俗称〕からの航空機雷弾幕が有効だと考えられている。最後に、八月末に完成するＰＥ信管★があり、昼間にはかなり好結果を出すはずだ。現地で最強の空軍を編成できれば、報復による厄介な事態をかなり免れることができるかもしれない。

2．マルタの防空をもっとも早く増援する計画を至急用意し、予想される所要時間も含めて、三日以内に提

★光電管信管。あまり成功しなかったが、その後の近接信管の原型になった。

出してもらいたい。砲を送る前に砲座を用意するよう、マルタに伝えられるはずだ。

総理大臣よりイズメイ将軍へ　**四〇年七月一二日**

以下を参謀総長三人に知らせてもらいたい。

陸海空軍向けの強力なフランス人代表団を結成し、フランス人に私たちとともに戦うよう促し、フランス国旗などについて感傷にふけることができるようにしっかり世話をして、彼らを戦いつづけているフランスの代表者にすることは、国王陛下の政府の決定済み政策である。この政策をそのとおりに実施することは、参謀総長三人の責務である。

ポーランド、オランダ、チェコ、ベルギーの各国内の代表団と、反ナチ・ドイツの外人部隊についても、この原則が適用される。たんなる管理上の不便という問題が、この国家政策を阻むようなことがあってはならない。大英帝国が単独で行なっている戦争に、私たちの力と威信を大幅に強める幅広い多国間の性質を持たせることが、きわめて重要である。

誠意を尽くしてこの政策を推し進めるという確約がほしい。オリンピア見本市会場〔第二次世界大戦勃発に伴い、危険人物だと見なされた外国人が収監されたロンドンの施設〕の状態がきわめて悪いのを私は見ている。フランス軍の兵士は、一部の将校の使嗾によって志願をやめたにちがいない。フォーシュ将軍の像に花束を捧げる七月一四日〔フランス革命記念日〕の行事でフランスを支援する機会があれば、大きな成功を収められるはずだったのだが。

総理大臣よりイズメイ将軍へ　**四〇年七月一三日**

以下の船舶、ことに客船〈ウェスタン・プリンス〉が重要であることに、海軍本部の注意を喚起してもらいたい。速力は？　小銃五万挺が失われたらたいへんな災厄になる。七月八日から一二日のあいだにニューヨークを出航した船団がきわめて重要であることにも注意を喚起してもらいたい。これらの船団が危険地帯にはいるのはいつなのか？　到着の日時は？　対策に関する報告もほしい。

総理大臣よりエドワード・ブリッジズ卿へ　　四〇年七月一三日

ふたたび祈りと屈辱の日が訪れるにちがいないと、さまざまな情報源からの示唆を受けている。
これを大主教がどう考えているか、内密に突き止めてほしい。

総理大臣よりイズメイ将軍へ　　四〇年七月一四日

だれもがいまガスマスクに注意を向けることが、きわめて重要に思える。かなりの数を点検しなければならないだろうし、ヒトラーが私たちに向けてガスを使うことを目論んでいる可能性もある。必要な点検をどのように開始できるか、考慮してほしい。ただちに行動に移らなければならない。

総理大臣よりイズメイ将軍へ、空軍参謀次長《VCAS》宛　　四〇年七月一五日

現在の月相中に爆撃するという貴官の提案に全面的に賛成する。しかし、キール運河ではかばかしい結果が得られなかったことは、理解できない。これより重要なことはなにひとつない。準備済みの船舶や艀が侵攻のためにバルト海から移動するのを妨げるはずだったのだ。この地域に爆弾多数を投下したが、効果はなかったと聞いている。従来はどうやっていたのか、聞かせてもらいたい。急襲を何度行ない、爆弾を何発投下し、どのような爆弾を使用したのか？　運河がいまも機能しているのはなぜなのか？　今後の結果を改善するための計画は練っているのか？　これは間違いなくもっとも重要な問題で、現在もっとも重視されるべきだ。

四〇年七月一五日

総理大臣よりイズメイ将軍へ

爆撃に対する上空の防護に一四インチ砲が確実に供給されるようにしてほしい。海岸沿いに据え付けられている六インチ砲を覆っているのとおなじ土嚢を載せられる鋼鉄の大梁を組み立てたほうがいい。すべて偽装《カムフラージュ》しなければならない。一二〇発撃ったら砲身を交換する必要があるといわれるはずだ。その場合、大梁を分解し、砲身を交換したあとで組み立てる必要がある。それはさほど難しくない。

四〇年七月一七日

総理大臣よりイズメイ将軍へ

先発工兵大隊かその他の部隊によって外人部隊を開発するよう、陸軍省にたえず圧力をかけてほしい。週ごとの報告がほしい。

四〇年七月一八日

総理大臣より内務大臣へ

年長の子供、もしくは年少の子供を使って、マッケンジー・キング氏に通信を届けることを、私は断じて提案しない。私がだれかを使って通信を送るのは、現時点でこの国からの大規模な脱出が起きるのをとがめていることになる。★

(即日実行)

四〇年七月一九日

総理大臣より内務大臣へ

国中の治安判事や裁判所が、最近の法律や規則を執行するにあたって無思慮に刑を科す例がきわめて多いことに近ごろ気づいた。こういった事件は内務省が慎重に吟味し、犯意がないか国に重大な損害をあたえていないようであれば、国王陛下によって刑罰を免除するようにするべきだ。近ごろ大衆が着目したようなこれらの事件をいくつか選り出して、刑罰の免除を公表すれば、必要な指針を示すことができる。指針なしでは、地方の裁判所が議会の方針と目的を判断するのが難しい。

総理大臣より海軍卿及び第一海軍委員へ　四〇年七月二〇日

この危険要因について私は前にも注意を喚起した。大口径榴弾砲の不意打ち砲撃を浴びかねないジブラルタル港内に〈フッド〉が停泊しているのは、望ましくない。〈フッド〉と〈アーク・ロイヤル〉は、〈ヴァリアント〉や〈レゾリューション〉が随伴するかどうかにかかわりなく、適切だと思えるようなら外海に出て航海すべきだ。スペインの状況がこれ以上悪化しないようなら、給油のために帰投するか、なんらかの作戦を続行すればいい。諸君の提案を報せてほしい。

総理大臣より外務大臣へ　四〇年七月二〇日

中国と日本のあいだの多岐にわたる、平等で、公平で、高潔な和平交渉のすべてについて、私たちは精いっぱいゆっくり動いたほうがいいのではないか?　蔣介石はその交渉を望んでいない。親中派は、だれもそれを望まない。これまでのところ、ビルマ公路の難題を私たちが避けるのにまったく役立っていないし、事態は悪化するばかりだ。日本の執着が和らいだとしても、私たちの利益にはならないと確信している。一カ月ほど煙にまいてようすを見るのが賢明ではないか?

★政府の支援を受けて子供をアメリカやカナダなどに避難させた団体CORB（児童海外受け入れ委員会）の計画。一九四〇年九月一七日に客船〈シティ・オヴ・ビナーリズ〉がUボートに撃沈されたあと、計画は中止された。

総理大臣より陸軍大臣へ　**四〇年七月二〇日**

〝ロンドン防衛〟に関するウェッジウッド大佐からのこの書簡に目を通してもらいたい。政府中心施設に対する敵の攻撃として想定する必要があるのは、たとえば五〇〇人の落下傘兵か第五列の急襲だけだ。現在の計画はどのようなもので、そのような攻撃に対して、どのような規模の防御が提供されるのか？
ジョス〔ウェッジウッド〕のためになにか手を打つといい。彼は寛大な男だ。

総理大臣より無任所大臣へ　**四〇年七月二〇日**

私のところに届けられた情報によれば、国産の材木資源が適切に開発されているかどうかは疑問だと思う。もちろん、これは主に軍需大臣が扱う問題で、最近、彼がこういう結論に基づいて具体的に省内で調整していることを、私は知っている。

総理大臣よりイズメイ将軍へ　**四〇年七月二一日**

中央政府やホワイトホールなどの防御計画の明細を用意してもらいたい。どのような規模の攻撃を規定していたのか？　その手段を講じた責任者はだれか？　セント・ジェイムズ公園に戦車障害物を設置しようとした理由はなにか？　だれがそれを命じたのか？　いつ命令が撤回されたのか？

総理大臣よりイズメイ将軍へ　**四〇年七月二三日**

飛行場の給油車の数が多ければ、戦闘機への給油をもっと迅速に行なえると聞いた。空襲時には戦闘機が空に戻る時間をたとえ一分でも無駄にできないことを思うと、給油施設の倍増もしくは大幅に増やす手段をただちに講じてもらえるとありがたい。

総理大臣より陸軍大臣へ　**四〇年七月二三日**

第2カナダ師団と装備の一切合切が遠いアイスランドで無駄遣いされていることに関する私の問い合わせへの返答を、私はまだ受け取っていないようだ。

総理大臣より陸軍大臣へ　**四〇年七月二三日**

1．当然のことだが、蹂躪されたさまざまな国々にいるドイツ軍に関して、可能な限り最高の情報を秘密裏に入手するために、あらゆる努力を払うことは不可欠な急務である。また、現地住民と密接な連絡をたもち、諜報員を配することも不可欠だ。好機があれば、新設のMEW〔戦時経済省〕によって、これが大規模に行なわれることを願っている。こういったことはすべて、軍事作戦の性質を帯びていない。

2．ブローニュやガーンジーで準備されていたたぐいの愚行で、これらの国の海岸地帯を混乱させるのは、きわめて無分別だ。針でつつくような攻撃や度を過ごした公式声明によって、これらの海岸地帯の私たちに対する反発を煽るようなことは、ぜったいに避けなければならない。

3．ロジャー・キーズ卿が現在、中程度の――すなわち、最少でも五〇〇〇人あるいは一万人以上の兵員による襲撃を研究している。この部隊を二個か三個、冬のあいだにフランス沿岸まで輸送する。侵攻の危険が弱まるか解決され、RK（ロジャー・キーズ）卿の書類仕事が終えられたらすぐに、私たちが協議し、参謀部が詳細な準備を煮詰める。これらの中程度の襲撃の勝算があるようなら、フランス海岸地帯を小規模な侵入によってかき乱すことに異論はないだろう。

4．一九四一年の春と夏のあいだに、機甲部隊による大規模な侵略を考慮しなければならない。しかし、そのための資材が私たちには不足しているので、現在必要なのは、その可能性についてのおおまかな研究だけだし、八月末になるまで参謀部に指示をあたえる必要はない。

総理大臣よりイズメイ将軍へ、参謀総長三人宛　　四〇年七月二四日

反ナチのドイツ人を除き、先発工兵として活動を開始できるすべての外人部隊に、小銃と弾薬を支給すべきだ。現在、郷土防衛隊★が保有しているが、アメリカ製小銃に変更されつつある国産の小銃を支給するか、あるいは外人部隊に、じかにアメリカ製小銃を支給するか、検討しなければならない。総じて私は前の方策がよいと思っている。近い将来、海外での軍務に必要とされるかもしれないポーランド人とフランス人の武装化がもっとも急を要する。これらの外人部隊の下士官と兵卒の武装は、小銃に関しては英軍部隊の武装“後”に行なわれるが、郷土防衛隊よりも優先される。軽機関銃《ブレン・ガン》その他に関しては、英軍の保有分を減らしてでも、少数を支給しなければならないだろう。砲を供給することについては、なにがなされているのか？少数の七五ミリ野砲がその目的にかなうはずだ。ポーランド人部隊は、できるだけ練達する必要がある。兵員と武器について、週ごとに報告してもらいたい。

（即日実行）

総理大臣より海軍卿及び第一海軍委員及び海軍参謀次長《VCNS》へ　　四〇年七月二五日

敵侵攻部隊の後背に機雷を敷設する計画について、三週間前に私が言及したときに海軍参謀部が考えていた以上のことが必要だと思わざるをえない。そのあいだに私は、もっと検討すべきだと催促する通知を送った。

敵侵攻部隊が夜間か朝に上陸した場合、昼間に小艦隊がそれを背後から攻撃し、彼我の空戦の一環として、その小艦隊は空から激しい爆撃を受けるだろう。しかし、夜になれば機雷の幕か防壁を海岸近くに設置して、上陸地点にいかなる増援も来られないようにできる。これらの機雷は、いったん敷設したら航空攻撃から護る必要はなく、したがって、小艦隊が二日目に戻ってくるには及ばないので、爆撃による艦艇の損耗や直掩の航空機の損耗は生じない。いずれにせよ、小艦隊か機雷で敵上陸部隊を封鎖するような選択肢を提供しな

いのは、不用意だといえる。上陸は数カ所で行なわれるかもしれないし、機雷を使って一カ所で敵部隊を封鎖すれば、べつの場所で攻撃をかけられる。当然ながら、上陸がただの海岸ではなく港で行なわれた場合には、上記のすべてがいっそう当てはまる。

この問題にさらに注意を払い、どういう艦艇がこの目的に使用できるか、どれほど早く用意もしくは転用できるかを教えてもらいたい。

総理大臣より海軍参謀次長《VCNS》へ　四〇年七月二五日

どれほど遠いドイツ、オランダ、ベルギーの港を機雷か障害物で封鎖できるか、報告してもらいたい。

総理大臣より外務大臣へ　四〇年七月二六日

きのう求めに応じて郭泰祺氏〔中華民国政府のイギリス駐箚大使〕に会い、ビルマ公路に関する見解を率直に説明した。外務省から蔣介石宛に送った通信を、口頭で伝えた。郭は当然、三カ月の閉鎖期間が終了したときにどうなるか、私から言質を引き出そうと躍起になっていた。すべてはそのときの状況しだいだし、予測できないと私はいった。私たちは、意思と政策に反する条件や交渉を受諾するよう蔣将軍に圧力をかけることはしないと請け合った。郭氏はかなり満足しているようだったが、悲しげだった。

総理大臣より大蔵大臣へ　四〇年七月二八日

ルーマニア政府がイギリスの臣民の財産を我が物にしているいま、その埋め合わせに凍結されているルー

★フランス人二〇〇〇人、ポーランド人一万四〇〇〇人、オランダ人一〇〇〇人、チェコ人四〇〇〇人、ノルウェー人一〇〇〇人、ベルギー人五〇〇人、反ナチドイツ人三〇〇〇人　合計二万五五〇〇人。

マニアの資金を使うことを示したほうがよいのではないか？　たしか六週間前に、貴君がロンドンにあるルーマニアの資産を凍結したはずだ。私たちはこの連中に忌むべき扱いを受けている。

八月

（即日実行）

総理大臣より海軍卿及び第一海軍委員へ

四〇年八月一日

日本の恫喝的な態度に鑑みて、〈ビスマルク〉と〈ティルピッツ〉について知ることが絶対的に重要になっている。海軍本部がつかんでいる最新情報を報せてほしい。今後数カ月のあいだにその二艦が不意に出現したら、きわめて危険な状況になるので、空軍はこれらの戦艦を戦闘不能にするために絶大な努力を払わなければならなくなると思われる。

日本が私たちに対して開戦するか、私たちを戦争に引きずり込んだ場合を想定し、〈フッド〉と主砲八インチの巡洋艦三隻、戦艦〈ラミリーズ〉と同型艦一隻、航続距離の長い駆逐艦一二隻をシンガポールに派遣してはどうか。

竣工済みの日本の巡洋戦艦の説明書［すなわち仕様書］がほしい〔日本海軍は一九三一年に〝巡洋戦艦〟という艦種名称を廃止し、その後はたんに〝戦艦〟と呼ばれるようになったが、〈金剛〉〈榛名〉などがそれにあたる〕。

（即日実行）

総理大臣より海軍卿及び第一海軍委員へ

四〇年八月二日

広い範囲に部隊を分散する必要がないことが望ましいが、重い負担に対応するために海軍本部が提案していることに、原則として全面的に同意する。〈フッド〉は〈リナウン〉よりもはるかに大きい抑止力になると見なすべきなのだろう。〈ビスマルク〉か〈ティルピッツ〉への航空攻撃の可能性について、報告してもらいたい。これがもっとも不可欠な対策のように思える。それを除けば、現時点では、日本の参戦という危険要因に関して、あらたな配置を行なう必要はないだろう。

トーリー島沖で油槽船三隻が沈没したと聞いて、私は大きな不安にかられている。東岸から駆逐艦数隻をそちらに移動すべきではないか。しかし、八月の月相が終わるまで待つほうがよいかもしれない。この期間にアメリカの砲と小銃を兵士に配分する。

四〇年八月二日

総理大臣よりイズメイ将軍へ

（即日実行）

1. 来週、操縦士と操縦士訓練の増強という空軍省のこの組織的計画を通じて、私の主要任務のひとつが進められる。ビーヴァーブルック卿は、事前に見通しを質問されるはずだ。

2. 戦術問題に関する将兵向けの講義を秋に行なう計画について、報告してもらいたい。

3. あらゆる種類のくず鉄を集めるために、どのようなことがなされているのか？　今年の進捗を網羅した書類一枚の短い報告書がほしい。

4. 海軍本部にいたときに、私は回収《サルヴェージ》〔使用不能になった艦艇や装備から取り外した部品や材料を選別・分類・処理して再利用すること〕部門に格別興味を抱いていたし、そこで四カ月前に会議をひらいた。デュワー海軍大佐がそこの指揮を執っていた。その日以降、回収がどのような状況なのか、報告してもらいたい。

5. 侵攻が行なわれた場合について、ＡＲＰ（空襲警戒部）〔空襲の危険から市民を護るための数多くの組織や施策。空襲監視員などを擁し、空襲警報を管理し、防空壕への避難を指導していた〕と警察が今週合意に達することになっている。まず王璽尚書がこれに対処する。それと同時に、ＡＲＰ要員を戦闘目的に使用するために、郷土防衛隊への異動を許可することも、考慮しなければならないだろう。ＡＲＰ要員への支払はどの程度まで打ち切られるか、あるいは制限されていたのか？　ひきつづき制限すべきだろう。

6．戦車師団の進捗と今後の建造について報告してもらいたい。［一九四一年］三月三一日までに五個機甲師団、五月末までにさらに二個師団ができあがるはずだ。現在の人員と資材が、どこまでこれを成就できる状態なのか知りたい。また、機甲師団の機構と編成に関する最新の考え方も知りたい。主な要素と付随する事柄すべてを一枚の文書にまとめて用意してもらいたい。

総理大臣よりイズメイ将軍へ　　　　四〇年八月二日

郷土防衛隊の軍服の件を続行することがきわめて重要だ。納入予定を教えてほしい。

（即日実行）

総理大臣より海軍卿へ　　　　四〇年八月二日

目視と同時に撃沈したり、乗組員の安全のために適切な援助を行なったりせずに撃沈することに、私は異議を唱えたい。これを除外すると、空襲やそのほかの軍事的理由で拿捕した艦船を撃沈することに反対する理由がなくなり、戦利品として港に回航することが不可能になる。船一隻を撃沈して貴重な海上輸送手段を失うのは、明らかに不利益であるし、海軍本部が、二〇件のうち一九件で拿捕艦船回航員を乗り組ませて港に向かわせるという通常の手順を怠っている理由が、私には理解できない。〈ヘルミオネ〉★の一件で行なわれた行動は、上記の一般原則の範囲内に収まっているので、これには異議を唱えない。

総理大臣よりエドワード・ブリッジズ卿へ　　　　四〇年八月二日

休暇と労働時間短縮の問題すべてを、内閣は早急に検討すべきだ。危険が去ったと見なすのは尚早に過ぎる。働く人々に対して、諸君は疲れているというのは大きな間違いだ。その反面、一定の安楽は欠かせない。

ベヴィン氏、ビーヴァーブルック卿、軍需大臣と意思の疎通を図り、閣僚の非公式会議で彼らの見解を示せるようにしてほしい。公務員、大臣、軍上層部のための休暇について、どんな手立てが講じられているかも知りたい。これについてなにかしら行なうべきだが、八月の休みで気が緩んでいるところを不意打ちされてはならない。

総理大臣より王璽尚書及び内務大臣へ

四〇年八月三日

侵攻の際の警察の職務に関する同封のマティストン卿〔ハンプシャー州長官、ハンプシャー州とワイト島の治安判事〕の意見書は、すみやかに解決しなければならない重大な難題を提起している。国民が敵に抵抗するのを警察が妨げ、武器を捨てて敵の僕になるような仕組みを、私たちが招くようなことがあってはならない。現在の規則に求められる修正の方向性を明確に認識していないことを、私は認める。しかし、原則として、警察は国王陛下の最後の部隊とともに、侵攻された地域から撤退すべきだと思われる。これはARPや消防隊などにも当てはまる。彼らにはべつの地域で勤務してもらうことになる。侵攻が宣言された時点で、警察、ARP、消防隊などは、自動的に軍隊に組み入れられるべきだ。

総理大臣よりイズメイ将軍へ

四〇年八月三日

フランスなどの被占領国の事情に関する秘密情報部の報告はすべて、私に情報を伝える役目を担っているモートン少佐に提出されることになっている。この指示が確実に履行されるように手配りしてほしい。

★〈ヘルミオネ〉はギリシャの小型蒸気貨物船で、イタリア向けの軍事物資を積んでエーゲ海を航海していたとき、一九四〇年七月二八日に私たちの巡洋艦に海上阻止行動をかけられた。その最中に私たちの巡洋艦は航空機に攻撃された。そのため、〈ヘルミオネ〉は撃沈され、救命艇に乗った乗組員は陸地近くに取り残された。

総理大臣より陸軍大臣へ　　　　　　四〇年八月三日

ド・ゴール将軍の部隊の一部を近い将来に使う可能性が高い。したがって、ド・ゴール将軍の三個大隊、戦車中隊、各隊の本部などの装備を完全にそろえることが、もっとも重要で急を要する。対策が開始されているのは明らかだが、貴君の権限であらゆる手段によって対策を加速し、きのうのモートン少佐の公式覚書以降、状況がどのように改善されたかを知らせてもらえるとありがたい。

総理大臣よりエドワード・ブリッジズ卿及び関係者各位へ　　　　　　四〇年八月三日

1．工場の作業とすべての機関（ことに学校、病院、会社など）の休暇に関する回状は、生産委員会の合意がどのようなものであろうと、労働大臣によって火曜日に閣議に示されるべきだ。休みの雰囲気がひろがらないように休暇をあたえる必要がある。したがって、〝現在可能なこの局地的な手配りは、休暇をずらす目的で行なわれている〟といったようなことだけ宣言すべきだ。

2．ホレス・ウィルソン卿の各省庁宛の書簡を承認する。私の指示によって作成されたものだ。

3．大臣の休暇を調整し、政府中枢に配置された軍幹部についても、軍が同様の息抜きを手配するようにしてもらえるとありがたい。

総理大臣よりエドワード・ブリッジズ卿へ　　　　　　四〇年八月四日

針金のカーテン付きUP兵器のドーヴァーにおける初使用に関する同封の報告書を、閣僚たちに回覧する。これはかなり重要で、ことに急降下爆撃にさらされる艦船と港に関して、地上と空の関係に決定的な変化をもたらすきっかけになるかもしれない。

総理大臣よりリンデマン教授へ　**四〇年八月四日**

戦争が二年目にはいる時期に向けた食糧、海運、農業の政策に関する討議に集中するために、どのような手を打っているのか？　一八〇〇万トンの［食糧の］海上輸送や一五〇万エーカー以上の耕作に加えて、配給量を増やすとともに食糧の備蓄を増大する計画を実行するように食糧省に指示することになると考えている。これは上記に基づいて可能なはずだ。

総理大臣より空軍大臣及び空軍参謀総長《CAS》へ　**四〇年八月四日**

日本の敵意という危険要因によって、ドイツの主力艦を戦闘不能にすることが、いっそう重要になっている。月明かりがじゅうぶんになったら、空軍はただちにこれらの軍艦に激しい攻撃を加えるつもりだと理解している。キールの浮船渠にはいっている〈シャルンホルスト〉と〈グナイゼナウ〉、ハンブルクの〈ビスマルク〉、ヴィルヘルムスハーフェンの〈ティルピッツ〉は、すべて最重要攻撃目標だ。〈ビスマルク〉について数カ月遅れが生じただけでも、海上勢力の権衡全体に重大な影響が及ぶ。連絡を待っている。

総理大臣よりイズメイ将軍へ　**四〇年八月五日**

フランスの非占領地域から受け取っている情報の量と質に、私は満足していない。私たちはそれらの地域と、ドイツ領内とおなじぐらい切り離されているように思われる。受け取ったこれらの情報がさまざまな情報機関によって取捨選択され、要約されることを私は望んでいない。現在、モートン少佐が、それらの情報を私のために調べて、重大な関心事と思われるものだけを提出している。モートン少佐がすべてに目を通し、**原形のままの真正な文書**を私に提出することになっている。

さらに、フランスからの情報を改善し、拡大し、諜報員の出入国の流れがとぎれないようにするための提案がほしい。この目的のために、必要とあれば海軍施設を利用してもいいだろう。ヴィシー政権についてこれほど情報がすくないというのは信じがたい。アメリカ、スイス、スペインの諜報員をどこまで利用しているのか？

総理大臣よりイズメイ将軍へ　　四〇年八月五日

二〇発、一〇発、五発の多連装ＵＰ発射器と、単装発射器の今後の生産について、現存どのような発注がなされているのか？

以下の弾薬の発注数は？

（a）通常のロケット
（b）航空機雷
（c）光電《PE》管信管
（d）無線信管

すべての種類の今後六カ月の納入予想は？

現在では、海軍艦艇が多連装発射器を搭載することによって、ＰＥ信管が航空機雷に取って代わる可能性が高い。このため、発射管の手直しが必要になる。変更が望ましいと思われたときにできるだけ遅滞なく、新型の発射管を既存の架台に取り付けられるように、海軍本部がただちにこれを研究することが求められる。艦砲から短い航空機雷を発射する件の進捗についても、海軍本部は報告書を提出することが求められる。私が海軍本部を去る前に、これがどうなっているのか、記憶をあらたにしたい。

総理大臣より鉱業大臣へ　**四〇年八月六日**

冬中の使用に備えて夏のあいだに石炭を大量に備蓄していると述べているのを見た。この至って賢明な予防措置がどこまで進んでいるのか、教えてもらえるとありがたい。一月には石炭がかなり不足し、不安だったので、予防措置を講じてくれていることを望んでいる。

総理大臣より陸軍大臣へ　**四〇年八月七日**

現在、多数が供給されはじめている粘着爆弾の使用法を訓練するのに、なにを行なっているのか知りたい。

総理大臣よりイズメイ将軍へ　**四〇年八月九日**

軍需省がさまざまな責任者のもとで行なっている輸入計画の明細がほしい。リンデマン教授がそれらの責任者と協議すべきだ。計画を見せてほしい。

戦争二年目の計画は、まとまりのある形ではまだ私に示されていない。

総理大臣より陸軍大臣及び帝国参謀総長《CIGS》へ　**四〇年八月九日**

並外れて高い割合の装備を保有し、近衛兵旅団一個を擁する第1師団が、逆襲のための予備として用意されず、海岸線に沿って散開していると知って、私は不安にかられている。使われておらず、前線に配置されていない師団は何個あるのか？　高性能の銃などの装備を有する師団を海岸に張り付けておく論拠はなにか？

総理大臣よりビーヴァーブルック卿へ　**四〇年八月九日**

航空機生産と戦車生産のどちらが妨げられるべきかを選択する段になったら、私は戦車を犠牲にするが、この件はそれに該当しないと思う。重複している部分が多くなく、調整できるはずだからだ。軍需大臣と調整できると貴君は考えているのだと思う。

総理大臣より情報大臣へ　　**四〇年八月九日**

ド・ゴール将軍がラジオのフランス語放送で活動をつづけ、さらにあらゆる手段で私たちのフランス語の宣伝をアフリカに伝えることが重要である。ベルギーがコンゴから支援してくれると聞いている。私たちとド・ゴールの取り決めを西アフリカ諸国にくりかえし伝える手段はあるか？

総理大臣よりイズメイ将軍へ　　**四〇年八月一〇日**

正規軍部隊へのアメリカ製の七五ミリ砲と、郷土防衛隊向けの三〇〇口径小銃の支給と、それによって手放されるリー・メトフォード小銃について、週ごとの報告書がほしい。ただちに始めてもらいたい。

総理大臣よりイズメイ将軍へ、参謀総長《COS》委員会宛　　**四〇年八月一〇日**

海岸線の部隊と予備役部隊の小火器弾薬の状態について、本国部隊総司令官と協議したうえで、参謀総長《COS》委員会が報告書を提出してくれるとありがたい。

総理大臣より鉱業大臣へ　　**四〇年八月一一日**

貴君は輸出市場の崩壊を利用して国中で備蓄を増やしているにちがいない。ガス、水道、電気という必要不可欠な仕事を思うと、ことにこれを推し進めてもらいたい。ガスと電気の供給が、約二〇パーセント増加していることに気づいた。巧みに配分されたこの備蓄を、間違いのないように増やしていかなければならない。遅かれ早かれ、それを使うことになるはずだ。

鉄道の状況に注意を向けるよう、運輸大臣に意見書を送ることにする。

フランス失陥と輸出市場の四分の三が失われたことによる貴君の計画の大混乱は、貴君の省にかなり負担をあたえたに違いない。増産のためにあらゆる手を尽くしたあとなので、急激な落ち込みを釈明するのはかなり難しいはずだが、関係者たちは理解するだろうと私は信じている。貴君が述べたケント州の鉱山労働者の忍耐強さは、この国の労働者すべてに気概を持つよう促す合図として伝わるはずだと私は思う。

総理大臣より情報大臣へ　四〇年八月一一日

ド・ゴール将軍のために計画している特定の活動に鑑みて、北アフリカと西アフリカでのフランス語のニュース放送を強化することが、きわめて重要になる。ＢＢＣがこの要求に応じるようにして、万事が満足のいくように手配されたと月曜日に報告してもらいたい。

貴君にＢＢＣを従わせる完全な権限があることは、いくら強調しても足りないほどだ。

（即日実行）
総理大臣より運輸大臣へ　四〇年八月一一日

港への爆撃と閉鎖から生じる難事の数々に貴君の省がどのような方策で対処しているのか、漏れのない完璧な報告書を提出してもらえるとありがたい。

私たちの輸入の四分の一が、通常ロンドン港から陸揚げされ、五分の一がマージー川から陸揚げされているようだ。サウサンプトン、ブリストル海峡、ハンバー川から、それぞれ一〇分の一が陸揚げされている。これらの入口が一度に一カ所か数カ所、全体もしくは一部が閉鎖されることを予想しなければならないが、さまざまな緊急事態を考慮に入れた計画を貴君が立てているにちがいないと思う。

海上輸送が大幅に増加していることから判断して、港湾施設と道路機構は船舶が不足していたときよりも厳しい渋滞を引き起こすかもしれないので、起こりうるさまざまな不測の事態に応じる貴君の準備がきわめて重要になる。

総理大臣よりエドワード・ブリッジズ卿へ　　**四〇年八月一二日**

軍需省の材木統制官が抱えている現状はどのようなものなのか？　軍需省に、現在の材木の状況と方針の短い要約を要求してほしい。

総理大臣より王璽尚書及びマーゲソン陸軍大尉へ　　**四〇年八月一二日**

一年目と新政府の第1四半期における戦争の包括的な報告書を、議会開会前に作成してもらえるとありがたい。二〇日火曜日が最適だろうと予想されているようだ。もちろん、これは公開審議でなければならない。そちらの希望を述べてもらってもかまわない。今週の適切なときに発表すればいい。

夜にラジオでおなじことを述べられるように、演説を記録してもらえると、おおいに助かる。あるいは、一般に興味を持たれるような一部でもいい。決議なしでこれを手配できるだろうか？　無理なら、今週中に決議を可決できるだろうか？　議会は反対しないと思う。

総理大臣より内務大臣へ　　**四〇年八月一二日**

提出された［侵攻が起きた場合の警察への指示に関する］原案は、先ごろの閣議決定の私の見解と一致していない。軍隊に所属していない人間による戦闘は考えていないし、推奨しないが、禁じるわけではない。警察と、できればARPも早急に、戦闘員と非戦闘員に分けて、武装するか非武装にする。武装した人間は、近隣で郷土防衛隊や正規軍と積極的に連携して戦い、必要とあればともに撤退する。非武装の人間は〝その場を動かない〟方針で積極的に一般市民を支援する。敵に事実上占領されている地域にはいってしまった場合には、地域住民とともに降伏して、服従する。だが、そのような状況のもとでも、敵の秩序維持やそのほかの方策に手を貸してはならない。できるだけ一般市民を支える。

総理大臣より運輸大臣へ　　四〇年八月一三日

鉄道施設がどれほど石炭を備蓄しているのか、通常の備蓄との比較はどうなのか、教えてもらえるとありがたい。ヨーロッパに対する貿易が停止しているので、いまはかなりの余剰があるはずだから、供給が中断したり、また非常に厳しい冬が訪れたりしたときに適切に配分された備蓄があるように、貴君はこの機に乗じて使用できる集積場すべてを満杯にしているにちがいない。再備蓄の動きを阻害するような価格交渉は許されない。必要とあれば、公正な価格を維持するために調停を行なわなければならない。

総理大臣より陸軍大臣へ　　四〇年八月一三日

装備や施設の欠如のために現役の郷土防衛隊の兵員を制限する必要がある場合、当面、腕章だけをあたえて、武器や軍服を支給しない郷土防衛隊予備役を徴募することは可能か？　彼らの唯一の任務は、〝火炎瓶《モロトフ・カクテル》〟のような単純な武器の使用について地元で手配できるような教練に参加することだけで、侵攻の際には命令に応じて出頭すればいい。

このような手段を講じないと、入隊を拒まれた人間は困惑し、がっかりするだろうし、母国を護るのを一丸となって手伝う機会を国民にあたえるという、郷土防衛隊の主眼のひとつが失われる。郷土防衛隊の募集を中止すると多くの人々ががっかりして不満を抱くにちがいない。それをなんとかして避けたい。

この提案をどう思うか、知らせてほしい。

総理大臣よりイズメイ将軍へ　四〇年八月一九日

〝脅迫《メナス》〟［ダカール占領］に適した日は九月一二日しかないし、嵐のせいでこの日を逃したら、潮と月が好ましい二七日か二八日まで利用できる日はないと、［ジョン・］カニンガム提督がいっているのは事実か？　だとするとかなり重大な問題がいくつも生じる。同提督は、潮と月が理想的な状態でないと作戦を開始できないという見解を抱いてはならない。気象状況が最善ではなくても、実行可能である限り、作戦は可及的速やかに開始しなければならない。戦争で人間は、あらゆる気象状況のもとで、あらゆるたぐいの日に戦わなければならない。八日よりも先にずれ込んだら、ひどく不運な状況になる。これについてきょう報告してもらいたい。

総理大臣よりイズメイ将軍へ　四〇年八月二一日

火炎放射器についてこれらの意見に納得していない。この問題は戦争遂行のそれ以外の形と比較して決めるべきだ。侵攻の可能性は急速に薄れている。これらが設置されている特定の隘路を、侵攻部隊が縦隊で登ってくることは、まずありえないだろう。石油戦執行部設置の構想はいま、私たちの組織の無用な増加になっている。そういった手法を使用する機会があっても、効果的かどうか疑わしいと思う。そういう機会が訪れたとしても、そこを通るとは予測できない。少人数の部隊が行く手の敵を掃討して、隘路の左右の側面を護衛できるようになるまで、本隊が道路を行軍することはない。

総理大臣より海軍卿へ　四〇年八月二二日

私の主導で前の内閣が承認した主力艦建造計画の再開について、貴君からの提案を待っている。これを鋼鉄と労働力の全体的な需要と切り離して決定することはできないが、私は原則として再開に賛成だ。〈ロイヤル・サヴリン〉級戦艦に適切な装甲と船体腹部の膨らみをほどこし、甲板にも厚い装甲を取り付けて、艦砲射撃艦に改造するのを怠るという重大な過ちを是正する好機だと、私は思う。来年のイタリア攻撃に、これが必要になるだろう。いま着手していないのは嘆かわしい。戦艦建造の再開よりも優先すべきだ。

総理大臣よりイズメイ将軍へ　四〇年八月二四日

ジェフリズ少佐の地位について報告してもらいたい。だれが彼を雇ったのか？　上官はだれなのか？　この将校はまたとない有能で力強い人物だと、私は見なしている。もっと高い階級に進めるべきではないか。もっと権限をあたえるために、中佐に昇級させなければならない。

総理大臣より空軍参謀総長《CAS》及び空軍参謀次長《VCAS》へ　四〇年八月二四日

ただちに使用できる飛行中隊、航空機、搭乗員の数を増やすことが、いまきわめて重要になっている。戦争開始から一年後のいま、可動機は約一七五〇機しかなく、ただちに使用できるのはその四分の三にすぎない。これでは戦前の予想に届かないので、貴君らはとうてい満足できないはずだ。

総理大臣より運輸大臣へ　四〇年八月二五日

出航許可書に関する貴君の意見書を興味深く読んだ。

西岸経由で貴君が予想している規模の供給をこの国に行なえるかどうかは疑わしいと海運大臣が考えていることに気づいた。これについて貴君の意見が知りたい。

前の冬の寒波によって広い範囲で混乱が生じたことからもわかるように、突然の緊急事態に鉄道網が機敏に適応できるかどうか、疑わしいのではないか？

食糧と生活物資の計画には含まれていない石油輸入のための手配はなされているにちがいない。平時には、私たちの石油輸入の五分の二を超える量が、ロンドンとサウサンプトンを経由していた。現在の備蓄量は多いが、鉄道の負担を軽減するために道路を使って輸送しなければならなくなったら、当然ながら石油（ガソリン）の消費は増える。

貴君は食糧大臣や軍需大臣と、彼らの重要な計画について話し合ったはずなので、大幅な目的地変更に備えて、これに代わる仕組みを用意してほしい。

総理大臣より陸軍大臣へ **四〇年八月二五日**

郷土防衛隊の〝補助部隊〟と呼ばれる新設の武装民間人組織《ゲリラ》の増加と発達を、私は興味深く見守っている。私が聞いたところでは、これらの部隊は徹底した構想で編成されているそうなので、侵攻の際には正規軍の有用な追加部分になるはずだ。

進捗をひきつづき伝えてもらえないだろうか。

総理大臣より海軍卿及び第一海軍委員へ **四〇年八月二五日**

同封の答申書は、一日に四万トンを超える損耗が報告されたことを示している。この一件は、戦時内閣は格別に考慮しなければならないほど重大だと、私は見なしている。そのために、最近の損耗、原因、その危険に対処するために海軍本部が講じている方策、提案する必要があると貴君らが考えている今後の方策、戦時内閣が海軍本部を支援する方法があるかどうかを記した報告書を用意してもらいたい。

この報告書をつぎの木曜日に戦時内閣に提出してもらえるとありがたい。

（即日実行）

総理大臣よりイズメイ将軍へ **四〇年八月二五日**

スラウ〔ロンドン近郊で、第一次世界大戦中から軍用車両の修理拠点だった。このあと一九四〇年一〇月に大規模空襲を受けた〕で明らかになっている状況を至急、陸軍省に伝えてほしい。大量の車両が集結しているのは危険だと指摘してほしい。車両を分散し、隠すことが望ましい。この補給処の集結を解いて、できるだけ遠くに移動する計画を検討するよう求めてほしい。また、ここに装備や余剰物資を蓄えるべきではない。貴重な車両一〇〇〇台が一度の空襲で損壊するのはきわめて遺憾だ。

四〇年八月二一五日

総理大臣より空軍大臣へ

私は木曜日にケンリー［空軍基地］を視察し、話題に出た砲手に会い、ロケット一発を発射させた。それだけではなく、この遭難信号ロケットを使うという案は、今年のはじめに私が主宰していた海軍本部の委員会から出された。だから、この問題に精通している。空軍省は例によってきわめて多数の要求に手をひろげ、優先権を行使して、さほど重要ではないたぐいの生産に割り込んでいる。PACロケット★が、低空飛行の敵機に対する適切な当座の防御であることには賛成するが、それを防御計画全体のなかで位置づけなければならない。月産五〇〇〇発ほどでじゅうぶんだと前は思っていたが、いまは一週間一五〇〇発、あるいはひと月六〇〇〇発という計画に賛成する気持ちになっている。貴君が述べた針金回収計画が発展し、もっと効率的に節約できるようになれば、この数字は拡大できるかもしれない。

四〇年八月二五日

総理大臣より陸軍大臣へ

（即日実行）

陸軍省は、戦時内閣から延期爆弾に対処する責任を引き受けた。これがいまの敵の攻撃のきわだった特徴

★PACは〝落下傘と針金〟の略語。PACロケットは、UP兵器の一種。UP兵器の特徴は、一九四〇年一月一三日の公式覚書に記されている。初期型については第一巻六二四ページ、新型については八四六ページを参照。

になっている。昨夜、シティ・オヴ・ロンドンに多数が投下されて、業務が妨害された。ホワイトホールにも投下されるかもしれない！　大都市でのこの手の攻撃に対処するじゅうぶんな消防隊を用意する精力的な取り組みがなされるべきだ。人員と資材を浪費しないために、消防隊は機動性が高くなければならない。貨物自動車で一カ所からべつの場所にすみやかに移動する必要がある。不発爆弾すべての位置と落ちた時刻を報告する入念な仕組みが稼働していて、この情報がただちに、内務省で発足しているはずの不発爆弾課やそのほかの部門に伝えられるものと思っている。きわめて危険が大きい延期爆弾処理は、高潔な仕事だと見なさなければならないし、処理に成功したときは恩賞をあたえられるべきだ。

この新部門について、数値も含めた貴君の計画を見せてもらえるとありがたい。これまでになされた作業と、使われた手法の要約にも興味がある。必要とされる科学の専門家すべてに貴君が接触しているものと思っている。

それはそれとして、敵のこのやり口にどう報いているのか、空軍省に情報を求めるつもりだ。

（イズメイ将軍も披見のこと。）

総理大臣より空軍大臣へ　四〇年八月二五日

私たちがこれほど激しく戦っているときに、連絡飛行中隊〔要人や少量の物資輸送などの雑用に従事していた〕の現在の規模を維持することは正当化できないと思う。戦闘に従事する飛行中隊の予備と実戦の兵力を増大し、練習機の問題に対応することが、間違いなく唯一の目標だ。〝戦うための兵力〟を貴君の思考の主眼にしなければならない。なにもかも、それに狙いを定めるべきだし、省の便宜や地元から得る利益はあとまわしにしなければならない。私が貴君の立場なら、徹底的に不要な部分を整理する。ヘンドン飛行場に膨大な人数がいるのを見て、私は愕然とした。政府上層部のために私が飛行機で視察するせいで、これらの部隊が戦闘に参加できないのだとしたら、私は飛行機での視察をいっさいやめる。

ヘンドンは予備に属する戦闘機か爆撃機の優秀な飛行中隊二個以上が使用できるはずだし、そこに航空機を支給し、機会があればそれで訓練を行なえるだろう。そうしておけば、非常事態にそれらの航空機を投入できる。

空軍の軍事とは関係ないあらゆる面について、思いついたことを毎日、電話で質問するのは、やめるべきではないか？　基地司令は当然ながら、手がけている作業にできるだけ専念したいと思っている。提督たちもおなじだ。徹底的な身体検査を受けても、数週間後にその姿を見れば、脂肪が増えているのがわかるものだ。

貴君の友人のこういった意見を考慮してくれることを願っている。

四〇年八月二七日

総理大臣より海軍卿及び第一海軍委員へ

以下を地中海艦隊司令長官カニンガム提督に打電してもらえないだろうか。

総理大臣兼国防大臣より：

指令の主な目的は、アレクサンドリアを護ることである。中東軍総司令官《GOC》が貴官に伝えたように、マルサ・マトルーフ守備には限られた数の部隊しか置くことができない。この陣地を護るために、あらゆる努力が払われている。しかし、そこと中間地域の各陣地が奪取されるか退却したら、アレクサンドリアから［デルタ地帯の］耕作地に向けて南への前線を維持しなければならなくなる。アレクサンドリアの艦隊に対する航空攻撃は、距離が二〇マイル（約三〇キロメートル）から一二〇マイル（約一九〇キロメートル）にのびたからといって有効でなくなるとは限らない。飛行機はしばしば時速三〇〇マイル（約四八〇キロメートル）で飛行し、航続距離も長いからだ。じつのところ、実際の戦線のすこし後方に飛行場があるほうが好都合だと考えられている。陸軍の前進と同時に飛行場を前進させることはない。アレクサンドリアの陥落がどれほど重大な結果を招くか、こちらではだれもが理解している。まず間違いなく、艦隊は地中海から去らなければならなくなるだろう。しかし、マルサ・マトルーフやその前方の各陣地をもっと効果的に防御するのに役立つ提案があれば、教えてもらえるとありがたい。

総理大臣よりイズメイ将軍へ、統合立案委員会の幕僚宛　四〇年八月二八日

そろそろ夜が長くなるので、灯火管制の問題を再検討しなければならない。私は、すべての明かりを消す**灯火管制**ではなく**灯火管制可能状態**という政策がよいと思う。この目的のために、かなりの規模の予備電気街灯の仕組みを造る必要がある。ガス灯が使われているロンドン中心部全域を優先しなければならない。ほかの大都市中心部についても、最適なやり方を研究し、地元の制度を吟味しなければならない。こうすれば明かりを明るくしたり暗くしたりできるし、空襲警報が出されたときには消すことができる。電球そのものは、さほど明るくなくてもいい。去年のクリスマスに使ったような装置を常時設置することを考えて、店のウインドウの暗くしてある照明について調べてもいい。灯火管制が敷かれても夜間操業することを許されている工場がある地域も、攻撃目標が見分けにくくなるので、周囲が灯火管制可能状態になることに反対しないだろう。攻撃されやすい場所からかなり離れたなにもないところに、囮の照明や敵を混乱させる照明を設置することも考慮すべきだ。

総理大臣より空軍大臣、空軍参謀総長《CAS》、イズメイ将軍へ　四〇年八月二九日

きのうマンストン飛行場を訪れ、最後に爆撃されてから敵襲のない日が四日以上つづいたにもかかわらず、着陸場の漏斗孔《クレーター》の大部分が埋められておらず、飛行場がほとんど使えない状態になっているのを見て、大きな不安にかられた。スタヴァンゲルの飛行場でドイツ軍がきわめて迅速にそこの漏斗孔を埋めたことを思い出すと、この貧弱な損害修復に強く抗議せざるをえない。スウェーデンでは、作業に使える人間は、ドイツ空軍が提供できた人数も含めて合計一五〇人だった。彼らは最善を尽くした。有効に使える器具はなかった

し、戦闘に有利な高みであるとはいえ、それに見合う作業とは思えなかった。

漏斗孔はすべて、最長でも二四時間以内に埋めなければならないし、それ以上長いあいだ埋められていなかったときには、上層部に報告されなければならない。この作業を改善するために、漏斗孔を埋める中隊を編成する必要があるかもしれない。まず、激しく攻撃されているイングランド南部で、二五〇人規模の二個中隊を編成する。これらの中隊は、作業に役立つ機器を装備し、漏斗孔ができたところで短時間で作業を開始できるように、機動性が高くなければならない。いっぽう、攻撃を受けた地域の飛行場すべてと、その後べつの地域でも、補給せずに少なくとも漏斗孔一〇〇個を埋められるように、地元の建築業者の砂利や瓦礫などの適切な資材をじゅうぶんに備蓄する。そうしておけば、機動飛行場修繕中隊が到着したときに、資材がすべて現場に用意されている。

私はすこし前に、木枠に入れた砂利を使うという手順で、ドイツ人が砲弾でできた穴を埋めるのを見たことがある。ノルウェー作戦中に、海軍参謀次長《VCNS》がそれに注目するようにと教えてくれた。彼が電報で貴君に教えられるだろう。

この方策を空軍省のどの部門が担当しているのか?

漏斗孔を埋めたら、埋めていないふりをするために偽装してもいいかもしれないが、これは細かな改善だ。

総理大臣よりイズメイ将軍へ
(三軍の省、本土安全保障省、航空機生産省《MAP》、軍需省など、関係するすべての省庁宛)

四〇年八月三〇日

爆撃で多数の窓が壊れるのを予想しなければならないし、ガラスを交換しないと建物に重大な損害が生じるので、冬のあいだガラスが不足するかもしれない。

ガラスの使用を最大限に節約することに熟練しなければならない。窓が壊れたときには、できればガラス板一、二枚分を残して板を打ち付ける。窓にガラスをすべて入れる余裕はない。温室用ガラスは、温室内になにもないのなら保管しておく。大量のガラスを使っている大きな温室をマンストンで見た。ガラスがかなり割れて使い物にならなくなっていたので、残ったガラスを注意深く保管するようにと、私は指示した。ガラスの供給はどのような状態なのか？　製造を推進する必要があるように見受けられる。

政府庁舎はすべて、ガラスを一枚か二枚しか入れない非常用の窓を取り付けるべきだ。既存の窓枠が壊れたときに付け替えればいい。状況について漏れのない完璧な報告を出してほしい。

総理大臣よりイズメイ将軍へ　四〇年八月三一日

フランス領インドが貿易を望むようなら、ド・ゴール将軍との連合を表明しなければならない。それがないなら、貿易はなしだ！　これは気軽にやるような問題ではない。インド大臣に知らせる必要がある。いまはフランスのいかなる領地の加盟も重要だ。

総理大臣よりイズメイ将軍へ　四〇年八月三一日

中東にいまある巡航戦車に加えて、さらに巡航戦車を送ることは許可していない。完全な機甲師団の派遣を完了するのは、原則としては望ましいが、本国からのこれ以上の移動は、本国部隊の状況との関連によって決定される。このような重大な決定を私に問い合わせることなく下してはならないし、この一件では私は内閣と相談しなければならない。

総理大臣より軍需大臣へ　四〇年八月三一日

国内で化学戦資材の備蓄が増加していると知って、かなり安心している。総量がどれほどなのか、教えてもらいたい。容器を補給に見合う数にしなければならない。この備蓄は維持できるのか？　ひきつづき推進するように。

九月

総理大臣よりイズメイ将軍へ、参謀総長委員会《COS》宛

四〇年九月一日

もちろん滑空機《グライダー》案のほうが落下傘よりいいようなら、それを追求すべきだが、本格的に開始されているのか？　不確かで実験段階の怪しげな方策をつかまされて、すでに実証されている方策を失う危険を冒してはいないか？　グライダーについてこれまでなにがなされてきたのか、漏れのない完璧な報告書を提出してもらいたい。

総理大臣より海軍卿及び第一海軍委員へ

四〇年九月一日

ドイツの長距離砲台を一六日以降でないと攻撃できないという貴君らの報告に、大きな不安をおぼえている。砲兵の集結が毎日のように発展するのを座視すれば、やがてイギリスの艦船はドーヴァー海峡にはいれなくなり、敵はドーヴァーそのものへの攻撃を準備するだろう。この問題をどうするのか、知らせてもらいたい。

大型砲が砲座に運びあげられるあいだは、戦闘に間に合うように応射することができないはずだ。大口径砲に対するドーヴァーの防御全般が脆弱なことも、きわめて重大だ。危険要因が増大するのを、なんらかの手段で未然に防ごうとせずに座視することはできない。一六日に攻撃するのでは、〈エレバス〉などの艦艇は来週の倍の敵に直面することになる。

前の戦争のときに、クノックなどのベルギー沿岸部のドイツ軍砲兵陣地に対して、たえず艦砲射撃を行なっていたのを、よく憶えている。浮標《ブイ》を固定して音響測距を行なえば、夜間でもかなり精確な射撃が可能だ。

今週中の作戦行動について提案がほしい。添付の写真を見てほしい。

総理大臣よりイズメイ将軍へ、参謀総長委員会《COS》宛　　**四〇年九月一日**

流血なし、もしくは多少の流血で〝脅迫《メナス》〟が成功したらなにが起きるか、貴官らが考えるだろうと思っている。ド・ゴールは、そこすこし北寄りの地域で陣容を整えたら、ただちにモロッコに足場を築こうとするだろう。この手順が成功することがわかれば、私たちの艦艇と部隊をただちに、べつの場所やもっと重要な戦域で〝メナス〟に使用できる。この作戦を〝脅威《スレト》〟と呼んでもいいかもしれない。

総理大臣より陸軍大臣へ　　**四〇年九月一日**

まもなく訪れる冬のあいだ将兵に提供する教育施設と娯楽施設の建設が手配されていることを示す詳細な報告がもらえるとありがたい。この重要な作業部門の責任者はだれなのか？

総理大臣よりインド大臣へ　　**四〇年九月一日**

1. 申しわけないが、ここで燃え盛っている戦いから、緊迫しているわけではないインド防衛のために航空機や高射砲を移動することはできそうにない。インドで航空機産業を設立するために、アメリカの補給品輸送の目的地を変更することも不可能だ。私たちはすでに中東への増援と装備増強という危険を冒し、多方面から疑問の声が湧き起こっているし、本国での戦闘が収まったときには、中東戦域が今後、長期間にわたって私たちの余剰物資を吸収するだろう。

2. 現時点でインドは天秤の重荷ではなく助けになるべきだ。そこから動けない英軍部隊と砲兵の規模を考えれば、負債のほうが大きいし、戦争開始から一年のあいだに戦場に到着したインド軍部隊は微々たるものだ。一九四一年に中東でくりひろげられる可能性が高いきわめて大規模な重要作戦のために、貴君がインド師団を編成する努力を強めていることはありがたい。

総理大臣より海軍卿、第一海軍委員、統制官へ　**四〇年九月五日**

〈キング・ジョージ五世〉が北に逃れることを、私はいまも切に願っている。〈ビスマルク〉が就役し、〈キング・ジョージ五世〉になにかが起きたら、大失態になる。電気技師などが同艦に乗り組んで、スカパで完成するように手配すべきだ。長く苛立たしい遅れのあと、ようやく完成する直前のこの戦艦を、もっとも必要とされる時期に失うのは、たいへんな痛手だ。タイン川は、スカパと比べると防御が脆弱だ。

（即日実行）

総理大臣より外務大臣へ　**四〇年九月五日**

ロージャン卿に電報を送って、駆逐艦問題全般を扱っているやり方に戦時内閣が賛同していることを表明し、賛辞を述べるのが至当ではないか？

それと同時に、高速魚雷艇〔米海軍ではPTボートと呼ばれていた〕［哨戒魚雷艇］二〇隻、PBY［飛行艇］〔PBは哨戒爆撃機の略、Yは製造したコンソリデーテッド航空機の符号。通常、PBYといえばカタリナ飛行艇のこと〕五機、航空機一五〇機ないし二〇〇機、小銃二五万挺の入手について、なにが行なわれているのか？　私たちは上記の装備やそれ以外の装備を約束されていると思う。これらの問題を提起するのに一刻たりとも無駄にしてはならない。〝鉄が熱いうちに乞え〟〔〝鉄は熱いうちに打て〟のいい換え〕

（即日実行）

総理大臣より陸軍大臣及び帝国参謀総長《CIGS》へ　**四〇年九月八日**

この［パレスチナの騎兵師団についての］電報にたいへん満足している。この素晴らしい部隊が丸一年、無駄遣いされていたのは、なんともつらいことだった。自動車化大隊に変更して、最終的に機甲部隊にできるように、早急に機関銃大隊数個に組み直すことが望ましい。障害が起きないようにしてほしい。この時勢に馬を使わせるのは、ロイヤル・スコッツ・グレイズ〔騎兵連隊〕や王立騎兵連隊に対する侮辱だ。パレスチナの岩場の多い低山向けに歩兵大隊もしくは騎兵大隊数個が小型の馬に乗るのはよしとしても、歴史ある正規軍の連隊には、戦争で雄々しく役割を果たしてもらわなければならない。騎兵師団が出発する前に、こういう路線を承認したという貴君らの電報が見られることを願っている。

総理大臣より海軍卿へ　四〇年九月九日

あらたな建艦計画に関する貴君の報告書を読んだ。三月に私が内閣に示したものを読んでから、意見書を書き換えたのだと解釈している。〈ロイヤル・サヴリン〉級の改修★を拒んでいることに、私はまったく承服できない。すべての戦艦の建造よりもそれを優先すべきだが、一九四二年末に竣工する戦艦は除外される。つまり〈ハウ〉はこのまま建造される。そのほかの主力艦五隻の順位は、来年、海軍見積が提出される時期に検討する。空母〈インディファティガブル〉と建造が一時停止されている巡洋艦八隻については、作業を進めない理由が見当たらない。すべての新型艦艇に竣工まで一五カ月という期限が定められていることを考え、対潜艇を出して空いた造船台をすべて使用することを承認する用意がある。建造にこれだけの期間を要する大型駆逐艦は、いずれも戦時の緊急計画からは除外する。

貴君の最終提案が作成されたら、会議をひらく。

総理大臣よりイズメイ将軍へ　四〇年九月一〇日

1．シンガポールの主な防御手段は艦隊だ。艦隊の防御の影響は、現地にいてもいなくても、きわめて広い範囲に及ぶ。たとえば、私たちが強力に増援したばかりの現在の中東艦隊は、命令一下、きわめて短い日にちでシンガポールまで行けるし、必要とあればそこに到達する前に戦闘を行なうこともできる。シンガポールの要塞には、燃料、弾薬、修理施設がある。日本がマレー半島に上陸して、要塞を包囲していたとしても、優勢な救援艦隊の力を奪うことはできない。逆に、母国から遠く離れたジャングルや沼地にはまり込んだ包囲軍の深刻な状況は、いっそう絶望的になる。

2．したがって、シンガポール防御は、**現地**の強力な守備隊と海軍力の多岐にわたる潜在力を基本にしなければならない。マレー半島の防御と、長さが四〇〇マイル（約六四〇キロメートル）で、もっとも幅が広いところが二〇〇マイル（約三二〇キロメートル）もある広大なマレー全体を堅持するというような考えを抱くことはできない。無線機などを完備した一個師団であっても、この任務をこなすように見せかけることすらできないだろう。イングランドに近い広さの国を、一個師団で防衛できるわけがない。

3．日本と決裂する危険は、それほど深刻ではない。シンガポールを攻撃するために、日本は遠い黄海沖にいる艦隊のかなりの部分を使わなければならないので、それが起きる確率はきわめて小さい。それどころか、日本の見解ではそれ以上、愚かな行為はほかにはないだろう。オランダ領東インドのほうが、彼らにとってずっと価値がある。太平洋にアメリカの艦隊が陣取っていることが、つねに日本の絶大な関心事だ。日本が賭けに出る可能性は低い。彼らはつねにたいへん用心深いし、中国に深入りしているいまは、ことに慎重にならざるをえないだろう。

4．オーストラリア旅団をマレーではなくインドに送りたいと考えたのは、インドで訓練したほうが中東での戦いに適した態勢になるからにすぎなかった。中東で訓練できると知って、よろこばしいことだと思った。

5．したがって、第7オーストラリア師団を戦略と運営の両面で最適な持ち場に配置できなくなるような政治的状況は考慮していない。自治領政府宛のこういう趣旨の電報を起草してもらいたい。

★第二巻第二二章にある四〇年九月七日の私の公式覚書と、後掲の同年九月一五日と一一月二六日の公式覚書を参照。

総理大臣よりパレスチナのテルアヴィヴ市長へ　　四〇年九月一五日

先ごろの空襲でテルアヴィヴがこうむった損害への心からの同情を受け入れていただきたい。この無意味な行為は私たちの団結した決意をいっそう強めるだけです。

総理大臣より海軍卿へ　　四〇年九月一五日

1．貴君の新建艦計画について。日本に関する数字が正しいかどうかはかなり疑わしいと思う。海軍情報局は日本の兵力と効率を過大に評価する傾向が強い。しかし、もっと急を要する戦時の必要に合致するのであれば、戦艦建造計画の再開には反対しない。戦艦建造の施設と労働力の大部分は、ほかの目的には役立たないはずだからだ。これらの艦の建造中に要する毎年の資金、鋼鉄、労働力を記した書類一枚を用意してもらいたい。万事を〈ハウ〉に集中しなければならない。

2．R［ロイヤル・サヴリン］級の二隻の改修に着手するのは、侵攻の可能性が消滅し、〈キング・ジョージ五世〉が就役した時点でかまわない。それまでのあいだ、資材を集め、準備を進める。そうすれば、二隻はいまから一八カ月後——すなわち一九四二年夏には出撃できるようになるはずだ。

3．〈インディファティガブル〉の件は推進したほうがいいが、追加の空母が必要かどうかは来年のはじめに考慮すればいい。しかし、設計図は書きあげられるはずだ。

4．軽巡〈ベルファスト〉などの建造に三年以上かかったことに気づいていると思う。巡洋艦建造の大規模計画がすでに開始されていることを考え、今年の計画に貴君がこれらの四隻を無理に付け加えないことを願っている。

5．駆逐艦建造には大賛成だし、どれほど大きくても、航続距離がどれほど長くてもかまわないと思うが、それは一五カ月で建造できる**場合に限る**。これをぜったいに動かせない期限として、あとのことをすべてそれに合わせなければならない。建造に三年かかった駆逐艦が何隻もある。改造をつぎつぎと付け加えて、自分は賢いと思う人間が多すぎる。駆逐艦の設計について、私は統制官及び需品部長と話し合いたいと思う。これらの駆逐艦はこの戦争のためだけに建造され、航空機からのじゅうぶんな防御を備えていなければならない。極度の速力は重要ではない。Uボートがどんどん西寄りで活動しているという貴君の指摘は間違いなく事実だが、元捕鯨船でいま小型護衛艦《コルヴェット》と呼ばれている艦種は、航続距離がかなり長く、活動範囲が広い。

6．潜水艦建艦計画は、すでにかなり大規模で、それ以外の戦時必需品に割り込んでいる。大蔵省が同意した二四隻にさらに一四隻を加える要求を再検討するほうが賢明だと思う。

7．上陸用舟艇を製造するために、絶大な努力をすべきだ。統合立案委員会は、この数でじゅうぶんだと納得しているのか？

8．貴君が対Eボート艇を五〇隻しか要求していないことに驚いた。これが限度ではないのなら、一〇〇隻のほうが適切だろう。〔高速砲艇と高速魚雷艇が主にその任務を行なった〕

9．ごくおおざっぱにいって、この時期の新艦艇建造においては、建造の速度と竣工までの期間短縮が、最大の美徳だと考えられる。造船会社にむやみやたらと発注して、竣工の見込みがない受注で造船所が満杯になるのは望ましくない。貴君はこの建艦計画についてジェイムズ・リスゴー卿〔造船・製鉄業界の重鎮で、チャーチルに商船建造・修理の責任者に任命され、海軍本部の委員もつとめた〕と相談して、商船建造とすでに減少している私たちの鋼鉄製造に影響があるだろうという意見を聞いているはずだ。戦時に他の軍の必要物資に手出しするのは間違っている。

10．海軍施設局長《DNC》に設計を頼んだ装甲魚雷ラム〔敵艦を破壊するために艇首にラム［衝角］を付けた魚雷艇〕はどうなっているのか？

総理大臣よりジェイコブ大佐へ　四〇年九月一五日

1．一年以上前に、内陸部でRADARを配備することがまもなく可能になるはずだと考えられた。しかし、その後ずっと、私たちは監視特務部隊に依存している。この部隊はすばらしい働きぶりだが、きのうやきょうのような曇った日には、正確に機能を果たすのが難しい。内陸部で活動するRADAR基地がせめて六カ所あれば、邀撃の際にかなり優位に立てると思う。ことに、ロンドン空襲の主要空路になる可能性が大きいシェピー島〔原文のワイト島は誤り〕の岬角シアネス上空の監視が重要だ。爆撃に対する備えとして、沿岸部のこの地域に基地がすでに複数設置されたと聞いている。それを回転させて稼働すればいい。あらたな基地を造るという方法もある。この問題はかなり急を要すると思う。

2．あす月曜日に、ジュベール・ド・ラ・フェルテ空軍大将が、会議に欠かせない権威ある科学者をすべて集めて、以下の事柄を私に報告することになっている。

（a）上記が望ましいかどうか。

（b）実行可能かどうか。また、基地数カ所が稼働する所要時間。

できるだけ早く六カ所ないし一二カ所の基地を使用できるようにし、予備をふたたび建設すると、フェルテ空軍大将が提案することになっている。

3．実行可能な業務計画ができたら、私が航空機生産大臣のところへそれを持っていく。

総理大臣よりシコルスキ将軍へ　**四〇年九月一七日**

先ごろのドイツによるバッキンガム宮殿爆撃の際に国王と王妃が運よく逃れたことに、ポーランド政府、ポーランド軍、ポーランド国民が安堵していることを伝えてくれた九月一四日の電報に、深く感謝しております。国王陛下と王妃陛下が述べられたように、こういう卑怯な攻撃は、最後の勝利をものにするまで戦い抜くという私たち全員の決意を強めたにすぎません。

総理大臣より内務大臣へ　**四〇年九月一八日**

敵は磁気機雷などの装置でガラスをできるだけ割ろうとするだろうし、冬が近づいている。住宅に差し込む日光が減るはずなので、ただちに昔のような不便な状態に戻らなければならない。国中でガラスを保存し、供給を増やすためにあらゆる努力を払うべきだ。だれもが現在の範囲の四分の一にガラスを減らすことを奨励されるか、強制され、あとは予備として保管する。窓には合板かそのほかの素材を張るのが便利だし、窓枠は後日ガラスを交換できるように保管する。攻撃目標になる中心地では、これをできるだけ早くやるほうが望ましい。関係する省庁の会議をひらいて、反対を押し切るのを手伝うために私を呼び、幅広い前線で荒々しく行動するような決断を下してもらいたい。

総理大臣より内務大臣へ　**四〇年九月一九日**

この問題について、昨夜貴君に公式覚書を送ったので、私の代わりにこれを調べてもらいたい。これまでに何平方フィートのガラスが割られたのか？　見積は出されているのか？　もちろん損害よりも月産のほうが大きいので、心配する必要はない。

　できるだけ正確な見積を出してもらいたい。

総理大臣より郵政長官へ　**四〇年九月一九日**

空襲中の郵便局の業務について、かなり苦情が出ている。どのような手を打っているのか、報告書を提出してもらいたい。

総理大臣より帝国参謀総長《CIGS》へ　**四〇年九月二一日**

インドから来る旅団すべてが、英軍一個大隊とインド軍三個大隊から成っていると思っていた。それが正常で望ましい。しかし、この電報は、インド旅団にはインド人将兵しかいないとほのめかしている。もしそうなら、中東軍総司令官が改変することが望ましい。

総理大臣より第一海軍委員及び統制官へ　**四〇年九月二一日**

中東や、北海及びイギリス海峡での海軍の弾薬消費はどのように推移しているのか？　補給になんらかの弱点が生じているようなら、知らせてほしい。四・七インチ砲の弾薬の厄介な問題は乗り越えたのか？　短い意見書を出してもらいたい。

総理大臣より空軍大臣へ　**四〇年九月二一日**

けさの朝刊に発表された空軍省の公式声明を見てほしい。以下のような文言が含まれていた。

〝私たちの戦闘機は敵編隊と交戦したが、雲の状態のために邀撃が困難だった。これまでにはいった報告では、敵機四機が撃墜された。私たちの戦闘機七機が行方不明になり、そのうち三機の操縦士が無事だった〟

ドイツの新戦術が功を奏し、私たちの損耗七機に対して敵の損耗が四機だったという結果をドイツ側に知らせるのは、まったくもって愚かなことだ。

もちろん、損耗を隠したいだけではない。現時点ではそれを私たちは予想している。しかし、特定の戦闘に結び付けて述べる必要はない。

総理大臣よりイズメイ将軍へ　**四〇年九月二二日**

これらの小銃を［アメリカから］全速力で運ぶために、あらゆる経路を通じてすべての手配を行なうよう気を配ってほしい。四隻以上の高速船で配送する必要があるだろう。一部を客船で運ぶことはできないか？海軍本部になにができるかを教えてもらいたい。アメリカのストロング将軍の説明どおりに調委《パーコ》［調達委員会」の側で再梱包する際に遅れが生じないようにしてほしい。

元海軍関係者よりローズヴェルト大統領へ　四〇年九月二二日

私たちの必要物資の残りについて大統領と話し合うよう、ロージャン卿に頼みました。訓練され、軍服を着ている男たちが二五万人いるので、彼らの手に渡す小銃二五万挺がもっとも緊急に必要とされています。それの放出に必要な手続きを行なっていただければ深く感謝いたします。それらの輸送を最速にすべく、あらゆる手配がなされるでありましょう。それによって、三〇三口径の小銃二五万挺を、郷土防衛隊から、アメリカ製小銃約八〇万挺で武装している正規陸軍に移すことができます。弾薬が現在入手できなくても、輸送中に備蓄から用意できるので、これらの小銃は役に立ちます。

総理大臣よりド・ゴール将軍へ　四〇年九月二二日

あらゆる方面から、カトルー将軍がシリアにいるべきだという要求が出ています。そこで、貴官の名において私が責任を負い、シリアへ行くよう将軍に要請しました。もちろん、カトルー将軍の地位を決めるのが貴官であることは承知していますし、そのことを本人にあらためて念を押すつもりです。急を要し、遠方の人間に説明するのが難しいときには、その場で決断しなければならないこともあります。貴官が望めばまだカトルー将軍を留め置くこともできますが、それはきわめて無分別な行為だと私は思います。

明朝の貴官の企てが成功することを祈ります。

総理大臣より軍需大臣へ　四〇年九月二三日

GL装置★の製造は最重要だと、私は見なしているので、生産を加速するためにあらゆる手段を講じてほしい。現在もっとも難しいのは、必要な熟練労働者を得ることだとわかっているし、要求を満たすためにできることがすべてなされることを願っている。速度がきわめて重要だ。

（即日実行）

総理大臣より陸軍大臣及び帝国参謀総長《CIGS》へ

四〇年九月二三日

言及された報告書の内容は貧弱だし、スーダンへの対策もおなじように貧弱だ。スーダンで緊急に必要とされる兵員と砲を、私たちはケニアで集積している。

貴君らが述べているケニアの遠大な戦略的前線に関しては、つぎのようなことがいえる。モンバサから湖〔ヴィクトリア湖〕までの鉄道で寝そべっていたら、補給線がのび切って、敵が私たちに接近するのにこのうえなく有利な前線ができてしまう。私たちの部隊は、敵が前進を開始している地点へ優勢な部隊で奇襲をかけられるように移動できるはずだ。敵がどこに打撃を加えるか、だれにも確実なことはいえないが、スーダンを増援するためにケニア［の部隊］をできるだけ節約するのが正しい配置だと確信している。ケニアに譲る必要があるのは、巡航戦車約一〇両だけだ。これを鉄道の適切な貨車に載せれば、イタリア軍のいかなる動きに対しても、絶大な効果がある**奇襲**攻撃をかけられる。しかしながら、ただ砲と旅団を集めているというのは、はなはだ耐えがたい光景だ。

これらの重要課題を提起するにあたって、山岳砲兵をアデンからケニアに移動するのを中止するよう求めなければならない。代わりに、この部隊かべつの砲兵をスーダンに移動することを考慮すべきだ。ケニアの全部隊の糧食、小銃、機関銃、砲の総数の明細を提出してもらいたい。

総理大臣より英海軍駆逐艦〈チャーチル〉艦長へ

四〇年九月二五日

貴艦が偉大なモールブラ公に因んで命名されたことはたいへん喜ばしい。士官室に飾れるように、幸運を祈る公の直筆の手紙を送る。丁寧なお報せ、どうもありがとう〔アメリカから貸与された旧式駆逐艦のうちの一隻〕。

総理大臣より外務大臣へ　**四〇年九月二五日**

空路で戻りたいというロージャン卿の提案に感銘した。どうか承認し、もっとも実用的で便利な方法を手配してもらいたい。

総理大臣よりイズメイ将軍へ、参謀総《COS》長委員会宛　**四〇年九月二六日**

これらの［計器爆撃用の指向性電波《ビーム》に関する］事実が正確であるのなら、きわめて危険かつ重大だ。参謀総長委員会は使用できるすべての資源を駆使して、明晩までに、私に報告書を提出してほしい。

（a）危険の現実性について。

（b）それに対抗する手段について。

どのような対策を具申する場合でも、これが最優先され、いまあるもの以外のすべての資源を利用できることを、参謀総長委員会は確約される可能性がある。

総理大臣より内務大臣へ　**四〇年九月二六日**

ベヴィン氏が推奨している合成素材の防空用帽子は非常に重要だし、落ちてくる破片などから護る手段になる。大規模に大量生産して全員に支給すべきだ。

実験の様相についてきょう報告してほしい。生産見積も軍需大臣と相談して出してもらいたい。

★高射砲射撃統制用ＲＡＤＡＲ装置。

総理大臣より労働大臣へ　　**四〇年九月二六日**

貴君の提案した帽子はたいへん喜ばしいし、こういう種類のものを早急に大量生産し、鉄兜が出揃うのを待つあいだに支給すべきだ。きょうの新聞数紙のように〝襤褸切れ帽子〟と呼ぶのは、間違っていると思う。もっとましな呼び名を考えてほしい。

きょう私は内務大臣に、漏れのない完璧な報告書を求める。

総理大臣より空軍大臣及び空軍参謀総長《CAS》へ　　**四〇年九月二六日**

ビーヴァーブルック卿が航空機のじゅうぶんな供給をえられるかどうかに万事が依存していることと、ブリストル、サウサンプトン、そのほかの場所で甚大な打撃をこうむっていることを思うと、貴君らがこれらの予備についてただちに全面的にビーヴァーブルック卿の望みをかなえてほしいと切に願っている。

総理大臣より農業食糧大臣へ　　**四〇年九月二六日**

豚の頭数を秋までに現在の三分の一に減らすという提案には納得できない。これは内閣が理解している事柄とはまったく異なっている。どうして輸入物資の飼料の割合を増やすことを求めないのか？　求められれば、私たちはなにかしら譲らなければならない物品を見つける。豚を処理すれば、その分のベーコンが市場でだぶつくだろうが、それを緩和するのにどのような手配りを行なうのか？　家庭から出る食べ残しを豚にあたえることを奨励して、豚の頭数を増やすこともできたのではないか？

総理大臣より軍需大臣へ　　**四〇年九月二八日**

最近の空襲によって、特定の重要な弾薬、ことにデ・ウィルデ弾薬が、一カ所の工場に集中していて、爆撃が一度成功するだけでも生産が深刻に減少するという結果になっていることが判明した。すべての重要な軍需品の製造を分散することについて、報告書を提出してもらいたい。それにより、深刻な生産の減少の危険性を評価し、危険をもっと分散することを考慮できるようになる。

総理大臣よりイズメイ将軍へ、参謀総長委員会《COS》宛　四〇年九月二八日

1．この二種類の［化学戦資材の供給に関する］書類に、私は大きな不安をおぼえた。一九三九年一〇月一三日——つまりまさに一年前——の戦時内閣の命令によって、ランドル［工場］は全力を挙げて操業してきたはずだ。その命令の達成を怠っている理由はなにか？　だれにその責任があるのか？

2．第二に、これらのさまざまな形態のガスを航空機か砲から投射するための発射体もしくは容器を製造する手段が、まったくないように見受けられる。いまから計画に着手しても、なんらかの結果が出るまで何カ月もかかるだろう。これについてただちに報告してもらいたい。最優先しなければならない。危険はきわめて大きいと私は見ている。

3．第三に、私たちがドイツの一般市民に対して報復せざるをえない可能性を、できるだけ最大の規模で研究しなければならない。ぜったいにこちらから開始するべきではないが、やり返すことができるようにしなければならない。速さが重要である。

4．第四に、ランドルを全力で生産できるようにする即時の手段を講じるべきだし、なによりも現在の備蓄を分散する必要がある。

5．実際の備蓄量は？

総理大臣よりイズメイ将軍へ　四〇年九月二九日

これらの数字［戦争一年目の高射砲射撃］には、勇気づけられる。しかし、九月の報告をパイル将軍に求めるべきだ。

九月中の二四時間ごとに発射された弾薬の報告書をできるだけ早く見たい。

（即日実行）

総理大臣より軍需大臣及び商務庁長官へ

四〇年九月二〇日

鉄鉱石の輸送を節減するために、アメリカからの鋼材購入を増加すべきだと確信している。製造のさまざまな段階にある鋼材を二〇〇万トン追加で買いたい。それから、アンダーソン防空壕の計画や、需要に圧迫されている、鋼材を必要とするそのほかの案件を再開する。必要とあれば、私が大統領に電報を送る。

一〇月

総理大臣より外務大臣へ

四〇年一〇月四日

アメリカが参戦した場合の成り行きについて、この大使が重大な誤解を抱いていることを、これが示している。相手がドイツであろうとイタリアであろうと日本であろうと、アメリカが参戦すればイギリスの利益が完全に充足されるということを、ただちに大使に告げるべきだ。軍需品の分野は、大英帝国とアメリカ合衆国が共同参戦国になることの重要度とは比べ物にならない。日本が私たちに宣戦布告せずにアメリカ合衆国を攻撃したら、私たちはただちにアメリカ合衆国に味方する立場を示して、日本に宣戦布告する。

アメリカが私たちの味方として戦うよりも中立でいたほうが私たちのためになるという、この誤解を招くケネディ★のたわごとが、これまで通用してきたことには唖然とする。関係各国駐在の私たちの大使らに、明確な指令を送る必要がある。

総理大臣より陸軍大臣へ　**四〇年一〇月九日**

……中東で航空機が必要とされていることは、だれにでもわかる。ここから割くことができるかどうかとなると、そう簡単ではない。私たちが戦闘機と爆撃機の数でドイツ空軍にかなり劣っていることと、多大な損耗が航空機製造によって支えられていることを、忘れてはならない。空軍参謀総長と空軍大臣に、緻密な助言を求めるべきだろう。

総理大臣よりド・ゴール将軍へ　**四〇年一〇月一〇日**

貴官の電報を受け取ってたいへんうれしく思いました。私たちとともに戦うと決意している貴官とすべてのフランス人の成功を心から祈ります。すべての障害が克服され、私たちの大義の勝利を分かち合える時まで、ともに決然と立ちつづけましょう。

総理大臣よりイズメイ将軍へ、参謀総長委員会《COS》宛　**四〇年一〇月一二日**

沿岸部のドイツ軍長距離砲台のＲＡＤＡＲの発達は重大だ。この装置の推移を私たちは長いあいだ追ってきたし、数週間前に私は注意を喚起した。そのときに私は、ほかのもっと急を要する事柄があるので、優先順位が低いといわれた。いま優先順位を上げるべきかもしれない。艦砲射撃に対する防御という見地からは、それによって明らかに夜を昼に変えることができる。

そのほかの無線関連の計画に影響がないような提案がほしい。

★イギリス駐剳アメリカ大使。

総理大臣より帝国参謀総長《CIGS》へ　**四〇年一〇月一三日**

イギリス軍部隊を西アフリカ沿岸に多数配置することに関して、数々の不備がある。状況の変化に鑑みて、西アフリカ歩兵旅団のうちの一個を、空荷で戻る船団によってケニアから戻すことを考慮してほしい。海上輸送の負担にはならないはずだ。

総理大臣よりジェイムズ・グリッグ卿へ　**四〇年一〇月一三日**

既婚者の隊員が望めば退役できるようにすべきかどうかについて、ATS（婦人補助地方義勇軍）では激しい議論が戦わされた。ほとんど全員が、それに賛成している。禁じるのは無益のように思われるし、罰する手段もない。したがって、もっとも高貴な隊員のみが思いとどまるよう勧められている。長所と短所を示す意見書を一枚の書類として提出してほしい。

総理大臣よりイズメイ将軍へ　**四〇年一〇月一四日**

ドイツが蹂躙した国で軍需産業、ことに航空機製造を開発する機会と、その邪悪な活動がいつ明らかになる可能性が高いかについて、書類二枚の報告書を用意してもらいたい。

総理大臣より海軍卿へ　**四〇年一〇月一五日**

1．私がいま読んだばかりの、この一〇月一三日付の海軍参謀本部文書★を回覧したいのであれば、私は異議を唱えない。もちろん、かなり悲観的で心配性の文書で、海軍本部からこれを受け取ったことにひどく気が滅入る。この文書が具体的な特質を誇張している例が、第三節では散見する。たとえば、多くの場合、効果的な通航能力さえあればいい水域に関して、〝あらゆる海の全体的な支配〟を維持しなければならないと主張している。さらに、第五節では、〝**現時点**［**一〇月一五日**］**以降**、ドイツの兵力は〈ティルピッツ〉と〈ビスマルク〉を計算に入れなければならない〟としている。これは事実ではないし、〈ビスマルク〉は、それとおなじかもっと早く就役する〈キング・ジョージ五世〉とおなじように、改良して仕上げなければならない〔〈ビスマルク〉は一九四〇年八月に就役したが、公試運転が一二月までかかり、キール運河の事情もあって、戦闘可能状態になったのは一九四一年三月以降だった〕。〈ティルピッツ〉の竣工は、私が入手したすべての報告によれば、〈ビスマルク〉より三カ月遅いので〔ややずれがあるが、チャーチルがこの時点で知った情報だとしてママにする〕、それが登場するときには、私たちには〈プリンス・オヴ・ウェールズ〉〔一九四一年一月就役、竣工は三月〕と〈クイーン・エリザベス〉〔就役は一九一四年だったが、この時点で対空兵装などの大幅な改装が終わっているという意味〕がある。このような文書を閣僚に示すのであれば、私は異議を唱えざるをえない。

2. 論旨すべてが、敵には砲撃で私たちをジブラルタルから追い出す力があるから、ヴィシー政権の希望に従わなければならないという考えに導くことを目論んでいる。ジブラルタル港内で襲われてはならないという海軍参謀部の熱望には、全面的に賛成だが、海上封鎖を強行してもフランスはその挙には出ないだろうし、私たちに宣戦布告する可能性はさらに低い。ヴィシー政権には私たちと戦争をする力はないだろうし、フランス国民全体がどんどん私たちの側につこうとしている。これについては回覧される公式覚書で処理し、妥当な個所だけを抜粋するつもりだ。

3. この文書を補うために、ジブラルタルを砲撃すれば、たとえばカサブランカではなくヴィシーやヴィシー政権が占領しているそのほかの地域に対し報復すると示唆すべきだろう。そうすれば攻撃の正式な通牒になる。また、下手に出ればヴィシー政権がご主人様のドイツに私たちと戦うよう命じられるのを避けられるとは限らないのとおなじように、強気な態度でもヴィシー政権を私たちの側につけられるとは限らないことを、念頭に置く必要がある。

★ヴィシー政権に対する私たちの方針における海軍側の観点。

これらの問題は、〈プリモグ〉★海上阻止の失敗によって、緊急を要しなくなった。

総理大臣より空軍参謀総長《CAS》へ

四〇年一〇月一八日

航空機の計器着陸について、どのような手配があるのか？　そのための計器を装備している航空機の数は？　戦前に民間航空機が霧のときでもやっていたように、無事に着陸できるように誘導するのは可能なはずだ。詳細な情報を教えてほしい。昨夜の事故数件はたいへん重大だった。

総理大臣より帝国参謀総長《CIGS》へ

四〇年一〇月一九日

先週、ホバート少将†に機甲師団一個をあたえるよう提案したと貴官から聞き、私は大喜びした。私はこの将校をきわめて高く買っているし、特定の方面からの彼に対する偏見は感心しないと思っている。個性が強く、独特の先見性を備えた人物は、しばしばこうした偏見にさらされるものだ。今回の場合、ホバート将軍の独自の先見の明は、まったくもって悲惨な現状から生まれたものだった。参謀本部が戦前に戦車の適切な用法を考案するのを怠ったために、この発明の成果はすべて奪われてしまった。この成果は敵に収穫されて、悲惨な結果を招いた。だから、この将校が問題の根源をつかんでいて、しかも先見の明があることを頭に入れておく必要がある。

先週の貴官宛の公式覚書で私は、その日、すなわち火曜日に任命が提案されることを願っていると書いたが、今週末にずれ込んだ。できるだけ早く任命されるようにしてもらえるとありがたい。

この公式覚書を作成したあと、貴官の私宛の意見書と、ホバート将軍に対する賛否両論の要約を、私は入念に読んだ。いま私たちは戦争中で、命懸けで戦っているのだから、陸軍の任命が、仕事の経歴を通じて厳しい批判を浴びたことがないような人物に限られるのは望ましくない。ホバート将軍の一連の資質と欠点は、まさにイギリスの歴史上の偉大な司令官たちにもあったと見なせるかもしれない。モールブラ公は、善意で軍務を遂行したごくふつうの軍人だった。クロムウェル、ウルフ、クライヴ、ゴードン、そしてまったくちがう分野のローレンスは、すべて欠点だと見なされかねない性格の持ち主だった。彼らにはほかの資質も数多くあった。だから私はホバート将軍を信頼するようになったのだ。型にはまった基準によってどこまでも安全だと判断された人間だけに限るのではなく、先見の明がある力強い人間を試す時機なのだ。

したがって、貴君は一週間前の私に対する提案から尻込みしてはならない。この問題で貴君の直観は適切で的を射ているからだ。

総理大臣より帝国参謀総長《CIGS》へ

四〇年一〇月一九日

この絶大な努力を要する管理職［郷土防衛隊総監］に任用できる若い人材はいないのか？　退役将校をこのような地位に就けると、軍の内外でかなり批判を浴びるだろう。まだ四〇代の人間を見つけて、臨時の階級をあたえてはどうか？

総理大臣よりイズメイ将軍へ、参謀総長《COS》委員会宛

四〇年一〇月一九日

小火器の弾薬の見通し、一〇月に完成する工場群によって状況がきわめて大規模に改善されること、一九四一年三月三一日までに期待される生産増加、侵攻がなければ中東以外では作戦が可能ではないこと、それ

★フランスの商船。

†ホバート将軍は上官により強制的に除隊されて、この時点では郷土防衛隊の準伍長だったが、現役に復帰し、能力にふさわしい機甲師団の師団長に任命され、その職責で戦争終結まで卓越した軍務を果たした。一九四五年に私たちがはじめてライン川を渡河した日に、私は彼と楽しく話をした。ホバート将軍の働きぶりは、モンゴメリー将軍にたいへん高く評価されていた。

も中程度の規模になるはずだといったことから判断して、本国部隊総司令官は、演習をどうするかというきわめて大きな問題を突きつけられていると思う。その目的に使えるのは一週間に二〇〇万発しかなく、そのために訓練が深刻に阻害されているのはわかっている。陸軍省の乏しい備蓄を減らすのは危険なように思えるが、一一月一日以降、演習に支給する量を二倍――すなわち一週間四〇〇万発に増やすべきではないかどうかを検討すべきだと思う。ただちに参謀総長たちと協議してもらえるとありがたい。★

総理大臣よりイズメイ将軍へ

四〇年一〇月二〇日

1. 海軍、空軍、陸軍の総司令官たちが最後に会議をひらいたのはいつだったのか？　会議はたいして役に立たなかったのか？　だれが出席したのか？
来週ぐらいにそういう会議を主催したい。

2. 私たちの戦争政策に関する情報を、それらの軍上層部にもっと多く知らせる計画がほしい。

総理大臣より空軍大臣及び空軍参謀総長《CAS》へ

四〇年一〇月二〇日

現在の方針では、現在から来年の四月か五月までのあいだに私たちの爆撃機部隊の拡大がなく、むしろ縮小することに、私は深い懸念を抱いている。この期間に私たちの爆弾投下能力を増大する努力を行なうべきだ。月光がある時期、現在の爆撃手順は最適で、価値が高い軍事目標が数多くあるのに爆撃機の数がすくないことだけが難関になっている。ドイツ深奥部に達して軍事目標を精密爆撃するというやり方は、ぜったいに変えるべきではない。しかし、現状では、月明かりが暗いときに安全な高高度から、もっとも近いドイツ軍の大規模な戦力増強地域へ爆弾を投下する、第二線級の爆撃機部隊を編成することはできないか？　そこにも軍事目標はごまんとある。明らかにルール地方が考えられる。飛行距離が短く、安全な状況で、攻撃しやすい目標を見つけることが目的だ。

冬期の数カ月、そのような二線級の補助爆撃機部隊を間に合わせでこしらえることはできないか？　訓練所から搭乗員を引き抜いて、ときどき任務に参加させたらどうか？　侵攻が起きない限り、陸軍は戦闘に参加しない可能性が高いので、手が空いているライサンダー〔陸軍直協・連絡機〕や偵察機の操縦士でも、そういう単純な爆撃ならできるのではないか？　私が提案したような二線級の組織が、ことに精確である必要がないとわかっている状況で、ドイツに大量の爆弾を落とせるように、本腰を入れて努力してもらいたい。できるだけ最善の提案がほしい。それから、実用的かどうかを判断する。

爆撃機数機に計器着陸装置を取り付けたらどうか？　航空機生産相《MAP》が私に、ローレンツ装置多数が入手できるといっている。先週の一日に起きたような深刻な損耗が、二度と起きてはならない。計器着陸装置「何年も前から民間航空で使用されてきた」が必要なのは、爆撃機だけではなく、ますます夜間に作戦を行なうことが増えるはずの戦闘機にも当てはまる。それらの航空機は、無事に着陸するために、この手段を備えていなければならない。どうか意見を聞かせてもらいたい。

総理大臣より空軍大臣及び空軍参謀総長《CAS》へ　四〇年一〇月二〇日

現在、航空機邀撃に特化した機種だけではなく、機銃八挺を備えた戦闘機の飛行中隊も加えた夜間戦闘の計画が練られているが、それに関連して、戦闘機が作戦行動を行なうために高射砲が敵機を撃つことができない地域で、空砲を発射するべきかどうかを検討してもよいと思う。これによって（a）地上の閃光で敵を惑わせ、邀撃の戦闘機が迫っていることから注意をそらす――つまり純然たる軍事的理由から行なう。（b）攻撃を仕掛ける私たちの戦闘機の爆音をかき消すとともに、住民に気が滅入るような沈黙を要求するのを避

★量を増やして供給することが決定された。

けられる。第二の目的のために空砲を発射するのは妥当ではないが、軍事的理由があれば、反対は消滅するだろう。

総理大臣より帝国参謀総長《CIGS》へ　　**四〇年一〇月二〇日**

戦闘能力がかなり高い軍隊だということが実証されているポーランド軍の装備が、きわめて粗末な状態であることを憂慮している。今週の水曜日に点検してもらいたい。

ポーランド軍に装備を支給できるようにするための最善の提案を、月曜日中に示してもらいたい。彼らがやる気を失うようなことがあってはならない。

（即日実行）

総理大臣より陸軍大臣へ　　**四〇年一〇月二〇日**

〝官公庁警備の郷土防衛隊〟から鋼鉄製ヘルメットを奪うことはありえない。木曜日の夜にダウニング街の外で四人が死んだ。ホワイトホールは、国のどの地域よりも激しい爆撃を受けている。ヘルメットを支給された人間からそれを奪うのはどうかと思う。陸軍がヘルメット三〇〇万個を目標にしていると知って、私は愕然とした。陸軍に三〇〇万の兵員がいるとは知らなかった。正規軍が保有している鋼鉄製ヘルメットの完全な明細を、部門ごと——つまり、野戦部隊、訓練部隊、待機大隊などと、在庫について、提出してもらいたい。

総理大臣より帝国参謀総長《CIGS》及びジェイムズ・グリッグ★卿へ　　**四〇年一〇月二一日**

フリータウンに撤退して帰国したアーウィン将軍の非常に長い報告書は、同将軍が関わった作戦のあらゆる困難な要因を浮き彫りにしている。アーウィン将軍は、困難な要因と準備の不足をすべて事前に予見していた。軍事よりも政治色が濃厚な、重大で危険が大きい企てに跳び込むことになると感じていたにちがいない。このように数々の欠陥や危険が伴っていることを、明確に認識していたにもかかわらず、アーウィン将軍がこの作戦をあくまで続行したいと希望したのは、驚くべきことだった。しかもそれは、海軍が阻止できなかったフランスの巡洋艦と増援がダカールに到着し、状況が変わったので当初の計画は不可能になったと、戦時内閣と参謀総長たちが熟慮の末に判断を下したあとのことだった。しかしながら、敵を見誤ることや、交戦したいという真剣な熱望の表われは、つねに鷹揚に判断されなければならない。この将軍は、遠征部隊の司令官に選ばれる前に、非常に有能な師団を指揮していたし、帰国したあと、それらの任務を再開してはいけないという理由はなにもない。しかしながら、(a)フランス人が二五人でドゥアラを奪取し、カメルーン人を味方につけたことを思えば、戦時中に長期の準備がなされていない企てを行なうべきではないとはいい切れないし、(b)艦艇はいかなる状況でも要塞と戦って勝つことはできないと彼が思い込んでいるようなら、それもまた間違っている。予想外の不自然な霧のために、ダカールではああいう事態になったのかもしれない。また、要塞が応射できない距離から艦砲射撃を行なうか、要塞の砲手が怯えるか、無能か、攻撃部隊に友好的であったなら、かならずしもこの鉄則どおりになるとは限らない。

総理大臣より植民地大臣(ロイド卿)へ **四〇年一〇月二一日**

申しわけないが、アフリカ大陸と現在の戦争におけるその戦略的・政治的危険要因に関する貴君の意見書を検討するのに時間を要した。特別委員会の設置には反対する。委員会の数が多すぎ、私たちは圧倒されている。オーストラリア人が兎の大群にやられたのと同じだ。私たちがヴィシー政権もしくはスペインと戦

★第二巻第二四章参照。

争状態に陥るだろうとか、南アフリカの情勢が危険な方向に発展するだろうと思い込む理由は見当たらない。軍での経験と政治知識を備えている貴君は、必要とされる官僚を植民地省で集めて、国防委員会か戦時内閣に提示するのが適切だと思った報告書を用意すればいい。あるいは、委員会の補佐がほしいのであれば、中東閣僚委員会が、現在の分野に加えて貴君が概要を示した政治課題に取り組めばいい。

追伸——私は西アフリカ歩兵旅団のうちの一個を、ケニアから西海岸へ移動しようとしている。

（即日実行）

総理大臣より情報大臣及びアレグザンダー・カドガン卿へ　**四〇年一〇月二四日**

ウォルター・シトリーン卿が、労働組合会議《TUC》が託したアメリカの労働者宛の使命を帯びて、近々アメリカに向けて出国する。シトリーン卿はたぐいまれな資質と影響力を備えた人物で、枢密顧問官でもある。移動が便利なように外交官の身分をあたえられているにちがいない。任務の純然たる労働者側のことについて、TUCは経費をすべて支払っているが、国益に役立つ仕事の経費は情報省が負担するべきだ。情報相はこれを調べて、できることを見つけてほしい。いずれにせよ、ウォルター卿の扱いには最大限の配慮を払うべきだし、私は彼の誠実さと思慮分別を当てにしている。

一一月

総理大臣より空軍参謀総長《CAS》へ　**四〇年一一月一日**

爆撃作戦に使用できる搭乗員が五二〇人いて、おなじように使用できる爆撃機が五〇七機しかないとき、使用されるのを待っている爆撃機が多数ある航空機保管部隊から引き抜かないのは、どういうわけなのか？

総理大臣より空軍大臣へ　　四〇年一一月一日

七月一日以降、捕虜にしたドイツ軍航空機搭乗員について、爆撃機と戦闘機を区別して、人数、年齢、受けた訓練などの分析を、書類二枚程度にまとめてほしい。そのほかの情報があれば、なおのことありがたい。

総理大臣より第一海軍委員へ　　四〇年一一月六日

そのポケット戦艦がロリアンへ行くというのは疑わしいと思うが、空軍はできるだけ早くそこで攻撃することを考慮すべきだし、**即刻**そのことを伝えられるべきだ。そのポケット戦艦がロリアンへ行くようなら、途中で捕捉するか、港にいるときに爆撃するか、出航するときにまた捕捉できる。ロリアンには出入りできる航路が一本しかない。ヘルゴラント湾かスカゲラク海峡を抜けて、ノルウェー沿岸をひそかに北上してトロンヘイムへ行けるキールとはまったく異なる。そのポケット戦艦が南に抜けるか、大西洋航路に居座るか、アイスランドの反対側へ戻るよりも、ロリアンに向かってくれるほうがずっとありがたい。

ポケット戦艦が通商路で獲物を漁りつづけるようなら、戦闘に引きずり込むことができるはずだ。

さらに熟慮するなら、主力艦二隻が北にとどまることに、私は賛成だ。

この覚書は、貴君のみに考慮してもらいたい。

総理大臣より帝国参謀総長《CIGS》へ　　四〇年一一月六日

第一級の人物が郷土防衛隊を指揮することが重要だと、貴官は私に力説した。フランスで参謀長をつとめた人物が選ばれれば、郷土防衛隊にとってたいへんな讃辞になる。そこでパウンル将軍が指名された〔英遠征軍参謀長だった〕。しかるに、その数週間後、パウンル将軍がパケナム＝ウォルシュ将軍〔軍事使節団団長〕の後任としてアメリカへ行く予定になっていると知って、私は愕然とした。多少手間取ったが、その職務変更を私はとめた。だが、ややあってパウンルはアイルランドに異動になった〔北アイルランド英軍司令官〕。彼は郷土防衛隊のためにたいへんいい仕事をしたはずだと私は思っているが、仕事に慣れはじめ、部下に期待されるようになったときに、よそにひっぱられ、イーストウッド将軍が後任の総監に就任した。これはたった一カ月前のことだと思う。しかし、私は律儀にイーストウッド将軍の知己を得ようとした。郷土防衛隊の幹部将校たちもおなじだったと思う。私はイーストウッド将軍に好意的な意見を抱いている。ことに五〇歳未満であることが好ましいと思った。イーストウッド将軍は、膨大な新しい責務を身につけようとして、一カ月間きわめて勤勉に働き、たしかに知識をものにした話しぶりになりはじめていた。それなのに、彼を異動し、四カ月で三人目の新しい人物を任命すると貴君は私に提案している。

　この急な変更はすべて、軍の利益に反するし、非常に厳しい批判にさらされるだろう。イーストウッド将軍を郷土防衛隊の指揮からはずすことに、私は賛成するつもりはない。この総監という職務を貴君が確立したいのであれば、彼は留任しなければならないというのが、私の考えだ。しかし、万事が順調なら、陸軍大臣が二日後に戻ってくるので、私はこの覚書の写しを大臣に送る。再考されることをなおも期待している。

総理大臣より空軍参謀総長《CAS》へ　　四〇年一一月六日

　昨夜、私たちの航空機七機以上が、着陸しようとして墜落するか、損耗した。貴官も知っているように、爆撃機部隊の増大が遅いのが、私にはおおいに気がかりだ。この悪天候下での爆撃が、操縦士に過度の危険と損耗を強いているのであれば、さまざまな目的が絶えないようにしながら、兵力を蓄えるために、出撃数を減らすという手立てもある。

総理大臣よりエドワード・ブリッジズ卿へ　　四〇年一一月八日

　政府省庁の多くは、当然ながらそれぞれ統計部門を設置し、発展させてきたが、生産に関する閣僚委員会付属の独立した統計部門と、当然ながら軍需省の統計部門が、かなり幅広い分野を網羅しているようだ。私にもリンデマン教授のもとに独自の統計部門がある。

これらを統合して、合意された数値のみを使用するようにすることが不可欠だ。人々が異なる統計資料をもとに論じるのが、混乱の最大の原因だ。統計をすべて私の総理大臣兼国防大臣の部門に集中し、最終的な確実で有効な統計をそこだけが発するようにする。さまざまな省庁の統計部門は、もちろん現在のまま存続するが、各統計部門の中央統計局が合意に達する必要がある。

この問題を調べて、私の希望がもっとも早く効果的に達成される方法を助言してもらいたい。

総理大臣より運輸大臣へ　　**四〇年一一月八日**

順番待ちを解消し、車両を輸送に利用することについて、どんな進捗があったのか、教えてもらいたい。灯火管制が早まると、多くの方面の負担が大きくなる。

総理大臣より第一海軍委員へ　　**四〇年一一月九日**

昨年中になされた対潜探知調査通信装置《ASDIC》と水中聴音機の技術改善について報告書を提出してもらいたい。

総理大臣より運輸大臣へ　　**四〇年一一月九日**

ここ数カ月の港内での次回航海準備日数《ターン・ラウンド》が、減らずに増えていることを、仮調査が示しているようだ。おそらく、数すくない西岸の港に海上交通が集中していることによるものだろう。この遅れは、港湾設備が不足しているためなのか、それとも貨物を桟橋から移動できないのが原因なのか？　この特定の問題に対処するのに鉄道がじゅうぶんではない場合、道路輸送の大規模な資源を全面的に利用できるような計画はあるのか？

総理大臣より空軍参謀総長《CAS》へ

四〇年一一月一〇日

大まかにいうと、中東には航空機一〇〇〇機と空軍要員一万七〇〇〇人が配置されて、三〇個半の飛行中隊を構成し、作戦機型の初度装備〔定められた数の装備ではじめて交付されるもの〕は三九五機で、そのうち三〇〇機が、いつでも出撃できる準備ができていると推定されている。あいにく、ハリケーン六五機のうち、使用できるのは〔マルタを除けば〕二個飛行中隊だけだ。ブレナムⅣを勘定に入れなければ、現代の型はそれだけだ。この巨大な部隊のそれ以外の部分は、時代遅れか貧弱な型で武装している。そのため、最大限の交替を推し進めなければならないし、新しい航空機を扱う技倆の高い要員、つまり操縦士と地上員をまかなうことは可能なはずだ。したがって、もっとも複雑な新型を除けば、中東空軍の〝新馬補充《リマウンティング》〟〔元の意味は、連隊等の死んだ馬や疲弊した馬を元気な馬と入れ替えること。ここでは新型機に入れ替えること〕は、要員の増加を要求するという方針であってはならない。ただし、現在行なっている増援派遣――すなわち、ウェリントン〔双発爆撃機〕四個飛行中隊とハリケーン四個飛行中隊――の一部として、三〇〇〇人を超える追加の要員を、私たちは送り込んでいる。

こちらでも苦しいくらい顕著な、大規模な要員と彼らに託された航空機の数、常時使用可能な戦闘装備の格差の根本には、英空軍《RAF》の資源の無駄遣いがある。三〇個飛行中隊の初度装備に含まれていない六〇〇機は、なにに使用されているのか？　一部は、訓練、連絡、輸送のためだと説明できるだろう。しかし、作戦機型七三二機のうち、戦闘でなんらかの役割を果たしているのがわずか三九五機であるのは、どういうわけか？　まず、機種入れ替え《リマウンティング》によって、このきわめて大規模な部隊の人員、資材、資金を完全に活用できるように、精いっぱい真剣に努力してほしい。つぎに、飛行中隊に編成されていない余剰装備によって飛行中隊を増やす。さらに、現地のOTU〔運用訓練部隊〕などの訓練機関を設立する。

総理大臣より保健大臣へ

四〇年一一月一〇日

路上生活者が今週一五〇〇人減り、約一万人になったという貴君の報告を見た。あらたな路上生活者が何人なのか、何人がよそへ行ったのか、知らせてもらいたい。一万人程度であれば、被害がすくない週に一掃できるはずだ。

路上生活者が一時避難所にとどまる平均時間は？

総理大臣より空軍大臣へ★ **四〇年一一月一〇日**

チェッカーズには、側面からの損害からじゅうぶんに護れる防空壕がある。雇い人のことを考慮しなければならない。彼らの宿泊施設を点検してもらえるだろうか。

馬車道は芝生だ。

戦闘陣地からボフォースを移すことには承服できない。まだ実験段階のロケット少数にしてはどうか？

月夜のあいだ、私は移動を不規則にしている。貴君と空軍省が私の安全を気遣ってくれているのは、たいへんありがたい。

総理大臣より陸軍大臣へ **四〇年一一月一〇日**

みずから調べてもらいたい。この粘着手榴弾を完成するのに私たちはたいへんな苦労をしたし、私が実験を視察しなかったら、正当な扱いを受けていなかったはずだということを示す証拠が多々ある。いまこそギリシャ人にこの道具を試してもらう好機だし、かなり役立つかもしれない。

梱包と取り扱いが難しいという話はどうなのか？　当然のことだが、起爆装置を取り外して送ればいい。そうすれば爆発しない。

★空軍省は、チェッカーズにボフォース四〇ミリ高射機関砲を配置して防御を強化することを提案していた。

総理大臣より英空軍《RAF》中東総司令官へ

四〇年一一月一二日

貴官の部隊にハリケーン戦闘機などを極力早く届けるために、日々努力している。今後三週間、これがことに重要だ。実際に受領しているものと、戦闘に投入できる数を、毎日報告してもらいたい。

ケニアを除く中東管轄に航空機一〇〇〇機近くと操縦士一〇〇〇人近くがいて、空軍将兵が一万六〇〇〇人近くいると知って、私はびっくりした。できるだけ早く現代の型で再装備したいと思っている。しかし、それほど大きな組織であれば、増援分が到着すれば、実戦に適した現代の航空機をもっと多数生み出すことができるのではないか？ 貴官が指揮している膨大な資材と人員でもっと絶大な戦闘力を実現できる方策があれば、空軍省を通じて報告してもらいたい。

ギリシャの戦局と、そこが中東できわめて重要であることによって、緊急の要求がなされ、この重大な時期に貴官の計画が乱されたことを気の毒に思う。心から幸運を祈る。

総理大臣よりエドワード・ブリッジズ卿及びイズメイ将軍へ

四〇年一一月一二日

私設秘書やそのほかの人間が、公用でも洗礼名で話しかける習慣が増えていることに、総理大臣は気づいた。これはやめるべきだ。部局内のやりとりで洗礼名を使うのは、短い添え状か純然たる個人の私的説明書に限るべきだ。

名字ですら区別しづらいのだ。

総理大臣より内務大臣へ

四〇年一一月一二日

冬の各種防空壕《シェルター》の居心地――床や排水など――にどう対処しているのか？ 屋内に持ち込むのにどのようなことがなされているのか？ 防空壕《シェルター》内に蓄音機や無線機があることがもっとも重要だと思う。それはどこまで進められているのか？　これはロンドン市長基金の格好の対象ではないか？　数週間以内に照明が改善されるのが当然だと思われるので、そのための準備が進められることを願っている。

総理大臣より外務大臣へ

四〇年一一月一二日

数カ月以内になんらかの手段でシリアの支配をものにしなければならない。ウェイガン将軍かド・ゴール将軍の政治運動によるのが最善の策だが、それは当てにできないし、リビアのイタリア軍を排除するまで、北への冒険的企てに部隊を割くことはできない。イタリアや卑劣なヴィシー政権の影響力がシリアに残っているか、強大になるようなことは、ぜったいにあってはならない。

総理大臣よりビーヴァーブルック卿へ

四〇年一一月一五日

空軍省と当然ながら参謀総長《COS》委員会の承認がないと、これについてはなんともいえない。この実際の数字★を述べることに、私としては乗り気ではない。敵に多くの情報をあたえることになる。博物学者は、イクチオサウルス〔魚竜。イングランドで化石が発見されている〕の尾骨から全体を再現できる。考えれば考えるほど、反対したくなる。

総理大臣より空軍大臣及び空軍参謀総長《CAS》へ

四〇年一一月一五日

一夜にして私たちの爆撃機が一一機失われたことになる。先日、私は公式覚書で、不都合な気象状況の最中に作戦を強行しないようにと提案した。補充が非常に遅いことからして、こういうたぐいの損耗をこうむる余裕はない。この調子でつづけたら、爆撃機部隊は重大な緊急事態に備える最低機数を下回ってしまう。なんらかの形でこれらの損耗を弁明できるか埋め合わせるような戦果は達成されていない。一三九機のうち一一機――つまり約八パーセント――の損耗は、私たちの爆撃機開発の現段階では、きわめて重大な失態だと私は見なしている。

一一月前半の損耗を報告してもらいたい。

四〇年一一月一七日

総理大臣より空軍参謀総長《CAS》へ

1．これらの数字を、私は大きな懸念を抱きながら毎日見ている。私の図表はいま、水平すら保てず、今週は大幅に下降している。爆撃機集団がことに顕著だ。コヴェントリー空襲のような出来事のあとで敵に痛打をあたえることができないのはつらいが、いまのところは爆撃機集団をもうすこしいつくしむべきだろう。そのために、（1）攻撃する必要がある目標にあまり多くを派遣しない、（2）準備ができている高射砲陣地があるときには、あまり低空に降下せず、精度が落ちても我慢する、（3）爆弾投下量を維持するために、防御があまり組織化されていない脆弱な場所を選ぶ。空襲を予期しておらず、空襲予防策がほとんど講じられていないドイツの町や、主要ではない軍事目標があるはずだ。当面、こういうところを攻撃すればいい。

2．爆撃機部隊が五〇〇機以上であるか、拡大しているようなら、私はもっとちがう見方をするだろう。しかし、戦争が不確実であることを思うと、自分たちの資源にたえず注意することなく決まりきった手順の爆撃や高い水準を維持することには、できるだけ用心しなければならない。もちろん、私たちが最大規模の危険を冒す必要があるイタリアには、この意見は当てはまらない。傷ついた〈リットリオ〉は絶好の攻撃目標だ。

（即日実行）

四〇年一一月一八日

総理大臣より海軍卿及び第一海軍委員へ

一一月一五日には北西近接水路で駆逐艦六四隻が使用できるようになると、私は確約されていた。一一月一六日現在のＡＳＤＩＣ搭載艦の明細では、六〇隻となっている。だが、不安を催すのは、駆逐艦一五一隻のうち八四隻しか軍務に使えないことと、北西近接水路向けの六〇隻のうち三三隻しか軍務に使えないことだ。一カ月以上前に会議をひらいたときには、二四隻しか使用できないことが発覚し、一カ月のあいだに九隻が使用できる兵力に付け加えられた。しかし、その間にアメリカの駆逐艦が到着して就役したし、私たちの工廠からも着実に生産されているものと思っていた。こういった重大な誤断が同時に生じた理由が、私には理解できない。これほど多数の駆逐艦がなんらかの原因によって使われていない理由もわからない。造修が遅れているのか？　アメリカの駆逐艦はどうなっているのか？　私たちは造修や建造に失敗しているのか？

火曜日の午前一〇時に海軍本部作戦室で特別会議をひらいてもらえるとありがたい。

四〇年一一月一八日

総理大臣よりイズメイ将軍へ、参謀総長三人宛

一一月六日から七日にかけての夜に、ドイツの爆撃第100戦闘大隊の一機†が、ブリドポートの近くで海に墜落した。この戦闘大隊は、きわめて細い指向性電波《ビーム》を使って精密な夜間爆撃を行なう狙いの装置を備えていると考えられている。この機体と装置が回収されていたかもしれなかったのに、陸軍が自分たちの管轄だと主張し、それらを確保する試みもせず、海軍当局が回収するのも許可しなかったために、貴重な時間が失われた。

この国か海岸近くに墜落したドイツ機からできるだけ情報と装備を回収するために、今後、こういうめったにない好機が省庁間の意見の相違でふいにならずに、迅速な措置を講じられるような提案を出してもらいたい。

★ビーヴァーブルック卿がラジオ放送で使おうとした航空兵力の数字。

† 四四〇ページを参照。

総理大臣よりニュージーランド首相へ

四〇年一一月一八日

貴君の電報は部門ごとに処理されています。私たちは議員と特定の新聞社の執筆者から、霧雨のようなあら探しの批判を浴びています。いらだたしいことであり、私たちが現在さらされているような重圧下にあるよその国であれば、とうてい看過されないでしょう。その反面、どこの政府でも、鋭敏でありつづけ、落度があればさっそく是正するよう意識するのは、結構なことです。なにもかもが完全であると思ってはいけませんが、私たちは最善を尽くしていますし、戦争遂行は膨大な仕事であり、士気は称賛にあたいします。幸運を祈ります。

総理大臣よりカナダ首相へ

四〇年一一月二〇日

1. 貴君の通信文と、共同航空訓練計画の今後の拡大についてのたいへん寛大な提案に、深く感謝しています。それを存分に利用できると確信しています。

2. 最新の進歩に鑑みて、航空訓練の要件の再検討を現在進めています。今後必要になるはずのそういった方策に関して、この結び付きを通じてカナダ政府の全面的な支援の続行を当てにできることは、戦時内閣にとって計り知れない価値があります。貴国の支援がすでに私たちの共同の努力に大きく貢献してきたことは、いうまでもありません。

3. こちらの再検討が完了したら、今後の共同作業のための最善の方針であると私たちが考えていることを検討していただくために、ただちにお伝えします。

4. 通信文で貴君が述べておられたように、共同訓練計画拡大のための方策はすべて、関係各国の議論と同意の対象にしなければなりません。貴君の通信文とこの返信をオーストラリアとニュージーランドの総理大臣に伝えることに、同意してくださいますか？　それともそれをご自分で行ないたいとお考えですか？

5. 貴君の同意が得られれば、ブレドナー空軍少将がこの国を短期間視察するよう、友好的な招待を提案したいと思います。こういう視察は、訓練のさまざまな問題の相談に役立ちますし、空軍の今後の発展に向けた私たちの計画の最新情報をすべてブレドナー少将に提供できます。

総理大臣より自治領大臣へ

四〇年一一月二二日

自分のやったことについてデ・ヴァレラがしばらく思い悩むのを、ほうっておいたほうがいいと思う。《エコノミスト》の意見はまったく害がないし、もっともでもある。私たちは苦情をいわないせいで彼らに足をひっぱられているだけではなく、悲運に直面するというのが、デ・ヴァレラを代弁する現在の主張だ。

ジョン・マフィー卿には、イングランドとスコットランド、ことに商船乗組員のあいだで怒りの声が湧き起こっていることを意識させるべきだし、彼の唯一の責務は、デ・ヴァレラをなだめて、私たちがこうむっている禍根も含めたすべてが難なく過ぎ去るようにすることだ。それを除けば、現時点でデ・ヴァレラにいうことはすくないほうがいいし、彼が安心するようなことはぜったいにいうべきではない。

議会がどのような質問をするか、ようすを見よう。

総理大臣より植民地大臣へ

四〇年一一月二二日

行動は宣言されたら実行しなければならないが、これらの人々がモーリシャスで長期抑留されるような状況になってはならない。このことを内閣は確認する必要がある。提案を示してほしい。

［参考：パレスチナに不法入国しようとしたユダヤ人難民をモーリシャスに輸送するという提案］

総理大臣より海軍卿及び第一海軍委員へ

四〇年一一月二二日

（イズメイ将軍も披見のこと）

1. 私の考えでは、スターク提督は正しく、D計画★は戦略として適切であり、私たちの利益にもおおいに当てはまる。したがって、機会があれば、私たちはあらゆる形でスターク提督の方針を強化するべきだし、それと一致しない意見は採用するべきではない。

2．日本がいっぽうの側について参戦し、アメリカが私たちの側につけば、太平洋で長距離から抑制して日本を封じ込めるのにじゅうぶんな海上兵力が利用できる。英米がシンガポールかホノルルで優勢な戦闘艦隊を維持していれば、日本海軍が本国の基地から危険を冒して遠征する可能性は低い。敵性の優勢なアメリカ艦隊が太平洋にいれば、日本はぜったいにシンガポール攻囲を試みないだろう。必要な部隊を太平洋に割いても、アメリカ艦隊の大勢は、私たちの海軍と合わせれば、日本の近くの水域を除けば、すべての海と大洋できわめて高度の制海権を行使するのにじゅうぶんだ。極東では防御一点張りにして結果を受け入れるのが、私たちの方針でもある。ドイツが打ち破られれば、日本は合同艦隊のなすがままになるだろう。

3．アメリカの海上軍事の展望に、勇気づけられる。

総理大臣より内務大臣へ　**四〇年一一月二三日**

この［AFS（補助消防隊）隊員の掠奪に対する］判決がきわめて不釣り合いなのは、この下劣な犯罪に科す刑罰を画一化しようという試みのように思われる。すぐに飲むためにウィスキーを盗んだことに対して懲役五年を科すのは、貴重品を盗んだことに対して三カ月ないし六カ月の刑を科すのと、あまりにも釣り合いがとれていない。掠奪は窃盗とおなじなのだと思わせるために、見せしめの罰を加える必要があるのだろう。それでも、このような事件が再検討され、均等になるようならよろこばしい。

総理大臣より帝国参謀総長《CIGS》へ　**四〇年一一月二四日**

ブカレスト発とソフィア発の外務省の電報二通を、貴官に本日送った。現時点でルーマニアにいるドイツ軍は、最大でも三万人、もしくは完全な一個師団だと、二通がおなじように推定している。ルーマニアにはドイツ軍五個師団が駐留していたことが確認されているので、この観察をもとに、三日か四日のあいだにそれらの師団がブルガリア - ギリシャ国境に集結するにちがいない、という趣旨の助言がなされている。貴官の情報部門はそれを精査すべきだ。私はこの推定は全体として悲観的すぎると思った。敵が迅速に移動できると評価し、敵の準備態勢を事実より重大視しているおそれがある。問題全体をもっと念入りに吟味してもらえないだろうか？　ギリシャ国境地帯で由々しいことが起きるまで、二週間はかかるだろうと、私自身は考えている。ひょっとすると一カ月後かもしれない。肝心なのは、ほんとうの全体像がどういうものであっても、それを把握することだ。

総理大臣よりイズメイ将軍及び関係者各位へ

四〇年一一月二四日

この書類は、私たちが巡航戦車の作製に完全に失敗したことと、現在の欠陥が来年中に補正される可能性がないことを示している。したがって、私たちはこの憂鬱な状況で可能な最善の方法で機甲師団の装備を整えなければならない。いまの段階で戦車の生産数はほかの装備よりも平均以上だ。使用可能な戦車があるほうが、なにもないよりはいい。師団の編成と訓練は続行できるし、車両の品質と性能はあとで改善すればいい。速度が遅いからといって歩兵戦車を馬鹿にしてはいけないし、巡航戦車がないときにはそれを戦闘の必需品と見なすべきだ。**ほかになにもないあいだ、当分、私たちは戦術をこの兵器に適合させなければならない。**その間、巡航戦車とA22［新型］歩兵戦車の生産を最大限に加速する必要がある。

★D計画：ヨーロッパの戦場で、考えられるすべての海軍と陸軍の支援を提供し、それ以外の利害関係をすべてあきらめる。このため、太平洋では完全に防御的な計画のみを採用し、極東の本格的な増援の試みを放棄して、その結果を受け入れる。いっぽう、ヨーロッパ戦域では、ドイツの敗北を確実にするために、全面的に兵力を集中する。その後、日本に対処するのがアメリカの利益にかなうようなら、必要な措置が可能になる。

総理大臣よりイズメイ将軍へ　四〇年一一月二四日

アメリカ国内で遅滞なく車両三万五〇〇〇台すべてを発注しなければならない。そのいっぽうで、陸軍省が要求している規模について調査を進める。

総理大臣より外務大臣へ　四〇年一一月二七日

ギリシャの複雑な状況は重大だと思える。ドイツによるブルガリア経由のギリシャ攻撃が遅れるか、縮小すれば、私たちはかなり優位に立てる。私たちに戦うことを強要されたと、ギリシャ国民に思われたくはない。あれは戦力の誇示程度のことだったが、ドイツは進軍の正当な理由だと唱えることができる。東欧のきわめて混乱したチェス盤がもうすこし明確に見えるようになるまで会談を延期するのが、唯一の方策だろう。

ギリシャの状況がもっとはっきりするまで待つし、それには二週間もかからないはずだと、自治領に知らせたほうがいいと思う。遅れがそう長くないと約束するだけで、同盟国政府にそれ以上、説明する必要はないと思う。

総理大臣よりイズメイ将軍へ　四〇年一一月二八日

五日も前の報告書を渡されても、なんの役にも立たない。海軍本部は艦隊の状態を毎日把握している。どうしてこの問題が戦時内閣や国防省を通さなければならないのか、私にはわからない。艦隊の状態については毎週私にじかに送るよう、海軍本部に伝えてほしい。

西近接水路の哨戒が実働三〇隻にしか増えていないのは、おおいに心配だ。先週の図表をあす届けてほしい。

総理大臣より労働大臣へ　　**四〇年一一月二八日**

現在の失業の数値を、都合がいいように類別して教えてもらえるとありがたい。以下と比較してほしい。

（a）戦争勃発時にはどうだったのか？

（b）新政府発足時にはどうだったのか？

総理大臣より第一海軍委員へ　　**四〇年一一月三〇日**

アメリカの駆逐艦五〇隻が就役しはじめているのに、使用可能な艦が一一月二三日の時点で七七隻を超えないのは不可解に思える。一〇月一六日の時点では、一〇六隻だった。一〇月一六日と一〇月二六日のあいだになにが起きて、使用可能な駆逐艦が二八隻減ったのか？　また、一一月一六日と一一月二三日のあいだに八四隻から七七隻に減ったのは、どういうわけか？　ちょうどこの時期に、アメリカの駆逐艦が一二隻就役しているのに。

総理大臣より本国部隊総司令官へ　　**四〇年一一月三〇日**

侵攻の危険が大きく遠のいたので、クリスマスの日に教会の鐘を鳴らすことを許可した。しかし、その日にどういう方法を警報の代わりに使えばいいのか、また、侵攻がないのに、教会が祈禱のために鐘を鳴らすと警報だと思われるのを避けるために、どういう方策を講じるのか、提案してもらいたい。ぜったいに警戒を緩めてはならない。

一二月

総理大臣より自治領大臣へ

四〇年一二月一日

（参謀総長委員会《COS》のためにイズメイ将軍も披見のこと）

大西洋作戦と大西洋島嶼についてこういうふうに話をするのは危険だし、その作戦を〝榴散弾《シュラプネル》〟と呼ぶという決定に反する。これらの長い無意味な電報は必要ないし、このように省内や世界中にひろまったら、軍事作戦を行なうのは不可能になる。

今後は電報でこれらの問題が議論されることがないようにしてほしい。私が事前に電文を見てこういう電報の増加を防ぐ。

これらの電報が配布された士官と部局の正確な一覧表が見たい。

総理大臣より地中海艦隊司令長官へ

四〇年一二月三日

（親展、極秘）

（即日実行）

1．貴官の二七〇。運用されているすべての部隊を完全に統御する予定の統合作戦本部本部長ロジャー・キーズ卿とともにけさこの問題を検討し、いまキーズ卿が最終計画を用意しているところだ。彼を海軍の指揮官として任命したわけではなく、権限は統合作戦のみに限られる。必要とあれば彼は海軍の階級を放棄する。島の広さと、荒れた土地で、住宅や駐屯地が分散していることから、航空機による逆襲はたいしたことはないと思われる。比較的小規模な攻撃部隊で、敵軍にまぎれ込む。敵機は戦闘が終わるまで、何者がどこを占領したのかわからないだろう。護りづらい場所にイタリア国旗を立ててもいい。

2．〝作業場《ワークショップ》〟★の攻略は、間違いなく危険だが、ゼーブルッヘ〔ベルギーの北海沿岸の村。キーズが一九一八年にドイツ軍に奇襲攻撃をかけ、一定の成功を収めた〕よりもずっと入念に調査された。きわめて高度な訓練を受けた特別襲撃隊《コマンドウ》から、この作業のために志願者を念入りに選抜した。もちろん、天候と船団の航海予定によって、実行できない場合もある。そのときには、部隊すべてがべつの企てのためにマルタかスーダ湾へ行く。気象状況がよければ、そのまま実行する。

3．高射砲などが東地中海ではなくよそに届けられることと、あらたな兵力投入が必要になることへの貴官の懸念は、多数ある敵の高射砲の鹵獲によって緩和されるかもしれない。こちらが残す守備隊は小規模だが、敵は取り返そうとはしないだろう。コマンドウは、今後の作戦に使えるように、正規軍に引き継いだらそこを離れる。

4．貴官が言及している、今後〝魚の顎《マンディブルズ》〟†と呼ばれる（くりかえす〝マンディブルズ〟）もうひとつの作戦と〝ワークショップ〟を比較し、以下の問題点を推し量ってもらいたい。

〝マンディブルズ〟には一万人ないし一万二〇〇〇人が必要で、諸島のうち最大の島二カ所を奪うのは、かなり大がかりな仕事になる。貴官が述べた小さい島々を狙うのでは、この地域全体が騒然とするだけで、攻撃を続行しない限り、重要な見返りは得られない。それに、〝マンディブルズ〟地域でどこかを攻略したら、いま私たちがもっとも望ましくないと思っているギリシャとトルコの激しい敵愾心をかき立てる。さらに、〝マンディブルズ〟はじわじわと飢餓状態に陥っているので、もっとあとのほうが犠牲もすくなく手にはいるだろう。上記のことを除けば、艦艇や揚陸艇が失われない限り、〝ワークショップ〟実行後に〝マンディブルズ〟を行なうことも可能だが、そのような損耗が生じるかもしれない。また、北アフリカ海岸線の敵の陸上交通路に対する作戦で、好機がもたらされるかもしれない。

5．敵がもっとも頻繁に利用しているリビア軍の交通路でじゅうぶんな制空権を握ることができ、いわゆる

★パンテッレリア島攻略。
†エーゲ海のドデカネス諸島などに対する作戦。

海峡を通過する私たちの船団と輸送船を航空機で防護する手段が増えることが、〝ワークショップ〟の戦略面での根拠になる。こちらの統合参謀本部は、東と西の私たちの交通路への障害を取り除くことをかなり重視している。こういったことすべてに加えて、大規模で攻撃的な水陸両用戦が可能であることを見せつける必要がある。したがって、気象状況が良好なら、勝利を得るために、予定行動開始時刻《ゼロ・アウア》に最大限の活動を行なってもらいたい。〔〝ワークショップ〟は結局、実行されなかった〕

総理大臣より航空機生産大臣へ　四〇年一二月三日

きょう国王が私に、航空機の計器が不足しているのかどうかと質問した。

総理大臣よりイズメイ将軍へ　四〇年一二月四日

1．［スーダ湾の］探照灯が二基だけではかなり心もとない。増やすためになにがなされているのか？

2．〈グラスゴー〉が錨泊中に水上機の雷撃を受けたことからして、錨をおろしている艦艇は短距離防御として網を使うべきではないか？　ターラントでイタリア海軍がそういう手段を使っていたと思うが、私たちが攻撃したときには、網が取り外されていた。これについて意見書がほしい。

総理大臣より陸軍大臣へ　四〇年一二月九日

陸軍組織

1．貴君がまもなく大規模な徴兵を求めるにちがいないと思っている。新聞は一〇〇万人という数字を挙げている。このため、私は陸軍の兵員の配分を調べなければならなかった。貴君の文書によれば、遠征軍と中東軍に二七個師団が割り当てられて、これらの師団はそれぞれ三万五〇〇〇人から成って各科部隊〔憲兵や工兵などの非戦闘部門〕、地上軍、通信隊その他を構成し、そのほかに中東《ME》治安維持部隊七万人がいるとされている〔陸軍大臣の報告、35000×27＝945000、945000＋70000＝1015000。この数字は納得がいかないと、チャーチルは以下で論破している〕。

2．現在承認されている編制では、イギリス陸軍師団の定員は一万五五〇〇人とされている。一個師団はわずか九個大隊から成り、現在は一個大隊が八五〇人なので、一個師団は七五〇〇人をすこし上まわる程度にすぎない。どの大隊もかなりの部分が後方支援部隊なので、小銃や機関銃を備えた兵力——つまり戦闘力——が七五〇人を超えるとは思えない。だとすると、イギリス軍歩兵師団一個でじっさいに戦える人間は六七五〇人しかいない。つまり、かつて銃剣とか小銃の兵力と呼ばれていた戦える歩兵は、二七個師団で合計一八万二二五〇人ということになる。以前は歩兵が〝陸軍の要〟だといわれていた。ほかの兵科はすべて歩兵を補佐していた。あらたな状況のもとで、これが多少修正されたことはたしかだが、それでもおおむね事実であることに変わりはない。一個師団は歩兵九個大隊を中心に構成され、大隊一個ごとに一個砲兵中隊が付属し、必要数の通信兵と工兵、大隊、旅団、師団輸送隊、追加の部隊が加わって、兵員一万五五〇〇人の、すべてを備えた自給自足型の部隊ができあがる。

3．この師団を部隊単位と見なすと、定員一万五五〇〇人の正規編制師団二七個は、四一万八五〇〇人のはずだが、貴君の文書では治安維持部隊を足すと一〇一万五〇〇〇人が要求されている。すでに定員に達して自給自足の状態にある定員一万五五〇〇人の師団すべてに、三万五〇〇〇人に増員するという負担を課していることになる。遠征軍《EF》と中東軍《ME》の各師団の正規編制に二万人近い兵員が付け足される。

つまり、二七個師団の合計で五四万人も増員されているので、この数字が説明されなければならない。ここではひとまず、各科部隊、地上軍、後方連絡線の部隊、中東治安維持部隊七万人が、この国の壮丁をかくも膨大に求めている理由だと見なすことにしよう。

4．これを渋々承認して済ませたいところだ。事実はまったく逆で、これはほんの序の口なのだ。添付の一覧表や図表に示されているように、ほかにも二〇〇万人近くが計上されていることが判明した。本土野戦部隊に七個師団がいても、だれも文句はいわないだろうが、一万五五〇〇人規模の師団に対して二万四〇〇〇人分の師団施設を要求するとは驚くべきことだ。七個の合計は一七万人分に近い。

5. 夜間爆撃に対処する手段が改善され、空でイギリスが優位になるまで、ADGB（グレート・ブリテン防空）に五〇万人を割り当てる必要があるという。

6. 訓練部隊と抑留部隊向けの常駐の職員及び〝兵役不能者〟が二〇万人いるというのは、すでにかなり余裕があることを思うと、気が滅入るような数字だ。さらに、各科部隊と戦闘部隊を完備した陸軍二七個師団と本土野戦部隊七個師団に加えて、職員、警備員、雑役部隊、〝Y〟名簿〔さまざまな理由から勤務不可能な人間〕等に一五万人が要求されている。二七個師団の陸軍と本土の七個師団をまかなうのに必要な人員以外に、三五万人もの職員や警備員がいて、軍服を着た英雄として、国費でのうのうと暮らしていることになる。

7. 上記に比べると、中東の七万五〇〇〇人を除く海外の守備隊は、適度な規模だ。インドとビルマの、三万五〇〇〇人という数字は穏当だろう。

8. 英軍以外の師団の各科部隊、地上軍、後方連絡線の部隊一五万人について、詳細な説明が求められる。オーストラリア軍とニュージーランド軍が、膨大な後方業務の必要を満たしてきたのだろうと見なすことにする。いずれにせよ、軍務を行なう師団の背後のすべての分野について、一五万人がどう配分されているのか、正確に知りたい。

9. 合計三三万人の無駄遣いというのは、もちろん純然たる推定の数字だ。だが、すでに述べたように、三五万人に及ぶ常勤職員、警備員、実戦に参加できない人間だけでも、それくらいの人数になる。

10. 当面、無駄遣いされているのは三三万人で、それが一九四二年三月まで今後の業務を処理し、中東、インド、ビルマ以外の海外守備隊に一一万人が必要だと推定すると、前述の二七個師団と本土の七個師団に合計二五〇万五〇〇〇人が求められることになる。これを三四で割ると、一個師団あたり約七万四〇〇〇人になる。ADGB向けの五〇万人を引いても、二〇〇万人を超える人数が必要になる。つまり、三四個師団の一個あたり六万人近くが動員される。

国民をさらに召集するのを承認するよう内閣に求める前に、この問題全体を解決し、有効な軍事目標を果たすことができるように、戦闘部隊の後方の綿くずやたわごとを見つけ出して、一〇〇万人以上、削らなければならない。戦う前線で信じがたいほどちっぽけな戦果しか挙げていないのに、こういう膨大な数の人間を市民生活から奪ったら、私たちは責務を果たしているとはいいがたい。

総理大臣よりイズメイ将軍へ　**四〇年一二月九日**

海軍本部の回収班の進捗について報告がほしい。同班がこれまでやってきたことと、迅速な造修の必要が高まっていることに応じるために、どのような拡大がなされているか知りたい。

総理大臣よりイズメイ将軍へ　**四〇年一二月一一日**

ロドス島とレロス島の模型を作成してほしい。準備ができたら報告のこと。

（即日実行）

総理大臣より空軍大臣へ　**四〇年一二月一四日**

空軍省と航空機生産省《MAP》の抗争で重要なのは、それが国民大衆の利益に役立つことだ。具体的にいうと、私はなにが起きているのを仔細に見て、双方が活発に主張する論旨を聞くことができる。添付するこの「ビーヴァーブルック卿の」手紙に書かれているさまざまな申し立て、ことに九月一日に貴君が一〇〇〇機を超える使用不能練習機を抱えていたという指摘への意見を聞かせてもらいたい。空輸補給部隊《ASU》には非効率がはびこっていると私は前から思っていたし、新政府発足時には現在の約一二〇〇機に比して、わずか四五機しか保有していなかった。それらの機体は訓練組織や連絡飛行小隊すべてで再生され、大多数が使用不能のまま放置されていた。ことに記憶に残っているのは、訓練集団は飛行可能機五〇パーセントという基準で任務を行なっていると、空軍幹部のひとりが述べたことだった。修理と訓練施設の責任者はだれなのか？　私が貴官の立場なら、MAPに修理をいっさい任せ、不備があれば同省を批判できるようにする。

変更が行なわれてからの修理済みの航空機とエンジンの数を参照のこと。

貴官がMAPに書簡を送った昨日、私が指摘したことを、ここでくりかえす。ドイツ軍は前線での戦闘行動に六〇〇〇機近くを用意しているが、私たちにあるのは約二〇〇〇機だというのが、空軍省の見解だ。また、ドイツは月産一八〇〇機で、訓練組織に供給しているのはわずか四〇〇機だと、空軍省は考えている。いっぽう、私たちは月産一四〇〇機で、訓練に供給しているのはおなじ四〇〇機だという。もしそうなら、どちらも毎月同数を訓練にまわしているのに、ドイツが、私たちの三倍の戦闘行動機数を前線で維持していることを、どう説明するのか？　空軍省の数字を（異論を唱えるためではなく）私は受け入れないが、それによれば、練習機の数が同数なのに、ドイツはイギリスの三倍もの航空機を実戦に投入しつづけていることになる。今後の増産の備えはあると弁明するのはかまわないが、それには同数ではなく三倍の規模で投入しつづける必要がある。

貴君の論争がどう発展するのか、興味深く見守ることにする。


総理大臣よりビーヴァーブルック卿へ　　**四〇年一二月一五日**

爆撃にさらされているなかで、これはすばらしい業績だ★。新型機生産はべつとして、改修された航空機は貴君の創造物だ。現在、空輸補給部隊《ASU》には一二〇〇機があり、大きな安心感が持てる。分散によって貴君の仕事はやりにくくなるが、危険拡大への保険としてぜったいに必要なのだ。

ついでながら、貴官は数だけに自分を縛る必要はない。むしろ逆で、質も強力に推進してほしい。

昨日の公式覚書に示されているように†、この横ばいの原因は、もちろん空軍省と航空機生産省の抗争にある。彼らは貴君を容赦ない批判者、ことによると敵と見なしている。空軍省は、ＭＡＰの職務が自分たちの仕事を削り取っていると恨んでいて、あらゆる経路で中傷をひろめているにちがいない。省庁同士が批判したり、批判に反論したりするのは、礼儀正しく花束を渡すよりもよっぽど国民大衆の利益になるというのが、私の明確な見解だ。したがって、私たちは不愉快だが活気あふれる戦争状態を受け入れなければならない。

総理大臣より自治領大臣へ　　**四〇年一二月一五日**

メンジズ氏宛の私の電報を見てもらえれば、極東の状況は急を要するほど危険ではないと、私が見なしていることがわかるはずだ。リビアでの勝利は、明示されたその論拠を強化、いやむしろ倍化した。マレー半島とシンガポールの私たちの部隊を本格的に分散することに専念したくはない。逆に、中東で艦隊、陸軍、空軍をできるだけ増強し、ギリシャとトラキアで戦争を遂行するか、日本の態度が変わった場合にシンガポールを増援できるように、流動的な状態を維持したい。言及されたような大量の航空機、ことに現時点でＰＢＹ［飛行艇］を派遣するようなことに、本腰で取り組むつもりはない。私たちはいま北西近接水路で、重大な危機に直面している。したがって、貴君の電報には同意しないし、（赤字を入れた）私自身の判断で、いまはじゅうぶんだと思う。

総理大臣より空軍参謀総長《CAS》へ　　**四〇年一二月一五日**

現代の爆撃機や戦闘機を受け入れる大規模な飛行場を複数、ギリシャで開発し、必要最小限の人員や予備

★ビーヴァーブルック卿が提出した一覧表は実際の生産機数と生産計画を比較できる。

† 四〇年一二月一四日のビーヴァーブルック卿の公式覚書の一文は、一九四〇年五月の変更がなかったら、航空機生産省の製造数は空軍省の数字と一致していたはずだという趣旨だった。

部品などをそこへ運び込むことはどうなっているのか？

近い将来にこれがきわめて重要になることは明確だと思う。重大な出来事に不意打ちされるようなことがあってはならない。

二週間ごとに報告してもらえるとありがたい。


総理大臣より帝国参謀総長《CIGS》へ　四〇年一二月二〇日

第2機甲師団について、以下をできるだけ早く知りたい。
(a) いつスエズで上陸するのか。
(b) 西部砂漠での戦闘行動には使えるのか。

総理大臣より空軍参謀総長《CAS》へ　四〇年一二月二〇日

貴君には数日休養し、できるだけ早く就寝してもらいたいと思っている。戦闘はかなり長引きそうだし、貴君の肩に数多くのことがかかっている。私から呼び出しがあったときには、躊躇せず副長をよこしてほしい。

こんな助言をするのを寛恕してもらいたいが、貴君が働きすぎると、数人から聞いている。


［新年に侵攻があった場合の毒ガスの使用とそれに対抗する手段については、私に責任がある。しかし、この分野で私たちはかなり進捗している。］

総理大臣より軍需大臣へ　四〇年一二月二一日

一九三八年一〇月に内閣が発注したマスタードガス二〇〇〇トンの容器入り備蓄が一九四〇年一〇月に完了していないことについて、戦時内閣が調査を命じたことを思い出してもらいたい。

貴君の省から受け取った最新情報は、一二月九日の容器入り備蓄が一四八五トンであることを示している。先週にあらたに六五〇トンの備蓄が使用可能になり、製造は増加していると知らされた。その約束は果たされたのか？

いっぽう、二五ポンド砲用の新型弾底放出弾〔弾着すると高熱煙剤とともに散弾を弾底から放出するもの〕が、ようやく本格的に製造され、一二月九日にこの砲弾七八一二発への装塡が終了したことも知った。陸軍が必要とするこの砲弾の予備の定数と、それがいつ達成されるのかを知らせてもらえるとありがたい。

六インチ砲用の新型弾底放出弾は、まだ装塡されていない。この種類の砲弾の定数を陸軍は何発要求しているのか？　いつその定数が用意されると予想されているのか？

この覚書の写しを陸軍大臣に送る。

総理大臣より軍需大臣へ　四〇年一二月二二日

中央優先事項委員会が、不足する可能性が高い資材の所要量について、特別調査を行なっていることを知った。

もっとも深刻な事例は、航空機、戦車、砲、輸送車両がすべて依存する落とし鍛造だと教えられた。一九四一年の所要量は推定四四万一〇〇〇トンだ。現在の国内生産は二〇万八〇〇〇トンという割合だ。現在、アメリカに七〇〇〇トンを発注していて、それが一九四一年末には年に二万五〇〇〇トンに増えるはずだと知らされた。所要量がかなり大目に見積もられているとしても、不足はかなり深刻だ。

国内でもある程度の増加が見込まれるが、生産は倍増しなければならない。この産業の労働者は一万四〇〇〇人だが、八月以降の新規雇用は三〇〇人にすぎないと報告されている。四半期に受け入れられる労働者の数は一〇〇〇人が限度だが、新規雇用が難しくなっていると、業界では主張している。これらすべてを調べる必要がある。

当面、即時可能な唯一の方策は、アメリカでの落とし鍛造の発注の増加なので、必要とあればそのために専門家の派遣が必要かもしれない。

総理大臣より労働・建設大臣へ　**四〇年一二月二二日**

路上生活者と避難計画の入用を満たすためのあらゆる種類の福祉事業の宿泊施設が、深刻に不足していることを知っている。貴君が保健省と協力して建物探しに着手してほしい。

最大限に努力して、この作業を推し進めてもらいたい。

これまで戦争目的に使われたことがなかったが、この方策に使うのに適している、徴発した建物の明細を提出してもらえるとありがたい。

総理大臣よりチャトフィールド卿へ　**四〇年一二月二二日**

ジョージ十字勲章〔夜間空襲のさなかに敵の爆撃に直面した民間人の勇気を顕彰するために設けられた〕があたえられる数があまりにもすくないので、私は落胆している。いまの一〇倍にするべきだ。巡回して激しい爆撃を受けた地元の当局に接触し、選抜の対象を推薦するよう求め、この問題について各省の注意を喚起するという方策が考えられる。この方針でもっと手を打つことはできるだろうか？　貴君にはいま、当局や関係省庁に回覧できるような典型的な事例が数多くあるはずだ。各省庁がそれぞれの経験から、それと照らし合わせればいい。

私に手伝えることがあれば教えてもらいたい。〔チャトフィールド卿は、一九三三年一月から一九三八年一〇月にかけて第一海軍委員。この時期はロンドンの病院の避難を担当する委員会の委員長だった〕

総理大臣より第一海軍委員へ　**四〇年一二月二二日**

まもなくバルト海が凍結する。現況と今後の見通しを教えてほしい。

夏のあいだ、スウェーデンの鉄鉱石はどうなっていたのか？　海軍参謀本部は必要な調査を行なうべきだ。海氷域水路《ザ・リード》〔海氷域にある航行可能な氷の割れ目や狭い水路〕を南下する海上交通は？　過去八カ月の出来事の影響を受けたドイツの鉄鉱石供給の状況は？　たとえ定期的に機雷原を敷設しないとしても、海氷域の水路に磁気機雷を撒いてはいけない理由があるのか？　私たちはこの経緯をすっかり忘れているようだ。

　これについて意見書を提出し、なにかできることがあれば教えてもらえるとありがたい。

四〇年一二月二二日

総理大臣よりイズメイ将軍へ

　統合立案委員会の作業は、当然ながらふたつの部分に分かれる。

（a）参謀総長《COS》委員会のために行なっている現在の作業すべて。

（b）彼らに示された未来の長期計画と、すでに作業を進めている計画。

　このうち後者に目を向けたい。特別計画の準備を指導し、調整して、それに関する統合立案委員会の会議を主宰し、国防大臣である私にじかに連絡できる、未来計画部長、もしくはべつの適切な肩書の責任者を任命するのがよいと思う。外交政策と閣僚経験があるオリヴァー・スタンリー少佐〔元陸軍大臣〕は、この作業すべてに、私ではたまにしかあたえられないような活気をもたらすはずだ。彼を先任にするために、一時的に高い階級をあたえればいい。

　この案を実現するような提案がほしい。

総理大臣より航空機生産大臣へ　　　四〇年一二月二二日

軍需相からの報告で、英空軍への爆弾とガスを充塡した容器の納入が、前月にかなり落ち込んでいることを知り、私は憂慮している。一一月一一日から一二月九日にかけての四週間の合計は：

三〇ポンド爆弾	〇
二五〇ポンド爆弾	一八
二五〇ポンド容器	〇
五〇〇ポンド容器	二五
一〇〇〇ポンド容器	九

工場が爆撃されたことと、特定の部品の供給に困難が生じたためだと理解している。

しかしながら、即時の報復が必要なときに備えて、航空機用ガス容器の供給を最大限にしなければならないので、これらの容器の納入を改善するのにどのような方策が講じられているのか、また今後三カ月の納入予測についても、知らせてもらえるとありがたい。

［国家の安全のために個人の権利と自由があまりにもないがしろにされていることを、私は懸念している。いくら議会の承認があっても、権利章典、人身保護令状《ハベアース・コルプス》、陪審による裁判という概念に則り、私はそういった権利侵害の責めを負うことを嘆かわしく思った。六月、七月、八月、そして九月も、私たちの苦難があまりにも重大だったので、国家の行動に制約を課すことができなかった。水面からしばらく頭を出すことができるようになったいま、非抑留者の扱いを改善しなければならないと思われる。私たちはすでに入念な選別手順を確立していて、内務大臣がこの分野を指揮し、危機の最中に逮捕された多くの人々が解放された。］

総理大臣より内務大臣へ　四〇年一二月二二日

これらの政治犯は、なんらかの違法行為の容疑者ではなく、公判を待っているのではないし、再拘留中でもない。法律で違法行為とされていることを彼らは犯したとは立証できないが、公共の危険と戦争の状況によって、私たちは彼らの身柄を拘束しなければならない。当然ながら、イギリスの自由や人身保護令状《ハベアース・コルプス》といった基本的原則すべてにまったく反する行動の責任をとらなければならないことに、私は心を痛めている。公共の危険はとられる行動を正当化するが、いまその危険は薄れつつある。

モズリーとその妻の事件では、左翼からの大きな偏見があり、パンディト・ネルーの事件では右翼からの偏見がある。後者の厳重な拘置を解くよう、私は格別に求めた。外国ではこういう人々は、要塞に監禁される——とにかく、世界が文明化されてもなおそうだった。

こうした嘆かわしい現状を見て、私はモズリーと、おなじ範疇に属する人々の現在の監禁状態を調べた。週に一度の入浴ではお湯を使えるのか？　毎日入浴するのは、もってのほかだとでもいうのか？　第八条に基づき、定期的に運動や競技《ゲーム》や気晴らしを行なうことができる施設はどこか？　手紙の検閲は必須だとしても、週に二通に制限するべきだという理由は見当たらない。どのような本を読むことが許されているのか？　刑務所の図書館の蔵書に限られるのか？　新聞を読むのは許可されるのか？　著作もしくは特定の問題の研究のための紙やインキに関する規則は？　ラジオを所有することは許されるのか？　夫と妻の面会許可の手順は？　離乳前に離された乳児にモズリーの妻が会うための手順は？

これらの問題について、貴君の考えを教えてもらえるとありがたい。

総理大臣よりオーストラリア首相へ　四〇年一二月二三日

1．部隊と装備と弾薬についてシンガポールを支援すると約束してくださったことに、深く感謝しております。提案どおりそれらが入手できるようにしてくださることを願っています。その場合、五月に同数のインドからの師団が貴国の部隊と交替するように手配します。
2．日本が大英帝国と戦争をする危険性は、フランス失陥後の六月よりもかなり弱まっているというのが私の意見です。それ以降、私たちはドイツ空軍の攻撃を撃退し、地上兵力の増強で侵略軍を抑止し、リビアで決定的な勝利を得ました。その後、イタリアは海、陸、空で弱みを露呈していますし、ドイツがトルコ、シリア、パレスチナを通過しない限り、私たちはデルタ地帯と運河地帯を防御できるといまでは確信しています。これは長期の動向になるでしょう。私たちの東地中海における軍事的立場は、クレタ島を占拠し、スーダ湾を第二のスカパに変えたことと、私たちとギリシャの戦勝、ギリシャ領内の施設を得て、イタリアを攻撃できる航空基地に強化していることによって、大幅に改善されました。
3．地中海における海軍と陸軍の連勝と、陸、海、空で優位が高まっていることに、日本は気づかないわけがないでしょう。私たちの艦隊が地中海を去ったら、そこでこれまでに得たものすべてと、今後の成功の見通しを捨てることになるので、それは不可能です。その反面、イタリアの海軍力の衰えによって私たちの地中海艦隊の機動力が高まる可能性があり、イタリア艦隊が重要な要素ではなくなり、イタリアそのものの戦闘力も打ち砕かれるかもしれないので、私たちは重大な不利益をこうむることなく、強力な海軍部隊をシンガポールへ派遣できるでしょう。この結果が達成されるまで、私たちは東の不安材料に辛抱強く頑強に耐え抜かなければなりません。オーストラリアが重大な脅威にさらされたときには、私たちは親類同士である貴国のために地中海の戦況を危うくするか犠牲にすることを厭わないことが、常日頃から了解されております。
4．地中海以外でも、海軍の負担はかなり増大しています。〈ビスマルク〉と〈ティルピッツ〉はすでにドイツ艦隊に加わっているかもしれませんが、そうだとすると、ドイツはふたたび戦列を組むことができます。〈キング・ジョージ五世〉は準備が整っていますが、〈プリンス・オヴ・ウェールズ〉が使用できるようになるまで数カ月かかりますし、〈デューク・オヴ・ヨーク〉の就役は夏のなかば、〈アンソン〉は一九四一年末になります。今後六カ月、私はこれまで必要とされていた以上に、スカパ・フローに注意を集中しなければなりません。大西洋で襲撃を行なうポケット戦艦の登場によって、ふたたび船団に戦艦の護衛を提供しなければならなくなり、南大西洋と必要に応じてインド洋でも、襲撃艦に対処する掃討部隊を編成する必要があります。ダルラン提督の裏切りで損壊せずにドイツに引き渡されたフランス艦隊の一部がいる可能性も、つねに考えなければなりません。

5．こういったあらゆる理由から、海軍には、前回と今回の戦争で経験してきたなかで最大の負担がかかっています。海軍の一個戦隊をシンガポールに配置すると、地中海の戦局が損なわれます。日本の危険が現在よりもずっと恐ろしくならない限り、私たちがそうなることを貴君は望まないと確信しています。日本が参戦すればアメリカが私たちの側につき、その海軍力によって状況が逆転し、数多くの危険から救い出されると、説得されています。

6．マレーへの増援に関しては、シンガポールの防衛協議会が、相当数の航空機の緊急派遣を進言しました。状況がたえず変わっているので、シンガポールに割ける航空機の正確な数を明言するのは難しいですし、日本が攻撃する可能性が低いとしても、北西近接水路で命懸けの戦いに従事している飛行艇を、そこに配置して遊ばせておくことはできません。おおまかに申しあげると、中東で海軍、陸軍、空軍をできるだけ増強し、流動的な状態を維持するのが、私たちの方針です。リビア、ギリシャ、そしてやがてはトラキアで戦争を遂行するか、日本の態度がいっそう悪化した場合にシンガポールを増援できるようにするためです。こうしておけば、軍の分散を回避し、勝利の暁にはさまざまな方面で遠方へ防護策を講じることができます。

7．最後に、私たちが兵員と弾薬の大規模船団を中東に派遣中で、二月には三〇万人近くが駐留することになるのを、申し述べなければなりません。これにも厳重な護衛が必要になります。ですが、いくつもの重要目標が危険にさらされていますし、あまたの危険から脱するには――そうなるはずだと確信していますが――地球のあらゆる地域で危険を冒さなければならないのです。

8．陸軍省とメルボルンの陸軍総司令部のあいだで直接処理されるように、海上輸送や装備などについて、私たちは綿密な準備を行なっています。
心より幸運を祈ります。

総理大臣よりイズメイ将軍へ　　**四〇年一一月二三日**

戦場の写真が私の手元に豊富に届けられるようにしてほしい。たとえば、サルームやバルディアなどのものだ。

貴官の幕僚のひとりにそれに傾注するよう指示してもいい。

総理大臣よりイズメイ将軍へ、参謀総《COS》長委員会宛　　**四〇年一一月二三日**

デュピュイ氏（北アフリカへ出張中）宛意見書

ウェイガン将軍かノゲ将軍に会ったら、侵攻を撃退するのに必要な部隊とはべつに、イングランドには装備の整った大規模な陸軍があり、かなりの規模の予備軍がすでにじゅうぶんな訓練を受けて、急速に改善されていると説明してもらいたい。

中東の状況もよくなりつつある。近い将来、フランス政府がアフリカでイタリア及びドイツとの戦争を再開することを決断したら、モロッコ、アルジェ、チュニス防衛のために、私たちは装備の整った強力な遠征軍を派遣する。これらの師団は、海上輸送と上陸施設が使用できるようになったら、できるだけ早く出航する。英空軍もいま拡大しつつあり、重要な支援を提供できる。イギリスとフランスの海軍が再結集し、モロッコと北アフリカの基地を共同使用すれば、地中海の制海権を確保できる。ウェイガン将軍や将軍が指名した将校と、極秘裏に幕僚会議をひらきたい。

その反面、遅滞は危険だ。ドイツがいつなんどき武力を使うか支持を取り付けてスペインを通過し、ジブラルタルの錨地を使用不能にし、海峡の南北の砲台を実質的に支配し、数カ所の飛行場で空軍の陣容を整えるかもしれない。ドイツはつねに迅速に攻撃を行なうから、カサブランカで陣容を整えたら、あらゆる具体的な計画が阻止されてしまう。いまのところ戦闘行動を控えるのが望ましいし、計画は立案中なので、ある程度の期間、待つ用意はある。だが、いつ状況が悪化して、いくつもの予測が崩壊しないとも限らない。私たちには支援するつもりがあるし、支援する力も強まっていることを、ペタン元帥の政府が認識するよう仕向ける必要がある。しかし、現在、それは私たちの力の及ぶことではないかもしれない。

総理大臣より海運大臣へ

四〇年一二月二四日

アメリカが外国船を用いていることに関する貴君の演説を読んだ。その全文と、アメリカの報道機関の反応を知りたい。現時点ではイギリスの船舶がじゅうぶんに使用されていないとアメリカは思っているはずなので、自分たちに求められた要求に、あまりいい顔をしなかったという気がする。これに関連して、連合王国以外の港をもっぱら往復しているイギリス船の数に関する、私の度重なる問い合わせを思い出してもらいたい。

海運省の最近の月次報告書によれば、一六〇〇総トン数以上の油槽船以外の船舶二三〇〇万トンが、海外との貿易を行なっている。これについてきちんと説明してもらいたい。ノルウェー、ベルギー、ポーランドの船舶も、油槽船を除き約二〇〇万トンが、海外貿易を行なっている。

総理大臣よりエドワード・ブリッジズ卿及びイズメイ将軍へ

四〇年一二月二五日

新年になったら、三軍の省やそのほかの省庁における秘密文書の回覧に関する制限を、あらたに強化しなければならない。三軍の省、外務省、植民地と自治領関連の省庁などの書類の披見済の印の欄を、受取人をできるだけ削減するという観点で見直すべきだ。

さまざまな回覧書類を複写機にかける係員と協議し、さまざまな秘密文書が何部複写されているかを示す明細を作成すべきだ。

この目標がどう達成されるか、報告してもらいたい。

四〇年一二月二五日

総理大臣より自治領大臣へ

戦争の進展をすべて自治領に知らせつづけるという慣例からの逸脱は原則的に考慮されていない。ことに自治領の部隊が軍務を行なっている戦域に関しては、完全な情報を提供することが不可欠だが、影響を受けていない他の自治領にこれを回覧する必要はない。とにかく、総じて、致命的な秘密情報がこれほど多数の上層部に拡散されないように努力するべきだ……。四カ国の主要政府に回覧されている致命的な秘密の全容を、それらの国を担当する自治領省の職員が、ある種の新聞に掲載するという悪癖がひろまりかねない。広い範囲に回覧すれば、それを知った人間が国家に尽くすという考え方が、根底にある。他の省庁の多くもおなじ慣例に陥っていて、秘密情報をできるだけ多く集めることにいそしみ、意識的に上層部すべてに回覧することを誇りに思っている。野放しにしたら戦争遂行を不可能にするこの風潮を、私は着実に制限するつもりだ。

したがって、原則に変わりはないが、この慣行は控えめにしなければならない。

極秘の物事、ことに作戦や現在の部隊移動に関することは、なんであろうと発信する前に私に相談してもらいたい。

四〇年一二月二五日

総理大臣より保健大臣及び本土安全保障大臣へ

昨日の会議の正式覚書を同封する。それに基づいて行動がなされている。

防空壕使用者の居心地と健康に関係がある物事すべてに責任を負う権威者が、ひとりだけ内部にいるべきだと思う。この権威者は、衛生や寝具の保管なども指揮する。敵の攻撃のさなかで重荷や責務を多数抱えている本土安全保障大臣と内務省が、害獣や衛生設備に影響がある問題に関わるべきではないと思う。これは保健省の専門分野であるべきなので、大小を問わず防空壕での生活全般について責任を負ってほしい。

総理大臣よりエドワード・ブリッジズ卿、及びリンデマン教授へ **四〇年一二月二六日**

一九四一年の輸入計画を来週に吟味しなければならない。月曜日、火曜日、水曜日の午後五時に、地下作戦室で検討する。協議事項を貴君とリンデマン教授で起草してほしい。食糧と生活物資と現在の損耗に対する三軍の需要に関する海上輸送計画の当面の総覧を、土曜日の夜にここで見たい。リンデマン教授には土曜日の夜に、際立った事実と図表を私に見せてほしい。会議には以下の政府幹部が出席する。

枢密院議長
王璽尚書
無任所大臣
航空機生産大臣
軍需大臣
食糧、運輸、海運の各大臣
（大臣のみ）

総理大臣より軍需省へ **四〇年一二月二六日**

対戦車小銃、二インチ及び三インチ迫撃砲の武器と弾薬の数量の差が大きすぎるし、三インチ迫撃砲では、これが頂点に達している。対戦車小銃は、二三・五個師団に供給できる数があるが、弾薬は月産三万二〇〇〇発で、五・五個師団にしか供給できない。二インチ迫撃砲は、師団一個当たり一〇八門で、三三個師団分あるが、砲弾は月産三万二四〇〇発で、四・五個師団にしか供給できない。なかでも最悪なのは三インチ迫撃砲で、奇妙なことに一個師団当たり一八門として四〇個師団分近くあるが、砲弾は月産一万四〇〇〇発で、一・五個師団分しかまかなえない。

総理大臣より海軍卿へ

四〇年一二月二六日

一五インチ砲のうち四門（連装四塔、合計八門ある）がいまから六カ月以内に使用可能になるのであれば、また、そのほかの造修がすべて完了するのであれば、私が長年ずっとはぐくんできて、ずっと不満だった希望――〈レゾリューション〉を沿岸戦で有効な艦にすること――を捨てることにする。

戦争開始このかた、これら四隻の物語は、KGV（キング・ジョージ五世）の第二砲塔を連装に変更した経緯とおなじように、海軍本部の年代記でもっとも物悲しい一節になるだろう。

敵の攻撃がなければ、六カ月後には完全な状態になるという貴君の楽観的な確約が得られることを願っている★。

総理大臣より第一海軍委員へ

四〇年一二月二六日

一月とそれ以降、海氷域水路《ザ・リード》を通る鉄鉱石輸送船を海上阻止するために、絶大な努力をはらうべきだと考えている。輸送船はフェローｰシェトランド間の水路前方を通るはずなので、過ぎ去ってしまった状況でまったく異なる目的に使うために用意された機雷を主に使って、広範な作戦を行なうことになる。事前に警告する必要はなく、去年よりもずっとノルウェー沿岸での機雷敷設に適した気象状況のもとで、ひそかに敷設できるが、活動はそれとおなじくらい大がかりになるだろう。

今後の報告を待つ。

総理大臣よりイズメイ将軍へ、参謀総長委員会《COS》及び関係者各位　**四〇年一二月二六日**

侵攻のさなかには戦術的な要件が最重要になるだろう。現時点でガス戦を採用すべきではないと心底から切望している。そのため、敵がそれを考えていて、それが差し迫っているかもしれないことを恐れている。あらゆる予防措置を用意しておかなければならないし、報復力を増大するためにあらゆる努力を行なわなければならない。

敵が先に使わない限り、私たちはぜったいにガスを使わないといったら、敵に対する抑止になるのではないかと思うこともあるが、我が国はさまざまな種類の致死性ガスを必要な容器とともにじっさいに何千トンも備蓄しているし、ドイツに対してただちに報復できるはずだ。だいたいにおいて、ガス攻撃が差し迫っている証拠をつかまない限り、なにもいわないほうが賢明だろう。それに、リンデマン教授が、ドイツ側のもくろみについて述べている。ドイツは私たちがガス戦を仕掛けると脅したというにちがいないし、すぐさま口実をこしらえるだろう。さらに、どういう形で声明を出しても、はったりであることはいなめない。だれか、異なる意見があるようなら、教えてもらえるとありがたい。この問題に、私はかなり懸念を抱いている。

総理大臣より内務大臣へ　**四〇年一二月二六日**

戦時の規則に違反するか、平時には発生しないようなことをやったとして、数多くの人々が刑を宣告されたことを記した書類を見た。禁固と懲役の両方について、収監者数の戦前との比較を知りたい。しごく単純な数字を教えてもらえるとありがたい。監獄にいまかなりの人数がはいっているのか？☆

★四〇年九月一五日の私の公式覚書を参照。

総理大臣より海運大臣へ

四〇年一二月二七日

輸入に関して現在決定している貴君の計画の主な項目を、書類一枚にまとめて提出してもらいたい。

(a) 今後四カ月分。

(b) 一九四一年分。

明日（土曜日）中にもらえるとありがたい。

（即日実行）

総理大臣よりイズメイ将軍へ、参謀総長《COS》委員会宛

四〇年一二月二七日

1.“マリー”†に関する私の見解が書面で伝えられていたのを、私はまったく認識していない。あたかも私が公式覚書を書いたかのような感じだ。これを調べてもらいたい。私が書面なしで指示を下すのは、きわめて異例だ。誤解を避けるために、以下のように申し述べる。

2.“マリー”作戦は有益で重要だと、参謀総長たちに見なされ、私が考慮した。この目的のために外人部隊一個大隊に加えてフランス軍二個大隊が、一月四日に船団によって輸送され、ポート・スーダンで下船して、“マリー”かエジプトに参戦する。フランス軍の他の部隊を加えずに外人部隊だけを派遣するのは無意味だ。そこで私は、フランス軍二個大隊を積載できるように、輸送船団がここから空荷でフリータウンへ行くことを提案した。そうすれば、フランス軍の総勢がともに移動できる。

それが実行できる提案を、きょう提出してもらいたい。

政治的な側面を考える時間は、これらの部隊がポート・スーダンに到着してからでもたっぷりある。

総理大臣より王璽尚書へ

四〇年一二月二七日

一一月一四日付の冷蔵保存肉に関する報告に深く感謝する。その後の出来事に鑑みて、新しい情報を用意してもらえないだろうか。肉の状況について私はかなり懸念している。

総理大臣より陸軍大臣及び帝国参謀総長《ＣＩＧＳ》へ　四〇年一二月二七日

1．これまでのところ、対戦車《ＡＴ》ライフルの生産は明るい部分で、私たちは三万挺近く保有している。その反面、この武器のための弾薬は、嘆かわしいくらい生産が遅れていて、適切な比率の五分の一に満たない。対戦車ライフルと弾薬の〝和合《マリー》〟の失敗は、現在の弾薬計画で最大の汚点のひとつだ。弾薬不足ですぐに使い物にならなくなり、古鉄《ふるがね》と化すようなＡＴライフルを兵士に支給するのは、詐欺行為となんら変わらない。敵に対して実際に使用できるように節約するために、射撃練習用の弾薬すら用意できない例も多々ある。

2．こういった状況のもとで陸軍省は、ＡＴライフルと弾薬の比率がこれ以上悪化しないように、弾薬への要望に集中して取り組むのが当然だと思われる。しかるに現状はそれとはまったく逆で、理由を私はまったく耳にしていないのだが、陸軍のＡＴライフル要求は、おなじ数の師団に対して、突然三万一〇〇〇挺から七万一〇〇〇挺に増加した。いつこの決定が下されたのか？　だれがどういう根拠で決定したのか？　すでに生産が大幅に遅れていた弾薬の生産が、ＡＴライフルの膨大な増加に追いつくように、その時点でどういう対策がなされたのか？　この業務処理について、漏れのない完璧な報告書を提出してもらいたい。

3．しかしながら、ドイツはスモール・ヒースの工場を二度爆撃し、ＡＴライフルの生産が大幅に抑えられてしまった。七万一〇〇〇挺に増やされた陸軍省の要求が、希望されている日付に達成される見込みはない。その反面、弾薬の供給はＡＴライフルが必要とする量を超えることが期待される。つまり、私たちの計画は敵の行動によって、重要で不可欠な調整がなされるだろう。

☆安心するような数字だった。
†ジブチ占領。

4．上記のような事柄が起きていることからして、陸軍の既存の計画に大きな変更があったときには知らせてもらいたいと思う。ことに、他の緊急を要する作業を犠牲にしないと策定できない新計画を策定する必要があるときには、そうしてもらいたい。私の図表に示されている装備一覧表にある重要な変更はすべて、行動に移される前に私に報告すること。

総理大臣より空軍参謀総長《CAS》及び空軍省へ　**四〇年一二月二九日**

一二月二七日で終わる週にタコラディから派遣されたのが一機だけというのは、奇妙に思える。四四機以上が待機しているはずだ。タコラディで整備作業に支障が生じたのか？　そこの状況について特別な報告書を提出できないか？　まもなく〈フューリアス〉から二回目の配置が到着する予定になっている。

（即日実行）

総理大臣より空軍大臣、空軍参謀総長《CAS》及び航空機生産大臣へ　**四〇年一二月三〇日**

（極秘）

1．爆撃機部隊の停滞した状態を、私は心底から憂慮している。戦闘機は順調に推移しているが、爆撃機部隊、ことに搭乗員は期待された数字に近づいていない。爆撃機部隊の急拡大は、私たちが直面している大きな軍事目標のひとつだと、私は考えている。もちろん、現在では沿岸集団と中東に爆撃機部隊を割いている。私に説明しているように搭乗員が遅れの原因であるなら、いずれの方法が編成済みの飛行中隊にとって害がないかを判断したうえで、中東に派遣する操縦士と人員が航空機を届けたらすぐに帰国するか、中東にいる操縦士や人員が彼らと交替で帰国するように手配しなければならない。中東に新型機を補充《リマウント》する方針は決まっているので、恒久的な増援にふける前に、これを達成しなければならない。先ごろの増援の前も、中東には操縦士が一〇〇〇人いた。ロングモア空軍大将に、すでにかなり膨張している現地の人数を増やすのではなく、派遣した人数と同数のさまざまな種別の優秀な人員を戻すよう指示すべきだろう。

2．使用可能な搭乗員の数を増やすために、速成訓練を促進し、内容が薄くなるのをある程度受け入れなければならない。

3．毎日私に示される数値は嘆かわしい。さらに、今後何カ月ものあいだ、ドイツに対する作戦に利用できる機数が大幅に増加するのを期待してはならないと、信頼できる筋から聞かされている。私たちの空軍拡大計画でそのような大失態が起きるのを避けるために人間の知恵と力の限りを尽くしていると、もっと力強く断言されない限り、とうてい同意できない話である。

4．航空機関連の報告書をたえず研究していると、爆撃機生産にじゅうぶん本腰を入れているのだろうかという疑問が湧き起こる。戦闘機は勢いよく前進していて、かなり有利な形勢だと安心できる、しかし、爆撃機のドイツへの爆弾投下は増加しなければならないし、それに適応するための型や用法の一部が、期待どおり発展していないように思われる。敵の攻撃によって損害が生じているのは重々承知しているが、それに対処できないのか、今後どのような対策が可能なのかと問いたい。

5．週ごとの拡大計画を提出してもらいたいし、悲惨そのもので希望が持てないいまの形勢を改善するために、どのような手段を講じることができるのか、計画を示してもらいたい。

補遺B

最初の表には、一九四〇年一二月八日にローズヴェルト大統領に伝えた数字が含まれている。★

二番目の表は、戦後得た知識に基づく最終査定を示している。

★第二巻第二八章、六五一ページを参照。

海上における週毎の損耗

	イギリス		連合国		中立国		合計：イギリス、連合国、中立国	
週末	隻数	総トン数	隻数	総トン数	隻数	総トン数	隻数	総トン数
1940年								
06月02日	28	79,415	5	25,137	2	4,375	35	108,927
06月09日	13	49,762	8	22,253	4	14,750	25	86,765
06月16日	15	60,006	10	40,216	6	23,170	31	123,392
06月23日	16	91,373	12	81,742	12	39,159	40	212,274
06月30日	6	30,377	4	13,626	5	19,332	15	63,335
小計	78	310,933	39	182,974	29	100,786	146	594,693
07月07日	14	75,888	4	18,924	5	21,968	23	116,780
07月14日	10	40,469	5	13,159	7	24,945	22	78,573
07月21日	12	42,463	2	3,679	7	13,723	21	59,865
07月28日	18	65,601	2	7,090			20	72,691
小計	54	224,421	13	42,852	19	60,636	86	327,909
08月04日	14	67,827	2	7,412	5	13,768	21	89,007
08月11日	9	32,257	2	7,674	2	6,708	13	46,639
08月18日	10	41,175	1	7,590	2	4,134	13	52,899
08月25日	20	108,404	1	1,718	2	8,692	23	118,814
09月01日	12	62,921	5	15,038	5	18,460	22	96,419
小計	65	312,584	11	39,432	16	51,762	92	403,778
09月08日	13	44,975	4	18,499	3	13,715	20	77,189
09月15日	13	55,153	4	12,575	3	7,379	20	75,107
09月22日	22	148,704	3	13,006	5	14,425	30	176,135
09月29日	11	56,096	4	12,119	2	7,351	17	75,566
小計	59	304,928	15	56,199	13	42,870	87	403,997
10月06日	8	30,886	3	5,742	1	3,687	12	40,315
10月13日	10	52,668	3	17,537	4	14,544	17	84,749
10月20日	34	154,279	7	24,686	6	26,816	47	205,781
10月27日	6	9,986	2	6,874	1	1,583	9	18,443
11月03日	13	65,609	4	5,403			17	71,012
小計	71	313,428	19	60,242	12	46,630	102	420,300
11月10日	11	69,110	2	10,236	2	8,617	15	87,963
11月17日	15	57,977	3	15,383	1	1,316	19	74,676
11月24日	20	80,426	3	12,415			23	92,841
12月01日	9	41,360	3	5,734	1	5,135	13	52,229
小計	55	248,873	11	43,768	4	15,068	70	307,709
1940年5月27日から12月1日までの総計	382	1,715,167	108	425,467	93	317,752	583	2,458,386

付記——12月1日は詳細な数字が判明している最後の1週間で、戦局に鑑みて一時的なものだったと見なさなければならない。
全期間を通じて、その後就役した500総トン以上の船舶（商船）20隻、合計約18万3000総トンが敵の攻撃によって失われた。

月毎の船舶損耗　イギリス、連合国、中立国

1940年5月から12月まで								
月	イギリス		連合国		中立国		合計：イギリス、連合国、中立国	
	隻数	総トン数	隻数	総トン数	隻数	総トン数	隻数	総トン数
5月	31	82,429	26	134,078	20	56,712	77	273,219
6月	61	282,560	37	187,128	27	101,808	125	571,496
7月	64	271,056	14	48,239	20	62,672	98	381,967
8月	56	278,323	13	55,817	19	59,870	88	394,010
9月	62	324,030	19	79,181	9	39,423	90	442,634
10月	63	301,892	17	73,885	17	66,675	97	442,452
11月	73	303,682	13	47,685	5	24,731	91	376,098
12月	61	265,314	11	70,916	7	21,084	79	357,314
総計	471	2,109,286	150	696,929	124	432,975	745	3,239,190

英本土防衛戦中の航空機兵力　1940年★

1. 1940年の航空機生産

	生産総数	戦闘機生産数
1月	802	157
2月	719	143
3月	860	177
4月	1,081	256
5月	1,279	325
6月	1,591	446
7月	1,665	496
8月	1,601	476

★ 第2部第16章参照。

2. 英本土防衛戦中の爆撃機集団の週毎の実戦配備兵力

爆撃機集団の戦闘序列要約と、航空機保管部隊の爆撃機

爆撃機集団				
日付	飛行中隊数	実戦配備に適した飛行中隊数	飛行中隊に実戦配備可能なIE合計†	実戦配備可能機数合計
1940年07月11日	40	35	560	467
1940年07月18日	40	35	560	510
1940年07月25日	40	35	554	517
1940年08月01日	40	35	560	501
1940年08月08日	41	36	576	471
1940年08月15日	37	31	496	436
1940年08月22日	37	31	496	491
1940年08月29日	38	32	512	482
1940年09月05日	39	36	576	505
1940年09月12日	41	38	608	547
1940年09月19日	42	38	608	573
1940年09月26日	42	38	608	569

† IEは“初度装備”の略語。

空輸補給部隊		
	現在の実戦標準装備で急送できる航空機数	
日付	48時間以内	追加4日以内
1940年07月11日	285	128
1940年07月18日	272	111
1940年07月25日	251	111
1940年08月01日	249	111
1940年08月08日	191	111
1940年08月15日	210	111
1940年08月22日	152	116
1940年08月29日	145	124
1940年09月05日	103	124
1940年09月12日	113	123
1940年09月19日	107	121
1940年09月26日	165	109

3. 戦闘機集団の週毎の実戦配備兵力

日付	戦闘機集団の飛行中隊の総数	実戦配備可能な飛行中隊数	実戦に使用できる機数
07月10日	57	54	656
07月17日	57	52	659
07月24日	60	50	603
07月31日	61	54	675
08月07日	61	56	714
08月14日	61	54	645
08月21日	61	57	722
08月28日	61	58	716
09月04日	63	58	706
09月11日	63	60	683
09月18日	64	61	647
09月25日	64	61	665

4. 英本土防衛戦中のイギリスとドイツの戦闘機兵力の比較

前の表には旧式機のブレニム及びデファイアントが含まれている。だが、これらの機種をハリケーンやスピットファイアから成る昼間戦闘機の一部として比較することはできない。

7月10日から10月31日までを適切な例として取りあげ、この新型2機種の**実戦配備可能な**飛行中隊の1日当たりの平均は、以下のとおり。

飛行中隊	49個
準備完了状態の航空機と搭乗員	608組

ドイツ側の使用可能な航空機の数字は、現在では入手できないので、初度装備によって比較するしかない。ドイツのIEは、以下のとおり。

単発機	約850機
双発機(Me110)	約350機
合計	1200機

イギリスの飛行中隊が実戦配備可能な初度装備は、12週間以上にわたり平均で980機だった。

補遺Ｄ

ダカールに関するチャーチル氏とメンジズ氏の通信文★

メンジズ氏より英国首相へ

四〇年九月二九日

オーストラリアに好ましくない影響を及ぼしたダカールでの出来事に関して、私たちはたいへん困惑しております。まず、重要な問題について。

圧倒的な成功の見込みがなかったのになぜ試みたのか、理解に苦しみます。この遠国から見ても中途半端だと思える攻撃を行なうのは、威信に有害な損失をあたえます。

つぎに、手順の問題です。

新聞で公表されるまで、オーストラリア政府が交戦の詳細をほとんどなにも知らされず、中止の決定についてまったくなにも知らなかったことは、完全な手落ちです。大衆の不満を申し述べるのは慎みますが、イギリスからきちんとした公式情報が伝えられないのはしばしば屈辱的であることを、非公式に申しあげたいと思います。最後に、率直に申しあげますが、明確な勝利が必須である中東で、困難な要素が過小評価されてきたのではないことを、オーストラリア政府は心から願っています。

総理大臣よりメンジズ氏へ

四〇年一〇月二日

貴君の九月二九日の通信を受け取り、たいへん残念に思いました。私たちがこれまで行なってきた甚大な

★第二巻第二四章を参照。

努力は、特定の些細な作戦が失敗しても、ゆとりのある鷹揚な対処で寛恕されるに値するからです……。ダカールの戦況は、ヴィシー政権の手下が乗り組むフランス艦数隻がトゥーロンから到着し、敵性のフランス海軍の人間が砲台に配されたことによって急激に変化しました。あらゆる試みがなされたのですが、英海軍はそれらの艦を途中で阻止することができませんでした。防御を強烈に叩こうとして、貴君に伝えたような損耗をこうむったので、海軍と陸軍の司令官は、上陸を実行して支援する戦力はないと判断しました。海上からの攻撃とは異なり、いつでも打ち切れるわけではなく、重大な苦境に陥るかもしれない陸上作戦に深入りしないという彼らの判断が賢明だと、私も考えました。

貴君の批判に関しましては、〝圧倒的な成功の見込み〟がないときには試みるべきではないと断言なさるのであれば、私たちは完全な防御に徹するしかないということになります。フランス人の抵抗の度合いのような未知の要素に対処するのに、不確実性や危険を避けることは不可能です。たとえばドゥアラでは、セネガル人部隊が進攻を拒んだあと、フランス人が二五人で奪取し、カメルーン軍も支配下におさめました。この場合、圧倒的な部隊なしで行動したといえるのではありませんか？　つぎに、〝中途半端だと思える攻撃〟を行なったという非難を受け入れることはできません。世界中で称賛を巻き起こしたこの五カ月間の死闘において、私たちが〝中途半端な政府〟であるとか、私が責務を果たしてきた大事業で私が中途半端であったというように感じておられないことを、切に願います。私の名前が選挙で使われているやり方から、イギリスのこうした努力がオーストラリアの世論できわめて好意的に受け止められていると、私は当然ながら思っていたのです。

ニュースで報じられる前に貴君に情報を伝えるために、今後はつねに留意しますが、私たちが司令官たちから情報を受ける前に、ドイツやヴィシー政権がダカールで起きていた出来事の推移を無線でひろめるのを妨げることはできません。

中東に関する貴君の言葉については、困難な要素が過小評価されてきたとは思いませんが、もちろん私たちの部隊はリビアとエチオピアのイタリア軍よりもかなり規模が小さく、ドイツがイタリアを支援することがつねに考えられます。フランスの寝返りによって中東全体が危機に陥り、地中海の交通路が遮断されました。私たちはここで侵攻の脅威と、私たちの都市、工場、港に対するドイツの空襲のすべての兵力に立ち向かわなければなりませんでした。それでも私たちは断固として中東を増援し、本国が数々の危険にさらされ、資源が乏しいにもかかわらず、三万人を超える兵員と、最優秀の戦車の半数近く、重要な航空機工場を護るのに必要な高射砲多数、海軍の最優秀部隊の二個、〈イラストリアス〉〈ヴァリアント〉、かなりの数のハリケーン戦闘機とウェリントン爆撃機を派遣しました。一度の航海で一夜にして五〇万人をイギリス沿岸に運べるだけのドイツの艀と艦船が、イギリス海峡と北海の対岸に集結している中で、そういったことをやったのです。したがって、中東の難事や危険要因が完全に対処されていないとしても、それは母国が抱えている危機や犠牲に悲鳴をあげたからではありません。現在、エジプトとスーダンの状況は、すこし前に恐れていたよりもよくなっています。とはいえ、親愛なる総理大臣で友人でもあると私が呼ぶことを許してくださった貴君に申しあげたいのですが、中東での〝明確な勝利〟を約束することはできませんし、カイロ、ハルトゥーム、スエズ運河、パレスチナがイタリアかドイツの手に落ちないといい切ることもできません。そうはならないと思っていますし、私たちに対して仕掛けられる大がかりな攻撃に精いっぱい抵抗するつもりです。しかし、勝利を約束することはできませんし、あのような遺憾で嘆かわしい出来事は二度と起きないとか、期待外れの出来事や大失策はないだろうと約束することもできません。逆に、私たちを取り巻いている死の危険から脱け出すまで、かなり困難な日々を潜り抜けることになるのは間違いないと思っています。

　貴君の偉大な立場と、通信文のひどく厳しい口調に、おなじように率直に答えるのが適切であると思いました。

メンジズ氏よりチャーチル氏へ

四〇年一〇月四日

一〇月二日付の貴君の通信文を受領し、内容の一部にかなり困惑しております。

私たちはダカールでの失敗に懸念を抱き、いまも懸念しております。それに関する私の電報を読み返すと、いまにして思えば多少粗野な表現であったようです。しかし、貴君と貴国政府が政策、気概、偉業において中途半端だったと、ほんのかすかであろうとほのめかすような文言が含まれていると解釈されたことが理解できないのです。

先ごろの選挙で私の立場はかなり危うくなり、まもなく辞任することになるかもしれません。この機会に貴君に申しあげたいのですが、私はオーストラリアを代表して、遠くからではありますが、ウィンストン・チャーチルとイギリスの人々の努力と結び付いていることを、ずっとたいへん誇りに思っています。私が自分の国で有するこのような体制は、大英帝国が私たちの戦いを行なっていることと、その勇壮と超人的な陽気さと哲学が、私たちにとって楯であるだけではなく、いい意味での刺激になることを、オーストラリアの人々が認識するよう促してきました。

貴君自身について私が称賛するのは失礼かと存じますが、開戦一周年の九月三日に送った電報は、私の心と理性のすべてを表わしています。先日の電報があらさがしだとか、落胆するような内容だと感じられたのであれば、たいへん悲しいことです。

ダカールの件は、強調するまでもなくいくつも教訓があるので、これ以上話題にするのはやめます。肝心なのは、私たちはこれほど遠く離れているので、こういった出来事の情報をできるだけすみやかにすべて伝えていただければ、そこから教訓を学べるということなのです。

中東に関しては、私は保証を求めたことはありませんし、そのつもりもありませんでした。問いたいのは――問う前から許されると思いますが――中東を人間の力の及ぶ限り増援するべきかどうかということです。この点について、貴君の電報におおいに納得いたしました。

中東の難事や危険要因が完全に対処されていないのは、母国が抱えている危機や犠牲に悲鳴をあげたからではないと、貴君は述べておられます。それはまったく事実です。しかし、オーストラリアもおなじように、悲鳴をあげているというような考えを抱いてほしくないのです。輸送能力の限りを尽くして、私たちは中東に何千人も配置しています。オーストラリアにはさらに海外遠征軍約八万五〇〇〇人が宿営していて、その多くが中東へ移動する用意ができています。

日本がなにをやるかという実在する恐怖のために、大衆が大きな疑念を抱いているにもかかわらず、私の政府は海軍、空軍、陸軍部隊を増強し、わずか一年前には不可能だと思われていた前代未聞の規模の軍需品生産に、自国の資源を注ぎ込んでいます。

先ごろの選挙の際に、きわめて重要なニュー・サウス・ウェールズ州で私たちが敗れた原因である視野の狭い関心事や問題にかかわりなく、私たちはこれをやってきました。イギリスが抱えている危険が無限であるのを知っているので、私はこの貢献に制限を設けていません。

こういった問題を申し述べるのは、戦争で実際に関与している海外の主な戦域に関する私たちの不安が、明確であるだけではなく深刻であるからです。

親愛なる総理大臣、どうかこれらの事実から生じる不安材料を、怯えや利己主義や過度の片意地だと解釈なさらないでください。そして、なによりも、問いただしたり批判したりするような電報が内密に貴君に送られたとしても、オーストラリア人は勇気を見抜くことができますし、私の能力の限りを尽くして、最後まであなたがたに付き従うつもりだということを理解していただきたい。

四〇年一〇月六日

総理大臣よりメンジズ氏へ

寛大な通信文に深く感謝いたします。厳しい批判だと私が思ったことへの反論が強すぎたとしたら、寛恕していただきたい。ダカールの出来事のすべての段階に関する報告書を用意させているところなので、貴君と閣僚のみなさんに極秘情報として送ります。議会ではいかなる自己弁護も行なわないと提案しています。そのような見世物は敵を喜ばせるだけだからです。共通の大義のために貴君の指導のもとでオーストラリアが行なってきたことすべてに、深く感謝いたします。この不安な歳月にオーストラリア軍の一部がここにいることに、ずっと大きな安堵をおぼえています。閲兵したときの彼らの立ち居ふるまいと気概にたいへん感銘を受けました。性能のいい野砲二四門を支給したところです。この部隊はまもなく中東のオーストラリア軍と合流し、来年の戦闘では最前線に立つことでしょう。オーストラリア軍が適切な装備を整えられるように、私たちは力の限りを尽くします。当面、中東の情勢は安定しているようです。マルサ・マトルーフ近くで陸軍が交戦した場合、来月もしくは六週間、数で敵に匹敵できる部隊を投入できるでしょう。優秀な戦術家だという定評があり、優秀な将士を擁しているウィルソン将軍に、これが大きな勝機をあたえるはずです。ロンドン子は爆撃に堂々と立ち向かっていますが、人口八〇〇万人の大都市にこのような非情な攻撃が加えられることにより、政府は無数の難問を突きつけられています。私たちは難題を打ち負かしつつあり、ヒトラーがこれまで企ててきた大規模な弾圧と暴力の行動は、磁気機雷やそのほかの恐ろしい企てとおなじように失敗するだろうと、私は確信しています。貴君ご自身のご多幸を祈ります。

補遺E　作戦暗号名

カタパルト（射出機）：使用可能なフランス海軍艦艇すべてを鹵獲もしくは支配するか、実質的に行動不能あるいは破壊すること。

コンパス（羅針盤）：西部砂漠での攻勢作戦。

クロムウェル：イギリスへの侵攻が差し迫った場合に警告する言葉。

ダイナモ（原動力）：一九四〇年五月、英遠征軍の海路による撤退。

エクセス（余剰）：一九四一年一月、中東への航空機増援。

ハッツ（帽子）：地中海を通航する艦隊増援と、マルタに補給船団が急行すること。

マンディブルズ（魚の顎）：エーゲ海のドデカネス諸島などに対する作戦。

マリー：ジブチ占領。

メナス（脅迫）：ダカール占領。

マルベリー（桑）：人工港。

オーヴァーロード（大君主）：フランス解放。

ゼーレーヴェ（海驢）：ドイツのイギリス侵攻計画。

シュラプネル（榴散弾）：カーボ・ヴェルデ諸島占領。

トーチ（松明）：英米軍の北アフリカ侵攻。

ウインチ（巻き上げ機）：マルタの戦闘機増援。

ワークショップ（作業場）：パンテッレリア島攻略。

略語一覧

A.A.guns	Anti-aircraft guns, or ack-ack guns.	対空砲、高射砲、高角砲
A.D.G.B.	Air Defence of Great Britain.	イギリスの防空
A.F.S.	Auxiliary Fire Service.	補助消防隊
A.F.V.s	Armoured fighting vehicles.	装甲戦闘車両
A.G.R.M.	Adjutant-Gereral Royal Marines.	海兵隊高級副官(のち海兵隊総司令官)
A.R.P.	Air Raid Precautions.	空襲警戒部
A.S.U.	Air Supply Units.	空輸補給部隊
A.T.rifles	Anti-tank rifles.	対戦車ライフル
A.T.S.	(Women's) Auxiliary Territorial Service.	(婦人)補助地方義勇軍
B.E.F.	British Expeditionary Force.	英遠征軍
C.A.S.	Chief of the Air Staff.	空軍参謀総長
C.I.G.S.	Chief of the Imperial General Staff.	帝国参謀総長(陸軍参謀総長)
C-in-C	Commander-in-Chief.	総司令官、司令長官(海軍)
Controller	Third Sea Lord and Chief of Material.	第三海軍委員(統制官)
C.N.S.	Chief of the Naval Staff (First Sea Lord).	海軍参謀総長(第一海軍委員)
C.O.S.	Chiefs of Staff.	参謀部
D.N.C.	Director of Naval Construction.	海軍施設局長
F.O.	Foreign Office.	外務省
G.H.Q.	General Headquarters.	総司令部
G.O.C.	General Officer Commanding.	総司令官
G.Q.G.	Grand-Quartier-Général.	フランス軍総司令部
H.F.	Home Forces.	本国部隊
H.M.G.	His Majesty's Government.	国王陛下の政府
L.D.V.	Local Defence Volunteers (remaned Home Guard).	地域防衛義勇隊(郷土防衛隊に改称)
M.A.P.	Ministry of Aircraft Production.	航空機生産省
M.E.W.	Ministry of Economic Warfare.	戦時経済省
M.O.I.	Ministry of Information.	情報省
M.of L.	Ministry of Labour.	労働省
M. of S.	Ministry of Supply.	軍需省
O.K.H.	Oberkommando des Heeres. Supreme Command of the German Army.	ドイツ陸軍総司令部
O.T.U.	Operational Training Unit.	運用訓練部隊
P.M.	Prime Minister.	首相(総理大臣)
U.P.	Unrotated projectiles–*ie.*, code name for rockets.	非回転飛翔体(ロケット弾の暗号名)
V.C.A.S.	Vice-Chief of the Air Staff.	空軍参謀次長
V.C.I.G.S.	Vice-Chief of the Imperial General Staff.	帝国参謀次長
V.C.N.S.	Vice-Chief of the Naval Staff.	海軍参謀次長
W.A.A.F.	Women's Auxiliary Air Force.	空軍婦人部隊
W.R.N.S.	Women's Royal Naval Service ("Wrens").	海軍婦人部隊

訳者あとがき

サー・ウィンストン・スペンサー・チャーチル著『第二次世界大戦』全六巻の第二巻にあたる本書は、『彼らの最良のとき』（*Their Finest Hour,* 一九四九年刊行）と題されている。

第一巻『湧き起こる戦雲』では、チャーチルのたびたびの警告にもかかわらずイギリスのチェンバレン政権はナチ・ドイツに対して宥和策を続行し、オーストリア凌辱、チェコスロヴァキア侵攻、ポーランド滅亡が引き起こされた。〝不分明な戦争〟のさなか、英海軍は奮闘したものの、ノルウェーで英軍は敗れ、チェンバレン内閣は倒れた。

第二巻では一九四〇年五月から一二月までの状況が描かれ、チャーチルの戦時内閣組閣からはじまるが、ドイツ軍はなおもヨーロッパで版図をひろげる。ドイツ軍の機動性を活かした迅速な猛攻によってフランスは敗北し、英遠征軍はダンケルクから海路で脱出することを余儀なくされる。兵員は多数生還できたものの、脱出の際に武器装備を放棄せざるをえなかった。そのため、イギリスは軍備が不足している状態で、ドイツの海峡からの侵攻という脅威にさらされた。だが、戦闘機部隊と防空部隊を充実させて緻密な邀撃態勢を整えたイギリスは、英本土防衛戦《バトル・オヴ・ブリテン》でドイツ空軍に甚大な損害をあたえた。ヒトラーはさまざまな要因を勘案し、海軍が乗り気ではなかったこともあって、英本土侵攻を延期した。

ダンケルク脱出は大成功だったが、戦争では撤退によって勝つことはできないといましめたうえで、チャーチルはとことん戦い抜く決意を表明した。

英本土防衛戦もまたおおいなる勝利だった。それに携わった人々の活躍を称えたチャーチルの演説もよく知られている。

その後、ドイツ空軍はロンドンやそのほかの都市への無差別爆撃に戦術を切り換え、邀撃が容易ではない夜間に集中して爆撃を行なうようになった。だが、英国民は激しい爆撃に耐え抜いた。イギリスは航空機などの武器を製造しつづけ、軍事力を着々と拡充した。新技術の開発にも力を入れ、ASDICやRADARなどが実用化されるようになった。

フランス失陥後、イギリスは孤塁となった。イタリアがドイツと同盟を結んで参戦し、イギリスは地中海や中東でイタリアと戦いはじめた。食料や燃料などを補給する大西洋の重要な航路は、ドイツ海軍の主力艦、Uボート、商船に偽装した船の襲撃に脅かされていた。イギリスは物資の窮乏に耐え、やがてアメリカの戦時物資支援《レンド・リース》を受けて、巻き返しをはかる。

本書の題名のもととなった有名な演説の〝最良のとき〟は、栄華を誇った時代のことではなく、こういった苦境でイギリス人が自分たちのもっとも優れた資質を発揮したことを物語っている。

戦車などの装甲部隊を用いるドイツ軍の戦法は、〝電撃戦〟と呼ばれることが多い。戦車をたくみに使用したことで知られるグデーリアン将軍の回想録『電撃戦』（邦訳は本郷健訳、中央公論新社）がそれを喧伝した。しかし、大木毅氏が『勝敗の構造』（祥伝社）で指摘しておられるように、それはドイツ国防軍のドクトリンとして採用されてはいなかった。レン・デイトンの*Blitzkrieg* (1979)『電撃戦』（喜多迅鷹訳、ハヤカワ文庫NF）は、「〝電撃戦《ブリッツクリーク》〟という語は、ヒトラー、あるいは《タイム》誌、ないしはリデル・ハートによって使いはじめられたとされている」としている。ただ同書には、「その語源がどうあれ、この語の背後にある考え方はドイツ的であることは疑いない。電撃的な速戦即決戦は、ビスマルクよりずっと以前からプロイセン軍事思想の不可欠な要素をなしてきた」とも述べられている。

第二次世界大戦初期のドイツ国防軍は当然ながら歩兵が主力で、装甲部隊の占める割合はまださほど大きくなかった。しかし、アルデンヌ森林地帯突破では、戦車を擁する装甲部隊が集中的に利用されて、フランス軍の要地をあっというまに陥れ、ついにフランスは失陥した。英遠征軍とフランス軍はダンケルクまで撤退し、海路での脱出を余儀なくされた。*France Summer 1940* (John Williams / Ballantine's Illustrated History of World War II 1970)『パリ陥落——ダンケルクへの敗走』（宇都宮直賢訳、第二次世界大戦ブックス、サンケイ新聞社出版局）には、ドイツ、フランス、イギリスそれぞれの装備やチャーチル及びレノー首相などの動向も含めて、この経緯が詳しく描かれている。*The Dunkirk Perimeter and Evacuation 1940* (Jerry Murland / Pen & Sword Military 2019) と *Dunkirk Evacuation Operation Dynamo* (John Grehan & Alexander Nicoll / Frontline Books 2020) には、数多くの写真も掲載され、ダンケルク脱出についての克明な描写がある。映画『ダンケルク』（二〇一七年、クリストファー・ノーラン監督）は、ダイナモ作戦と呼ばれたこの壮大な部隊引き揚げの一端を描いている。英本土から駆けつけたスピットファイア戦闘機の苦戦や、軍艦だけではなく多種多様な民間の船艇が動員され、あるいは自主的に参加して、将兵をイギリスに運ぶのに貢献したことがありありとわかる。

このあと、イギリスはドイツ軍の侵攻に備えるさまざまな予防策を講じ、臨戦態勢を固める。フランスの戦い《バトル・オヴ・フランス》につづく本書のつぎの山場、英本土防衛戦《バトル・オヴ・ブリテン》に関しては、さまざまな著書がある。おもなものとしては、*Eagle Day* (Richard Collier / Dutton 1966)『空軍大戦略』（内藤一郎訳、ハヤカワ文庫ＮＦ）、*Battle of Britain* (Richard Hough & Denis Richards / Norton 1989)『バトル・オブ・ブリテン』（河合裕訳、新潮文庫）、*Fighter* (Len Deighton / Penguin Modern Classics 2021)『戦闘機』（内藤一郎訳、ハヤカワ文庫Ｎ

Ｆ、上下巻）が挙げられる。

レン・デイトンにはほかにも、写真や挿画が多数掲載されているMax Hastingsとの共著*Battle of Britain* (Michael Joseph 1990) がある。英空軍の主力戦闘機スーパーマリン・スピットファイアとホーカー・ハリケーン、ドイツ空軍の主力戦闘機メッサーシュミットＢｆ１０９のほかにも、二線級の戦闘機や爆撃機の挿画もあり、それぞれに性能諸元が付されている。最大速度、航続距離、兵装は型によって異なるが、彼我の戦闘能力がほぼ拮抗していたにせよ、敵機への誘導や給油などの支援も含めて、英空軍に本拠地の利があったことは否めない。それには監視と報告の緻密な連絡網が寄与していた。

ところで、ヨーロッパ大陸上空でおもに運用されていたイギリスやドイツの戦闘機は、広い海を越えなければならなかった日本海軍の零式戦闘機とは異なり、長大な航続力を備えてはいなかった。また、当初、英空軍爆撃機集団は、航法上の理由から戦闘機の護衛を受けるのを拒んでいた。ほかにも戦闘機集団の方針など、さまざまな原因に妨げられていたため、一九四三年末にアメリカ陸軍航空軍のＰ－51ノースアメリカン・マスタング戦闘機が本格的に投入されるまで、連合軍の爆撃機は護衛機の掩護もろくに受けない状態で敵地に達して任務を行なわなければならず、甚大な被害をこうむっていた。レン・デイトンの小説*Bomber*『爆撃機』（後藤安彦訳、早川書房）と*Goodbye Mickey Mouse*『グッバイ、ミッキー・マウス』（後藤安彦訳、ハヤカワ文庫ＮＶ）は、こういった状況に置かれた搭乗員やそのほかの人々の日々をつぶさに描いている。

話を戻すと、英本土防衛戦《バトル・オヴ・ブリテン》では、英空軍の戦闘機はドイツ空軍の戦闘機だけではなく爆撃機も邀撃しなければならず、本書でチャーチルの質問に対して司令官が応じたように、最大の山場だった激戦の日には〝予備〟すらなかった。まさに、勝負の行方が定かではない総力航空戦の様相を呈していたのだ。

レン・デイトンはチャーチルに批判的なこともあるが、前記 *Battle of Britain* の末尾の Churchill and the Battle という一項で、チャーチルの弁舌と揺るぎない決意が、フランスの敗北後も戦いつづけて最後には勝利をものにするというイギリス国民の熱意を奮い立たせ、一九四〇年のイギリスの防衛に大きく寄与したことを認めている。さらに、ドイツ空軍が英空軍戦闘機集団に対する攻撃をロンドン空襲に変更したとき、チャーチルは「即座に勝利のにおいを嗅ぎつけた」とも書いている。英本土防衛戦《バトル・オヴ・ブリテン》に関して、本書では多くの紙面を割かずあっさり描かれているが、いかに重要な転機であったかをこういった資料から読み解くのも一興だろう。

本書の後半では、おもにイタリアに対する地中海と中東での戦いが描かれ、〝砂漠の勝利〟で掉尾を飾る。このころドイツはソ連に対し赤髭《バルバロッサ》作戦を開始することを決断し、ひそかに総統指令を発していた。

つぎの第三巻『大同盟』では、戦いが激化し、戦域が各地に拡大して本格的な世界大戦に突入する。ドイツ軍が地中海や北アフリカに進出し、英軍との死闘がくりひろげられる。また、ドイツ軍の東への侵攻にともない、ドイツはソ連とイギリスの共通の敵となり、一九四一年七月にチャーチルとスターリンのあいだで英ソ軍事同盟が結ばれる。そして、一二月には日本が真珠湾攻撃に踏み切り、アメリカがついに参戦する。

ギボンの『ローマ帝国衰亡史』（チャーチルの愛読書でもあった）にも比されるこの雄大な物語は、本書でようやく三分の一に達した。今後もこの長い旅路を楽しみながらおつきあいいただければ幸いである。

二〇二四年八月

マ行

ヤ行

ラ行

ナ行

ハ行

サ行

タ行

人名索引

＊特記のない爵位，肩書は英.
＊「n」は傍注を指す.
＊「チャーチル」「ヒトラー」「ムッソリーニ」などの頻出人名は立項していない.

著者略歴

(Winston Churchill, 1874–1965)

イギリスの政治家，著述家．1874年11月30日，オックスフォード郊外のブレナム宮で，英保守党の政治家ランドルフ・チャーチルと米国人女性ジャネットの長男として生まれる．1894年にサンドハースト王立陸軍士官学校（騎兵科）卒業後，軽騎兵第4連隊に任官．インド，エジプト，スーダンへの出征，ボーア戦争の従軍記者を経て，1900年に25歳で保守党より庶民院議員に当選．1904年に自由党に移籍．1911年から第一次世界大戦中の15年まで海軍卿（海軍大臣）を務める．閣僚を辞任後，1915年から16年にかけてフランスの西部戦線に陸軍の大隊長として従軍．その後，1924年に保守党に復党し，大蔵大臣を経て，1939年9月の第二次世界大戦勃発とともに海軍卿に復帰．1940年5月より45年7月まで首相として大戦下の英国を率い，連合国の勝利に貢献．51年に首相に再任され，55年に退任．本書をはじめとする著述活動により，1953年にノーベル文学賞を受賞する（初邦訳は『第二次大戦回顧録』［全24巻］毎日新聞社，1949–55．縮約版に『第二次世界大戦』［全4巻］河出書房新社，1983–84ほか）．その他の著書に，『わが半生』（中央公論新社，2014），*A History of English Speaking People*（1956–58）ほか多数があり，ベストセラーとなった作品も多い．1965年1月24日に90歳で歿．

訳者略歴

伏見威蕃〈ふしみ・いわん〉英米文学翻訳家．1951年生まれ，早稲田大学商学部卒業．ノンフィクションから小説まで幅広い分野を手がける．訳書にチャーチル『［完訳版］第二次世界大戦』（全6巻，みすず書房，2023-），ウッドワード＆コスタ『国家の危機』（2024），キッシンジャー『国際秩序』（2022，以上，日経BP），シャーレ『AI覇権　4つの戦場』（早川書房，2024），ケネディ『第二次世界大戦　影の主役』（2013），ブッシュ『決断のとき』（2011，以上，日本経済新聞出版社），スタインベック『怒りの葡萄』（新潮社，2015）ほか多数．

ウィンストン・チャーチル

［完訳版］第二次世界大戦 2

彼らの最良のとき

伏見威蕃訳

2024年 9 月 10 日　第 1 刷発行

発行所 株式会社 みすず書房
〒113-0033 東京都文京区本郷 2 丁目 20-7
電話 03-3814-0131（営業） 03-3815-9181（編集）
www.msz.co.jp

本文組版 キャップス
本文印刷所 萩原印刷
扉・表紙・カバー印刷所 リヒトプランニング
製本所 松岳社

装幀 岡 孝治

ISBN 978-4-622-09632-0
［だいにじせかいたいせん］